DOCUMENTS SUR LA PROVINCE DU PERCHE

1re série. — n° 1.

RECUEIL
DES
ANTIQUITÉZ DU PERCHE
COMTES ET SEIGNEURS DE LA DICTE PROVINCE
ENSEMBLE
LES FONDATIONS, BATIMENS DES MONASTAIRES
ET CHOSES NOTABLES DU DICT PAÏS

PAR

BART DES BOULAIS

PUBLIÉ AVEC LES ADDITIONS ET VARIANTES DE PLUSIEURS MANUSCRITS

ET ANNOTÉ PAR

M. Henri TOURNOÜER
Ancien élève de l'école des Chartes

PRÉCÉDÉ D'UNE NOTICE BIOGRAPHIQUE
PAR M. BESNARD

MORTAGNE

PICHARD-HAYES || L. DAUPELEY
Libraire-Éditeur || Imprimeur

M. DCCC. XC

EPITRE

A Monsieur CATHINAT (1)

Sieur de Mauves et La Fauconnerie (2)

Conseiller du Roy en sa Cour de Parlement, à Paris

Monsieur,

Il m'est souvenu que dernièrement que j'eus l'honneur de vous voir, discourant avec vous des antiquitez du Perche, je vis que vous y preniez plaisir; cela m'obligea à les rechercher, ce que j'ay fait le plus exactement que j'ay peu et rédigé avec vérité en ce volume pour vous en donner le contentement, que je vous suplie avoir agréable; m'asseurant que si le voyez de bon oeil il le sera de tous. En ceste asseurance, je prie Dieu vous conserver en santé, longue et heureuse vie et à moy l'honneur de demeurer éternellement,

Monsieur,

Votre très humble serviteur,

BART.

De Mortaigne-au-Perche, ce 4 décembre 1613

---

(1) Le Catinat, auquel Bart dédie son œuvre, était sans doute l'aïeul du maréchal. Cette famille, originaire du Perche, occupa pendant longtemps dans cette province les principales charges de la magistrature. Le grand Catinat ne vivait pas encore à l'époque où fut composé ce recueil. Il devait naître le 1er février 1637 de Pierre de Catinat, doyen du Parlement de Paris, et de Catherine Poisle.

(2) Ce nom est assez répandu dans le Perche. Il semble s'agir ici de la Fauconnerie, ferme située entre Mauves et St-Ouen-de-la-Cour, appartenant aujourd'hui à M. Delorme, notaire honoraire à Mortagne.

AU LECTEUR

Entre toutes les provinces de France, le Perche est celle de qui les historiographes font le moins de mention et si ce n'estoit les fondations des esglizes et monastaires que les comtes et seigneurs d'icelle province y ont fait bastir, l'on n'en auroit point de connoissance; et encore, le malheur a voulu que les protestans françois, au commencement de leurs élèvemens, en ont bruslé partie des tiltres des fondations et bâtimens : ce qui a enseveli et perdu la mémoire en ce regard; en quoy ils ont non-seulement offensé la mémoire de ces pieux princes, mais de leurs propres parens, prédécesseurs et progéniteurs qui ont en la pluspart favorisé et assisté de leurs biens les dictes fondations. Et, pour ce qu'il peut encore arriver un tel orage qui acheveroit d'en perdre du tout la connoissance, j'ay jugé pour leur mérite estre nécessaire, en ce qui en reste, leur donner nouvelle vie à la gloire de leurs successeurs comme de longtems je l'avois désiré; et, à ceste fin, fait des extraits et dressé des mémoires que pour mes autres afaires j'avais mis ès-mains de feu messire François Courtin (1), avocat du Roy à Belême, mon bon cousin, espérant pour sa suffisance qu'il s'en acquiteroit mieux que moy, mais il a esté prévenu de mort et, ayant laissé cela en suspens espérant que quelqu'un reprendroit ses traces, je me suis tû jusqu'à présent, que voyant cela endormy et ses mémoires égarés (2), j'ay voulu m'appliquer en faisant des recherches ès monastaires de ce païs, desquels aucuns religieux et autres très aises de faire revivre et perpétuer la mémoire de ceux qui les nourrissent, m'ont volontairement aydé de ce qu'ils avoient de tiltres; autres, trop abondans en l'aise où les dicts princes les ont mis, n'en ont voulu lever le pied; autres, non faute de bonne volonté, s'en sont justement excusés

---

(1) François Courtin mourut en 1611 sans avoir pu achever son « Histoire du Perche ». Son fils, René, conseiller et avocat du Roi au siège de Bellême, reprit et termina l'œuvre inachevée de son père. Si nous avions tenu compte de la date de ce manuscrit, nous aurions dû le publier avant celui-ci. Nous avons cru cependant préférable, Courtin ayant beaucoup emprunté à son cousin, de donner la première place à Bart.

(2) *Var.* « J'ai revu ce que j'en avois retenu. » *(Ms. de Versailles.)*

sur la véritable perte d'iceux; à quoy j'ay esté très bien assisté de la diligence des vénérables Messires René Le Guerrier, doyen de Sainct-Jean de Nogent, François Lemoine, promoteur de Monseigneur le Révérend évêque de Sees, prévost de l'esglize collégiale de Toussainct de Mortaigne, et Jean Le Sueur (1), escuyer, sieur du Tartre, secrétaire de la maison du Roy, pour la communication des tiltres par lesquels j'ay enfilé les règnes des dicts comtes du Perche de père en fils jusqu'au dernier (2) (encore que les fondations ne portent aucune date de tems); ce que j'ay fidèlement rédigé en ce volume que je présente à la postérité pour exciter leurs bons nourrissons à prier Dieu pour eux et servir de blâme aux ingrats qui les ont couverts du voile d'oubliance et donner du contentement aux successeurs de connoître l'antiquité de leurs familles que je suplie avoir agréable de telle affection que je le présente.

(1) Ci-devant élu du Perche, frère du trisaïeul de Philippe Lesueur, curé de Margon. *(Note du ms. de M. de Sicotière.)*

(2) *Var.* « Sur quels titres j'ay compilé les noms et reignes des comtes
« du Perche, de père en fils jusqu'au dernier, et les fondations et monas-
« tères par eux bastis et de ceux qui les y ont assistés, et ce qu'ils ont
« fait de mémorable en leur reigne tirré de divers autheurs et confronté
« sur les chartres et titres des dittes maisons, mesme de ce qui est en
« général de la province, son étendue, les contrariétés sur la dénomination
« de son nom; de l'union de Bellesme et de Moulins avec cette province
« et par quels moyens et de l'union de cette province avec la Couronne
« de France, en quels tems, à qui et par qui; de la désunion d'icelle, par
« appanage de ceux qui l'ont possédée en cette qualité, de leurs reignes,
« et finalement de la réunion d'icelle à la Couronne, faute d'hoirs
« masles.

« Je sçay bien que ceux qui auront lu le Sigisbert Guillaume Genutieux
« et sinon les moins anciens autheurs qui escrivent aucunement de cette
« province pourront s'offenser de ce que je ne demeure d'accord avec eux de
« ce qui en est, mais je les supplie croire que je me suis conformé au
« tesmoignage que je produis de ce que j'ai escrit, tant par les chroniques
« et chartres de fondements de monastères, manuscrits non imprimés des
« ducs d'Alençon et comtes du Perche, confrontés l'un à l'autre que j'ai
« fidèlement recueillis et ouverts à la postérité pour exciter leurs bons
« nourrissons, etc..... » *(Frag. imp. à Mortagne.)*

AUTEURS

DONT JE ME SUIS SERVI EN CE RECUEIL

Commentaires de César, des guerres des Gaules, livre troisiesme, chapitres 4 et 18.

Sainct Grégoire de Tours, 30ᵉ (1), 84ᵉ (1) 99ᵉ chap. de la gloire des Confesseurs et deuxiesme livre de son histoire, art. 20 (2).

Les vies et légendes de sainct Cérenie et saincte Céronne (3); celles de Sainct Marcou et sainct Lhomer par Mʳ Benoit (4).

Les Chroniques de Normandye imprimées, chapitres 12, 34, 41, 44, 46 et 47 et de celle manuscrite, 174 (5).

Anthonius (6), troisiesme livre de son histoire.

Les Chroniques de France des règnes de Henry et Philippe, premiers du nom, Philippe-Auguste, Louys IX, Charles VII, Louys XI, Charles VIII, Françoys Iᵉʳ, Charles IX.

L'histoire du voyage de la Terre saincte (7).

Les mémoires de monsieur du Tillet, tiltres des comtes de

---

(1) Fausses citations. *(Note du ms. de Versailles.)*

(2) Cette citation est également erronée.

(3) Cérenie est une des formes de Cénery; on trouve encore Senerie, Seneri ou Selerin. Sainte Céronne s'écrit souvent sainte Séronne. Les vies et légendes de ces deux saints ont sans doute été consultées manuscrites par Bart. D'après M. l'abbé Blin, il aurait consulté une vie de sainte Céronne par saint Adelin conservée à l'abbaye de Saint-Evroult et aujourd'hui perdue.

(4) Nous n'avons pu, malgré de minutieuses recherches, identifier ces vies de saint Marcou ou Marcoul et de saint Lhomer ou Laumer. M. l'abbé Blin, dans ses Vies des Saints, ne les mentionne pas. Seul M. Ulysse Chevalier (Répertoire des sources historiques du moyen-âge, supp. 1888) cite le nom de Benoit comme celui de l'un des auteurs de ces vies, mais ne nous apprend rien sur cet ouvrage peut-être perdu aujourd'hui. Frère, dans sa bibl. normande, cite plusieurs œuvres d'un René Benoit qui pourrait être celui-ci. Il vivait à la fin du XVIᵉ siècle.

(5) Ces chroniques sont très nombreuses. Il serait fort difficile d'indiquer celles dont Bart à pu se servir.

(6) Auteur qui nous est inconnu.

(7) Peut-être s'agit-il ici de l'ouvrage suivant: « Itinerarii Terre sancte; inibiqz sacrorum locorum : de rerum clarissima descriptio..... per Bartholomeum a Saligniaco nuper emissa. Veneunt Lugduni in edibus Gilberti de Villiers. Impressum anno millesimo quingentesimo xxv (1525) », pet. in-8ᵒ goth.

Bloys, de la maison d'Alençon issue de la branche des Vallois, de Vendôme et de Dreux, des traités d'entre les roys de France et d'Angleterre, et des appanages des fils de France (1).

La Chronique de Bretagne, fol. 90, 104, 184 (2).

Chopin, sur la Coustume d'Anjou, livre premier, chapitre 43 (3).

Les Antiquitéz de monsieur Duchêne (4).

Monsieur de Rémond en son histoire de la naissance, progrès et décadence de l'hérésie, livre 4, chapitre 9 (5).

Un tiltre de Sainct-Martin-du-Vieil-Belême.

Les tiltres de Sainct-Denys de Nogent-le-Rotrou.

Ceux de Sainct-Jacques du dict Nogent.

Ceux de Sainct-Jean du dict Nogent.

Ceux des Clairets.

Ceux de la Trape.

Ceux du Valdieu.

Ceux de Toussainct de Mortaigne.

Ceux de Chartraige.

Ceux de la Maison-Dieu du dict Mortaigne et ceux de Saincte-Claire du dict lieu.

---

(1) « Recueil des roys de France, leurs couronne et maison, ensemble le rang des grands de France, par Jean du Tillet, sieur de la Bussière..... plus une chronique abrégée contenant tout ce qui est advenu, tant en fait de guerre qu'autrement, entre les Roys et Princes, Républiques et Potentats étrangers, par M. J. du Tillet, évesque de Meaux, frères. Paris, chez Barthelemy Macé. 1602, in-4º. » — Ce recueil contient un titre intitulé : « de la Maison d'Alençon, issùe de la branche de Valois avec l'inventaire des pièces ».

(2) « Les grandes Chroniques de Bretaigne, parlant des très-pieux, nobles et belliqueux rois, ducs, princes..... Paris, 1514. in-fol. — Id. avec additions. 1532. in-fol. »

(3) « Commentaires sur la Coutume d'Anjou, par René Choppin (1609?). » Ce livre serait posthume car René Choppin mourut en 1606.

(4) « Historiæ Normannorum scriptores antiqui, res ab illis per Galliam, Angliam, Apuliam, Capuæ principatum, Siciliam et orientem gestas explicantes, ab anno Christi DCCC XXXVIII ad annum M CC XX..... Ex mss. Codd. Omnia fere nunc primum edidit Andreas Du Chesnius Turonensis; Lutetiæ Parisiorum, 1619, in-f. de 1104 p. » — Bart ne dut se servir que du manuscrit de cet ouvrage qui d'ailleurs n'est qu'un recueil de chroniques normandes, comme celles d'Abbon, de Guillaume de Jumièges, d'Ordéric Vital, etc.....

(5) « Histoire de la naissance de l'hérésie en France, par Florimond de Raemond, conseiller au Parlement de Bordeaux. » Cette histoire se trouve au septième livre de « l'histoire de la naissance, progrès et décadence de l'hérésie de ce siècle. Paris. 1605-1610. in-4º. Cambray, 1611. in-8º. »

Un contract de transaction sur les partages de la succession de Jean de Vendôme estant au trézor de la Frette (1).

(1) *Additions:*
« Aimon le moine, 5ᵉ livre de ses annales.
« Un ms. du duc d'Alençon et comte du Perche, depuis le roy Sainct
« Louys jusqu'à Charles de Vallois le dernier, non imprimé. *(Frag.*
« *imp. à Mortagne.)*
« Autres auteurs qui ont servi pour la rectification :
« Mon manuscrit de l'histoire ancienne du Perche ou histoire de
« l'ancien Perche.
« Gilles Bry, histoire des comtes d'Alençon et du Perche (1).
« René Courtin, histoire du Perche, manuscrite (2).
« Mémoires historiques sur Alençon et ses seigneurs (3).
« Morin, dictionnaire (4).
« La Martinière, dictionnaire (5).
« Gallia Christiana (6).
« Histoire de Chartres, par M. Doyen.
« Mezeray, abrégé chronologique (7).
« Grands officiers de la couronne (8).
« Histoire d'Angleterre, par David Hume (9).
« Sainte-Marthe, histoire de France (10).
« Dumoulin, histoire de Normandie (11).
« P. Daniel, histoire de France (12).
« Dictionnaire de la noblesse (13) ».
(Note de M. Delestang. Ms. de M. de la Sicotière.)

(1) Publiée en 1620.
(2) Il en existe un certain nombre de copies entre autres dans les bibliothèques de M. de la Sicotière et du Mⁱˢ de Chennevières, et chez M. Thomassu.
(3) Par Odolant Desnos. Alençon, 1787, 2 in-8°.
(4) Sans doute Moréri, grand dictionnaire historique. Lyon, 1673, in-f. — 1681, 2 in-f. — Paris, 1759, 10 in-f.
(5) La Haye, 1726-1730, 10 v. in-fol. — Paris, 1768, 6 in-fol.
(6) Paris, 1759. Le tome XI est consacré aux diocèses de Normandie. Il fut publié par les bénédictins Dom Denis de Sainte-Marthe, Pétis de la Croix, Jean Thiroux et Joseph du Clou. (Le diocèse de Séez occupe dans ce volume les col. 674-761 et les preuves 152-200).
(7) Paris, 1668, 3 in-4°. — Id., 1673, et Amst., 1674, 6 vol. in-12.
(8) Le P. Anselme de Sainte-Marie. Histoire généalogique et chronologique de la maison royale de France. Paris, 1726-33, 9 in-fol. L'un des chapitres est consacré aux grands officiers de la couronne.
(9) 1754-1761, traduite par Campenon, 1819-22, 22 v. in-8°.
(10) Histoire généalogique de la Maison de France, Paris, 1619-1647, 2 v. in-fol.
(11) Rouen, 1631, in-fol.
(12) 1755, 17 v. in-4°.
(13) Par Desbois (Fr.-Alex. La Chenaye). Paris, 1770-1786, 15 vol. in-4°.

DES
ANTIQUITÉZ DU PERCHE

COMTES ET SEIGNEURS DE LA DICTE PROVINCE

ENSEMBLE

LES FONDATIONS, BATIMENS DES MONASTAIRES ET CHOSES NOTABLES DU DICT PAÏS

TITRE Ier

DU PERCHE ET DE SES MAISONS RELIGIEUSES

Il n'y a province en France (fors le Perche) de qui l'on ne trouve l'auteur du nom qu'elle porte. Les Gaules même ont laissé et portent le nom de leurs auteurs et possesseurs : la Belgique, de Belgius, quatriesme roy des Gaules; la Celtique, de Jupiter Celte, qui en fut le neuviesme roy (1); et de même les provinces particulières d'iceles; la Normandye, auparavant Neustrie (2), a pris le nom qu'elle porte de ce qu'elle a esté habitée et possédée par Sigfride et Raoul, danois, et autres venus du Dannemarck que l'on appelloit Northmans (3); l'Anjou, d'Angers, sa ville capitale (4); Poictou, de Poictiers, etc... Mais il ne se trouve point qui au Perche a imposé le nom de Unellum qu'il portoit anciennement, ny des habitans d'iceluy de ce nom de Unelli, comme César les appelle en ses commentaires (5), n'y aiant en

---

(1) *Add.* « La Narbonnoise, de Narbonne, sa capitale, et Narbonne, de « Narbon, 12e roy des Gaulles..... et l'Aquitaine à cause de l'abondance « de ses eaües. » *(Frag. imp. à Mortagne.)*

(2) *Add.* « Maritime. » *(Ms. de M. de la Sicotière.)*

(3) *Var.* « Northinois. » *(Frag. imp. à Mortagne.)*

(4) *Add.* « Le Mans du Maine. » *(Ibid.)*

(5) *Add.* « Selon l'interprétation du Viginaire sur ses Commentaires. » *(Ibid.)* — Il est fort difficile de se faire une idée au sujet de l'emplace-

ceste province du Perche ville, chasteau ny village qui porte ce nom, ny qui en approche, ny de qui ce nom peut être dérivé (1).

César reconnoit néantmoins qu'ils étoient grands guerriers

ment que devaient occuper les Unelli. César les place avec d'autres peuples maritimes : « Eodem tempore a Publio Crasso quem cum legione un amiserat ad Venetos, Unellos, Osismios, Curiosolites, Sesuvios, Aulercos, Rhedones, quæ sunt maritimæ civitates. Oceanumque attingunt certior factus est omnes eas civitates in deditionem potestatemque populi romani esse redactos. » (G. des Gaules, liv. II, par. XXXIV). Ptolémée les place dans le Cotentin et les appelle Veneli (Οὐενέλοι). Selon Dom Carrouget, ils tireraient leur dénomination de la rivière d'Huine, en latin Unella. On a voulu aussi faire dériver ce nom de Benellum, Benelli, le Bellesmois ou encore de Veri Unelli, Vieux Verneuil. On peut conclure, ce nous semble, de ces diverses opinions que les Unelles n'occupaient pas la région du Perche, car de tous ces témoignages celui de César nous parait le plus certain et nous voyons qu'il en faisait un peuple maritime. D'autres preuves cependant sont nécessaires pour trancher définitivement cette délicate question.

(1) *Add.* « Et n'estoit le tesmoignage que l'on dict s'estre trouvé gravé
« en une lame de cuivre attachée dedans une pierre de la cheminée de la
« Tour grise de Vernëuil au Perche, contenant ces mots : Hanc Julius
« victor construxit Unellis, l'on ne jugeroit pas que ce pays du Perche
« fust celuy que Cœsar appeloit Unellum ou Unelli parcequ'au 4e livre de
« ses Commentaires il assis les Unelli au voisinage de Vannes, Treguier,
« Rennes et la mer Armorique dont le pays du Perche est beaucoup plus
« esloigné. *[Frag. imp. à Mortagne.]*

« Cette province, suivant Gilles Bry, sieur de la Clergerie, est une petite
« région de la Gaule Celtique, laquelle étoit autrefois de bien plus grande
« étendue qu'elle n'est à présent, non-seulement à la considérer au temps
« que l'on en avoit point encore distrait le pays de Timerais, Senonches,
« Bresolles et Champrond par la transaction faite entre Henri II, roy de
« France, et le duc de Vendosme et le marquis de Montferrat, à cause de
« Françoise et Anne d'Alençon, filles et héritières de Charles, duc d'Alen-
« çon et du Perche, en l'an 1525, mais encore dans l'état que luy donnent
« les histoires, même César dans ses Commentaires ; il y loue la bravoure
« de ces peuples et celle de Viridovix, leur chef, qui donna tant d'affaires
« aux lieutenants de l'empire romain ; la contenance et la situation de
« cette province du temps de César étoient à peu près la même qu'elle
« étoit du temps que ceux de la maison de Bellesme la tenoient en
« l'an 900 et 1000, étant seigneurs d'Alençon, Sees, Moulin, Danfront et
« Falaise et aussy touchante de près à ceux de Lisieux, Evreux et autres
« nommés par le grand empereur ; lequel sur la fin de son second livre
« et commencement du troisième les fait voisins des places maritimes
« que baigne l'Océan (1) ; d'après cela il faudrait donc demeurer d'acord
« que les Unelles sont les Percherons, comme plusieurs ont estimés sur
« ce peut-être qu'entre les cités voisines il nomme celles de Lisieux et
« Evreux qui joignent le Perche d'un côté entre le midy et le septentrion ;

(1) Deleslang fait erreur en disant que César fait les Unelli voisins des places maritimes ; il les nomme « Civitates maritimas » c'est-à-dire cités sur le bord de la mer, ce qui n'est pas du tout la même chose et fait rejeter l'opinion qui place ce peuple dans le Perche. La découverte de l'inscription de Verneuil (dont parle le Frag. imp. à Mortagne) ne le prouve guère davantage car Verneuil était à l'extrême limite septentrionale du Perche, sinon en dehors comme beaucoup d'auteurs le croient.

qu'il combatit en personne et par Gabinus et Saburius (1), ses lieutenans, et vainquit plusieurs fois avec leur capitaine Viridorix; qu'ils habitoient et faisoient leur retraite ès forests du païs qui estoient grandes, ne tenoient point de place et que tantost ils estoient en un quartier et tantost en l'autre; qu'ils furent contre luy au secours de Chartres qu'il tenoit assiégée et qu'ils estoient tels qu'il valoit mieux estre leur amy que leur voisin.

Sainct-Grégoire de Tours, au trentiesme chapitre de la gloire des Confesseurs (2), rapporte que les Romains, subjugant les Gaules, aiant abordé la province Unelli et logé en la première forest de ceste province, plantée de très-haults chênes et droicts, la nommèrent à cause de cela : *Pertica*, *Perche* qui est un bois droict et long, nom qui est tousjours depuis demeuré à la dicte forest que l'on appelle encore *La Perche* ou *Le Perche* ; et que de là et de ce que le païs estoit en la pluspart planté de pareilles forests, ils nommèrent toute la province de ce nom de *Perche* (3).

Il ne se trouve depuis ce tems par qui le païs ait esté possédé particulièrement jusqu'à Geofroi qui porta qualité de comte de Chateaudun et du Perche, qui vivoit en l'an 1030, régnant Henry, premier du nom, Roy de France (4). Ce fust luy qui jetta les pre-

« Volateranus au livre troisième de sa géographie, Ptolémée en sa
« troisième partie de l'Europe en font mention et la joignent à Lisieux et
« Evreux. Dion les appelle Venesios; Orose et Pline, liv. IV, chap. 16:
« Venellos. »   *(Note de M. Delestang. Ms. de Versailles.)*

(1) Var. « Par Titurius Sabinus. » *(Frag. imp. à Mortagne.)* Ce nom est plus exact. On lit en effet dans César : « Quintum Titurium Sabinum legatum cum legionibus tribus in Unellos, Curiosolitas Lexoviosque mittit..... » (G. des Gaules, liv. III, p. XI), et dans Dion Cassius que « César était encore dans la Vénétie lorsque Quintus Titurius Sabinus qui commandait sous lui fut envoyé contre les Unelles (Οὐνέλλους) dont le chef était Viridorix. Sabinus fut d'abord si complètement terrifié par leur multitude qu'il se trouvait content s'il pouvait sauver son camp. Mais ensuite s'étant aperçu que par là il donnait une excessive confiance à ce peuple qui en réalité n'était pas redoutable... il reprit courage. » *(Hist. Rom., livre XXXIX.)*

(2) Citation fausse, comme nous l'avons déjà fait remarquer plus haut. Nous n'avons trouvé trace nulle part de ce passage qui ne doit certainement pas être attribué à saint Grégoire de Tours. M. Gouverneur, dans ses « Essais sur le Perche », p. 43, l'a accepté sans contrôle. Le Frag. imp. à Mortagne le cite sans référence.

(3) *Add.* « En laquelle province sont encores trois grandes forrest en
« dépendantes, l'une est dicte la forrest du Perche, l'autre Renno, l'autre
« Bellesme, appartenantes au Roy et autres appartenantes aux monastères
« par les bienfaicts des comtes du Perche et autres seigneurs parti-
« culiers. » *(Frag. imp. à Mortagne.)*

(4) En 1030, Robert Ier était encore sur le trône. Henri Ier, son fils, ne lui succéda qu'en 1031.

miers fondemens de la piété au Perche et y fonda et fit bastir des esglizes et monastaires, comme il sera cy-après dict. Nos chroniques françoises ny autres ne font point mention de sa maison ny de sa famille, ny comme les deux maisons de Perche et de Dunois se sont unies ny comme elles se sont désunies.

La dicte maison de Dunois a esté depuis unie avec celle de Bloys. Louys, comte de Bloys, fils de Guy, se voiant sans enfans, vendit (1) à Monsieur Louys de France, duc d'Orléans, frère du Roy Charles VI, les dicts comtés de Bloys et de Dunois pour deux cens soixante mille francs d'or, avec rétention de l'usufruit sa vie durant (2).

Pour nostre païs du Perche il se trouve qu'il estoit tenu anciennement en vasselage du Roy d'Angleterre ou du duc de Normandye, comme sera cy-après montré; mais ne se trouve qu'il ait dépendu d'aulcune province de la couronne de France ny qu'il ait esté nommément compris aux partages faits entre Childebert, Clotaire, Clodomir et Thierry, enfans de Clovis, ny autres leurs successeurs qui ont partagé ce royaume comme ont esté le Mayne et la Normandye qui environnent et joignent le dict païs du Perche, ny en ce qui fust donné par Charles le Simple à Raoul (3) le Danois; il est vrai que par le traité de paix fait entre Théodoric,

(1) *Add.* « En 1391. » *(Ms. de M. de la Sicotière.)*
(2) *Add.* « Qui finit en 1397. » *(Ms. de M. de la Sicotière.)*
(3) *Var.* « Et Hartoin les Dannois vers l'an 839, environ lequel tems ou
« à peu près, à sçavoir en l'an 878, reignant Louis II dit le Gros, que se
« trouve un Henry, comte du Perche, qui fonda la chapelle Sainct-Nicolas
« en l'esglise Nostre-Dame de Chartres, auquel ont succédé plusieurs
« comtes du Perche et vicomtes de Chasteau-Dun.

« Je ne trouve point l'union de ces deux maisons, mais j'ay bien trouvé
« comme Thibault, comte de Blois, espousa la fille de Geffroy, vicomte
« de Chasteau-Dun, fils de Rotrou, qui joignit les dictes deux maisons
« ensemble; mais a toujours esté possédée en liberté par seigneurs parti-
« culiers sous la bannière desquels ils marchoient en guerre; Jules César
« le tesmoigne au 3e livre de ses Commentaires qu'ils avoient droit de
« faire bastre monnoye et autres droits de soubverainneté sous le nom de
« Corbon ou Corbonnois qui estoient lors capitale; mais ne se trouve
« point qui depuis la possession des Romains en ait jouy particulière-
« ment ny porté le nom de comte du Perche, jusque vers l'an 8 ou 900,
« qu'il se trouve au Martyrologe de l'église Nostre-Dame de Chartres,
« sans datte, que Charles, comte du Perche, fonda la dicte chapelle,
« auquel ont succédé plusieurs autres qui, par alliance ou autrement,
« unirent la comté de Dunois avec le Perche qui en fust désuny par le
« mariage de Ursnie, fille de Geffroy, comte du Perche, avec Thibault,
« comte de Blois, les successeurs duquel en ont toujours jouy con-
« jointement jusqu'à Louys, fils de Guy, qui vendit l'un et l'autre à
« M. Louys de France, duc d'Orléans, pour 260000 livres; au regard du

Clotaire et Theodoret, demeura à Théodoric, pour sa part du royaume, tout ce qui s'étend entre Seine et Loire jusqu'à la mer occeane et aux bornes de Bretaigne dedans lequel enclave le Perche est compris.

Laquelle comté du Perche est néantmoings des plus anciennes comtés de France et qui a tousjours tenu des premiers rangs en toutes assemblées des princes, comme il est cy-après justifflé et combien que le dict païs et province du Perche soit l'une des plus petites de France qui ne contient que douze ou treze lieues de long et autant de large, néantmoings il se trouve que les comtes et seigneurs du dict païs, consommés en piété, y ont basti et fondé plus de monastaires et autres maisons d'oraisons qu'il n'y en a en nulle des autres de sa qualité et jusqu'au nombre de quarante-huit; sçavoir: douze monastaires conventuels et vingt-neuf prieurés non-conventuels (1), deux esglizes collégialles, trois hospitaux, deux léproseries (2), cent soixante-dix paroisses (3); sçavoir:

Pour les Conventuels :

L'abbaye de la Trape (4),
Les Chartreux du Val-Dieu (5),
Chartraige lèz Mortaigne (6),

« comté du Perche, il a esté possédé de succession en succession depuis
« le dit Charles jusque vers l'an 1220 que la succession universelle des
« comtes du Perche tomba ès mains d'Helisande qui la donna à Philippes-
« Auguste et par ce don la dicte comté fust unie à la Couronne de France. »
(Frag. imp. à Mortagne.)

(1) *Var.* « Vingt-sept prieurés non conventuels. » *(Ms. de Versailles.)* —
« Vingt-six. » *(Ms. de M. de La Sicotière.)* — « Trente-trois. » *(Frag. imp. à Mortagne.)*

(2) *Var.* « Deux léproseries et une maladrerie (Saint-Gilles de Mauves). »
(Ms. de Versailles.) — « Quatre léproseries ou maladreries. » *(Ms. de M. de La Sicotière.)*

(3) *Var.* « 168 paroisses qui est le nombre que reconnaît la Coutume
« du Grand Perche rédigée en 1558. » *(Ms de M. de La Sicotière.)*

(4) Com. de Soligny-la-Trappe, cant. de Bazoches-sur-Hoëne, arr. de Mortagne, fondée le 10 septembre 1140, par Rotrou II, comte du Perche.

(5) Com. de Feings, cant. et arr. de Mortagne, fondée en 1170 par Rotrou III, comte du Perche. — Il reste peu de chose de ce prieuré, dont on peut voir les boiseries à la Bibliothèque d'Alençon et à l'église de Mortagne. Il appartient aujourd'hui à M. Félix Desnos.

(6) *Add.* « Chanoines réguliers de l'ordre de Sainte-Geneviève et ancien-
« nement de Saint-Augustin, fondés par Rotrou II, 4º comte du Perche,
« en 1099. » *(Mss. de M. de La Sicotière et de Versailles.)* — Erreur.

Sainct-Eloi lèz Mortaigne (1),
Saincte-Claire de Mortaigne (2),
Sainct-Martin du Vieil-Belême (3),
Chêne-Galon (4),
Moutiers (5),
Sainct-Denys de Nogent (6),
Les Clairetz (7),
Tiron (8),
Arcisses (9).

Le Chartrage de Mortagne fut fondé en 1090 par Geoffroy III, comte du Perche, et non en 1099.

(1) Add. « Chanoines réguliers de l'ordre de la Sainte-Trinité, fondés en « 1230. » *(Ms. de M. de La Sicotière.)* — Nouvelle erreur. Cette maison fut fondée par saint Eloi en 733. L'ordre pour la rédemption des captifs y fut établi en 1204.

(2) Add. « Religieuses de l'ordre de Saint-François, fondé en 1502. » *(Ms. de M. de La Sicotière.)*

(3) L'époque de la fondation de ce prieuré est inconnue. Il existait déjà au xie siècle.

(4) Com. d'Eperrais, cant. de Pervenchères, arr. de Mortagne. — Prieuré établi au xiie siècle, supprimé en 1785, de l'ordre de Grammont ou des Boushommes. Il offre aujourd'hui bien peu d'intérêt. C'est la propriété de Mme Chazelle.

(5) Moutiers-au-Perche, cant. de Rémalard, arr. de Mortagne. Un des monastères les plus anciens du Perche, fondé par saint Lhomer au vi^e siècle et soumis à la règle de saint Benoit. On lui donna primitivement le nom du ruisseau qui le traverse et on l'appela Corbion. Il ne prit que plus tard le nom de Moutiers-Lhomer. Supprimé en 1790.

(6) Add. « Ordre de Cléraï, fondé par Geoffroy, 1er comte du Perche, « en 1031. » *(Mss. de M. de La Sicotière et de Versailles.)*

(7) Com. du Mage, cant. du Theil, arr. de Mortagne. — Cette abbaye, de l'ordre de Citeaux, fut fondée en 1198 et réformée par l'abbé de Rancé. On peut consulter à ce sujet la « Carte de visite faite à l'abbaye de Notre-Dame des Clairets par le Rév. père abbé de la Trappe, le seizième février 1690. — Paris, chez François Magnet, 1690, 1 in 12. » — Cette abbaye est aujourd'hui en ruines.

(8) Cant. de Gardais, arr. et à 15 kil. de Nogent-le-Rotrou, abbaye fondée en 1109 par Bernard d'Abbeville, abbé de Saint-Savin et de Saint-Cyprien de Poitiers, qui fut canonisé et appelé dans la suite saint Bernard de Tiron.

(9) Com. de Brunelles, cant. de Nogent-le-Rotrou. Ce lieu avait été d'abord occupé par saint Bernard. L'abbaye fut fondée en 1225 par Guillaume du Perche, évêque de Châlons : « Erectus est vi idus septemb. anno 1225, sub patrocinio B. Mariæ Virginis, et sub ejusdem Tironii dominatu, a Guillelmo de Bellême, episcopo Catalaunensi ac comite Perticensi. » (Gallia christiana. Tome VIII, col. 1303.)

Eglises collégiales :

Toussainct de Mortaigne (1),
Sainct-Jean de Nogent (2).

Simples prieurés :

Ceton (3),
Flacey (4),
Sainct-Eulphace (5),
Champrond en Gastine (6),
Pont-Neuf (7),
Haponvilliers (8),
} Tous les dicts prieurés dépendans de Sainct-Denys de Nogent.

Sainct-Laurents de Moulins (9),
Courteraye (10),
Poix en Saincte-Céronne (11),
Maison-Maugis (12),
} dépendans de Sainct-Evroul.

(1) *Add.* « Fondée en 1203 par Mathilde, comtesse du Perche, veuve « de Geoffroy, sixième comte du Perche. » *(Mss. de M. de La Sicotière et de Versailles.)* — Cette fondation eut lieu par lettres données au château de Longpont, le 7 mars 1203.

(2) *Add.* « Fondée par Rotrou II, quatrième comte du Perche, et « Béatrix, sa mère, en 1098. » *(Ms. de M. de La Sicotière.)* — « Fondée « par Rotrou V, comte du Perche, et Béatrix, sa mère, en l'année 1144. » *(Ms. de Versailles.)* — Ces additions sont erronées l'une et l'autre. Rotrou II ne put être le fondateur de Saint-Jean de Nogent, puisqu'il mourut en 1078 ou 1079. Ce titre doit revenir à son fils Geoffroy III (si toutefois la date de 1098 est bien exacte) qui fut comte du Perche de 1078 à 1100. Encore ne fit-il que relever de ses ruines l'église collégiale dont la première fondation remonte à une époque plus éloignée. En 1144, Rotrou IV était comte du Perche et non Rotrou V. Mais cette date doit être fausse, car on attribue cette seconde fondation à Rotrou III et à sa mère Béatrix au commencement du xiie siècle). Ils établirent dans l'église de Saint-Jean un petit chapitre de cinq chanoines.

(3) Cant. du Theil, arr. de Mortagne, fondée au xie siècle, par un seigneur Gautier-Chesnel ou Quesnel.

(4) *Var.* « Fleury » *(Frag. imp. à Mortagne)*, cant. de Bonneval, arr. de Châteaudun (Eure-et-Loir).

(5) Cant. de Montmirail, arr. de Mamers (Sarthe). Il s'agit du prieuré de saint Gilles, situé à l'extrémité de la commune de Saint-Eulphace ou Ulphace et fondé en 1200 par Gautier de Montmirail.

(6) Cant. de La Loupe, arr. de Nogent-le-Rotrou, fondé vers 1250.

(7) Nous n'avons pu identifier ce prieuré.

(8) Cant. de Thiron, arr. de Nogent-le-Rotrou, fondé en 1160.

(9) Moulins-la-Marche, cant. de l'arr. de Mortagne ; la fondation de ce prieuré remonte sans doute au xie siècle.

(10) Com. de Fruncé, cant. de Courville, arr. de Chartres, fondé en 1226.

(11) Com. de Sainte-Céronne-lès-Mortagne, cant. de Bazoches-sur-Hoëne.

(12) Saint-Nicolas de Maison-Maugis, cant. de Rémalard, arr. de Mortagne, fondé en 1214 par Geoffroy IV, comte du Perche.

1re Série.

Chemilly (1),
Condeau (2),
Rémallard (3), } dépendans de
Bisou (4), Saint-Lhomer de Bloys.
Saint-Léonard de Souascy (5),
Courcerault (6),
Longni (7), } dépendans de Saint-Jean
Monceaux (8), en Vallée de Chartres.
Saint-Léonard de Belême (9), de Saint-Martin du Vieux-Belême.

Saincte-Gauburge (10), de Saint-Denys en France (11).
Montgaudry (12), de Saint-Martin de Sees.
Saint-Michel (13), de Sainct-Avy.
Dame-Marie (14), de Jumièges en Normandye.

(1) Cant. de Bellême, arr. de Mortagne. Sa fondation est antérieure à 1265.

(2) Cant. de Rémalard, arr. de Mortagne; fondé au xiiie siècle.

(3) Cant. de l'arr. de Mortagne; fondé en 1093.

(4) Cant. de Longny, arr. de Mortagne. On ignore la date de sa fondation.

(5) Canton d'Authon, arr. de Nogent-le-Rotrou; s'écrit aujourd'hui Soizé. L'église, dédiée à saint Léonard, est celle de l'ancien prieuré dont la date de fondation est inconnue.

(6) Cant. de Nocé, arr. de Mortagne. Date de fondation inconnue.

(7) Cant. de l'arr. de Mortagne.   id.

(8) Cant. de Longny, arr. de Mortagne.   id.

(9) Fondé par Guillaume Talvas, Ier du nom, seigneur de Bellême, en 1026.

(10) Com. de Saint-Cyr-la-Rosière, cant. de Nocé, arr. de Mortagne, fondé au xie siècle, par Yves de Bellême, évêque de Séez, suivant Odolant-Desnos (Mém. hist., I, 116). Les constructions qui nous en restent ne sont pas aussi anciennes. L'église, abandonnée aujourd'hui, date des xiiie et xive siècles, l'abbaye, convertie en ferme, du xve. Elle mérite d'être signalée pour son élégante et gracieuse tourelle, ses portes encore bien conservées et sa cheminée, probablement unique en son genre, retraçant sur son manteau l'histoire de la désobéissance de nos premiers parents. Ce prieuré est une des richesses du Perche : souhaitons-lui conservation et longue vie! La Normandie illustrée et l'Orne archéologique et pittoresque nous en donnent des reproductions lithographiques.

(11) Add. « Et aujourd'huy du roy depuis la réunion de la manse abba- « tiale de Saint-Denis à Saint-Cyr. » *(Ms. de Versailles)*

(12) Cant. de Pervenchères, arr. de Mortagne, date de fondation inconnue.

(13) Saint-Michel-la-Forêt, cant. de Laigle, arr. de Mortagne, relevant de Saint-Avit de Brou, date inconnue.

(14) Cant. de Bellême, arr. de Mortagne, fondé en 1023. L'église actuelle, dédiée à Notre-Dame, était celle du prieuré.

La Chaise (1),	de Sainct-Benoist sur Loire.
La Madeleine de Réno (2),	de Tiron.
Coulimer (3),	de la Couture du Mans.
Brenard (4),	de Pont Levé.

Hospitaux :

Sainct-Jacques de Nogent (5),
Sainct-Nicolas de Mortaigne (6),
Et celui de Belême (7).

Léproseries :

Sainct-Lazare de Nogent (8),
Chartraige de Mortaigne (9).

Paroisses de la Province du Comté du Perche (10).

Sçavoir :

POUR LA CHASTELLENIE DE MORTAGNE :

Nostre-Dame de Mortagne,
Sainct-Jean de Mortagne (11),

---

(1) Com. d'Eperrais, cant. de Pervenchères, arr. de Mortagne.

(2) Com. de Saint-Victor-de-Réno, cant. de Longny, arr. de Mortagne ; sa fondation est antérieure au XIIe siècle. L'église, de cette époque, en est conservée.

(3) Cant. de Pervenchères, arr. de Mortagne, fondée avant 1294.

(4) Com. de Bazoches-sur-Hoëne, arr. de Mortagne ; le prieuré, dédié à saint Léonard, dépendait de l'abbaye de Pontlevoy ou Pontlevé, près Blois.

Le Fragt imp. à Mortagne ajoute à cette liste les prieurés suivants :
« Marchainville, } dépendant de Saint-Evroult.
« Sainct-Robert, près Marchainville,
« Sainct-l'Homer de Jouventry, dépendant de Sainct-Lhomer de Blois. »

(5) Fondé par Rotrou IV, en 1182.

(6) Fondé à la fin du XIe siècle par Geoffroy III.

(7) Saint-Gilles de Bellesme, fondé à la fin du XIIe siècle.

(8) Fondé en 1091.

(9) Fondé en 1090. Le Fragt imp. à Mortagne ajoute :
« Sainct-Gilles, près Mauves. »
Ce prieuré se trouvait à un kilomètre de Mauves, sur la route de Mortagne. C'est aujourd'hui une grange où l'on remarque encore un portail roman.

(10) Addition du Fragt imp. à Mortagne.

(11) Supprimée ; l'église a été démolie en 1793.

Sainct-Malo du dict lieu (1),
Sainct-Germain de Loisey de Mortagne,
Saincte-Croix de Mortagne (2),
Sainct-Langis (3),
Théval (4),
Sainct-Denys sur Huyne (5),
Parfondeval (6),
Coullymer (7),
Sainct-Quentin de Blavo (8),
La Mesnière (9),
Long-Pont (10),
Sainct-Aubin de Bouessey (11),
Buré (12),
Courgehoust (13),
Bazoches (14),
Sainct-Germain de Martigny (15),
Sainct-Etienne-sur-Sarte (16),
Champeaux (17),
Courtheraye (18),
Sainct-Martin des Pezeris (19),
Solligny (20),
Bouessi-Maugis (21),

(1) Supprimée; église démolie en 1783.
(2) Supprimée; église démolie en 1796.
(3) Saint-Langis-lès-Mortagne, cant. de Mortagne, dioc. de Séez.
(4) Supprimée; église démolie en 1812, dioc. de Séez.
(5) Réunie à Réveillon en 1801, cant. de Mortagne, dioc. de Séez.
(6) Cant. de Pervenchères, dioc. de Séez.
(7) Id., id.
(8) Saint-Quentin-de-Blavou, cant. de Pervenchères, dioc. de Séez.
(9) Cant. de Bazoches-sur-Hoëne, dioc. de Séez.
(10) Supprimée; église démolie en 1810, dioc. de Séez.
(11) Réunie à la Mesnière, dioc. de Séez.
(12) Com. de Bazoches-sur-Hoëne, dioc. de Séez.
(13) Id., id.
(14) Bazoches-sur-Hoëne, arr. de Mortagne, dioc. de Séez.
(15) Cant. de Bazoches-sur-Hoëne, dioc. de Séez.
(16) Cant. de Bazoches-sur-Hoëne, réunie à Saint-Aubin-de-Courteraye, en 1801, dioc. de Séez.
(17) Champeaux-sur-Sarthe, cant. de Bazoches-sur-Hoëne, dioc. de Séez.
(18) Saint-Aubin-de-Courteraye, dioc. de Séez.
(19) Cant. de Moulins-la-Marche, dioc. de Séez.
(20) Soligny-la-Trappe, cant. de Bazoches-sur-Hoëne, dioc. de Séez.
(21) Boissy-Maugis, cant. de Rémalard, dioc. de Chartres.

Regmalard.... chasteau,
Bizou (1),
Le Maige (2),
Moutiers..... chasteau (3),
Mesnus..... seigneurie (4),
Le Pas Sainct-l'Homer (5),
Dorceau (6),
Sainct-Ouen de Sècherouvre (7),
Sainct-Hilaire (8),
Sainct-Mars de Coullonge (9),
Courtoullain (10),
Saincte-Ceronne (11),
Lignerolle (12),
La Potterie (13),
Bresolette (14),
Prepotin (15),
Sainct-Sulpice (16),
Champs (17),
La Ventrouse (18),
Réveillon (19),
Faings (20),
Sainct-Victor de Renno (21),

(1) Cant. de Longny, dioc. de Chartres.
(2) Le Mage, cant. de Longny, dioc. de Chartres.
(3) Moutiers-au-Perche, cant. de Rémalard, dioc. de Chartres.
(4) Les Mesnus, cant de Longny, dioc. de Chartres.
(5) Réunie aux Mesnus en 1801, dioc. de Chartres.
(6) Cant. de Rémalard, dioc. de Chartres.
(7) Cant. de Bazoches-sur-Hoëne, dioc. de Séez.
(8) Saint-Hilaire-lès-Mortagne, cant. de Mortagne, dioc. de Séez.
(9) Cant. de Bazoches-sur-Hoëne, réunie à Saint-Germain-de-Martigny, en 1801, dioc. de Séez.
(10) Courtoulin, réunie à Bazoches-sur-Hoëne, dioc. de Séez.
(11) Cant. de Bazoches-sur-Hoëne, dioc. de Séez.
(12) Cant. de Tourouvre, dioc. de Séez.
(13) Cant. de Tourouvre, réunie en 1801 à la Ventrouse, dioc. de Chartres.
(14) Cant. de Tourouvre, dioc. de Séez.
(15)   Id.,   id.
(16) Saint-Sulpice-de-Nully, cant. de Mortagne, réunie en 1819 à Saint-Hilaire-lès-Mortagne, dioc. de Séez.
(17) Cant. de Tourouvre, dioc. de Séez.
(18) Cant. de Tourouvre, dioc. de Chartres.
(19) Cant. de Mortagne, dioc. de Séez.
(20) Feings, cant. de Mortagne, dioc. de Séez.
(21) Cant. de Longny, dioc. de Chartres.

Comblot (1),
Courgeon (2),
Maison-Maugis (3),
Bivelier (4),
Contrebis (5),
Courceraut (6),
Sainct-Mars de Renno (7),
Mauves (8),
La Chapelle Monligeon (9),
Corbon (10),
Le Pin (11),
Loisail (12),
Villiers (13),
Tourouvre (14),
Randonnay (15),
Bubertré (16),
Nully (17),
La Lande (18).

POUR LA CHASTELLENIE DE BELLESME :

Sainct-Sauveur de Bellesme,
Sainct-Pierre de Bellesme (19),
Cerigny (20),

(1) Cant. de Mortagne, dioc. de Séez.
(2)   Id.,   id,
(3) Cant. de Rémalard, dioc. de Séez.
(4) Bivilliers, cant. de Tourouvre, dioc. de Séez.
(5) Supprimée; réunie en 1790 à Randonnay, cant. de Tourouvre, dioc. d'Evreux.
(6) Cant. de Nocé, dioc. de Séez.
(7) Cant. de Mortagne, dioc. de Séez.
(8)   Id.,   id.
(9)   Id.,   id.
(10) Réunie à Mauves en 1801, dioc. de Séez.
(11) Le Pin-la-Garenne, cant. de Pervenchères, dioc. de Séez.
(12) Cant. de Mortagne, dioc. de Séez.
(13) Villiers-sous-Mortagne, dioc. de Séez.
(14) Arr. de Mortagne, dioc. de Chartres.
(15) Cant. de Tourouvre, dioc. de Chartres.
(16) Cant. de Tourouvre, dioc. de Séez.
(17) Déjà citée sous le nom de Saint-Sulpice.
(18) La Lande-sur-Erre, cant. de Longny, dioc. de Chartres.
(19) Supprimée; église démolie en 1793.
(20) Serigny, cant. de Bellême, dioc. de Séez.

Marcilly (1),
Belloup-sous-Regmalard (2),
Dame-Marie (3),
Berdhuis (4),
La Rouge (5),
Sainct-Martin d'Igey (6),
Sainct-Cir (7),
Sainct-Germain de la Coudre (8),
Appenay (9),
Verrières (10),
La Brière (11),
Sainct-Aignan sur Erre (12),
Dancé (13),
Sainct-Quentin le Petit (14),
Sainct-Maurice sur Huyne (15),
Collonard (16),
Condeau (17),
Sainct-Jean de la Forrest (18),
Gémages (19),
Préaux (20),
Sainct-Hilaire sur Erre (21),
Sainct-Aubin des Groys (22),

(1) Réunie en 1801 à Igé ; église aujourd'hui détruite, dioc. de Séez.
(2) Bellou-sur-Huisne, dioc. de Séez.
(3) Cant. de Bellême, dioc. de Séez.
(4) Cant. de Nocé, dioc. de Séez.
(5) Cant. du Theil, dioc. de Séez.
(6) Cant. de Bellême, dioc. de Séez.
(7) Saint-Cyr-la-Rosière, cant. de Nocé, dioc. de Séez.
(8) Cant. du Theil, dioc. de Séez.
(9) Cant. de Bellême, dioc de Séez.
(10) Cant. de Nocé, dioc. de Séez.
(11) Saint-Pierre-la-Bruyère, cant. de Nocé, dioc. de Séez.
(12) Cant. du Theil, dioc. de Séez.
(13) Cant. de Nocé, dioc. de Séez.
(14) Réunie à Nocé, dioc. de Séez.
(15) Cant. de Nocé, dioc. de Séez.
(16) Cant. de Nocé, commune et paroisse supprimées et transportées au Buisson en 1859, dioc. de Séez.
(17) Cant. de Rémalard, dioc. de Séez.
(18) Cant. de Nocé, dioc. de Séez.
(19) Cant. du Theil, dioc. de Séez.
(20) Cant. de Nocé, dioc. de Séez.
(21) Cant. du Theil, dioc. de Séez.
(22) Cant. de Nocé, dioc. de Séez.

Sainct-Martin du Douet (1),
Courthioust (2),
Le Tail (3),
L'hermittière (4),
Sainct-Germain des Groys (5),
Nocé (6),
Sainct-Hillaire des Noyers (7),
Corubert (8),
La Chapelle Souef (9),
Sainct-Ouen de la Cour (10),
Belloup le Trichard (11),
Peuvary (12),
Le Ressort Sainct-Cosme (13),
Le Ressort Gastineau (14),
Le Ressort de Nogent le Besnard (15),
Le Ressort d'Avezé (16).

POUR LA CHASTELLENIE DE CETTON :

Cetton (17),
Dallon (18),

(1) Réunie à Dame-Marie en 1801, dioc. de Séez.
(2) Réunie en 1820 à Colonard et en 1859 au Buisson, dioc. de Séez.
(3) Le Theil, arr. de Mortagne, dioc. de Séez.
(4) L'hermitière-Bouquet, cant. du Theil, dioc. de Séez.
(5) Cant. de Rémalard, dioc. de Séez.
(6) Arr. de Mortagne, dioc. de Séez.
(7) Réunie, comme commune et comme paroisse, à Saint-Jean-de-la-Forêt, le 17 septembre 1812; à la commune de Corubert le 9 janvier 1828; à la paroisse du Buisson ou Colonard en 1876; aujourd'hui château, dioc. de Séez.
(8) Réunie à Colonard en 1876, dioc. de Séez.
(9) Cant. de Bellême, dioc. de Séez.
(10) Cant. de Bellême, dioc. de Séez.
(11) Cant. du Theil, dioc. du Mans.
(12) Pouvray, cant. de Bellême, réunie à ce canton le 15 juillet 1829, dioc. du Mans.
(13) Saint-Cosme-de-Vair, petite enclave du Perche, située dans le Sonnois, cant. de Mamers (Sarthe), dioc. du Mans.
(14) Préval-Gatineau ou la Chapelle-Gatinelle, enclave située dans le Maine, cant. de la Ferté-Bernard (Sarthe), dioc. du Mans.
(15) Enclave dans le Sonnois, cant. de Bonnétable (Sarthe), dioc. du Mans.
(16) Enclave dans le Maine, cant. de la Ferté-Bernard (Sarthe), dioc. du Mans.
(17) Cant. du Theil, dioc. du Mans.
(18) Dollon (Sarthe), dioc. du Mans.

La Chapelle Sainct Rémy (1),
Sainct-Denys de la Coudre (2),
Sainct-Jean des Echelles (3),
Champront (4),
Theligny (5).

POUR LA CHASTELLENIE DE LA PERRIÈRE (6) :

Bellavilliers (7),
Sainct-Julien sur Sarte (8),
Origny le Buttin (9),
Sainct-Martin du Vieil Bellesme,
Suré (10),
Pervenchères (11),
Viday (12),
Esperraye (13),
Sainct-Frogent (14),
Chemilly (15),
Barville (16),
Sainct-Jouin de Blavo (17),
Montgaudry (18),
Sainct-Hilaire de Souazay (19),
Origny le Roux (20),
Sainct-Jacques de Vaunoise (21).

(1) Enclave dans le Maine, dioc. du Mans.
(2) Saint-Denys-des-Coudrais, enclave dans le Maine, dioc. du Mans.
(3) Enclave dans le Maine, dioc. du Mans.
(4) Champrond-en-Gatine, c. de La Loupe (E.-et-L.), dioc. de Chartres.
(5) Cant. de la Ferté-Bernard (Sarthe), dioc. du Mans.
(6) Cant. de Pervenchères. Cette châtellenie fut réunie à celle de Bellême au mois d'août 1745, dioc. de Séez.
(7) Cant. de Pervenchères, dioc. de Séez.
(8) Id., dioc. de Séez.
(9) Cant. de Bellême, dioc. de Séez.
(10) Cant. de Pervenchères, dioc. de Séez.
(11) Arr. de Mortagne, dioc. de Séez.
(12) Cant. de Pervenchères, dioc. de Séez.
(13) Eperrais, cant. de Pervenchères, dioc. de Séez.
(14) Saint-Fulgent-des-Ormes, cant. de Bellême, dioc. de Séez.
(15) Cant. de Bellême, dioc. de Séez.
(16) Cant. de Pervenchères, dioc. de Séez.
(17) Id., id.
(18) Id., id.
(19) Saint-Hilaire-de-Soizé, réunie en 1790 à la Perrière, dioc. de Séez.
(20) Cant. de Bellême, dioc. de Séez.
(21) Id., id.

POUR LA CHASTELLENIE DE NOGENT-LE-ROTROU :

Notre-Dame de Nogent,
Sainct-Laurent [de Nogent],
Sainct-Hillaire [de Nogent],
Coudreceau (1),
Bonvilliers (2),
Champront (3),
Sainct-Jean de Margon (4),
Montigny (5),
Nonvilliers (6),
Happonvilliers (7),
Bethonvilliers (8),
Vichères (9),
Sainct-Mars (10),
Gaudenne (11),
Les Autels Thubœuf (12),
Masle (13),
Souencé (14),
Coudray (15),
Pierre-Fitte (16),
Trizay (17),
Argenvilliers (18),
Les Esteilleux (19).

(1) Cant. de Thiron (Eure-et-Loir), dioc. de Chartres.
(2) Cant. de la Ferté-Vidame (Eure-et-Loir), réunie en 1790 à la Chapelle-Fortin, dioc. de Chartres.
(3) Champront-en Perchet, c. de Nogent-le-Rotrou, dioc. de Chartres.
(4) Cant. de Nogent-le-Rotrou, dioc. de Chartres.
(5) Montigny-le-Chartif, cant. de Thiron (E.-et-L.), dioc. de Chartres.
(6) Cant. de Thiron, dioc. de Chartres.
(7)   Id.   id.
(8) Cant. d'Authon (Eure-et-Loir), dioc. de Chartres.
(9) Cant. de Nogent-le-Rotrou, dioc. de Chartres.
(10) Saint-Marc, près Courville (Eure-et-Loir), dioc. de Chartres.
(11) La Gaudaine, cant. de Nogent-le-Rotrou, dioc. de Chartres.
(12) Cant. d'Authon, réunie à Beaumont-le-Chartif le 6 février 1835, dioc. de Chartres.
(13) Males, cant. du Theil, dioc. de Chartres.
(14) Souancé, cant. de Nogent-le-Rotrou, dioc. de Chartres.
(15) Coudray-au-Perche, cant. d'Authon, dioc. de Chartres.
(16) Cant. de la Ferté-Vidame, dioc. de Chartres.
(17) Trizay-au-Perche, cant. de Nogent-le-Rotrou, aujourd'hui Trizay-Coutretot-Saint-Seye, dioc. de Chartres.
(18) Cant. de Nogent-le-Rotrou, dioc. de Chartres.
(19) Les Etilleux, cant. d'Authon, dioc. de Chartres.

POUR LA SERGENTERIE BOULLAY :

Fontaine-Simon (1),
Merencé (2),
Les Murgers (3),
Sainct-Elie (4),
Sainct-Pierre du Favril (5),
Coullonges (6),
Sainct-Denys d'Authou (7),
Marolles (8),
Berthoncelles (9),
Monlandon (10),
Montireau (11),
Sainct-Victor es Buton (12),
Fretigny (13),
Sainct-Hillaire des Noyers (14),
Condé (15),
Rivray (16),
Combres (17),
La Croix du Perche (18),

(1) Cant. de La Loupe (Eure-et-Loir), dioc. de Chartres.
(2) Meaucé, cant. de La Loupe, dioc. de Chartres.
(3) Saint-Jean-des-Murgers, supprimée, dépendait de Bretoncelles.
(4) Saint-Eliph (?), cant. de La Loupe.
(5) Cant. de Courville, arr. de Chartres.
(6) Supprimée; dépendait de Bretoncelles.
(7) Cant. de Thiron.
(8)   Id.
(9) Bretoncelles, cant. de Rémalard, dioc. de Chartres.
(10) Cant. de La Loupe (Eure-et-Loir), dioc. de Chartres.
(11)   Id.   id.
(12)   Id.   id.
(13) Cant. de Thiron, dioc. de Chartres.
(14)   Id.   réunie à Saint-Denis-d'Authon le 14 juillet 1826, dioc. de Chartres.
(15) Condé-sur-Huisne, cant. de Rémalard, dioc. de Chartres.
(16) Supprimée, commune de Condé-sur-Huisne, dioc. de Chartres.
(17) Cant. de Thiron, dioc. de Chartres.
(18)   Id.   id.

CHARTRAGE DE MORTAGNE [1]

Chartrage de Mortagne (2), fondé en 1099 par Rotrou, quatrième comte du Perche (3). Les biens dépendants de la ditte léproserie, ainsi que des autres maladreries et léproseries du royaume, furent joints et incorporés à l'ordre de Notre-Dame du Mont-Carmel et de Saint-Lazare par édit du mois de décembre 1672 (4) ; ils en furent ensuitte distraits par édit et déclaration des mois de mars, avril et aoust 1693 (5) et finalement par édit du 14 janvier 1695 (6). Les maladreries de Chartrage, paroisse de Loisey et celle de Saint-Gilles, de la paroisse de Mauves, furent réunies à l'hopital de la ville de Mortagne.

(1) Les pages qui suivent jusqu'à la « division du Perche » sont extraites des manuscrits de Versailles et de M. de La Sicotière, qui seuls les reproduisent. Ce sont des additions trop considérables pour être mises en notes et nous avons cru bon de les intercaler dans le texte de Bart. Elles doivent être attribuées à Delestang (en partie du moins).

(2) Cette léproserie est dite Sancta Magdalena de Catarabia. Ainsi on doit l'écrire Chatrage et non Chartrage. *(Note du Ms. de Versailles.)*

(3) Nous avons déjà fait remarquer que Rotrou IV n'avait pu fonder ce Chartrage en 1099, puisqu'à cette époque il était mort. Cette fondation est due à Geoffroi III et doit se placer en 1090.

(4) « Par l'édit du mois de décembre 1672, le Roi déclare que sachant que l'Ordre de Saint-Lazare de Jérusalem est le plus ancien de la chrétienté, qu'il est hospitalier et militaire, qu'il est fondé pour la défense de la foi, pour le service des malades et des pauvres et que la plus grande partie de ses biens avait été usurpée par l'envie et l'avidité de plusieurs autres ordres séculiers et réguliers, communautés et particuliers, il rétablissait cet ordre dans l'administration et la jouissance des maladreries, léproseries, hôpitaux et lieux pieux de ses Etats et qu'il unissait et incorporait les maisons, droits et possessions des ordres du Saint-Esprit de Montpellier, de Saint-Jacques de l'Epée, du Saint-Sépulcre, et pour composer des revenus de tous ces biens, des commanderies qui serviraient de récompenses aux officiers reçus chevaliers de l'ordre... » Telle est la substance de cet édit que nous n'avons pu trouver en entier. Ce passage est tiré de Gautier de Sibert. *(Histoire des Ordres royaux hospitaliers et militaires de N.-D. du Mont-Carmel et de St-Lazare.* — Paris, 1772, in-4º, p. 456.)

(5) Les édits des mois de mars et d'avril 1693 ordonnaient la désunion de tous les biens unis à l'ordre de N.-D. du Mont-Carmel et de Saint-Lazare en exécution de l'édit du mois de décembre 1672. Celui du mois d'août 1693 mit quelques restrictions aux dispositions des autres édits de la même année.

(6) Cet édit fut enregistré au Parlement le 7 septembre 1696.

PAROISSES

Il n'y a point d'évesché en cette province quoy qu'elle renferme un plus grand nombre de paroisses que la pluspart des éveschés de ce royaume. Le diocèse de Sees, province de Normandie, celui de Chartres et encore une petite portion de celui du Mans ont leur extension dans cette province.

Si l'on en croit les légendes de St Cerenic et Ste Céronne reçues en l'église, elles témoignent qu'anciennement il y avoit un évêché à Hyèmes (1), et Messire René Benoît, en la vie de St Marcou, d'après St Grégoire de Tours, dit qu'anciennement le dit évêché d'Hyèmes étoit divisé en trois archidiaconés, à sçavoir : Sees, Lisieux et Bayeux, qui, après la ruine du dit Hyèmes, furent érigés en trois évêchés comme ils sont de présent ; fut celuy de Sees mis en un monastère y bati de l'ordre de St Augustin, et pour ce que l'évêché étoit trop petit, Sa Sainteté, du consentement de l'évêque de Chartres, adjouta partie du Perche qui pour lors étoit tout du diocèse de Chartres, comme le rapporte Grégoire de Tours au 99e chap. de la Gloire des Confesseurs (2) ; à sçavoir ce qui est deça la rivière de Commeauche sous l'archidiaconé de Corbonois ; lequel archidiaconé, depuis la réunion de Bellesme à la comté du Perche a été divisé en deux, à sçavoir : l'archidiaconé de Bellesme qui comprend Bellesme et ses dépendances, et celuy de Corbonois qui comprend Mortagne et ses dépendances ; non obstant cette réunion, les prêtres des deux dits archidiaconés ont toujours fait et continué le divin service suivant l'usage et constitutions du diocèse de Chartres, comme ils faisoient au précédent (ce qui authorise et donne une nouvelle force au sentiment de Grégoire de Tours) quoique les prestres du dit diocèse de Sees le fissent selon l'usage et constitutions du dit diocèse de Sees. Cette différence d'office dans deux parties du même diocèse a continué jusqu'au mois de septembre 1613, que Jacques Suarez, évêque de Sees et portugais de nation, profès de l'ordre de St François, conseiller du Roy en son Conseil d'Etat et son prédicateur ordinaire, en sa calende géneralle tenue à Sees, ordona que tous les prestres de son diocèse feroient et celebreroient à l'avenir le divin service selon l'usage de Rome (3).

---

(1) *Var.* « Ou Exmes. » *(Ms. de M. de La Sicotière.)*

(2) « Avitus abbas, carnotensi pagi, quem *Pertensem* vocant... » (ex libro de Gloria confessorum, cap. xcix).

(3) Cette calende est du 14 septembre 1613.

Ordona la feste de St François estre festivée chacun an en son diocèse, qui est le 4 octobre, et jusques à cinq ans concéda quarante jours de pardon à ceux qui la festiveroient; il fit en outre dans cette même kalende plusieurs beaux réglemens, ordonances et statuts aux curés et autres ecclésiastiques de son diocèse.

Les officiers et prestres de la ditte église de Sees ont toujours vécu régulièrement en commun et habit blanc suivant leur première profession jusqu'en l'an 1545, que Pierre Duval, évêque du dit Sees, par permission de Sa Sainteté, les sécularisa, changea leur habit et mit leur communauté en particularité et offices (1).

Prieuré de St-Martin du Viel Bellesme.

Au dessous de la ville de Bellesme, joignant la forest, est le prieuré de St-Martin du Vieil Bellesme, membre dépendant de St-Martin de Marmoutiers, joignant le bourg de la ditte ville aussy apellé St-Martin du Vieil Bellesme. L'église du dit lieu sert pour célébrer le divin service tant des religieux que de la paroisse qui ont chacun son chœur séparé; l'abbé de Marmoutiers confère le dit prieuré de St-Martin *pleno jure* de la fondation duquel prieuré les religieux disent n'avoir aucuns titres (2); je crois cependant que cette maison a été bâtie et fondée par Guillaume de Bellesme, premier du nom et le premier de la famille des seigneurs de Bellesme dont nous aions connoissance; il vivoit vers l'an 980. Ce fut ce même Guillaume de Bellesme qui fonda et fit bâtir aussy l'abbaye de Ste-Marie de Lonchey (3) et le château de Damfront.

Rotrou, quatrième comte du Perche, en l'an 1126, ainsi que nous le dirons plus au long en parlant du règne de ce prince,

---

(1) La sécularisation fut accordée aux chanoines par une bulle de Paul III, du 19 mars 1547 et approuvée par le roi Henri II, le 20 janvier 1548 (voir l'Essai historique sur la cathédrale et le chapitre de Séez par MM. H. Marais et H. Beaudouin, Alençon, 1878, in-8°, p. 150 et suivantes). La bulle fut mise à exécution par le procureur de l'abbaye d'Ardennes, près de Caen, député commissaire du Saint Siège, assisté d'Ursin Huget et de Jean Daupley, notaires apostoliques, en présence de René de Silly, chevalier, seigneur de Vaux, bailli de Caen, de Guillaume Le Verrier, son lieutenant, et de Jacques Le Roy, procureur du roi.

(2) *Add.* « Néanmoins on trouve que Hugues du Rochet donna, du temps
« d'Yves de Bellême, évêque de Séez, à l'abbaye de Marmoutiers, l'église
« du Vieux-Bellême qui était à lui. » *(Ms. de M. de La Sicotière.)*

(3) De Lonlay.

confirma la fondation et les donations faittes au dit prieuré et l'aumôna même de grands biens (1).

Prieuré de Chêne-Galon.

De l'autre côté de la forest de Bellesme et joignant icelle, près la paroisse d'Eperray, vers Mortagne, est un prieuré, nommé Chêne-Galon, dépendant de celuy de Grandmont, où il y a un prieur et quatre religieux du dit ordre de Grandmont. Je n'ai pu avoir des religieux de cette maison aucuns titres de fondation ny instruction pour servir à cette histoire (2).

Fondation du Prieuré de Moutiers.

Le monastère de Moutiers est un prieuré sis au dedans du bailliage de Mortagne, de l'ordre de St-Benoît, qui est à mon avis le plus ancien du Perche. La légende de St Lhomer, reçue à l'église, contient qu'au temps de Clotaire, fils de l'ancien Clovis qui régnoit en 540, le dit St Lhomer (3), prestre et qui avoit été choisi œconome du chapitre de Chartres, se retira en une forest du Perche vers l'an 563 (4), dans un hermitage autrefois habité mais pour lors en ruines (5); il le rétablit par les libéralités du seigneur du lieu et y bâtit un monastère considérable qui fut appelé l'abbaye de Corbion. Ce lieu fut donné au saint abbé par Ragonitte (6), noble personnage, et où ses compagnons le suivirent; cet endroit est aussy connu sous le nom de St-Lhomer le Moutier et ainsi qualifié par plusieurs légendaires, tels que Mr Lecomte, Mr Baillet, etc. : comme aussy Crenulphus et Valfrade, sa

(1) Le ms. de M. de La Sicotière donne la date de 1226. — Mais celle du ms. de Versailles est certainement la bonne. Seulement il ne s'agit pas là de Rotrou IV, mais de Rotrou III.
Ce prieuré est aujourd'hui la propriété du comte Dubois de Saligny.
(2) Voir ce que nous en avons dit page 16.
(3) *Var.* « Ou Laumer, Launomarus ». *(Ms. de M. de La Sicotière.)*
(4) *Add.* « Et s'arrêta au lieu où est aujourd'hui Bellomer » *(Ms. de M. de La Sicotière.)* « en 558. » *(Dict. Moréri.)*
(5) *Add.* « Qu'il s'enfonça dans une autre forêt du pays; y trouvant les « ruines d'un ancien hermitage, il le rétablit... » *(Ms. de M. de La S.)*
(6) *Var.* « ou Ragowitz. » *(Id.)*

femme, nobles ayant participé aux œuvres saintes du dit saint Lhomer, luy donnèrent les lieux, terres et métairies de la Brenotière et le Fay.

Autres luy donnèrent aussy des biens par le moyen desquels ils établirent au dit lieu un prieur et des religieux. Depuis, les comtes du Perche l'ont augmenté de grands biens et iceluy donné et incorporé à l'abbaye de St-Lhomer de Blois bâtie par Raoul, duc de Bourgogne, durant l'usurpation qu'il avoit fait du royaume de France en l'an 929 (1). Par succession du temps, l'on a retranché du nom de ce lieu le mot Lhomer et luy est demeuré celuy de Moutiers seulement, de laquelle abbaye de St-Lhomer de Blois et des bénéfices qu'il possède au Perche sera cy-après parlé, il ne se trouve aucuns titres de fondation du dit monastère ayant été perdus durant les gueres des Normans et les troubles des protestans.

St Lhomer fut enterré dans les fauxbourgs de Chartres. Les religieux de son monastère de Moutiers enlevèrent par artifice les reliques de leur saint abbé en 595, mais en huit cent soixante et douze, les religieux se trouvant trop exposés aux insultes des Normans se retirèrent dans le diocèse d'Avranches, puis dans la ville du Mans en aportant avec eux le corps de leur abbé ; mais ne se croyant pas encore à l'abry des incursions des barbares, ils se retirèrent et s'établirent à Blois sur Loire vers l'an 874, où ils déposèrent leur thrésor. Le séjour leur parut si commode qu'ils ne parlèrent plus de transmigration et c'est ce qui donna lieu d'y fonder, le siècle suivant, sous la règle de St Benoist, le monastère de St-Lhomer qui a toujours subsisté depuis, lequel monastère fut bâti, comme nous l'avons dit, par Raoul, duc de Bourgogne, et qui, sous la fin du règne de Louis XIV, a été réuni au nouvel évêché de Blois ; lequel évêque présente aujourduy aux bénéfices du Perche qui étoient autrefois à la nomination des religieux et abbaye de St-Lhomer du dit Blois.

Prieuré de Ste-Gauburge.

À l'autre extrémité de la chatellenie du dit Bellesme, vers et joignant le pays du Maine, y a un fort beau et riche prieuré, fondé de Ste-Gauburge, qui est membre dépendant de l'abbaye de St-Denis en France (2), c'étoit cette même abbaye qui en avoit

---

(1) *Var.* « En 923. » *(Ms. de M. de La Sicotière.)*
(2) *Add.* « Qui paroît d'abord avoir été donné à l'abbaye de Bonneval et

autrefois la disposition, mais depuis que Louis XIV, en l'année 1686, réunit la manse abbatiale de S‌t-Denis à celle de S‌t-Cyr, qu'il a fait bâtir proche Versailles pour l'éducation des jeunes demoiselles de condition, ce prieuré est aujourduy à nomination royale. Il jouit de tous droits de chatellenie, sceaux, marcs et mesures et jurisdiction, de laquelle jurisdiction les apellations par privilège ressortissent directement au Parlement de Paris comme celles du dit S‌t-Denis ; lequel prieuré est passé par les mains de tant de personnes de toutes qualités que l'on n'en a pu trouver aucuns titres de fondations ni autres et néantmoins le dit prieur jouit de grands dixmages sur plusieurs paroisses qui sont tous legs et donations de seigneurs particuliers et le prieur nomme et présente à quelques-unes d'icelles.

Sçavoir :

Au bénéfice de Bonnestable (1), païs du Maine qui est un beau grand bourg et château appartenant à madame la comtesse de Soissons (2), où (3) il est tenu de dire les grandes messes aux quatre festes solemnelles, y prend les offertoires et memes dixmes d'icelle paroisse la plus part duquel lieu est tenu en fief et censive de luy.

Présente aussy à la cure et bénéfice d'Aulaynes (4) et en prend les dixmes et taille un gros au curé.

Présente aussy à la Chapelle Gastineau et y prend dixmes.

Il est curé primitif du bénéfice de S‌te-Gauburge et y commet un vicaire perpétuel auquel pour sa nourriture il concède la dixme de la paroisse.

Prend en la paroisse de Preaux trois droits de dixmes, l'un appellé Courtelau, l'autre les Frisches et l'autre Courgeon, le tout de grains croissans ès dits droits. Et en outre sur la grange dixmeresse 48 minats de bled, moitié froment, moitié méteil.

Les deux tiers de la dixme de la Rouge et pareil droit en celle de Nocé.

De même en la paroisse de S‌t-Cir; la Chapelle Souef; Ygé; Appenay; le Teil; S‌t-Germain de la Coudre et autres biens, cens, rentes et domaines.

« depuis à celle de S‌t-Père de Chartres... le prieuré existe depuis le
« onzième siècle (1). » *(Ms. de M. de La Sicotière.)*

(1) Cant. de l'arr. de Mamers (Sarthe).

(2) *Add.* « M‌me Anne de Montafié, veuve de Charles, comte de Soissons. » *(Ms. de M. de La Sicotière.)*

(3) *Var.* « Auquel lieu le prieur de S‌te-Gauburge est tenu... » *(Id.)*

(4) *Add.* « Aussy dans le Maine. » *(Id.)*

(1) Voici à ce sujet le passage de la Gallia Christiana : « Nondum episcopus (Yves de Bellême)
« locellum S.-Gausburgis in territorio Belismensi situm Sancto Petro Carnotensi donavit
« circiter annum 1034 (XI. 680 d.). »

Prieuré de la Chaise.

Aux environs de Chêne-Galon et près de la forest de Bellesme, il y a un autre petit prieuré apellé la Chaise; il n'y existe plus aujourd'huy qu'une petite chapelle et quelques maisons sans moines ny religieux. Ce prieuré dépend de la maison de Saint-Benoist sur Loire ditte de Fleury et les titres, suivant ce que l'on dit, en ont été transportés en la ditte abbaye. De ce prieuré dépend un beau domaine et quelques dixmes (1).

DIVISION DU PERCHE

Le dict pays du Perche contenoit ce qui est apellé le Grand-Perche, le Perche Gouet et Chasteauneuf (2), jusques à la rivière d'Avre (3) qui prend sa source dans la forest du Perche, passe par

---

(1) *Add.* « Le lieu de la Chaise est ainsi que Chêne-Galon dans la « paroisse d'Eperrais; le prieuré est sous l'invocation de sainte Catherine. » *(Ms. de M. de La Sicotière.)*

(2) *Add.* « Le Thimerais et les Terres françaises. » *(Id.)*

(3) *Add.* « On lui donne 195 lieues carrées et 297 paroisses ainsi qu'il « suit :

	Lieues carrées.	Paroisses.
« Grand-Perche { haut. . . .	85	141
{ bas.	26	39
« Petit-Perche ou Perche-Gouet.	35	29
« Thimerais et Terres françaises.	49	88
	195	297

« Le Grand-Perche ou le Perche proprement dit a été spécialement le « sujet des recherches de Léonard Bart et l'objet de son histoire.

« Le Petit-Perche ou Perchet-Gouet contient cinq principaux lieux dits « les *Cinq baronnies du Perche-Gouet;* ce sont Alluye, Authon, la Ba-« soche-Gouet, Brou et Montmirail; on y voit les prieurés de :

« Authon, St-André, dépendant de l'abbaye de St-Calais.

« Les Bonshommes, dépendant de Chêne-Galon.

« Brou St-Romain, dépendant de St-Père en Vallée.

« Vieux-Vic, Saint-Martin, dépendant de Marmoutiers.

« Le Thimerais, ainsi nommé du lieu de Thimer, ruiné dans le onzième « siècle, renferme Châteauneuf en Thimerais, Senonches et Bresolles;

Chenebrun, Verneüil et Tillières, descend en Seine et sépare de ce côté la Normandye d'avec le Perche et la France ; dedans le dict païs du Perche, sur le bord de la dicte rivière d'Avre, devant et joignant le dict Verneüil du costé de France étoit anciennement basti Verneüil au Perche (1) qui fust ruyné et bruslé par Hastine le Danois lorsqu'il ruyna et brusla le païs depuis la Normandye jusqu'en Touraine, auquel, pour avoir paix, le roy Charles donna le comté de Chartres que depuis il vendit à Thibault, comte de Bloys (2). Des ruines duquel Verneüil au Perche, Henry, premier du nom, roy d'Angleterre et duc de Normandye, fist bastir (3) le Verneüil qui paroit aujourd'huy de l'autre costé de la rivière d'Avre sur sa terre de Normandye en quoy il enferma et se servit du chasteau et d'un coin du Verneüil au Perche que l'on appelle le fort Sainct-Laurent dans lequel sont le chasteau, le couvent des Cordeliers, l'esglize paroissiale de Sainct-Laurent et quelques maisons et fist aussy faire le grand étang qui est devant le dict chasteau au lieu où estoit partie du dict Verneüil au Perche pour rendre son Verneüil plus fort du costé de la France, lequel fort Sainct-Laurent a encore sa vieille closture de haultes

---

« on y trouve l'abbaye de St-Vincent aux Bois, la collégiale de Maillebois « et les prieurés de :

« Bellomer, ordre de Fontevrault, fondé en 1119 par Hugues de Châ- « teauneuf, qui avait aussi fondé Saint-Vincent aux Bois pour des cha- « noines réguliers.

« Groslu, } dépendants de St-Père de Chartres.
« Bresolles, }

« Thimer, dépendant de St-Florentin de Bonneval.

« Senonches,
« Réveillon, } dépendants de St-Père en Vallée.
« La Puisaie,

« Les Terres françaises dont les limites sont confondues dans le Thime- « rais, possèdent la maladrerie de Saint-Marc de Vieux Verneüil et les « prieurés d'Armentières et de Saint-Etienne les Chénebrun, dépendant « de St-Père en Vallée. » *(Addition de M. Delestang. — Ms. de M. de La Sicotière.)*

(1) *Add.* « Ville très ancienne que l'on dit avoir été bastie par Jules « César qui en laissa le tesmoignage en la Tour Grise qui est encore « entière par l'inscription que j'ay dict, après la victoire des Unelli ou « Percherons. » *(Frag. imp. à Mortagne.)*

(2) *Var.* « Hasting se rendit maître de Chartres et s'en fit comte en 845. « Charles le Chauve le reconnut en cette qualité. Hasting céda ou vendit depuis « le comté de Chartres à Thibault, neveu du comte de Paris ; il ne fut pas « comte de Blois, comme dit Bart ; ce fut un de ses successeurs, Thibault « le Vieux ou le Tricheur, qui fut comte de Blois et de Chartres. » *(Addit. de Delestang. — Ms. de M. de L. S.)*

) *Add* . « en 1120. » *(Id.)*

murailles du costé du dict Verneüil qui en fait séparation et dans icelle ses portaux par lesquels on entroit de Normandye dans Verneüil au Perche que l'on appelle à présent le Vieil Verneüil ; se servit aussy le dict Henry de la Tour Grise pour servir de fort au nouveau Verneüil. L'assiete de ces deux places justiffie qu'elles dépendoient du dict Verneüil au Perche et servoient de deffenses contre la Normandye parce que le donjon du chasteau qui est le plus fort a la force et la face tournées vers le dict nouveau Verneüil; et y commande et les maisons et les logemens du dict chasteau sont bastis sur les murailles de la closture d'iceluy vers le dict Vieil Verneüil au Perche, tout au découvert et sans force et peu de deffense sinon du dict étang, et la Tour Grise, qui est scise hors et près la muraille, dedans un marais plein d'eau a aussy sa force et face tournées vers le dict nouveau Verneüil, lavis et veües y donnant lumière, qui est la partie la plus foible regardant vers le dict Vieil Verneüil ou Verneüil au Perche à laquelle Tour Grise est demeurée la jurisdiction du dict Verneüil au Perche qu'on appelle le Ressort françois où il y a chastellenye royale de laquelle les appellations ressortissent au Parlement de Paris (1) et la jurisdiction est exercée dans un auditoire particulier basti dans le dict fort Sainct-Laurent et n'a rien de commun avec la jurisdiction du dict nouveau Verneüil ; auquel Vieil Verneüil ou Verneüil au Perche estoit encore une belle esglize fondée de Sainct-Martin, quelques murailles des vieilles forteresses et un grand fauxbourg que le sieur Baron de Médavy (2), gouverneur du dict Verneüil durant les guerres civiles de la Ligue, fist rompre en l'an 1591 et ne reste plus aparamment du dict Verneüil au Perche que partie d'une chapelle et quelques maisons appellées la maladrerie Sainct-Marc qui est une ancienne léproserie.

 Le dict Henry, roy d'Angleterre, fist aussy bastir les chasteaux de Moulins (3) et Bonmoulins (4) pour bornes et forteresses de la Normandye contre les Percherons qui lui faisoient tousjours la guerre.

 Le dict nouveau Verneüil (5) est un siège particulier du bailliage

---

(1) *Add.* « Au présidial de Chartres et au Parlement de Paris. » *(Frag. imp. à Mortagne.)*

(2) *Var.* « Pierre Rouxel, baron de Médavy. » *(Ms. de M. de La Sicotière.)*

(3) Moulins-la-Marche, arr. de Mortagne, bâti vers 1116.

(4) Cant. de Moulins-la-Marche, bâti vers 1100.

(5) *Var.* « Le Verneüil normand que d'anciens documents dénomment « le Verneüil lès Perche. » *(Ms. de M. de La Sicotière.)*

d'Alençon d'où les appellations ressortissent au siège présidial d'Alençon et au Parlement de Rouen, qui a son auditoire dedans iceluy Verneüil (et non ce Verneüil que Monsieur Duchêne en ses Antiquités dict avoir esté érigé en marquisat en faveur de madame Henriette de Balsacq d'Antragues ; ce Verneüil marquisat est en Picardie).

Il y a au dict païs du Grand Perche deux principales villes appartenantes au roy, à sçavoir : Mortaigne et Belême, et Nogent le Rotrou appartenant à Monsieur Henry de Bourbon, prince de Condé (1).

RIVIÈRES DU PERCHE

Du dict païs du Perche, près Mortaigne, prennent leur source et origine cinq rivières (2) : la première, nommée Erine ; la deuxiesme, Sarthe ; la troisiesme, l'Huisgne ; la quatriesme, Commeauche ; et la cinquiesme et dernière, appellée Avre (3).

La source de celle d'Erine (4) est en la paroisse de Coulimert, vers le midy vers et en la jurisdiction de Mortaigne (5).

Celle de Sarthe au lieu et village de Somme-Sarthe, paroisse de Soligni vers l'orient (6), aussy près et en la jurisdiction du dict Mortaigne, qui après un long circuit s'embouchoit avec celle d'Erine au lieu nommé le Tuyau à la Truie autrement le Chènai, paroisse de Buré, près le Mêle sur Sarthe, et pour ce que ces deux rivières (comme il est croyable) en leur jonction, confluent et embouchure, souvent se débordoient et gastoient une belle et grande prairie par laquelle elles coulent, les anciens soit comtes du Perche qui

---

(1) *Add.* « Laquelle province du Perche est entrée en la Couronne de « France par les moyens qui seront cy après justifiés. » *(Frag. imp. à Mortagne.)*

(2) *Var.* « Six rivières. » *(Ibid. et ms. de M. de La S.)*

(3) *Var.* « Eure et Avre. » *(Ibid.   Ibid.)*

(4) Ou Hérienne.

(5) *Var.* « Et va se jeter dans la rivière de Sarthe *(Ms. de M. de La S.)* en la paroisse de Buray, près le Mesle, où la dite rivière prend son nom.

(6) *Var.* « Vers occident. » *(Frag. imp. à Mortagne.)*

avoient là et ont encore quantité de prés, ou autres de tems immémorial feirent une voute ou arche de pierre à l'endroict d'icelle embouchure par dessous laquelle passe la dicte rivière d'Erine qui est la plus petite et celle de Sarthe qui est la plus grande passe par dessus la dicte arche. Celle d'Erine entre et coule en Normandye et celle de Sarthe continue son cours le long de la prairie par un canal artificielement fait qui sépare les provinces du Perche et de Normandye, rentre en Sarthe et y perd son nom ; celle de Sarthe descend à Alençon, de là au Mans, entre en celle de Mayne au vilage de Bouchemayne, près le chasteau de la Roche-Serrant au dessus d'Angers où elle perd son nom et de là en Loire qui est au dessous de Nantes entre la mer Océane vers l'Espagne. Le canal est une très belle invention et artifice de ce que ces deux rivières passent en croix l'une par dessus l'autre, la plus forte passant par dessus, la plus petite prenant divers cours éloignés l'un de l'autre.

La rivière d'Huigne (1) part et prend son nom d'une fontaine ainsi nommée sortant de terre près le vilage de la Gravelle, paroisse de Sainct-Jouin de Blavou (2), à demy quart de lieue de la source de celle d'Erine ; laquelle a son cours vers le midy, passe par le pont d'Huigne sur le chemin de Mortaigne à Belême, par Mauves, Rémalard, Nogent le Rotrou (3), la Ferté-Bernard, le Pont de Gennes et traversant et arrosant le païs du Mayne se va rendre au dessous du Mans dedans celle de Sarthe où elle perd son nom.

Celle de Commeauche a sa source en la paroisse de Bivilliers (4) près du dict Mortaigne, prend son nom d'un vilage nommé Commeauche, par lequel elle passe, descend aux paroisses de Sainct-Victor et Monceaux, sépare l'évesché de Chartres d'avec celui de Sees, descend et s'embouche dedans l'Huigne près de Boissi-Maugis qui continue la séparation des dicts éveschés.

La source et origine de celle d'Avre est en la forest du Perche, qui comme j'ay dict coule par Chêne-brun, Verneüil, Tillières (5)

(1) *Var.* « Huisgne. » *(Frag. imp. à Mortagne.)*
(2) De Blaudit *(Mém. de l'intendant de la généralité d'Alençon, 1698.)*
(3) C'est au-dessus de Nogent qu'elle est large de 4 à 5 toises et profonde de deux *(Id.)*. Elle est assez poissonneuse, surtout en truites et en écrevisses. Courtin l'appelle la Nymphe du Perche.
(4) *Var.* « De Bivelier. » *(Frag. imp. à Mortagne.)*
(5) *Add.* « A Nonancourt. » *(Ms. de M. de La S.)*

et serpentinement va descendre en la rivière de Seine (1) et fait séparation et division entre la Normandye, le Perche et la France. Sa source est à un quart de lieue de celle de Sarthe (2).

(1) *Add.* « Et va se décharger dans l'Eure *(Id.),* se joint dans celle « d'Eure à un village qui est proche de la ville de Louviers. » *(Frag. imp. à Mortagne.)*

(2) *Add.* « On peut et on doit ajouter une sixième rivière dans le Per-« che, c'est celle de l'Eure; elle prend son origine à l'est de Longny, « dans la commune de la Lande, au lieu dit la Fontaine d'Eure, entre les « villages de la Thibaudière et de la Cocuyère; elle faisait la séparation « du Grand Perche d'avec le Thimerais ; elle coule à Pongouins où com-« mence le canal de Maintenon qui devait conduire l'eau de cette rivière à « Versailles. Ce canal, commencé en 1684 fut détruit en 1750; et ce que « Louis XIV avoit fait pour Madame de Maintenon fut détruit par Louis XV « pour Madame de Pompadour. L'Eure passe à Chartres, à Maintenon et « va se jetter dans la Seine. » *(Addition de Delestang,* — *ms. de Versailles.)*

Add. « La rivière d'Eure prend son nom et source en la paroisse de la « Lande, proche Nully, passant par Belhomer, sortant du Perche, va à « Courville, Chartres, Maintenon, Nogent le Roy, Mezière, Cerisy, puis se « joint avec celle d'Avre auprès du dict Louviers, où elles portent bateau « et vont se rendre et entrer en Seine, proche du Pont de l'Arche. » *(Frag. imp. à Mortagne.)*

Il y a encore la petite rivière d'Erne qui se joint au Teil à celle d'Huines, la petite rivière de Mesme, qui prend sa source et son nom de la fontaine appelée la Mesme sur le bord de la forêt de Bellesme. L'on ne peut obmettre icy le petit ruisseau d'Arcisses, situé dans l'enclos de l'abaye de ce nom, à une lieue de Nogent où il va se perdre dans la rivière d'Huines, lequel ruisseau d'Arcize n'a qu'une toise de largeur et deux pieds de profondeur et conduit par un canal fait de main d'homme à demy cotteau ne laisse pas de faire tourner trois moulins tous à la fois en forme de cascade l'un sur l'autre. *(Mémoire de l'intendant de la généralité d'Alençon, 1698.)*

Add. « Limites du Perche. — La dicte province est limitée à l'orient du « pays Chartrain, au midy du Vendosmois, à l'occident du pays du Maine « et d'Alençon, et de la Normandie du costé du nord. » *(Frag. imp. à Mortagne.)*

TITRE II

DE MORTAIGNE [1]

Mortaigne, de temps immémorial a esté tenue pour la principale et capitale du païs du Perche (2) en laquelle les comtes du Perche avoient leur chasteau et demeurance et se trouve le fils aisné et successeur du dict Geofroy, comte du Perche, avoir porté le nom et qualité de comte de Mortaigne (3), mais l'on ne trouve point qui l'a fait bastir ny imposé son nom ; on trouve bien qu'elle a esté ruinée plusieurs fois (4) et la dernière a esté en l'an 1378 (5)

---

(1) Mortagne sur montagne le plus beau bourg de France *(Proverbe de Mortagne)*.

(2) *Add.* « Faisant le comté, et telle jugée par arrest et jugement de « l'Eschiquet d'Alençon, en l'an 1320, vivant Charles de Vallois, comte « d'Alençon et du Perche, et par iceluy jugement, la préséance et pré- « minence a esté adjugée aux juges et officiers du dict Mortagne qui « feurent qualiffiés juges et officiers du Perche et après eux, ceux de « Bellesme et de la Perrière. » *(Frag. imp. à Mortagne.)*

(3) *Add.* « En laquelle ville de Mortagne comme capitale se faisoient « les assemblées des princes et de la noblesse de la province pour traiter « des affaires publiques, ouïr les plaintes du peuple et leur faire justice. « Et depuis les grands jours de la dicte province s'y sont toujours assem- « blés et s'en trouvent des jugements donnés ès années 1392, 1511 « et 1520. » *(Ibid.)*

(4) *Add.* « Entre autres par le comte d'Anjou, vers l'an 1170, en la dis- « putte qu'il eust contre Geoffroy, comte de Mortagne. » *(Ibid.)*

(5 *Var.* « Soit en 1356 par les Navarrois pendant la captivité du roi « Jean selon quelques-uns, soit en 1378, suivant Bart. » *(Ms. de M. de La Sicotière.)* — Elle fut cependant encore prise et pillée par les Huguenots le 22 mars 1562 et brûlée par eux aussi en 1568. En 1589 les guerres de la Ligue lui firent subir de grands dommages, et en 1590, les Ligueurs s'en emparèrent. — D'après plusieurs auteurs, elle aurait été prise et pillée 22 fois en trois ans et demi par les catholiques et les calvinistes. — Qu'il nous soit permis de mettre en doute cette assertion. Toujours est-il qu'elle eut à subir de rudes assauts qui ne sont certainement pas étrangers à la ruine de la tour de l'église.

par le commandement de Charles, cinquiesme Roy de France, pour éviter aux entreprises et prises des villes qui se faisoient dans le royaume par Thibault, comte palatin de Champagne, Roy de Navarre, à l'ayde des Anglois (1) et paroissent encore partie des fossés et vieilles murailles de la closture du dict Mortaigne qui témoignent qu'il estoit de grande estendue, comme aussy il se trouve d'anciens tiltres de terres confrontées aux vieux fossés qui en étendent l'assiète bien large ; elle est assise sur une montagne environnée partie de profondes vallées qui lui servoient de premiers fossés et un grand étang lors en eau et de présent en herbe (2). Cette ville est remplie de très beaux édifices tous de pierre, de belles, grandes et larges rues (3) ; cinq belles et grandes places publiques (4) où se vendent les marchandises, chacune selon son espèce, sans confusion, et la plus belle assemblée de foires et marchés du païs ; cinq foires signallées (5), sçavoir : la My-Carême, Sainct-Jehan-Baptiste, Sainct-Rémy appartenant au Roy, Sainct-André appartenant au chapitre de Toussainct de Mortaigne, et le jour Sainct-Jacques et Sainct-Christophe, appartenant aux dicts de Chartraige qui se tient près et joignant le dict lieu de Chartraige hors le dict Mortaigne ; la cinquiesme le premier jour de may, au dict lieu de Chartraige à eux appartenant

En l'une des dictes places se vendent les bestiaux comme

---

(1) *Add.* « Bart fait erreur en ce que c'était Charles II, dit le Mauvais, « qui régnoit alors en Navarre et que Thebaud étoit décédé dès l'an 1253, « plus d'un siècle auparavant. » *(Delestang. — Ms. de M. de La S.)* Il s'agit bien, en effet, ici de Charles le Mauvais qui s'allia aux Anglais contre la France. Il régna de 1332 à 1387, il était fils de Philippe d'Evreux et de Jeanne de France dont le père était Louis le Hutin. — L'abbé Fret, dans ses *Chroniques percheronnes* (III, p. 101) commet la même erreur que Bart, avec la date de 1356.

(2) Cet étang devait se trouver au bas de la côte du Val, près de la route de Paris.

(3) Régulières et bien éclairées de nuit, dit un vieil auteur. Que dirions-nous aujourd'hui ?

(4) *Var.* « Cinq portes, sept belles et grandes places publiques. » *(Frag. imp. à Mortagne.)*

(5) *Var.* « Le ms. de M. de La Sicotière et le ms. de Versailles ne signalent que *quatre foires ;* ils suppriment celle de Saint-Rémy ; le Frag. imp. à Mortagne en indique au contraire une *sixième, le premier et second jour de mai.* Ce dernier nombre est conservé aujourd'hui ; les foires de Mortagne ont en effet lieu: le 4e samedi de carême (dite de la Mi-Carême), le 1er samedi de mai (dite de Saint-Philippe), le 23 juin (dite de Saint-Jean-Baptiste), le 24 juillet (dite de Saint-Jacques), le samedi avant les Courses en septembre (dite de Saint-Rémy), le 1er décembre (dite de Saint-André).

chevaux, bœufs, vaches, chacun séparément ; en l'autre quartier le bergeail et les porcs ; en l'autre les grains ; en l'autre les bois, vins, cidres et autres boissons ; en l'autre (1) la vollaille, œufs et autres menues denrées, et en l'autre les draps, toiles (2) et fil dont se fait grand trafic au dict Mortaigne. Outre ce, une des plus belles boucheries qui soit au païs où, en un seul jour de marché, qui est le samedy, se débitent cinquante bœufs, cent veaux et cinq cens moutons (3), sans tout ce qui s'en débite extraordinairement par les sepmaines (4). En ses valons il y a de très belles fontaines, partie desquelles font moudre le moulin royal pendu à la chaussée du dict vieil étang, arrosant quantité de prés scis au-dessous du dict Mortaigne (5).

(1) *Add.* « Qui est vis-à-vis l'église Notre-Dame. » *(Ms. de M. de La Sicotière.)*

(2) Ces toiles, faites de chanvre et qui sont fortes et propres à faire des paillasses, se transportent à Paris, à Rouen, à Saint-Quentin par les rouliers du dit Mortagne et des environs qui sont payés de leurs voitures par des commissionnaires que les marchands des dites villes ont résidents à Mortagne où il n'y a plus de marchands qui fassent pour leur compte depuis quinze ans, ceux qui le faisoient aiant acheté des charges les uns dans les finances, les autres dans la judicature, et l'on voit par les registres de la vente que le commerce de ces toiles pendant la guerre a été porté, année commune, à la somme de 250,000 livres.

Les femmes et les filles du commun filent les chanvres et les laines dont on fait les toiles et les étamines et chacun demeure icy dans son canton, en sorte que depuis quarante ans personne n'est allé aux Indes, en Canada, Hollande et Angleterre, ny sur mer, quoique l'exemple de dix ou douze personnes qui allèrent en Canada en ce tems-là où ils sont fort bien établis. *(Mémoire de l'intendant de la généralité d'Alençon, 1698.)*

— La création d'un office de visiteur et marqueur de toiles en la ville de Mortagne et au pays et comté du Perche date du 31 décembre 1568.

(3) *Add.* « Le mouton de Mortagne est fort renommé : il croit sur les
« bruyères qui sont aux environs de cette ville quantité de serpolet qui
« donne aux moutons du pays un goût exquis ; il s'en fait des envois
« considérables à Paris. » *(Ms. de M. de La Sicotière et ms. de Versailles.)*

(4) *Add.* « Et le mercredy qui est le second marché. » *(Frag. imp. à Mortagne.)*

(5) *Add.* « Portes. — Il y a au dict Mortagne cinq belles et grandes
« portes qui ferment la ville. Elle est close, tout à l'entour, de belles
« grandes et bonnes murailles, garnies de bonnes tours et bastions bien
« flanqués, parties des quelles murailles sont en ruine par leur ancien-
« neté.

« La première des portes est la *porte* dicte *de Paris,* vers l'orient, hors
« laquelle est un beau grand faux bourg appelé le Val, qui est de grande
« estendüe et dans lequel est bastie l'esglise de Sainct-Jean ; outre ce, le
« couvent de Sainct-François en lequel il y a des filles de l'ordre de Saincte-
« Claire ;

« L'autre qui est la *porte de Chartrage* qui est vers le midy et hors

Anciennement il y avoit au dict Mortaigne (1) un chasteau artificielement fait, basti et relevé en butte hors de terre en forme de doubles fossés et doubles murailles et un donjon au milieu eslevé en une haute mote de terre aussy artificielement faite ; le relief des fossés finissant et se fermant à l'entrée et porte du dict chasteau en forme de croissant. Je ne pense pas qu'il s'en trouve un seul si artificielement construit et sont encore présentement partie du relief des fossés entiers ; l'esglize paroissiale de Sainct-Jean du dict Mortaigne bastie depuis sa ruine sur le relief du premier fossé et plus haut sur le chéf et du premier fossé est l'esglize paroissiale de Sainct-Malo qui estoit anciennement la chapelle du chasteau (2). Duquel donjon reste la bute et partie de la muraille de la tour qui estoit bastie sur icelle et quelques restes de murailles des vieux bastimens du dict chasteau qui paroissent avoir esté bruslés (3).

« laquelle il y a un beau faux bourg, dans lequel est basti le couvent des
« Capucins, et au bout Chartrage, dans lequel il y a des Augustins ;
    « La *porte Sainct-Langis* est bastie vers l'occident, et hors laquelle il y a
« aussi un beau grand faux bourg, bien fermé de bonnes murailles, et au
« bout duquel est l'église paroissiale de Sainct-Langis ;
    « Il y a une autre porte vers l'orient appellée la *porte de Rouen*, hors
« laquelle il y aussi un petit faux bourg, au costé duquel estoient ancien-
« nement le chasteau de Mortagne, dans lequel est bastie une esglise
« paroissiale fondée de Sainct-Malo ;
    « La cinquiesme et dernière des dictes portes est la *porte de Sainct-*
« *Esloy,* hors laquelle il y a aussi un beau grand faux bourg, dans lequel
« est bastie une esglise fondée de M. Sainct-Esloy, qui est une très belle
« esglise et fort ancienne, en laquelle est le couvent des Mathurins
« comme il sera cy-après dict et est icelle porte vers le nord. » *(Frag.
imp. à Mortagne.)*

(1) *Add.* « Et hors la dicte porte de Rouen. » *(Ibid.)*

(2) *Add.* « Que l'on tient de tradition avoir esté auparavant un ancien
« temple d'idole et basti suivant le modelle de ceux que l'on tient en
« avoir servi. » *(Fragm. ms. de M. Besnard.)*

(3) *Var.* « La ruine du quel chasteau, par l'inscription du lieu et de ce
« qui s'en trouve de tesmoignage par escrit, est de plus de 12 à 1,500
« ans, par ce que l'esglise paroissiale de Sainct-Jean qui est bastie depuis
« la ruine du dict chasteau, sur le relief du premier fossé, se trouve avoir
« esté constituée paroisse il y a plus de 6 à 700 ans ; et plus haut sur le
« chef du deuxiesme fossé est l'esglise paroissiale de Sainct-Malo (1), qui
« estoit anciennement la chapelle du dict chasteau, que l'on tient avoir
« esté auparavant un ancien temple d'idole et basti sur la muraille de celles
« qui y ont servy .... » *(Frag. imp. à Mortagne.)*

    Add. « Lesquelles murailles ont esté ruinées dez l'année 1615 pour la
« réparation des murailles de la closture du dict Mortagne. » *(Fragm. ms.
de M. Besnard.)*

(1) Cette église a été démolie en 1783 après le consentement des curés et habitants de Saint-Jean. *(Note du ms. de Mortagne.)*

En signe et tesmoignage de subjection toutes les paroisses de la chastellenye du dict Mortaigne, chacun an, le lundy des Rogations, viennent en la chapelle du dict chasteau en procession avec la croix et bannière, conduites par leurs curés ou vicaires comme renouvellement de foy et fidélité de leur service, à quoy les officiers de l'officialité prennent garde et sy quelqu'un y manque, est puny par amandes (1).

Et encore de présent, au milieu du dict Mortaigne, il y a un enclos de fortes et hautes murailles basti des vieilles ruines du dict Mortaigne, flanqué de tours et de hauts et forts porteaux, la pluspart entiers actuellement, anciennement entourés de grands fossés qui depuis la ruine ont été baillés à rente au proffict du prince (2), de présent comblés : en quoy l'on peut juger qu'autrefois le dict lieu a tenu lumière et du rang des villes importantes, d'ailleurs, qu'elle est composée de cinq belles paroisses, sçavoir : Nostre-Dame (3), Sainct-Jehan, Sainct-Malo, Sainct-Germain de Loisé avec sa succursale, Saincte-Croix, et Sainct-Langis (4); une esglize collégiale et trois beaux monastaires, sçavoir : l'esglize collégiale de Toussainct (5), les monastaires de Chartraige, ordre de Sainct-Augustin (6), Sainct-Eloy, ordre de la

(1) *Var.* « Les curés d'icelles sont condamnés en amende. Anciennement la paroisse de Saincte-Céronne y entroit la première privativement à touttes les autres. » *(Frag. imp. à Mortagne et Frag. ms. de M. Besnard.)*

« Si Léonard Bart, dans les temps qu'il écrivit son histoire, eût fait attention à la construction de ce château, il eût déterminé l'assiette de l'ancien Mortagne qui existait bien avant qu'il soit fait mention des comtes de cette province. » *(Note de Delestang. — Mss. de M. de La Sicotière et de Versailles.)*

(2) *Add.* « Lequel encores est appellé *le fort* qui estoit autrefois comme une citadelle regardant le comportement de tous les habitans du dict Mortagne. » *(Frag. imp. à Mortagne.)*

(3) *Add.* « Temple fort beau et de belle grandeur au bout de laquelle esglise de Nostre-Dame est bastie une belle grosse tour et fort haute, laquelle commande toutte la ville. » *(Id.)*

(4) Le Fragm. imp. à Mortagne omet cette paroisse et ne cite que les quatre autres.

(5) *Add.* « Fondée en 1203 » *(Ms. de Versailles et Frag. imp. à Mortagne)* (voir page 17, note 1), « en laquelle il y a chanoines, Sainct-François (1) en laquelle il y a des religieuses de l'Ave Maria, des Pères Capucins, Mathurins et Augustins qui sont hors et proche la dicte ville. » *(Frag. imp. à Mortagne.)*

(6) *Add.* « Fondé en 1099. » *(Ms. de Versailles.)* Nous avons déjà relevé cette erreur page 15, note 6, et page 28, note 3.

(1) *Add.* « Fondé en 1502. » *(Ms. de M. de la Sicotière.)*

Sainte-Trinité et Rédemption des captifs et de Saincte-Claire de filles, de l'ordre de Saincte-Claire, où il y a de très beaux temples; un bel hospital bien gouverné (1) et un collége pour l'instruction de la jeunesse, ce qui ne se trouve en beaucoup d'autres villes qui portent aujourd'huy plus grand nom.

Il y a aussy au dict Mortaigne plusieurs sièges de justice, sçavoir :

Officialité sous Monseigneur l'evesque de Sees aïant pleine juridiction (2) duquel les appellations ressortissent (3) devant le métropolitain à Rouen.

Bailliage (4) duquel pour le civil les appellations ressortissent au siège présidial de Chartres, au dessous de la valeur de 500 livres pour le surplus et pour le criminel au parlement de Paris.

Vicomté (5) dont les appellations pour le civil et criminel où n'y a mort ny mutilation de membres ressortissent par devant le dict bailly et pour le surplus au dict Parlement (6).

(1) *Add.* « Fondé sous l'invocation de saint Nicolas avant la fin du dou-
« zième siècle » *(Ms. de M. de La Sicotière)*, « dans lequel se retirent
« les pauvres passants qui mandient leur vie et dans lequel il y a une
« belle chapelle fondée de M. Sainct Nicolas par les anciens comtes du
« Perche, lesquels y ont donné de grands revenus et à leur exemple plu-
« sieurs autres seigneurs comme il sera dict cy-après ; lequel revenu est
« gouverné et administré par des maistres administrateurs, qui pour cet
« effet, sont esleus et choisis de deux ans en deux ans, en l'assemblée
« qui se faict, par les habitants de la ville, au son de la cloche. » *(Frag. imp. à Mortagne.)*

(2) *Add.* « Sur la partie du Perche dépendante du diocèse de Séez. » *(Ms. de Versailles.)*

(3) *Add.* « A Pontoise, devant l'official métropolitain de Rouen y établi. » *(Id.)*

« Devant le métropolitain et grand vicaire de Pontoise et les appella-
« tions d'abus au Parlement de Paris et aussy les dégradations des pres-
« tres condamnés à mort, laquelle juridiction ne recognoist en aucune de
« l'officialité de Sees; de laquelle juridiction despendent les villes de Mor-
« tagne et Bellesme et les paroisses de la province du Perche en ce qui
« est sous l'évesché de Sees. » *(Frag. imp. à Mortagne.)*

(4) *Add.* « Lequel est composé d'un président, lieutenant général civil
« et criminel, un lieutenant particulier, assesseur criminel, deux autres
« advocats et procureurs du roi et un greffier. » *(Id.)*

(5) *Add.* « Composé d'un vicomte, un lieutenant général, un lieutenant
« particulier. » *(Id.)*

(6) *Add.* « Louis XV, par son édit du 7 septembre 1742, a réuni la
« vicomté de Mortagne au bailliage du dit lieu ; cet édit a été enregistré
« au Parlement de Paris, le 14 décembre suivant et au bailliage de Mor-
« tagne le 26 de février 1743. » *(Ms. de Versailles.)*

Election (1), dont les appellations ressortissent par devant les généraux de Rouen.

Prevost des maréchaux de France (2) duquel les appellations d'incompétance se jugent au présidial à Chartres.

Grenier à sel, grenetier et *contrôleur* dont les appellations ressortissent devant les dicts sieurs généraux de Rouen (3).

Bureau de la recepte des aydes (4), des tailles et du domayne du Perche qui comptent à la Chambre des comptes à Rouen.

(1) *Add.* « Et bureau des tailles du comté du Perche qui est dicte élec-
« tion de Mortagne de laquelle despendent les villes, bourgs et paroisses
« de toutte la province. Lequel siège est composé de deux présidents,
« deux lieutenants : l'un général et l'autre particulier, et dix-huit esleus
« et trois controleurs esleus, advocat et procureur du roi et un greffier ;
« les appellations desquels ressortissent devant Mrs les généraux de la
« cour des aydes de Rouen et de Mrs les thrézoreaux généraux du bureau des
« Finances à Alençon. » *[Frag. imp. à Mortagne.]*

(2) *Add.* « Qui a un lieutenant, un assesseur et archers. » *[Id.]*

(3) « Et à présent devant Mrs les généraux d'Alençon. Il y a quelque
« temps que le procureur du Roy aux sièges royaux de Mortagne et celuy
« de Bellesme eurent procès ensemble devant Mrs de la cour du parle-
« ment de Paris, voullant celuy de Bellesme en conclure et prendre
« conclusions dans tous les procès qui se faisoient en la dicte maréchaus-
« sée, au préjudice de celuy du dict Mortagne qui est seul procureur du
« Roy au dict siège ; la cour, par son arrest, ordonna que celuy de Mor-
« tagne seroit procureur du Roy en la dicte maréchaussée, faisant deffence
« à celuy de Bellesme de prendre cognoissance d'aucune chose dependant
« de la dicte maréchaussée. » *[Id.]*

(4) *Add.* « En laquelle ville de Mortagne, comme capitale de la pro-
« vince du Perche, tous les bureaux de recettes qui se font pour le Roy,
« dans la dicte province, y sont establies, sçavoir : le bureau de la recette
« des aydes et tailles de la dicte élection, du taillon, du domaine du roy
« en ce qui dépend de toutte la comté du Perche, qui comptent en la
« Chambre des comptes de Rouen, la recette des dixmes.

« Tous lesquels bureaux cy-dessus les habitans de Bellesme préten-
« doient estre installés en leur ville ; ils en furent empeschés par les habi-
« tans de la ville de Mortagne, et pour le sujet, il y eust procès intenté
« devant le Roy qui estoit Charles Neuf, lequel, par son arrest, ordonna
« que les dicts bureaux seroient et demeureroient en la dicte ville de
« Mortagne ; et dès lors il y créa trois eleus outre le nombre qui y estoit
« auparavant, par ses lettres données les 9 septembre et 25 octobre 1571,
« 22 février 1587, ce qui a esté vérifié par Mrs de la cour des aydes à
« Rouen, le 5 aoust 1597, régnant Henry le Grand, d'heureuse mémoire,
« Roy de France et de Navarre, et que les dicts bureaux cy-dessus demeu-
« reroient au dict Mortagne conformément à l'arrest du conseil et ainsy
« qu'ils y estoient de tous temps et depuis les dictes recettes se sont tou-
« jours faittes au dict Mortagne sans contredict aucun.

« Le 9 septembre 1603, le sieur de Fruqueville, thrézorier général de
« France en la généralité de Rouen, délivra aux habitants de la ville de
« Mortagne un certificat qui portoit que la ville de Bellesme estoit com-

Maistre des eaux et forests, ancien et alternatif (1) et *lieutenant en robe longue* dont les appellations ressortissent à la Table de marbre à Paris (2).

Visiteurs héréditaux (3) des chairs et poissons vendus en détail au dict Mortaigne qui du maléfice en font leur raport devant le juge de police, n'estant permis à aulcun d'exposer en vente les dicts chairs et poissons avant icelle visitation.

Mesureur de tous grains vendus, pourvu en tiltre d'office, *crieurs de toutes boissons* (4), vendues en détail au dict Mortaigne, droict qui appartient à la Maison-Dieu du dict Mortaigne.

Par privilège et bienfaits des comtes du Perche, les subjects de la chastellenye du dict Mortaigne sont francs et exempts du paiement et contribution des droicts de lots et ventes pour toutes acquisitions faites au dedans d'icelle chastellenye tant envers le Roy que tous autres seigneurs de qui les dicts héritaiges sont tenus, ce qui n'est ès autres chastellenyes du dict païs ni même en autre lieu de France.

Les habitans du dict Mortaigne jouissent aussy du droict de bourgeoisie qui les exempte du paiement de tous péages, coustumes et traverses moïennant la somme de cent livres qu'ils paient au Roy par chacun an, qu'ils appellent *taille de Sainct-Remy* par ce qu'elle est payable à ce terme (5).

« prise en l'élection de Mortagne pour servir aux dicts habitants de Morta-
« gne au procès intenté entre Mortagne et Bellesme pour la préémi-
« nence. » *(Id.)*

(1) Un office alternatif est un office exercé successivement par des personnes qui entrent en fonctions tour à tour.

(2) Grande table qui existait au palais de justice devant laquelle siégeaient les membres de trois tribunaux : la *connétablie*, l'*amirauté* et la *réformation des eaux et forêts*. Cette table fut détruite dans l'incendie de 1618, mais le nom resta à ces trois juridictions, désignant plus particulièrement celle des eaux et forêts. — Des tribunaux analogues furent créés plus tard en province et toutes ces tables furent supprimées par édit de février 1704 et remplacées par des chambres de réformation.

(3) Ancienne forme du mot héréditaire : « Charge héréditalle » (Coutume de Normandie, 1483, f° 58 v°). — « Grand chambellan héréditâl de Normandie. » — (Voir Godefroy, dictionn. de l'ancienne langue française, — Paris, 1885, — et La Curne de Sainte-Palaye, id.).

(4) *Var. et Add.* « Crieurs de touttes sortes de boittes..... Ce droict
« appartient à l'Hostel-Dieu du dict Mortagne, qui lui a esté donné par
« les anciens comtes du Perche avec le droict des visiteurs des cuirs
« et souliers vendus en la dicte ville et faux bourgs et chastellenie de
« Mortagne. » *(Frag. imp. à Mortagne.)*

(5) *Add.* « Laquelle rente a esté amortie en 1647. » *(Id.)*

Anciennement appartenoit aux habitans du dict Mortaigne droict de prendre le premier pot de vin et de toutes autres boissons vendues en détail au dict Mortaigne, appellé *potelage*, destiné particulièrement pour l'entretien et réparations des murailles de la closture du dict Mortaigne, et s'en trouve plusieurs baux à ferme au profict de la dicte ville, entr'autres un, passé devant Tassin Thibout, tabellion au dict Mortaigne, l'an 1468, à cinquante livres par an (1).

Comme aussy les capitaines du dict Mortaigne avoient droict de contraindre les subjects de la chastellenye du dict Mortaigne de venir garder la ville en tems de guerre, et en tems de paix les capitaines convertissoient ce droict en deniers et les bailloient à ferme à leur profict; il s'en trouve plusieurs baux, entr'autres un, passé par devant le dict Thibout, l'an 1460 (2), contenant le dict droict avoir esté baillé par Louys Labey, capitaine du dict Mortaigne et bailly du Perche, et Jean Denisot, son lieutenant, à 250 livres par an.

Aussy y avoit anciennement au dict Mortaigne maire et échevins (3) ayant jurisdiction pour la police et de petites causes personnelles entre les marchands du dict Mortaigne, visitations de mesures, moulins, poids et autres qui par succession de tems s'est tellement évaporée qu'il n'en reste plus guerres que le nom; lequel droict de mairie en ce qui en reste se baille à ferme avec le domaine du dict Mortaigne au profict du Roy et jouit encore le fermier des visitations des mesures et agets de moulins et autres petits droicts politiques.

Auquel Mortaigne y avoit aussy sceaux de la ville qui portoit d'argent chargés de trois branches de fougère de sinople et s'en trouve encore à présent plusieurs sceaux (4).

(1) *Var. et Add.* « Anciennement leur appartenoit droict de prendre
« le premier pot de vin et de touttes autres boittes vendües en détail en
« la dicte ville et faux bourgs, appellé droict de potillage, lequel droict
« estoit destiné particulièrement pour l'entretien du pavage et murailles
« de la closture du dict Mortagne ; s'en trouvent plusieurs baux à ferme
« au proffit de la dicte ville, entr'autres les années 1398, 1405 et 1478 et
« autres années, deux autres passés par devant **Tassin Thiboust**, tabellion
« au dict lieu ès années 1468 et 1472, baillés à 50 livres de ferme par cha-
« cun an, lequel droict leur a esté continué par Henry Quatre, roy de
« France et de Navarre. » *(Frag. imp. à Mortagne.)*

(2) *Var.* « En l'an 1406 et 1462. » *(Id.)*

(3) *Add.* « Comme il est justifié par contract passé par devant le dict
« Thiboust, tabellion, le premier jour de may 1407. » *(Id.)*

(4) *Add.* « Et même la ville porte encore aujourd'huy les mêmes armes. » *Mss. de M. de La Sicotière et de Versailles.)*

Après la réunion (1) de Bellesme au comté du Perche, la juridiction de Bellesme fut incorporée avec celle de Mortaigne et venoient les subjects du dict Bellesme plaider au dict Mortaigne, comme il se trouve vériffié par plusieurs actes estant ès archives de l'esglize de Toussainct et Maison-Dieu du dict Mortaigne qui contiennent ces mots : *ès pleds de Mortaigne pour la verge* (2) *de Bellesme,* et y avoit un vicomte au dict Mortaigne (3) comme sera cy-après justifié pour rendre la justice aux subjects du dict païs.

Sainct Louys, aïant pris possession du dict païs du Perche (4), establit un bailli pour juger des appellations du dict vicomte et pour ce que les dicts bailli et vicomte estoient trop chargés d'affaires, les dicts bailli et vicomte establirent au dict païs chacun un lieutenant et les pleds du siège de Bellesme renvoyés au dict Bellesme. Depuis, le roy François premier leur osta le pouvoir et la faculté de pourvoir aux états de lieutenants et y en pourvut en titre d'office et en l'an 1574 (5), le Roy Charles neuviesme érigea des lieutenants généraux et particuliers des dicts bailli et vicomte en chacun des dicts sièges. Les dicts baillis et vicomtes jouissoient des greffes des dictes jurisdictions et émolumens d'iceux qui, en l'an 1568, furent réunis aux domaines et baillés à ferme au profict du Roy et au lieu d'iceux il fust baillé aux dicts bailli et vicomte chacun 375 livres de gaiges; lesquels greffes furent en l'an 1578 vendus par le Roy, à condition de rachapt en remboursant.

Comme aussy le Roy establit des maîtres des eaux et forests, grenetiers et contrôleurs particuliers dans chacun des dicts sièges.

Du dict lieu le chasteau de Mortaigne dépendent et racheptent la dicte chastellenye de Remalard apartenant à mon dict seigneur le prince de Condé (6).

(1) *Add.* « En 1114. » *(Ms. de M. de La Sicotière.)*

(2) *Var.* « Par la branche de Bellesme. » *(Id.)* — Le mot verge se disait de la baguette que portaient les huissiers pour faire faire silence aux audiences. On disait autrefois : Porter blanche verge en signe de seigneurie, et on appelait en Normandie le pouvoir de la verge l'étendue du territoire dans lequel un sergent à verge peut exploiter. *(Dict. de Trévoux.)*

(3) *Add.* « Qui avoit sa maison particulièrement affectée à son loge-
« ment qui dépendoit du dict domaine qui estoit assise joignant la Porte
« Renard. » *(Frag. imp. à Mortagne.)*

(4) *Add.* « En 1257. » *(Ms de M. de La Sicotière.)*

(5) *Var.* « En 1571. » *(Frag. imp. à Mortagne.)*

(6) *Var.* « A Henry de Bourbon, prince de Condé. » *(Ms. de M. de La Sicotière et Frag. imp. à Mortagne.)*

La chastellenye de Moutiers (1) apartenant aux prieur et religieux du dict Moutiers.

La baronnie de Soligni (2) apartenant aux religieux et prieur chartreux du Val-Dieu, lequel lieu de Soligni étoit anciennement clos de murailles et fossés ; il y a une haute motte ou bute de terre élevée sur laquelle et ès environs estoit le chasteau du dict Soligni (3) et paroissent encore les anciens fossés de la closture du dict Soligni (4).

Les haultes justices de Sainct-Victor (5), la Venterouse (6), les Guez (7) et Planches (8), apartenant à messire Claude de Gruel, chevalier des deux ordres du Roy, sieur de la Frette, capitaine de cinquante hommes d'armes (9).

Celle de Chasteau-Morel apartenant à Philbert de Gruel, escuyer, sieur de Thouvoye (10).

(1) Moutiers-au-Perche, cant. de Rémalard.
(2) Soligny-la-Trappe, cant. de Bazoches-sur-Hoëne.
(3) *Add.* « Rachepté du Roy de France, d'heureuse mémoire, en « l'an 1615, laquelle baronnie fust donnée aux dicts religieux par les « comtes du Perche. » *(Frag. imp. à Mortagne.)*
(4) *Add.* « La seigneurie et la haute justice de Boisguillaume qui « anciennement relevoit du comté du Perche à cause de la baronnie de « Solligny et, de présent, elle relève des dicts Chartreux du Val-Dieu à « cause de la dicte baronnie. » *(Id.)*
(5) Saint-Victor-de-Réno, cant. de Longni.
(6) Cant. de Tourouvre.
(7) Paroisse de Saint-Victor-de-Réno ; le principal manoir de cette seigneurie était détruit avant 1595 ; elle avait alors pour chef-lieu le château de la Frette, en Saint-Victor-de-Réno. *(Arch. nat., P. 291, cotte 5.)*
(8) Paroisse de Saint-Mard-de-Réno.
(9) *Add.* « Gouverneur de Chartres. » *(Frag. imp. à Mortagne.)* — Claude Gruel, seigneur de la Frette, était fils de Claude Gruel et de Marguerite Auvé, dame de la Ventrouse, Feuillet et Charencey. Il était, en effet, gouverneur de Chartres, lieutenant du Roy au pays chartrain, chevalier des ordres du Roy, en 1595, capitaine de cinquante hommes d'armes. Il épousa (1595) Loise de Faudros, fille unique de François de Faudros dit de Serillac, comte de Belin, chevalier des ordres, et de Françoise de Warty. Claude Gruel mourut à Warty en Picardie, le 18 may 1615. Il git à Saint-Victor-de-Réno et fut inhumé le 19 novembre suivant. Sa femme mourut en 1637. *(Biblioth. nat., dossier bleu.)*
(10) Oncle du précédent, fut accordé le 10 février 1561 avec damoiselle Françoise de Bubertré, fille unique de Jean de Bubertré, écuier, seigneur de la Pelletrie, et de damoiselle Alix Le Metayer. Philbert Gruel était fils de Jean Gruel, enseigne de cent gentilshommes de la maison du Roy, et de Charlotte Moignet ou Moinet, dame de Touvoye. Il tenait donc son titre de sa mère. *(Biblioth. nat., dossier bleu et nouveau d'Hozier.)* — Le château de Touvoye existait encore il y a quelques années dans la commune de Bures, canton de Courtomer.

Celle de Tourouvre et Randonnay (1) apartenant à Robert de la Vove, escuyer, sieur de Tourouvre (2).

Celle de Courteraye (3) apartenant à Louys de Gislain (4), escuyer, sieur de Sainct-Mars de Coulonge, et Pierre Abot (5), escuyer, au droict de damoiselle Louise Cathinal, son espouse.

Celle de Prulay (6) apartenant à messire Jean de Bonvoust (7), chevalier, sieur d'Aunay, et dame Renée Gruel, son espouse, où reste encore un corps de maison et quelques murailles d'un chasteau ou fort y basti et clos de profonds fossés revêtus de murailles, qui racheptent aussy la haulte justice de Longpont, auquel lieu de Longpont y a aussy une haulte motte ou butte de terre sur laquelle et ès environs estoient anciennement le chasteau de Longpont remarquable pour avoir esté autrefois les logemens et retraites des comtes du Perche et du Roy sainct Louys venant prendre possession du comté du Perche comme sera cy-après justifiié, où se trouve avoir été expédiées plusieurs lettres de fondations, aumosnemens et confirmations faites aux esglizes (8).

Celle de Champs (9), apartenant à la damoiselle et héritière de Gilles Abot (10), vivant escuyer, sieur du Rezay, tenu à cinq sols de cens du dict chasteau de Mortaigne.

(1) *Add.* « Et la Grimaudière. » *(Frag. imp. à Mortagne.)*
(2) Epousa damoiselle Antoinette Gouévrot le 2 octobre 1542. *(Biblioth. nat., nouveau d'Hozier.)*
(3) Saint-Aubin-de-Courteraye, cant. de Bazoches-sur-Hoëne.
(4) Famille maintenue et reconnue noble par sentence des élus de Mortagne du 2 août 1634, par jugement du 9 mai 1642, et par une ordonnance de M. de Marle, commissaire déparți de la généralité d'Alençon du 7 mai 1666, dans lesquels jugement et ordonnance sont énoncés les titres qui établissent l'ancienneté de la noblesse de cette famille depuis Jean Gislain, écuyer, sieur de Boisguillaume et de Saint-Mars-de-Coulonge, vivant en 1490. — Armes : d'azur à un cerf passant d'or. *(Dict. de la noblesse, par de la Chesnaye Desbois).*
(5) Famille noble, originaire du Perche.
(6) Cant. de Mortagne, paroisse de Saint-Langis.
(7) Jean de Bonvoust épousa Renée Gruel le 28 septembre 1575. Renée Gruel était fille de Philbert Gruel, sieur de Thouvoye.
(8) *Add.* « Entre autres la charte de fondation de l'église de Toussaint, « donnée au dit lieu de Longpont, en l'année 1203, par Matilde comtesse « du Perche, veuve de Geoffroy, troisième du nom et sixième comte de « cette province. » *(Mss. de M. de La Sicotière et de Versailles.)* — Voir page 17, note 1. — Le château de Longpont était sis paroisse de la Mesnière, canton de Bazoches-sur-Hoëne ; la motte artificielle sur laquelle il était bâti s'y voit encore.
(9) Cant. de Tourouvre.
(10) Gilles Abot, écuïer, sieur du Reray, était fils de Guillaume Abot, sieur de la Chaize et du Jarrossay, conseiller du roy en sa cour de Parle-

Celle de Montizambert (1) apartenant à messire Alexandre Aulbin, lieutenant général de la vicomté de Mortaigne, et Guillaume Chouet, sieur de Miraban au droict de sa femme; auquel lieu, sur une haulte montagne, sont deux haultes mottes ou buttes de terre où avoient coustume d'estre deux fortes tours et chasteaux comme il aparoît par les ruines et vestiges qui y sont restés.

Et encore une autre butte ou motte levée scise sur et près la rivière d'Erine et les ponts de Montizambert, sur le chemin tendant de Mortaigne au Mesle-sur-Sarthe, où aparoît y avoir eu anciennement une forte tour.

Celle de Maison-Maugis apartenant à Françoys du Crochet, escuyer, sieur de Lautonnière, et damoiselle Felice Rahier (2), son espouse; auquel lieu est une motte élevée sur laquelle estoit anciennement un chasteau duquel paroît encore un pan de muraille et de naguères a esté fait et basti un beau et grand bastiment sur le surplus de la dicte butte.

Celle de Mauregard (3) apartenant à Charles de Mallet.

Celle du Plessis et Saincte-Seronne apartenant au sieur et dame de Brécour.

Et plusieurs autres terres et seigneuries (4).

ment à Paris, président en l'échiquier d'Alençon, et de damoiselle Agnès Crocquet. Il fut accordé le 28 juin 1580 avec damoiselle Françoise de Sensavoir, fille de noble seigneur messire Jean de Sensavoir, seigneur de Bourique et Campray, conseiller et maître d'hôtel ordinaire du Roi, et de dame Bertranne Le Grand. Une copie du contrat de mariage de Gilles Abot existe à la Bibliothèque nationale *(Carrés de d'Hozier, vol. II, p. 105.)* On y trouve également un certificat attestant que Gilles Abot, seigneur du Reray, la Chaize et de Champs, gentilhomme ordinaire du Roi, était enseigne de la compagnie des cent gentilhommes. *(3 fév. 1597. — Id. p. 106.)*

(1) Mont-Ysembert se trouve à droite de la route de Mortagne au Mesle-sur-Sarthe, entre Buré et Boëcé.

(2) « Elle paroit fille de Jean Rahier, écuyer, seigneur de Maison-Mau-
« gis, lequel présenta en 1558, lors de la rédaction de la Coutume du
« Grand Perche, une requête pour la conservation de son droit de péage,
« travers et entraves, à cause de sa haute, moyenne et basse justice. »
(Note du ms. de M. de La Sicotière.)

(3) Cant. de Mortagne, appartient aujourd'hui à M. Ratel.

(4) Le Fragm. imp. à Mortagne ajoute à ces seigneuries les suivantes :
« La seigneurie et haute justice de Sainct-Denys sur Huigne, apparte-
« nant à M. Estienne L'Hermitte, chevalier, seigneur du dict Sainct-
« Denys,
« Celle de Sainct-Etienne sur Sarte, appartenant aux sieurs de Plu-
« viers,
« Les seigneuries de Boissy-Maugis, le Val-Dieu, celle de Nully et de

« La Lande et plusieurs austres appartenantes à seigneurs particuliers,
« celle de Feillet appartenante aux sieurs de la Frette, auquel lieu de
« Feillet est un chasteau fort ancien, clos de murailles et de bons fossés
« pleins d'eau (1).

« La seigneurie de Réveillon appartenante à Jean Faguet, escuyer, sieur
« des Joncherets,

« La seigneurie de la Vove (2) appartenante à M. de Boisfévrier de
« Beaufay,

« Celle de la Borde (3),
« de Bresolette (4),
« de la Violliaire et de la Ferre (5),
« de la Mesnière,
« de Courgehoust,
« de Sainct-Langis,
« de Corbon,
« de la Marre (6),
« de Croisille en la paroisse de Mauves,
« de Poix en Saincte-Céronne,
« de Champs,
« de Bresnard (7),
« de Bubertré en Montpoulain,
« de Courthion (8) et Coullimer,
« de Boisard en Courgeon,
« de Nuisement (9),
« de Cremel (10),
« de . . . . . en Coullimer,
« de la Coudrelle (11),
« de Sainct-Aubin de Boissey (12),
« des Marais (13),
« de Coullimer et Marefrenel,
« de Sainct-Mars de Coullonge,
« de la Trappe,
« de Vorré et Regmallard,
« du Pin et la Plonnière (14),
« de Condé en Sainct-Jouin (15),
« des Ponts de Mauves,
« de la Charbottière en Corbon (16),
« de Villiers,

(1) Le château de Feuillet est situé sur la commune du Mage, canton de Longny.
(2) Commune de Mauves.
(3) Entre Mauves et le Pin-la-Garenne.
(4) Commune du canton de Tourouvre.
(5) Entre Boëcé et Coulimer.
(6) Entre Mauves et Saint-Ouen-de-la-Cour, paroisse de Mauves.
(7) Entre Sainte-Céronne et Bazoches-sur-Hoëne, en cette dernière paroisse.
(8) Courtion, paroisse de Coulimer, entre Boëcé et Coulimer.
(9) Paroisse de Champeaux-sur-Sarthe (et non en Saint-Langis, où il y a bien une localité de ce nom, mais qui n'est pas celle dont il s'agit ici.)
(10) Près Bazoches-sur-Hoëne.
(11) Entre la Mesnière et Longpont.
(12) Boëcé, commune du canton de Bazoches-sur-Hoëne.
(13) Paroisse de Saint-Quentin-de-Blavon.
(14) Appartient aujourd'hui à M. de la Rivière.
(15) Près Saint-Jouin-de-Blavou.
(16) Entre Corbon et la forêt de Réno.

En l'an 1574 (1), Jean Abot, escuyer, sieur du Buat, donna au trézor de l'esglize de Nostre-Dame du dict Mortaigne un corps de maison composée de deux chambres basses, une chambre haulte, étude, garde robe et jardin, scise derrière le champ des Poulies, garnie de tous meubles pour y loger les prédicateurs venant prescher la parole de Dieu au dict Mortaigne.

En l'an 1572, il donna en outre au dict trézor 120 livres de rente pour la fondation d'une messe dicte chaque jour en la chapelle Abot pour l'entretien de la sonnerie de l'horloge de la ville et pour faire sonner la grosse cloche d'icelle esglize demieheure à midy et autant à neuf heures du soir pour avertir le peuple de se retirer (2).

Au dict an, il donna aux moniales de Saincte-Claire du dict Mortaigne cent livres de rente pour la fondation d'une messe basse dicte chacqu'un jour de dimanche, issue de leurs vespres, le cantique « Stabat Mater, etc... » et autres suffrages ; il donna en outre aux dicts moniales le moulin de Courgeon appellé le Moulin-Neuf.

En l'an 1584 (3), le colège du dict Mortaigne fut réglé et estably ès maisons où anciennement estoient logées les religieuses hospitalières qui servoient à la dicte Maison-Dieu de Mortaigne pour la première fondation duquel le dict Abot (4) y donna cent livres de rente.

En l'an 1607, messire Pierre de Guillou, prestre, curé de Courgeon près du dict Mortaigne, feist bastir et fonda le colège du dict Courgeon (5) et y donna la mestairie de Boisrouelle (6) et autres biens duquel colège il donna la présentation et gouvernement aux chartreux du Val-Dieu.

Près de Mortaigne, en la paroisse de Saincte-Céronne y a une montagne appellée de tout tems le Mont de Cacunne sur laquelle,

« de Courts,
« de Francvilliers (1) et Maison-Maugis,
« de Cougaudray (2). »

(1) *Var.* « en 1564. » *(Mss. de M. de La Sicotière et de Versailles.)*

(2) *Add.* « C'est ce qu'on appelle la *Sonne-Bonne*. » *(Ms. de M. de La Sicotière.)*

(3) *Var.* « En 1582. » *(Ms. de Versailles.)*

(4) *Add.* « Escuyer, sieur du Bouchet. » *(Frag. imp. à Mortagne.)* « sieur du Buat. » *(Ms. de Versailles.)*

(5) On en voit encore quelques restes sur la route de Loisail.

(6) Située entre Courgeon et la Chapelle-Montligeon.

(1) Francville, près Saint-Maurice-sur-Huisne.
(2) Cougaudrai, paroisse de Saint-Mard-de-Réno.

comme l'on tient de tradition des anciens, estoit anciennement basty une grande ville qui portoit le nom de Cacunne en laquelle les Percherons faisoient leurs vœux et sacrifices à la déesse Isis; laquelle ville fut depuis ruinée et de présent et de longtems le dict mont se laboure auquel se trouve encore des caves voutées, des murailles et fondemens de maisons et bastimens des dictes ruines et quelques apparences de fossés (1).

De l'autre costé de ce mont et tout vis-à-vis il y a un autre mont au costé et descente duquel est bastie l'esglize de Saincte-Céronne, en la place et au dessus de laquelle, comme environ trois ou quatre arpens de terre de présent en labour, estoit comme l'on tient, le cimetière et enterrement des morts du dict Mont de Cacunne; auquel lieu se sont cy-devant trouvés et se trouvent en labourant la terre quantité de monumens et sepulchres de pierre rouge d'une pièce et en iceux les ossemens de corps humain en leur entier; et, de naguerres, un laboureur, en labourant la terre, en découvrit un (2) dedans lequel furent trouvés les os d'un corps humain, la tête dedans un casque ou heaume, des gantelets et une courte espée ou coutelas que j'ai veu; sur laquelle espée il y avoit apparence d'escriture ou caractères que l'on ne put lire ny connoistre tant à cause de la roüille qu'à cause de l'antiquité.

Près et au dessous du dict mont de Cacunne, en lieu lors planté en bois, se retiroit (3) une fille dévote nommée Céronne et avec elle autres filles dévotes y establirent un petit oratoire de dévotion, basti en l'honneur de Dieu et sainct Marcel; y mourut et fut enterrée la dicte Céronne; laquelle chapelle et bastimens de Sainct-Marcel furent depuis ruinés par les guerres et les biens qui y appartenoient départis par les comtes du Perche aux monastères de la Trape, le Val-Dieu, Toussaincts de Mortaigne et Chartraige; les chartreux du Val-Dieu en tiennent le moulin de Romigny et les autres ont baillé leurs portions à rente dont ils jouissent; auquel lieu a esté fait et basti un village qui s'appelle du nom de Sainct-Marcel où se trouvent aussy des monumens de pierre couverts et des corps humains dedans iceux et y paroissent

(1) *Add.* « Au dessus duquel mont est un grand village appelé Sainct-Marcel, duquel lieu estoit issüe la bienheureuse saincte Céronne qui estoit sœur du dict sainct Marcel, auquel lieu elle vivoit religieusement sous l'habit de religieuse comme il sera parlé cy-après. » *(Frag. imp. à Mortagne.)*

(2) *Add* « En l'an 1600. » *(Frag. imp. à Mortagne.)*

(3) *Add.* « Dans le cinquième siècle. » *(Ms. de M. de La Sicotière.)*

encore des murailles de la chapelle et autres anciens bastimens. Sur la fosse de la dicte Céronne incontinent après son décedz se firent plusieurs miracles à raison de quoy les voisins craignants que le corps et ossemens en fussent dérobés à cause que le lieu estoit sans habitation, la déterrèrent et la renterrèrent plus au découvert au lieu où est de présent l'esglize de Saincte-Céronne sur la fosse de laquelle (1) se faisoient encore plusieurs miracles, à raison de quoy Adelinus, evesque de Sees, la feist canoniser et lever à son honneur. Au lieu où elle estoit enterrée feist bastir l'esglize y estant et en feist une paroisse où il feist mettre des reliques et ossemens de la dicte saincte où se sont aussy fait plusieurs miracles raportés en sa légende; et, durant les dernières guerres civiles de ce royaume un insolent soldat aïant dérobé en icelle esglize partie des dictes reliques enchassées en argent, quelque effort qu'il feist pour sortir d'icelle esglize avec le dict reliquaire en présence de son capitaine et plusieurs tant soldats qu'habitans de la dicte paroisse, n'en put sortir qu'il n'eut rendu le reliquaire qui est soigneusement gardé en icelle esglize.

Monsieur l'evesque de Sees présente au dict bénéfice et anciennement prenoit sur les habitans de la dicte paroisse le tiers des meubles des successions des morts en icelle, ainsi qu'il se faisoit en beaucoup d'autres lieux, de quoi survinrent plusieurs différents contre les paroissiens qui furent accordés. Le dict sieur evesque quitta le dict droict par le moïen que les habitans de la dicte paroisse se soumirent à entretenir la nef de l'esglize de toutes réparations.

DE CORBON

De l'autre costé du dict Mortaigne, près Mauves, jurisdiction du dict Mortaigne, il y a un petit vilage nommé Corbon, de présent l'un des plus petits et des plus pauvres du quartier auquel il n'y a qu'une petite esglize et deux maisons, que je juge avoir esté autrefois la ville capitale du Perche avant Mortaigne, Belême et Nogent, par quatre raisons: la première, parce qu'il se trouve, par plusieurs anciens tiltres ès archives des esglizes de ce païs,

---

(1) Add. « Il y a un beau tombeau eslevé. » *(Frag. imp. à Mortagne.)*

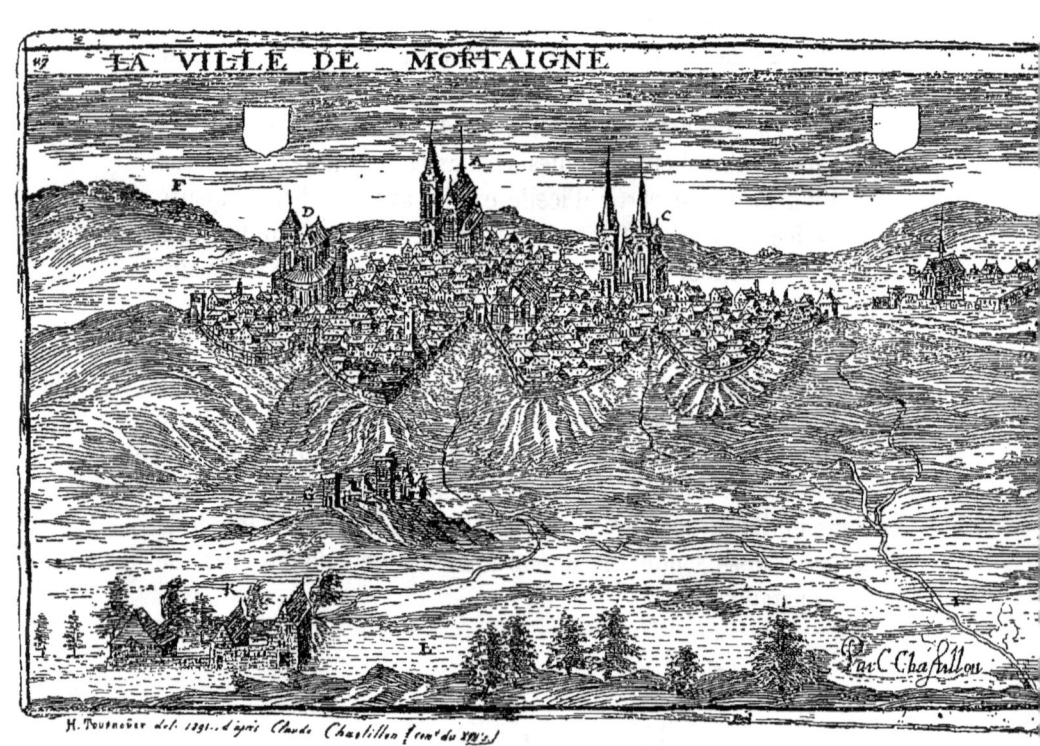

des païemens en deniers avoir esté faits *Moneta Corbonnensi* qui fait juger que c'est le lieu de la fabrication de la monnoye du Perche, comme de fait anciennement tous seigneurs avoient droict de monnoye comme de marcs et mesures (1).

Ce droict de faire battre monnoye fut donné et octroyé par Hugues Capet aux ducs, comtes et barons de France, même la propriété des dicts duchés, comtés et baronnies en l'an 989 ; duquel droict ils ont joui jusques en l'an 1315 que Louys Huttin, Roy de France, leur retranchât le dict droict de monnoyerie et le retint à luy seul (2).

La seconde, qui se trouve aux dictes archives, il se trouve des contracts de venditions, d'héritaiges, legs et aumosnes faits des grains et autres choses à la mesure de Corbonnois qui montre qu'il y avoit au dict lieu marcs et mesures (3).

Le troisiesme, qu'aux contracts de vendition, aveux et autres, quoique les héritaiges fussent assis en d'autres paroisses du Perche éloignées de Corbon, néantmoins y est contenu qu'ils sont scitués en Corbonnois.

La quatriesme est que ce lieu estoit le siège de l'archidiacre estably pour l'evesque de Chartres au Perche pendant que le dict païs du Perche estoit de l'evesché de Chartres qui de là fut

---

(1) *Add.* « Cette monnoie portoit pour inscription *Curbonno fit ;* on « parle de francs percherons dans un acte fait en 1195 avec les moines de « Nogent et de monnaie courante dans le Corbonnais, *Monetæ currentis* « *in Corboneto,* dans l'accord fait en 1234 avec la maison de Sainct-Eloi « de Mortagne (1). » *(Ms. de M. de La Sicotière.)*

(2) Ordonnance du 15 janvier 1315. — Une autre ordonnance avait été déjà rendue à ce sujet au mois de juin 1313 ; elle disait (art. 14) que les prélats et barons qui ont droit de faire battre monnoie dans leurs terres ne le pourront faire jusques à ce qu'ils en ayent des lettres de Sa Majesté, et (art. 20) que dans les terres des barons qui ont monnoie il n'y aura que la leur et celle du Roy qui auront cours. Dans les terres des seigneurs qui n'ont pas de monnoie, il n'y aura que celles du Roy qui auront cours. *(Ordonnance des Rois de France, t. I, p. 519.)*

(3) *Add.* « Le boisseau de blé, mesure de Corbonnois, pesait quarante-cinq livres. » *(Ms. de M. de La Sicotière.)*

(1) Le droit de battre monnaie attribué aux comtes de Corbon n'a jamais été bien établi. Les numismates eux-mêmes ne sont pas d'accord à ce sujet. Cependant M. Lecointre-Dupont, qui fut une autorité en pareille matière, dans ses « Lettres sur l'histoire monétaire de la Normandie et du Perche » (Paris, 1846, in-8°), affirme que « les monnaies seigneuriales de Corbon sont tout à fait imaginaires. On ne connaît que quelques tiers de sol d'or ; encore sont-ils revendiqués, mais à tort selon moi, par d'autres endroits » (p. 105, note 1). — Dans ce même ouvrage (p. VIII) est représenté un tiers de sol d'or attribué à Corbon. Espérons qu'un jour des fouilles sérieuses amèneront la découverte de ces monnaies en même temps qu'elles mettront à jour, selon toute probabilité, une antique cité. Nous sommes persuadé en effet, qu'il y a la un vaste champ à explorer et des vestiges de bains romains trouvés non loin de Mauves font supposer d'autres restes plus importants d'une ville qui pouvait certainement être la première capitale du Perche.

nommé l'archidiaconé de Corbonnois, nom qui lui est tousjours depuis demeuré et dure encore quoique le dict archidiaconé soit entré en l'evesché de Sees et n'ait aucune demeure au dict lieu (1).

D'ailleurs se trouvent plusieurs tiltres des legs, faits pour la depense et nourriture de l'assemblée de la Calende de Corbonnois qui se faisoit au dict lieu anciennement, des ecclésiastiques, comtes du Perche, noblesse et autres du païs tant pour les affaires de l'esglize, de la justice qu'autres (2) ; laquelle assemblée depuis la ruyne du dict Corbon fut transférée par Rotrou, deuxiesme du nom, comte du Perche, au monastaire de Chartraige-lès-Mortaigne qu'il fonda et feist bastir ainsy que je le dirai cy-après et se trouve des legs faits à la dicte maison de Chartraige pour la nourriture et pourvende de la compaignie de la dicte calende ; joint la situation du lieu qui est en bel air sur un tertre de Mortaigne et une belle et grande prairie par laquelle passe la rivière d'Huigne.

En l'an 1586 (3), en la paroisse de Coulimert près Mortaigne, un grand ravage d'eau découvrit un pot de terre le long d'un grand chemin esloigné de toutes maisons que des bergers trouvèrent, dans lequel estoient grand nombre d'espèces de monnoye d'argent pur aïant de chaque costé élevées en bosses les figures cy-dessous contenues, tirées au naturel sur l'espèce.

Aucuns ont dict que c'estoit de la monnoye des anciens Gaulois qui portoient en leurs enseignes la fable du centaure ; autres ont dict que c'estoit de la monnoye des anciens comtes du Perche. Cela demeurera au jugement de ceux qui sont mieux versés en l'antiquité (4).

---

(1) En 1558, nous voyons assister à la rédaction de la Coutume du Perche, « pour l'estat de l'Eglise », maistre Jean Abot, archidiacre du Corbonnois. *(Note de l'éditeur du Frag. imp. à Mortagne.)*

(2) *Add.* « A l'imitation des assemblées et parlements qui se faisoient « anciennement, chascun an, par les provinces de France et plus particu- « lièrement au pays chartrain, par leurs prestres. » *(Frag. imp. à Mortagne.)*

(3) *Var.* « En 1583. » *(Frag. imp. à Mortagne.)*

(4) *Add.* « Les orfèvres qui en ont fondu des espèces affirment que les « deux parties en sont de fin argent et l'autre de fin or. » *(Id.)*

DE MAUVES [1]

Auprès du dict Corbon est le lieu de Mauves qui est un très beau bourg en la chastellenye de Mortaigne clos et environné de troys parts de talards ou lavis relevez naturellement en forme de fossez qui luy servoient anciennement de fossez qui sont encore en quelques endroicts presqu'inaccessibles. J'ay tesmoignage par escript que c'estoit autrefois une ville où y avoit chasteau pour la demeurance des comtes du Perche, foires et marchés comme sera cy-après justiffié. Les habitans du dict bourg joüissent encore du droict de bourgeoisie, moïennant douze livres de rente qu'ils paient au Roy, francs et déchargés de péages, coustumes et autres, etc... (2); est scis sur la rivière d'Huigne accompagné d'une belle prairie où les comtes du Perche avoient de grands domaynes de partye duquel le Roy joüit encore; autre partye a esté aliénée et y reste encore de grandes et belles caves et quelques murailles des ruynes du vieux chasteau qui estoit de grande étendue, clos de murailles et profonds fossés (3) dedans la cour

---

(1) Deux autres villages en France portent le même nom : l'un dans le département de l'Ardèche, arr. et cant. de Tournon; l'autre dans la Loire-Inférieure, arr. de Nantes.

(2) *Add.* « Ainsy jugé à leur proffit en jugement et arrest des grands « jours du Perche, reignant Pierre, comte d'Alençon et du Perche, le « 22 mars 1392. » *(Frag. imp. à Mortagne.)*

(3) Il reste aujourd'hui fort peu de chose du château de Mauves. Il est cependant encore facile d'en déterminer l'emplacement, grâce à quelques débris de murs et quelques traces de fossés qui subsistent encore, mais qui tendent chaque jour à disparaître, grâce surtout aux attestations de témoins tout à fait dignes de foi, dont la mémoire fidèle et sûre conserve encore le souvenir de restes plus importants et plus certains. Nous devons à M. Prosper Renard, qui a vécu longtemps avec le fils du traducteur de Tacite, M. Dureau de la Malle, dans sa propriété de Landres, de nombreux et intéressants détails pour la plupart inédits, sur les antiquités de Mauves. Qu'il nous permette de le remercier vivement ici de l'obligeance qu'il a mise à nous être utile à cette occasion. — Le château de Mauves était situé à gauche de la grande route qui se dirige à Mortagne, à peu de distance de l'église Saint-Pierre et sur la propriété actuelle de M. Sâlot. Dominant une vallée assez profonde, dont les versants sont à pic, il faisait face au château de Mortoût que saint Louis occupa. Il n'en reste pour ainsi dire rien, quelques fossés comme nous l'avons dit comblés en partie, un puits trouvé dans un champ voisin, un fragment de colonne au coin d'une ruelle

duquel chasteau de l'ancienne fondation des dicts comtes qui ont laissé et fait fond de rente sur le dict domayne pour l'entretien du chapelain d'icelle, sur les ruynes duquel chasteau madame Marguerite de Loraine, femme de monsieur René, duc d'Alençon, feist bastir un corps de maison qui est encore en deffense pour y faire nourrir ses enfans comme à l'air le plus sain du païs ; ceste maison estoit pavée d'un très beau pavé de diverses couleurs semé de marguerites figurées et gravées sur iceluy (1), pour la garde de laquelle maison il y a et a tousjours eu capitaine qui joüit de partye du domayne du Roy du dict Mauves pour son entretien. Auquel lieu sont deux belles esglizes, l'une fondée en l'honneur de monsieur sainct Pierre (2) et l'autre de monsieur sainct Jehan Baptiste (3) qui estoient anciennement deux paroisses bornées et séparées l'une de l'autre, qui après la ruyne du dict lieu en l'an 1232 (4) furent unies (5), celle de Sainct-Jehan annexée à celle de Sainct-Pierre qui est demeurée pour le tout, par Grégoire, evesque de Sees; du consentement d'Estienne, doyen de Sainct-Denys de Nogent-le-Rotrou et des religieux de la dicte maison de Sainct-Denys.

Par la dicte annexe les habitans de la paroisse de Sainct-Jehan sont demeurés affranchis de faire ny offrir aucun pain bénit en la dicte esglize de Sainct-Pierre, le curé de laquelle est tenu de faire chaque dimanche de l'année la première messe en celle de

et trois autres conservés par M. Renard, dont la maison fut, en 1768, édifiée avec des matériaux qui en provenaient, le champ de la Fuye où l'on voyait encore, il y a peu d'années, un colombier peut-être en dépendant, et voilà tout. Peut-être un jour pourra-t-on faire des fouilles et alors apparaîtront sûrement des vestiges qui permettront d'en faire l'histoire et de déterminer sa date de construction. Près du château, se trouvait le Petit-Arcisse, couvent dépendant de l'abbaye d'Arcisse, près Nogent (emplacement de la maison Bouteveille).

(1) Des fragments de pavés avec fleurs de lys incrustées furent trouvés il n'y a pas bien longtemps et doivent exister encore chez quelque amateur d'antiquités du pays.

(2) *Add.* « Située sur le chemin de Mortagne et de Corbon. » *(Ms. de M. de La Sicotière.)*

(3) *Add.* « Au milieu du bourg vis-à-vis les halles. » *(Id.)* — L'écurie de M. Marot occupe l'ancien emplacement de cette église qui empiétait sur la rue. Il n'en reste rien, sinon une statue de saint Jean conservée à Saint-Pierre.

(4) *Var.* « En l'an 1385. » *(Frag. imp. à Mortagne.)*

(5) La paroisse de Saint-Jean occupait tout le côté droit de Mauves (en allant à Mortagne); la paroisse de Saint-Pierre tout le côté gauche jusqu'à la maison de M. Chardon, ancien notaire.

Sainct-Jehan en laquelle ne se dit grande ny haulte messe que le jour et feste de sainct Jehan-Baptiste auquel jour seulement les habitans de la dicte paroisse de Sainct-Jehan font et offrent pain bénit et non à autres jours. Le curé du dict Sainct-Pierre prend toutes oblations tant de la dicte esglize de Sainct-Pierre que de celle de Sainct-Jehan-Baptiste et dixmes qui appartenoient à la dicte esglize de Sainct-Jehan.

Joignant et au costé gauche d'icelle esglize de Sainct-Pierre est une belle chapelle y bastie et fondée par maistre Jehan Gouevrot, vivant conseiller et maistre des requestes du Roy et Reine de Navarre, duc, duchesse, comte et comtesse d'Alençon et du Perche, lors demeurant au dict Mauves, en l'honneur de la saincte Vierge et monsieur sainct Jehan l'Évangéliste, laquelle est comme unie avec la dicte esglize Sainct-Pierre, y aiant une grande arcade de pierre entre deux qui les tient comme un seul corps ; dedans la voute de la dicte chapelle sont les armes du dict Gouevrot qui portoit d'argent chargé de troys tarjettes (1) de sable (2).

Il y a aussy en icelle esglize Sainct-Pierre une autre chapelle fondée de Saincte-Magdelaine à laquelle les dicts de Sainct-Denys présentent, laquelle chapelle prend de grands droicts de dixmes en la dicte paroisse (3).

Près le dict bourg de Mauves est une léproserie dépendant du dict Mauves appelée la Maladrerie de Mauves où est bastie une chapelle de Sainct-Gilles et quelques maisons et une mestairie sur laquelle le tout est scitué. Les habitans du dict Mauves présentent à ceste chapelle (4).

Il y avoit aussy anciennement au dict Mauves un monastaire de filles (5), duquel monastaire restent encore quelques murailles

---

(1) *Var.* « Languettes. » *(Frag. imp. à Mortagne.)*

(2) *Add.* « Avec l'année 1554. » *(Ms. de M. de La Sicotière.)* — Cette chapelle, qui existe encore, est aujourd'hui dédiée à saint Joseph. Peut-être sous le badigeonnage qui couvre ses murs et sa voûte, les armes de Gouevrot se trouvent-elles toujours ; mais il ne s'en voit nulle trace.

(3) Sous la tour de l'église était encore une autre chapelle dédiée à sainte Thérèse (du XIIIe siècle), aujourd'hui en restauration ; au-dessous il y avait une crypte, sorte d'ossuaire fermé autrefois par une grille en fer.

(4) Nous avons signalé cette chapelle page 19, note 9, convertie en grange et dont il ne reste plus qu'un portail roman.

(5) Au milieu du bourg de Mauves, sur la droite en allant à Mortagne, on peut voir les restes d'une abbaye qui devait être sans doute le monastère dont il est question. C'est la propriété de M. Cottin. Construction du XVe siècle qui possède encore son pignon, ses cordeaux de l'époque, un contrefort et une tourelle octogone malheureusement tronquée.

tant de l'oratoire, dortoirs qu'autres bastimens qui se reconnoissent à l'œil avoir servi à l'usage monachal et y paroist encore la figure en bosse en pierre d'une religieuse avec son habit.

Depuis trois ou quatre ans un nommé Barthelemy Jahendier, pauvre homme rompant quelques restes des murailles du dict oratoire pour les vendre, trouva dans icelle muraille une caisse de bois sans pourriture dans laquelle estoyent quelques os humains qu'il mesprisa et les jeta, et dès l'instant il tomba de la dicte muraille qui estoit presque à rez de terre, se rompit et cassa une cuisse et une jambe. L'on tient que c'estoit quelques précieux reliquaires qui de longtems avoient esté cachés en la dicte muraille. Depuis, jugeant que le mal qui luy estoit avenu procédoit du mespris qu'il avoit fait des dicts reliquaires, s'en accusa; on les chercha mais on ne les a trouvés.

Par lettres patentes de monsieur René, duc d'Alençon et comte du Perche, données au dict Mortaigne le 18 juin 1461 (1), il donna aux habitans du dict Mauves droict d'y faire tenir troys foires par an; la première, le jour de la feste de la Chaire sainct Pierre, vingt-deuxiesme février; la deuxiesme, le jour de sainct Jehan Porte-Latine, 6 may; la troisiesme, le jour et feste de sainct Pierre et sainct Paul, 29 juin, avec droict de marché par chaque sepmaine le jour de lundy (2).

Confirmé par madame Marguerite de Loraine, veufve du dict monsieur René, duchesse d'Alençon, douairière, comtesse du Perche, vicomtesse de Beaumont et dame usufruitière des chastellenyes de Mortaigne et de Mauves par ses lettres données au dict Mortaigne le 23ᵉ juin 1516 (3).

Et encore confirmé par elle comme aiant le bail et garde de messire Charles (4), duc d'Alençon et comte du Perche, son fils, par ses lettres données au dict Mortaigne le 13 juillet 1518, publiées ès pleds de Mortaigne le 12 octobre de la mesme année (5).

Ces années 1610 et 1611 fust basty le pont de pierre du dict Mauves par le crédit, soin, faveur, bienveillance et diligence du

(1) *Var.* « 1481. » *(Mss. de M. de La Sicotière et de Versailles.)*
(2) *Var.* « Le jour de mardy. » *(Mss. de M. de La Sicotière et de Versailles, Frag. imp. à Mortagne.)* Le marché a lieu maintenant le mercredi.
(3) *Var.* « 13 juin 1516. » *(Frag. imp. à Mortagne.)*
(4) *Add.* « Charles quatre » *(Ms. de M. de La Sicotière.)*
(5) *Add.* « Nogent-le-Rotrou fut le lieu, en 1558, de la réunion des « trois états du Perche pour procéder à la rédaction des Coutumes de cette « province, sans que cette réunion portât préjudice aux villes de Mortagne « et de Bellême. » *(Id.)*

dict monsieur maistre Pierre Catinat (1), conseiller du Roy en son Parlement à Paris, seigneur du dict Mauves et de la Fauconnerie en la dicte paroisse.

Comme aussy en l'année 1613 furent commencés les ponts de pierre de Montizambert près du dict Mortaigne aussy par les soins du sieur de Catinat, lesquels ponts apportent de grandes commodités au païs pour les marchands et marchandises venant de Bretaigne, du Mayne et d'Anjou, trafiquans à Paris et autres lieux; les passages où sont de présent les dicts ponts estoyent précédemment inaccessibles au tems d'hiver (2).

DE RÉMALLARD (3)

Rémalard est un autre beau bourg appartenant à monsieur le Prince de Condé, à présent à monsieur de Helvétius, dépendant du dict Nogent-le-Rotrou où y a droict de chastellenye, sceaux, marcs, mesures et marchés au jour de jeudy, scis sur la rivière d'Huigne où y avoit anciennement tour et chasteau; la place et ruynes d'iceluy paroissent encore avec une haulte butte relevée artificiellement où estoit la tour du donjon du dict chasteau (4).

(1) *Add.* « A la fin de ce siècle [XVIIe], Mauves fut donné en enga-
« gement par Henri IV à Pierre de Catinat, seigneur de la Fauconnerie,
« conseiller au Parlement de Paris. » *(Id.)*

(2) *Add.* « Des habitans de Mauves avoient anciennement droict de
« potillage sur touttes sortes de boittes vendues en destail au dict Mauves
« pour la réparation de leur closture et s'en trouve un bail à ferme du
« dernier février 1395. » *(Frag. imp. à Mortagne.)*

Il faut aussi signaler à Mauves la maison seigneuriale sur la gauche de la route de Mortagne, ayant appartenu à Mme de Lévagué, demoiselle de Catinat, et un couvent situé en face l'église Saint-Pierre.

(3) Ce passage est, au moins en partie, dû à Delestang et non à Bart, car Helvétius n'acheta Regmalard qu'au XVIIIe siècle.

(4) *Add.* « Le seigneur de Nogent y avoit anciennement droict de guet
« pour le garder en temps de guerre, qu'il convertissoit en temps de paix
« à rente et s'en trouve des baux ès-années 1467....,
« Au quel Regmalard ressortissent par appel les causes des seigneuries
« de Feillet et austres lieux et du dict Regmallard viennent par appel
« devant le bailly du Perche au dict Mortagne. » *(Frag. imp. à Mortagne.)*

DES MAISONS DE LA FRETTE, SAINCT-VICTOR, FEUILLET ET LA VENTEROUSE UNIES ENSEMBLE

La famille des Gruels, seigneurs de la Frette, est une des anciennes du Perche qui a tousjours tenu des premiers rangs près des comtes du Perche, iceux assistés aux fondations faites par eux d'esglizes et monastaires et autres et à icelles de partye de leurs biens, le tesmoignage en est ce que :

En l'an 1050, régnant Henry, premier du nom, Roy de France, Guillaume (1) Gruel, sa femme et son fils donnèrent à l'esglize de Sainct-Denys de Nogent-le-Rotrou la troisiesme partye de Sainct-Germain de Loisé et la troisiesme partye de celle de Sainct-Jehan-Baptiste de Mortaigne, présent Geofroy, comte de Mortaigne et sa femme.

En l'an 1090 (2), Rotrou, quatriesme comte du Perche, fonda et feist bastir la maison et léproserie de Chartraige lès Mortaigne, y donna plusieurs biens; Robert Gruel, chevalier, y estoit qui donna (3) au dict monastaire de Chartraige la dixme de sa terre de La Forest,

item, un septier de froment de rente à prendre sur sa terre de Champrond,

item, déchargea la dicte maison de Chartraige de cent sols de rente pour la rédemption de l'âme de Geoffroy d'Illiers, insigne chevalier.

En l'an 1193, autre Robert Gruel, successeur du dict Robert, donna au dict monastaire de Chartraige un septier de seigle de rente sur son moulin de Sainct-Hilaire (4).

En l'an 1185, Rotrou, fils du dict Rotrou (5), faisant achever

---

(1) *Var.* « Gautier Gruel. » *(Mss. de M. de La Sicotière et de Versailles.)*
Il s'agit bien ici en effet de Gautier Gruel. Son fils était Guillaume Gruel.
(2) *Var.* « En 1099. » *(Ms. de M. de La Sicotière.)*
(3) D'après les renseignements que nous fournit le dossier bleu de la Bibliothèque nationale, Robert Gruel aurait fait cette donation en 1144.
(4) *Var.* « Sur son moulin de Saint-Denis. » *(Bibl. nat., dossier bleu.)*
(5) *Add.* « Cinquième comte de Mortagne. » *(Ms. de M. de La Sicotière.)*

les bastimens de la Trape, Robert Gruel, Guillaume du Pin, Gauthier de Bresnard et Gervays Chevreul donnèrent à la dicte abbaye de la Trape le Val d'Hernest en la forest du Perche (1) où estoit un hermitage à présent appellé le parcq Saincte-Nicole à cause d'une chapelle y bastie en l'honneur de saincte Nicole (2), que l'on dict avoir demeuré en l'hermitage basty en ce lieu.

En l'an 1230, autre Robert Gruel et Guillaume, son fils, donnèrent à la dicte maison de la Trape trente acres de terre en bois entre la forest du Perche et la paroisse de Contrebie.

L'une des maisons des dicts Gruels estoit anciennement le lieu, terre et seigneurie de Mortoust (3) près Mauves, lors bien basty, auquel lieu le Roy sainct Louys logea en l'an 1257 prenant possession du comté du Perche et y expédia plusieurs lettres de confirmation et aumosnes faites à plusieurs esglizes, entr'autres à la Maison-Dieu de Mortaigne de troys chartées de bois par chaque sepmaine pris en la forest de Bellesme pour le chauffage des pauvres de la dicte Maison-Dieu.

Au dict an 1185 (4), la maison de Sainct-Victor de Reno estoit aussy en lumière, lors possédée par Robert de Sainct-Victor,

---

(1) Cette donation est rappelée dans la bulle de protection accordée au monastère de la Trappe par le Pape Alexandre III en 1173, et publiée par la Soc. hist. et archéol. de l'Orne dans le cartulaire de la Trappe, p. 582, ce qui prouverait que la date donnée par Bart n'est pas exacte; le Val d'Hernest y est nommé : *Vallis Hermerii*. Ce cartulaire contient plusieurs autres donations faites à la Trappe par des membres de la famille Gruel.

(2) *Add.* « Autrement dite Colette, réformatrice de l'ordre de sainte « Claire, morte dans le xve siècle. » *(Ms. de M. de La Sicotière.)* — Sainte Colette vécut de 1380 à 1446. — Le lieu de cet ermitage porte encore aujourd'hui le nom de Sainte-Nicole. Il est situé sur le canton de Tourouvre.

(3) *Var.* « Monretoust. » *(Frag. imp. à Mortagne.)* — Le château de Mortoût n'existe plus et il n'en subsiste rien. Il était situé, comme nous l'avons dit, vis-à-vis celui de Mauves, sur le versant opposé de la même vallée. Un champ qui dépendait certainement du château porte encore le nom de *parc*. — « Saint Louis, venant prendre possession du comté du « Perche, en 1231, fit l'honneur à Guillaume Gruel de prendre pour « séjour son château de Mortou, paroisse de Mauves, où Sa Majesté ex- « pédia plusieurs lettres. Le château de Mortou est à présent ruiné, mais « la seigneurie est encore à Monsieur de la Frette et depuis ce tems là les « descendans du dit Gruel ont toujours été à la Cour et ont été faits che- « valiers de l'ordre du Saint-Esprit et pourveus de bons gouvernemens. » *(Mémoires de l'intendant de la généralité d'Alençon, 1698.)* — Comme on le voit, la ruine du château de Mortoût date de loin.

(4) *Var.* « En 1085. » *(Frag. imp. à Mortagne.)*

scise au dict lieu de Sainct-Victor, près la forest de Reno, depuis ruynée par les guerres, lequel seigneur de Sainct-Victor assista aussy les comtes du Perche tant aux dictes fondations d'esglizes qu'autrement.

Et au dict an 1185, le dict Robert de Sainct-Victor donna à la dicte Maison-Dieu de Mortaigne un septier de bled froment de rente à prendre sur sa terre de Courgeoût.

De la famille du dict Sainct-Victor demeura une fille, dame de la terre et seigneurie de la Frette, nommée Jeanne, qui en prit le nom et fut conjoincte par mariage avec Guillaume Gruel, seigneur de Mortoust, duquel mariage de succession en succession est sorti et issu Claude Gruel, chevalier des ordres du Roy, conseiller en ses Conseils d'Etat, seigneur du dict lieu de la Frette, vivant, auxquels lieux de Sainct-Victor et de la Frette le dict seigneur a tout droict de justice, auditoire pour rendre justice à ses subjets, marché au jour de lundy et chauffage en la dicte forest de Reno (1).

Le dict Rotrou, cinquiesme comte du Perche (2), vivant en l'an 1144, maria sa fille Alix (3) à James de Chasteaugontier (4), chevalier, et luy donna la terre, baronnie et seigneurie de Nogent-le-Rotrou de laquelle dépendoient les terres de Feuillet, la Venterouse et Cherencey, par lequel de Chasteaugontier la dicte terre de Nogent entra en la maison de Bretagne. Jehan de Vendosme espousa Alix, fille d'Artus, duc de Bretagne, qui emporta la dicte terre de Nogent; laquelle, depuis divisée, Bouchard de Vendosme qui

(1) *Var. et Add.* « Au dict an 1257, le dit Guillaume de Gruel espousa
« Alice de St-Victor, fille de Guillaume de St-Victor; outre la terre de
« St-Victor que possédait la ditte Alice, elle étoit encore dame de la
« Frette et porta cette terre en mariage au dit Guillaume de Gruel. Ce-
« luy-ci quitta le séjour de Mortoust et vint demeurer à la Frette à cause
« de la beauté et de la situation du lieu; depuis ce temps, les sieurs de
« Gruel y ont toujours fait leur demeure et pris la qualité de seigneurs
« de la Frette, et c'est sous ce nom qu'ils sont plus connus dans les an-
« ciens titres.

« Les armes de la famille des Gruel sont d'argent à trois faces de sable.

« Du temps que Léonard Bart écrivait son histoire, l'on voyoit encore
« les armes des seigneurs de Gruel peintes sur les murailles de la grande
« salle de Chartrage où se tenoit la calende de Corbonnois. » *(Ms. de Versailles.)*

(2) *Add.* « Et de Mortagne. » *(Frag. imp. à Mortagne.)*

(3) *Var.* « Béatrix. » *(Ms. de M. de La Sicotière.)*

(4) *Var.* « A Renaud III, seigneur de Châteaugontier, aïeul de Jacques
« ou James de Châteaugontier qui fut seigneur de Nogent-le-Rotrou. »
(Ms. de M. de La Sicotière.)

(5) *Var.* « Passa dans la suite dans la main du duc Artus. » *(Id.)*

vivoit en l'an 1371, eut en partage les dictes terres de Feuillet, la Venterouse et Cherencey, lequel Bouchard de Vendosme espousa Marguerite de Beaumont et au dict an aborna au doyen et chapitre de Toussainct de Mortaigne la terre et seigneurie du Mesnil-Chevreul qu'ils tenoient de luy à cause de sa seigneurie de Feuillet et un obit qu'ils font chacun an à son intention ; duquel mariage de luy et de la dicte de Beaumont sortirent messire Pierre et Jehan de Vendosme (1), chevaliers. Du dict Jehan sortit Jehan de Vendosme (2), seigneur des dictes terres qui mourut sans hoirs. Le dict Pierre, son oncle, luy succéda ; du mariage duquel sortit Pierre, Guillemette, Robert et Jeanne de Vendosme. Nicolas (3) Auvé, chevalier, seigneur de Genetay, espousa la dicte Guillemette ; Symon de Dreux, fils de Gauvain, espousa la dicte Jeanne qui eut en partage les dictes terres, laquelle décéda sans enfans et par son décedz les dictes terres retournèrent à la dicte Guillemette, femme du dict Auvé, du mariage desquels sortit Symon Auvé ; du dict Symon, Françoys Auvé ; du dict Françoys, autre Françoys Auvé ; du dict Françoys, Louis Auvé ; du dict Louys, Françoys Auvé (4) ; du dict Françoys, Gilles Auvé et du dict Gilles, dame Marguerite Auvé conjoincte par mariage avec messire Claude Gruel, chevalier, seigneur de la Frette, laquelle apporta en la dicte maison de la Frette les dictes terres et autres (5). Duquel mariage est issu le dict messire Claude Gruel, seigneur de la Frette (6), conjoinct par mariage avec dame Louyse Faudois, fille du seigneur de Warty, chevalier des ordres du Roy.

Le dict seigneur de la Frette a tous droicts de justice au dict lieu de la Venterouse et chauffage en la forest du Perche pour sa maison de la Venterouse.

(1) *Add.* « Jean de Vendôme, deuxième fils, seigneur de la Ventrouse, « Feuillet et Cherancey, reçut en 1391 aveu du lieu de la Vove, de Robert « de la Vove. » *(Id.)*

(2) *Add.* « Jean II de Vendôme, mort sans hoirs en 1420. » *(Id.)*

(3) *Var.* « Gervais. » *(Id.)*

(4) *Add.* « Qui reçut en 1479 aveu du lieu de la Vove, de Jean de la « Vove ; il aborna en 1521 la seigneurie de la Vove à cent livres par « chaque rachat. » *(Ms. de M. de La Sicotière.)*

(5) *Add.* « Elle reçoit en 1584 aveu du lieu de la Vove de René de « Lanjan de Boisfévrier qui avoit épousé Marie de la Vove. » *(Id.)*

(6) *Add.* « Il défendit Mortagne contre les ligueurs le 1er août 1589. » *(Id.)*

DE LA VOVE [1]

La maison de la Vove est aussy des plus anciennes du Perche, les seigneurs de laquelle ont tousjours porté le nom de la Vove jusques en ce tems que la dicte maison est venue par succession à dame Marie de la Vove, dernière du nom du chef de ceste famille, conjoincte par mariage (2) avec messire René de Languan, chevalier de l'ordre du Roy, seigneur de Boisfévrier (3).

L'on tient que ceste maison de la Vove par privilège du ciel a eu la faveur de guérir la maladie du carreau (4) qui est un amas d'humeurs au costé du ventricule qui le durcissent et le roidissent comme une corde et se dissipe par le maniement et rupture qu'en font ceux de ceste maison (5).

Galiban de la Vove, puisné de ceste maison, espousa Robine Tournebœuf, héritière de la maison de Tourouvre, duquel par succession est issu Robert de la Vove, escuyer, sieur de Tourouvre (6).

(1) Le château de la Vove existe toujours. Malheureusement il est aujourd'hui converti en ferme. C'est un charmant manoir de la fin du quinzième siècle, à 2 kilomètres de Mauves sur la route de Boissy-Maugis. Son escalier à vis, gracieux et élégant, mérite une mention spéciale. La chapelle, assez vaste, ne paraît pas avoir été terminée. Par certains détails, ce château rappelle celui de Courboyer, situé dans le canton de Nocé et dont nous aurons occasion de dire un mot.

(2) *Add.* « En l'année 1572. » *(Mss. de M. de La Sicotière et de Versailles.)*

(3) *Add.* « En la province de Bretagne. » *(Ms. de M. de La Sicotière.)*

(4) Aujourd'hui appelée entérite.

(5) *Add.* « La famille de la Vove assista les anciens comtes du Perche
« dans les différentes fondations qu'ils faisoient aux monastères. » *(Id.)*

(6) *Var. et Add.* « Pierre de la Vove, puiné de sa maison, épousa en
« 1456 Robine ou Michelle de Tournebœuf, seule et unique héritière de la
« maison de Tourouvre; il devint la tige des seigneurs de ce lieu portant
« son nom, Galeran de la Vove; Robert Ier de la Vove; Robert II de la
« Vove; Alexandre de la Vove; Jacques de la Vove; Robert III de la
« Vove à qui appartient la terre et domaine de Tourouvre avec la châtel-
« lenie de la Motte d'Iversay.

« Jean de la Vove, deuxième du nom, seigneur de la Vove, permit, en
« 1477, la construction d'une grosse forge sur la rivière d'Huine à l'en-
« droit des deux gués, paroisse de Corbon. Françoise Auvé, veuve
« d'Antoine de la Vove, seigneur de la Vove, vendit en 1530, pour le
« service de la forge de Maison-Maugis, mille cordes de bois pour trois

En l'an 1144 Symon de la Vove assista Rotrou comte du Perche à la fondation de la maison et monastère de Chartraige et y donna un septier de froment et dix sols de rente sur les moulins et fours de Mortaigne en la présence et consentement du dict Rotrou et de Geoffroy, son fils (1).

En l'an 1194, Arnoul de la Vove assista le dict Geoffroy (2), comte du Perche, à l'augmentation de la fondation de Chartraige et y donna un septier de froment de rente, mesure du Corbonnois, sur son moulin.

DE TOUROUVRE

Tourouvre, appartenant au dict sieur de Tourouvre, est aussy une ancienne maison qui appartenoit aux Tournebœufs, ancienne famille de laquelle le nom s'est perdu en la personne de damoiselle Robine Tournebœuf que le dict de la Vove, escuyer, espousa (3) ; duquel mariage sortit Robert de la Vove ; du dict Robert, Robert-Alexandre de la Vove, et du dict Alexandre, le dict Robert de la Vove, seigneur de Tourouvre. C'est un beau et grand bourg près de la forest du Perche, à deux lieues de Mortaigne ; auquel lieu le dict sieur de Tourouvre a aussy tout droict de justice et marché au jour de lundy et auditoire pour rendre justice à ses subjets et droict de chauffage en la forest du Perche pour la dicte maison de Tourouvre (4).

Près le dict lieu, à l'entrée de la forest du Perche, est une

---

« cents livres tournois. Marie de la Vove, petite-nièce d'Antoine, fut « femme en 1572 du susdit René de Langan. » *(Ms. de M. de La Sicotière.)*

(1) *Add.* « Ce qui doit faire douter de la date de 1144. » *(Ms. de M. de La Sicotière.)*

(2) *Var.* « Geoffroy V. » *(Ms. de Versailles.)* — « Geoffroy III, sixième « comte du Perche. » *(Ms. de M. de La Sicotière.)*

(3) *Add.* « En 1456. » *(Ms. de M. de La Sicotière.)*

(4) « Aucuns des habitans de ce bourg faisant commerce de bois ordinairement se rendent adjudicataires de ces ventes ; d'autres font convertir ces bois en certains ouvrages dont ils font commerce, et enfin les gens de travail qui ne s'appliquent pas à la culture de la terre sont perpétuellement employez par les marchands de bois en la dite forest. » *(Mémoires de l'intendant de la généralité d'Alençon. — 1698.)*

ancienne chapelle fondée de messire Sainct-Gilles qui est un lieu de devotion où le peuple va souvent offrir ses vœux à Dieu. On tient que c'estoit anciennement un hermitage qui estoit dans la dicte forest du Perche, mais on n'en trouve aucuns tiltres.

TITRE III

DE BELLESME

Il y a grande aparence que Bellesme ait esté un partage du Perche pour estre dans les enclaves du dict païs et gouverné sous mesmes coustumes, mais il ne s'en trouve rien ny qui l'a fait bastir, ny particulièrement possédé, ny qui en a esté seigneur particulier jusques à Guillaume de Bellesme, qui vivoit environ l'an 980 (1), regnant Louys quatriesme du nom, Roy de France et Richard, cinquiesme (2) duc de Normandye (3). Le dict Guillaume fust père d'Yves de Bellesme qui découvrit les mauvais desseins que le dict Roy Louys quatriesme avoit contre la personne du dict Richard, jeune enfant, pour s'emparer du dict duché de Normandye et en avertit Esmond (4), gouverneur du dict Richard, lequel il se sauva de Laon où il estoit retenu sur un cheval dedans un fagot d'herbes.

Le dict Yves de Bellesme eust deux fils, sçavoir : Yves qui fust évesque de Sees et Guillaume qui luy succéda à la seigneurie de Bellesme, de Sees et Donfront, qui espousa Matilde, de la lignée de Ganelon de laquelle il eust quatre fils, à sçavoir : Guérin, Fouquet (5), Robert et Guillaume (6). Le dict Guillaume

---

(1) *Var.* « Qui vivoit environ 990. » *(Frag. imp. à Mortagne.)*
(2) *Var.* « Troisiesme duc de Normandye. *(Ms. de M. de La Sicotière.)*
(3) *Add.* « Louis IV étoit mort en 954, c'étoit Lothaire qui régnoit en « 980. On trouve qu'en 968, Rotrou, comte du Perche et seigneur de « Belesme, possédoit cette ville qui lui fut prise par Richard. » *(Note du ms. de M. de La Sicotière.)*
(4) *Var.* « Osmond. » *(Ms. de M. de La Sicotière et Frag. imp. à Mortagne.)*
(5) *Var.* « Foulques. » *(Mss. de M. de La Sicotière et de M. de Souancé.)*
(6) *Add.* « Dict Talvas. » *(Frag. imp. à Mortagne.)*

père suivit aussy la cour de Robert, duc de Normandye, qui luy bailla le gouvernement de sa ville et chasteau d'Alençon ; mais iceluy Guillaume au lieu de les garder, s'en empara, les munit d'hommes et de vivres et à l'ayde de ses quatre fils refusa de les rendre au dict duc qui les y assiégea, prit la ville, força le chasteau jusqu'après d'y entrer. Ce que voyant le dict Guillaume de Bellesme père, sortit en se présentant devant le duc les pieds et la teste nus, en chemise, une scelle de cheval sur le dos, les pieds et mains contre terre et se mist en la miséricorde du duc qui luy pardonna et le relaissa au dict chasteau par promesse de le garder fidèlement au dict duc. Mais d'abord que le duc se fust retiré et son armée rompüe, il s'empara derechef du dict Alençon et le munit d'hommes et de vivres plus que devant et assembla gens de guerre et par ses fils feist faire la guerre au dict duc de Normandye pillant et ravageant tout ce qui estoit vers le quartier du dict Alençon. Le dict Guérin, fils de Guillaume, tua en trahison Gaultier (1) de Bellesme, son cousin, jouant avec luy ; de quoy il ne porta la peine guère loin parceque incontinent après il mourut subitement de nuit et on disoit que le diable lui avoit rompu le col. Ses trois autres frères continuèrent la guerre contre le dict duc qui envoya Néel, vicomte de Cotentin, contre eux qui les défit. Fust le dict Fouquet (2) tué ; les autres se sauvèrent ; de laquelle défaite le dict Guillaume père mourut de desplaisir. Robert et Guillaume rassemblèrent des troupes, firent la guerre au dict duc au païs du Mayne, prirent sur le dict Néel (3) le Vicomte le chasteau de Balon (4), lequel fust repris par le dict vicomte ; Robert qui s'en estoit sauvé avec tout ce qu'il peust rassembler de gens, courut et pilla le dict païs du Mayne, fust poursuivi et pris par le dict Néel le Vicomte, qui le mit prisonnier dans le dict chasteau de Balon où, aiant esté deux ans, il fust assommé d'une coignée par deux gentilshommes manseaux desquels il avoit fait pendre le père et les frères. Guillaume de Bellesme, le dernier des quatre fils du dict Guillaume de Bellesme (5) faisoit d'aultre part la guerre au duc ; mais, voiant son frère mort, se retira

(1) *Var.* « Ou Gouhier. » *(Mss. de M. de La Sicotière.)*
(2) *Var.* « Foulques. » *(Id.)*
(3) *Var.* « Prirent le dict duc, Noël le Vicomte, le chasteau de Ballon..... » *(Frag. imp. à Mortagne.)*
(4) Chef-lieu de canton de la Sarthe, arrondissement du Mans.
(5) *Add.* « Dit Talvas. » *(Ms. de M. de La Sicotière et Frag. imp. à Mortagne.)*

et se saisit des biens de ses frères et en chassa leurs veuves et enfans; il demeura seigneur de Bellesme.

Ce Guillaume fust cruel et fist estrangler Herildefride (1), sa femme, s'en retournant de la messe, par ce qu'elle le reprenoit de ses cruautés; il espousa en secondes noces la fille du comte de Beaumont (2), fist les noces dedans Alençon qu'il tenoit du duc de Normandye, convia au festin nombre de noblesse et entr'autres le fils de Giroye (3), chevallier et seigneur d'importance, luy fist [faire] aparamment bonne chère, mais, durant le festin, il le fist prendre et enferrer publiquement en la grande place d'Alençon, en présence de la noblesse et du peuple, luy fist crever les yeux, couper le nez et les oreilles; de quoy il fust fort blasmé par la noblesse.

Les parens du dict Giroye, qui estoit de grande maison, s'assemblèrent, poursuivirent le dict de Bellesme et gâtirent ses païs; lequel se retira en son chasteau de Bellesme où il fust assiégé par les parens du dict Giroye qui le provoquèrent, par toutes sortes d'injures et autres moyens, de sortir et venir au combat, ce qu'il ne voulust faire, se retira en Angleterre où il fust accusé devant le Roy Henry, premier du nom, de sa mauvaise vie et trahisons par luy faites contre le Roy d'Angleterre et duc de Normandye; pourquoy il le feist mourir dedans les prisons à Londres et ses biens confisquér. Le Roy d'Angleterre, Henry, en donna le comté de Bellesme à Rotrou, comte du Perche, son gendre (4), et de là Rotrou (5) fust comte du Perche et de Bellesme (6); autres ont écrit qu'il ne fust que banny et ses biens confisqués. Il eust aussy une fille nommée Mabille que Roger de Montgommery espousa, de laquelle il eust cinq fils et quatre filles, sçavoir : Robert (7), qui posséda Bellesme avant la possession de Rotrou, Hugues, Philipe de Poitiers (8) et Arnoul; le dict Arnoul fust homme cruel et viola une pauvre fille recluse en un hermi-

---

(1) *Var.* « Hundresude. » *(Frag. imp. à Mortagne.)*

(2) *Add.* « Nommée Hildeburge. » *(Ms. de M. de La Sicotière.)*

(3) *Var.* « Giroise. » *(Frag. imp. à Mortagne.)*

(4) *Add.* « Rotrou II, quatrième comte du Perche. » *(Ms. de M. de La Sicotière.)*

(5) *Add.* « En 1144. » *(Id.)*

(6) *Add.* « Et prist possession du dict Bellesme en l'an 1126. » *(Frag. imp. à Mortagne.)*

(7) *Add.* « Robert II. » *(Ms. de M. de La Sicotière.)*

(8) *Add.* « Qui fut au voyage de la Terre Sainte, mourut à Antioche ou « à son retour. » *(Id.)*

tage et la nuit suivante mourut subitement. Les filles furent Enine, Maltide, Sibille et Mabille.

Le dict Roger de Montgommery fonda l'abbaye de Sainct-Martin de Sees, celle de Trouard (1) et celle des monialles d'Avranches (2).

Le dict Yves, fils du dict Yves de Bellesme, fust evesque de Sees. Homme sage, pieux, vertueux, plein de lettres et amateur de paix, il fist refaire de neuf l'esglize de Sainct-Gervais et Sainct-Protais de Sees qui avoit esté profanée, bruslée et ruinée par Richard, Robert et Ancelot (3) les Soranges, frères méchans, voleurs qui en furent punis (4). Le dict Yves commença l'esglize et les tours d'icelle de telle sculpture que Robert, Girard et Herlon (5), ses successeurs, ne les peurent achever que quarante ans après (6). Le dict Yves, evesque, fust en la Pouille et en Constantinople avec les princes françois, anglois et normans, d'où il apporta une belle pièce de reliques que l'Empe-

---

(1) Troarn.

(2) *Var.* « Et les moinalles d'Almenesches. » *(Frag. imp. à Mortagne.)*

(3) *Var.* « Lancelot. » *(Frag. imp. à Mortagne.)*

(4) Voici à ce sujet le passage de Guillaume de Jumièges : « Itaque temporibus Ivonis episcopi, Richardus et Avesgotus, filii Vuillelmi cognomine Sorengi, cuneum sceleratorum sibi asciverunt et omnem circa Sagium patriam sine reverentia depopulati sunt. Postremo ecclesiam Sancti Gervasii invaserunt ibique turbam prædonum posuerunt. Sic de domo orationis speluncam latronum stabulumque fecerunt equorum..... (1). » — « Ainsi donc du temps de Yves l'évêque, Richard et Avesgot, fils de Guillaume surnommé Soreng, rassemblèrent une bande de scélérats et dévastèrent sans respect tout le pays situé autour de Séez. Enfin, ils envahirent l'église de Saint-Gervais et y établirent une troupe de brigands, faisant ainsi d'une maison de prière une caverne de voleurs et une écurie à chevaux..... » La cathédrale de Séez ne fut pas, ainsi que le prétend Bart, brûlée par les Sorenges. Yves de Bellême, suivant Guillaume de Jumièges, à bout de ressources contre les attaques de ses voisins qu'il ne pouvait arriver à chasser de son église, mit le feu lui-même aux maisons voisines et, l'incendie s'étant propagé, la cathédrale ne tarda pas à être consumée. Cet événement peut se rapporter à 1047 ou 1048, car au concile de Reims (3 octobre 1049), Yves était accusé par le pape saint Léon d'avoir brûlé son église : « Qua lege damnari debes qui matrem tuam ecclesiam cremare ausus es (2). »

(5) Serlon.

(6) « ..... Ut successores ejus Robertus, Girardus ac Serlo nequiverint eam per XL annos consummare (3). »

---

(1) Hist. Norm. lib. VII, cap. XIII.
(2)   Id.   lib. VII, cap. XV.
(3)   Id.   lib. Id.   Id

reur d'Orient luy donna, qu'il fist richement enchâsser et la donna à la dicte esglize de Sees (1).

En l'an 1601 (2), aiant fait ouverture de la terre devant le maistre autel de la dicte esglize de Sees pour y enterrer le corps mort de messire Louis du Moulinet (3), evesque de Sees, à la solicitation de messire Jean Gautier, chantre et chanoine d'icelle esglize, natif de Mortaigne, s'y trouva un monument de pierre tout d'une pièce, couvert d'une pierre platte qui fust levé et ouvert et dedans iceluy trouvé un corps humain entier, vestu d'habits épiscopaux, en chasuble de velours canelé cramoisi, une crosse de bois à son costé et au bout d'icelle une virolle et un bout; le tout de cuivre doré sur lesquels estoient gravés les mots : *increpa, obsecra, argue*, et des armoiries : l'écu de sable, chargé d'un chasteau d'or, qui sont les armes que portoient les seigneurs et ville de Bellesme. Le corps aiant pris l'air s'en alla en poudre ; on juge que ce devoit estre le corps du dict Yves de Bellesme qui vivoit en l'an 994 (4) et on mit le corps du dict Moulinet dans iceluy monument (5).

(1) L'église d'Yves de Bellême, dont la dédicace eut lieu en 1126, n'existe plus. La cathédrale qui s'élève aujourd'hui à Séez n'est pas antérieure aux XIIIe et XIVe siècles, et malgré l'absence de renseignements à ce sujet, il faut supposer que la construction romane fut détruite par un nouvel incendie, au XIIe siècle, peut-être en 1151, car nous savons qu'en cette année la ville de Séez fut brûlée par Louis VII.

(2) *Var.* « 1602. » *(Frag. imp. à Mortagne.)* — Louis du Moulinet resta sur le siège épiscopal de 1564 à 1601. Les catalogues des évêques de Séez sont d'accord sur ce point.

(3) « Sepultus est... in odeo cathedralis », dit en effet la Gallia Christiana (XI, col. 703).

(4) *Var.* « Vivant en 1064. » *(Ms. de M. de La Sicotière.)* — Yves mourut vers 1070.

(5) *Add.* « Le corps ayant l'air s'en alla en poudre. » *(Mss. de M. de La Sicotière et de M. de Souancé, Frag. imp. à Mortagne.]* — « Ivo jacet ante majus altare in ecclesia cathedrali. » *(Gallia christiana, XI, col. 681-682.)*

Add. « Des écrivains postérieurs à Léonard Bart font ainsi qu'il suit un sommaire historique des seigneurs de Bellême :

« Guillaume de Bellême, qui vivoit en 980, était fils d'Yves Ier de Creil, devenu seigneur de Bellême en 968, après que Richard Ier, troisième duc de Normandie, eut pris cette ville sur Rotrou, comte du Perche et de Bellême, et qu'il en eut fait don au dit Yves en récompense d'anciens services. Cet Yves fonda avec Godehilde, son épouse, en son château lors situé au lieu du dit Saint-Santin, une chapelle en l'honneur de la Vierge et de saint Pierre et lui donna diverses églises, celle du Vieux-Bellême, de Saint-Jean-la-Forêt, de Berd'huis, de Dancé, de Courthioust. Guillaume Ier, fils d'Yves, épousa Mathilde de la lignée de Ganelon ; il confirma avec

Le dict chasteau de Bellesme est basty sur le sommet d'une montagne, clos de haultes murailles et bons fossés ; une haulte tour ou donjon carré, [est] basty au milieu du dict chasteau, sur une haulte butte artificiellement eslevée de terre, dedans lequel chasteau il y a une belle esglize (qui se trouve avoir esté bastye par le dict Guillaume de Bellesme premier, en l'honneur de sainct Léonard et y mit des chanoines réguliers pour y servir Dieu, exempts de toute sujetion épiscopale et autres, fors de l'esglize romaine), qui dépend du prieuré de Sainct-Martin du Vieil-Bellesme (par les moiens que je dirai) qui y mettoient des religieux pour y faire le service divin, suivant l'institution du fondateur ; mais, durant les guerres civiles de ce royaume contre les protestans, les maisons de la demeure desdicts religieux ont esté ruynées, l'esglize pol-

Godehilde, sa mère, les dons faits à Notre-Dame de Saint-Santin ou du Vieux-Château et ajouta entre autres Saint-Pierre et Saint-Sauveur de Bellême et Saint-Aubin de Boissy-Maugis. Il mourut en 1028 (1) ; il fut père de cinq enfans : Guérin et Foulques qui moururent avant lui ; Robert qui lui succéda ; Guillaume qui fut seigneur de Bellême après son frère, et Yves II, évêque de Séez.

« Robert Ier, seigneur de Bellême, mourut en 1035 (2).

« Guillaume II, son frère, dit Talvas, seigneur de Bellême, fait mourir Cudeforte, sa première femme, et épousa en deuxièmes noces Hildeburge, fille du vicomte de Beaumont ; il est chassé de ses états par son fils Arnolphe, qui mourut misérablement.

« Yves II, de Bellême, évêque de Séez, fut seigneur de Bellême après son neveu et mourut en 1070 ; il avoit été présent vers 1055 à 1060 au don que Hugues du Rocher fit à l'abbaye de Marmoutiers de l'église du Vieux-Bellême, qui était dans le fief de l'évêque.

« Mabile de Bellême (3), fille de Guillaume II et sœur d'Arnolphe, fut dame de Bellême après son oncle. Elle avoit épousé Roger II, de Montgommery, dont entre autres enfans elle eut Robert II, qui suit. Elle mourut en 1082.

« Robert II, de Montgommery, de Bellême, plus connu sous le nom de Robert de Bellême, posséda la seigneurie de Bellême jusqu'en 1114, que cette ville fut prise sur lui par Henri Ier, roi d'Angleterre, qui la donna à Rotrou II, dit le Grand, comte du Perche, son gendre.

« Sous Robert de Bellême et en l'an 1106, Girard, évêque de Séez, donna à Marmoutiers l'église de Notre-Dame-du-Vieux-Château de Bellême au lieu de Saint-Santin, avec toutes les dépendances qui sont les églises susnommées qui furent à la présentation du prieur de Saint-Martin-du-Vieux-Bellême. » *(Ms. de M. de La Sicotière.)*

(1) René Courtin fixe cette mort à 1031, d'autres en 1033.
(2) Ou 1034.
(3) Surnommée la Louve d'Alençon. — M. Louis Duval a écrit sur elle une intéressante brochure intitulée : « Mabille de Bellême dans le roman et dans l'histoire », 16 p. in-8°, et MM. H. Augu et P. Delair nous ont donné un récit des plus émouvants, quelque peu romanesque, des cruautés de cette terrible comtesse : « La Louve d'Alençon, roman historique, tiré des chroniques de la Normandie et de la Bretagne ». Alençon, 1880, in-12.

luée, destituée de tous ornemens, les cloches rompues et emportées au profict des particuliers; auquel lieu de Bellesme hors le chasteau il y a deux esglizes paroissiales, l'une fondée de sainct Sauveur et l'autre en l'honneur de sainct Pierre (1).

Au dessous du dict chasteau et près iceluy est une chapelle appelée Nostre-Dame du Vieil-Chasteau, autrement Sainct-Sanctin; sont et [y] paroissent encore les armes de Rotrou, comte du Perche, qui portoit d'argent, chargé de troys chevrons brisés de gueule. Par l'assiette du lieu apparoit qu'il a esté autrefois fort parceque la dicte chapelle et maison sont assises sur une motte et relief de terre artificiellement faite. L'on n'en trouve aucuns tiltres de fondations, mais l'on tient par tradition qu'elle fust bastye et fondée par le dict Yves de Bellesme, fils de Guillaume (2), et dépend de Sainct-Martin du Vieil-Bellesme.

(1) Des trois églises de Bellême, il ne reste plus que Saint-Sauveur. — Saint-Léonard fut démolie en 1793 et Saint-Pierre abandonnée, s'écroula en 1711.

(2) Le titre de cette fondation se trouve dans Bry de la Clergerie (Histoire des comtes d'Alençon et du Perche. — Paris, 1620. — p. 34), et le docteur Jousset dans une de ses brochures (Le Vieux Bellême. — Une page de son histoire religieuse. — Nogent-le-Rotrou, 1868, p. 13), nous en a donné la traduction. « Cette chapelle, dit Bry, est à demy ruinée, néantmoins fort hantée du peuple du pays; et croit on que y sont les sépultures de cest Yves de Bellesme et de sa femme Godehilde. » Notre-Dame-du-Vieux-Château n'est heureusement pas aussi endommagée que le suppose Bry de la Clergerie; refaite ou plutôt restaurée à diverses époques, surtout au XVIIIe siècle, il reste en effet peu de vestiges de la chapelle primitive. Et cependant, elle possède encore son portail roman, fort simple, ses fenêtres romanes dont la petitesse et la profondeur suffisent pour faire remonter une partie de la construction actuelle certainement au XIe siècle.

Sous le chœur, plus élevé que la nef et où l'on accède par deux escaliers latéraux, se trouve une petite crypte fort ancienne. On y remarque encore de très faibles indices de fresques qui ne doivent pas être antérieures au XVIe siècle, contrairement à l'opinion du docteur Jousset, qui les fait remonter au-delà du Xe siècle.

Une inscription du début du XVIe siècle est placée dans cette chapelle, à droite de la nef, en mémoire du sieur de Launay, qui en était chapelain. Nous la reproduisons en son entier. La dalle a 72 centimètres de haut sur 54 de large. A gauche, au sommet, un clerc à genoux; en face, la Vierge assise avec l'Enfant Jésus. Au dessus du clerc, cette mention : « *Ce lieu est fondé [de] la Vierge Marie* ». Entre les deux sujets, une banderolle où se lisent ces mots : « *O Mater Dei memento mei.*

Messire J. de Launay
L'an mil cinq cens et ung, ou moys de mars, vénérable et discrète persone, Messire Jehan de Launay [prestre], licentié en droit canon, curé de Saincte Genefiefve du boys et de Morscent sus Orge (1)*, son annexe*

(1) Sainte-Geneviève-des-Bois et Morsang-sur-Orge sont situées dans le canton de Longjumeau, arr. de Corbeil (Seine-et-Oise).

Aucuns tiennent que le capital de Bellesme estoit anciennement au lieu où est aujourduy Sainct-Martin du Vieil-Bellesme qui estant ruyné fust basty où il est et c'est pourquoy on l'appelle le Vieil-Bellesme; cela paroist assez vraisemblable.

Il se trouve au dict Sainct-Martin une charte ancienne du dict Robert, fils de Roger, comte de Montgommery, sieur de Bellesme, et de Mabille, fille du dict Guillaume de Bellesme, sa femme, qui dit que Guillaume de Bellesme, ayeul de son ayeul, fonda et fist bastir la dicte esglize Sainct-Léonard (1) et y mit des chanoines réguliers pour prier Dieu, exempts de toute sujetion épiscopale, cléricale et laïque et que de son tems les dicts chanoines aiant prévariqué et s'estant débordés tant en leurs vies qu'au service divin, désirant réformer les abus et changer l'ordre, donna ceste esglize de Sainct-Léonard et son revenu à Bernard, abbé de Marmoutiers, et à ses religieux, pour leur estre prieuré à perpétuité et luy envoya le don par Renault Collet et Richard de la Rochelle qui par eux-mêmes renvoya le dict don aux religieux du dict Sainct-Martin du Vieil-Bellesme, lequel don, Dom Guillaume de Vivain, pour possession, présenta sur l'autel du dict Sainct-Léonard le tout, du consentement de Hugues de Montgommery, Roger de Poitou et Arnulphe, frères du dict Robert et enfans du dict Roger de Montgommery, présens Geoffroy de Vitalso (2) et Regnault (3).

ou diocese de Paris, chapellain de la chapelle de la Madone en ceste esglise, l'ymaige de Sainct Laurent, l'ymaige Sainct Roch et aussy celuy de Saincte Genevielve dont il est curé.

Item a inpétré à Rome que quatoze cardinaulx ont donné à tousjoursmes quatoze cens jours de pardon à ceulx et celles qui visiteront ce présent lieu et y donneront de leurs biens le jour du Sainct Vendredy, le jour de l'Enscension Nostre Seigneur, le jour de Monseigneur Sainct Laurens, martir, requis d'ancienneté en ce présent lieu, le jour de la benoiste Magdelaine, gaigneront chacun jour quatoze cens jours de pardon. Priez Dieu pour luy et pour tous les amis trespasses. Amen. Pater noster (1). »

La chapelle de Saint-Santin est la propriété du marquis de Chennevières, membre de l'Institut, ancien directeur des Beaux-Arts. Elle ne pouvait tomber en de meilleures mains.

(1) Le titre de fondation de Saint-Léonard fut reproduit par Bry de la Clergerie (Histoire des comtes d'Alençon et du Perche. Paris, 1620, p. 45).

(2) *Var.* « Geffroy de Vilariclo. » *(Frag. imp. à Mortagne.)*

(3) *Var.* et *Add.* « En présence du roi Philippe, lorsqu'il faisait le siège de Creherval en 1092. » *(Ms. de M. de La Sicotière.)*

(1) Cette inscription a été transcrite aussi, mais imparfaitement par le Dr Jousset (le Vieux Bellême, une page de son histoire religieuse. — Nogent-le-Rotrou, 1868, p. 94).

Auquel lieu de Bellesme il y a aussy sièges et jurisdictions royalles de bailliage, vicomté, élection, eaux et forest et grenier à sel ; desquelles jurisdictions les appellations ressortissent aux mêmes lieux que celles de Mortaigne.

Il y a aussy au dict lieu marché le jeudy et foires aux jours sainct Martin d'hyvert, sainct Laurent et sainct Léonard (1).

Il y a aussy un sergent fieffé pour le dict Bellesme et Ceton possédé par le sieur du Vieil-Bellesme qui rachepte la dicte sergenterie du chasteau du dict Bellesme.

Duquel chasteau et chastellenye de Bellesme dépendent, racheptent et ressortissent les appellations, asçavoir :

Nogent-le-Rotrou, tant ce qui dépend de Sainct-Denys que de la jurisdiction ordinaire du dict seigneur de Nogent, appartenant à mon dict sieur le prince de Condé (2).

Le chasteau et chastellenye de Villeray, appartenant à Gilles de Villeray (3), cy-devant chevallier.

Le dict Villeray est une très belle maison et chasteau et estoient anciennement au dict lieu deux chasteaux près l'un de l'autre ; l'un appelé Villeray en Asse et l'autre Villeray en Husson, desquels reste encore des vestiges et une haulte butte ou motte de terre élevée artificiellement où estoit le donjon de l'un des dicts chasteaux, des ruynes desquels feu messire Denys de Riantz (4),

---

(1) *Add.* « Et de Saint Simon. » *(Mss. de M. de La Sicotière et de Versailles.)* — Le marché a toujours lieu le jeudi ; les foires se tiennent actuellement le Jeudi-Gras, à la Mi-Carême, 4e jeudi de Carême, le jeudi après la Pentecôte, le août (Saint-Laurent), le 1er jeudi d'octobre et le 28 octobre (Saint-Simon).

(2) *Var.* « Appartenant à Henri de Bourbon, prince de Côndé. » *(Ms. de M. de La Sicotière.)*

(3) *Var.* « Appartenant à Gilles de Villeray-Riants. » *(Mss. de M. de La Sicotière et de Versailles.)* — Gilles de Riants, baron de Villeray-au-Perche, conseiller au Parlement de Paris, le 22 avril 1567, maître des requêtes le 30 septembre 1570, président au grand Conseil, reçu le 3 avril 1587, chancelier de François de Valois, duc d'Anjou et d'Alençon, et président à mortier au Parlement, le 18 janvier 1592. Il mourut le 26 janvier 1597 et fut enterré dans la chapelle des Cordeliers à Paris. Il avait épousé Madeleine Fernel, morte en mars 1642, fille de Jean Fernel, premier médecin du Roi, et de Geneviève-Marguerite de Tournebulle. D'eux est issu François, auteur de la branche des comtes de Rémalard. *(V. Dict. de la noblesse, par de La Chesnaye-Desbois.)*

(4) Denis de Riants, président au Parlement de Paris, le 18 août 1556, mourut à Villeray en mai 1557. Il avait épousé Gabrielle Sapin, fille de Jean, receveur général des finances de Languedoc, et de Marie Brosset. Gilles de Villeray, cité précédemment, était leur fils. *(Bibl. nat., Dossiers bleus, 14888.)* Gabrielle Sapin fut appelée, en 1558, à la rédaction des

président au Parlement de Paris, fist bastir la maison scise et scituée sur la dicte rivière d'Huigne (1).

Les chastellenyes de Ceton (2), appartenant à messieurs de Montbason et de la Prouterie.

La haulte justice de Sainct-Frogent (3), appartenant à monsieur l'evesque de Sées, dont les appelations ressortissent directement au Parlement de Paris.

Corboyer (4), appartenant à monsieur de Fontenay, escuier, sieur de la Resnière (5).

Le Teil, appartenant au sieur de Randau.

Mongaudry (6), appartenant à messire Jean de Bonvoust, sieur de Launay (7).

Coutumes du Perche; elle est qualifiée au procès-verbal de « dame des chastellenies de Villeray en Husson et Villeray en Assay. »

(1) La terre de Villeray fut érigée en baronnie par lettres patentes du mois de mars 1593, enregistrées au Parlement de Rouen le 27 août 1593 et en la Chambre des Comptes de Normandie le 12 février 1629 en faveur de Gilles de Riants *(de la Chesnaye-Desbois)*. Ce domaine appartint jusqu'en 1835 à la famille de Riants; il devint ensuite la propriété du baron de Baulny, qui le vendit à M. Fauche, le possesseur actuel, en 1856. Il est situé en la commune de Condeau, canton de Rémalard.

(2) Cant. du Theil, arr. de Mortagne.

(3) Saint-Fulgent-des-Ormes, cant. de Bellême. On y voit encore un moulin à blé, dit de l'Evêque.

(4) Cant. de Nocé, arr. de Mortagne.

(5) René de Fontenay, gouverneur de Bellême. Il tenait ce fief de son père, Pierre de Fontenay, également gouverneur de Bellême, qui l'avait acheté, le 4 août 1600, à Françoise de Bubertré, dame de Thouvois. René le transmit à sa fille Marie, qui épousa messire Pierre des Pilliers, seigneur de Gentilly. Il resta dans cette famille jusque vers le milieu du XVIIIe siècle, puis passa par alliances aux de Barville, ensuite aux de Mézenge et aux de Romanet. Le propriétaire actuel est M. Guimond.—C'est une élégante construction de la fin du XVe et du commencement du XVIe siècle. — Voir à ce sujet une notice du Dr Jousset parue dans le *Nogentais*, des articles avec planches dans la « Normandie illustrée » (tome II), et dans les « Vues pittoresques prises dans les comtés du Perche et d'Alençon, par Duplat et Patu de Saint-Vincent », enfin une étude que nous avons publiée avec planche dans le « Bulletin de la Soc. hist. et archéol. de l'Orne ». (1890, 4e Bulletin.)

(6) Cant. de Pervenchères, arr. de Mortagne.

(7) Jean de Bonvoust, écuier, seigneur d'Aulnay, de Vaulrenoust, de Corneilleu, et de Souvelle, fils de René de Bonvoust, écuier, seigneur des dits lieux, et de damoiselle Marie Le Boulleur. (La seigneurie de Montgaudry vint à Jean de Bonvoust par sa mère, car un Jacques Le Boulleur, qui fut appelé à la révision des Coutumes du Perche, était en 1558 seigneur de ce lieu.) Il épousa, le 28 septembre 1591, Renée Gruel, fille de Philbert Gruel, seigneur de Thouvoye, de Traigneau, de Digny, etc..., et de dame Françoise de Bubertré. *(Voir le contrat de mariage, Bibl. not.*

Viantais (1), appartenant à Charles de Boursault (2), escuier, sieur du dict lieu.

La Beuvrière-Gauber (3), appartenant à René Gauber (4), escuier, et

Préaux (5), appartenant au sieur de Sainct-Erran (6), et

Anciennement le chasteau et seigneurie de Clinchamps racheptoit du dict Bellesme, mais environ l'an 1560 feu monsieur de Chavigni (7), chevalier, seigneur du dict Clinchamps, fist ériger le dict Clinchamps en comté, racheptant nuement de la couronne, lequel chasteau de Clinchamps est fort ancien, environné de bonnes murailles et fossés pleins d'eau (8).

carrés de d'Hozier, vol. 111, p. 145.) — Armes des de Bonvoust, seigneurs d'Aulnay : d'argent à deux fasces d'azur, accompagnées de six merlettes de sable posées 3, 2 et 1.

(1) Com. de Bellou-sur-Huisne, cant. de Rémalard.

(2) Charles de Boursault, seigneur de Viantais et de Voize, gentilhomme ordinaire de la chambre du Roi, maître de camp d'un régiment de cavalerie légère entretenue pour le service de Sa Majesté. Il était fils de René de Boursault et de dame Judith de Caumont. René était lui-même fils de Jean de Boursault, écuyer du Roi de Navarre. *(V. pièces originales, Bibl. nat. vol. 474.)* — Le château de Viantais appartient aujourd'hui au comte de la Bonninière de Beaumont, conseiller général de l'Orne.

(3) Com. de Dancé, cant. de Nocé.

(4) René de Gaubert était fils de Jean de Gaubert, seigneur de la haute justice, terre et seigneurie de la Grande-Bermoyère en Beauce et de Saint-Lubin de Cinq-Frons, et de dame Madeleine de Brouard. *(Bibl. nat., Carrés de d'Hozier, vol. 285.)*

(5) Cant. de Nocé.

(6) En 1558, messire Jean de Saint-Eran, seigneur des châtellenies de Préaux et le Theil, était présent à la rédaction des Coutumes du Perche.

(7) François Le Roy de Chavigny, capitaine des gardes du corps du Roi, chevalier du Saint-Esprit le 31 décembre 1578, mort en son château de Chavigny, le 18 février 1606, fils de Louis Le Roy qui servit sous Louis XII et François Ier. — Le comté de Clinchamps et la seigneurie de Chavigny passèrent à Jacques, seigneur de Rouville, qui avait pour aïeule Madeleine Le Roy. *(V. Dict. de la noblesse, par de la Chesnaye-Desbois, art. Clinchamps et Le Roy.)*

(8) L'érection de ce comté fut faite en l'année 1400 (1). Le château est dans la paroisse de Chemilly avec droit de guet et de garde sur les hommes sujets.

Droit de ce comté, baronnie, chatellenye et justice haute, moyenne et basse et leurs autres droits, prééminences qui appartiennent au seigneur comte, baron haut-justicier, suivant la coutume du Grand-Perche.

Droit de scel, de tabellionnage.

Droit de moulin, four et pressoirs bannaux.

Droit de marché et foire le jour de la Madeleine.

Droit de garenne, droit de patronage à trois cures, un prieuré et quatre

(1) Date fausse. Il fut érigé par lettres patentes de déc. 1565, reg. le 25 juin 1566.

chapelles. Le comte de Clinchamps est seigneur en entier de quatre paroisses et à cause des fiefs et arrière-fiefs, il est seigneur pour la grande partie de huit autres.

Les droits seigneuriaux en total affermés,	1000 l.
La métairie de Clinchamps affermée,	270 l.
Le moulin banal,	400 l.
Le pré Boutevilain,	200 l.
La maison de l'école,	40 l.
La métairie de la Bigotière,	280 l.
La métairie du Petit-Clinchamps,	200 l.
La métairie et seigneurie de Saint-Père,	500 l.
La métairie de la Galézière,	460 l.
La dixme de la Mouchère,	175 l.
La maison du curé,	40 l.
La Richardière,	38 l.
Rente foncière et Petit-Val,	75 l.
Métairie,	520 l.
Id.	360 l.
Moulin,	200 l.
Métairie de la Brandière,	320 l.
Métairie de Buré au Roy,	500 l.
Métairie de la Frelonière,	280 l.
Moulin de Masle,	350 l.
Moulin,	210 l.
Métairie de Boistier,	650 l.
Métairie d'Auroyau,	340 l.
Métairie du Grand-Courtiau,	375 l.
La grande maison de Preaux,	110 l.
La haute justice de Preaux,	. . .
Les Miches, rentes foncières,	42 l. 10 s.

[Bibl. nat., Dossiers bleus, Clinchamps, 5024.) (XVIIIe s.?]

Le Frag. imp. à Mortagne nous donne une liste beaucoup plus complète des seigneuries qui dépendaient de Bellesme. La voici :

« *De Bellesme deppendent les seigneuries hautes, moyennes et basses justices qui s'en suivent :*

La baronnie de Nogent.
Chastelenie de Riveray (1).
Montigny (2).
Montlandon (3).
La seigneurie de Nonvilliers (4).
La seigneurie de la Ferrière (5).
Le bourg et seigneurie de Sainct-Denys de Nogent.
La baronnie de Villeray (6).
Le comté de Clinchamps (7).
La chastelenie de Ceton (8).

---

(1) Seigneurie très importante ; était située sur la commune de Condé-sur-Huisne.
(2) Montigny-le-Chartif, cant. de Thiron (Eure-et-Loir).
(3) Cant. de La Loupe (Eure-et-Loir).
(4) Nonvilliers-Grand-Houx, cant. de Thiron.
(5) Ancienne commune réunie à Fontaine-Simon, cant. de La Loupe.
(6) Sur la commune de Condeau, cant. de Rémalard. v. p. 79.
(7) Com. de Chemilly, cant. de Bellême. v. p. 81.
(8) Cant. du Theil.

La seigneurie de Théligny (1).
La seigneurie de Preaux (2).
Sainct-Denys des Coudrais (3).
La seigneurie du Tail (4).
La seigneurie de Gémages (5).
La haute justice de Préaux.
La seigneurie de Chanceaux (6).
La baronnie de Montgaudry (7).
La seigneurie de la Rozière (8).
La seigneurie de Dancé (9).
La seigneurie de Roziers (10).
La seigneurie de Sainct-Hyllaire-sur-Erre (11).
La seigneurie des Pavés (12).
Le seigneurie de Bellou-le-Trichard (13).
La seigneurie de Sainct-Aubin-des-Groyes (14).
La seigneurie de Montgoubert (15).
La Beuvrière Gaubert (16).
La Grande Beuvrière (17).
Le Grand Fey (18).
Sainct-Martin du Vieil-Bellesme.
La baronnie de Sainct-Forgent (19).

Moyennes et basses justices :

Vientais (20).
Chamceaux (21).
Marcilly (22).
Chereperrine (23).
Sainct-Jean de la Forrest (24).
Le Plessis en Dancé.
Bures (25).

---

(1) Cant. de la Ferté-Bernard.
(2) Cant. de Nocé.
(3) Cant. de Bonnétable, arr. de Mamers (Sarthe).
(4) Le Theil.
(5) Cant. du Theil.
(6) En St-Jouin-de-Blavou, cant. de Pervenchères.
(7) Cant. de Pervenchères. v. p.
(8) En St-Cyr-la-Rosière, cant. de Nocé.
(9) Cant. de Nocé.
(10) Le Rosier, en Préaux, cant. de Nocé.
(11) Cant. du Theil.
(12) Les Grandes-Pavées, en Ceton, cant. du Theil.
(13) Cant. du Theil.
(14) Cant. de Nocé.
(15) En St-Julien-sur-Sarthe, cant. de Pervenchères.
(16) Com. de Dancé, cant. de Nocé.
(17)   Id.,   id.
(18) Le Grand-Faye, en Préaux, cant. de Nocé.
(19) St-Fulgent-des-Ormes, cant. de Belléme.
(20) Com. de Bellou-sur-Huisne, cant. de Rémalard. Ce château appartient au comte de la Bonninière de Beaumont, Conseiller général de l'Orne. v. p. 81.
(21) C'est probablement par erreur que le nom de la haute justice de Chanceaux a été répété ici.
(22) Anc. commune réunie à Igé, cant. de Belléme.
(23) Com. d'Origny-le-Roux, cant. de Belléme. Le château de Chèreperrine appartient au comte de Lévis-Mirepoix, député de l'Orne.
(24) Cant. de Nocé.
(25) En St-Ouen-de-la-Cour, cant. de Belléme.

Les Feugerets (1).
Les Coutures (2).
Sainct-Julien sur Sarthe (3).
Bellavilliers (4).
Vaunoise (5).

Les seigneuries de Bellesme et de la Perrière :

Orgeval (6).
Les Chaises (7).
Rosay (8).
Deux Champs (9).
La Calabrière (10).
Sainct-Germain de la Couldre (11).
Les Bouillons (12).
Les Loges (13).
Blandré (14).
Villiers (15).
Pontheu (16).
Laurentières.
Ray (17).
Le Val en Origny (18).
Corboyer (19).
Sainct-Aubin des Groyes (20).
Cicey (21).
La Souchardière (22).
La Pescherie (23).
La Menaudière (24).
La Giraudière (25).
Cerigny (26).
L'Aunay de Sainct-Martin du Vieil-Bellesme.
Jaux (27). »

(1) Com. de la Chapelle-Souëf, cant. de Bellême. Le château des Feugerets appartient à la comtesse de Semallé dont la fille a épousé le vicomte de Broc.
(2) En St-Martin-du-Douet, ancienne paroisse réunie à Dame-Marie, cant. de Bellême.
(3) Cant. de Pervenchères.
(4) Id.
(5) Cant. de Bellême.
(6) Entre Appenai et Vaunoise, cant. de Bellême, près la route du Mans.
(7) Com. de Vaunoise. Ce château appartient au comte de Vauvineux.
(8) Rocé, en la commune du Gué-de-la-Chaîne démembrée de St-Martin-du-Vieux-Bellême.
(9) Entre Appenai et Igé, cant. de Bellême.
(10) Près le Gué-de-la-Chaîne, à l'entrée de la forêt de Bellême.
(11) Cant. du Theil.
(12) En St-Germain-de-la-Coudre, cant. du Theil.
(13) En St-Germain-de-la-Coudre, cant. du Theil.
(14) Blandé, id. id.
(15) Id. id.
(16) Ponthus, en la Chapelle-Souëf, cant. de Bellême.
(17) Le Ray, en Igé, cant. de Bellême.
(18) Près d'Origny-le-Roux, cant. de Bellême.
(19) Courboyer, com. et cant. de Nocé, v. p. 80.
(20) Déjà citée.
(21) Cicé, en la com. du Gué-de-la-Chaîne, cant. de Bellême.
(22) Peut-être la Boussardière, en Appenay-sous-Bellême.
(23) Entre Gémages et la Chapelle-Souëf (?).
(24) En Appenai-sous-Bellême, cant. de Bellême.
(25) En St-Germain-de-la-Coudre, cant. du Theil.
(26) Serigny, cant. de Bellême.
(27) Jault, près du château de Glaye, en Ceton, cant. du Theil.

Il y avoit anciennement au dict Bellesme armes et sceaux particuliers qui estoient de sable, chargé d'un chasteau d'or, qui sont les armes des seigneurs de Bellesme, comme se trouvent encore plusieurs contrats et actes publics scellés des dictes armes (1).

Dedans la forest du dict Bellesme, sur le chemin y tendant de Mortaigne, il y a une fontaine nommé la Herse, de laquelle l'eau est si dissicative que ceux qui s'en lavent aiant la grattelle en sont incontinent guéris (2).

DE LA PERRIÈRE

La Perrière est un bourg scitué à l'extrémité de la forest de Bellesme vers Mamers qui est chastellenye appartenante au Roy, d'où les appellations ressortissent à Bellesme; auquel lieu sont et paroissent les ruynes et vestiges d'un vieil chasteau basty sur une haulte butte ou motte qui est encore un peu élevée. Lequel chasteau fust basty par Rotrou, troisiesme comte du Perche, pour résister aux courses ordinaires (3) que faisoit Elie de la Flèche, comte du Mans, sur les Percherons, lequel chasteau a esté depuis ruyné (4).

(1) Les armes actuelles de Bellême sont : d'azur, à un château ouvert, d'or, donjonné de trois tours de même.

(2) *Var.* « Laquelle eau est si efficative que ceux qui s'en lavent et qui sont grateleux, taigneux ou austre mal, en sont guaris, et spécialement elle est fort bonne pour la maladie de gravelle, qui, prise au matin à jeun, casse et brise la pierre et ouvre les porres. » *(Fray. imp. à Mortagne.)*

Nous relevons dans le dictionnaire de Larousse le passage suivant : « Aux environs [de Bellême] se trouve la belle forêt du même nom, très riche en antiquités. On y remarque une pierre posée, dite la *Pierre des Marchands;* des souterrains très étendus, d'une largeur de trois mètres à voûte maçonnée. »

(3) *Var.* « Que faisoient les comtes d'Anjou et du Maine sur les Percherons et demeuré au partage de Guillaume, evesque de Chalons et pair de France, son fils... » *(Frag. imp. à Mortagne.)*

(4) « C'étoit autrefois une ville forte et une des quatre chatellenies du Bellêmois, siège particulier du bailli du Perche, du vicomte et du maître des eaux et forêts... Il paroit que la Perrière appartenoit à une maison à laquelle elle donna son nom. Guillaume de la Perrière se joignit à Robert de Normandie lorsqu'il se brouilla avec Guillaume, son père. La position de la Perrière fit naître le projet d'en faire un lieu très fort... Ceux-là se

LONGNY

Le dict Longny est un beau bourg distant du dict Mortaigne de troys lieues ; auquel lieu il y a un fort chasteau clos de haultes murailles et de grands bons fossez, remplis de l'eau d'un grand étang dedans le coin duquel il est basty et dedans iceluy étang séparé du dict chasteau est un fort donjon garni de tours et murailles batues de l'eau du dict étang (1).

trompent qui ont prétendu que ce château avoit été bâti par Rotrou III pour arrêter les courses du comte d'Anjou. Orderic Vital nous apprend que c'étoit une des forteresses de Robert de Bellême (1). Henri Ier l'ayant prise avec Bellême, en 1113, la donna à Rotrou II. Son fils, Rotrou III rétablit peut-être ce château et y ajouta de nouvelles fortifications.
..... Après la mort de Guillaume, dernier comte du Perche, en 1225 ou 1226, Louis VIII le donna, soit en garde, soit en propriété à Pierre de Dreux, surnommé Mauclerc, duc de Bretagne, avant de partir pour son expédition contre les Albigeois. Pierre, ayant pris les armes contre le successeur de Louis VIII, fortifia de son mieux la Perrière et Bellême. Mais il se réconcilia avec le Roi. Au mois de mars 1227, le mariage de sa fille Yolande fut arrêté avec le prince Jean, qui n'avoit que huit ans. Le Roi lui donna à perpétuité, pour lui et ses descendants, la Perrière avec ses dépendances..... En 1234, Pierre renonça à toutes ses prétentions sur Bellême et la Perrière. En 1268, saint Louis donna la Perrière à Pierre, son dernier fils; mais après sa mort, elle fut réunie au domaine. En 1290, elle devint partie de l'apanage de Charles, comte de Valois, d'Alençon et du Perche. En 1312, celui-ci assigna la Perrière aux enfants de sa troisième femme. En 1319, la Perrière fut assignée pour partie du partage accordé au puîné Louis, fils de la troisième femme de Philippe de Valois. Mais, par les partages que Philippe de Valois donna, le 3 avril 1326, à Charles, comte d'Alençon, il se réserva le château de la Perrière.... Nous voyons dans la suite que le château de Bellême et celui de la Perrière se trouvent dans la maison d'Anjou.
On ignore en quel temps et par quel événement le château de la Perrière a été totalement détruit. Il eut toujours les mêmes seigneurs que le comté du Perche.....
Il y a à la Perrière deux chapelles, l'une sous l'invocation de saint Gilles du Vivier et l'autre sous celle de saint Michel. » *(Dictionnaire géog. hist. et pol. des Gaules et de la France, par l'abbé Expilly, 1762-1770.)*

(1) *Add.* « Il est de l'ancien domaine du Perche, régi sous mesme coustume, que Rotrou, comte du Perche, donna à Gouet, seigneur de Pontgouin, en faveur du mariage de luy et de Magdeleine sa fille, avec partie du Perche que l'on appelle à cause de luy le Perche Gouet. » *(Frag. imp. à Mortagne.)*

(1) Nous n'avons pu trouver ce renseignement dans Ordéric Vital.

Le dict lieu est baronnie appartenante à monsieur le comte de Sainct-Paul (1) où il y a tout droict de justice, marché au jour de mardy, sceaux, marcs et mesures, racheptés de Monseigneur l'evesque de Chartres à cause de sa baronnie de Pontgouin, auquel lieu de Longny le dict sieur evesque a aussy droict de marcs, sceaux et tabellionnage.

En ce lieu, oultre l'esglize paroissiale fondée de sainct Martin, il y a une très belle chapelle fondée de Nostre-Dame de Pitié,

---

(1) *Var.* « A Henri d'Orléans, duc de Longueville, comte de Saint-Paul, baron de Longny. » *(Ms. de M. de La Sicotière.)*

Add. « Le baron de Longny est l'un des quatorze barons qui doivent chascun au jour et feste de la Purification de Nostre-Dame, assister à l'office solemnel qui se faict, à la grande célébrée, le dict jour, par l'evesque du dict Chartres, en l'esglise de Nostre-Dame et y présenter chascun un cierge de cire de chascun vingt-cinq livres de poids.

Les autres barons qui doivent assister à la dite offerte et y présenter cierges sont :
Le doyen de Chartres,
Le prevost de Normandie en ycelle esglise,
Le prevost Revers (1),
Le prevost de Marengey (2),
Le prevost d'Igié (3),
Le vidame de Chartres (4),
Le sieur d'Allüis (5),
Le sieur de Chesne Doré (6),
Le sieur de Tein (7),
Les religieux, prieur et couvent des Célestins de Gélicourt (8),
Le barron de Galladron (9),
Le sieur de la Couppe (10),
Le sieur de Villeneuve l'evesque (11).
Il est aussy l'un des quatre cheveciers (12) de l'evesché qui doivent

---

(1) Peut-être Unverre, cant. de Brou, arr. de Châteaudun (Eure-et-Loir).
(2) Peut-être Méroger (on trouve en 1720 Mérauger), cant. de Bonneval.
(3) Igny (?).
(4) Le titre de vidame de Chartres était à la fin du XVIᵉ siècle dans la famille de Lasin. Il passa dans la suite à la famille de saint Simon.
(5) Alluyes, cant. de Bonneval (Eure-et-Loir). — Mahaud, dame d'Alluye (XIᵉ siècle), épousa Guillaume Goyet (d'où le nom de Perche-Gouet). En 1150, la baronnie d'Alluye fut donnée à Florimont Robertet, secrétaire d'Etat sous Charles VIII. Elle passa en 1595 dans la famille d'Escoubleau et fut vendue en 1741 au marquis de Gassion. A la Révolution elle appartenait aux de Montboissier.
(6) Com. de St-Denys-des-Puits, cant. de La Loupe.
(7) Le Theil (?).
(8) Peut-être les *Célestins*, sur la com. de St-Symphorien, cant. de Maintenon.
(9) Sans doute Gallardon, cant. de Maintenon, érigée en marquisat en 1655.
(10) La Loupe (?).
(11) Peut-être Villeneuve-Saint-Nicolas (cant. de Voves, arr. de Chartres), qui est appelée en 1300 dans le Polypt. de Chartres : *Villanova Episcopi*.
(12) Chevecier, *capicerius*. Dignitas et officium in ecclesiis et monasteriis nostris Chevecier, cui capicii ecclesias cura incumbit (Du Cange). Celui qui était revêtu de cette dignité était préposé à la partie de l'église où est l'autel, appelée autrefois *chevet*. Chevecier était aussi, au moyen-âge, synonyme de chevet de lit.

hors le bourg, dedans le cymetière du dict Longny (1), un couvent de religieuses, de l'ordre de Sainct-Benoist, dont l'esglize est fondée de Sainct-Sauveur, un collège (2) et un hospital.

porter l'evesque en une chaire à la procession générale qui se faict à l'entrée des evesques (1); les autres cheveciers sont :

Le vidame de Chartres,
Le baron d'Allüis,
De Chesne Doré.

Jean de Longny succéda au dict bourg, de luy [vint] Nicolas de Longny qui n'eust qu'une fille, laquelle, durant la guerre des Anglais fust mariée à messire François de Surienne (2), chevalier de la Jarretière d'Angleterre, dict l'Arragonnais, de laquelle il eust aussy une fille qui fust mariée au sieur de Saincte-Marie (3), par laquelle [la] dicte baronnie de Longny est entrée en la maison de Longueville qui la possède. » *(Frag. imp. à Mortagne.)*

(1) *Add.* « Chapelle pleine de dévotion où presque tout le peuple catholique va offrir ses vœux à Dieu et à la Sainte Vierge, sa mère, et en laquelle il est faict et [se] faict plusieurs miracles. » *(Id.)*

(2) *Add.* « M. Jean Sandebois, président en l'eslection de Mortagne, a faict l'establissement et fondé le collège au dict lieu pour l'instruction de la jeunesse. » *(Id.)*

(1) Cet usage remonte à saint Aignan, évêque de Chartres au III° siècle : « Lorsqu'il fut élu, il étoit en prières sur le tombeau de saint Martin, et plusieurs seigneurs, accompagnés du clergé, voulurent le porter sur leurs épaules depuis le lieu où a été bâtie la porte Saint-Michel jusqu'à la cathédrale ; d'où est venu l'usage de porter les évêques ses successeurs pendant beaucoup de siècles, honneur qui est dégénéré en obligation, perpétuée jusqu'à René d'Illiers [commencement du xv° siècle], qui s'est laissé porter ainsi le dernier ; mais, depuis ce temps, les évêques se sont contentés de l'offre qu'en font les seigneurs obligés à ce devoir. » (Hist. de la ville de Chartres, par Doyen, 1786. I. 209). — « René d'Illiers fit son entrée à Chartres le 29 mars 1495. Il fut porté dans une chaire par le vidame de Chartres, le baron d'Alluye, les sires de Longny et du Chêne-Doré. » (Id. I. 381).

(2) Robert Blondel, historien normand du commencement du xv° siècle, nous fait de François de Surienne ce portrait peu flatteur : « Erat inter Anglicos belligerans Franciscus de Surienne, « miles Arrago, vir calidissimus, ex raptu cruentam solitus agere vitam, ac impius regionum « direptor... » (Robertus Blondelli. De reductione normanniæ, edited by Ræv. J. Stevenson. Londres, 1863, p. 4.) Nous possédons une « monstre des hommes d'armes et archiers » en garnison à Longny, du 3 avril 1438, en tête de laquelle figure François de Surienne avec le titre de seigneur de Longny.

(3) Richard aux Espaules, seigneur de Sainte-Marie ; nous relevons, en effet, ce passage dans les lettres et papiers de Henri VI d'Angleterre : « ... le chatel de Loingny ou Perche, livré ès ennemis par Richard aux Espaules, seigneur de Sainte-Marie, lequel avoit espousée la fille de messire François Laragonnais, lequel fut cappitaine du dit lieu... » (Letters and papers illustrative of the wars of the english in France during the reign of Henry the Sixth, édited by J. Stevenson, vol. II, part II, p. 620.)

TITRE IV

NOGENT-LE-ROTROU [1]

Nogent-le-Rotrou est un beau, grand et riche bourg (2), scitué sur la rivière d'Huigne, appartenant de présent à monsieur Henry de Bourbon, prince de Condé, lequel lieu dépend et rachepte du Roy à cause de son chasteau et chastellenye de Bellesme, auquel lieu les comtes du Perche ont souvent fait leurs demeures et y ont laissé de grandes marques de leur piété par les fondations d'esglizes, monastaires et hospitaux qu'ils y ont fait pour profiter à la vigne de Dieu, asçavoir: l'abbaye ou doyenné de Sainct-Denys (3),

---

(1) Nogent-le-Rotrou. — Neodunum, *neos*, nouveau, jeune, *dunum*, ville, colline, suivant le langage des Celtes (nova, gens ?). Les chartes des abbayes de Saint-Denis et de Thiron désignent Nogent sous le nom de *Noiomium*. — La table de Peutinger lui donne le nom de *Nudionum*.— *Novigentum, Nogentum Rotroci.* — *Nogent-le-Béthune.* — On trouve dans nos vieux chroniqueurs les noms de : *Noviodunum, Castrum-Nogiomi, Nogent-le-Chastel, Nogentum, Nugantus (Noviacensis?), Norientum, Anguien, Enghien-le-François, Nogent-le-Béthune* (1651), *le Grand-Nogent, Nogent-le-Républicain* (Giroust, Bourbonnaise). (Note de l'éditeur du Frag. imp. à Mortagne). — A ces diverses dénominations, on peut ajouter, d'après le dictionnaire topographique d'Eure-et-Loir, les suivantes : *Nuientus-Castrum*, v. 930 (denier de Raoul). — *Nogiomum*, 1031. — *Castrum Nogenti*, 1066. — *Novigentum Castrum*, 1109. — *Nungentum*, v. 1123. — *Nogentum-Rotroudi*, 1238. — *Nogentum in Pertico* (Ord. Vital, liv. XIII). — *Anguyan-le-François*, 1589. — Le nom d'Enghien-le-François lui fut donné par Henri Ier, prince de Condé, qui obtint sous ce nom son érection en duché pairie (1589). Son fils, Henri II, l'ayant vendu à Maximilien de Béthune, duc de Sully, le petit-fils de celui-ci obtint en **1652** des lettres d'érection en duché non pairie sous le titre de Nogent-le-Béthune.

(2) *Add.* « Et marchand, le plus beau bourg de France. » *(Frag. imp. à Mortagne.)*

(3) L'église Saint-Denis a été démolie de **1793** à **1805**. *(Note de l'éditeur du Frag. imp. à Mortagne.)*

ordre de Clugny ; le collège et chanoinerie de Sainct-Jehan (1) ; la léproserie de Sainct-Lazare et l'hospital et Maison-Dieu du dict lieu fondés de grands biens et revenus, et troys grandes paroisses, asçavoir : Nostre-Dame (2), Sainct-Laurent (3) et Sainct-Hilaire qui illustrent et font paroistre le dict lieu plus que beaucoup de grandes villes auxquelles l'antiquité n'a laissé de telles marques.

Au dict lieu de Nogent, sur la montagne où est de présent l'esglize collégiale du dict Sainct-Jehan, près le chasteau, estoit anciennement la ville dicte lors Nogent-le-Chastel qui fust ruynée du tems des guerres des Danois (4) ; de laquelle ville paroissent encore plusieurs vestiges et portaux, partie des murailles et fossez de la closture. Le chasteau ne fust du tout ruyné et depuis a esté réparé tant par les comtes du Perche que par les dames de Nemours, lors dames du dict Nogent (5), qui firent remonter et rebastir les deux tours du portail et un corps de logis joignant le dict portail.

Le dict chasteau de ses premiers bastimens eust quatre gardes de quatre seigneurs vassaux et subjets du dict Nogent, chargés de la garde des quatre tours du dict chasteau ; l'un d'iceulx est le seigneur de Brunelles (6), garde de la tour appellée la Tour de Brunelles.

Le seigneur de Mondoucet (7), gardien de la tour dicte de Mondoucet qui est un petit chasteau encore en son entier, joignant lequel il y a une chapelle de la fondation des dicts seigneurs de Mondoucet.

Le seigneur de la Chaise (8), gardien de la tour de la Chaise.

---

(1) Les statues des tombeaux de Sully et de Rachel de Cochefilet, sa femme, sont placées dans un caveau de cet hôpital dont ils ont été les bienfaiteurs. La chapelle de l'hôpital, nommée l'*Aumône* et *Saint-Jacques de l'Aumône*, est aujourd'hui la cure principale et porte le nom de Notre-Dame. Elle possède le cerveau de saint Jean-Baptiste *(Cerebrum)*, relique apportée par un des Rotrou à son retour des croisades. *(Id.)*

(2) Cette église a été démolie en 1793 ; une belle salle d'asile (école maternelle) a été bâtie sur son emplacement en 1847, par la ville, avec le concours de l'Etat. *(Note de l'éditeur du Frag. imp. à Mortagne.)*

(3) Anciennement la chapelle de Marie-Magdeleine. *(Id.)*

(4) *Add.* « Vers l'an 945 sous Hasting, un de leurs chefs. » *(Ms. de M. de La Sicotière.)*

(5) *Add.* « Au commencement du xvie siècle. » *(Id.)*

(6) Cant. de Nogent-le-Rotrou.

(7) Com. de Souancé, cant. de Nogent-le-Rotrou.

(8) Id. Id.

Le seigneur de Sainct-Victor de Buthon (1), gardien de la tour dicte de Sainct-Victor de Buthon.

Depuis, le dict Nogent estant possédé par les comtes du Perche nommés Rotrou, on le nomma à cause d'eulx Nogent-le-Rotrou, nom qui luy est tousjours demeuré.

Au commencement des guerres des Anglois en France, le dict chasteau fust prins d'assault par le comte de Salisbery en l'an 1428 (2), ceulx trouvés dedans pendus (3) et en 1449, regnant Charles septiesme, le dict chasteau fust repris sur les Anglois par Jehan, bastard d'Orléans, qui y demeura capitaine. Bellesme, lors tenu par les Anglois où estoit pour eulx capitaine Matago (4), il s'est de naguères trouvé en la maison d'un nommé Jacquin Hubin (5), habitant du dict Nogent, un passeport du dict Jehan, bastard d'Orléans, duquel la teneur suit :

> « *Jehan, bastard d'Orléans, gouverneur pour le Roy Monseigneur au chasteau de Nogent-le-Rotrou, confesse avoir donné congé à Jacquin Hubin, bourgeois du dict Nogent, de porter à Bellesme des bouteilles de vin* (6). »

(1) Cant. de la Loupe. — Une cinquième tour fut appelée Saint-Georges. Elle existe encore. *(Note de l'éditeur du Frag. imp. à Mortagne.)*

(2) Pris une première fois en 1358 ou 1359, il tomba de nouveau en la possession des Anglais en 1425; puis enfin en 1428.

(3) *Add.* « L'esglise de Sainct-Estienne y bastie fust bruslée par les Anglois avec plusieurs tiltres de la fondation d'icelle. » *(Frag. imp. à Mortagne.)*

(4) Mathieu Got.

(5) *Var.* « Hubert. » *(Ms. de M. de La Siçotière.)*

(6) Le château de Nogent fut probablement construit à la fin du xe siècle; les murs d'enceinte, les bastions, les remparts furent bâtis, réparés et modifiés à diverses époques des siècles suivants. Dans les premières années du xvie siècle, Marguerite, et Charlotte d'Armagnac élevèrent la porte d'entrée actuelle avec ses deux grosses tours rondes à créneaux et à toits coniques. « Un pont de pierre, jeté sur le large et profond fossé, a remplacé, dit M. Moutier, l'ancien pont-levis. A l'intérieur de la cour, on retrouve les traces de la chapelle seigneuriale, des anciens logements, des courtines, des tours et des bastions. L'antiquaire peut à loisir y mesurer l'épaisseur, la hauteur et l'appareil des murailles, reconstruire par l'étude les anciennes divisions et la distribution du donjon; sur les murs délabrés, il reconnaîtra les constructions du xie siècle et du xiie siècle, les traces des poutres, des solives, des cheminées et les étroites fenêtres par lesquelles les redoutables châtelains recevaient la lumière extérieure et promenaient leurs regards sur les campagnes environnantes. » Voir pour plus de détails la notice que lui a consacrée M. Pitard dans ses « Fragments sur le Perche. »

Antonius, au troisiesme livre de son histoire, raconte que l'an 1490 (1), sur le haut de la montagne où estoit la dicte ville de Nogent, fust vu en l'air un combat de gens armés descendre du ciel en une place joignant deux vieilles portes de la dicte ville et, aiant longuement combattu, disparurent. Pour marque et tesmoignage de la dicte bataille dès lors fust construite et bastie au lieu où fust la dicte bataille une croix que l'on appelle la *Croix des Batailles* (2).

Lorsque les dicts comtes du Perche faisoient leur demeure au dict Nogent, plusieurs seigneurs, pour estre près d'eulx, firent bastir des maisons au dict Nogent où ils se logèrent.

Entr'autres le seigneur de Dardenay (3) y fist bastir une maison qu'on nomme encore la tour d'Ardenay, qu'il augmenta de cens et rentes appartenant à présent au seigneur de la Chenelière (4).

Le seigneur de Mereglise (5), une maison appellée la tour de Mereglise, avec cens et rentes.

Le seigneur de Montgaudry (6), une tour et maison appellée de son nom et plusieurs autres.

Près et joignant le dict Nogent les dicts comtes du Perche avoient une maison de plaisir nommée *les Salles* (7) entre deux estangs et au milieu des buissons, où les dicts seigneurs alloient prendre leur plaisir de la chasse ; de laquelle les fossés sont encore partie entiers et dedans l'enclos d'iceux les murailles

---

(1) *Var.* « 1090. » *(Ms. de M. de La Sicotière.)*

(2) *Add.* « Mezeray, dans son Abrégé chronologique de l'histoire de France, met cet événement en 1911. » *(Mss. de M. de La Sicotière et de Versailles.)* — C'est en 1192 que Mezeray place ce prodige et voici le passage auquel il est fait allusion : « On trouve assez ordinairement dans les histoires qu'il a paru des météores en l'air, représentant des batailles, qui sembloient se lancer des traits et venir à la charge; mais cette année, chose singulière, on en vit qui descendoient à terre près de la ville de Nogent au Perche; et qui se battoient dans la campagne au grand effroy de tous les gens du pays. » *(Abrégé chronologique de l'histoire de France. — Amsterdam, 1740, Tome IV, p. 474.)*

(3) D'Ardenay. Chrestien d'Ardenay, écuier, seigneur de Grissey était en 1554 porteur d'enseigne de la compagnie de Monseigneur de Jarnac. *(Bibl. nat. Pièces originales, vol. 80.)* Cette maison existe encore rue du Rhône, n° 15.

(4) Commune du canton de Nogent-le-Rotrou.

(5) Cant. d'Illiers, arr. de Chartres. — La maison du seigneur de Méréglise se trouvait rue des Bouchers.

(6) Cant. de Pervenchères, arr. de Mortagne.

(7) Les Salles sont situées à 1 kilom. de Nogent. Il reste fort peu de chose de ce domaine.

d'un corps de maison jusqu'au carré qui est ruyné, y aiant aux dictes murailles deux belles cheminées peu ruynées. Dedans le circuit du dict lieu depuis peu de tems fossoyant dedans les dictes ruynes, s'est trouvé de grands pavés de diverses couleurs, comme rouge, verd, blanc et autres couleurs.

Duquel Nogent dépendent les chastellenyes de Rivray (1), Montlandon (2), Montigni (3), Nonvilliers (4) et la Ferrière (5) desquelles les appellations ressortissent au dict Nogent comme font celles des autres hauts-justiciers subjects du dict Nogent qui se relevent aux assises du dict Nogent.

Auquel lieu il y a sergent fieffé et hérédital pour faire tous exploicts, laquelle sergenterie se rachepte de la baronnie du dict Nogent.

Il paroist qu'au dict Rivray il y avoit anciennement ville et chasteau qui se témoigne par un vieil portique entier (6) par dessous lequel on passe pour aller de Condé au dict Rivray, laquelle ville estoit fermée d'un costé de la rivière de Sonette (7) qui descend en celle d'Huigne et de l'autre costé du chasteau basty sur la montagne commandant à la dicte ville.

Dans l'enclos du dict chasteau est encore une chapelle fondée de sainct Jehan qui est en la présentation des sieurs abbé et religieux d'Arcisses (8), près duquel lieu de l'autre costé de la rivière est une autre chapelle fondée de saincte Catherine, qui est en la présentation du seigneur baron du dict Nogent. Il n'y a aucune esglize paroissiale au dict lieu, mais est le dict Rivray de la paroisse de Condé, comme de fait au rôle et département des tailles et autres impositions on joint tousjours le dict Rivray au dict Condé.

A Montlandon il y avoit anciennement une grosse tour partie de laquelle est encore debout, le reste aiant esté ruyné par les

---

(1) Com. de Condé-sur-Huisne (Orne).
(2) Cant. de La Loupe (Eure-et-Loir).
(3) Montigny-le-Chartif, cant. de Thiron (Eure-et-Loir).
(4) Nonvilliers-Grand-Houx, Id.   Id.
(5) Cant. de Nogent-le-Rotrou.
(6) On voit encore les restes du vieux portail et çà et là des pans de vieilles murailles auprès du chemin de Condé à Bretoncelles (1850). (Note de l'éditeur du Frag. imp. à Mortagne.)
(7) Var. « De Sourté. » (Frag. imp. à Mortagne.) Il s'agit bien de la Sonnette, aujourd'hui la Corbionne.
(8) Var. « Du prieur et religieux de Saint-Denys de Nogent. » (Frag. imp. à Mortagne.)

habitans circonvoisins durant les guerres civiles dernières, craignant qu'il ne s'y mit quelque garnison de voleurs, comme il estoit arrivé ailleurs qui eussent ruyné les peuples voisins.

Montigni, qui est aussy chastellenye, scituée sur la fin et limites du Perche, où il y avoit aussy un chasteau et des fossés autour qui sont ruynés. Cette terre est du domayne des seigneurs de Nogent, où ils se retirent souvent pour le plaisir de la chasse, où il y a 2,000 arpens de bois.

Nonvilliers (1) estoit autrefois ville et chasteau; les fossés duquel sont encore en leur entier, fors que par succession de terres ils se sont couverts de bois, dans l'enclos desquels est l'esglize paroissiale. Le chasteau estoit en haut et la ville au pied du mont, de la closture duquel reste encore quelque apparence de fossés.

A la Ferrière, aussy chastellenye, il y avoit une forte maison bastye de fortes murailles qui sont encore entières et quatre culs de lampes au quatre coins d'icelle; le tout en ruyne sans couverture ny charpente.

La dicte baronnie de Nogent a tousjours esté en la possession des comtes du Perche jusqu'au tems de Rotrou, troisiesme (2) comte du Perche, régnant en l'an 1147 (3), que le dict Rotrou maria Béatrix, sa fille, à James de Chasteaugontier auquel, en faveur de mariage, il donna la dicte baronnie de Nogent, par lequel la dicte terre entra en la maison de Bretagne, et depuis, Jean, comte de Vendosme, espousa Alix, troisiesme fille d'Arthus, duc de Bretagne, par laquelle la dicte terre et baronnie de Nogent entra en la maison de Bourbon où elle est encore.

(1) *Add.* « Aliàs Longvilliers. » *(Ms. de M. de La Sicotière.)*

(2) *Var.* « Cinquième comte de cette province. » *(Ms. de M. de La Sicotière.)* — « Neuviesme comte du Perche. » *(Frag. imp. à Mortagne.)*

(3) *Var.* « Regnant en 1142. » *(Frag. imp. à Mortagne.)* — Cette dernière date est fausse, car il s'agit ici de Rotrou IV, troisième comte du Perche de 1144 à 1191. Sa fille Béatrix épousa Renaud III, seigneur de Château-Gontier, et non James. M. O. des Murs, dans son « Histoire des comtes du Perche » (p. 451), fait erreur en disant que, d'après Bart des Boulais, Béatrix n'eut pas la baronnie de Nogent. Les différentes copies que nous avons sous les yeux mentionnent cette donation. Cette erreur n'est sans doute, d'ailleurs, qu'un lapsus, car nous la voyons rectifiée plus loin (p. 500, note 4). M. des Murs, s'appuyant sur une charte de Chêne-Galon, de 1193, qui cite le château de Nogent comme appartenant au comte du Perche, Geoffroy, met en doute l'assertion de Bart. Elle est discutable, en effet, mais il se pourrait que la donation ne comprit que la ville sans le château, qui restait le domaine des comtes du Perche.

Fondation et bastiment des Capucins de Nogent-le-Rotrou en 1601.

Les habitans du dict Nogent, gens catholiques, se voiant éloignés de maisons de religieux prédicateurs, desquels ils peussent recevoir tant qu'ils désiroient l'administration de la parole de Dieu, conclurent pieusement entr'eulx de faire bastir une maison et couvent de pères Capucins. Ceste résolution prise, chacun mit la main à l'œuvre; le premier fust noble homme messire Denys Hubert, conseiller du Roy, lieutenant en l'élection du Perche (1) et bailly du dict Nogent qui, en l'année 1601, donna la pièce de terre sur laquelle la dicte esglize et monastaire sont bastys, contenant deux arpens et demy.

Le mercredy 20 juin, vigile de la Feste-Dieu au dict an, la place où se devoit bastir l'esglize et maisons de la demeure des pères fust bénite par vénérable messire René Guerrier, bachelier en droict et doyen de l'esglize de Sainct-Jehan de Nogent, assisté de tout le clergé du dict lieu, en vertu de la commission de messieurs les grands vicaires de Chartres, le siège épiscopal vacant du lundy 18 du dict moys de juin au dict an et en mesme heure, la croix plantée en la place de l'esglize et la première pierre assise par le dict Hubert.

Cela fait, chacun des habitans du dict Nogent et plusieurs nobles des environs contribuèrent aux frais du dict bastiment tant de biens, sollicitations que d'œuvres; messire Jean Le Sueur, sieur du Tartre, cy-devant esleu du Perche et secrétaire de la maison du Roy, oultre la contribution des deniers et autres biens qu'il avoit fait pour la construction du dict bastiment, se commit luy-mesme à la conduite de l'œuvre et sans intermission, assisté du dict sieur Guerrier et autres; ils ont rendu l'œuvre parfaicte l'an 1606, laquelle avec l'esglize du dict lieu fust dédiée en l'honneur de Dieu, sous l'invocation de monsieur sainct Louys, Roy de France, par révérend père en Dieu messire de Vieuxpont, evesque de Meaux, le 15 octobre 1606 (2), à laquelle solemnité

---

(1) *Var.* « Lieutenant général en l'eslection de Mortagne. » *(Frag. imp. à Mortagne.)*

(2) Jean de Vieupont fut évêque de Meaux de 1602 à 1623. D'après la Gallia Christiana, la dédicace de l'église des capucins n'aurait eu lieu

assista monsieur Charles de Bourbon, comte de Soissons (1), Madame son espouse, religieuse dame Marie de Thou, abesse des Clairetz (2), la dame de Vassé (3) et plusieurs autres seigneurs et dames de qualité.

Pour la perfection de ce bastiment, mon dict seigneur le comte de Soissons et Madame son espouse ont contribué de grandes sommes de deniers et encore donné à icelle esglize un très beau tabernacle où repose à présent le corps de Jésus-Christ, le dais qui est dessus, deux riches pavillons, le grand tableau, le ciboire et le calice d'argent et plusieurs ornemens d'esglize.

La dicte abesse des Clairetz donna tout le bois nécessaire au bastiment de la dicte maison avec deux tableaux qui sont aux deux costés de l'autel ; laquelle, pendant sa vie, a continuellement assisté la dicte maison de grandes aumosnes qui leur sont encore continuées par dame Catherine de Nantouillet, de présent abesse de la dicte abaye des Clairetz (4).

Dame Françoyse Durand, veufve de messire Thomas Marais, vivant bailly de la Ferté (5), a esté l'une des premières autrices du dict bastiment et qui, durant la construction d'iceluy, a tousjours noury et logé en sa maison les pères Capucins qui assistoient à l'œuvre, mesme depuis jusqu'à son déceds et donna les premiers cent écus qui commencèrent les fondemens du dict bastiment.

qu'en 1616 : « Dedicavit eodem anno [1616] die 15 octob. ecclesiam Capucinorum Nogenti-Rotrodi Carnotensis diœcesis, rogatus a capitulo ejusdem, sede vacante.... » *(Gall. Christ. Tome VIII, col. 1652.)* La date donnée par Bart paraît plus sûre, car Charles de Bourbon, qui assistait à cette cérémonie, mourut en 1612.

(1) Comte de Soissons et de Dreux, pair et grand maître de France, fils puîné de Louis Ier, prince de Condé. Il mourut en 1612. Il avait épousé Anne, comtesse de Montaflé, morte en 1644.

(2) Fille de Christophle de Thou, premier président au Parlement de Paris et chancelier des ducs d'Anjou et d'Alençon, mort en 1582, et de dame Jacqueline de Tullen. Elle fut abbesse des Clairets de 1587 à 1611.

(3) Dame d'Esguilly, fille de Pierre Le Vavasseur, seigneur d'Esguilly, gouverneur de Chartres. Elle avait épousé, le 26 septembre 1566, Jean de Vassé, dit Grognet, seigneur de Vassé et de Classé, baron de la Rochemabile, gouverneur de Chartres, conseiller du Roi en ses Conseils d'Etat et privé, capitaine de cinquante hommes d'armes de ses ordonnances. *(Bibl. nat. Pièces originales, 2934.)*

(4) Catherine-Charlotte de Nantouillet était fille de Louis-Antoine de Prat, Ve du nom, seigneur de Nantouillet et de Précy, baron de Thoury, prévôt de Paris, et de Anne de Barbançon. Elle fut, à partir de 1603, coadjutrice de Marie de Thou et abbesse de 1611 à 1640.

(5) La Ferté-Bernard.

Plus, elle feist bastir à ses frais un corps de maison tout entier pour l'usaige des pères pour les retirer en tems de peste et de maladie contagieuse ; en oultre, elle fist de grandes aumosnes.

La dicte dame de Vassé, vivante dame de Guilly (1), donna troys cents écus employés au dict bastiment, comme aussy ont fait plusieurs autres gentilshommes des environs et autres (2).

(1) Dame d'Esguilly.
(2) *Add.* « L'église de Notre-Dame de Nogent n'étoit anciennement que chapelle, appelée Notre-Dame du Marais dedans le territoire de Saint-Denis, laquelle depuis a été faite paroisse et bâtie par les ducs de Bretagne pendant qu'ils ont possédé Nogent, comme il paroit par leurs figures et armes étant à la porte et entrée de la dite église, portant manteaux chargés d'hermines et donnée aux religieux de Saint-Denis.

Saint-Laurent, qui n'étoit aussi que chapelle, fut faite paroisse, dont les mêmes religieux prennent les dixmes.

Saint-Hilaire étoit seule paroisse de Nogent dans le XIIe siècle, comme on le voit dans la bulle du pape Alexandre III, en 1160, qui confirme l'église de Saint-Hilaire aux religieux de Saint-Denis de Nogent avec les chapelles et dépendances.

La Maison-Dieu ou Hôtel-Dieu de Nogent fut fondée en 1190 par Rotrou III, comte du Perche, la sixième année de la mort de sa femme Mathilde, lors du départ des barons et seigneurs pour le voyage de la Terre Sainte. » *(Ms. de M. La Sicotière.)*

TITRE V

DES COMTES DU PERCHE [1]

De Geoffroy, 1ᵉʳ du nom, et 1ᵉʳ comte du Perche [2]

(1) *Add.* « Le martyrologe de l'esglise Nostre-Dame de Chartres, sans datte, contient que Henry (1), qui est le premier qui se trouve comte du Perche, vivoit au reigne de Loüys second, dict le Bègue, qui estoit vers l'an 878, portant qualité de comte du Perche, fonda, en icelle, la chappelle Sainct-Nicolas, avec un anniversaire, pour lequel faire, il donna cinquante sols de rente à prendre sur le reveneu d'icelle chappelle.

« Estienne, premier du nom, deuxiesme comte du Perche, luy succéda au dict comté, il fonda aussy, en la dicte esglise Nostre-Dame de Chartres, un anniversaire, pour l'entretien duquel il donna cinquante sols de rente à prendre sur le reveneu de Louvilliers.

« Estienne, deuxiesme du nom, et troisiesme comte du Perche, luy succéda et fust le troisiesme comte du Perche et de Mortagne; il fonda aussy en icelle esglise, un anniversaire, pour l'entretien duquel il donna cinquante sols de rente à prendre sur son reveneu de Nonvilliers, par les mains de son prévost.

« Terbal succéda au dict Estienne et fust le quatriesme comte du Perche et de Mortagne, fonda aussy, en la dicte esglise, un anniversaire, pour l'entretien duquel il donna pareillement cinquante sols de rente, à prendre sur son reveneu de Nonvilliers, par les mains de son prévost, sa femme portoit le nom de Melisande.

« Le dict Terbal fist eschange avec le prieur de Chartrage de deux muids de vin, que Chartrage avait droict de prendre au cellier du dict Terbal à Chartres, et deux muids de grain, l'eschange fust faicte en l'an 1190 (2). » *(Frag. imp. à Mortagne.)*

(2) *Var.* « Cinquiesme comte du Perche. » *(Id.)*

---

(1) Ce doit être Hervé, comte de Mortagne, voir la « Géographie du Perche, par le Vᵗᵉ O. de Romanet », p. 27. (Documents sur la Province du Perche, 2ᵉ fascicule, 1890.) L'histoire des premiers comtes du Perche, si tant est qu'il en existât avant Geoffroy, est tout à fait obscure. Les anciennes chroniques ne s'accordent ni sur leurs noms ni sur la date de leurs règnes ; si bien qu'on en est arrivé à douter de leur existence même. Nous n'entrerons donc pas à ce sujet dans des considérations qui, faute de preuves, ne nous amèneraient à aucun résultat certain.

(2) Date absolument inadmissible et aussi fantaisiste sans doute que cette énumération des premiers comtes du Perche.

Geoffroy (1), premier comte du Perche et de Chasteaudun (2), est le premier que j'aie trouvé avoir porté le nom et la qualité de comte du Perche ; il vivoit en l'an 1030, regnant Henry premier, roy de France, fils de Robert (3). Je n'ay point trouvé le nom de son père (4), mais j'ay trouvé, par les fondations cy-après, que sa mère portoit le nom de Melissende (5) et celuy de sa femme Ecleusie (6) ; qu'il eust deux fils, l'un nommé Hugues (7) et l'autre Rotrou (8). La charte de Rotrou, son fils, porte qu'il fust tué et assassiné inhumainement retournant de l'esglize Nostre-Dame de Chartres en sa maison.

Il se retira en son vivant au dict Nogent qui estoit destitué de tous lieux et oratoires pour prier Dieu où, pour son premier œuvre, il fonda (9) et feist bastir l'esglize et partie des bastimens de Sainct-Denys de Nogent qui fut commencée d'une magnifique sculpture, y mit des religieux de Clugny et y donna pour la nourriture des dicts religieux, du consentement (10) d'Odo (11), comte palatin, et de Théodore, evesque de Chartres (12), dix arpens de pré à l'entour de la dicte maison et toute la terre qui estoit de sa jurisdiction, bornée de la rivière de Ronne (13) avec quatre mou-

---

(1) Geoffroy III, vicomte de Châteaudun et seigneur de Nogent-le-Rotrou, mourut en 1041. Le titre de comte du Perche ne lui est attribué nulle part. Le premier comte du Perche connu fut son petit-fils, Geoffroy IV, qui suit sous le nom de Geoffroy II.

(2) *Add.* « Succéda au dict Terbal. » *(Frag. imp. à Mortagne.)*

(3) *Var.* « Il vivoit sous Fulbert, evêque de Chartres, et Robert, roi de France. » *(Ms. de M. de La Sicotière.)*

(4) Son père était Geoffroy II (987 † avant 1005).

(5) Milesende, fille de Rotrou, seigneur de Nogent-le-Rotrou.

(6) Ou Helvise, fille de Fulcoïs, comte de Mortagne.

(7) *Add.* « Dont on ignore le sort et qui mourut jeune après la fondation du monastère de Saint-Denis de Nogent-le-Rotrou. » *(Ms. de M. de La Sicotière.)* D'après les chartes du cartulaire de Marmoutiers, Hugues aurait succédé à son père comme vicomte de Châteaudun. *(Voir la Géographie du Perche, par le Vte O. de Romanet, p. 41.)*

(8) Rotrou II, vicomte de Châteaudun, comte de Mortagne et seigneur de Nogent-le-Rotrou, mort v. 1079. *(Voir même source, p. 42.)*

(9) *Add.* « En l'an premier du règne du roi Henri, le 20 juillet 1031. » *(Ms. de M. de La Sicotière.)*

(10) *Add.* « De Rotrou et de Hugues, ses enfants, et d'Argine, leur mère. » *(Frag. imp. à Mortagne.)*

(11) *Var.* « Ou Eudes II, comte palatin de Champagne, comte de Chartres, de Blois, de Tours, de Troyes et de Meaux, ou de Champagne et de Brie. » *(Ms. de M. de La Sicotière.)*

(12) *Add.* « Qui avoit succédé à Fulbert en 1028. » *(Id.)*

(13) *Var.* « Jusqu'à la rivière d'Huignes avec quatre moulins estant sur icelle. » *(Frag. imp. à Mortagne.)*

lins estant sur icelle et le bourg du dict Sainct-Denys et tout droict de jurisdiction et seigneurie, fors le duel dont il retint la connoissance.

Leur donna en oultre une terre qui avoit appartenu à Bureal (1), son oncle, avec le Breuil (2) et tous droicts en ses forests, excepté en celle de Perchet, en laquelle toute fois il donna congié et permission aux dicts religieux de prendre du bois en leur extreme nécessité (3).

Item, leur donna la dixme des bois de Perchet et de ses autres bois et forests.

Item, l'esglize de Champrond en Perchet (4) après la mort de Melissende, sa mère, et autres domaynes.

Item, l'esglize de Sainct-Hilaire du dict Nogent-le-Rotrou, scise et scituée sur la rivière d'Huigne, avec le droict de sépulture, dixme et tout ce qui en dépendoit avec le droict de pêche en la rivière d'Huigne.

Item, sur la rivière d'Erre, en la paroissse de Sainct - Hilaire-sur-Erre (5), quantité de terres tant labourables qu'à labourer, joignant un chasteau appelé Viviers (6) en la dicte paroisse, à présent ruyné, n'y restant qu'une tour avec quantité de prés et un droict de dixme et place pour y bastir un moulin et plusieurs cens qu'il avoit en la ville de Chartres et ès-environs.

Item, leur donna l'esglize du Sainct-Sépulchre qu'il avoit fondée et fait bastir en sa ville de Chasteaudun pour y avoir six religieux et, à la prière de ses subjets de Chasteaudun, leur permit de bastir au dict Sainct-Sépulchre, pour la commodité des religieux, tels logis qu'ils verroient y estre nécessaires.

Item, leur donna cinq septiers de bled à prendre chacun an sur son chasteau de Chasteaudun.

Voulust et ordonna que, si aucuns aiant fait quelques fautes se retiroient au dict bourg de Sainct-Denys, ils y demeurassent en

---

(1) *Var.* « Burcard. » *(Ms. de M. de La Sicotière.)*

(2) *Add.* « Et la terre de la Bessière. » *(Frag. imp. à Mortagne.)* « Terrain de Belseria. »

(3) *Var.* « A la charge de ne les vendre ni aliéner, mais seulement pour s'en servir aux réparations de l'esglise et maison des religieux et pour leur chauffage. » *(Id.)*

(4) Cant. de Nogent-le-Rotrou.

(5) Cant. du Theil.

(6) *Var.* « Rivierre. » *(Frag. imp. à Mortagne.)* C'est le Vivier et non Rivierre ; on y voit encore les restes de ce château.

asseurance, sans estre recherchés, feussent de ses subjets ou étrangers (1).

Et, à son imitation, plusieurs, tant gentilshommes qu'autres, donnèrent plusieurs biens au dict monastaire,

Sçavoir :

Henry, premier du nom, Roy de France, l'an premier de son reigne qui fust en l'an 1030 (2), leur donna deux septiers de sel à prendre sur le grenier à sel de Bellesme et ratiffia les donations y faites par le dict Geoffroy, en présence de Théodore, evesque de Chartres, Odo, comte palatin, Hugues, fils du dict Geoffroy, Rotrou, son frère, et Eleusie, leur mère.

Gaultier Chesnel (3) donna aux dicts de Sainct-Denys l'esglize de Sainct-Pierre de Ceton et tout ce qui en dépend, tant en dedans qu'en dehors le dict Ceton, terres labourées et non labourées, le cymetière pour y bastir des maisons pour la demeure des dicts religieux, un étang pour l'usage d'iceulx, le droict de pêche en toutes ses rivières et droict de moulin sur la rivière de Marousche (4).

Guillaume Ferré (5), dit Simon, du consentement d'Hersende (6), sa femme, leur donna sa part de l'esglize du dict Ceton, cymetière, vicaireries, et les dixmes de pain, vin, chandelles, deniers, lins, chanvres, grains, porcs et agneaux et toutes coustumes, et

---

(1) *Add.* « Excepté les larrons. » *(Frag. imp. à Mortagne.)*
Le titre de toutes ces fondations de Geoffroy a été transcrit par Bry de la Clergerie. *(Hist. des pays et comté du Perche..... 1620, p. 140.)*
Add. « Il fust préveneu de mort, avant la perfection des dicts bastimens de Sainct-Denys de Nogent, par le meurtre commis en sa personne (1), s'en retournant de l'esglise de Nostre-Dame de Chartres en sa maison. » *(Frag. imp. à Mortagne.)*

(2) *Var.* « Qui commença le 20 juillet 1031. » *(Ms. de M. de La Sicotière.)*

(3) *Var.* « Gaultier le Chevelu. » *(Frag. imp. à Mortagne.)*

(4) *Add.* « Aujourd'huy Maroise, en présence et du consentement de Hoel, évêque du Mans, depuis 1081 jusqu'en 1097, du dit Roger, comte de Montgommèry, peut-être encore époux de Mabile de Bellême, qui mourut en 1082, le jour des nones de décembre (2), de Robert et de Hugues, ses enfants; Guillaume Gouet, Goufier de Villeray, Bernaus de la Ferté, Rotrou de Montfort et autres assistèrent à cette donation. *(Ms. de M. de La Sicotière.)*

(5) *Var.* « Ferré. » *(Frag. imp. à Mortagne.)*

(6) *Var.* « Arcinde ou Arsinde. » *(Ms. de M. de La Sicotière.)* — « Orande. » *(Frag. imp. à Mortagne.)*

(1) Vers 1040.
(2) Le 5 décembre.

oultre, ce qu'il avoit à luy appartenant en propriété en l'esglize de Sainct-Denys de Villeneuve.

Leur donna en oultre l'esglize de Sainct-Nicolas de Ceton avec ses dépendances, terres labourables et non labourables, avec droict de moulin au-dessus de la dicte esglize, la pesson de leurs porcs et de leurs serviteurs en tous ses bois, avec sa part de la dixme de la terre de Ceton et de tous ses bois, et plusieurs autres biens.

Robert Le Clerc donna aussy aux dicts religieux le droict qu'il avoit en la dicte chapelle Sainct-Nicolas avec toutes ses appartenances. La dicte chapelle est de présent ruynée.

Robert de Messaselles (1) donna aux dicts religieux ce que Foulques d'Arrou (2) luy avoit donné de terre au lieu de la Fontaine-Rodolphe (3) avec les prés, bois et vignes, terres labourables et non labourables, avec la place du moulin (4).

Gaultier Gruel (5) et sa femme et son fils donnèrent à la dicte esglize de Sainct-Denys la troisiesme partie de l'esglize Sainct-Germain de Loisé et la tierce partie de celle de Sainct-Jehan-Baptiste de Mortaigne (6), en la présence de Geoffroy, comte de Mortaigne, et de sa femme (7).

Godefroy, surnommé le Bastard (8), donna aux dicts religieux la part qu'il avoit en la dicte esglize de Saint-Germain de Loisé

(1) La Messesselle, com. de Nogent-le-Rotrou.

(2) *Var.* « Fallom-il-Harro. » *(Frag. imp. à Mortagne.)* — Foulques ou Foucaud de Arro. — Arrou est à 3 lieues de Châteaudun, dans le canton de Cloyes.

(3) *Var.* « La Fontaine-Raoul. » *(Ms. de M. de La Sicotière.)*

(4) *Add.* « Depuis confirmé en présence de Geoffroy, de Rotrou, son fils, et de la comtesse Béatrix. » *(Ms. de M. de La Sicotière.)*

(5) Les Gruel étaient seigneurs de la Frette. (Voir p. 64 et suivantes.) Toutes les donations qui suivent sont rapportées au temps de Geoffroy II, troisième comte du Perche, par le Frag. imp. à Mortagne. Bry de la Clergerie les attribue aussi avec raison à la même époque *(Histoire des comtés d'Alençon et du Perche, p. 152 et suivantes)*, car nous y voyons la présence de Béatrix, qui était femme de ce Geoffroy (Geoffroy IV, premier comte du Perche).

(6) *Add.* « Avec les dixmes des grains, vins et fruits cueillis ès dictes paroisses et tous autres droits en deppendants. » *(Frag. imp. à Mortagne.)*

(7) *Add.* « Et de Béatrix, sa femme. » *(Ms. de M. de La Sicotière et Frag. imp. à Mortagne.)* — La femme de Gautier Gruel (Gualterius supernomine Gruellus) s'appelait aussi Béatrix; son fils, Guillaume. » *(Cartulaire de Saint-Denis de Nogent. — Voir Bibl. nat., coll. Duchesne, vol. 22, fol. 291, copie.)*

(8) Gaufridus supernomine Bastardi de Loyse.

avec le droict de sépulture et la dixme du pain et du vin et de tous autres fruicts à recueillir en la dicte paroisse (1).

Leur donna aussy le droict qu'il avoit en l'esglize de Sainct-Jehan de Mortaigne, scise au chasteau, avec les droicts de dixmes des fruicts à recueillir en la dicte paroisse, pour raison duquel don les dicts religieux gratifièrent le dict Godefroy de cinquante livres et deux arpens et demy de pré et sa femme de cinq onces d'or.

Girard de Sassy de Loisé, du consentement d'Ardille (2), sa femme, donna aux dicts religieux le droict qu'il avoit en l'esglize de Sainct-Germain de Loisé et tous les droicts qu'il avoit en icelle qu'il tenoit par bénéfice de Geoffroy, comte de Mortaigne, son seigneur.

Item, la part qu'il avoit et tenoit en l'esglize de Sainct-Jehan du dict Mortaigne, et, pour récompense du dict don, le dict Geoffroy et sa femme luy donnèrent trente-cinq livres de monnoye de dunois et onze sols par autre part (3).

Roger Duffay (4) donna aux dicts religieux le droict qu'il avoit en l'esglize de Verrières qui estoit de son domayne (5).

Legal de Montmirail (6) y donna une vigne de son domayne, scituée sous Rosset, joignant le grand chemin (7).

Geoffroy, surnommé le Barbu, donna aux dicts religieux la moitié de sa terre et de ses prés, après son deceds, et la quarte partie du moulin scitué sous la montagne (8).....

(1) *Add.* « En présence des mêmes et de Rotrou, leur fils. » *(Ms. de M. de La Sicotière.)* C'est-à-dire en présence de Geoffroy, comte de Mortagne, de sa femme et de Rotrou, leur fils. « Testes ego Gaufridus et uxor mea Adda et filia mea Odelina, Gaufridus comes, Beatrix comitissa, Rotrodus frater comitis. » *(Cart. de Saint-Denis de Nogent. — V. Bibl. nat., coll. Duchesne, vol. 22, f. 290, copie.)*

(2) Dans la charte de donation, la femme de Girard de Sassi est nommée Odelina. *(Cart. de Saint-Denis de Nogent. — Bibl. nat., coll. Duchesne, vol. 22, f. 291, copie.)*

(3) *Add.* « On voit que ce fut trois cents sols dunois qu'il reçut. » *(Ms. de M. de La Sicotière.)*

(4) Rogerius de Faieto. Sa femme était Flandina; son fils Lancelinus et sa belle-fille Sarracina. *(Cart. de Saint-Denis de Nogent. — Bibl. nat., coll. Duchesne, vol. 22, f. 283, copie.)*

(5) *Add.* « Et le comte, par charité, leur donna huit livres de ses deniers. » *(Ms. de M. de La Sicotière.)*

(6) Legalis de Montemirali. Sa femme s'appelait Frencia; son fils, Guillelmus. *(Cart. de Saint-Denis de Nogent. — Bibl. nat., coll. Duchesne, vol. 22, f. 283, copie.)*

(7) *Add.* « En présence de Guillaume Gouet et de sa femme. » *(Ms. de M. de La Sicotière.)*

(8) *Add.* « Sous la Montagne Royer. » *(Id. et Frag. imp. à Mortagne.)*

Ce Geoffroy Barbu estoit neveu de Geoffroy Martel, auquel le Roy Henry avoit donné le comté d'Anjou, [et] fils d'Ardelle, sa sœur, femme de Geoffroy, seigneur de Chasteaulandon (1).

Heuldegarde (2), vierge, donna (3) aux dicts religieux un arpent de terre et sept arpens de pré, avec un moulin sur la rivière d'Huigne, près Sainct-Pierre de Mauves, et deux hôtes en la ville de Mortaigne, nommés Germerius et Ramerius.

Robert de Ceton (4) leur donna une terre nommée de Crosteavoisne qu'il avoit, joignant le bourg de Ceton, et un droict de dixme qu'il avoit au dict Ceton, et oultre, la dixme de la moitié de tout ce qu'il avoit de terre au dict Ceton :

Golferius de Villeray (5) leur donna une terre nommée Lenainsville (6), avec les hôtes, et un moulin qu'il tenoit de don à lui fait par Geoffroy, comte de Mortaigne (7).

Guillaume, surnommé Bourny (8), leur donna aussy la moitié de l'esglize de Sainct-Pierre de la Brière (9), la moitié du presbytaire, cour et cymetière, avec les offrandes de pain, chandelles et deniers et la moitié de toutes offrandes présentées et données dans la dicte esglize avec le droict de toutes dixmes, sçavoir : de lin, chanvre et de tous fruicts, veaux, agneaux, laines et porcs et de toutes bestes et vollailles et, oultre ce, un arpent de terre (10).

— « Témoins, Guillaume Gouet, Eustachie, sa femme, et Hugues, Guillaume et Robert, leurs enfants. » *(Ms. de M. de La Sicotière.)*

(1) Add. « Comté de Gantinois. » *(Ms. de M. de La Sicotière.)*

(2) Var. « Hildegarde. » *(Id.)*

(3) Add. « En présence de Geoffroy, de Béatrix, sa femme, et de Rotrou, leur fils. » *(Id.)*

(4) Robertus de Cetone.

(5) Gulferius de Villereio.

(6) Var. « Lessainville. » *(Frag. imp. à Mortagne.)* — « La Vaisville. » *(Ms. de M. de La Sicotière.)* — Peut-être s'agit-il du Petit-Levainville, com. de Saint-Léger-des-Aubées, cant. d'Auneau (Eure-et-Loir).

(7) Add. « En présence de Yves, évêque de Chartres de 1090 à 1115, et de Hugues, vicomte de Châteaudun. » *(Ms. de M. de La Sicotière.)* — Yves de Chartres monta sur le siège épiscopal en 1092 ou 1093 ; il mourut le 23 décembre 1115 ou 1116. — Hugues IV, 7ᵘ vicomte de Châteaudun (1079-1100).

(8) Guillelmus Bornis. *(Cart. de Saint-Denis de Nogent. — Bibl. nat., coll. Duchesne, vol. 22, f. 283, v. copie.)* — Var. « Guillaume surnommé Borgnus, du consentement de son fils Normand. » *(Ms. de M. de La Sicotière.)*

(9) Saint-Pierre-la-Bruyère, cant. de Nocé.

(10) Add. « En présence d'Yves de Bellême, évêque de Séez, du comte Rotrou, d'Yves de Courville, d'Aimery de Condeau et autres. » *(Ms. de M. de La Sicotière.)*

Guillaume de Soufritte (1), de la paroisse de Dieurcé (2), donna aussy aux dicts religieux la dixme qu'il avoit en l'esglize de Dieurcé, depuis ratiffié par Eustachie, sa femme, qui consentit le dict don.

Dreux Denys le Mouche de Ceton (3) y donna tout le droict qu'il avoit au moulin, scitué au bourg de Ceton, sur la rivière de Maroisse.

Burcart de Malmouche (4) leur donna le droict de dixme qu'il avoit à Saincte-Marie qui estoit à partager avec eulx, à cause du don que Gautier de Marnes leur avoit fait.

Robert, fils d'Arnault de Mortaigne, leur donna quatre arpens de terre près l'esglize de Saint-Germain de Loisé.

Henry, vicomte de Mortaigne (5), et Georgie, sa femme, leur donnèrent les troys portions de l'esglize de Sainct-Lubin de Flacey avec le droict de dixmes, sépultures et (6) droict de terres et de tailles de Colfre pour l'usaige des religieux qui demeuroient au dict lieu et de tous leurs hommes en ce qu'ils en avoient à faire, tant pour bastir leurs maisons que pour se chaufer et faire closture.

Georges de Lorme (7) et Agnès, sa femme, leur donnèrent l'esglize de Couldreceau (8) et tous les droicts qui leur appartenoient en la dicte esglize, presbytaire, cour et cymetière de la dicte esglize (9).

(1) *Var.* « De Souhitte. » *(Id. et ms. de M. de Souancé.)*

(2) *Var.* « De la paroisse d'Iversay. » *(Ms. de M. de La Sicotière.)* — « On trouve qu'en 1558, lors de la rédaction de la Coutume du Grand-Perche, les manans et habitans de la paroisse de la Motte-d'Iversay y furent représentés par Louis Catinat. J'ignore si ces d'Iversay sont un et forment le même lieu. » *(Note du même manuscrit.)* Saint-Maurice-d'Iversay, aujourd'hui Saint-Maurice-sur-Huisne.

(3) *Var.* « Dreux de Malemouche de Ceton. » *(Ms. de M. de La Sicotière.)*

(4) *Var.* « Burcal de Malemouche. » *(Id. et Frag. imp. à Mortagne.)*

(5) Fils de Rotrou IV, 3ᵉ comte du Perche de 1144 à 1191. Cette donation n'est donc pas à sa place.

(6) *Add.* « Et droit de l'autel qu'il tenoit du don de Hugues avec une journée de terre. » *(Ms. de M. de La Sicotière.)* — « Avec deux journaux. » *(Ms. de M. de Souancé.)*

(7) Georgius de Ulmo, sa femme s'appelait Béatrix, son fils Robert. *(Cart. de Saint-Denis de Nogent. — Bibl. nat., coll. Duchesne, vol. 22; f. 296, v. copie.)*

(8) Cant. de Thiron (Eure-et-Loir).

(9) *Add.* « Qu'il tenoit en fief de Geoffroi de Samboon, du consentement de son seigneur Geoffroi, comte de Mortagne, et de la comtesse Béatrix. » *(Ms. de M. de La Sicotière.)*

Odo d'Arcisses leur donna le droict qu'il avoit en la dicte paroisse qu'il tenoit par bénéfice du dict de Lorme.

Henry de Villeray leur donna aussy la moitié de l'esglize de Verrières avec la moitié du presbytaire et la moitié de la dixme, laquelle moitié de la dicte esglize estoit au fief de Lancelin, fils de Roger, qui en quitta l'hommaige aux dicts religieux ; pour lesquels dons Rotrou du Perche et les dicts religieux donnèrent au dict Henry vingt livres, monnoye de Corbonnois ; et à la femme du dict Henry cent sols.

Godefroy de Somnibourg (1), seigneur de Haponvilliers, leur donna l'esglize de Sainct-Pierre de Haponvilliers avec toutes ses appartenances, le presbytaire et ce qui estoit de l'autel en général, avec ses prés, moulins et tous droicts de coustume (2).

Robert de Mondoulcet (3) leur donna la terre de Tuebonne.

Guillaume Rebours leur donna le moulin de la Chapelle et la dixme du moulin de Montmilly.

Albert de Villeray leur donna deux masures, l'une assise à Brière (4), l'autre joignant la rivière d'Huigne avec certaine quantité de bois.

Symon de Ceton (5), seigneur du lieu (6), leur donna le droict de dixme qu'il avoit en l'esglize de Sainct-Pierre de Ceton.

Hugues de Barlay leur donna la tierce partie de la dixme de Ceton pour recevoir l'un de ses enfans religieux en la dicte maison.

Guillaume Vilata (7) leur donna la dixme de la Brière (8) appellée de Montiscisaing.

Guillaume Landier et Hugues Lancibot (9) donnèrent l'esglize

---

(1) Gaufridus de Soboono. Sa femme était Heldeburgis, son fils Robert. *(Cart. de Saint-Denis de Nogent. — Bibl. nat., coll. Duchesne, vol. 22, f. 284 et v. copie.)*

(2) *Add.* « En présence du comte Geoffroi, de la comtesse Béatrix et de Rotrou, leur fils. » *(Ms. de M. de La Sicotière.)*

(3) Robertus, filius Haldrici de Monte dulci. *(Cart. de Saint-Denis de Nogent. — Bibl. nat., coll. Duchesne, vol. 22, f. 284, copie.)*

(4) *Var.* « A la Bruyère. » *(Frag. imp. à Mortagne.)* Sans doute Saint-Pierre-la-Bruyère.

(5) Simon de Cetone. Sa femme avait nom Arsendis. *(Cart. de Saint-Denis de Nogent. — Bibl. nat., coll. Duchesne, vol. 22, f. 295, v. copie.)*

(6) *Add.* « En partie. » *(Frag. imp. à Mortagne.)*

(7) *Var.* « Guillaume de Villate. » *(Ms. de M. de La Sicotière.)*

(8) *Var.* « La Bruyère. » *(Ms. de M. de La Sicotière et Frag. imp. à Mortagne.)*

(9) Guillelmus de Caudis atque Hugo Lancibot. *(Cart. de Saint-Denis de Nogent. — Bibl. nat., coll. Duchesne, vol. 22, f. 284, copie.)*

de Saint-Ouen d'Eure, qui est l'une des quatre chapelles de Sainct-Denys, qui joint à la montagne de Harady.

Guillaume de Mongasteau leur donna le droit de dixme qu'il possédoit en la paroisse de Ceton.

Foucher de Bray (1), la terre des Planches en la paroisse de Ceton.

Richer, chapelain de Gaultier (2), tout droit de dixme qu'il avoit en la paroisse de Ceton.

Guillaume, prestre de Beriard, le droict qu'il avoit en la paroisse de Sainct-Pierre-la-Brière.

Gaultier de Montmirail (3), l'esglize de Sainct-Ulphace (4) et de la Chapelle-Gastineau (5) avec le cymetière et la terre et prés appartenant à icelle esglize, avec congé aux religieux qui demeuroient au dict Sainct-Ulphace d'aller moudre a son moulin, faire cuire leur pain à son four et de prendre du bois en sa forest, tant pour leur chauffage que pour construire maisons pour eulx et tout ce que les hostes devoient à leurs seigneurs.

Hunault du Bouchet et sa femme Anceline et Robert, leur fils, l'esglize et dixmes qu'ils pouvoient avoir sur l'esglize de Sainct-Martin de Bellou.

Guy de Mehery (6), y donna le droict qu'il avoit sur la dicte paroisse de Bellou.

Godefroy de Sombour, tout le domayne, l'esglize et dixmes de Haponvilliers (7) et tout ce qui luy appartenoit en l'esglize et la quatriesme partye de son territoire retenue de la féodalité de ses chevaliers (8).

L'esglize de Nostre-Dame de Nogent n'estoit anciennement que chapelle, appellée Nostre-Dame des Marais, dedans le territoire du dict Sainct-Denys, laquelle depuis a esté faite paroisse et bastie par les ducs de Bretaigne pendant qu'ils ont possédé le dict Nogent, comme il paroist par leurs figures et armes estant à la porte et entrée d'icelle portant manteaux chargés d'hermines et donnée aux dicts Sainct-Denys.

(1) Fulcardus de Bray.
(2) Gautier Chesnel, d'après l'abbé Fret.
(3) Walterius de Montemirabili.
(4) *Var.* « De Saint-Eulphace (au Maine). » *(Ms. de M. de La Sicotière.)* Cant. de Montmirail, arr. de Mamers (Sarthe).
(5) Préval-Gatineau ou la Chapelle-Gatinelle, cant. de la Ferté-Bernard (Sarthe).
(6) *Var.* « Guy de Maherry. » *(Frag. imp. à Mortagne.)*
(7) *Add.* « Et Touncé. » *(Id.)*
(8) Même donation que plus haut, v. page 106.

Sainct-Laurent n'estoit aussy que chapelle qui a esté faite paroisse et en prennent les dicts de Sainct-Denys les dixmes.

Robert de Comblot (1), chevalier, leur donna l'esglize de Comblot à luy appartenant par droict d'héritaige en l'an 1223 (2) et le droict de dixme à luy appartenant en icelle esglize (3).

De Rotrou, 1ᵉʳ du nom, 2ᵉ comte du Perche.

Rotrou (4) succéda au dict Geoffroy, son père, au comté du Perche, durant la vie duquel Geoffroy on appelloit iceluy Rotrou comte de Mortaigne, qui y faisoit sa demeure, et le dict Geoffroy au dict Nogent, comme le justiffie sa charte (pour l'antiquité de laquelle l'on ne peut lire ni connoître la datte), laquelle contient que le dict Geoffroy, son père, s'en retournant d'ouïr le service divin dans l'esglize de Chartres en sa maison, fust proditoirement tué et assassiné sur le chemin, [et] porté en terre en la dicte esglize de Sainct-Denys. Vivoit le dict Rotrou du reigne de

(1) Robertus de Comblon. *(Cart. de Saint-Denis de Nogent. — Bibl. nat., coll. Duchesne, vol. 22, f. 293, v. copie.)*

(2) Cette date est sans doute erronée.

(3) *Add.* « Ce Geoffroi eut de grands démêlés avec Fulbert, évêque de Chartres, dont il brûla et ruina les terres; aussy fut-il excommunié par cet évêque, comme il se voit par la lettre 54ᵉ d'iceluy Fulbert, en ces termes : « Malefactor ille Gaufredus quem pro multis facinoribus excom-
« municaveram, incerto utrum desperatus, an versus in amentiam, col-
« lecta multitudine militum, quo ducendi essent ignorantium, villas nos-
« tras improviso incendio concremavit, nobisque quantas potest machinatur
« insidias ». Et il ajoute que, pour en avoir raison, il s'adressera à Eudes, comte de Champagne, et que si ce dernier souffre les vexations de Geoffroi, il en portera ses plaintes au Roy et à Richard, duc de Normandie, « et eorum rogabit patrocinia. » Et que finalement si tous deux refusent de le secourir, il cessera de faire l'office, « quem huc missa facere, et Christo secretius deservire. » *(Ms. de Versailles.)* — Nous renvoyons nos lecteurs aux *Chroniques percheronnes* de l'abbé Fret (tome II, pages 128 à 148) où ces démêlés sont exposés avec assez de détails. Ils y trouveront les transcriptions de plusieurs lettres de Fulbert et entre autres celle dont le passage, reproduit ci-dessus, a été extrait.

(4) Il s'agit de Rotrou II, vicomte de Châteaudun, 1040, comte de Mortagne, en 1065, seigneur de Nogent-le-Rotrou. Pas plus que son père, il n'est désigné dans aucun document comme comte du Perche. *(Voir la Géographie du Perche par le Vᵗᵉ de Romanet, p. 42 et suivantes. — Documents sur la province du Perche, 2ᵉ fascicule, 1890.)*

Philippe, Ier du nom, Roy de France, et de Guillaume le Bastard, Roy d'Angleterre (1). Sa femme avoit nom Argine (2) : il en eust quatre fils et une fille, sçavoir : Rotrou (3), Geoffroy (4), Hugues (5), Foulques et Helvise (6).

Il fust en la Terre-Saincte en Jerusalem et, à son retour, il ratiffia les fondations et donations faites par le dict Geoffroy, son père, au dict monastaire de Sainct-Denys et en acheva les bastimens et feist dédier l'esglize avec huict autels (7), présens de ses enfans et de la noblesse (8), et, pour tesmoignaige de son consentement, présenta sur l'autel de Sainct-Denys les palmes qu'il avoit apportées de Jérusalem.

Donna oultre aux dicts religieux la moitié de l'esglize de Margon (9), un moulin et dix arpens de vigne au lieu nommé Fraccavalia (10).

Item, la dixme des coupes des bois qui se faisoient en ses forests du Perche et la taille qu'il prenoit en la terre de Sainct-Denys oultre le bourg clos.

Iceluy Rotrou et sa femme donnèrent au monastaire Sainct-Pierre de Clugny la dicte maison et monastaire Sainct-Denys pour en estre membre et en despendre et vivre selon les constitutions du dict monastaire (11).

Il fust avec Guillaume le Bastard à la conqueste de l'Angle-

(1) Philippe Ier régna en France de 1060 à 1108; Guillaume le Bâtard, en Angleterre, de 1035 à 1087. Ils étaient, en effet, contemporains de Rotrou, qui mourut vers 1079.

(2) *Var.* « Argine ou Adeline. » *(Ms. de M. de La Sicotière.)* — « Anne » *(Frag. imp. à Mortagne.)* — Elle s'appelait Adèle, fille de Guérin de Domfront.

(3) Seigneur de Montfort, épousa, vers 1090, Lucie de Gennes, dame de Montfort.

(4) Geoffroi IV, comte de Mortagne, épousa Béatrice de Roucy.

(5) Vicomte de Châteaudun, épousa la fille du seigneur de Fréteval.

(6) Il eut encore deux fils : Guérin le Breton et Robert Mandeguerre. *(Voir la Géogr. du Perche, du Vte de Romanet.)*

(7) *Add.* « Par Geoffroi, 62e évêque de Chartres depuis 1077 jusqu'en 1090. » *(Ms. de M. de La Sicotière.)*

(8) *Add.* « De Thibaut, comte palatin de Champagne et de Chartres. » *(Id.)* — « D'Odo, comte palatin. » *(Frag. imp. à Mortagne.)*

(9) Cant. de Nogent-le-Rotrou.

(10) *Var.* « Fra-Villiers. » *(Id.)* — « Frœtæ-Vallis (Fréteval). » *(Ms. de M. de La Sicotière.)*

(11) *Add.* « Celle de Saint-Denis fut réduite en prieuré de Cluni en 1088; c'est pourquoi Cluni nomme au prieuré du dict Saint-Denis de Nogent. » *(Ms. de M. de La Sicotière.)*

terre (1) où il mena nombre de ses Percherons ; son fils, Foulques, mourut, aussy le dict Rotrou et fust enterré au dict Sainct-Denys (2).

De Geoffroy, 2ᵉ du nom, 3ᵉ comte du Perche.

Geoffroy (3), fils aisné du dict Rotrou et de son vivant appellé comte de Mortaigne, succéda au dict Rotrou, son père. Il espousa Béatrix ; je n'ay point trouvé de quelle famille elle estoit (4). Il eust d'elle entr'autres enfans : Rotrou qui luy succéda au dict comté (5). Le dict Geoffroy alla visiter la Terre-Saincte ; il y séjourna deux ans et il y estoit lors du décéds de son père. De quoy averty, il s'en retourna au dict Nogent et le sixiesme jour après son retour, qui estoit jour de dimanche, il se transporta en l'esglize du dict Sainct-Denys de Nogent où le dict Rotrou, son père, estoit enterré, et, en présence des religieux et de la noblesse qui l'assistoit, il se recommanda à Sainct-Pierre de Clugny, ratiffia le don que ses père et mère avoient fait à Dieu et à Sainct-Pierre de Clugny du dict monastaire de Sainct-Denys avec tout ce qui avoit esté donné au dict

---

(1) *Add.* « En 1066. » *(Id.)*

(2) *Add.* « Ce ne fut point Rotrou qui fut en Angleterre, mais bien Geoffroi, son fils, qui suivit Guillaume. Rotrou vivoit encore, comme on a vu, sous Geoffroi, 62ᵉ évêque de Chartres depuis 1077.

« Du temps de Rotrou et en l'an 1058, Henri Iᵉʳ, roi de France, s'empara du Château de Thimes, qui donna son nom au Thimerais, sur Guillaume, duc de Normandie, qui l'avait pris sur Albert Ribaud, qui en étoit seigneur. » *(Id.)*

(3) Geoffroy IV, comte de Mortagne, vers 1079, mort en 1100. « C'est le premier personnage qui soit désigné avec le titre de comte du Perche dans des documents authentiques. » *(Géog. du Perche par le Vᵗᵉ de Romanet, p. 45 et suivantes. — Documents sur la province du Perche, 2ᵉ fascicule, 1890.)*

(4) C'était Béatrice de Roucy. « Iceluy Geoffroy espousa Béatrice, fille à ce que rapporte Vitalis, lib. 13, du comte de Rochefort..., mais les autres disent, de Hilduin, comte de Roussi, ce qui est plus véritable... « *(Histoire des comtés d'Alençon et du Perche, par Bry de la Clergerie, p, 161.)*

(5) *Add.* « Juliane du Perche, femme de Gilbert de Laigle. » *(Ms. de M. de La Sicotière.)* On peut encore ajouter Marguerite, qui épousa Henri de Beaumont-le-Roger, et Mahaut, femme de Raymond, vicomte de Turenne et de Gui de Lastours.

monastaire par ses dicts père et mère et autres ses prédécesseurs, qu'il amortit et exempta de toute sujetion et jura d'en estre le fidelle protecteur ; lequel don il offrit sur l'autel Sainct-Denys avec les palmes qu'il avoit apportées de Jérusalem et, pour luy, Béatrix, sa femme, et Rotrou, son fils, donna (1) à l'esglize du dict Sainct-Denys l'esglize de Sainct-Maslo scituée dans le chasteau du dict Mortaigne et tout ce qui en despendoit avec l'esglize de Nully (2) et le dixiesme marché du dict Mortaigne (3); leur donna en oultre les esglizes de Sainct-Estienne et Sainct-Jehan du chasteau du dict Nogent et le dixiesme marché du dict Nogent et une mine de sel qu'il avoit accoustumé de prendre au bourg du dict Sainct-Denys et le havage des grains vendus au marché du dict Nogent et tout autre droict qu'il avoit au dict bourg (4).

Leur donna en oultre tout droict de prendre du bois en ses forests pour l'usaige de la dicte esglize Sainct-Denys et pour les bastimens d'iceulx religieux et réparations d'iceulx bastimens, mesme pour l'usaige de ceux qui estoient à leur service (5).

Retint néantmoyns pour son usaige et de la dicte maison de Sainct-Denys, en cas de grande nécessité, la forest de Champrond en Perchet.

Leur donna en oultre une vicairerie qu'il avoit en l'esglize de Coudreceau. Il retourna en Terre-Saincte où il mourut.

---

(1) *Add.* « Entre l'an 1077 et 1085. » *(Ms. de M. de La Sicotière.)*

(2) Saint-Sulpice de Nully, cant. de Mortagne.

(3) *Add.* « Par l'institution duquel le curé de Sainct-Malo fust, et ses successeurs, chargé de tenir les écolles et d'instruire les enfans de Mortagne, et à cette fin lui fist bastir une maison joignant le presbitaire derrière l'esglise de Sainct-Jean du dict Mortagne, qui furent rhuinées vers l'an 1570 durant les guerres des protestants ; avoit, par ce moyen, le dict curé pouvoir d'instruire, mettre et establir les écolles par les paroisses de la chastellenie de Mortagne, et en prenoit proffit, et s'en trouve plusieurs contracts d'institution et establissemens passés devant Tiboust, tabellion à Mortagne, droict particulier de confesser, réconcilier et assister les condamnés à mort, de quoy il est payé sur la recepte du domaine du Roy, prenoit chascun jour de foire et marché, une mouline de sel, sur chascun revendeur de sel en destail au dict Mortagne, et un pot de terre d'un denier sur chacun potier vendant pot au dict Mortagne. » *(Frag. imp. à Mortagne.)*

(4) « Havadium quoque, et omnes alias consuetudines, quas in burgo Sancti-Dyonisii accipiebam, omnes dimitto. » *(Carta Gaufridi, comitis Mauritaniæ in biblioth. Clun., pag. 543.)* — *Havage* était le droit de prendre dans les marchés autant de grain que la main peut en contenir. *(V. du Cange.)*

(5) *Var.* « Sauf le cas de grande nécessité pour le monastère. » *(Ms. de M. de La Sicotière.)*

Item, leur donna l'esglize de Sainct-Ouen de Théval et celle de Nostre-Dame de Mortaigne (1).

Hugues Tourneslay et Rodolphe du Chasteau leur donnèrent l'esglize de Boisetille (2).

Les dicts doyen et religieux de Sainct-Denys présentent aux bénéfices du Perche, tant du diocèse de Chartres qu'aultres qui ensuivent, sçavoir :

DIOCÈSE DE SEES :

Nostre-Dame de Mortaigne,
Sainct-Jehan de Mortaigne,
Sainct-Maslo du dict lieu,
Sainct-Ouen de Théval (3),

---

(1) *Add.* « Geoffroy, évêque de Chartres, Thibaut, comte palatin, Etienne, son fils ou son père, Adèle sa femme, Béatrix, femme de Geoffroy, et Rotrou, leur jeune fils, assistèrent à tout et partie de ces dons. » *(Ms. de M. de La Sicotière.)*

(2) Peut-être « le Bois-Tillay », com. de Tillay-le-Peneux, cant. d'Orgères, arr. de Châteaudun.

Add. » Et parce qu'il n'y avoit poinct de place à faire un cimetière pour l'esglise de Sainct-Jean de Mortagne, luy en fust baillé un, joignant celuy de Loysé, duquel le curé de Loysé tirroit du profit, pour récompense de quoy, il s'obligea en cinquante sols de rente envers le curé de Sainct-Jean par contrat passé devant Tassin Thiboust, tabellion au dict Mortagne, le 15 mars 1406. » *(Frag. imp. à Mortagne.)* — « Cette date nous prouve que notre historien a placé sous le règne de Geoffroy II des faits postérieurs à ce temps. » *(Note de l'éditeur du Frag. imp. à Mortagne.)*

Add. « Le pape Urbain II, qui siégea de 1087 à 1099, à la demande du comte Geoffroy et de Béatrix, son épouse, confirma au monastère de Saint-Denis de Nogent, de la dépendance de l'abbaye de Cluni, les églises Saint-Hilaire, Saint-Jean, Saint-Etienne, Notre-Dame au château de Nogent, Saint-Martin de Margon, Saint-Aubin de Champrond, Saint-Aubin de Coudreceau, Sainte-Marie-Madelaine de la Ferrière, Saint-Hilaire de Bellavilliers, Saint-Anastase de Nonvilliers, Saint-Jean de Pierre Fixe, Saint-Pierre d'Argenvilliers, etc.

« Béatrix, femme de Geoffroi, a fondé un anniversaire à l'église de Saint-Jean de Nogent, le 4ᵉ jour des nones de septembre. Est dit ce jour, par chacun an, en mémoire de ce qu'elle a érigé en l'église de Saint-Etienne du château de Nogent, cinq chanoines, c'est-à-dire le chef et quatre autres, de présent appelés chapelains, auxquels elle donna le moulin de Margon et la métairie de la Vallée, en la paroisse de Mortagne. Son mari et elle avoient fondé le collège et chapitre de chanoines de Saint-Jean de Nogent. On attribue la fondation des cinq chanoines, en l'église de Saint-Etienne, non seulement à la dite Béatrix, mais encore à Rotrou, son fils, qui donna plusieurs terres avec tout droit de haute, moyenne et basse justice sur tous leurs sujets, censiers et rentiers. » *(Ms. de M. de La Sicotière.)*

(3) Paroisse supprimée.

De Villiers (1),
Sainct-Germain de Loisé (2),
Sainct-Martin de Loisail (3),
Comblot (4),
Sainct-Pierre et Sainct-Jehan de Mauves (5),
Bubertré (6),
Buré (7),
Bellou (8),
Verrières (9),
Berdhuis (10),

Et prennent dixmes en la paroisse de Sainct-Denys sur Huigne sur les fiefs de Gimardes.

DIOCÈSE DU MANS :

Sainct-Pierre de Ceton (11),
Sainct-Eulphace (12),
Sainct-Martin d'Inverres (13),
Menibrolon (14),
Arouez le Binal (15),

(1) *Var.* « Saint-Projet de Villiers. » *(Frag. imp. à Mortagne.)* — « Saint-Préjet de Villiers. » *(Mss. de M. de La Sicotière et de Versailles.)* « Saint-Froger de Villiers. » *(Ms. de M. de Souancé.)* — C'est saint Préject, évêque de Clermont, † v. 674, 25 janvier (saint Prix, saint Prie, saint Prict ou Priest).

(2) Paroisse supprimée, réunie à Mortagne.

(3) V. page 22.

(4) *Var.* « Saint-Hilaire de Comblot. » *(Ms. de M. de La Sicotière.)* V. p. 22.

(5) V. p. 22 et 60.

(6) *Var.* « Saint-Michel de Bubertré. » *(Ms. de M. de La Sicotière.)* V. p. 22. — M. Duval, dans son « Essai sur la topographie ancienne du département de l'Orne », p. 64, lui donne comme patron saint Denis.

(7) *Var.* « Notre-Dame de Buré. » *(Ms. de M. de La Sicotière.)* V. p. 20.

(8) *Var.* « Saint-Paterne de Bellou-sur-Huisne. » *(Id.)* V. p. 23.

(9) *Var.* « Saint-Ouen de Verrières. » *(Id.)* V. p. 23.

(10) *Var.* « Saint-Martin de Berd'huis. » *(Id.)* V. p. 23.

Le Ms. de M. de La Sicotière et le Frag. imp. à Mortagne ajoutent à cette liste : Saint-Pierre la Brière ou la Bruyère, v. p. 23.

(11) V. p. 24.

(12) Cant. de Montmirail, arr. de Mamers (Sarthe).

(13) *Var.* « Saint-Martin d'Ivré. » *(Frag. imp. à Mortagne.)*

(14) *Var.* « Marolles. » *(Frag. imp. à Mortagne.)*

(15) *Var.* « Arrois » *(Frag. imp. à Mortagne.)* — « Orouez. » *(Ms. de Versailles.)*

DIOCÈSE DE CHARTRES :

Nostre-Dame de Nogent (1),
Nostre-Dame de Margon (2),
Sainct-Jehan de Nogent (3),
Sainct-Hilaire du dict Nogent (4),
Sainct-Laurent du dict Nogent (5),
Bretonvilliers (6),
Coudreceau (7),
Pierre-Fixte (8),
Masle (9),
Ceton (10),
Hapouvilliers (11),
Bonvallet (12),
Boisvilette (13),
Sainct-Hilaire des Noyers (14),
Champrond en Gastine (15),
Nonvilliers (16),
Flacey (17).

Les dicts de Sainct-Denys présentent aussy aux chapelles qui ensuyvent :

(1) V. p. 26 et 90, note 2.
(2) Cant. de Nogent-le-Rotrou. — *Var.* « Saint-Martin de Margon. » *(Ms. de M. de La Sicotière.)*
(3) V. p. 17, not. 2, et p. 93.
(4) V. p. 26 et 90.
(5) V. p. 26 et 90, note 3.
(6) Bethonvilliers, v. p. 26.
(7) *Var.* « Couldresseau. » *(Frag. imp. à Mortagne.)* — « Saint-Aubin de Coudreceau. » *(Ms. de M. de La Sicotière.)* V. p. 26.
(8) *Var.* « Saint-Jean de Pierre Fixte. » *(Ms. de M. de La Sicotière.)* « Pierre Fixte (Saint-Jean) » *(Frag. imp. à Mortagne.)* V. p. 26. Patron : Saint Jean-Baptiste.
(9) *Var.* « Saint-Martin de Masle. » *(Ms. de M. de La Sicotière.)* V. p. 26.
(10) Ceton est mentionné déjà, avec raison, dans le diocèse du Mans.
(11) V. p. 26. Patron : saint Pierre.
(12) Sans doute Bonvilliers. V. p. 26.
(13) Cant. d'Illiers, arr. de Chartres. Patron : saint Pierre.
(14) Paroisse supprimée. V. p. 27 et note 14.
(15) *Var.* « Saint-Aubin de Champrond-en-Perchet. » *(Ms. de M. de La Sicotière.)*
(16) *Var.* « Saint-Anastase de Nonvilliers. » *(Id.)* V. p. 26 et 94.
(17) *Var.* « Flacilly. » *(Frag. imp. à Mortagne.)* V. p. 17, note 4. Patron : saint Lubin.

A la Magdelaine de Mauves (1),

A la chapelle Sainct-Laurent, à l'autel de Saincte-Catherine de Toussainct de Mortaigne (2),

A la Magdelaine de la Ferrière, paroisse de Brunelles,

A la chapelle Sainct-Barthelemy, paroisse d'Invoire (3).

De Rotrou, 2º du nom et 4º comte du Perche.

Rotrou (4), fils du dict Geoffroy, luy succéda au dict comté du Perche (5); il régnoit du tems de Philippe Auguste, Roy de France et de Henry, premier du nom, Roy d'Angleterre (6). Il espousa en premières nopces (7) Matilde (8), fille naturelle du dict Henry, Roy d'Angleterre, troisiesme fils de Guillaume le Conquérant de laquelle il eust une fille nommée Magdelaine (9), qui fust mariée en premières noces à Guillaume Gouet, seigneur de Pontgouet (à présent dict Pontgouin), lors vœuf de la duchesse de la Pouille, troisiesme fille de Thibault, comte de Bloys et de Chartres, de laquelle il eust des enfans comme je diroy (10); après le deceds duquel Gouet la dicte Magdelaine espousa Garsias (11), quatriesme du nom et neuviesme (12) Roy de Navarre, fils de Ra-

(1) V. p. 61.
(2) Add. « C'est une erreur. » *(Note du ms. de Versailles.)*
(3) Comm. d'Unverre, cant. de Brou (Eure-et-Loir).
(4) Rotrou III le Grand.
(5) Add. « En 1099, du temps des rois de France Philippe Ier et Louis le Gros, 6e du nom. » *(Ms. de M. de La Sicotière.)* Philippe Ier régna de 1060 à 1108, Louis VI, de 1108 à 1137. Rotrou ne pouvait donc pas être contemporain de Philippe-Auguste, qui ne monta sur le trône qu'en 1180.
(6) Qui régna de 1100 à 1135.
(7) Add. « En 1102. » *(Ms. de M. de La Sicotière.)*
(8) Ou Mahaut.
(9) Add. « Les historiens, au lieu de la dite Madelaine, donnent à Rotrou une fille, nommée Philippe, qu'il maria à Hélie d'Anjou, comte du Maine. » *(Ms. de M. de La Sicotière.)*
(10) Var. « De laquelle il eust trois filles, comme il en sera cy-après dict. » *(Frag. imp. à Mortagne.)* — « De laquelle il eust deux enfants..... » *(Ms. de Versailles.)*
(11) Garcias V, roi de Navarre de 1135 à 1150.
(12) Add. « Ou plutôt 16e roi de Navarre. » *(Ms. de M. de La Sicotière.)*

mery (1), de laquelle il eust Sense (2), dixiesme de Navarre Blanche, femme du Roy de Castille (3) et Marguerite (4), femme (5) de Guillaume (6), Roy de Sicile.

La dicte Matilde fust noyée passant la mer (7) de Normandye en Angleterre avec Guillaume, duc de Normandye, fils légitime du dict Henry, Roy d'Angleterre, conduisant la fille de Foucques (8), comte d'Anjou, que le dict Guillaume venoit d'espouser.

Le dict Rotrou espousa en secondes nopces Béatrix de Montfort (9), de laquelle il eust deux fils, sçavoir : Rotrou, qui luy succéda au dict comté du Perche et Estienne qui fust chancelier du Roy de Sicile et depuis evesque de Panorme (10) en Palestine où il mourut et fust enterré en Jérusalem.

En l'an 1090, le dict Mortaigne et les lieux circonvoisins estoient infectés de la lèpre, à raison de quoy le dict Rotrou, lors demeurant au dict Mortaigne, afin de séparer les malades du reste du peuple, fonda (11) le monastaire et la léproserie de Chartrage lès Mortaigne et y mit et institua un pricur et quatre religieux de Sainct-Augustin pour y prier Dieu et avoir le soin et gouvernement des dicts lépreux qu'il y logea en maison qu'il y feist bastir hors de la closture et demeure des dicts religieux et y donna plusieurs biens, entr'autres la dixme de ses moulins estant près de Mortaigne, la dixme de ce qui estoit despensé à sa table lorsqu'il résidoit en Corbonnois, fors que lorsqu'il seroit en son chasteau de Mauves, ils ne prendroient que la moitié de la dicte dixme et leur donna en oultre aultres biens. Il establit en la dicte maison l'assemblée de la Calende de Corbonnois qui auparavant se faisoit

---

(1) Ramire le Moine, roi de Navarre en 1134.

(2) *Var.* « Sanche VI, roi de France. » *(Id.)* Sanche VI, dit le Sage, roi de Navarre de 1150 à 1194.

(3) *Var.* « Qui fut belle-fille de l'empereur Alphonse, roi de Castille. » *(Id.)* Elle épousa Sanche III, roi de Castille. [?]

(4) *Add.* « Née en 1135. » *(Id.)*

(5) *Add.* « En 1150. » *(Id.)*

(6) *Add. et var.* « De Guillaume dit le Mauvais, roi de Sicile, morte en 1183, à 48 ans. » *(Id.)*

(7) Dans le naufrage de la Blanche-Nef, 25 novembre 1120.

(8) *Add.* « Sybille. » *(Ms. de M. de La Sicotière.)*

(9) *Var.* « Non pas Béatrix de Montfort, mais bien Harvise d'Evreux. » *(Id.)* On s'accorde, en effet, pour lui donner ce second nom. Harvise était fille d'Edouard d'Evreux, baron de Salisbury.

(10) C'est Palerme, en Sicile. — Panormitanus, Panermitanus, Panhormi.

(11) *Add.* « Près les portes et au sud de la ville de Mortagne. » *(Ms. de M. de La Sicotière.)*

au lieu de Corbon, tandis qu'il estoit en lumière, appellée de Corbonnois à cause de ce qu'elle se faisoit au dict lieu de Corbon chacun an ; elle estoit composée de l'archidiacre du dict Corbonnois, gens d'esglize, le Prince, la noblesse et aultres pour traicter des affaires du païs (1) tant de l'esglize, de la justice qu'aultres ; pour la nourriture, entretien et depense de laquelle plusieurs ont donné de leurs biens, ainsy qu'il sera cy-après justiffié (2).

L'an 1095 (3), le dict Rotrou se croisa pour aller au recouvrement de la Terre Saincte avec Godefroy de Bouillon, duc de Lorraine, chef et conducteur de l'armée par les prédications et exortations de Pierre Lhermite, auquel voiage se croisèrent aussy Huc le Grand (4), fils de Philippe, premier du nom et trente-huitiesme Roy de France, Robert de Frise (5), comte de Flandres, Robert, duc de Normandye (6), Estienne, comte de Chartres et de Bloys (7), Amyard (8), evesque du Puy, légal du pape à l'armée, Guillaume (9), evesque d'Orange, le comte de Toulouse (10), Hu-

---

(1) *Add.* « En formes d'Estats ou Grands Jours. » *(Frag. imp. à Mortane.)*

(2) *Add.* « [Rotrou] était encore jeune, lorsqu'en 1087 ou 1089, dès lors qualifié comte du Perche, il se rendit en Espagne avec une grande armée pour faire la guerre aux Sarrasins sur lesquels il s'empara de plusieurs villes dont les royaumes de Navarre et d'Arragon, alors unis, furent augmentés. » *(Ms. de M. de La Sicotière.)*

(3) *Var.* « La première croisade contre les infidèles qui tenoient Jerusalem et les lieux saints fut publiée au concile de Clermont, au mois de novembre 1095. Divers princes et seigneurs prirent la croix l'année suivante. Plusieurs corps de troupes s'élancent vers l'Orient : Godefroy de Boulogne, dit de Bouillon, duc de la Basse-Lorraine en fut, dit-on, le généralissime; Hugues de France, dit le Grand, comte de Vermandois, frère du roi Philippe; Robert, duc de Normandie, frère du roi Philippe; Etienne, comte de Chartres et de Blois; Robert, comte de Flandre; Rotrou le Grand, comte du Perche, et autres seigneurs étoient à la tête d'un de ces corps..... » *(Id.)*

(4) Hugues le Grand, deuxième fils de Henri Ier, roi de France, et non de Philippe. Sa femme Adélaïde lui apporta en dot les duchés de Vermandois et de Valois.

(5) Robert II, comte de Flandre (Rodbertus Jerosolymitanus), fils de Robert Ier, dit le Frison.

(6) Robert Courte-Heuze, fils de Guillaume le Conquérant.

(7) Etienne, comte de Blois en 1081, marié à Adèle, fille de Guillaume le Conquérant, comte de Chartres en 1090. Il était fils de Thibaud III.

(8) Aimard (Podiensis episcopus), légat du pape. « Erat summæ ingenuitatis et magnæ strenuitatis, industriæque singularis. » *(Oderic Vital, édit. de 1852, III, 499.)*

(9) Guillaume (Oriensis episcopus), vice-légat.

(10) Raimond, comte de Toulouse.

gues (1), comte de Sainct-Paul, Baudouin de Bourg (2), Garnier, comte de Grez, Raoul de Beaugency (3), Evrard du Puisset (4), Cosme de Montagu (5) et plusieurs autres : chacun desquels amassa ce qu'il put d'hommes et au printems de l'année 1097, l'armée dressée par le duc de Lorraine s'achemina pour joindre Gautier de Sansçavoir (6), grand capitaine qui estoit party l'an précédent (1096) tant de cheval que de pied, et Pierre Lhermite, auteur du voiage, qui s'estoit aussy le même an acheminé avec nombre de gens ramassés qui se joignirent avec le dict de Sansçavoir, entrèrent sur les terres de Soliman, turc, qui les chargea et en desfit la pluspart, faute de conduite et de ce que ce peuple ne vouloit obéir ny recevoir de commandement de personne ; ce qui se put sauver passa oultre et se joignirent au duc de Lorraine près de Constantinople.

Au dict an 1097, Robert, duc de Normandye, Estienne, comte de Chartres et de Bloys, Eustache (7), frère du duc de Lorraine, le comte d'Aumalle, le seigneur de Conan (8), Allain Frisault (9), Roger de Beurneville (10), Raoul de Fontenay, Othe d'Illiers et plusieurs autres seigneurs françois et normans s'acheminèrent aussy et sans se détourber gaignèrent l'armée du duc de Lorraine, comme firent les troupes de Rochemont (11), prince de Tarente, le comte de Toulouse et autres qui tous aparemment furent bien reçus par Alexis, empereur de Constantinople, avec lequel ils traitèrent que tout ce qu'ils prendroient sur le turc qui avoit été pris sur le dict empereur et dépendant de l'empire de Constantinople luy seroit par eulx rendu et remis aux mains, moiennant

---

(1) Hugues II, de Champ d'Avène, comte de Saint-Pol en Artois.

(2) Baudoin II, roi de Jérusalem, surnommé du Bourg, deuxième fils de Hugues, comte de Rethel, et de Mélisende de Montléri.

(3) Raoul I*er*, sire de Beaugenci (Radulphus de Balgenciaco), fils de Lancelin II, avait épousé en deuxièmes noces Mathilde, fille de Hugues le Grand.

(4) Everard (Ebrardus de Pusacio), fils de Hugues, seigneur du Puiset, près Janville.

(5) Conon, premier comte de Montaigu, fils de Gozelan, comte de Boragne, et d'Ermentrude de Harenzey.

(6) Gualterus, cognomento Sensaveir, gentilhomme bourguignon.

(7) Eustache II, comte de Boulogne, épousa Ite, sœur de Godefroy de Bouillon.

(8) Chef breton.

(9) Alain III, dit Fergant, duc de Bretagne.

(10) Roger de Barneville-sur-Mer (Manche).

(11) Bohémond, fils de Robert Guiscard, qui prit part à l'expédition des chevaliers normands en Pouille et en Calabre.

roy il leur promist de les secourir d'hommes et de chevaux et
vivres ; mais il manqua à sa parole et au contraire leur feist
préparer des embuscades sur les chemins, qui leur courroient sus,
plusieurs, ne s'en méfiants, furent dévalisés, tués et autres
is prisonniers, entr'autres Hugues le Grand, frère du Roy de
France, Dreux de Merle, Guillaume Charpentier (1), le légat du
Pape, Jean Le Breton (2), Hoyau de Chartres, Albert Conan et
autres. Le duc de Lorraine, indigné de cela, lâcha la bride à son
armée qui en peu de jours ravagea le païs d'alentour de Constantinople ; finallement s'accordèrent : furent les prisonniers rendus,
l'Empereur adopta le duc de Lorraine pour son fils, luy feist et à
autres seigneurs de l'armée de grands présents, fut le Concordat
confirmé, juré, signé et arrêté entre eulx. Mais l'empereur n'en tint
encore rien et ne cessa de tracasser les troupes par des embuscades qu'il faisoit mettre sur leur route craignant, s'ils venoient à
bout de la Terre Saincte, qu'après ils se saisissent de son empire.

Les armées des comtes de Flandres et de Toulouze et l'evesque
du Puy, légat en l'armée pour le pape, où estoient Guillaume,
evesque d'Orange, Raimbault, comte d'Orange, Gosset de Besiers (3), Girard de Roussillon (4), Guillaume de Montpellier (5),
Guillaume, comte de Forest (6), Raymond Pollet (7), Goutran de
Béarn, Guillaume Amasson, et autres passèrent par la Dalmatie où
le peuple barbare leur courut sus et en défit plusieurs. L'evesque
du Puy y fust prins et par les Chrestiens arraché de leurs mains.
L'empereur Alexis leur feist encore préparer des embuscades qui
furent vaillamment soutenues et ses gens mis en déroute. L'empereur les manda auxquels il accorda les conditions à luy promises
par les autres. Les armées se joignirent, poursuivirent leur chemin, assiégèrent et prirent Nicée (8) sur Soliman turc (9). Soliman

(1) Guillaume Le Charpentier, vicomte de Melun, fils d'Ursion [?]
(2) Jean, comte de Bretagne.
(3) *Var.* « Gasset de Bessières. » *(Ms. de Chartres.)*
(4) Gérard, fils de Guillabert, comte de Roussillon.
(5) Guillaume V, fils d'Ermengarde, seigneur de Montpellier.
(6) *Var.* « De Forez. » *(Ms. de Chartres.)*
(7) « Raimundus Piletus, de familiaribus comitis Sancti-Ægidii, magnanimus miles. » *(Ordéric Vital, édit. de 1852, III, 572.)* On pense qu'il
était seigneur d'Alais.
(8) Nicée, ville de Bithynie, dans l'Asie Mineure, célèbre par les conciles
qui y furent tenus en 325 et en 787.
(9) *Add.* « Le 6 mai 1097..., elle fut prise au bout de cinq semaines. »
(Ms. de M. de La Sicotière.)

y arriva avec 50,000 hommes qui furent défaits par les Chresti[ens] et en demeurèrent 4,000 de morts sur la place et plusie[urs] prisonniers et fust la ville remise aux mains de l'empere[ur] Alexis (1).

L'armée se sépara en deux à cause des vivres qui manquoie[nt] le duc de Normandye, les comtes du Perche et de Bloys et aut[res] prirent la droite; Rochemond (2) et ses troupes prirent la gauch[e] qui fut attaquée par l'armée de Soliman composée de 200,00[0] hommes (3). Il envoya avertir le duc de Normandye, et ses trou[-]pes et autres vinrent à son secours. L'armée de Soliman fut dé[-]faite et il resta 40,000 hommes de ses troupes sur la place et so[n] camp fut pillé par les Chrestiens qui en firent leur profict.

Tancrel (4) avec ses troupes tira du costé d'Icarre et la dic[te] ville d'Icarre (5) se rendit à luy; il la céda à Baudouin (6), pass[a] oultre et prit d'assaut la ville de Mamiste (7).

Baudouin prit Tarce et fut en Arménie qu'il mit sous sa puis[-]sance; ceulx d'Edesse (8) Chrestiens l'appelèrent pour se retirer d[e] la servitude des Turcs qui possédoient leur ville. Les Turcs lu[y] préparèrent une embuscade qui fut défaite, il prit sur le chemi[n] la ville de Samasare (9) que les Turcs tenoient. Le gouverneu[r] d'Edesse (10) se repentit de ce qu'il avoit offert à Baudoin; le[s]

---

(1) On croit généralement que l'empereur de Constantinople trait[a] secrètement avec les assiégés qui lui ouvrirent leurs portes et qu'i[l] dédommagea de cette prise les croisés en les comblant de largesses.

(2) Bohémond, prince de Tarente.

(3) Cette rencontre eut lieu le 1er juillet 1097 dans la vallée de Gorgoni[.]

(4) Tancrède.

(5) Sans doute Iconium.

(6) C'est Tarse dont il s'agit. Les deux chefs et leurs armées s'étan[t] rencontrés devant cette ville, s'en disputèrent la possession. Tancrèd[e] bien qu'ayant planté le premier son drapeau sur les murs, fut obligé d[e] céder la place à Baudoin qui, jaloux de son succès, avait excité les habi[-]tants contre lui.

(7) Malmistra, aujourd'hui Messissé. Ce fut Tancrède et non Baudoui[n] qui s'empara de cette ville.

(8) Edesse, que les Talmudistes font aussi ancienne que Ninive et don[t] ils attribuent la fondation à Nemrod, avait été appelée Antioche en l'h[on-]neur d'Antiochus; pour la distinguer de la capitale de la Syrie, on lu[i] avait donné le surnom de la fontaine de Callirhoé. Nos chroniqueur[s] l'appellent Roha. C'est la corruption du mot grec rhoé, qui signifie fon[-]taine. Edesse se nomme aujourd'hui Orfa. *(Michaud, Histoire des Croi-sades, 1854, I, 136.)*

(9) Samosate, aujourd'hui Semisat.

(10) Thoros ou Théodore.

habitants le tuèrent. Baudouin entra dans la ville, s'en rendit le maître et prit encore Saroge (1) autre ville turquesse.

Robert, comte de Flandres, prit aussy sur les Turcs la ville d'Artassac (2) qui la rassiégèrent. L'armée Chrestienne y vint au secours parce qu'il fust averty que Aécion turc, seigneur d'Antioche venoit au secours d'Artassac. Le duc de Lorraine envoya le duc de Normandye et sa troupe, de laquelle estoit le dict Rotrou, comte du Perche, pour aller battre l'estrade devant et descouvrir le secours. Ils parvinrent à un pont, sur la rivière, de fer (3) garni de fortes tours où il avoit garnison de turcs ; ils les attaquèrent ; les Chrestiens gaignèrent le pont et en chassèrent les Turcs. L'armée Chrestienne arriva, y passa la rivière et assiégea Antioche le 10 Octobre 1097. Aécion (4), seigneur d'Antioche, y estant avec forte garnison (5) s'y défendit. L'hivert, la famine et la mort désespérant les Chrestiens, les Turcs font chaque jour des sorties, tousjours repoussés avec perte, et arriva la nouvelle que le Turc venoit au secours avec une grosse armée. La peur et la crainte saisirent le comte de Chartres qui, feignant d'estre malade, quitta l'armée avec ceulx de sa troupe. Cependant la ville fust prinse par intelligence que Robemont (6) avoit avec Hermifere (7), Chrestien, secrétaire d'Aécion (8). L'armée du Turc (9), venue pour le secours de la ville, assiègea les Chrestiens et les réduisit à une extrême famine. Les Chrestiens sortirent, combatirent et défirent les Turcs dont il en resta 100,000 sur la place et les Chrestiens s'enrichirent de leur dépouille. Robemont (10) fut estably prince de la ville qui avoit esté quatorze ans entre les mains des Turcs. Il la répara

(1) Baudouin fut proclamé gouverneur d'Edesse à la place de Thoros.
(2) Artésie, ancienne Chalcis.
(3) Gessr-il-Haddir (Pont de fer). Construit sur l'Oronte.
(4) Baghisiam ou Accien, émir turcoman.
(5) 27,000 hommes.
(6) Bohémond.
(7) La plupart des historiens appellent ce conseiller Pyrrus ou Phirous. Sanuti le nomme Hermuferus. Il avait abjuré la religion chrétienne. — (Ici s'arrête la publication du manuscrit de M. Olivier, ancien Procureur de la République à Mortagne, commencée dans l'*Echo de l'Orne* en 1849. Cette copie semble aujourd'hui perdue ; nous avons donc le regret de ne pouvoir en continuer les précieuses variantes.
(8) Antioche fut prise au mois de juin 1098. Le siège avait duré près de huit mois. — *Add.* « Rotrou, comte du Perche, y commanda le dixième corps. » *(Ms. de M. de La Sicotière.)*
(9) Conduite par Kerbogâ, prince de Mossoul.
(10) Bohémond.

ainsy que les esglizes et y restablit le patriarche qui y remit le divin service. Ceste défaite fist trembler les villes voisines jusqu'à Jérusalem.

Le comte de Toulouze assiégea et prit par force Albare (1) et la province d'Apanie ; et y establit pour evesque un prestre natif de Narbonne qui l'avoit tousjours suivy ; ce fust depuis un siège d'archevesque.

L'armée se mit aux champs, alla assiéger et prit Marcha (2) qui servit de curée aux soldats Chrestiens. L'evesque d'Orange y mourust.

La famine et la peste estoit si forte en l'armée qu'il ne se passoit pas de jours qu'il n'en mourust grande quantité tant grands que petits ; à raison de quoy tout le monde criait après le duc de Lorraine et les autres seigneurs qu'on les tirât de là pour continuer leur chemin en Jérusalem et entr'autres y mourust Anguerand, fils du seigneur Hugues, comte de Sainct-Paul. Le comte de Toulouze, importuné par le peuple de son régiment de passer oultre, bailla le gouvernement de villes qu'il avoit prises à Guillaume du Tillet (3), gentilhomme d'honneur et de réputation et y laissa pour sa garde sept lances et trente hommes de pied ; le duc de Normandye, sa troupe et Tancret se joignirent avec le comte de Toulouze et s'acheminèrent vers Jérusalem. Barcé, Hanathe et Henisse en passant leur administroient tous les vivres nécessaires à bon prix même des chevaux de guerre à leur commodité. Toute l'armée qui ne pouvoit estre que de 20,000 hommes se joignit ensemble et arriva devant Jérusalem le 7e juin 1099, l'investit (4). Les assiégés sortirent en grand nombre et en armes pour faire lever le siège ; ils furent vivement repoussés. On donna à la ville deux grands et furieux assaulx inutiles par la résistance des infidèles assiégés avec perte d'hommes de part et d'autre. Le troisiesme assault fust donné le 15e juillet au dict an et fust la ville emportée à force d'armes. Le duc de Loraine, accompagné de son frère Eustache, suivy de deux gentilshommes, l'un nommé Eudolphe et l'autre Guillaume de Tournay, les comtes de Flandre et de Normandye, Tancrel, Beaudouin de Bourg, Gontran de Béarn,

---

(1) Albarie.
(2) Marrah, située entre Hamath et Alep.
(3) Chevalier provençal. Il lui confia la ville d'Albarie.
(4) *Add.* « Le duc de Normandie, les comtes de Flandre, de Saint-Paul et du Perche, occupèrent la partie septentrionale. » *(Ms. de M. de La Sicotière.)*

Gacé de Bésiers, Girard de Roussillon, Thomas de Feiq, Conan le Breton, le comte d'Orange, Louys de Manson (1), Cunere de Montaigu (2), Raymond Pillet, Guillaume de Sabran, et plusieurs autres y entrèrent des premiers et finalement toute l'armée qui sans exception d'âge ny de sexe mirent au fil de l'espée tout ce qu'ils trouvèrent dedans au nombre de 20,000. Grâces à Dieu [furent] rendues au sainct Temple, [et] la ville [fut] netoyée des corps morts et du sang. Le duc de Loraine fut élu et couronné Roy de Jérusalem, le neuviesme jour après la prise de la dicte ville (3).

Durant ce voiage le duc de Normandye fut averty que Guillaume le Roux, son frère aisné, Roy d'Angleterre, estoit mort et que Henry, son puisné, s'en estoit fait couronner Roy contre tout droict (4).

Comme aussy Rotrou, comte du Perche, avoit reçu nouvelle que Guillaume Gouet, dit Pontgouin, s'estoit emparé de partie de son païs du Perche ; à raison de quoy chacun d'eulx, voyant les affaires de la Terre Saincte bien establies, se retirèrent en leur païs avec leurs hommes (5).

Le duc de Normandye, de retour, trouvant Henry, son frère puisné s'estre fait couronner Roy d'Angleterre qui luy appartenoit

---

(1) Louis de Mouson.

(2) Conon de Montaigu.

(3) *Add. et Var.* « Les lieux saints sont purifiés ; des actions de grâces sont rendues et, huit jours après, tous les chefs des croisés convinrent unanimement de donner Jérusalem avec sa dépendance, à titre de royaume, à Godefroy de Boulogne, dit de Bouillon, duc de la Basse-Lorraine.

Plusieurs des seigneurs croisés, voyant les affaires de la Palestine bien établies, prennent congé du roi de Jérusalem et reviennent dans leur pays, entre autres, Robert, duc de Normandie, Robert, comte de Flandre, Rotrou, comte du Perche, Guillaume, comte du Perche-Gouet, et Philippe de Bellême, fils de Roger, comte de Montgommery et de Bellême. Ces deux derniers moururent pendant la traversée. On voit cependant que Philippe de Bellême mourut à Antioche. » *(Ms. de M. de La Sicotière.)*

(4) *Add.* « On trouve que Robert passa par la Pouille, où il se maria et où il apprit que Guillaume son frère était mort seulement le 2 août 1100. » *(Id.)*

(5) *Add.* « Rotrou sçut que Geoffroi, son père, étoit décédé au milieu du mois d'octobre précédant son retour, après avoir recommandé son fils à sa femme et aux grands du Perche et de Corbonnois, afin qu'ils lui gardassent la paix et toutes ses places. Dès le sixième jour de sa rentrée dans ses Etats, Rotrou alla visiter, un jour de dimanche, le tombeau de son père, inhumé à Saint-Denis de Nogent, recommanda son âme et son corps à Dieu et à Saint-Pierre de Cluni, confirma tous les dons faits au monastère de Saint-Denis et en mit l'acte sur l'autel avec les palmes qu'il avoit apportées de Jérusalem. » *(Ms. de M. de La Sicotière.)*

par droict de primogéniture et par raison, le luy demanda. [Henry] le refusa tout plat. Robert lève une armée, passe en Angleterre ; Henry amasse aussy des gens pour résister. Rotrou, comte du Perche, gendre du dict Henry et neveu du dict Robert avec lequel il avoit contracté de l'amitié pendant le voiage de la Terre Saincte et autres seigneurs tant françois que anglois, les empêchèrent de venir aux mains et les accordèrent par ainsy que la couronne demeureroit au dict Henry par le moien que le dict Henry donna à son frère aisné quatre mille marcs d'argent (1), sa vie durant, de pension. Robert s'en repentit qui demanda à son frère Henry quelques terres qu'il tenoit en Normandye. Le Roy s'en refusa ; Robert recommença la guerre. Il est vaincu et pris prisonnier devant Tinchebray (2), en Normandye. L'an mil cent six, Rotrou, comte du Perche et plusieurs autres seigneurs s'entremettent de les appointer. Le Roy d'Angleterre s'y rend inexorable et Robert mourut prisonnier l'an 1134 (2), le vingtième an de sa prison, par laquelle mort la duchié de Normandye retourna à la couronne d'Angleterre.

Rotrou se retira à Nogent où il ratiffia, confirma et aprouva toutes les donations, fondations et auxmosnes faites au dict monastaire de Sainct-Denys de Nogent par ses père et mère, aieulle et autres et pour témoignage du contentement qu'il avoit des dicts dons il en présenta les palmes, qu'il avoit apportées du voiage de Jérusalem, sur l'autel du dict Sainct-Denys et leur donna en oultre plusieurs biens (3).

En la présence duquel Rotrou et de Matilde sa femme, fille du Roy d'Angleterre, Rayan (4) de Mont-Corbin donna aux dicts reli-

---

(1) *Var.* « 3 à 4000 marcs d'argent. » *(Id.)*

(2) *Add.* « En 1124 ou 1134. » *(Ms. de M. de La Sicotière.)*

(3) *Add.* « Bernard d'Abbeville en Picardie, désirant vivre dans le désert, vint avec ses disciples dans le Perche qu'il trouva conforme à ses desseins; il s'adressa à Rotrou, comte du Perche, qui lui donna le lieu d'Arcisse, près de Nogent, mais Béatrix, mère du comte du Perche, craignant que la présence de Bernard ne nuisit aux moines de Saint-Denis de cette ville qu'elle affectionnait, fit changer cette donation par son fils qui en fit une autre d'un local sur le ruisseau de Tiron, beaucoup plus éloigné de Nogent. Bernard l'accepta et commença sa fondation en 1107. Deux ans après, il dit sa première messe, le jour de Pâques, dans une chapelle de bois qu'il avait bâtie. Les religieux de Saint-Denis réclamèrent des droits sur le monastère. Bernard se vertit vers le chapitre de Chartres qui lui accorda non loin un terrain sur la paroisse de Gardais, où il fit de nouvelles bâtisses et parvint, au moyen de secours divers, à rendre son monastère en état de recevoir un grand nombre de religieux ; car on trouve que Bernard en nourrit plus d'un cent à la fois. » *(Id.)*

(4) *Var.* « Payen. » *(Id.)*

gieux de Sainct-Denys la dixme de Corbion, paroisse de Soligny, avec tous ses meubles pour estre après son deceds enterré en l'esglize du dict Sainct-Denys. Gilbert de Prulay (1) s'opposa au dict don disant que la dicte dixme luy appartenoit, qu'il quitta aux dicts de Sainct-Denys à la prière du dict Rotrou.

Pour résister aux entreprises que le dict Gouet faisoit sur le dict Rotrou qui s'estoit emparé de la Basoche, Authon, Montmirail, Alluye et Brou, qui sont cinq châtellenyes qui dépendent du dict païs du Perche, et afin de se mettre en sûreté, feist réparer le chasteau de Nogent et en iceluy bastir une chapelle ou oratoire fondé de Sainct-Estienne qui de luy et des autres de son nom fust appelé comme il l'est encore à présent. Nogent-le-Rotrou assembla ses subjets et autres. Vinrent souvent aux prises l'un contre l'autre et pour ce que le dict Gouet aydé de Thibault, comte de Chartres, son beau-père, faisoit souvent des courses jusqu'au dict Nogent et se retiroit en sa ville et chasteau de Pontgouin, distant de troys lieues (2), le dict Rotrou feist faire une motte et tour sur le chemin du dict Nogent à Pontgouin que le dict Rotrou garnit d'hommes pour empêcher les courses du dict Gouet ; laquelle motte est encore aujourd'huy appellée La Motte Rotrou (3) et finalement aiant le dict Rotrou et le dict Gouet passé quelques années en ces troubles, par l'advis des seigneurs du païs s'accordèrent par ainsy que le dict Gouet qui estoit veuf de la duchesse de la Pouille, fille du comte de Chartres, espousa Madeleine, fille du dict Rotrou, comme j'ay dict (4) ; en faveur duquel mariage iceluy Rotrou luy donna la terre et baronnie de Longny, Marchainville, la Motte d'Iversé (5), et le droict qu'il avait ès lieux

(1) Seigneur de Prulay en Saint-Langis (près Mortagne).

(2) *Add.* « De Nogent. » *(Ms. de Versailles.)*

(3) *Add.* « On trouve que cette Motte-Rotrou fut construite pour réprimer les courses de Hugues, vicomte de Chartres, ce qui détruit l'avance de Bart des Boullais en rapportant qu'elle fut bâtie contre Guillaume Gouet, seigneur de Pont-Goet. » *(Ms. de M. de La Sicotière.)*

(4) V. p. 86, note 1.

(5) *Add.* « C'étoit en 1558, lors de la rédaction de la Coutume du Grand-Perche, une châtellenie et une communauté d'habitans indépendantes de la paroisse de l'Hôme (1) dont elles font aujourd'hui partie (2). La Motte-d'Iversay est sur le ruisseau de Jamblé qui passe à Longny et est située à 600 toises N.-E. de l'Hôme, ayant de ce même côté, à la dis-

(1) Lhôme-Chamondot, cant. de Longny.
(2) « Messire Esprit de Harville, chevalier, seigneur de Palaiseau, gentilhomme ordinaire de la Chambre du Roy, à cause de sa chastellenie, terre et seigneurie de la Mothe-Diversay..... » (Procès-verbal de la réd. des Cout. du Perche, p. VIII.)

de la Basoche, dicte de luy la Basoche Gouet, Montmirail, Brou, Authon, Alluye qui sont cinq chastellenyes desquelles les appellations ressortissent à Joinville en Beauce (1) que l'on appelle les cinq chastellenyes du Perche-Gouet, lequel païs fust ainsy appellé du nom du dict Gouet qui y establit coustumes particullières, beaucoup plus rudes que celle du Grand-Perche. Duquel mariage sortit de succession en succession, Jean, seigneur de Longny, Nicolas de Longny et Louys de Longny qui fust en Portugal et en amena les seigneurs de la Rivière et de Vasconcelles. La dicte maison de la Rivière est éteinte, et de sa succession la terre de la Roussetière (2) en la paroisse de Verrières est venue en la maison de la Frette où il avoit pris alliance. Celle de Vasconcelles [est] encore en règne près de Rémalard. Le dict Louys de Longny n'eust qu'une fille laquelle, durant la guerre des anglois il maria avec messire François de Surienne, chevallier de la Jarretière d'Angleterre (3) de laquelle il eust aussy une fille qui espousa le seigneur de Saincte-Marie (4) par laquelle la dicte baronnie de Longny est entrée en la maison de messieurs les comtes de Sainct-Paul, laquelle terre de Longny est encore à présent racheptée du chasteau et chastellenye de Pontgouin.

En 1126, le dict Rotrou, ayant pris possession de Bellesme, en vertu du don à luy faict par Henry, Roy d'Angleterre, son beau-père (5), qui l'avoit obtenu par confiscation sur Guillaume de Bellesme, ainsy que j'ay dict, ratifia, confirma et aprouva la réu-

---

tance de 300 toises, les restes du château de Gannes qui fut rasé en 1428 par Thomas de Mortagne, comte de Salisbury, en allant faire le siège d'Orléans. » *(Note du ms. de M. de La Sicotière.)*

(1) Janville, arr. de Chartres.
(2) La Roussière.
(3) *Add.* « Lequel avoit eu Longny en don de Henri V, roi d'Angleterre, après la mort de Thomas de Mortagne, comte de Salisbury, qui l'avoit depuis 1419 et qui fut tué au siège d'Orléans en 1428... » *(Ms. de M. de La Sicotière.)* V. p. 88.
(4) *Add.* « Qui eut la garde de Longny et l'avoit en 1449. » *(Id.)* V. p. 88, not. 3.
(5) *Var. et Add.* « Le comte Rotrou obtint, en 1114, de Henri Ier, roi d'Angleterre, son beau-père, la ville de Bellême, dont ce prince, assisté de Thibaut, comte de Blois et de Chartres, de Foulques, comte d'Anjou et du dit Rotrou, s'étoit emparé sur Robert II de Montgommery-Bellême, comte d'Alençon et seigneur de Bellême. Ensuite Rotrou se rendit en Espagne et se trouva, cette même année, au siège de Saragosse pendant lequel il prit Tudèle, que quelques-uns mettent quatre ans plus tard. Ce siège qui fut abandonné, fut repris en 1118 avec les troupes du Perche et autres. La ville se rendit le 18 décembre. Dans cette même année, Thi-

nion faicte par Robert, fils du comte Roger de Montgommery, de l'esglize de Sainct-Léonard de Bellesme, avec l'esglize prieuré et monastaire de Sainct-Martin du Vieil Bellesme (1), à laquelle esglize il donna la dicte esglize de Sainct-Léonard, appertenances et dépendances sujette à l'esglize de Rome, seulement par concessions précédentes.

Item, l'esglize paroissiale de Sainct-Martin du Vieil Bellesme et Sainct-Jacques de Vaunoise, son annexe avec les grosses dixmes d'icelles.

Celle de Sainct-Sauveur de Bellesme avec les dixmes.

Celle de Sainct-Pierre hors les murs de Bellesme et les dixmes.
Celle de Saincte-Marie de Courthioust (2) et les deux parts des grosses dixmes.

Celle de Saint-Jehan-de-la-Forest.

Celle de la Chapelle-Soucf et les dixmes.

Celle de Sainct-Jehan de Dancey (3) et les dixmes.

Celle de Sainct-Aubin de Boissy-Maugis (4).

Celle de Sainct-Martin de Collonard (5) et les deux parts des grosses dixmes.

Celle de Sainct-Quentin-le-Petit.

Celle d'Origny-le-Roux (6).

Celle de Sainct-Ouen-de-la-Cour (7) et deux parts des grosses dixmes.

Celle de Saincte-Marie de Bellavilliers (8) et les deux parts des grosses dixmes.

Celle de Sainct-Maurice-sur-Huigne (9) et les deux parts des grosses dixmes.

Celle de Sainct-Pierre d'Origny et les deux parts des dixmes.

baut, comte de Champagne et de Chartres, dit le Grand, joint à Henri Ier, roi d'Angleterre, son oncle, contre Louis VI, roi de France, pour reprendre la ville de Laigle, dont ce monarque s'était emparé et, étant tous deux repoussés, se retira à Senonches, qu'il rétablit ou agrandit, l'année suivante. Rotrou obtint un quartier de la ville de Saragosse pour récompense. » *(Ms. de M. de La Sicotière.)* V. p. 73.

(1) V. p. 78.
(2) *Add.* « Curthiol. » *(Ms. de M. de La Sicotière.)*
(3) *Add.* « De Danciaco. » *(Id.)*
(4) *Add.* « De Baxello. » *(Id.)*
(5) *Add.* « Aliàs Courlonard (de Curti Leonardi). » *(Id.)*
(6) *Add.* « De Oreniaco. » *(Id.)*
(7) *Add.* « De Curte. » *(Id.)*
(8) *Add.* « Berlaviller. » *(Id.)*
(9) *Add.* « De Euraciaco. » *(Id.)*

L'an 1127, Jehan (1), evesque de Sees, du tems d'Odo, abbé de Marmoutiers, troubla les dicts religieux en la jouissance des dictes choses, de quoy ils furent accordés par Henry, Roy d'Angleterre et duc de Normandye et Geoffroy, archevesque de Rouen, par ainsy que le dict evesque de Sees céda aux dicts de Marmoutiers tout le droict qu'il prétendoit aux dictes esglizes fors celles de Saint-Jehan-de-la-Forest et de Sainct-Quentin qu'il retint. Le prieur de Sainct-Martin présente à tous les bénéfices cy-devant dicts et l'abbé du dict Marmoutiers confère et donne le prieuré du dict Saint-Martin, *pleno jure*, comme dict est (2).

Après que le dict Rotrou fut déchargé des affaires qu'il avoit eües avec le dict Gouet, désirant encore proufiter au culte divin, se retira en sa ville et chasteau de Mortaigne. En l'an 1140, le deuxiesme jour de décembre fonda et feist bastir dedans la forest du Perche, l'abbaye de la Trappe, de l'ordre de Citeaux, à laquelle il avoit singulière dévotion, près et en la jurisdiction du dict Mortaigne et y donna de sa forest du Perche ce qui est contenu depuis le grand chemin de Mortaigne à Randonnay jusqu'au bois d'Apres et plusieurs autres biens (3).

L'esglize du dict lieu est couverte en forme d'un navire renversé, au haut de la voûte de laquelle sont encore aparentes l'escu et armes du dict Rotrou qui portoit d'argent, chargé de troys chevrons rompus de gueule (4).

Le dict Rotrou fut un très bon prince qui aima tellement ses subjects de la chastellenye de Mortaigne que quelques frais qu'il eust fait au voïage de la Terre Saincte en la querelle qu'il avoit eue avec le dict Gouet et aux bastimens des dicts monastaires, il ne prit ny imposa jamais sur eulx aucuns deniers et les affranchit des lods, ventes et autres deniers qui se prenoient sur eulx et austres subjects du Perche pour acquisitions de terre, duquel

---

(1) Jean Ier de Neuville, évêque de Séez de 1123 à 1143.

(2) *Add.* « On trouve que le comte du Perche, Rotrou, maria en 1134 Marguerite ou Marguerine de Laigle, sa nièce, à Garcias Ramirez [Garcie V] qui devint roi de Navarre trois ans après [il fut roi de Navarre dès 1135] et qu'il lui donna en mariage la ville de Tudèle. » *(Ms. de M. de La Sicotière.)*

(3) *Add.* « Giselbert II ou Gilbert, seigneur, baron de Laigle, beau-frère de Rotrou, comte du Perche et de Mortagne, donna la baronnie de Contrebis à ce nouveau monastère. » *(Ms. de M. de La Sicotière.)*

(4) Une charte des archives de l'Orne porte un sceau d'un comte du Perche dont l'écu porte trois chevrons entiers.

droict les subjects du dict Mortaigne ont tousjours depuis jouy et jouissent (1).

Et pour ce que Hélie de la Flèche, comte du Mayne, faisoit continuellement des courses sur les Percherons, il feist élever une motte de terre au lieu de la Perrière et sur icelle bastit une forte et haulte tour et bastimens de chasteau et les garnit d'hommes pour résister au dict comte du Mayne ; laquelle place a esté depuis ruynée et en paroissent encore les ruynes (2).

De Rotrou, 3ᵉ du nom et 5ᵉ comte du Perche.

Rotrou (3), son fils aisné, luy succéda et fust le cinquiesme comte du Perche. Il espousa en premières nopces Matilde (4), nièce de Henry, deuxiesme du nom, Roy d'Angleterre, de laquelle il eust deux fils et une fille, sçavoir : Geoffroy qui lui succéda au dict comté, Guillaume qui fut doyen de la grande esglize de Chartres et depuis evesque et comte de Châlons, et Béatrix qui fut conjoincte par mariage avec James (5) de Chasteaugontier,

---

(1) *Add.* « Ce qui leur a été confirmé par l'art. 86 de la Coutume du Grand-Perche, rédigée en 1558. » *(Id.)* — « Par la dite Coustume, ventes sont deües par l'acquereur, à la raison de vingt deniers tournois pour livre, pour raison de vendition d'héritages qui sont tenus à cens seulement, fors et excepté en la dite chastellenie de Mortagne, ou ne sont deües aucunes ventes. Toutesfois en la chastellenie de Regmallard et fiefs qui en dépendent, comme Feillet, Vaujours et autres, sont deües ventes, à la raison dessus dite. » *(Coustumes des pays, comté et bailliage du Grand-Perche..... avec les apostilles de M. Ch. du Moulin. Mortagne, 1737, p. 23.)* — « Grand privilège pour la ville et chastellenie de Mortagne, dit l'éditeur de la Coutume, dont je n'ai pu jamais trouver la concession ni la cause, quelque recherche que j'aye peu faire. »

Add. « Rotrou tint au mois de mars 1141 une assemblée à Mortagne des seigneurs d'Ouche, de Normandie et du Perche, où Thibaut, comte de Blois et de Chartres, fut élu au duché de Normandie. Il refusa cet honneur qu'il déféra au comte d'Anjou, qui lui donna la ville de Tours. » *(Ms. de M. de La Sicotière.)*

(2) *Add.* « Rotrou fut tué au siège de Rouen en 1143. » *(Ms. de M. de La Sicotière.)* — Non pas en 1143 mais en avril 1144.

(3) Rotrou IV, 3ᵉ comte du Perche, 1144 † 1191.

(4) *Var.* « Mahaut ou Mathilde de Champagne ou de Blois, petite-nièce du roi Henri Iᵉʳ d'Angleterre et cousine de Henri II. *(Ms. de M. de La Sicotière.)*

(5) *Add.* « Ou plutôt Renaud de Château-Gontier. » *(Mss. de M. de La Sicotière et de Versailles.)*

qui eust en mariage le chasteau et seigneurie de Nogent-le-Rotrou, comme j'ay dict, et, en secondes nopces, le dict Rotrou espousa Agnès (1), [fille du] comte de Braune, que Robert, comte de Dreux, fils de Louys le Gros (qui volontairement avoit renoncé à la couronne et armes de France) espousa après le décedz du dict Rotrou; de laquelle il eust cinq fils et une fille, entr'autres Pierre (2), qui espousa Alix, duchesse de Bretaigne, qui fust nommé Maucler pour avoir renoncé à la souveraineté de Bretaigne et en avoit fait foy et hommaige au Roy de France.

Le dict Rotrou ratiffia et confirma les dons faits par ses prédécesseurs à la dicte maison et monastaire de Sainct-Denys de Nogent, entr'autres du dixiesme marché de Mortaigne.

Et oultre, leur donna l'esglize et bénéfice de Buré, chastellenye de Mortaigne.

Le dict Rotrou et Béatrix, sa mère, fondèrent les doyen, chanoines et chapitre du dict Nogent en l'esglize ou chapelle de Sainct-Etienne, scise au dedans du dict chasteau de Nogent, d'un chevecier et quatre chanoines, et leur donna, la dicte Béatrix, le moulin et la maison ou métairie de la Vallée, en la paroisse de Margon, et le dict Rotrou leur donna plusieurs terres et confins avec tout droict de haulte, moyenne et basse justice sur tous leurs subjects, censiers et rentiers.

De ceste esglize ou chapelle de Sainct-Estienne despendoit une autre chapelle fondée de Sainct-Jehan-Baptiste et Sainct-Jehan l'Evangéliste, qui avoit été ruynée lors de la ruyne et embrasement de la dicte ville de Nogent; en la place de laquelle chapelle par les aumosnes des catholiques et gens d'esglize du dict païs fust édifiée la dicte esglize Sainct-Jehan ainsy que les dicts chevecier et chanoines y establis.

En la présence des dicts Rotrou et Béatrix, sa mère, Guillaume de Loisail donna aux dicts religieux de Sainct-Denys l'esglize de Sainct-Martin de Loisail, offrandes, sépultures et prémices d'icelle esglize avec les deux parts de la dixme de la dicte paroisse et une maison; pour récompense duquel don, le dict Rotrou, comte du Perche, et Béatrix, sa mère, donnèrent au dict Guillaume de Loisail par charité douze livres, monnoye de Chartres, et dix livres, monnoye de Dunois. Lesquelles dix livres furent dès lors

---

(1) *Add.* « Comtesse de Brienne. » *(Id.)*
(2) *Add.* « De Dreux. » *(Ms. de M. de La Sicotière.)*

baillées par les dicts Rotrou et sa mère à Hugues de Nogent auquel iceluy de Loisail les devoit.

La dicte Béatrix donna à l'esglize et monastaire du dict Sainct-Denys de Nogent l'esglize de Mauves, près Mortaigne, qui luy avoit été donnée par Pierre Gatinel.

En l'an 1144, le dict Rotrou donna à la léproserie de Chartraige et à la Calende du Corbonnois, y establie, par augmentation des bienfaits de Rotrou, son père, la foire qui se tient le jour et feste de Sainct Jacques, apostre, et Sainct Cristophe, martir, exemptée de toutes coustumes et exactions qui pourroient estre levées par ses officiers dont il les quitta, excepté la peine des larrons, dont il réserva la cognoissance à son voyer. Ceste donation fust confirmée par Henry, deuxiesme Roy de France, le deux novembre 1551, qui oultre, leur donna droict de tenir foire le premier jour de may. Et encore confirmée par Louys treze, Roy de France, en 1613, qui leur a donné droict de tenir la dicte foire pendant deux jours (1).

Leur confirma aussy le dict Rotrou les donations à eulx faites par le dict Rotrou, son père (2), la dixme de ce qui estoit dépensé à la table du dict comte lorsqu'il se retiroit et faisoit sa demeure en Corbonnois, excepté qu'à Mauves où ils ne prendroient que la moitié de la dicte dixme et aultres choses à eulx données par le dict Rotrou, son père; et oultre, leur amortit tout ce qu'ils pourroient raisonnablement acquérir en sa terre par l'aumosne des gens de bien.

Item, leur donna un bourgeoys (3) libre, franc et exempt de toutes charges en son chasteau de Mortaigne ; présents : Symon Mercier (4), Robert Prévos, Odo Carrel, Adam de la Chapelle et ses frères, Hugues, prestre de Chartraige, Rodolphe Hadon, Ro-

---

(1) *Add.* « Il est à remarquer que cette donation de la foire de Saint-Jacques faite à la maison de Chartrage par Rotrou en 1144 était seulement faite pour la léproserie du dit lieu. Cette foire appartient aujourd'hui à la Maison-Dieu de Mortagne, en vertu soit d'un acte de partage fait entre Jean Macé, prieur du dit Chartrage, et messire Louis de Perussy, titulaire de la commanderie de Chartrage, le 1er avril 1688, soit d'un arrêt du Conseil privé du Roi du 14 janvier 1682 qui, en exécution des édits et déclarations des mois de mars, avril et août 1693, unit aux dits Hôtel-Dieu les maladreries de Chartrage et Mauves. » *(Ms. de Versailles.)*

(2) *Add.* « La dîme de ses moulins étant près de Mortagne et... » *(Mss. de M. de La Sicotière et de Versailles.)*

(3) C'est-à-dire le droit de bourgeoisie payé par le bourgeois, qui était une somme fixée par an.

(4) *Var.* « Marnier. » *(Ms. de Versailles.)*

bert de l'Isle, Girard de Champs, Robert de Blame (1), Hubert de Bresnard et plusieurs autres y dénommés.

Comme aussy, à son imitation, plusieurs seigneurs particuliers donnèrent à la dicte maison de Chartraige et Calende de Corbonnois, y establie, plusieurs biens, sçavoir :

Hugues de Champs, la troisiesme partie du moulin de Digné (2) et pareille portion du moulin de Tanneret (3).

Symon de la Vove, un septier de froment et dix sols de rente sur les moulins et fours de Mortaigne, du consentement du dict Rotrou, comte du Perche et de Geoffroy, son fils.

Un septier de froment de rente par Robert de Médavid (4) sur la terre de Radray (5).

La terre d'Argillier que leur a donné Robert le Vayer.

La dixme du moulin du Guay (6) que Herbault Baslin (7) et sa femme leur ont donné.

Odon de Boyères et ses frères, deux gerbes de dixmes sur toutes leurs terres.

Robert Machenay de Blavou, un pré entre les deux rivières pour son fils Archambault, lépreux.

Roger de la Roche, pour luy et sa mère, lépreuse, troys journaux de terre en la paroisse de Loisé.

Gervais le Roux, un journal de terre près la Croix, lors de la dédicace de leur esglize, et lors du deceds de Gilbert, son fils aisné, chevallier, troys septiers de terre.

Guérin Barberotte, pour luy et ses frères, Hugues Chevallier et Guillaume Le Clerc, lépreux, la dixme de la Gravelle et la mestairye de Beaumarchais.

Guillaume de la Rozière, lépreux, deux septiers de froment et de seigle de rente annuelle et la dixme qu'il avoit à Yray, du consentement de son frère Robert.

Guillaume de Longpont pour son frère Symon, lépreux, un arpent de pré scitué en la prairie de Rouvray.

Rodolphe du Perche, demi arpent de pré et une chartée de foin.

---

(1) *Var.* « De Bleuve. » *(Id.)* — Blavou ou Blèves (Sarthe).
(2) *Var.* « Digny. » *(Mss. de M. de La Sicotière et de Versailles.)* Entre Champs et Sainte-Céronne.
(3) Moulin à tanner.
(4) *Var.* « Medavy. » *(Ms. de Versailles.)*
(5) Entre Loisail et Mortagne.
(6) Près de Loisé ?
(7) *Var.* « Bassire. » *(Ms. de M. de La Sicotière.)*

Robert de Gruel, la dixme de sa terre de la Forest (1).

Payen de Loisail, un septier de froment en sa dixme de Loisail, du consentement de Guillaume, son fils aisné.

Richard de Blavou, pour son frère Hugues, lépreux, cinq journaux de terre en la paroisse de Loisail.

Roger du Douet, pour sa fille Richilde, lépreuse, un septier de froment et un septier de seigle, chacun an, du consentement de Payen de Courgeoût, son seigneur.

Angenot Barberotte, lépreux, une maison assise en sa terre et le pré de l'Epine (2), du consentement de Guillaume du Pin, son seigneur.

Jean de Rouvray, pour Girard, son frère, lépreux, un arpent de pré au-dessous du Netguillé, du consentement de Rodolphe du Perche.

Houdibault de Loisail, lépreux, un arpent de pré en Loisail.

Hugues de Nonant, lépreux, deux septiers de froment et deux septiers de seigle sur la mestairye de Nonant (3).

Robert Girard, pour son fils lépreux, la terre qu'il tenoit d'Anguerrand de Loisé, près la forest de Chartraige, du consentement du dict Anguerrand.

Girard Chevreul, le moulin de Rialin (4), présents Girard, evesque (5) et autres qui estoient venus à l'enterrage de Gervais, son père, à la Trape.

Emaury, fils de Gervais, demi muid et deux septiers (6), autant d'orge et autant d'avoine.

Guillaume du Pin, un septier de froment et un de seigle de rente annuelle.

Robert Girard, pour ses deux fils lépreux, deux journaux de terre et la place d'un jardin au fief de Robert de Gruel.

Roger de Vaubouton (7), le champ de la Mare (8), du consentement de tous ses parents.

Ernault Baslen, un jardin et leur affranchit tout ce qu'ils

---

(1) Entre Bivilliers et Saint-Hilaire-lès-Mortagne ?
(2) Entre Mortagne et le château de Mauregard ?
(3) *Add.* « Aujourd'hui Neunant. » *(Ms. de M. de La Sicotière.)*
(4) Près Saint-Hilaire-lès-Mortagne.
(5) *Add.* « Evêque de Sées, deuxième du nom, qui siégea de 1143 à 1157. » *(Ms. de M. de La Sicotière.)*
(6) *Add.* « De blé. » *(Mss. de M. de La Sicotière et de Versailles.)*
(7) Paroisse de Courgeoust.
(8) Entre Loisé et Villiers ?

tenoient à son fief, asçavoir : la terre que Robert Tolemer leur avoit donnée, contenant troys demi-arpens de terre à Montcocu et tout ce qu'ils pourroient acquérir en son fief, du consentement de Hugues de Courcerault, qui leur a donné sa terre joignant le fief des Marres (1) près le chemin de Mortaigne au ruisseau Farfaret.

Robert des Loges et ses héritiers, la terre qui est depuis la Carrière jusqu'à Montcocu.

Geoffroy de Champeaux, sa terre qui est près la marre de Néelle, de l'autre costé du chemin et deux journaux de terre.

Emorrest de Vorré, sa femme et ses deux fils Robert et Mathieu, leur terre scise en la paroisse de Sainct-Germain de Loisé, près le cymetière de Chartraige et la fontaine Farfaret (2).

Robert Carrel, deux journées de terre au Val, du consentement de Guillaume d'Erine.

Gervais des Loges, la terre qu'il avoit entre la fontaine et la Carrière.

Geoffroy des Loges et Girard de Loisail, la terre qu'ils avoient sur la fontaine Farfaret.

Hugues des Marres, chevallier, un arpent de pré sur la rivière d'Erine.

Hugues de Meherry, une petite dixme qu'ils avoit en la paroisse du Pin, en la présence de toute la Calende.

Gaultier Bourge et sa femme, troys journaux de terre au-dessous de Montcocu.

Galeran du Pin et Béatrix, sa femme, pour le repos de l'âme de Geoffroy, leur fils, enterré en la dicte maison, une petite mestairye en la paroisse du Pin et ung pré près du Pin.

Hugues de Courcerault et Agatte, sa femme, la terre qui est entre Mortaigne et Chartraige.

Hugues des Etcilleux, la terre qui est entre les deux chemins.

Payen d'Ivercé (3), pour son frère malade, cinq sols sur le moulin d'Ivercé (4).

Hugues de Sainct-Amant et Avoyse, sa femme, la mare Turpin, pour Gervais, leur fils, lépreux, du consentement de Guillaume de la Beauvoisinière et de Guillaume du Ruisseau.

(1) Au sortir de Mortagne, sur la route de Bellême.
(2) *Add.* « Cette fontaine, dont la source n'est pas abondante, est dans un pré qu'on nomme aujourd'hui les Jouinières. » *(Ms. de M. de La Sicotière.)*
(3) *Var.* « D'Iversay. » *(Ms. de M. de La Sicotière.)*
(4) *Add.* « En Saint-Maurice-sur-Huisne. » *(Id.)*

Hugues, prévost de Courtheraye, cinq sols sur un moulin scis sur la rivière de Sarthe.

Rodolphe du Mesnil pour sa fille, lépreuse, deux arpens de pré sur la rivière de la Sarthe, sous Mesquelin.

Hubert de Bresnard, par son deceds, la dixme qui est au-dessous du moulin de l'estang de Mortaigne.

Geoffroy Allet, deux journaux de terre à Beauvoir.

Robert de Gruel a déchargé la dicte maison de Chartraige de cents sols de rente pour l'âme de Geoffroy d'Illiers, insigne chevallier, et oultre, leur a donné, chacun an, un septier de froment de rente à prendre sur sa terre de Champrond.

Odo du Pin et Richilde, sa femme, la petite mestairye de Coullier (1), paroisse de Saincte-Céronne.

Hugues de Courcerault, dix sols de rente à l'assemblée du Pin.

Guillaume de Réveillon, douze sols de rente.

Rodolphe de Bubertré, douze sols de rente à l'assemblée du Pin.

Sobier (2) de Laleu et sa mère, deux journaux de terre en la paroisse du Pin, près l'eau Barberotte.

Guillaume de Bressol (3) une maison en la paroisse de Sainct-Jouin, du consentement d'Odo du Pin, seigneur du fief.

Hugues de Courcerault, un arpent de pré en la paroisse de Loisé.

Hernault de la Rozière, troys journaux de terre en la paroisse de Loisail.

Lucas (4) de Champeaux, la terre près et jusqu'à la marre de Néelle.

Guillaume Piécard-Haste, la dixme qu'il avoit en la dicte paroisse de Sainct-Langis.

Guillaume Ferré, pour son frère, lépreux, troys journaux de terre et sa dixme en la paroisse de Sainct-Langis.

Gaultier Perreau et sa femme, deux journaux de terre et sa dixme.

Payen de Courgeout, la dixme du moulin du dict lieu.

Rodolphe du Perche, un arpent de pré sous le pré Gaultier.

(1) *Var.* « Couthier. » *(Ms. de M. de La Sicotière.)* C'est Couillet.
(2) *Var.* « Solen. » *(Mss. de M. de La Sicotière et de Versailles.)*
(3) *Var.* « Boessel. » *(Ms. de Versailles.)* — « Bulsol. » *(Ms. de Chartres.)*
(4) *Var.* « Lucé. » *(Ms. de Chartres.)*

Mathieu de la Haraudière, un arpent de pré ès isles de la Mesnière.

Hugues des Marais (1), demi-arpent de pré en la vallée de Sainct-Quentin.

Girard de Marais, Guillaume et Jean, ses frères, pour Guillaume, leur frère, lépreux, la masure qu'ils avoient en la paroisse de Courteraye, du consentement de Rodolphe de Médavid (2).

Thomas, prestre de Saincte-Céronne, ung muid de grain sur la dixme de Saincte-Céronne, asçavoir : quatre septiers de froment quatre de saigle et quatre d'avoyne.

Robert de Flandres, la dixme de la terre sur le Gué (3) et ung journel au-dessous (4) pour son fils Gaultier, lépreux.

André de Mauregard et Augustin, son fils, une censive.

Robert de l'Eau, lépreux, ung bourgeoys, au cymetière de Sainct-Hillaire, une masure et ung pré.

Girard de Fleuzes (5), la dixme qu'il avoit à Fleuzes.

Garin des Champs, un journel de terre près la Carrelière (6).

Richer, fils de Robert de Claire Fontayne, la terre d'entre les deux chemins de Sainct-Langis.

Hugues de Courgeon (7), dix-huit boesseaux de bled (8) sur la dixme de Courgeon pour la provende et nouriture de l'assemblée de la Callende.

En l'an mil cent quarante-sept, Conrard, empereur d'Allemaigne, Louys, septiesme du nom, Roy de France et plusieurs autres seigneurs françoys, allemans et autres, se croisèrent pour aller secourir les Chrestiens en la Terre Saincte continuellement affligée des Turcs et, pour ce faire, firent une armée de sept vingtz dix mil hommes (9) de cheval, sans les gens de pied, qui s'ache-

---

(1) *Var.* « Desmarets. » *(Ms. de M. de La Sicotière.)*
(2) *Nous allons suivre pendant quelques temps la version d'un fragment de manuscrit qui appartient à M. de La Sicotière et que nous avons tout lieu de croire autographe. Il ne diffère guère d'ailleurs de la copie de Mortagne, quant à la rédaction du moins ; le style et l'orthographe seuls lui donnent un cachet d'originalité.*
(3) *Var.* « Sous le gué. » *(Mss. de M. de La Sicotière et de Versailles.)*
(4) *Var.* « Au dessus. » *(Id. id.)*
(5) Entre Sainte-Céronne et Mortagne.
(6) *Var.* « La Carrière. » *(Mss. de M. de La Sicotière et de Versailles.*
(7) *Var.* « De Corbon. » *(Ms. de Chartres.)*
(8) *Add.* « Mesure de Corbonnois. » *(Mss. de M. de La Sicotière et de Versailles.)*
(9) 150,000 hommes.

minèrent à Constantinople pour communiquer de leur voyage avec Manuel l'empereur et implorer son ayde de vivres et d'hommes (1).

Rotrou, comte du Perche, et Estienne, son frère, homme docte et prudent, furent de la partye et avec leurs trouppes dessendirent en Cicille où Roger, roy de Cicille, les receut avec touttes les courtoisies et bienveillances qu'ilz eussent peu désirer, lequel, ayant hallayné et recongneu les perfections du dict Estienne, le retint de son conseil et constitua son chancellier (2).

Rotrou avec dix mil regretz laissa son frère en Cicille et avec ses trouppes se mist sur mer, arriva et se joignit avec les troupes du Roy de France. Furent tous très bien receuz de l'empereur de Constantinople et, pour ce que les deux armées ne pouvoyent marcher ensemble tant pour le deffault de vivres que de ce que les nations ne se pouvoyent accorder à cause de leur diversitté de langues et complexions, se séparèrent. Les Françoys prindrent la mer et les Allemans la terre ferme et leur bailla l'empereur des hommes pour les conduire par les droictz chemins. Mais ces conducteurs, fust de leur propre malice ou qu'il leur eust esté commandé d'ainsy le faire, menèrent l'armée de l'empereur du costé des terres de Soliman en ung païs désert, plain de sables et de landes où ne croissoient aucuns fruictz et, les ayans ainsy abusez par troys jours, se dérobèrent d'eux et les laissèrent au milieu de ces désertz, ce qui estonna merveilleusement l'empereur ne saichant de quel costé tourner, ne congnoissant le pays et n'y ayant ville, maison ny personne de qui il peust aprendre le chemin qu'il debvoit tenir.

Ces meschans, ne se contentans de ceste trahison, vont trou-

---

(1) *Var.* et *Add.* « Une seconde croisade a lieu en 1147. Louis VII, Roi de France, prit la croix avec Robert, comte de Dreux, son frère, Alphonse, comte de Saint-Gilles et de Toulouse, Henri, fils de Thibaut, comte de Champagne et de Blois, Thierry, comte de Flandre, et autres seigneurs : il se porte en Asie par la Hongrie et la Thrace et passe le Bosphore; il arrive en Syrie l'année suivante où son armée navale devoit se rendre. » *(Ms. de M. de La Sicotière.)*

(2) *Add.* « Etienne ne suivit point Rotrou en Sicile : il n'y alla qu'en 1167, lorsque Marguerite de Navarre, fils du roi Garcias IV et de Marguerite ou Margaline de Laigle, petite-fille de Geoffroy II, comte du Perche, reine de Sicile, sa parente, l'appela auprès d'elle lors de la minorité du roi Guillaume le Bon, son fils, âgé de douze ans; elle le fit son chancelier et l'année suivante archevêque de Palerme ou Panorme. Il alla peu après à Jérusalem où il mourut en 1169. » *(Note du ms. de M. de La Sicotière.)* — Voir Bry de la Clergerie : Histoire des comtes d'Alençon et du Perche, 1620, p. 201.

ver le Roy, luy dirent que l'armée de l'empereur est... avancée, qu'ilz l'avoyent conduitte et laissée en ung pays plain de fruictz et de touttes sortes de vivres et s'offrent au Roy d'y conduire son armée. Le Roy les ayans enquis plus particulliairement trouvant de la contrarietté en ce qu'ilz disoyent, ne les creut, et se retirèrent. Le Roy estoit fort en peyne de l'empereur duquel il n'avoit eu nouvelles. Ce pendant Soliman qui avoit une grosse armée, pour empescher les Chrestiens, envoya espions en leurs armées pour en scavoir l'estat et, ayant sceu l'estat considérable (1) de l'armée de l'empereur, la chargea de telle furie que, de soixante dix mil hommes d'armes et infanterye qu'avoit l'empereur, il n'en eschappa la dixiesme partye, la pluspart mortz, autres prisonniers, autres fuitifs par les désertz avec perte de tout l'équipage de l'armée. Le duc de Sueve porta les nouvelles au Roy de ceste triste deffaicte qui marcha pour l'aller secourir. L'empereur, honteux de sa défaicte, se retira à Constantinople, et de là en sa maison ; le Roy poursuivit son chemin, passa le fleuve de Méandre. Les Turcs l'ataquèrent qu'il défit : partye de mortz, le reste en fuitte desquelz les Françoys eurent grand buttin. L'armée passe oultre, est contrainte de passer une haulte et périlleuse montagne. L'avant-garde passe, est chargée et défaicte par les Turcs qui les attendoyent au pied de la montagne sans que le surplus de l'armée les peust nullement secourir et y furent tuez des Chrestiens, entre aultres les comtes de Ganery, Gaultier de Montagu (2), Evrard Bretel, Itier de Magnac et autres; pour éviter telles embuscades, le Roy mist son armée sur mer et descendit en l'embouchure de la rivière de Fer qui passe par Anthioche où il se rend. Raymond, prince d'Anthioche, le reçoyt et le traitte selon sa dignité, comme fist le patriarche et tout le clergé. Il y séjourna quelques jours ; le prince le prie de luy ayder à reconquérir Alep et Cézarée que le Turc avoyt prises sur luy. Le Roy les refuza, de quoy le prince très mal content et luy pourchassa tout mal jusques à luy voulloir ravir et enlever Aliénor, sa femme, qu'il avoit menée avec luy, laquelle néantmoyns estoit sa niepce. Le Roy se desroba de nuict, partit d'Anthioche, s'achemina vers Hiérusalem. Le prince luy oposa des embuscades par les chemins qui luy courent sus et harassent son armée

---

(1) *Var.* « L'état misérable de l'empereur. » *(Mss. de Versailles et de M. de Souancé.)*

(2) *Var.* « Montigny. » *(Id., id.)*

tousjours avec perte. Le Roy gaigne Hiérusalem où il est heureusement receu par le Roy Baudouin et le clergé. L'empereur Conrad reprend courage et, avec nouvelle armée, se met sur mer, arrive en Hiérusalem. Comme aussy fait Alphonse, comte de Toulouze, qui sont aussy dignement receuz par le Roy Baudouin, le patriarche et le clergé. Les armées joinctes, de l'advis de tous, vont assiéger Damas, ville forte que tenoyent les Turcs, et ayant fait plusieurs effortz et preste à se rendre par une mauvaise intelligence qu'aucuns princes chrestiens avoyent avec ceux de la ville. Le siège fut honteusement levé, les armées se retirent, chacun en son pays, sans avoir rien exploicté de méritte ; ce qui encouragea les Turcs à se roydir davantage contre les Chrestiens qui de là en avant leur firent plus d'oppression que au précédent (1). En ce veoyage, la reyne Aliénor, femme du Roy, fut taxée d'avoir receu de grands présens d'un Sarrasin nommé Saladin qui luy faisoit l'amour. A son retour en France, le Roy la répudia ; elle se maria avec Henry, roy d'Angleterre.

L'année suivante, le roy de Cicille envoya une armée en la Terre Saincte et en icelle le dict Estienne, frère de Rotrou, comte du Perche, son chancellier, qui, arrivé en Hiérusalem et ayant sallué le patriarche trouva icelluy patriarche tant de grâces en luy qu'il luy donna l'evesché de Panorme en Palestine, où pour son debvoir il se retira et y estant sur ce qu'il reprenoit les vices trop habondans aux Chrestiens seigneurs du pays, ils conceurent inimityé mortelle contre luy, fut contraint de vuider le pays et par mer se rendit en Hiérusalem où quelque temps après, d'annuy et fascherye du tort qu'on luy avoit faict, mourut et fut honorablement ensépulturé en Hiérusalem dedans le chappistre du Temple de Nostre Seigneur, l'an mil cent soixante troys.

Le dict Rotrou, de retour du dict veoyage, employa tout son temps en œuvres pieuses à bastir et fonder monastaires (2).

(1) *Add.* et *Var.* « Conrad III....., de concert avec le roi Baudouin et la reine Mélisente [et le roi de France] firent une assemblée générale à Ptolémaïs ou Acre dans laquelle le siège de Damas fut résolu et entrepris le 20 mai ; mais on ne put s'emparer de cette ville pour cause de trahison. Conrad s'en retourna la même année, mais Louis, Roi de France, ne rentra dans ses Etats qu'au milieu de l'été de l'année suivante, 1149 ; pendant la traversée il est pris par les Grecs ou les Sarrazins, mais il fut délivré par Georges, général de Roger, roi de Sicile, qui envoyoit une armée en la Terre Sainte. » *(Ms. de M. de La Sicotière.)*

(2) *Add.* « Le comte du Perche alla avec sa femme Mathilde et leurs enfans, en 1159, visiter à Blois le comte Thibaut, son beau-père, et là,

L'an mil cent soixante dix, le dict Rotrou fonda et feist bastir la maison des Chartreux du Val-Dieu (1) près et en la jurisdiction du dict Mortaigne en sa forrest de Reno, en la présence et du consentement de Matilde, sa femme, de Geoffroy, leur filz, et ses autres enfans (2) ; leur donna de la dicte forrest de Reno depuis le grand chemin tendant de Mortaigne à Longny et borna leurs limittes et estendue par le monastère vers Sainct-Victor de Reno, et de là par le ruisseau Villette jusques au Plessis Gaultier et du dict Plessis au moullin Senoust (3) et leur donna ce qu'il avoit de terre depuis le Val aller jusques à la rivière de Commeauche et tout droict de haulte, moyenne et basse justice qui leur admortit et à ce estoyent présens :

Rotrou, archidiacre d'Evreux (4),
Adam Chappellain,
Guillaume Langloys,
Emond, prestre,
Girard, chappellain de Mortaigne,
Hiérosme, prestre,
Guillaume de Sainct-Médard (5),

dans le cloître des moines de Saint-Lomer, fit divers dons à leur monastère en n'exigeant seulement que trois journeaux d'hommes par an pour la réparation des fossés de Rivray ; il leur donna en outre la vicairerie de la chapelle du Pas-Saint-Lomer en présence d'Annery, de Gervais de Longpont, d'Ernaud de Suré, et d'Adam, chancelier de Rotrou.

« Le pape Alexandre III confirma en 1160 les legs, donations et fondations du prieuré de Saint-Denis de Nogent, ainsi que les différentes églises qui lui avoient été données dans les diocèses de Sees, de Chartres et du Mans. [voir page 112.]

« Rotrou étant à Orléans confirma, en présence du même comte Thibaut, les droits et privilèges de Saint-Denis de Nogent dont Simon était prieur. Wiard de Montdoulcet, Philippe, son fils, et Robert, son frère, et Guillaume de Ballon étoient au nombre des témoins.

« Le même Rotrou, étant en 1165 en sa cour à Nogent, confirma au prieuré de Saint-Denis les dixièmes marchés de Mortagne et de Nogent que ses prédécesseurs lui avoient donnés et leur donna l'église de Buré, en présence d'Amery de Villeray, d'Enguerrand de Nocé, sous le seing d'Adam, chancelier du comte, et du temps du prieur Yves. » *(Ms. de M. de La Sicotière.)*

(1) Voir le titre de cette fondation dans Bry de la Clergerie, Hist. des comtes d'Alençon et du Perche, p. 198.

(2) *Add.* « Et par les conseils de Guillaume de Champagne, archevêque de Sens, son beau-frère. » *(Ms de M. de La Sicotière.)*

(3) Le moulin de Saivoux.

(4) *Add.* « Son cousin. » *(Ms. de M. de La Sicotière.)*

(5) *Var.* « De Saint-Mard. » *(Ms. de Chartres.)*

Guillaume de Villiers (1),
Hugues, prestre de Faiugs,
Jullien de Mauves,
Maistre Regnault,
Guérin (2) du Pin, tesmoyns.

Desquelles choses par luy données il se dévestit et démist sur l'autel, ensemble Geofroy, son fils, présens :

Hugues de Courcessain (3),
Simon de Launay (4),
Robert de Prulay,
André et Robert de Sainct-Médart,
Guillaume de Bouessel,
Geoffroy de Courteilles,
Robert Guerrier (5),
Simon Lanié (6),
Guillaume de Sainct-Ouen,
Gaultier Brislon,
Jehan de la Belle Mesnière,
Jacques de Vieupont,
Anceaume, cousin du comte,
Gaultier du Pin,
Guillaume de Quatremaires,
Richard de Boutheraye,
Hugues de Coulgaudry,
et Gervais de Monchenay (7).

Et y estoyent présens les prieurs du Mont-Dieu et du Val-Saint-Pierre (8).

En l'an mil cent quatre vingtz quatre, le dict Rotrou feist bastir et fonda la Maison-Dieu et hospital de Nogent-le-Rotrou de plu-

(1) *Var.* « Guillaume de Villeray. » *(Ms. de M. de La Sicotière.)*
(2) *Var.* « Guillaume du Pin. » *(Mss. de Versailles et de M. de Souancé.* — « Galeran du Pin. » *(Ms. de M. de La Sicotière.)*
(3) *Var.* « Hugues de Courserault. » *(Ms. de M. de La Sicotière.)*
(4) *Var.* « Guérin de Lonray. » *(Id.)*
(5) *Var.* « Robert Guérin. » *(Ms. de Chartres.)*
(6) *Var.* « Lavie. » *(Mss. de Chartres, de Versailles et de M. de Souancé.)*
(7) *Var.* « De Mont-Chenay. » *(Ms. de Chartres.)*
(8) *Add.* « Un des seigneurs de la Ferté-Bernard ayant fondé, en 1180, l'abbaye de la Pelice au Maine, le comte Rotrou contribua à cette fondation en lui donnant la dîme de ses moulins de Teil. » *(Ms. de M. de La Sicotière.)*

sieurs biens et y establit un prieur et quatre religieux pour prier Dieu pour le salut de l'âme de Matilde, sa première femme (1).

En l'an mil cent quatre vingtz dix, l'an septiesme du decedz de la dicte Matilde, le dict Rotrou donna en la dicte Maison-Dieu pour meilleure fondation troys mestairyes, scises en la parroisse de Champrond-en-Perchet près du dict Nogent, avec les esglizes et parroisses de Andibiaires et de Gauberge, diocèze de Salibrières, au royaume d'Angleterre, et à son imitation aultres seigneurs par le mesme acte donnèrent plusieurs aultres biens à la dicte maison; mais l'antiquité en a tellement usé les lettres que l'on n'y a peu comprendre que le nom de Hugo de Pratelli qui donna à la dicte Maison-Dieu le droict qu'il avoit de la présentation en la seconde portion du bénéfice de Préaux et le droict de dixme qu'il avoit en la dicte parroisse.

Le dict Rotrou donna oultre à la dicte Maison-Dieu par aultre lettre, vingt-quatre arpens de bois de haulte fustaye en la forest de Champrond-en-Perchet, les plus près de Nogent, pour l'usaige des pauvres d'icelle Maison-Dieu.

En l'an mil deux cens, le lundy d'après le dimanche que l'on chante Oculi (2), à la prière de Jehan, duc de Bretaigne, comte de Richemont et lors seigneur du dict Nogent, les dictz de la Maison-Dieu ceddèrent les dictes deux esglizes et parroisses des Audibières et Gauburge aux religieux et couvent d'Ambiaires, de l'ordre de Frontevaulx en Angleterre, qui en récompense leur bailla (3), asçavoir :

Vingt-quatre livres de rente sur quarante livres qu'il avoit droict de prendre sur le prieuré de Moustiers, à cause de sa terre et seigneurye de Remallard,

(1) Salisbury.
(2) 3ᵉ dimanche de carême.
(3) *Add.* et *Var.* « En 1290, Jean II, duc de Bretagne, comte de Richemond et du Perche, en partie, obtient des maître et administrateur de la Maison-Dieu de Nogent, les cent livres de rente que les religieux d'Ambrières (1), de l'ordre de Fontevrault, faisoient à la dite maison pour les églises d'Andiborne et de Gauberge en Angleterre du don de Rotrou III, jusqu'à ce qu'il eut baillé à cette maison pareille recette en fonds de terre en son comté du Perche, mais en 1300, le même duc étant à Mortagne pour la liquider des dites cent livres de rente lui donna..... » *(Ms. de M. de La Sicotière.)* — Il s'agit bien en effet de Jean II qui fut duc de Bretagne de 1286 à 1305. — La date de 1200, donnée par le ms. de Mortagne, est donc erronée.

(1) Amesbury, *Ambesbiria*, *Hamb esbiria*, *Ambrosius vicus* dans le district de Wiltshire, petite ville qui n'a de remarquable que son église Sainte-Marie et Sainte-Méloire, qu'on suppose avoir fait partie de l'abbaye.

La mestairye d'Estouches (1), paroisse de Brunelles,
La mestairye de Vallory (2), paroisse de Souansey,
La mestairye de la Grange, paroisse de Nonvilliers,
La mestairye du Tartre (3), paroisse de Coullonges,
Les mestairyes des grandes et petites Moutonnières, paroisse de Sainct-Germain de la Couldre (4),
Le moullin du Boys, paroisse de Sainct-Victor de Buton (5).

La présentation de la dicte Maison-Dieu appartient au seigneur du dict Nogent pour deux fois consécutifvement l'une après l'autre, et à monsieur le grand archidiacre de Chartres (6) pour la troisiesme, comme il se veoid par la transaction passée entre Jehan de Bretaigne, comte de Richemont et seigneur du dict Nogent, et Guillaume de Chaumont, grand archidiacre du dict Chartres, en l'an mil deux cens quatre vingtz troys, le sabmedy de devant les brandons (7).

Durant que le renom de la dicte Maison-Dieu estoit gouverné selon sa première institution qui estoit d'un prieur et quatre religieux, le revenu en estoit très beau et se trouve que en l'an mil quatre cens deux par les comtes renduz, il y avoit deux cens soixante douze livres (8) de rentes en deniers, quarante-cinq muidz, huit septiers et demy de tous grains, y fait avec sept vingt quinze quartes de vin et trente-neuf poulles, le tout de rente. Mais depuis que cest ordre a défailly et que des particulliers séculliers y ont mis la main, le bien en est de beaucoup diminué et fust encorres pirement sans que messire René Guerrier (9) a prins l'administration qui par son bon mesnaige a restably icelle maison en telle sorte que de présent elle vault douze cens livres de rente distribuéez aux pauvres du dict Nogent et aultres œuvres pieuses.

En l'an mil cent quatre vingtz cinq, le dict Rotrou, considérant

(1) *Var.* « Des Touches. » *(Ms. de M. de La Sicotière.)*
(2) *Var.* « Valloré. » *(Id. et de M. de Souancé.)* — Valory, commune de Souancé, canton de Nogent-le-Rotrou.
(3) *Var.* « Du Tertre. » *(Id.)* — Commune de Coulonges-les-Sablons, canton de Rémalard.
(4) Canton du Theil.
(5) Canton de la Loupe.
(6) *Add.* « Guillaume de Chaumont. » *(Ms. de M. de La Sicotière.)*
(7) Nom donné au 1ᵉʳ dimanche de carême.
(8) *Var.* « 260 livres. » *(Mss. de M. de La Sicotière et de Versailles.)*
(9) *Add.* « Doyen de l'église collégiale de Saint-Jean de Nogent. » *(Id.)*

que les biens donnez par Rotrou, son père, pour la fondation de l'abbaye de la Trappe n'estoyent suffisans pour la nourriture et entretien des religieux qu'il y avoit mis, perfection et entretien d'icelle maison, en acheva les bastimens et leur donna sa terre et maison de Laigny (1), parroisse de Sainct-Hillaire près Mortaigne, auquel lieu est encores une fort belle chappelle restant des antiens bastimens du lieu justifficatif de la pietté des dictz comtes du Perche et, oultre, leur donna six livres de rente à prendre sur son domayne et provosté de Mortaigne et aultres biens.

Comme aussy, à son imitation, plusieurs seigneurs, gentilshommes et aultres donnèrent de leurs biens à la dicte maison et monastaire de la Trappe, asçavoir :

Robert Gruel, Guillaume du Pin, Gaultier de Bresnard et Gervays Chevreul, le val de Hernest à présent dict le parc Saincte-Nicolle, à raison d'une chappelle y bastye à l'honneur saincte Nicolle (2),

Payan de Mauregard, ses estangs et plusieurs terres joinctes avec la dicte terre de Ligny,

Hugues de Champs, la mestairye à présent dicte la Moynerye en la parroisse de Champs et droict de chauffaige au bois de Fretay et les bois qu'il avoit près les estangs de la Trappe,

Payan du Buat, ce qu'il avoit de terre à la Gastine avec les bois qu'il avoit près de la Trappe,

Gervays du Buat et Hugues, son filz, la terre de Solart,

Gervays (3) Chevreul, les prez de Marichon, deux muidz de bled à Solligny et deux muidz au Mesnil-Chevreul,

Guillaume de Bubertré et Robert, son filz, troys septiers d'avoyne sur le moulin de Montgayon et cinq aulnes de draps de Bure (4),

Simon du Chemin, ung pré assis près la Chappelle de Montligeon et la quarte partye du moulin du dict Montligeon,

Robert des Forges et Rodolphe, son filz, ung septier de bled, ung septier de saigle et ung septier d'avoyne sur la mestairye de Radray (5), paroisse de Loisail,

Hugues, prestre de Bazoches, et Geofroy, son frère, le droict de dixme qu'ilz avoyent en la paroisse de Bazoches,

---

(1) *Var.* « De Ligny. » *Mss. de M. de La Sicotière et de Versailles.*

(2) *Add.* « Autrement dite Colette, réformatrice de l'ordre de sainte Claire. » *(Ms. de M. de La Sicotière.)* — V. p. 65.

(3) *Var.* « Guillaume. » *(Id.)*

(4) *Var.* « De Bures. » *(Ms. de Chartres.)*

(5) Moulin de Radray, entre Loisé et Loisail.

Guérin Busnel (1) et Girard, son filz, ce qu'ilz avoyent de terre au Buat et la tierce partye de la dixme de leur fief,

Gilbert de Feings, le droict de dixme qu'il avoit en la paroisse de Thorouvre (2),

Gaultier de Bresnard, le droict de dixme qu'il avoit en la paroisse de Secherouve,

Les héritiers Frix (3), le droict de dixme qu'ilz avoyent au moulin Chevreul,

Robert de la Haye et Girard Hobbe, les terres qu'ilz avoyent près le Buat,

Hugues de Coulgaudry et Hugues, son filz, ung septier froment et ung septier saigle sur la mestairye de Lignerolles,

Payan de Loysail, ung septier de bled et ung septier d'avoyne sur le moulin de Loysail,

Radulphe (4) du Chemin, Hugues le Breton, Gervays de Villespandue, Radolphe du Perche, Mathurin de la Herousdière, Robert de la Mesnière, Hugues de Solligny et Jehan de Villiers, chacun ung arpent de pré sur la rivière d'Hérine,

Guillaume de Mortaigne, ung septier d'avoyne sur le moullin de Coullonges,

Gervays de Chiray, les marays de Neuf-Souris près Bonmoulins,

Odo de la Troche, ce qu'il avoit de terre en la parroisse de Théval,

Payan de Gimardes, cent solz,

Odo de Bellavilliers et Hugues Chevreul, la terre de Bois franc,

Henry, Roy d'Angleterre, duc de Normandye, d'Acquitayne, du Maine et d'Anjou, la terre de Mahéru (5),

En l'an mil cent quatre vingtz onze, Girard d'Apres, Mathieu et Guillaume de Montgoubert et Robert Hérisson, la terre des Barres, admortiz par Geofroy, comte du Perche, et Matilde, sa femme,

---

(1) *Var.* « De Busnet. » *(Ms. de M. de La Sicotière.)* — « Brunelles. » *(Ms. de Chartres.)*

(2) Tourouvre.

(3) *Var.* « De Fanés. » *(Ms. de Chartres.)* — « De Fossés. » *(Ms. de M. de La Sicotière.)*

(4) *Var.* « Rodolphe. » *(M. de M. de La Sicotière.)*

(5) *Add.* « En expiation du meurtre de Thomas Becket, archevêque de Cantorbéry, en l'an 1170. » *(Ms. de M. de La Sicotière.)*

Gervays du Buat et Collin le Sec, la mestairye de la Crestolière.

En l'an mil deux cens trente, Robert Gruel et Guillaume, son filz, y donnèrent trente acres de terre (1) entre la forest du Perche et Contrebis (2).

En l'an mil deux cens trente six (3), Gervays de Boessel, Guillaume de Lignerolles, Robert de Morre, Guillaume de Fougeroux, chevallier, et Guillaume du Val, le fief et seigneurye de Boessel en Saincte-Céronne,

Robert de Montcollain et Nicollas du Buat, le moulin de Coulhier,

Au dict an, Guillaume d'Illiers, Odin de Jan, Hugues Boutin, Richard de Rey, Guillaume de la Fresnaye, Henry de Vientais, Geofroy Chou, les terres et vignes de Vaulnoise où fut bastye la chappelle Saincte-Marguerilte,

Hilbert de Laigle, barron de Laigle, et Robert Hérisson, la Herissonnière, Bresnarderye (4) et Chantecocq,

Pierre d'Ardayne, la terre Harenville,

Robert de Tournay, le fief et seigneurye de Tournay,

En l'an mil troys cens troys (5), Nicollas du Buat y donna l'estang Robin,

Henry de Bubertré et Marye d'Argenville, sa femme, le fief du Chesnay, parroisse d'Iray,

Pasquier Benoist et sa femme, la terre de Boessel,

En l'an mil quatre cens soixante dix neuf, Pierre Sarradin, sieur de Sainct-Mars, y donna trente boesseaux de terre joinctz avec la terre de Boessel,

L'an mil cent quatre vingtz sept (6), au plus fort des guerres et

---

(1) *Add.* « En bois. » *(Ms. de M. de Souancé.)*

(2) *Add.* « En 1256, Gervais de Prulay, les lieu, terre et seigneurie de la Baudronnière, située paroisse de Réveillon. » *(Mss. de M. de La Sicotière, de M. de Souancé et de Mortagne.)*

(3) *Var.* « En 1240. » *(Id., id., id.)*

(4) *Var.* « Bresnardière. » *(Id., id., id.)*

(5) *Var.* « En 1300. » *(Ms. de M. de La Sicotière.)*

(6) *Var.* « Une troisième croisade eut lieu en 1188, après la perte de Jérusalem, dont Saladin ou Salahiddin, sultan ou soudan de Babylone ou d'Egypte et de Syrie, s'étoit emparé l'année précédente. Les Rois Philippe-Auguste de France et Henri II d'Angleterre prennent la croix ainsi que le duc de Bourgogne, les comtes de Flandre, de Blois, de Dreux, de Champagne, de Soissons, du Perche et autres. Leur départ fut retardé par la guerre qui s'alluma entre les deux rois. Philippe, accompagné du comte Rotrou et autres seigneurs, défit Henri près de Gisors. L'hiver approchant, le comte du Perche et les autres se retirèrent. On n'en songea pas moins à la paix; on en vint à une conférence auprès de Bonsmoulins, laquelle

disputtes de Philippe-Auguste et Henry, Roy d'Angleterre, pour le Vexin que le Roy Henry d'Angleterre retenoit et avoit refuzé rendre au Roi Philippe, le père duquel l'avoit baillé à Henry, filz aisné du dict Roy d'Angleterre, en faveur du mariage de luy et de Margueritte de France, sœur de Philippe, à la charge de reversion, s'il n'y avoit enfans d'elle, laquelle mourut sans hoirs, et de ce que Richard, filz du dict Henry, refusoit faire foy et hommaige au dict Philippe pour le comte de Poitou, vindrent messagers en France de la part des Chrestiens d'outremer advertir que Saladin, sultan de Babylone, turc, avoit reprins sur les Chrestiens la ville de Hierusalem avec dix mil supplications de quitter leurs querelles particulières pour embrasser la querelle générale de la chrestienté. Cela les esmeut en telle sorte qu'ilz mirent les armes bas, s'assemblèrent à Trie (1), firent treuves entre eux, vovèrent et jurèrent concordamment de joindre leurs armes inséparablement pour aller secourir les Chrestiens et pour tesmoiniage de leur sainct veu firent bastir au lieu où ces sermens furent faictz une esglize qu'ilz appellèrent le Sainct Champ (2). Rotrou, comte du Perche, estoit de la partye; avec le Roy Philippe assemblèrent

aboutit à une trêve de quelques mois pendant l'hiver. Un pourparler eut lieu dans l'octave de la Pentecôte 1189 auprès de la Ferté-Bernard, sans aucune solution. Philippe prit cette ville, Montfort et Beaumont et poursuivit Henri, qui se sauva à Chinon où il mourut peu après, le 17 juillet. Richard, son fils et son successeur, se croisa et se proposa de partir. » *(Ms. de M. de La Sicotière.)*

(1) Trye-Château, arr. de Beauvais, cant. de Chaumont (Oise). — Trye fut longtemps une place importante qui était possédée au dernier siècle par le prince de Conti. Il ne reste de son château qu'une tour du XIIIe siècle. « Superveniente autem sancti Hilarii festivitate que XIII januarii celebratur, factum est colloquium inter regem Francie Philippum et Henricum regem Anglie inter Triam et Gisortium ubi preter omnium hominum opinionem, Domino miraculose operante, factum est quod, per inspirationem Spiritus sancti celitus missi, illi duo reges in eodem loco pro liberatione sancti Sepulcri Domini et sancte civitatis Jerusalem, signum sancte Crucis assumpserunt et multi archiepiscopi, episcopi et comites, duces et barones cum eis... » *(Rigord, Gesta Philippi-Augusti, — pub. pour la Soc. de l'hist. de France par H-Fr. Delaborde, Paris, 1882, tome 1, par. 56.)*

(2) « Le lieu où les fidèles s'étaient réunis fut appelé le *Champ sacré*. On y fit bâtir une église pour conserver le souvenir du pieux dévouement des chevaliers chrétiens. » *(Michaud, Hist. des Croisades. Paris. 1854. Tome II, p. 68.)*

« Et in eodem loco, in monumentum hujus facti, isti duo reges devote erexerunt crucem ligneam, fundantes ibi ecclesiam, et inter se fedus perpetuo percutientes, et vocantes ipsum locum *Sanctum Agrum*, eo quod ibi sacris crucibus sunt insigniti; duobus autem sacerdotibus ibidem

leurs armées pour se rendre chacun d'eux au rendez-vous, mais, au lieu de ce faire, le Roy Henry d'Angleterre et son filz Richard tournèrent leurs armées sur Raymond, comte de Thoulouze, vassal du Roy et luy feirent plusieurs oultrages. Le comte de Thoulouze appella le Roy Philippe à son ayde qui l'alla secourir et, indigné de la rupture du veoyage, entra sur les terres du Roy d'Angleterre en Poitou, en Auvergne et en Berry et y print plusieurs villes, poursuivit le Roy Henry et son filz qui ne l'ozèrent attendre, fuirent devant luy jusques en Normandye et, en passant, bruslèrent les Anglois, Vendosme et Dreux. Le Roy Philippe les attaicgnit à Gisors, accompagné du dict Rotrou et aultres seigneurs; les combatit et mist en déroutte et les eust du tout ruynez sans que à cause de l'yver le dict Rotrou, le duc de Bourgongne, le comte de Flandres (1), de Champagne, de Bloys (2), de Sancerre, de Beaumont, de Cleremont avec leurs forces et aultres, après la déroute, s'estoyent retirez en leurs maisons. Richard entra en mauvays mesnaige avec Henry, son père, parce que le père tenoyt enclose en une tour madame Alix de France accordée au filz, laquelle le père voulloit prendre pour luy. Le filz se réconcilia avec le Roy Philippe qui recommença la guerre contre Henry, le poursuivit jusques en Poitou où Henry, estant devenu mallade à Chinon, demanda la paix qui fut faitte et jurée par ainsy que le dict Henry ou le dict Richard, son filz, accompagneroient le Roy Philippe en son veoyage de la Terre Saincte. Mourut le dict Henry à Chinon en l'an mil cent quatre vingtz dix. Richard laissa le gouvernement de ses païs à Jehan, son frère (3). S'acheminèrent les dictz princes au dict an pour faire leur veoyage promis pour le secours de la chrestienté; l'ung s'embarqua à Gennes; l'autre à Marceille. Se trouvèrent en Cicille où par la mort du Roy Guillaume l'estat estoit en trouble entre l'empereur Henry sixiesme, à cause

Domino servientibus, prout fama multorum referente didicimus, sufficientes redditus assignaverunt et ipsam ecclesiam cum omnibus ad eam pertinentibus, monialibus de Fonte-Ebraldi habendam perpetuo concesserunt. » *(Rigord, Gesta Philippi-Augusti, édit. 1882, I, par. 56.)*

(1) Philippe.

(2) Thibaut.

(3) *Add.* « Le Roi de France, voulant accélérer son voyage, envoya Rotrou, comte du Perche, vers le roi d'Angleterre pour presser son départ et fixer le rendez-vous à Vézelay, dans l'octave de Pâques. Rotrou, pendant son voyage et étant à Macon, abandonna aux moines de Nogent la taille de leurs bourgs et plusieurs droits en la forêt de Clerets. » *(Ms. de M. de La Sicotière.)*

de Constance, sa femme, et Tancret, frère de la dicte Constance, enfans du dict Guillaume (1). Richard portoit le party de Tancret et Philippe le party de l'empereur ; cela picqua ces deux princes et en sortit quelques parolles. Richard quitta à Philippe Roy de France Alix, sa sœur, disant qu'il s'estoit maryé à Berengaire, fille du Roy de Navarre. Cela augmenta la douleur du dict Philippe et néantmoings dissimulla pour l'accomplissement du veoyage et firent treuve pendant qu'ils seroyent ensemble au veoyage d'outremer et, combien qu'ilz eussent accordé de marcher ensemble, néantmoings Richard ne voulut partir ni marcher avec Philippe. Le Roy Philippe s'achemina, arriva en l'armée des Chrestiens qui tenoyent le siège devant Ascalon (2) où puis après arriva Richard et, tous assemblés, furent d'advis de donner l'assault à la ville ; puis Richard deffendit malicieusement à ses gens d'y aller, néantmoings sans luy la ville fut prinse (3). Richard s'allia avec Salladin turc duquel il print quarante mil onces d'or. Le Roy Philippe devint malade qui fut adverty de la mauvaise vollonté que luy portoit Richard qu'on disoit avoir intelligence avec quelques Sarrasins pour le tuer ; retourna en France, assisté du comte du Perche et aultres et laissa cinq cens chevalliers et dix mil hommes de pied soldoyez pour trois ans soubz la charge du

---

(1) *Var* et *Add*. « Philippe, qui s'étoit rendu à Gênes avec Eudes, duc de Bourgogne, Pierre, comte de Nevers, Renaud, comte de Chartres, Rotrou, comte du Perche, et Geoffroy, son fils, arriva le 16 septembre au fort de Messine. Richard, qui s'étoit embarqué à Marseille, y aborda le 23 du même mois. Les deux rois y passèrent l'hiver à cause des troubles survenus dans la Sicile après la mort du roi Guillaume le Bon arrivée l'année précédente. » *Ms. de M. de La Sicotière.)*

(2) *Var*. « Enfin, Philippe, impatient, partit le premier et arriva devant Acre la veille de Pasques, 13 avril 1191, et Richard seulement le 9 juin suivant, ayant épousé, dans l'ile de Chypre, Bérengère de Navarre, sœur aînée de Blanche qui fut femme de Thibaut V, comte de Champagne, qui mourut le 25 mai 1201. » *(Ms. de M. de La Sicotière.)* — Il s'agit en effet de Saint-Jean d'Acre (Achon) ou Ptolémaïs et non d'Ascalon : « ... Philippus rex Franciæ coadjuvantibus Dei fidelibus, in tantum civitatem Achon impugnavit... » *(Rigord, Gesta Philippi-Augusti, édit. 1882, I, par. 81.)* — La ville d'Ascalon fut détruite par les musulmans.

(3) *Add*. « La ville d'Acre fut prise le 12 juillet 1191. Thibaut, comte de Chartres et de Blois, Rotrou, comte du Perche, Jean de Vendôme et autres moururent ou furent tués pendant son siège. » *(Ms. de M. de La Sicotière.)* — « Eodem anno, Thibaldus, pius et misericors regis Francorum senescallus, comes Clarimontis, comes Perticensis, dux Burgundiæ, et Philippus, comes Flandriæ, in obsidione Accii [Acre], Domino vocante, viam universæ carnis ingressi sunt. » *(Rigord, Gesta Philippi-Augusti, édit. 1882, I, par. 79.)*

duc de Bretaigne (1). Richard le sachant, se doubtant que le Roy de France luy alloit faire la guerre, s'achemina aussy pour s'en retourner, mais il fut prins en chemin par le duc d'Autriche qui le bailla à l'empereur Henry sixiesme, sans que l'on sceust qu'il estoit devenu. Le Roy de France, à son retour, à main forte entra en Normandye, y print plusieurs villes, quelque résistance que Jehan (2), frère de Richard, y fist; finallement s'accordèrent en l'an mil cent quatre vingtz treize par ainsy que le dict Jehan, gouverneur pour l'absence du dict Richard, son frère, quitta au dict Roy de France tout ce qui estoit en Normandye deça la Seyne jusques à Chesnebrun, Vernueil et Dreux (3) et aultres pays; au comte de Bloys quitta les chasteaux de Troc et la Chastre; à Rotrou (4), comte du Perche, Moulins, Bonmoulins et appartenances, à la charge de les tenir du dict Jehan.

Richard retourna de sa prison. Philippe, Roy de France, luy recommença la guerre; Richard fut blessé d'un coup de flèche; Rotrou fut tué devant Rouen que Philippe tenoit assiégé (5). Son corps aporté est enterré en la dicte esglize de Sainct-Denys de Nogent. S'accordèrent les dicts roys en l'an mil cent quatre vingtz quinze. Richard ratiffia l'accord faict par Jehan, son frère, en l'an mil cent quatre vingtz treize. Richard mourut de sa blessure, sans hoirs; Jehan, son frère, luy succèdda. Le Roy Philippe de France luy recommença la guerre; s'accordèrent en l'an mil deux cens par le moien du mariage de Monsieur Louys, fils aisné de Philippe, avec Madame Blanche, fille d'Alfonce, Roy de Castille,

(1) *Add. et Var.* « Le roi Philippe, craignant de mauvais desseins contre sa personne, feignit d'être malade et revint dans ses Etats assisté de Geoffroy, devenu comte du Perche après la mort de Rotrou, son père, et plusieurs autres, après avoir laissé cinq cents cavaliers et dix mille fantassins sous les ordres du duc de Bourgogne. Le corps de Rotrou, comte du Perche, fut apporté à Nogent-le-Rotrou et enterré dans l'église de Saint-Denis. Cette église, depuis sa fondation en 1031, était devenue la sépulture ordinaire des comtes du Perche. » *(Ms. de M. de La Sicotière.)*

(2) Jean Sans-Terre.

(3) *Var.* « Et Evreux. » *(Mss. de M. de La Sicotière, de M. de Souancé et de Mortagne.)*

(4) *Var.* « A Geoffroy, comte du Perche. » *(Id.)*

(5) Le ms. de Mortagne fait ici erreur. La version du ms. de M. de La Sicotière doit être adoptée : ce n'est pas devant Rouen que mourut Rotrou, mais sous les murs de Saint-Jean d'Acre. V. p. 149, note 3. Les différents historiens des Croisades sont d'accord sur ce point. Voir *Guillaume le Breton, Gesta Philippi-Augusti,* édit. 1882, par. 60, et la *Philippide,* même édit., livre IV, vers 311. Rigord, loc. cit.

niepce de Jehan, qui en faveur du dict mariage donna au dict Monsieur Louys, qui depuis fut Louys huitiesme Roy de France, Issoudun, Grasse et les hommaiges deubz au dict Jehan par les comtes du Perche, d'Aumalle et Huc de Gournay, de ce qu'ilz tenoyent de luy deça la mer (1).

De Geoffroy, 3ᵉ du nom, 6ᵉ comte du Perche.

Le dict Geoffroy (2) commença à regner par le decedz du dict Rotrou, son père, en l'an mil cent quatre vingtz treize (3). Il fut vray héritier de la vertu et piété de ses prédécesseurs ; aussy tost qu'il fut entré en possession du dict comté, son premier soing fut d'achever les bastimens et fondations que son père avoit commencez. Il espouza Matilde (4), niepce du Roy Richard d'Angleterre, régnant en France Philippe-Auguste, de laquelle il eut Thomas qui luy succedda au dict comté.

Durant la vie du dict Rotrou, son père, il fut aveq aultres princes françoys en la Terre Saincte et y séjourna deux ans où il

---

(1) « Anno Domini MCC, mense maio, in Ascensione Domini, pax reformata est inter regem Francorum Philippum et Johannem Angliæ regem, inter Vernonem et insulam Andeliaci... Porro, sequenti feria secunda, Ludovicus regis Francorum unigenitus duxit uxorem, in eodem loco, Blanchiam filiam Hildefonsi regis Castille, neptem Johannis regis Anglie, et pro illo matrimonio Johannes rex Angliæ quitavit omnes munitiones et civitates et castella et totam terram quam rex Francorum ceperat, Ludovico predicto et heredibus suis in perpetuum ; et post decessum suum totam terram cismarinam : si sine herede legitimo ipsum mori contingeret, omni contradictione postposita, eidem Ludovico concessit. » *(Rigord, Gesta Philippi-Augusti, édit. 1882, par. 132.)* — Guillaume le Breton, dans sa Chronique, donne à la fille du roi de Castille le prénom de « Candida. » *(Gesta Philippi-Augusti, édit. 1882, par. 104.)* — Mais qui ne connait le nom vénéré dans l'histoire de Blanche de Castille, la mère de saint Louis.

(2) Geoffroy V, quatrième comte du Perche.

(3) Geoffroy succéda à son père, à sa mort, 1191 et non 1193. Lui-même mourut le 5 avril 1202 (nouv. st.).

(4) Fille de Henri le Lion, duc de Bavière, de Saxe et de Brunswick, et de Mathilde d'Angleterre. — *Add.* « Qui lui donna en dot les châteaux de Moulins et de Bonsmoulins. » *(Ms. de M. de La Sicotière.)* — Ces châteaux furent restitués à Geoffroi V par le traité conclu en 1194 entre Jean Sans-Terre et Philippe-Auguste. *(Voir Géographie du Perche par le Vᵗᵉ O. de Romanet, p. 52. — Documents sur le Perche, 2ᵉ fascicule, octobre 1890.)*

feist de grandes despenses et bien de grandes debtes, à raison de quoy, à son retour (1), il employa le secours des doyen et religieux de Sainct-Denys du dict Nogent pour se remettre en équipage, lesquelz lui donnèrent la somme de deux cens livres (2) tournois en considération des services par luy faicts pour la religion contre les infidèles, comme le recognoist le dict Geoffroy par lettres du dict an.

En l'an mil cent quatre vingtz quatorze, régnant Philippe-Auguste et Regnault de Montrueil (3), evesque de Chartres, de l'advis et consentement du dict Geofroy comte du Perche, l'esglize et chappelle Sainct-Estienne du chasteau de Nogent fut conjoincte avec l'esglize Sainct-Jean et n'en fut fait qu'un corps et un chappitre estably en l'esglize Sainct-Jehan, pour l'augmentation de laquelle le dict Geofroy y donna la terre de Montlevain et deux autres terres et mestairyes scises en la paroisse de Brunelles près du dict Nogent.

Au dict an mil cent quatre vingtz quatorze, Geoffroy, comte du Perche, estant en sa dicte ville de Mortaigne, confirma les donations et fondations faictes par Rotrou et Rotrou, son père et ayeul, à la maison et léproserye de Chartraige lès Mortaigne et les biens y donnez et à la Callende de Corbonnoys y establie et, à son imitation, plusieurs y donnèrent aussy de leurs biens, asçavoir :

Gervays de la Mesnière, ung septier froment sur sa dixme,

Guillaume de Longpont, ung septier froment sur son moullin neuf,

Gaultier de Bresnard, ung septier de froment sur son domayne,

Hugues de la Rue (4), trois mines de froment sur sa mestairye de Courfrançon,

Guillaume Tournel, un septier de froment sur sa terre de Courtheraye,

Jehan de Champeaux, une mine de froment sur son domayne,

Hugues de Champeaux, une mine de froment sur son domayne,

Rodolphe Mirail, une mine de froment en sa dixme de Champeaux,

Gaultier Cornard, une mine de froment sur sa terre,

(1) Add. « En 1192. » *(Ms. de M. de La Sicotière.)*
(2) Add. « De monnaie angevine. » *(Id.)*
(3) Var. « De Montmirail. » *(Mss. de M. de Souancé et de Mortagne.)*
— C'était Regnault de Mouçon, évêque de Chartres de 1182 à 1217.
(4) Var. « De Nocé. » *(Mss. de Chartres et de Mortagne.)*

Maistre Hubert, une mine de froment à Nuisement,
Guillaume Nonnant (1), une mine de froment,
Robert de Vallé, ung septier de froment,
Robert de Martigny, ung septier de froment,
Hubert des Jouys, une mine de froment,
Guillaume de Poix, ung septier de saigle,
Robert de Fey, une mine de froment,
Guillaume de Montcollain, ung septier de froment,
Robert de Prulay, ung septier de froment sur sa mestairye de Sainct-Marcel,
Hugues de Nully, ung septier de froment sur sa terre de Saincte-Céronne,
Guillaume de Montrichard, deux septiers de saigle et ung septier d'avoyne,
Hugues de Vallé, une mine de froment sur son domayne,
Girard d'Aspres, une mine de froment,
Guillaume du Buat, une mine de froment sur sa terre de la Rozière (2),
Robert Gruel, ung septier de saigle sur son moullin Sainct-Hillaire,
Guillaume de la Forrest, ung septier de saigle sur son domayne,
Gaultier Volain, un septier de saigle,
Gaultier de la Valée, une mine de saigle sur sa terre de Villiers (3).
Emond (4) Fortin, trois provendes de froment sur sa terre de Cernay,
Hugues de Coulgaudry, ung septier de froment,
Guillaume de Sainct-Médard, ung septier de froment sur la dixme de Sainct-Médard,
Robert de Sainct-Médard, ung septier de froment sur sa mestairye du Boullay,
Simon le Voyer, une mine de froment sur sa terre de Montjallain,
Rodolphe le Voyer, une mine de froment sur sa mestairye de Montcollain,

(1) *Var.* « Normand. » *(Mss. de M. de La Sicotière et de Chartres.)*
(2) *Var.* « De la Rohière. » *(Mss. de M. de La Sicotière, de M. de Souancé et de Mortagne.)*
(3) *Var.* « De la Vallée. » *(Id.)*
(4) *Var.* « Hunaud. » *(Id.)*

Hubert de Cernay, une mine de froment sur sa terre de la Chappelle,

Hélye de Loisail, ung septier de seigle sur sa mestairye de Memoussu,

Jehan de la Belvenisière (1), ung septier de saigle au moulin du Mesnil,

Arnoul de la Vofve, ung septier de froment, mesure du Corbonnoys, sur son moulin,

Guillaume de Lorme, ung septier de froment à Courgeon,

Robert de Lorme, une mine de froment à Courgeon,

Robert de Courgeon, deux septiers de froment à Courgeon,

Angenulphe de Comblo, ung septier de froment sur sa terre des Landes,

Girard (2) Hey, une mine de froment sur sa mestairye à Courgeon,

Guillaume de Réveillon, ung septier de froment,

Hugues de Réveillon, ung septier de froment sur le moulin de Réveillon,

Robert de Surmont, trois provendes de froment,

Guillaume de Bonassey (3), une mine de froment,

Jehan de Bouessay (4), une mine de froment en sa terre de Saincte-Céronne,

Rodolphe Barberotte, ung septier de froment,

Pétronille de Prullay, ung septier de froment sur la terre de Bellaviller,

Guillaume de la Rue, ung septier de froment à Nogent,

Guillaume Le Corviller (5), une mine de saigle à Champs,

Hubert de Bellou, une mine de froment en sa dixme,

Gaultier du Fresne, ung septier de saigle,

Hugues le Voyer, ung septier de froment en sa terre de Blavo,

Hugues de Courcerault, dix sols à la foire du Pin,

Guillaume Crullay, douze sols à Feings,

Girard de Chiray, dix sols à Coullonges,

Arnaud de Cremer, dix solz,

Garin de Villiers, douze solz,

---

(1) *Var.* « De la Bellenevisière. » *(Ms. de M. de La Sicotière.)*

(2) *Var.* « Guy. » *(Mss. de M. de La Sicotière, de M. de Souancé, de Mortagne et de Chartres.)*

(3) *Var.* « De Boessel. » *(Ms. de M. de La Sicotière.)*

(4) *Var.* « De Boessel. » *(Id.)*

(5) *Var.* « Du Cornillet. » *(Id.)*

Gilon le Musnier, aux Estiennes, du don de la Comtesse, vingt solz,

Et injonction aux officiers du dict Geoffroy, comte du Perche, de faire payer les dictes donations à la dicte Callande et léproserye de Chartraige.

En l'an mil troys cent quatre vingtz cinq, damoiselle Haloche de Prulay donna à la dicte maison de Chartraige quarante boisseaux de bled mousture de rente à prendre sur ses moulins de Prulay.

Suivant lesquelles institutions les dicts comtes du Perche et leurs successeurs faisoient chacun an au dict lieu de Chartraige les assemblées de la Callande des gens d'esglize, de la noblesse et aultres pour les affaires du pays, en tesmoignage de quoy et pour perpétuelle mémoire de la dicte assemblée, les comtes du Perche, seigneurs et gentilz hommes y assistans feirent coucher et pendre leurs escuz et armoiryes dedans la grande salle du dict Chartraige où se tenoit la dicte assemblée partye desquelles paroissent encorres que j'ay icy extraictes (1) pour la gloire de leurs

---

(1) Voici les légendes de ces armoiries que M. le vicomte de Souancé a bien voulu vérifier et corriger et qui se trouvent reproduites ci-contre :

1.

D'argent, à trois chevrons de gueules, qui est des *comtes héréditaires du Perche.*

2.

D'azur, semé de fleurs de lys d'or, à la bordure de gueules, chargée de onze besans d'argent, qui est de *Pierre de France, comte du Perche.*

3.

D'azur, à trois fleurs de lys d'or, à la bordure de gueules, chargée de huit besans d'argent, qui est des *comtes d'Alençon.*

4.

Mi-parti, au 1er d'azur à trois fleurs de lys d'or, à la bordure de gueules, chargée de huit besans d'argent, qui est des *comtes d'Alençon;* au 2e d'argent au lion de gueules, qui est *d'Armagnac.*

5.

De gueules, à six fleurs de lys d'or, 3, 2 et 1, qui est des *comtes et ducs de Vendôme.*

6.

D'or, à six fleurs de lys d'azur, 3, 2 et 1, au lambel à trois pensants d'azur.

7.

Ecartelé, aux 1 et 4 parti d'argent, à trois hermines de sable et de gueules, qui est *de Bailleul;* aux 2 et 3 d'or, à deux lions léopardés, l'un au-dessus de l'autre d'azur, armés et lampassés de gueules, qui est *de Cochefilet* (branche cadette?).

8.

D'argent, à six jumelles de gueules, accompagnées de onze canettes de sable posées 3, 2, 2, 2 et 2 entre les jumelles.

familles, les aultres armoiries ne se pouvant congnoistre tant par l'injure du tems que de ce que la dicte salle a esté depuis bruslée et partye reblanchie qui ont couvert partye des dictes armoiries et se trouvent plusieurs tiltres de succession en succession faisant mention de la dicte assemblée, mesmes depuis que le comté du Perche a esté réuny à la Couronne de France.

En l'an mil cent quatre vingtz quinze, le dict Geoffroy, comte du Perche, et Matilde, sa femme, firent réédiffier la Maison-Dieu et hospital de Mortaigne, qui avoit esté bruslé avec le dict Mortaigne durant les guerres précédentes et pour l'entretien des charges d'icelle y donnèrent trente deux livres de rente sur le domayne du dict Mortaigne, et oultre vingt cinq sols aussy de rente à prendre sur le dict domayne pour l'entretien du luminaire nécessaire pour célébrer le divin service en la chappelle par eulx faite réédiffier en icelluy hospital fondée de Sainct-Nicollas, payables icelles rentes ès mains des frères d'icelle maison ou de celluy à ce commis par le prévost et recepveur du dict comte ;

9.

D'argent, à la bande componée d'or et de gueules, accompagnée de six annelets de gueules, trois en chef et trois en pointe.

10.

Parti au 1er d'argent, à la bande componée d'or et de gueules, accompgnée de six annelets de gueules, trois en chef et trois en pointe; au 2e d'argent, à deux fasces de gueules, au chef de gueules, chargé de sept fleurs de lys d'or.

11.

D'argent, à trois fasces de sable, accompagnées de huit merlettes de sable entre les fasces, posées 3, 3 et 2.

12.

D'argent, à trois fasces de sable, qui est *Gruel de la Frette*.

13.

D'or, à deux quintefeuilles posées en fasce, tigées de gueules, au chef de gueules.

14.

De gueules, au huchet d'or, au chef d'or chargé de deux huchets de gueules.

15.

Parti, au 1er de gueules, au demi-huchet d'or, au chef d'or chargé d'un huchet de gueules; au 2e d'argent, au semi chevron de gueules, accompagné en chef d'un lion de gueules.

16.

D'argent, à la croix de sable cantonnée de quatre aiglettes de sable, qui est *de Montmorency ancien*.

17.

D'argent, à trois fasces de gueules, qui est *de Boulainvilliers*.

18.

De gueules au lion d'argent, armé et lampassé de sable.

asçavoir : dix livres le prochain sabmedy d'après le jour et feste Nostre-Dame de Chandelleur (1), pareille somme le prochain sabmedy d'après le jour et feste de l'Ascension, pareille somme le prochain sabmedy d'après le jour et feste Sainct-Jehan-Baptiste et le reste au jour et feste Sainct-Nicollas d'yver (2), et en faulte de payer les dictz jours, le provost ou recepteur payera à la dicte Maison-Dieu dix sols tournois pour chacune sepmaine qu'il deffaillera de payer.

Pour lequel service faire, administrer et gouverner le revenu du dict hospital, il y institua ung prieur, deux prestres et quatre religieuses de l'ordre saincte Elizabet pour gouverner les pauvres malades du dict hospital, pour lesquels loger ilz firent faire ung bastiment hors et néantmoings proche du dict hospital auquel logis est de présent le collège du dict Mortaigne.

Il y donna en oultre le droict de visitation de tous cuirs et soulliers venduz en détail au dict Mortaigne et les amendes et confiscations proceddans des cuirs et soulliers qui ne se trouveroyent bien tannez, aprestez ny étofez.

Il establit en la chapelle de la dicte Maison-Dieu la confrairye des cordonnyers du dict Mortaigne qui se submirent nourrir les pauvres qui se trouveroyent le jour Sainct-Nicollas dedans le dict hospital.

Il donna aussy à la dicte Maison-Dieu droict de chauffage pour les dictz pauvres à prendre en la forest de Bellesme.

A l'imitation duquel comte du Perche, plusieurs seigneurs donnèrent de leurs biens à icelle Maison-Dieu par mesme charte, asçavoir :

Estienne du Perche, quarante solz de rente,
Odo de Frebourg, deux septiers de bled de rente,
Guillaume de Montizambert, deux septiers,
La damoyselle de Bellaviller, dix septiers,
Robert Carrel, ung septier sur le moulin de Vauvineux,
Guillaume (3) de Réveillon, deux septiers,
Robert de Bubertré, deux septiers,
Guérin Chevreul, deux septiers,
Rodolphe de Thoriel, ung septier,

---

(1) Candelosa, Candelarum, la fête de la Purification de la Vierge, le 2 février.
(2) Dies sancti Nicolai hiemalis, le 6 décembre.
(3) *Var.* « Robert. » *(Ms. de M. de La Sicotière.)*

Gilbert de Prulay, cinq septiers sur sa terre de Saincte-Céronne,

Robert de Sainct-Victor, ung septier de froment sur sa terre de Courgehoust (1),

Gervays de Prullay, dix septiers sur la terre de Boessel,

Gervays de Martigny, ung septier de seigle sur Martigny,

Hugues de Coulgaudry, cinq septiers en sa censifve de Sainct-Médard,

Guillaume Roussel, ung septier sur la forest,

Gervays de la Mesnière, le droict de dixme qu'il avoit sur le bois Rousselin,

Robert de la Saulmerye, ung septier sur la dixme de Champeaux,

Rodolphe de Thoriel, chauffaige en sa part de la forrest du Perche,

Guérin de Villiers, pareil droict de chauffaige sur ce qu'il avoit de bois en la dicte forrest,

Guillaume de Buberthré, chevallier, Guérin et Guillaume, provotz de Mortaigne, le droict de criages de touttes sortes de boittes, vendeurs en détail au dict Mortaigne.

En l'an mil deux cens, Nicollas de Rey, chevallier, y donna le lieu et mestairye de Beauvays, paroisse de Villiers, confirmé et approuvé par Geoffroy d'Illiers, chevallier. Il est enterré dedans le grand cymettière de la dicte Maison-Dieu soubz une grande tombe de pierre y estant.

En l'an mil deux cens trente deux, Guillaume de Sourmont donna le patronnage de l'esglize Sainct-Hillaire de Courthoullain à laquelle la dicte Maison-Dieu présente en vertu du dict don.

En l'an mil deux cens trente troys, Guillaume de Sourmont, filz d'Yves, y donna les deulx parts de la dixme de la dicte parroisse de Courthoullain à luy appartenant de la succession de son père.

En l'an mil deux cens quarante, damoiselle Alix de Montgoubert y donna ung septier de froment de rente sur la mestairye de l'Ardrillay (2).

En l'an mil deux cens quarante troys, Geoffroy Ferragu y cedda les vignes qu'il avoit en Vaulnoise deschargées du droict de presuraige.

---

(1) *Var.* « Courgeon. » *(Ms. de M. de La Sicotière.)*
(2) *Var.* « De Cordrillay. » *(Id.)*

Hugues Boutin y donna le clos d'Origny avec tout le droict qu'il avoit au fief et seigneurye à luy appartenant en la parroisse d'Origny le Boutin et droit de pressoir et pressuraige.

En l'an mil troys cens quinze, Huc Renard, secrétaire et maistre de la chambre de Charles, comte d'Allençon et du Perche, y donna les terres et mestairye de la Simonnière et Rondellière, parroisse de Villiers.

Le dict Geoffroy, comte du Perche, feist aussy bastir et fonda de beaucoup de biens le prieuré de Moullins à la Marche au proffit de l'abbaye de Sainct-Evroul en Normandye à quatre lieues du dict Mortaigne à laquelle il la donna.

L'an mil cent quatre vingtz dix huict, les dictz Geoffroy et Matilde, sa femme, ayant mis fin aux dicts bastemens de l'hospital de Mortaigne et léproserie de Chartraige, icelluy Geoffroy voua de bastir en la forrest des Cleretz, près Nogent-le-Rotrou, une abbaye de monialles de l'ordre de Cisteaux et, à ceste fin, s'en alla au dict Nogent, où, aïant seullement avec Thomas, son filz, fait le projet du dict bastiement et marqué les fondemens, il fust prévenu de mort et enterré au dict Sainct-Denys et, par son testament, en recommanda la perfection à la dicte Matilde, comtesse du Perche, sa femme, à Thomas, son filz, et à Guillaume, evesque de Challons, son frère, après lequel decedz le dict bastiement fust intermis (1).

(1) *Add.* « 1199, le 6 avril, mort de Richard, Roi d'Angleterre, Jean Sans-Terre, son frère, lui succéda.

« Le comte du Perche assista cette année à l'assemblée que Thibaut V, comte de Champagne, convoqua dans la ville de Chartres, pour assigner le douaire de sa femme, Blanche de Navarre.

« Une quatrième croisade est résolue cette même année et publiée en France. Thibaut V, comte de Champagne, Louis, comte de Chartres et de Blois, Renault de Montmirail, seigneur du Perche-Gouet, et autres se croisèrent dans les avents; l'année suivante 1200, Beaudouin IX, comte de Flandres, et Henri, son frère, prirent la croix. Le comte de Champagne fut élu chef de la croisade, mais il mourut le 25 mai 1201.

« La même année 1200, la paix eut lieu entre les rois de France et d'Angleterre. Le mariage de Louis, fils ainé de Philippe-Auguste, est accordé avec Blanche, fille d'Alphonse, roi de Castille, nièce de Jean, roi d'Angleterre, qui céda en faveur de ce mariage au prince Louis Issoudun, Graçay et Château-Roux avec les hommages dus au dit Jean par les comtes du Perche et d'Aumale et par Hugues de Gournay, pour ce qu'ils tenoient de lui en deçà la mer. Neuf barons de chaque côté garantissent ce traité.

« 1201, Boniface II, marquis de Montferrat, fut élu chef des croisés après le décès du comte de Champagne. Il vint à Soissons où les barons croisés étoient assemblés. Le comte du Perche mourut en cette ville en carême 1202 et fut inhumé dans l'église de Saint-Médard, selon Courtin,

FONDATION DE TOUSSAINCT DE MORTAIGNE

La dicte Matilde (1), comtesse du Perche, se retira au dict Mortaigne où aïant séjourné quelque temps en larmes et prières pour le repos de l'âme du dict deffunct comte du Perche, son mary, le clergé et le peuple de Mortaigne luy remonstrèrent qu'elle et ses prédécesseurs avoyent laissé de belles et grandes marques de leur pietté au dict païs du Perche par la fondation d'esglizes, monastaires, oratoires et autres, et qu'eulx, qui avoyent esté honorez de la présence de son mary et d'elle et de leurs prédécesseurs, n'en avoyent aucun de remarque en leur ville; la supplièrent d'affection vouloir fonder une esglize (1) au dict Mortaigne en l'honneur de Dieu, de la saincte Vierge et de tous les Saincts pour l'augmentation de la vigne du Seigneur; de laquelle elle s'excusa sur les grands frais de leurs premières fondations, perte de son mary et sur l'obligation de la promesse qu'elle avoit faicte de bastir l'abbaye des Cleretz. Mais, pour ne les frustrer du tout de leur saincte volonté, leur donna, en la présence et du consentement de Thomas, comte du Perche, son filz, présence aussi de Thibault, doien de Tours, et Guillaume, provost de l'esglize de Chartres, la place de son chasteau de Mortaigne pour y bastir une esglize canonialle suivant leur intention et y

après avoir chargé Etienne du Perche, son frère, de conduire les enrôlés qui étoient sous ses enseignes.

« Les croisés se rendirent partie à Venise, partie à Marseille et partie dans la Pouille. Au nombre de ces derniers était Adam, dit Gautier, troisième abbé de la Trappe. Les premiers s'emparèrent de Zara, où ils passèrent l'hiver; ensuite ils prirent le chemin vers Constantinople pour y rétablir sur le trône le jeune Alexis, mais ce jeune prince fut bientôt dépossédé par Alexis Ducas. L'armée qui avoit dépassé Constantinople revint sur ses pas et s'empara de cette ville le 12 avril 1204. Beaudouin IX, comte de Flandres, fust proclamé premier empereur de Constantinople, premier du nom. Dans le partage des terres qui eut lieu, Louis, comte de Chartres et de Blois, fut fait duc de Nicée et de Bithynie. Etienne du Perche fut duc de Philadelphie. Ces deux seigneurs ainsi que Renault de Montmirail, proche parent du comte Louis, périrent le 14 avril 1205 à la bataille d'Andrinople, à 45 lieues de Constantinople. » *(Ms. de M. de La Sicotière.)*

(1) *Add.* « Ou Mahaud de Saxe. » *(Id.)*
(2) *Add.* « Collégial. » *(Id.)*

fonda deux chapelains perpétuelz pour prier Dieu pour l'âme de Geofroy, son mary, ses prédécesseurs et successeurs auxquelz elle donna douze livres de rente sur la provosté de Mortaigne et pareille somme sur la provosté de Moulins et oultre les coustumes et autres proffictz de la foire qui se tient au dict Mortaigne le jour et feste Sainct-André, et leur en expédia lettres en sa maison de Longpont, l'an mil deux cens troys.

Dès lors, le zelle des ecclésiasticques et du peuple y apporta tant d'affection, de moyens et de dilligence que l'esglize fut incontinent bastie comme elle est dedans l'enclos du dict chasteau de Mortaigne à laquelle furent mis et establis des chanoines séculiers de l'ordre de sainct Augustin, composez d'ung doien, ung chantre, ung provost, ung chancelier, ung trézorier et sept chanoines et vingt quatre chappelains de plusieurs et diverses fondations qui depuis pour le peu de leur revenu ont esté réduictz à douze chappelains qui y sont d'ordinaire appelez les grandz chappelains, et oultre y a six chappelains, deux de la fondation de sainct Louys et quatre d'autres fondations.

Les doien et chapistre de Sainct-Denys du dict Nogent qui présentoyent, comme encores ilz font aux bénéfices des esglizes du dict Mortaigne, s'opposèrent au bastiement de la dicte esglize de Toussainct disant que l'on ne pouvoit faire ny bastir aucunes esglizes sur le territoire des esglizes auxquelles ilz presentoyent sans leur permission et sur ce, par transaction du dict an mil deux cens troys, en la présence des comte et comtesse du Perche et de l'archidiacre de Corbonnoys, consentirent la perfection de la dicte esglize, moyennant que les dictz de Toussainct receurent le prieur du dict Sainct-Denys pour luy et ses successeurs pour chanoyne et confrère d'icelle esglize qui y auroit et siège après le doien et lui assignèrent pour sa prébende en cas d'absence quarante solz tournoys de rente chacun an, descharge de l'assistance du service d'icelle esglize (1).

Le premier doien d'icelle esglize fut Girard du Bouchet qui eut sa sépulture eslevée en icelle esglize contre la muraille au dessoubz de chappelle Nostre-Dame contre la pierre de la sépulture duquel sont escriptz ces mots : *Audax fuit Girardus du Bouchet ut leopardus.*

Tous les officiers de la dicte esglize ont tousjours esté en la

---

(1) *Add.* « L'archidiacre du Corbonnoys a mis sa signature à cette transaction. » *(Ms. de M. de La Sicotière.)*

nomination, présentation et élection du chappistre d'icelle esglize jusques en l'an mil troys cens quatre vingtz dix neuf que monsieur Pierre, comte d'Allençon et du Perche, comme garde de Jehan, son filz, y voulut présenter; le chappistre s'y opposa disant qu'il n'y avoit rien de la fondation de ses prédécesseurs. Finallement, par transaction du dict an, les dicts de Toussainct luy quittèrent pour le tout la présentation à la chancellerye d'icelle esglize à touttes vacations et le droict de présenter avec eulx alternatifvement aux quatre dernières prébendes desquelles touttesfois la collation appartient au chappistre, le surplus à la nomination, eslection et présentation du chappistre.

Le dict chappistre présente aussy et confère *pleno jure* aux douze chappelains anciens de la dicte esglize.

Il y a encorres six aultres chappelains en icelle esglize desquelles le Roy présenta à deux et le dict chappistre aux aultres.

En l'an mil six cens douze, le dict chappistre nomma et pourveut messire René Bézard de la trezorrerye d'icelle esglize vacant par la mort de messire Robert Quelain. Messire Michel Huan s'en feist pourveoyre par le Roy, en print pocession. Bézard et le chappistre s'opposèrent ; le chappistre conclud en la maintenue en laquelle ilz furent conservez par arrest du Grand Conseil du vingt quatriesme janvier mil six cens treze.

En l'an mil deux cens quatorze, Guillaume de Réveillon, chevallier, du consentement de Philippes, son filz, donna à la dicte esglize de Toussainct plusieurs héritaiges.

En l'an mil deux cens treze (1), Richard de Chastillon, Hugues et Gervays de Feings donnèrent à la dicte esglize le tiers des grosses dixmes de la parroisse de Sainct-Victor-de-Reno.

Philippes de Prulay fonda en icelle esglize la messe de prime qui se dit'chacun jour huit heures du matin en icelle esglize ; le tiltre ne s'en trouve, mais l'on tient de tradition qu'il contient que l'on doibt sonner la cloche, que l'on appelle cloche de prime, aultant de tems que le seigneur de Prulay sera à venir de sa maison de Prulay en la dicte esglize pour y venir ouyr la dicte messe. Je l'ay vu sonner avant les troubles troys quartz d'heure et plus.

L'an mil deux cens quinze, Thomas, comte du Perche, rattiffia et approuva la fondation faicte par le dict sieur de Prulay de la dicte messe et touttes acquisitions par luy faictes et données pour la fondation d'icelle messe.

(1) *Var.* « En 1215. » *(Ms. de M. de La Sicotière.)*

En l'an mil deux cens quinze, Hugues de Courgeon donna à la dicte esglize la dixme de Courgeon à luy appartenant de ses prédécesseurs, chargé de bailler chacun an dix-neuf provendes de froment aux prieur et religieux de Chartraige pour la despence de la Callande du Corbonnoys y establie, confirmé par Thomas, comte du Perche, et par Silvestre, evesque de Sees, en l'an mil deux cens seize.

En l'an mil deux cens dix huict, Robert de Réveillon, chevallier, du consentement d'Alix, sa femme, et de Philippes, Agnès et Béatrix, ses enfans, fonda une prébende en icelle esglize et y donna plusieurs biens.

Regnault de Nonnant, chevallier, du consentement de Hugues, son frère, y donna le patronnage de l'esglize de Sainct-Germain-de-Clairefeuille en Normandye.

Le grand doien de Lisieux, auquel appartenoit la dixme de la dicte parroisse, la donna à la dicte esglize de Toussainct pour la fondation de cinq prébendes et une chappelle au grand autel d'icelle et dix livres de rente d'assignat sur la dicte dixme pour l'entretien d'icelle chappelle (1).

En l'an mil deux cens vingt quatre, Guillaume de Buberthré, chevallier, donna à la dicte esglize de Toussainct l'esglize de Sainct-Victor-de-Reno.

En l'an mil deux cens trente, Silvestre Carel, chevallier, du consentement de Béatrix, sa femme, cedda aux ditz de Toussainct la dixme qu'il avoit en la dicte parroisse de Coullonges, qui avoit esté donnée en mariage à ses père et mère par Mathieu de Poillay (2), chevallier, et Jehan de Courpotin renonça au droict féodal qu'il prétendoit sur la dicte dixme qui se consiste en la quarte partye d'icelle.

Les ditz de Toussainct présentent aussy à la cure de Sainct-Aulbin-des-Groyes et prennent sur la dicte dixme six (3) septiers de bled de groa.

---

(1) *Add.* « Le chapitre de Toussainct est obligé, lorsque le seigneur de Saint-Germain-de-Clairefeuille vient à Mortagne, d'aller au-devant de lui, le chapitre en corps avec la croix et de le conduire en une maison à ce dédiée et puis de le mener à la messe et aux vespres et le reconduire à la dite maison et de laisser avec lui deux chanoines pour l'entretenir pendant deux jours et ce, pour une fois seulement pendant la vie du dit seigneur, lequel est obligé, lorsqu'il désirera venir à Mortagne, d'en donner connaissance au chapitre. » *(Ms. de M. de La Sicotière.)*

(2) *Var.* « De Poille. » *(Id.)*

(3) *Var.* « Sept. » *(Id.)*

Robert de Loisail y donna la moityé de la dixme de la parroisse de Loisail pour la nourriture des enfans de chœur.

Guillaume de Pluviers, prestre, chanoine en icelle esglize, leur admortit ce qu'ilz tenoyent en ses fiefs.

Ils jouissent de plusieurs aultres droictz de dixmages, desquelz ne se trouvent aucuns tiltres qui ont esté perduz durant les guerres; asçavoir :

Sur le fief des Poussinières, près Nocé,

Sur la dixme du Pin, seze boesseaux de bled et huict boesseaux d'orge,

Sur le fief du Chesnay, parroisse de Sainct-Ouen-de-la-Court,

Sur la grande portion de la cure de Solligny quatre vingtz quatre boesseaux de bled, trente deux d'orge et soixante huict avoyne,

Le tiers de la dixme de la Pillatrière, parroisse de Sainct-Langis, à départir avec le curé du dict Sainct-Langis et le prieur (1) du dict Coullimer,

Item, ung muid de grain sur le prieuré de Coullimer,

Item, vingt deux livres sur la dixme de Bazoches au lieu d'ung droict de dixme qu'ils y prenoyent.

Au moys de janvier, l'an mil deux cens quatre vingtz deux, André de Prulay, chevallier, par son testament fonda une chapelle en la dicte esglize de Toussainct, pour quoy il donna la mestairye que luy et feue Aveline, sa femme, avoyent acquise de Gaultier Gastel et Guillaume Mathieu en la paroisse de Courcerault, quarante (2) solz de rente sur l'estallage de Mortaigne et aultres rentes, et oultre donne à la dicte esglize de Toussainct vingt cinq livres et quarante solz de rente sur sa mestairye de Loisail pour faire son obit et fournir de luminaire et oblations; item, à l'esglize de Corbon, trente cinq solz de rente à prendre sur sa mestairye que tenoit Hugues du Pré pour avoir une lampe entretenue d'huille et de feu perpétuellement devant l'autel de la Vierge Marye en la dicte esglize de Corbon et pour fournir et entretenir une torche ardante durant la lévation du Sainct Corps de Jésus-Christ en la messe dicte au dict autel,

Item, à la Maison-Dieu de Mortaigne ung lit fourny et ung septier de terre, mesure de Corbonnoys, à prendre en sa mestairye de Viamier pour luy faire un anniversaire,

---

(1) *Var.* « Et le seigneur. » *(Ms. de M. de La Sicotière.)*
(2) *Var.* « Quatre. » *(Id.)*

A la maison de Chartraige, vingt solz de rente, ung lit fourny et ung septier de terre semeure à prendre en la dicte mestairye de Viamier, mesure de Corbonnoys, pour luy faire ung anniversaire,

Item, quarante livres tournoys à prendre sur ses meubles et immeubles pour ayder aux fraiz du voyage de Terre Saincte,

Item, à la léproserye de Mauves et au prestre d'icelle vingt solz de rente à prendre sur sa mestairye que tenoit Roger de la Vallée et plusieurs aultres grandes sommes de deniers laissez et donnez à plusieurs particulliers nommez au dict testament, pour l'exécution duquel il nomma le sieur de Radray, son nepveu, le prieur de Chartraige et Jehan de Blavo.

En l'an mil deux cens quatre vingtz quinze, Guillaume de Sainct-Denys, chevallier, seigneur du lieu, du consentement de Girard, son frère, donna à la dicte esglize de Toussainct le patronnaige de l'esglize du dict Sainct-Denys-sur-Huigne,

Gervays de la Mesnière y donna la présentation de l'esglize de la Mesnière et le droict de dixme qu'il prenoit en la paroisse.

En l'an mil troys cens, Guillaume de Puisaye fonda une chapelle en icelle esglize.

L'an mil troys cens quatorze, par transaction faicte entre Charles, filz du Roy de France, comte de Vallois, d'Allençon, de Chartres, du Perche et d'Anjou, et le dict chapistre de Toussainct, les dicts de chapistre permirent au dict sieur comte de faire bastir de petites halles dedans le chasteau du dict Mortaigne qui furent basties au bout de l'auditoire par le moien de ce que le dict prince leur confirma la foire Sainct-André et autres dons à eulx faictz; lesquelles halles furent ruynées en l'an mil cinq cens quatre vingt douze (1) devant les guerres civilles de ce royaulme pour la Ligue.

En ce tems, Robert de Courpotin et Philippes de Prullay, chevalliers, furent accusez d'un meurtre commis à Apres, pour lequel ilz furent longtems retenuz prisonniers à Crespy-en-Vallois, la Ferté-Millon, Bellesme, Bonmoullins et autres lieux, finallement obtindrent rémission à la prière de la reyne d'Angleterre (2), chargez de fonder une chapelle en la dicte esglize de Toussainct, ce qu'ilz feirent.

---

(1) *Var.* « En 1591. » *(Ms. de M. de La Sicotière.)*

(2) *Add.* « Ce devait être Marguerite de France, veuve depuis 1307 du roi d'Angleterre Edouard Ier. » *(Id.)*

En l'an mil troys cens vingt ung, le ministre (1) Sainct-Esloy fut receu chanoyne associé de la dicte esglize de Toussainct à laquelle il aporta dix livres de rente.

En l'an mil troys cens vingt deux, le prieur de Chartraige fut aussy receu chanoyne associé en la dicte esglize et y porta dix livres de rente.

L'an mil troys cens trente quatre, Geofroy Turquentin, vicomte du Perche, fonda en icelle esglize une prébande qu'il donna à Jehan Turquentin, son filz.

En l'an mil troys cens soixante onze, Bouchard de Vendosme, chevallier, seigneur de Feillet, de la Ventrouse et Cherensay, aborna au dict chappistre de Toussainct le fief, manoir et seigneurye du Mesnil-Chevreul et vasseurs qui en deppendent ung obit que les dicts de Toussainct doyvent faire chacun an à son intention et de ses prédécesseurs et successeurs.

En l'an mil troys cens quatre vingtz six, Huc Renard, secrétaire et maistre de chambre de Monsieur Pierre, comte d'Allençon et du Perche, fonda en icelle esglize la chappelle Sainct-Eustache et y donna plusieurs rentes, calices et encensoirs d'or et d'argent.

Pierre Courterel, vicomte du Perche, et Jehanne de Mongastel, sa femme, y fondèrent une prébande ; sont enterrez en icelle et figurez et leurs noms escriptz contre la muraille de l'autel Nostre-Dame.

En l'an mil quatre cens soixante cinq, Guillaume Abot, sieur de Gournay (2), donna à la dicte esglize quatre arpens de pré, appellez les prés Abot, pour la fondation d'une chappelle.

En l'an mil quatre cens soixante dix, messire Michel Gislain, sieur de Boisguillaume, et Jean Gislain, son nepveu, l'un après l'autre doiens d'icelle esglize, fondèrent une messe ordinaire et deux obits chacun an à la charge que sy aucuns de leurs héritiers y assistoient, ilz auroient pareille distribution que les chanoynes, sont enterrez soubz l'aigle du cœur (3) d'icelle esglize.

L'an mil cinq cens onze, le sixiesme novembre, messire Simon Quelin, curé de Bonmoullins, avant chancellier de la dicte esglize de Toussainct, et messire Michel Quelain, son frère, prestre, trésorier d'icelle esglize, donnèrent à la dicte esglize de Toussainct

---

(1) *Add.* « Prieur. » *(Ms. de M. de La Sicotière.)*
(2) *Add.* « Ecuyer. » *(Id.)*
(3) *Var.* « Sous le lutrin du chœur. » *(Id.)*

au prolfict de la dicte trézorerie le lieu, terre et mestairye des Rozières, paroisse de Réveillon,

Messire Eustache du Chastel, curé de Beuzeville et chanoyne en la dicte esglize, y fonda deux chappelles (1).

Les dictz de Toussainct présentent aux bénéfices de Sainct-Denys-sur-Huigne,

Sainct-Aubin de Boiessey,

La Mesnière (2),

Sainct-Aubin-des-Groies,

Sainct-Victor-de-Resno,

et Clerefeille,

et présentent aux chapelles d'icelle fors aux deux fondées par sainct Loys et celle de Sainct-Denys de Nogent.

SAINCT-ESLOY DE MORTAIGNE

Près et joignant le dict Mortaigne, hors la porte, sur le chemin du dict Mortaigne à Allençon et à Secs, y a ung autre monastaire de l'ordre de la Saincte Trinité et rédemption des Captifs, composé d'un ministre et religieux, de la fondation duquel ne se trouvent aulcuns tiltres ny autres qui en facent mention, lesquelz les ministre et religieux de la dicte maison disent avoir esté perduz en l'an mil cinq cens soixante deux lorsque Gaspard de Colligny, admiral de France, conduisant l'armée protestante de Françoys et reitres passèrent au dict Mortaigne que la dicte maison fut du tout pillée par ses troupes et les tiltres bruslez. Les dictz ministre et religieux tiennent de la tradition de leurs prédécesseurs que la dicte maison a esté fondée et bastie par ung

---

(1) *Add.* « En 1593, Nicolas Crestot, doyen de cette église, fonda un obit et deux messes pour être célébrées l'une dans l'église de Toussainct au jour et fête de sainct Sébastien et l'autre dans celle de Loisé lorsque le chapitre y va en procession, et donne cent sols à prendre chacun an sur la terre de Couflans et quatre livres sur sa part de la terre de la Rouchère.

« En 1612, le chapitre nomma et pourvut René Bézard de la trésorerie de l'église de Toussaint, vacante par la mort de Robert Queslin, Michel Huard ou Huon s'en fit pourvoir par le roi et en prit possession. René Bézard et le chapitre s'y opposèrent et conclurent en la maintenue en laquelle ils furent conservés par arrêt du grand Conseil du 24 janvier 1613. » *(Ms. de M. de La Sicotière.)*

(2) *Var.* « Saint Gervais et saint Protais de la Mesnière. » *(Id.)*

seigneur de Prulley lez Mortaigne dedans son fief de Théval et se veoit dedans les vieilles vittres d'icelle esglize les escuz et armes des anciens seigneurs de Prulley qui portoient d'argent, chargé d'un lion rampant de sinople. Philippes de Prulley est enterré au cœur d'icelle esglize devant et vis-à-vis du maistre-autel d'icelle. Comme le contient l'escript estant sur sa tombe que l'on juge en avoir esté le fondateur; sur laquelle tombe sont gravez sept écussons et armoiries que l'on ne peut cognoistre à cause de leur antiquitté.

Se trouve hors la dicte maison un tiltre daté du moys de juillet mil troys cens cinq, contenant Alix de Chasteaugontier, femme de messire Gilbert de Prulley, chevallier, avoir donné à la dicte maison et monastaire de Sainct-Esloy pour la fondation et usaige d'une chapelle en icelle esglize douze livres tournoys de rente à prendre, asçavoir : huict livres sur la prévosté de Maison-Maugis au jour Sainct-Rémy et quatre livres à Noël sur ses arrérages de Monternon.

Les dictz ministre et religieux ayant esté troublez au chauffaige qu'ilz avoient droict de prendre ès forestz du Perche et scel qu'ilz prenoient au grenier à scel de Bellesme et n'en aiant tiltres ont eu recours à la chambre du trézor à Paris, où ilz ont trouvé que le roy sainct Loys par ses lettres données à Essey en l'an mil deux cens cinquante six, leur donna chauffaige ès dictes forestz et quatre mines de scel à prendre au dict grenier qui leur a esté confirmé et renouvellé par Loys treziesme de présent régnant. Il donna aussy le moulin du Val avec ses appartenances et
journées de terre alentour du dict monastaire de Sainct-Eloy pour nourrir et entretenir quatre religieux.

C'est une hospitallerye où logeoient et estoient anciennement receuz lez pèlerins passans; pourquoy y avoit une salle sur le chemin près la porte de la dicte maison et pour ce que aucuns volleurs s'y retiroient et soubz le nom de pèlerins, voloient les passans, la dicte salle fust abattue et tous pelerins et viateurs logez en l'hospital du dict Mortaigne.

L'on trouve à Sainct-Denys de Nogent-le-Rotrou que les dictz de Sainct-Denys s'opposèrent au bastiement du dict monastaire disans que le lieu où le bastiement se faisoit estoit dedans leur territoire de la paroisse de Théval au bénéfice de laquelle ilz présentoyent et n'estre permis d'y bastir esglize sans leur consentement, et finallement en l'an mil deux cens trente quatre par transaction consentirent les dictz de Sainct-Denys la perfection du dict bastie.

ment par le moien que icelluy monastaire demeura chargé de leur payer chacun an cinquante solz de rente, monnoye du Corbonnoys, et racheter d'eulx le fonds où est l'assiette de leur maison par submission que le prieur ou doyan du dict Sainct-Denys viendroit la vigile de la feste Sainct Esloy y dire les premières vespres et le lendemain, jour de la feste, la grand messe, qui seroyent défrayez par les dictz de Sainct-Esloy jusques à troys hommes et troys chevaux. Thomas, comte du Perche, donna aux religieux de la Saincte Trinité la chapelle de Sainct-Esloy avec ses appartenances, quinze arpens de terre et autres revenuz en l'an 1205.

FONDATION DE L'ABBAYE DES CLERETZ

Matilde, veufve du dict Geofroy, comte du Perche, désira exécuter la charge à elle par luy donnée par son testament pour la fondation et bastiement de la dicte abbaye des Cleretz et en commença le bastiement en sa forrest des Cleretz près du dict Nogent, partye de laquelle elle leur donna; faisant lequel bastiement et avant la perfection d'icelluy elle fut aussy prévenue de mort (1).

De Thomas, 7ᵉ comte du Perche.

Thomas (2), son filz et du dict Geofroy, leur succéda au dict comté du Perche et fut le septiesme comte et vray imitateur des vertuz et piété de ses prédécesseurs. Il continua les bastiemens et fondation de la dicte abbaye des Cleretz suivant l'intention de ses père et mère et la rendit parfaicte et y mist une abbesse et des religieuses de l'ordre de Citeaux et en l'an mil deux cens treize ratiffia la donation faicte à la dicte abbaye par ses dictz père et mère des mestairyes de la Bonnerie (1) et autres choses et oultre

---

(1) *Add.* « Cette Matilde ou Mahaud se remaria à Enguerrand, sire de Coucy qui, à cause d'elle, prenait le titre de comte du Perche à l'instar de Robert de France, comte de Dreux, qui, ayant épousé Harvise d'Evreux, veuve de Rotrou II dit le Grand, comte du Perche, se titrait comte de cette province. Matilde mourut vers 1210. » *(Ms. de M. de La Sicotière.)*

(2) Thomas, 5ᵒ comte du Perche, 5 avril 1202 (n. st.), † 20 mai 1217.

leur donna par aulmosne la mestairye du Pont et usaige en la forrest des Cleretz pour en jouyr en tout ce qui leur seroit nécessaire. Item, deux arpens de pré au Tail et un bourgeoys à Nogent, libre et exempt de toute coustume, tailles et autres exactions séculières et tout ce qu'il avoit de droict au moulin de Sainct-Menier (2) pour jouyr des dictes choses à perpétuité (3).

L'an mil deux cens quinze, le dict Thomas confirma, ratiffia et approuva la donation, faicte à la dicte abbaye par la dicte Matilde du consentement du dict Thomas, du bois des Cleretz et oultre leur donna en perpétuelle aulmosne vingt acres de boys en sa forrest des Cleretz, ses hayes joignant ce qui leur avoit esté donné par ses dicts père et mère.

Le dict Thomas, comte du Perche, donna en oultre à la dicte abbaye des Cleretz usaige en toutes ses forrestz qu'il possédoit et qu'il pourroit par après acquérir, asçavoir : boys vif à bastir et du boys mort pour eulx chauffer (4) et oultre leur donna ses moulins scis à Nogent, appelez les moulins des Prez, pour en jouyr avec toute liberté qu'il en jouyssoit ; de sorte qu'il ne luy seroit permis ny à ses héritiers à l'advenir de bastir autres moulins là ny ailleurs au préjudice des dictz moulins donnez. Que sy les dictz moulins, par le deffault et négligence de ses héritiers tomboyent en ruyne, les dicts héritiers seroyent tenuz assigner aux dictes religieuses quatre vingtz livres de rente.

Item, il donna au prieuré de Sainct-Martin du Vieil-Bellesme usaige de bois, paisson (5) et pasnage (6) en la forrest de Bellesme.

Confirma les donations faictes par le dict Geoffroy, son père,

(1) *Var.* « La Bouverie. » *(Ms. de M. de La Sicotière.)*
(2) *Var.* « Saint Victeur. » *(Id.)*
(3) *Add.* « Il confirma l'année suivante la fondation faite par sa mère de la collégiale de Toussaint et des deux chapelains qu'elle y établit ainsi que les douze livres de rente qu'elle leur avoit donné sur sa prévôté de Moulins. La foire de Saint-André de Mortagne du don de sa mère fut aussi confirmée à la dite église avec tous les droits de coutume en dépendant. Il donna lui-même aux chanoines la nomination des dits chapelains venant à vacquer et prend sous sa protection et défense les chanoines et clercs attachés à cette même église. Il fonda la même année 1214 le prieuré de Saint-Nicolas de Maison-Maugis. » *(Id.)*
(4) *Add.* « [Il confirma] les donations et fondations faites par ses prédécesseurs aux religieux de la Trappe et leur donna la seigneurie de Nuisement et du Bigre. » *(Id.)*
(5) Glandée ou l'action et le droit de faire paitre le gland et autres fruits ou herbes des forêts. *(Du Cange.)*
(6) Droit de paisson ; ce qu'on paye pour la paisson des bêtes. *(Du Cange.)*

du prieuré de Sainct-Laurent de Moulins au proffict de l'abbaye de Sainct-Evroul (1).

Le dict Thomas hantoyt la cour du roy Philippe-Auguste et de Louys d'Oultremer, son filz, qui fut Louys huictiesme, lequel il accompagna comme avec les autres comtes, barrons et seigneurs de France au veoiage de la Terre-Saincte et, en passant, prindrent sur Soliman turc Constantinople qu'il avoit prins sur l'empereur Alix et y remirent le dict Alix. Il eust une fille nommée Hélissende qu'il fist nourir en la cour du dict Louys près et avec Blanche d'Espaigne, sa femme, et mère de sainct Louys, neufviesme du nom, dame vertueuse, saincte et pieuse qui pour ses perfections acquist louange éternelle.

En l'an mil deux cens seze, la noblesse et peuple d'Angleterre se révoltèrent contre Jehan, leur roy, pour quelques loix qu'il avoit establies qu'il ne voulut pas garder et, afin de se rendre plus fortz contre luy et le chasser, appellèrent à leur ayde le dict Louys, filz aisné du dict Philippe-Auguste, qui y mena une forte armée où estoit le dict Thomas, comte du Perche (2). Fust le dict Jehan chassé du royaume. Recongneurent les Anglois le dict Louys pour leur roy et luy feirent hommage et, jugeant s'y estre bien estably, se retira en France. Mourut le dict roy Jehan en l'an mil deux cens dix-huit, après la mort duquel les dictz Anglois, oubliant la promesse et sermens qu'ilz avoient faitz au dict Louys, receurent pour leur roy Henry, filz aisné du dict Jehan. Louys retourna en Angleterre avec nouvelles forces esquelles estoit le dict Thomas, comte du Perche, qui sommèrent les Anglois de l'entretien de leurs promesses et sermens. Ilz se refuzèrent et traictèrent mal les Françoys et par trahison en tuèrent plusieurs, entre aultres le dict Thomas qui fut tué à Lincorne,

---

(1) *Add.* « Et à la collégiale de Toussaint de Mortagne la fondation faite par Philippe de Prulay de la chapelle et de la messe de prime. » *(Ms. de M. de La Sicotière.)*

Add. « En 1216, Thomas, comte du Perche, donna aux religieux de Chêne-Galon trois hommes exempts, un à Nogent, un à Moulins et un à Bonsmoulins, et leur confirma la donation faite par son père en 1193 d'un denier par jour sur ses châteaux et y ajouta les prévôtés de Moulins et de Bonsmoulins. » *(Id.)*

(2) « Ludovicus regis Franciæ primogenitus, navigio præparato, transiit in Angliam et ab his qui eum advocaverant jucunde et reverenter est susceptus, homagia recipiens eorumdem... » *(Chronique latine de Guillaume de Nangis de 1113 à 1300, publ. par M. H. Gérard pour la Soc. de l'hist. de France. Paris, 1843, p. 153.)*

autrement Licolle (1), ville d'Angleterre, et se retira le dict Louys sans rien exploicter (2).

De Guillaume, evesque de Chaalons, filz du dernier Rotrou et oncle du dict Thomas.

Guillaume (2), filz du dict Rotrou, frère du dict Geoffroy et oncle du dict Thomas (3), qui avoit droict par indivis au dict comté du Perche, fut premièrement grand doien de la grande esglize de Chartres et depuis evesque et comte de Chaalons et païs de France, illustre et grand personnage, bien aymé des roys Phi-

(1) Lincoln sans doute.

(2) « Ludovicus filius regis Franciæ, congregata post Pascha equestri pedestrique multitudine, in Angliam remeavit, ægre ferens et indigne quod quidam ex nobilioribus Angliæ in absentia sua eum, spretis juramentis, reliquerant et in partem transierant novi regis. Qui dum Devoram obsedisset, Thomas, comes Pertici, qui in auxilium ejus convenerat, apud Linconiam, Angliæ civitatem, dolo Anglorum est occisus. Quo audito, Ludovicus, percipiens proditionem et infidelitatem Anglorum, incensis machinis suis, se et suos Londoniam transtulit... » *(Chron. lat. de Guill. de Nangis, édit. 1843, p. 154.)*

Add. « On lui donna pour successeur son frère Etienne, comte de Mortagne, auquel on donne deux enfants, Robert et Hélisende, et Etienne parait le même qu'Etienne du Perche fait duc de Philadelphie, tué en 1205 à la bataille d'Andrinople ; on ne voit point qu'il fut marié. Robert, dont on vient de parler, mourut sans enfans. Hélisende, sa sœur, lui succéda. Elle donna le comté du Perche à Philippe-Auguste, roi de France, rétention faite de l'usufruit. Philippe mourut à Mantes, le 14 juillet 1223, et le prince Louis, son fils, lui succéda. Il mourut à Montpensier le 8 novembre 1226. » *(Ms. de M. de La Sicotière.)* — Thomas n'eut ni de frère du nom d'Etienne, ni de nièce du nom d'Hélisende. Cette Hélisende était sa propre femme. *(V. Géographie du Perche, par le Vte O. de Romanet, p. 58, note 1, Documents sur la province du Perche, 3e fascicule, janv. 1891.)*

(3) Sixième comte du Perche, 20 mai 1217 ; † 18 février 1226 (n. st.).

(4)   Nec, Guillelme, tibi, Catalauni præsul, avaro
    Copia precipuos cornu diffudit honores;
    Qui, Thome lugenda tui post fata nepotis,
    Invidia quem rapuit primevo in flore tibi mors,
    Angligenum fines aggressum cum Ludovico,
    Dignus es inventus et episcopus et comes esse,
    Sufficienter onus dispensaturus utrumque,
    Subsit ut heredi justo tibi Perticus axis;
    Ut cui nobilitas gemina est a sanguine regum,
    Nobilitatis apex gemino splendescat honore.

(Philippide de Guillaume le Breton, publ. par H.-Fr. Delaborde pour la Soc. de l'hist. de France, Paris, 1885, liber XII, vers. 700, p. 375.)

lippe-Auguste et Louys huictiesme, son filz, lequel pour sa suffisance assista tousjours en leurs conseils et jugement, entre aultres à ung donné en l'an mil deux cens seze par le roy Philippe-Auguste en la cour de ses pairs à Melun sur le débat de la féodalité des comtéz de Brenne et Champaigne entre Blanche, comtesse de Champaigne, et Errard de Brenne et Philippes, sa femme, auquel jugement le dict sieur evesque de Chaalons tenoit le troisiesme rang entre les assistans après l'archevesque de Reims et evesque de Langres et après luy Philippes de Beauvoys, Estienne de Noyon, Eudes, duc de Bourgongne, les evesques d'Auxerre, Chartres, Senlis et Lisieux, Guillaume, comte de Poitou, Robert, comte de Dreux, Pierre, comte de Bretaigne, Guy, comte de Sainct-Paul, Guillaume d'Escoches, sénéchal d'Anjou, le comte de Joigny, le comte de Beaumont et le comte d'Alençon.

En l'an 1223, le dict evesque de Chaalons et le comte du Perche assistèrent au jugement donné à Paris par le roy Louys huictiesme en l'assemblée de son conseil sur l'establissement des Juifs en France, en laquelle assemblée le dict sieur evesque tenoit le premier rang et le comte du Perche le deuxiesme, et après culx Philippes de Boulongne, la duchesse de Bourgongne, la comtesse de Nevers, Gaultier, comte de Bloys, Jehan, comte de Chartres, Robert, comte de Dreux, pour luy et le comte de Bretaigne, son frère, Guy, comte de Sainct-Paul, Hugues de Chastillon, le comte de Nemours, le comte de Grandpré, le comte de Vendosme, Robert de Courtenay, bouteiller de France, Mathieu de Montmorency, connestable de France, Archambault de Bourbon, Guillaume de Dampierre, Anguerand de Coucy, Amaury, sénéchal d'Anjou, Dreux de Melion, Henry de Semilly, Guillaume de Chauvigny, Gaicher de Joigny, Jehan de Vialzay, Guillaume de Solligny.

En l'an mil cent quatre vingtz dix-huit, le sabmedy de devant les calandes de septembre, le dict sieur evesque de Chaalons créa, fonda et establit en la dicte esglize de Sainct-Jean de Nogent ung doien, ung chancelier, ung trézorier et ung prévost et donna à la dicte esglize de Sainct-Jehan au proffict du dict prévost les droicts qu'il prenoit à cause de la foire de la decollation Sainct-Jehan au dict Nogent, lesquelz le dict prévost prend encor à présent, sauf que sy le jour de la décollation arrive au sabmedy, jour de marché, le droict de foire et marché appartient aux dictz de Sainct-Jehan, lequel droict et celuy de haulte justice leur a esté confirmé par Monsieur Henry de Bourbon, prince de Condé, seigneur du dict Nogent, par devant Jehan Malays, notaire et tabellion au dict Nogent, le dix-neufviesme may mil six cens douze.

Avant l'establissement des dictz doien et officiers dessus dictz, il n'y avoit aucun règlement de chanoynes en icelle esglize et y estoient tous prestres receuz y apportant dix livres de rente, et en l'an mil quatre cens soixante-sept, le vingt-ungiesme décembre, à la supplication du dict chappistre, du consentement de Charles d'Anjou, lors comte du Mayne et seigneur du dict Nogent, Miller, evesque de Chartres, réduisit les dictz chanoynes à neuf personnes et dix prébandes desquelles le doien en prend deux et les autres huict chanoynes chacun une, composé aussy de quatre enfans de chœur et de troys chapelains qui, avec le chevecier d'icelle esglize, sont tenuz de dire toutes les heures et célébrer les messes, la dicte réduction confirmée par Nicollas, légat du pape, en l'an mil quatre cens soixante-seize.

Le dict chappistre a droict d'eslire le doien, vacation venant, et de conférer toutes prébandes de la dicte esglize Sainct-Jean ; le prévost : les troys chapelains de Nostre-Dame de Lorette, Sainct-Nicollas, Saincte-Catherine, Sainct-Gilles, Sainct-Eustache et Sainct-Estienne du chasteau ; le seigneur du dict Nogent présente au dict chappistre le chantre et le trézorier. Le doien de la dicte esglize confère le chevecier, et l'aisné masle de la maison de la Chesnelière au Mayne présente au dict chappistre le chapelain de la chapelle Nostre-Dame de Pitié, autrement appelée la chapelle d'Autreson à cause de la terre qui dépend de la dicte chapelle appelée Autreson, paroisse de Souencey, laquelle chapelle fut bastie et fondée en l'an mil cinq cens onze par demoiselle Anne Guillard, veufve maistre Robert Poignant, vivant bailly du dict Nogent, et y donna la dicte mestairye d'Autreson et celle de la Hérissière, le lez receu au dict chappistre l'an mil cinq cens douze.

Le seigneur de Nogent présentoit anciennement à l'office de prévost et aux prébandes de la chapelle Sainct-Estienne du chasteau, mais en l'an mil deux cens trente-sept, le dict James de Chasteaugontier, seigneur du dict Nogent de par sa femme, renonça à ce droict et en quitta la disposition au dict chappistre de Sainct-Jehan.

Anciennement le dict chappistre conféroit aussy le dict office de chevecier, mais en l'an mil deux cens quarante-quatre, le chappistre donna ce droict au sieur doien du dict Sainct-Denys à la charge de ne le conférer qu'à ung chanoyne de la dicte esglize, sa prebande réduite à trente solz.

Le dict chappistre confère les grandes escolles du dict Nogent par transaction passée entre les dictz du chappistre et les doien et couvent du dict Sainct-Denys, de l'an mil quatre cens soixante, l'onziesme mars.

En la dicte esglize Sainct-Jehan repose un très beau et précieux reliquaire du cerveau Monsieur sainct Jehan-Baptiste, duquel est faict mention en ancienne cronique de Chartres, en ces termes : « *Robert de Joigny, soixante-seiziesme evesque de Chartres, leva en son tems le cerveau et la teste sainct Jehan-Baptiste trouvé en une vielle muraille de l'ancienne esglize du dict Sainct-Jehan de Nogent-le-Rotrou ès sept des nonnes de may mil troys cens vingt-quatre et, après plusieurs miracles faictz en sa présence, il mist iceluy cerveau* (1) *en ung excellent vaze d'argent doré faict à mode d'une teste d'homme jusques aux espaulles, porté et soustenu par deux anges, lequel vaze il feist faire à ses despens.* »

Le dict reliquataire fut trouvé entre deux escuelles, l'une de boys de fresne, l'autre de cuivre doré sur laquelle il y a une décollation gravée avec ces motz allentour : *Hic est de cerebro Sancti Johannis Baptistæ*, lesquelles deux escuelles sont de présent en la dicte esglize bien richement enchâssées.

La dicte esglize Sainct-Estienne du chasteau fust bruslée en l'an mil quatre cens vingt-deux avec plusieurs tiltres faisant mention de la fondation d'icelle lorsque le comte de Salisbury (2), Anglois, print le dict chasteau et celle de Sainct-Jehan fust aussy bruslée avec la plus part des tiltres d'icelle en l'an mil cinq cent soixante-huict, le dix-septiesme mars, par certains heretiques au commencement des troubles pour le faict de la religion, le sieur de Belleville commandant lors au dict chasteau (3).

---

(1) *Var.* « Il mist du dict cerveau... » *(Ms. de M. de La Sicotière.)*

(2) *Var.* « Le comte de Warwick. » *(Id.)*

(3) *Add.* « Guillaume du Perche devint évesque, comte de Chalons, pair de France en 1215 et se trouva, l'année suivante, au jugement que le roi Philippe-Auguste donna en sa cour de ses pairs à Melun sur le débat de la féodalité des comtés de Champagne et de Brie entre Blanche de Navarre, comtesse douairière de Champagne, ayant le gouvernement des comtés de Champagne et de Brie pendant la minorité de son fils Thibaut VI, d'une part, et Erard de Brienne et Philippe de Champagne, sa femme, de l'autre part. Le jugement fut prononcé en faveur de Thibaut, comte de Champagne.

« Guillaume succéda au mois de mai 1217 à Thomas, comte du Perche, son neveu, et fit, le mois de juin suivant, foi et hommage de ce comté au

En l'an mil deux cens seize, le dict Guillaume, evesque de Challons, donna au chancellier de l'esglize collégiale de Toussainct de Mortaigne, pour sa fondation, dix livres de rente à prendre sur le moulin de Bure. Il donna aussy vingt sols de rente aux dictz de Toussainct à prendre sur sa prévosté de la Perrière.

Il donna aussy à la maison de Chartraige-lez-Mortaigne quatre asnées de boys chacun jour pour leur chauffaige à prendre en la forrest de Bellesme et la dixme de la despense faicte à sa table en sa maison de Mauves en Corbonnoys, touttes fois et quante qu'il y seroit.

En l'an mil deux cens dix-huict, au moys de juillet, la vigille sainct Marc et Marcellian, martyrs, l'an du deceds de Regnault, evesque de Chartres, le siège episcopal vaccant, à la requeste du chappistre du dict Chartres, le dict sieur evesque de Challons dédia l'esglize de la dicte abbaye des Clairetz y establie et receut l'abbesse et religieuses en présence de plusieurs nobles personnes qui comme luy y firent aulmosne et donnèrent de leurs biens nommez et contenuz ès lettres du dict sieur evesque, du dict jour, pour estre particippans des sainctes prières d'icelle maison.

Asçavoir, luy, soixante solz de rente,

Guy de Montdoulcet, sa part de la dixme qu'il avoit commune avec Pierre de Beaurepos,

Lancelot de Fay, ung septier de froment sur la dixme d'Esperray,

Gacé de Vichères, deux septiers de bled au moulin d'Amaury,

Geoffroy Trichard, ung septier de bled en la dixme de Bellou,

Foulques Carel, dix solz,

Rotrou de Mongastel, cinq solz sur le moulin de Chaumont,

Geofroy de Montdoulcet, dix solz,

La dame de Carnière (1), une mine de froment à prendre sur le boys feu Gervays,

Guillaume de Feillet, deux septiers de bled sur le moulin de Maison-Maugis, mesure du chastellain,

---

roi Philippe-Auguste étant à Melun. Il en accepta Moulins et Bonmoulins que le roi réserva dans sa main pour les rendre au comte du Perche, si son droit en iceux étoit reconnu. Guillaume se trouva à l'ordonnance que le roi Louis VIII fit en 1223 au sujet des Juifs. Il y fut réglé que le roi ne pourroit retenir les Juifs de ses barons, ni les barons ceux du roi.

« Guillaume confirma par actes de 1218 ceux que Thomas, son neveu et prédécesseur, avoit fait en 1213, 1215 et 1217 en faveur de l'abbaye des Clerets. » *(Ms. de M. de La Sicotière.)*

(1) *Var.* « De Charnière. » *(Id.)*

Robert d'Imarde, deux septiers d'avoyne, mesure de Nogent,

Agnès du Pont, deux septiers de bled, mesure du seigneur sur Boessay,

Robert de Beauvillier, ung septier de bled sur le moulin des Orgeries, à Noël,

Yves de Montdoulcet, ung septier de bled sur sa mestairye du Pin,

Robert Chevreul, deux septiers de bon bled en la mestairye de Treuille,

Guillaume le Cauchelier (1), ung septier de bled sur le moulin de la Courbe,

Guillaume de La Lande, deux solz sur la provosté de Marcheville (2),

Guillaume de Sainct-Omer, ung septier de bled sur sa terre de Riveray,

Grandin, ung septier de bled sur les moulins de Nogent,

Geoffroy de la Brière, une mine de bled, mesure de Bellesme, sur la mestairye du Pont,

Symon de Mangatel, deux solz,

René de Marcilly, douze deniers, sur la terre qu'il tient de Guy de Montdoulcet, à Pasques,

Geofroy de Varandes, six deniers, et Guillaume de Caen, cinq solz sur le four de Mauves,

Gervays, sieur de la Ferté (3), dix solz à Bouessey,

Hemery de Villeray, cinq solz sur la chastellenye de Villeray,

Pierre de Jurens, dix solz en la terre de Chasteauvaier (4).

Guérin Chevreul, une bourgeoisie à Nogent,

Robert de Clinchamp, ung septier de bled sur le moulin de Clinchamp, mesure de Corbonnoys,

Robert le Voyer, une bourgeoisie à Nogent que tient Hiérosme, filz de Germont,

Hemery du Tartre, six deniers sur le moulin de Corcrestot (5),

Guillaume de Launay, deux septiers de bled sur le moulin de Margon,

(1) *Var.* « Le Chancelier. » *(Mss. de M. de La Sicotière et de Versailles.)*
(2) *Var.* « Marchainville. » *(Id., id.)*
(3) *Var.* « De la Frette. » *(Id., id.)*
(4) *Var.* « De la Chateneraie. » *(Id., id.)*
(5) *Var.* « Courtestot. » *(Ms. de M. de La Sicotière.)*

Geoffroy d'Amille (1), la dixme du moulin de Melays,

Gervays de Bouday, ung septier de bled sur le moulin de la Chesnaye,

Nicollas Barberotte, une mine de bled, mesure de Bellesme, sur sa terre de Courcerault,

Gaultier Beaucens et Jehan, son frère, une mine de bled, mesure de Bellesme, sur la mestairye de la Rouge,

Guillaume de la Vianderye, deux solz à Bellesme,

Robert de la Vianderye, les deux partz en la dixme qu'il a en la terre de Rodolphe Gerne (3),

Gervays de Bellaviller, ung septier de bled, mesure de Corbonnoys, sur le moulin de Grillon,

Hemery de Gemaiges, ung septier de bled, mesure de Nogent, sur la mestairye de la Mothe,

Simon de Challons, ung minot de bled sur la terre de Lespury,

Guillaume de Masle, ung septier de bled, mesure de Nogent, sur la dixme de Masle,

Heloche, veufve Rodolphe Voyer, une mine de bled, mesure de Nogent, sur le moulin du Pont,

Geoffroy de Villeray, deux septiers de bled sur le moulin de la Chapelle-Gastineau,

Robert de la Maire, ung septier de bled, mesure de Nogent, sur la dixme d'Apenay, pour son anniversaire,

Guillaume de Gemages, ung septier de froment sur sa mestairye des Arsies,

Girard Chevreul, cinq solz à Citray,

Geofroy Gaudron, douze deniers sur la mestairye de Brolles, paroisse de Vichères,

Guillaume, comte pallatin de Brye et Champaigne, à la prière et requeste d'excellente princesse Blanche, Reyne de France, leur donna le fief de Grigneux et pouvoir d'y acquérir vingt-cinq livres de rente (3).

En l'an mil deux cens vingt, le dict sieur evesque de Chal-

---

(1) *Var.* « D'Orville. » *(Mss. de M. de La Sicotière et de Versailles.)*

(2) *Var.* « Guernel. » *(Ms. de M. de La Sicotière.)*

(3) *Add.* « Guillaume donna, la même année 1238, à l'église de Toussaint de Mortagne vingt sols de rente annuelle, monnoie du Perche, à prendre sur la prévôté de la Perrière, et l'année suivante, il lui donna même somme à prendre sur cette prévôté, et ce, pour l'entretien du luminaire de la dite église.

« En 1219, il confirma aux religieux de Chêne-Galon les dons que leur

lons, en la présence et du consentement de Helissende, comtesse du Perche, sa niepce, donna à l'abbaye de la Trappe, près Mortaigne, fondée par Rotrou, ses père et ayeul, le bois de Fretay, la coustume de Chesnerond, le bois à Larcher, le bois de l'Angloyère, la sergenterye du bois de Fretay jusques à Contrebis et la séparation de Normandye et le moulin de Buré chargé de dix livres de rente vers le chancellier de l'esglize collégiale de Toussainct de Mortaigne (1).

Le dict sieur Guillaume, evesque de Challons, par ses lettres du moys de juing mil deux cens vingt ung, rapporte que Geofroy, son frère, et Thomas, son nepveu, comtes du Perche, ont fondé et fait bastir l'abbaye des Clairetz sur leur domayne pour le salut de leurs âmes et de leurs devanciers et que le jour mesme, l'abbesse fut beniste et instituée en icelle maison par le vénérable Gaultier, evesque de Chartres, pour le remède de son âme et des dictz frère et nepveu.

Il donna à la dicte abbaye en perpétuelle aumosne droict de faire paistre leurs bestiaux et de leurs mestairyes, fors les chèvres, en sa forrest des Clairetz, fors en ses taillis avec ce qui leur avoit esté donné par le dict Thomas son nepveu en la dicte forrest, et en sa forrest nommée morte forrest, partout où les autres bestiaux iroyent en icelle forrest, de sorte, que tous leurs dictz bestiaux et de leurs mestairyes seroyent exemptz de touttes coustumes, avénages et autres.

Et oultre, leur donna pasnage en touttes ses forrestz pour cinquante porcs où et pour tel temps que les autres iroyent en pasnage, lesquels cinquante porcs seroyent quittes de tout droict que l'on avoit acoustumé prendre sur les autres porcs (2).

---

avoient fait ses prédécesseurs et donna quarante sols de rente sur la prévôté de Bellesme.

« Il donna à la maison de Chartrage, près Mortagne, quatre années de bois chaque jour, pour son chauffage, à prendre en la forêt de Bellesme et la dîme de la dépense faite à sa table en sa maison de Mauves en Corbonnais, toutes les fois qu'il y seroit. » *(Ms. de M. de La Sicotière.)*

(1) *Add.* « Il donne aux Clérets les moulins le Comte tant à blé qu'à fouler et se réserve huit livres de rente sur iceux. Dans cet acte, de même année, il n'est fait nulle mention d'Hélisende comtesse du Perche. » *(Id.)*

(2) *Add.* « Il fait remise à la même abbaye de huit livres de rente qu'il s'étoit réservé l'année précédente sur les moulins le Comte qu'il lui avoit donnés.

« En 1212, Guillaume étant au chapitre de Saint-Denis de Nogent, au mois d'avril, cède à ce monastère la présentation de l'église de Saint-Malo

Après tant de biensfaictz, le dict sieur evesque de Challons, en ses vieulx ans, alla visiter la Terre-Saincte et à son retour mourut et fut enterré à Ancosme (1).

De Hélissende, 8ᵉ comtesse du Perche.

Hélissende, seule fille et héritière du dict Thomas, comte du Perche et arrière-petite niepce du dict sieur evesque de Challons, leur succedda; fut le huictiesme comte du Perche en l'an mil

au château de Mortagne, qui lui avoit autrefois été donnée par Geoffroi, comte du Perche, et à laquelle il avoit présenté jusqu'à ce jour, et au mois de novembre suivant, il donna aux Bonshommes, à Chêne-Galon, les bois qu'ils possèdent actuellement en la forêt de Bellesme.

« Il avoit donné, au mois d'août de l'année précédente, à Agnès Labrette les prés de Saint-Martin-du-Vieux-Bellesme, entre le bourg et la ville de Bellesme, à la charge d'une paire d'éperons dorés à présenter chacun an au jour de Pasques au bailli du Perche, si le comte n'est pas sur les lieux. Ces prés ont été depuis donnés à Saint-Martin-du-Vieux-Bellesme à la même charge, depuis converti à trente sols de rente que les religieux paient à la recette du domaine du roi, comte du Perche.

« Au mois de mai 1225, le même Guillaume, évêque de Chalons, comte du Perche, fonda en la collégiale de Toussaint de Mortagne, le bénéfice de la chancellerie avec dix livres de rente annuelle à prendre sur le moulin de Buré-sur-Sarthe, qu'il avoit ci-devant donné à la Trappe, à condition que le chancelier feroit sur la dite église une perpétuelle résidence, se réservant, le fondateur, tant pour lui que pour ses successeurs qui possèderont le château de Mortagne, la nomination du chancelier, vacation arrivant.

« Par acte passé à Tiron, le 8 septembre de la même année, le même comte du Perche fonda l'abbaye d'Arcisses, près de Nogent-le-Rotrou, dans le lieu que les religieux de Tiron avoient obtenu de Rotrou II, du consentement de Philippie du Perche, sa fille, et de Hélie, fils du comte d'Anjou, son gendre, depuis confirmé par Geoffroi III. Le comte Guillaume y établit des religieux qu'il soumit à l'abbaye de Tiron et donna à sa nouvelle fondation ses moulins de Rivray tant à blé qu'à tan, sans que ni lui ni ses successeurs puissent en construire d'autres, sur la châtellenie de Rivray cinq arpens de vignes, à Rivray et un à Nogent, ses prés à Condé et ceux situés au Theil, nommés Lanscar, trois charrues de terre à Marcheville avec usage dans les bois de ce nom, l'étang de Brunelles, la moitié des bois de Mausissuge, dix chênes de la valeur de dix livres à prendre annuellement dans la forêt du Perchet, etc., etc... ce qu'il confirma le 11 avril suivant. » *(Ms. de M. de La Sicotière.)*

(2) *Add.* « Avant le mois de juin 1226, suivant quelques-uns, ou le 8 septembre de la même année, selon d'autres. » *(Id.)* — Il paraît plus probable que Guillaume mourut le 12 des calendes de mars (18 février 1226.) — *(Voir Géographie du Perche, par le Vᵗᵉ de Romanet, p. 59.)*

deux cens trente (1). Elle ratiffia et confirma les donations et fondations faictes par ses prédécesseurs aux dictes esglizes ; elle fut nourrie en la court du Roy Louys huictiesme, filz de Philippes Auguste avec Madame Blanche, sa femme, fille du Roy d'Espaigne et de Castille, niepce de Jehan, Roy d'Angleterre et mère de Sainct Louis, qui fut l'une des plus vertueuses princesses de son temps, en quoy elle instruisit sy bien la dicte Hélissende qu'elle ne partit jamais d'auprès d'elle, ne fut maryée et mourrut à la suitte de ma dicte dame Blanche, Reyne de France, et par son testament, feist le Roy Sainct Louys son héritier, et en elle finit la famille des comtes du Perche.

De Monsieur Sainct Louys,
Roy de France, 10ᵉ comte du Perche (2).

Monsieur Sainct Louys print possession du dict païs du Perche en l'an mil deux cens cinquante-sept ; confirma touttes fondations et aulmosnes faictes au dict païs tant par les comtes du Perche

---

(1) Hélissende ne fut pas, à vrai dire, comtesse du Perche. Elle ne dut ce titre qu'à son mari et le conserva après sa mort. Guillaume, évêque de Chalons, hérita donc du comté du Perche à la mort de son neveu Thomas. Quant à Hélissende, elle ne jouit que d'un droit de douaire sur Mortagne et Mauves.

(2) 8ᵉ comte du Perche, novembre 1252 — 25 août 1270. *(Voir Géogr. du Perche, par le Vᵗᵉ de Romanet, p. 75.)*

Le manuscrit de M. de La Sicotière résume ainsi qu'il suit les faits de cette période :

ÉVÉNEMENS CONCERNANT LE PERCHE DEPUIS L'AN 1226 JUSQU'EN 1268 SOUS LOUIS VIII ET LOUIS IX, NEUVIÈME ET DIXIÈME COMTES DU PERCHE.

1226 — *8 septembre* (1). — Mort de Guillaume du Perche et non de Bellême, comme on le voit dans certains ouvrages, évêque de Châlons et comte du Perche.

Ouverture et partage de la succession du Perche.

Le roi Louis VIII met sous sa main Mortagne et Mauves, Bellême et la Perrière.

Pierre de Dreux, dit Mauclerc, comte et depuis duc de Bretagne, obtient en garde Bellême et la Perrière.

8 octobre (2). — Mort de Louis VIII. Louis IX, son fils, connu sous le nom de saint Louis, lui succède.

1ᵉʳ décembre (3). — Sacre et couronnement de Louis IX auquel entre autres seigneurs Thibaud VI, dit le Grand, comte de Cham-

---

(1) Nous avons vu plus haut que la date du 8 septembre n'était pas absolument prouvée.
(2) 8 novembre.
(3) 29 novembre.

que autres et en expédia diverses lettres données à Mortaigne, à Longpont, à Mauves, à Vernueil et autres lieux.

Il fonda deux chappelles en l'esglize de Toussains de Mortaigne et y donna maisons et revenu pour l'entretien des chappelains pagne, et Pierre de Dreux, comte de Bretagne, n'assistèrent pas. La régente Blanche de Castille, reine de France, marche aussitôt contre les mécontens, parvient à en détacher le comte de Champagne et à faire des traités avec les autres.

1227 — *16 mars.* — Traité de Vendôme par lequel Pierre de Dreux obtient en propriété, nonobstant les réclamations légitimes du dernier comte du Perche, Bellême et la Perrière en faveur du mariage d'Yolande de Dreux, sa fille, avec Jean de France, frère du roi. Il prend peu après les armes contre la régente. Le Perche devient le théâtre de la guerre.

Allard III ou IV, seigneur de Château-Gontier, fils de Renaud et de Béatrix du Perche, prend le titre de seigneur de Nogent-le-Rotrou en 1227 et meurt cette année. James ou Jacques de Château-Gontier, son fils, fut seigneur de Nogent-le-Rotrou. Il était encore fort jeune, lorsque son mariage fut arrêté avec Harvise ou Denise de Montmorency, fille aînée de Mathieu, II du nom, connétable de France, et d'Emme de Laval, lequel, au nom de ce gendre futur, mit en deux portions égales les biens dépendans de la succession de Guillaume du Perche, sis dans le Grand-Perche; il en fit le partage avec Thibaud, VI du nom, comte de Champagne. Le premier lot de ce partage, resté par son choix au seigneur de Château-Gontier, étoit composé de Nogent-le-Rotrou et de ses dépendances et obligé de relever du comte de Champagne qui, depuis 1152, s'étoit soumis le comté de Chartres et ses fiefs. Le second lot, composé de Rivray, d'Authon, de Mauves, de la moitié du Theil, fut choisi par le comte de Champagne tant en son nom personnel qu'en celui de Bérengère de Navarre, sa tante, veuve de Richard Ier, roi d'Angleterre, sœur aînée de Blanche de Navarre, sa mère, et en celui de ses cohéritiers. Il fut convenu que la jouissance de ces lots n'auroit lieu qu'après la mort de la comtesse de Chartres, qui en jouissoit à titre de douaire, et que chaque lot auroit justice pleine et entière et qu'en cas que la comtesse de Chartres, Elisabeth, vint à avoir des enfans de Jean de Châtillon, son mari, Montigny et Nonvillers, mis dans le premier lot, lui demeureroient à perpétuité; alors Mauves et ses dépendances, employés dans le second lot, retourneroient en commun pour être partagés afin d'opérer l'égalité prescrite par l'usage des lieux. Le comte de Champagne réunit par des arrangemens particuliers la portion de ses héritiers, dont il s'étoit fait fort par son partage.

1229 — Au mois de juin, le connétable de Montmorency cautionne le seigneur de Château-Gontier envers Blanche de Champagne et ses cohéritiers pour la moitié du partage ci-dessus mentionné et promit de le lui faire ratifier à sa majorité.

30 décembre. — Jugement de Melun par lequel Pierre de Dreux est déchu de tous les avantages qu'il a obtenus au traité de Vendôme.

1230 — Au mois de janvier 1229 (vieux style), siège et prise de Bel-

pour prier Dieu pour luy, ses prédécesseurs et successeurs, par lettres données au dict Mortaigne en 1257.

Au dict an, il donna deux chartées de boys par septmaine tirées avec deux chevaux pour le chauffaige des pauvres du dict

lême (1) par Louis IX et la reine Blanche, sa mère, sur le comte de Bretagne. Villeray, la Perrière, Ceton, Clinchamp, Nogent-le-Rotrou, le Theil, Préaux, ouvrent leurs portes.

Plaintes du duc de Bretagne pour Bellême et sa retraite de l'hommage dû au roi.

1231 — Mort de Blanche de Navarre, mère de Thibaut VI, comte de Champagne. Ce Thibaut, toujours remuant en France, ne fut pas étranger aux troubles qui s'étoient élevés dans la Navarre et à Pampelune. Héritier présomptif de Sanche, roi de Navarre, son oncle maternel, il étoit impatient de régner. Sa conduite fut telle que Sanche, qui s'étoit retiré à Tudèle, crut devoir laisser sa couronne à Jacques, roi d'Aragon, qu'il adopta pour son fils et son successeur.

1233 — Au mois de mars, Thibaut, comte de Champagne et de Brie, prenant la qualité de comte du Perche, confirme les droits de l'abbaye des Clerets.

1234 — *6 avril.* — Mort de Sanche, roi de Navarre. Les Navarois appelent Thibaut, son neveu, et le couronnent à Pampelune au mois de mai suivant, le roi d'Aragon ayant renoncé à son adoption.

Thibaut confirme de nouveau les droits de l'abbaye des Clerets, au mois de mai.

Mariage du roi saint Louis avec Marguerite de Provence, fille de Raimond Bérenger, comte de Provence, dont le douaire est affecté sur les châteaux de Mortagne et de Mauves.

En septembre, Thibaut VI, comte de Champagne, roi de Navarre, est condamné à payer à Alix de Champagne, reine de Chypre, sa cousine, quarante mille livres tournois pour ses droits au comté de Champagne et fut obligé de vendre au roi, qui les paya pour lui, ses fiefs de Blois, de Chartres, de Sancerre et de Châteaudun avec leurs dépendances, mais il retira la féodalité du Perche en ce qui pourroit relever du comté de Chartres. Alix ratifia cette vente deux mois après.

En novembre, Pierre de Dreux abandonna au roi ses prétentions sur Bellême et la Perrière. Il les avoit déduit au traité de paix d'Angers en 1231 ; il se plaignoit de la prise de Bellême qu'il réclamoit

---

(1) Cet événement a fait naître sous la plume savante et fine du marquis de Chennevières un *délicieux petit roman historique*, ayant pour titre : *Les Aventures du petit roi Saint Louis devant Bellesme*. Paris, Hetzel, in-12 (1864). Ce gentil volume a déjà fait depuis longtemps son tour de France. Il doit surtout occuper une place choisie dans les bibliothèques percheronnes.

Monsieur Le Nain de Tillemont raconte dans sa Vie de Saint Louis (publ. par J. de Gaulle, pour la Soc. de l'hist. de France, 1847, tome I, p. 530 et suivantes), le siège et la prise de Bellême : « Le Roy ayant son armée preste, marcha en diligence droit à Bellesme que Pierre, à qui le Roy l'avoit laissée par le traité de Vendome, avoit tellement fortifiée et si bien munie de gens courageux, qu'elle paroissoit imprenable. Le Roy fit aussitôt entourer la place.....

« Le palais, c'est-à-dire le donjon ou le lieu qui servoit de demeure au seigneur, fut entièrement ruiné et tous ceux qui y estoient, tuez ; la grosse tour fut ébranlée et puis abbattue. Enfin tout le chasteau fut tellement endommagé que les assiégez..... furent obligez de rendre la place, de recourir à la miséricorde du Roy, qui leur pardonna avec sa bonté ordinaire. Ainsy le Roy força en peu de jours, contre l'attente de la pluspart du monde, un chasteau qui passoit pour imprenable..... »

hospital et Maison-Dieu de Mortaigne à prendre en la forrest de Bellesme.

Et par auttres lettres données à Mauves au dict an mil deux cens cinquante-sept, est mandé au forrestier de Bellesme leur en bailler quatre chartées par septmaine en yver.

Et par auttres lettres données à Mortoust, donna à la dicte

> de la succession de son père Robert, comte de Dreux et de Braine, qui se qualifioit comte du Perche, comme ayant épousé Harvise d'Evreux, veuve de Rotrou, dit le Grand, comte du Perche. D'ailleurs les Sainte-Marthe (liv. 33, chap. 8) disent que Robert II, comte de Dreux, partant pour le voyage de la Terre-Sainte en 1190 et étant à Mâcon, fait expédier une charte en faveur de Saint-Denis de Nogent-le-Rotrou dans laquelle il se titroit comte du Perche, comme le même Robert Ier, son père. Les Sainte-Marthe font erreur : cette charte fut donnée par Rotrou III, comte du Perche, étant à Mâcon, pour son voyage d'Outremer.

1235 — Au mois de janvier, le roi de Navarre, comte de Champagne, maria sa fille de son deuxième lit, contre la teneur des traités qu'il avoit fait avec le roi, à Jean Ier, de Bretagne, fils de Pierre de Dreux, et lui donna pour dot ce qu'il possédoit dans le Perche et ordonna en 1238 à Jacques de Château-Gontier de faire hommage au dit Jean de ce qu'il tenoit de lui.

1246 — Mortagne et Mauves sont déchargés du douaire de Marguerite de Provence, lequel est rapporté sur d'autres lieux.

1257 — Cession de Maison-Maugis par le roi saint Louis à Jacques de Château-Gontier, seigneur de Nogent-le-Rotrou, pour lui tenir lieu de suprétention sur Mortagne, sur Mauves, sur Bellême et sur la Perrière.

1265 — Jean de Gombault, écuyer, sieur de Saint-Mars-de-Coulonges, donne aux religieux de la Trappe, deux setiers de blé froment, de rente, à prendre chacun an en sa grange de Saint-Mars-de-Coulonges, pour faire et fournir les hosties nécessaires à communier les habitans de toutes les églises et paroisses de l'archidiaconé du Corbonnois.

1268 — Saint Louis donne en apanage (1) à Pierre de France, son cinquième fils, pour en jouir après son décès, Mortagne, Mauves, Bellême, la Perrière, avec les forêts et dépendances, tant en fief que domaine, et tout ce qu'il y a au comté du Perche et pareillement ce qu'il tient au comté d'Alençon, à la charge de l'hommage lige envers la Couronne de France et la reversion en cas de décès sans enfans. Deux ans après, saint Louis, étant dans son camp auprès de Carthage, au mois d'août, augmenta l'apanage de son fils Pierre, attendu son insufisance, de deux mille livres de rente et mourut le 25 du même mois (2).

(1) Cette première donation n'eut lieu qu'en mars 1269.
(2) Pour tout ce qui concerne la succession du Perche à la mort de Guillaume, évêque de Châlons, nous renvoyons nos lecteurs à la Géographie du Perche (p. 61 et suivantes) où monsieur le vicomte de Romanet expose très clairement en quelques pages et à l'aide de nombreuses pièces justificatives le partage de ce comté. Cette question délicate à traiter nous entraînerait fort loin et augmenterait considérablement ces notes déjà très chargées. Nous ne pourrions, d'ailleurs, qu'appuyer les assertions de M. de Romanet, qui a su, par de nouvelles preuves, éclaircir ces faits controversés.

Maison-Dieu droict d'en prendre troys chartées par septmaine tout le long de l'an en la forrest de Bellesme.

Coste terre de Mortoust est en la paroisse de Mauves près Mortaigne (1), de l'ancien domayne des seigneurs de la Frette qui en ont tousjours jouy jusques à peu de temps qu'elle a esté baillée en partaige à damoiselle Magdalaine Gruel, femme et espouze de Anthoyne Girouys, escuyer, sieur de Mensey et de la Roche-Mayet.

Il donna aussy aux ministre et religieux de Sainct Esloy lès le dict Mortaigne deux chartées de boys tirées à troys chevaux à prendre en sa forrest de Bellesme et quatre mines de scel à prendre chacun an au grenier du dict Bellesme par lettres données au dict Mortaigne au dict an 1257.

Le dict seigneur Roy espouza Margueritte, fille du comte de Provence, de laquelle il eut plusieurs enfans, asçavoir : Louys qui mourut jeune, Philippes qui fut Roy après luy, Jehan, surnommé Tristan, comte de Nevers, Pierre, comte d'Alençon et du Perche, Robert, comte de Clermont, Ysabelle, qui fut reyne de Navarre, Marye, qui fut femme du filz aisné du Roy de Castille, Margueritte, qui fut duchesse de Braban, Agnès, qui fut duchesse de Bourgogne et Margueritte, qui fonda les religieuses de Sainct Marcel lès Paris, qui ne fut maryée.

De Pierre, tiers fils de Monsieur Sainct Louis, 1ᵉʳ comte d'Alençon, d'entre les enfans apanaigez de France, 11ᵉ comte du Perche (2).

Le dict Pierre fut par le dict Roy Sainct Louys, son père, apanaigé des comtéz d'Alençon et du Perche en l'an mil deux cens soixante-huict (3). Fut le premier comte apanaigé d'Alençon et le dixiesme comte du Perche. Il espouza (4) Jehanne, fille de Jehan de Chastillon, comte de Bloys et de Chartres, et d'Alix, fille de Jehan, duc de Bretaigne.

Sainct Louys estant oultre mer et en son camp devant Cartage,

---

(1) Voir page 59, note 3.
(2) 9ᵉ comte du Perche, 25 août 1272 — 6 avril 1284.
(3) En mars 1269.
(4) *Add.* « En 1272. Elle lui avoit été promise dès 1263. » *(Ms. de M. de La Sicotière.)*

sur la remonstrance que le dict Pierre lui feist que son apanaige n'estoit raisonnable, le luy acreut en aoust 1270 de deux mil livres de rente et encorres depuis rehaulsé par le Roy Philippes le Hardy, son frère, en octobre 1277, des hommaiges de Sainct Celerin et Haulte-Rive et en l'an mil deux cens quatre-vingtz-ung l'augmenta du tribut qui se prenoit sur les Juifs résidans ès dictes comtez (1).

Le dict Roy Philippes le Hardy, son frère, craignant mourir avant l'aage de ses enfans, l'en constitua tuteur et régent en France en l'an 1271 jusques à ce que l'aisné eust quatorze ans.

En l'an mil troys cens troys, le dict Pierre, comte d'Alençon et du Perche, confirma à la dicte abbaye des Clairetz les dons et chauffaiges que ses prédécesseurs y avoient faitz, à prendre en la forrest de Bellesme, asçavoir boys vif à édifier, boys mort à brusler et le pasnage de cinquante porcs et le poisson de la dicte forrest.

Il régla et réforma la justice tant à Allençon que au Perche, feist et establit plusieurs sergenteries qu'il fieffa pour faire exploictz et exécuter les mandemens de justice, entre autres au dict Mortaigne où il feist deux sergenteries, l'une à Robert Fagon, l'autre à Laurens Folenfant et les leur divisa par le chemin tendant de Mortaigne à Laigle et du dict Mortaigne à Bellesme, passans dedans Mortaigne par les portes de Rouen, de Sainct-Nicolas (2) et de Chartraige. Fagon eust le quartier vers Sainct-Esloy, Folenfant celuy vers les esglizes de Toussains et de Sainct-Jehan du dict Mortaigne chargez de les rachepter de luy. L'on ne trouve les autres charges de celle de Fagon par ce que dès longtemps elle est réunie au domayne du Perche ; mais celle de Folenfant qui est encorres possédée par des particuliers du dict Mortaigne, fut baillée à la charge, oultre la dicte féodalité, de fournir par le dict Folenfant de linge convenable à la table du dict comte et ses successeurs, lorsqu'ilz seroient au dict Mortaigne, et à la table de ses chambellans, et le scel blanc sur les dictes tables et de pichetz de terre à l'eschansonnerye du dict duc, lequel sergent à ce tiltre a droict de prendre et avoir la vuidange des platz desquelz le dict seigneur seroit servy sur table, levez de devant luy tant à disner que à soupper avec les reliefz deservys de dessus la table

---

(1) *Add.* « Le comte Pierre assigna, la veille de la Madeleine 1282, à Jeanne de Châtillon, son épouse, deux mille livres pour son douaire de Mauves au Perche et ses dépendances : 400 livres parisis de rente et 1600 livres à prendre sur le trésor du Temple. » *(Ms. de M. de La Sicotière.)*

(2) Sans doute la porte Saint-Eloi.

et de ses chambellans pour en disposer à son plaisir. A oultre, droict d'avoir chacun jour de marché une havée (1) de scel à main ouverte sur chacun saulnier (2) ou revendeur de scel en détail au dict Mortaigne et ung pot de terre du prix d'un denier sur la poterye pendue. Le dict sieur comte d'Allençon mourut sans hoirs en la Pouille, au veoiage de la Terre-Saincte et fut enterré en l'abbaye de Montroial et depuis [fut] aporté et enterré en l'esglize des Cordeliers à Paris, et par sa mort les dictes comtez d'Allençon et du Perche et autres choses à luy baillées en apanaige, retournèrent à la Couronne de France (3).

De Charles de Valloys, 2ᵉ comte d'Allençon et 12ᵉ comte du Perche (4).

Il estoit segond filz de Charles, comte de Valloys, frère du roy Philippes de Valloys et petit-filz de Philippes le Hardy, filz de

---

(1) Le droit de prendre dans les marchés une poignée des denrées qui s'y vendent. — *Havata. (Du Cange).*

(2) Marchand de sel. — *Saunarius* ou *Salinarius. (Du Cange).*

(3) *Var.* « Après les Vespres-Siciliennes et le massacre des Français dans la Sicile en 1282, le comte Pierre se rendit dans la Calabre où il fut dangereusement blessé. Il fit son testament au mois de juin de cette année et fit des dons à la plus grande partie des maisons religieuses de ses comtés. Il mourut à Salerne, le 6 avril 1283 [1284, nouveau style]. Ses entrailles furent inhumées à Montréal; son corps et son cœur apportés à Paris et enterrés dans l'église des Cordeliers. » *(Ms. de M. de La Sicotière.)*

Le manuscrit de M. de La Sicotière consacre avec raison un chapitre aux rois Philippe le Hardi et Philippe le Bel, qui furent 10ᵉ et 11ᵉ comtes du Perche : le premier, du 6 avril 1284 au 6 octobre 1285; le second, de 1285 à 1290 :

« Par la mort du comte Pierre, le comté du Perche et celui d'Alençon furent réunis à la Couronne, conformément à l'institution de son apanage et retournèrent à son frère aîné, Philippe le Hardi, roi de France, IIIᵉ du nom, lequel mourut deux ans après.

« Philippe IV, dit le Bel, son fils, lui succéda. Ce prince, voulant avoir dans sa main la terre de Mauves au Perche, révoqua cette partie de l'assignation du douaire de Jeanne de Châtillon, sa tante, et lui assigna en 1286 sur le trésor à Paris, une rente de 500 livres, à quoi montoit alors le produit de Mauves. Jeanne de Châtillon vendit, cette même année, à Philippe le Bel, le comté de Chartres et mourut en 1291. Le même roi confirma en 1288 une vente faite en son nom d'un demi-quartier de terre assis entre sa forêt de Bellême et le clos des moines de Saint-Martin, à Guillaume, prieur, et aux moines du lieu, moyennant vingt livres tournois. »

(4) Tous les manuscrits de Bart omettent également un autre comte du Perche, Charles Iᵉʳ de Valois, 12ᵉ comte. Seul, le manuscrit de M. de La

Monsieur sainct Louys. Fut le deuxiesme comte d'Allençon et douziesme comte du Perche.

Le roy de Russie luy ofroit en mariage sa fille unique Zarize,

Sicotière, corrigé par Delestang, le mentionne dans le passage suivant :

« Charles, deuxième fils de Philippe le Hardi, roi de France, fait comte de Valois en 1284, fut apanagé en 1290, par son père, Philippe le Bel, roi de France, du comté du Perche et de celui d'Alençon, qui furent, dit-on, érigés en pairies.

« Il épousa cette année Marguerite de Sicile (1), que Moréri appelle Clémence, dont il eut Philippe de Valois, chef de la branche qui commence à régner en 1328, et Charles II, tige des comtes du Perche et d'Alençon, qui suit. Marguerite de Sicile, qui avoit eu en dot l'Anjou et le Maine, mourut en 1297 ou 1299.

« Charles Ier obtient en 1293 (2) le comté de Chartres et il acquit dans la suite Châteauneuf, Bresolles, Senonches en Thimerais et Champrond au Grand-Perche.

« Il se maria en secondes noces en 1300 avec Catherine de Courtenay, impératrice titulaire de Constantinople, laquelle mourut en 1307 ou 1308. Il en eut Catherine de Valois, impératrice titulaire de Constantinople, mariée en 1312 à Philippe, prince de Tarente, d'Achaïe, etc... Charles Ier se rendit à Rome en 1301, avec sa nouvelle épouse, vers le pape Boniface, qui le créa capitaine général de l'Eglise romaine, vicaire et défenseur de l'Eglise, comte de Romagne et pacificateur de la Toscane. Il leur conserva leurs droits à l'empire de Constantinople.

« En 1306, le comte du Perche et d'Alençon, se disposant à se rendre en Grèce pour recouvrer l'héritage de son épouse et qui avoit pris le titre d'empereur de Constantinople, termina les différends qu'il avoit avec l'abbé de Cluny et le doyen de Saint-Denis de Nogent-le-Rotrou. Il fit des traités avec les Vénitiens et avec Orose ou Urose, roi de Russie et de Savoie, mais Catherine, son épouse, vint à mourir le 5 janvier 1308. C'est sûrement d'après les traités avec Orose ou Urose, que Bart des Boullais avance que le roi de Russie et de Servie lui offrit sa fille en mariage, mais qu'il ne l'épousa pas.

« Charles prit pour troisième femme, au mois de juin suivant, Mahaud de Châtillon (3) Saint-Paul. Il assigna aux enfans qui naîtroient de ce mariage le comté de Chartres, les terres de Châteauneuf, de Bresolles et de Senonches en Thimerais qu'il avoit acquises, Moulins et Bonsmoulins avec leurs dépendances. Il eut de ce mariage, entre autres enfans, Louis, comte de Chartres, qui eut en 1322, outre Châteauneuf, Senonches et autres terres, et mourut en 1328. Mahaud ne mourut qu'en 1358.

« En 1314, ce fut en faveur de Charles Ier que Châteauneuf en Thimerais fut érigé en baronnie-pairie, relevant immédiatement de la tour du Louvre.

« Charles fit cette année de nouveaux arrangemens à ses enfans ; le second du premier lit, qui avoit joui ou porté le titre de comte d'Alençon, reçut le comté de Chartres, la terre de Champrond, Châteauneuf en Thimerais, Moulins et Bonsmoulins, la forêt du Perche et celle de Reno. Il donna à Mahaud, son épouse, et aux enfans qui naîtroient d'elle, le

---

(1) C'est Marguerite d'Anjou, fille de Charles II, roi de Naples.
(2) Par lettres données le 23 juin 1293 (v. Histoire des pays et comté du Perche et duché d'Alençon, par Bry de la Clergerie, 1620, p. 272.)
(3) Fille de Gui IV de Châtillon, comte de Saint-Pol.

qu'il avoit de la reyne Elizabeth, mais ne l'espouza. Il eust deux femmes, la première fut Jehanne, fille de Jehan, comte de Joigny, qu'il espouza en apvril 1314, de laquelle il n'eust enfanz, et en segondes nopces (1), il espouza (2) Marye d'Espaigne, contesse de Biscaye et dame de Lare en Castille (3), fille de Ferrand d'Espaigne, qui estoit filz de Blanche de France, fille du roy Sainct Louys, la dicte Marye auparavant veufve de Charles d'Évreux, comte de Flampes, de laquelle il eust Pierre qui luy succéda au dict comté d'Allençon, Philippe qui fut patriarche de Hiérusalem et archevesque de Rouen, Charles qui fut archevesque de Lion, de l'ordre des frères prêcheurs, et Robert, qui fut apellé comte du Perche, qui mourut sans hoirs, et Ysabeau qui fut religieuse à Poissy.

En l'an mil troys cens vingt cinq, regnant le dict Charles, fut estably l'eschiquier à Allençon et dès la première audience fut terminé le différend d'entre le dict seigneur comte d'Allençon et les habitans de la Roche-Mabille touchant l'usaige que les dictz

comté d'Alençon, la vicomté de Trun, la terre de Cotentin, celle de Bellême et celle de Mortagne.

« En 1315, Charles donna amortissement aux moines du Vieux-Bellême, Geoffroi Turquentin étant vicomte du Perche, pour diverses acquisitions, rétention faite de la seigneurie et de la justice. Il obtient Champrond au Grand-Perche après la condamnation d'Enguerrand de Marigny, qui l'avoit acquis en 1308 de Gaucher de Châtillon, connétable de France.

« En 1320, fut instituée au Perche une cour dite *Grands Jours du Perche*, composée d'un président et de conseillers nommés pour connoître des appellations des sentences du bailli du Perche aux sièges de Mortagne et de Bellême. Ces Grands Jours se tenoient tous les trois mois. Ils ont duré jusqu'en 1349 qu'ils furent supprimés à la mort de Marguerite de Valois, reine de Navarre, duchesse d'Alençon et comtesse du Perche. Les sentences de ces juges relevoient du Parlement de Paris.

« En 1322, Charles de Valois donna à Charles, son second fils, le comté d'Alençon et du Perche, et à Louis, son troisième fils, le comté de Chartres, Châteauneuf, Senonches et Champrond.

« En 1325, mort de Charles Ier de Valois, comte d'Alençon et du Perche.

« On attribue au roi Philippe le Bel d'avoir restreint en 1304 les apanages aux seuls hoirs mâles. »

Charles II de Valois, qui succéda à son père, fut le 15e comte du Perche, du 16 décembre 1325 au 25 août 1346.

(1) *Add.* « Laquelle mourut en 1336. » *(Ms. de M. de La Sicotière.)*
(2) *Add.* « En 1336. » *(Id.)*
(3) *Add.* « Il assigna son douaire sur Verneuil, Châteauneuf-en-Thimerais, Senonches, Champrond et le ressort de Nogent-le-Rotrou. Il ajouta la ville de Mortagne, les forêts du Perche, Bonsmoulins et les appartenances des dits lieux avec réserve de la suzeraineté et le ressort aux happeaux de l'échiquier d'Alençon. » *(Id.)*

habitans prétendoient en la forest d'Escouves, la possession duquel droict fut adjugée aux dictz habitans.

Le dict Charles, comte d'Alençon, assista le dict Philippes, son frère, roy de France, en l'an mil troys cens vingt huict, à la bataille qui fut par luy donnée contre les Flamans à Montcassel. Obtindrent victoire contre les Flamans et y moururent dix neuf mil hommes tant Flamans que autres, en laquelle bataille le dict comte d'Allençon fut grandement blessé et sa valeur remarquée.

En l'an mil troys cens vingt neuf, il donna à l'abaye de la Trappe usaige en la forrest du Perche de boys vif à bastir au dict lieu, au val de Hernest et Laigny et boys mort pour chauffer et pour toutes autres choses et pasturaige et litière à toutes leurs bestes.

Au dict an mil troys cens vingt neuf, les Angloys qui possédoient la Guyenne s'assemblèrent à Sainctes pour faire guerre aux Françoys. Le roy y envoya le dict comte d'Allençon qui ruyna, deffist et mist en déroute les dictz Angloys et soumist le païs en l'obéissance du roy.

En l'an mil troys cens trente troys, le dict Charles de Valloys donna aux prieur et religieux de Sainct-Martin du Vieil-Bellesme droict de faire bastir et construire ung colombier en leur maison de Sainct-Martin et le cours de Fontaynes des Noës pour en faire aller l'eau en leur dicte maison (1).

Il fut lieutenant général pour le roy son frère en l'armée contre les Angloys, donna contre eulx bataille à Crécy, le vingt sixiesme aoust l'an mil troys cens quarante six, où, faulte d'estre secouru par les Françoys, il fut tué, la bataille perdue par les Françoys par l'ambition d'aucuns seigneurs qui tous voulloyent

---

(1) *Add.* « Il obtint l'année suivante, 1334, en récompense de ses droits dans la succession de Louis, comte de Chartres, mort six ans auparavant, son frère du troisième lit, les terres et domaines de Verneuil, de Châteauneuf-en-Thimerais, de Senonches et de Champrond avec toute justice, haute, moyenne et basse.

« La veille de Noël de cette même année, le même comte donna à l'église de Toussaints de Mortagne des lettres d'amortissement pour dix livres de rente données à cette église lorsque les doyen et chapitre reçurent pour frère le chanoine Jean Turquentin, fils de Geoffroi Turquentin, vicomte du Perche, dont il a été parlé plus haut pour la fondation d'une prébende.

« L'année suivante, 1335, le comte du Perche et d'Alençon reçoit en supplément Sainte-Scolasse, Glapion, Bellou-le-Trichard, Ceton, les fiefs det ressorts de Nogent-le-Rotrou, et reçut pour ce ressort, cette année, aveu e Jeanne de Cassel, dame de Nogent-le-Rotrou et dépendances. » *(Ms. de M. de La Sicotière.)*

commander et n'obéyr à personne. Son corps fut enterré aux Jacobins à Paris où furent apportez les corps de cinquante chevalliers de sa terre qui estoyent mortz avec luy, lesquelz sont figurez autour de sa sépulture.

La dicte Marye d'Espaigne, après le decedz du dict Charles, son mary, par son grand mesnaige augmenta grandz biens en la maison d'Allençon, feist reformer les forests d'Allençon et du Perche, les feist replanter, fossoyer et limitter par couppes ordinaires pour laquelle reformation furent commis Adam de Bourdelay et Nicollas des Ventes qui réglèrent aussy les usaiges des dictes forestz et en feist la dicte dame dresser de grandz cahiers qui sont couruz jusques en ce temps, que l'on appelle le *Mesnaige de Marye d'Espaigne* (1). Mourut le dix neufiesme novembre mil troys cens soixante neuf (2); elle fut aussy enterrée aux Jacobins eslevée près du dict Charles, ayant ung serclé allentour de la teste en façon de créneaux au lieu de fleurs de lis parce qu'elle estoit de la maison de Castille.

Portoit le dict sieur comte d'Alençon pour armes semé de France à la bordeure de gueules, chargée de huict bezans d'argent comme son père.

Charles sixiesme réduisit le dict nombre de fleurs de lys à troys comme aussy celles d'Allençon feurent réduittes au dict nombre avec la dicte bordeure et bezans.

De Pierre, 3ᵉ comte d'Allençon et 13ᵉ comte du Perche (3).

Pierre, filz du dict Charles, fut le quatreiesme comte d'Allençon

---

(1) *Add.* « Cette princesse réclama en 1373 de Henri II, roi de Castille et de Léon, le comté de Biscaïe et la seigneurie de Lara en Castille, qui lui appartenoient du chef de ses père et mère. Henri lui fit répondre qu'elle n'avoit qu'à envoyer en Espagne deux de ses enfans pour y demeurer et jouir chacun de ces seigneuries. » *(Ms. de M. de La Sicotière.)*

(2) *Var.* « 1379. » *(Id.)*

(3) Le manuscrit de M. de La Sicotière (que nous avons tout lieu de croire original), de même que celui de Mortagne, qui, tous deux, nous ont servi à établir la rédaction de Bart des Boulais, passent sous silence Charles III et Robert, 14ᵉ et 15ᵉ comtes du Perche, et fils de Charles II. Nous comblons ici cette lacune à l'aide du manuscrit corrigé par Delestang. Nous y trouvons même, aussi comme comte du Perche, un autre fils de Charles II, Philippe; mais M. de Romanet a pu prouver que le comté du

Perche n'avait pas dû lui échoir en partage, contrairement à l'opinion admise jusqu'à présent et soutenue par Odolant-Desnos *(v. Géographie du Perche, p. 84).* Cependant nous tenons à publier les documents que nous avons sous les yeux dans toute leur intégrité et à n'y rien changer, quitte à en relever les erreurs autant que possible. Nous laisserons donc l'auteur du manuscrit parler comme il lui convient du comte Philippe.

De Charles III, 16e comte du Perche, fils aîné de Charles II, comte du Perche et d'Alençon.

« Charles III devint comte du Perche et d'Alençon, seigneur de Fougères et de Porrhoet, après la mort de son père en 1346; il assista en 1350 au sacre et couronnement du roi Jean, son cousin, après son père Pierre.

« Le 17 juillet 1356, le roi Jean donna à Marie d'Espagne et à ses enfans les seigneuries de Seez, de Bernay et autres, qui avoient appartenu à Jean Malet, sire de Graville.

« Les Anglois entrèrent en Normandie et s'emparèrent de Verneuil. Le Perche et l'Alençonnois devinrent en proie aux Navarrois et à Geoffroi de Harcourt. On veut que ce fut alors que les Navarrois prirent et ruinèrent Mortagne.

« La bataille de Poitiers, qui eut lieu le 19 septembre suivant et la prise du roi Jean mirent le deuil dans la France. Le roi fut mené en Angleterre où il resta quatre ans. Les Anglois prirent Mamers, Nogent-le-Rotrou, Villeray, Husson, Châteauneuf-en-Thimerais. La paix se fit à Bretigny en 1360. La France céda aux Anglois Poitou, Saintonge, la Rochelle et Aunis, Angoumois, Périgord, Limousin, Querci, Agénois, Bigorre, Montreuil, Ponthieu, Calais et Gumer. Le comte du Perche et d'Alençon ou son frère devoient être du nombre des ôtages pour partie de la rançon du prince qui ne fut pas payée. Nogent-le-Rotrou, Châteauneuf-en-Thimerais et autres biens du Perche furent rendus.

« Charles III se fit alors dominicain, devint en 1365 archevêque de Lyon et mourut en 1375.

De Philippe, 17e comte du Perche.

« Philippe, frère puiné de Charles III, qui dès 1343 avoit reçu en dot du roi Philippe VI, son oncle et son parrain, Domfront et le Passais, devient comte du Perche et d'Alençon vers l'an 1360 et jouit de ces lieux jusqu'en 1367 qu'il se démit de ses biens et en fit, le 20 janvier, le partage à ses deux jeunes frères. Pierre eut le comté d'Alençon, Fougères, Domfront, Verneuil, Châteauneuf, Senonches et Bresolles, et Robert eut le comté du Perche à la charge de laisser jouir Marie d'Espagne, sa mère, de ce qui lui avoit été donné en douaire et eut en outre Château-Josselin et la terre de Porrhoet en Bretagne. Philippe qui étoit archevêque de Rouen, fut patriarche de Jérusalem en 1377, cardinal en 1378 et mourut en 1397.

De Robert, 18e comte du Perche.

« Robert, le dernier des fils de Charles II, comte du Perche et d'Alençon, et de Marie d'Espagne, eut le comté du Perche le 20 janvier 1367. Par sa charte donnée en son château de Bellême, le 24 février 1369, il confirma la donation de quarante livres de rente par chacun an faite à l'église de Toussaints de Mortagne par Jean Bougmies à Bougnie, prêtre, pour la fondation de deux chapelles, et, par le même acte, il affranchit la dite église de tous droits d'amortissement pour raison de cette rente.

« Robert épousa, en 1374, Jeanne de Rohan, dont il eut un fils, nommé Charles, mort jeune. Il mourut en 1377.

« Sa veuve eut pour son douaire la châtellenie de Ceton au Perche et

et quatorzeiesme comte du Perche (1), qui régnoit en l'an mil troys cens cinquante. Fut nommé le Noble. Il espouza Marye de Champmaillard, fille de messire Guillaume de Champmaillard, chevallier, seigneur d'Antenayse, et de Marye de Beaumont, fille de Jehan, comte de Beaumont, et de la fille du comte de Harcourt, de laquelle il eut : Jehan, premier du nom, duc d'Allençon et comte du Perche, et troys filles, Marye d'Allençon, femme du comte de Harcourt (2), Catherine, fiancée à Guy de Laval, sieur de Gaure, filz de Guy douzeiesme, sieur de Laval, maryée deux fois, la première (3) à Pierre de Navarre, comte de Mortaing, la seconde (4) à Louys, comte palatin du Rhin, duc de Bavière, frère de la reyne Ysabeau de Bavière, femme du roy Charles sixiesme, et Margueritte d'Allençon qui vescut religieuse sans estre nonnain (5). Par le moien du mariage de la dicte Marye de Champmaillard, la vicomté de Beaumont vint et fut unye à la maison d'Allençon, de laquelle vicomté deppendoit Beaumont-le-Vicomte, Fresnay, Saincte-Suzanne, la Flèche, Chasteau-Gontier et Ponensay.

Mais le grand Henry, quatreiesme du nom, roy de France, establit ung siège présidial à la Flèche et icelluy lieu fut chef des dictz lieux et seigneuryes, auquel lieu de la Flèche le dict seigneur roy feist aussy bastir (6) le superbe collège royal des Jésuistes et y donna de grandz biens et ordonna son cœur y estre enterré.

Le dict comte du Perche, estant encorres jeune en la garde de la dicte Marye d'Espaigne, sa mère, fut à Reims au sacre du roy Jehan, son cousin germain, lequel le feist chevallier en l'an mil troys cens cinquante.

Philippes, roy de France, père du dict Jehan, donna à Charles d'Allençon, patriarche, son filleul, frère du dict comte, la seigneurye de Danfrain (7) avec tout le païs de Passays, qui depuis furent par le dict patriarche donnez à son frère, comte d'Allençon.

mourut après 1405, ayant fait don, cette année, avec Pierre d'Amboise, son second mari, à l'abbaye d'Arcisses, de soixante boisseaux de froment.
« Robert est dit être le premier comte du Perche qui ait obtenu des grands jours pour ce comté. »
(1) 16ᵉ comte du Perche. Septembre 1377 — 15 décembre 1391.
(2) *Add.* « Et d'Aumale. » *(Ms. de M. de La Sicotière.)*
(3) *Add.* « En 1411. » *(Id.)*
(4) *Add.* « En 1413. » *(Id.)*
(5) *Add.* « Et Jeanne, inhumée au Val-Dieu-lès-Mortagne. » *(Id.)*
(6) *Add.* « En 1603. » *(Id.)*
(7) Domfront.

En l'an mil troys cens cinquante cinq, le roy Jehan, qui se doubtoit que le duc de Bretaigne et ses subjects favorisoyent les Angloys contre luy afin de mettre les frontières du royaume en seureté, bailla au dict comte d'Allençon les seigneuryes de Sees et de Bernay qui avoyent appartenu à Jehan Mallet, seigneur de Graville, qui, pour crime de lèze majesté avoit esté exécuté à Rouen, et, pour récompense, le dict comte bailla au roy les places et seigneuryes de Porrhouet et le chasteau Jousselin en Bretaigne lors place forte et de consecquence.

En l'an mil troys cens cinquante six, régnant Jehan, roy de France, le duc de Lancastre, Angloys, descendit en Normandye avec quatre mil hommes, courut la Normandye, print et pilla plusieurs villes, entre autres Vernueil (1). Le roy leva une armée, le poursuit, sur quoy on luy rapporta que le prince de Galles, filz aisné du roy d'Angleterre, estoit en armes en Auvergne qui avoit bruslé les faulx bourgs de Bourges, couroit le long de la levée de la rivière de Loire, pillant le païs. Le Roy y alla, le poursuivit et le dix-septiesme septembre mil troys cens cinquante six s'approchèrent, le combatirent par rencontre où les Françoys eurent du pire ; le dix-huictiesme du dict moys, le Roy assembla son armée montant quarante mil hommes, s'approcha d'un quart de lieue de celle du prince de Galles qui n'avoit que huict mil hommes. Les cardinaux de Perigot et d'Avezel, envoyez par le pape pour mettre ces princes d'accord, n'y peurent parvenir. Le prince de Galles offrit rendre au Roy tout ce qu'il avoit conquis et ce que ses gens avoyent prins et pillé et promettre de s'armer de sept ans et touttes autres submissions suffizantes pour luy faire des pontz et aplanir les chemins pour sa retraicte. Mais il s'y rendit inexorable et contraignit les Angloys de combattre par désespoir qui défirent les Françoys, prindrent le Roy prisonnier, le menèrent en Angleterre où il fut quatre ans durant lesquelz le roy de Navarre, qui avoit espouzé la sœur du Roy, feist plus de mal en France que n'eussent pu faire les Angloys.

En l'an mil troys cens soixante, le Roy feist la paix (2) avec luy et avec l'autre par laquelle le Roy quitta à l'Angloys le païs de

---

(1) « Li dus de Lancastre e li Navarrois, qui chevauçoient en grant route et qui ardoient tout le plat pays, s'en vinrent à Vrenon..... et puis chevaucièrent vers Vrenuel [Verneuil] et fisent tant qu'il y parvinrent. Si fu la ditte ville toute arse..... » *(Chronique de J. Froissart, publ. par Siméon Luce dans la Soc. de l'hist. de France, 1873, tome IV, p. 188.)*

(2) A Bretigny, le 8 mai.

Poictou, les fiefs de Touars, de Belleville, la Gascongne, Angenois, Monstueil-sur-Mer, Pontieu, Callais, Guynes, le païs de Marc, Sangele, Boulongne, Hames, Valles et troys millions d'escuz d'or desquelz il paya partye content et pour le surplus en bailla pour ostages et cautions Louys, duc d'Anjou, comte du Mayne, Jehan, duc de Berry et d'Auvergne, ses enfans, Louys, duc de Bourbon, Pierre, comte d'Allençon et du Perche, et Jehan, frère du comte d'Estampes, et autres comtes avec nombre des principaux et plus riches bourgeoys des meilleures villes, par le moien de quoy le Roy sortit et fut mis en liberté (1). Arriva à Paris le trezeiesme décembre mil troys cens soixante.

Le troisiesme janvier mil troys cens soixante troys, il retourna en Angleterre pour la délivrance des dictz prisonniers où il mourut le huictiesme avril en suivant (2). Son corps fut aporté à Paris et enterré à Sainct-Denys.

Le dict comte d'Allençon estant de retour d'Angleterre, employa le reste de ses jours en œuvres pieuses, faire fondations et augmentations de biens aux monastaires et esglizes de son païs.

En l'an mil troys cens quatre vingtz deux, il confirma à la Maison-Dieu de Mortaigne le droict de chauffaige de deux chartées de boys par septmaine que le roy sainct Louys leur avoit donné à prendre en la forest de Bellesme et ordonna qu'ilz les prendroient à l'advenir en la forrest de Réno.

En l'an mil troys cens quatre vingtz six, sur la plainte des religieux de Chartraige à Monsieur le comte du mespris que les ecclésiastiques faisoient de se trouver en l'assemblée de la Calande ordonnée à tenir en leur maison, il la transféra en l'esglize du dict Toussainct de Mortaigne, ordonna que de là en avant les prestres du dict archidiaconé de Corbonnoys s'y trouveroyent chacun an le mardy des octaves de la feste Dieu et, avec les doyen, chanoynes, chapellains d'icelle et autres prestres tant du dict Mortaigne que autres, feroient procession générale et prières pour luy, ses prédécesseurs et successeurs (fut appellée, comme elle est encores, la Confrairye de Corbonnoys); auquel jour les dictz prestres, le collège, chanoynes et chapellains de la dicte esglize de Toussainct et autres prestres du dict Mortaigne, les confrères layz d'icelle confrairye, portant chacun une torche

(1) Le 8 juillet.
(2) 1364.

ardante, et le peuple, font une solempnelle et générale procession par la ville à laquelle est porté par le doyen d'icelle esglize le sainct sacré Corps de Jésus-Christ couvert d'un poille porté par quatre prestres revestuz d'aubes et tunniques et, avant icelle procession, est célébré en icelle esglize ung service solempnel pour les mortz et, à l'issue de la dicte procession, aussy un service solempnel du sainct Sacrement, durant lesquelz services est en la nef de la dicte esglize un chevalet couvert d'un drap mortuaire de velours noir, accompagné de luminaire et, à l'issue de la messe, les prestres et confrères, leurs torches ardantes en main, descendent en la dicte nef à l'entour du chevalet où le doyen porte le sainct Sacrement et s'y dict un *Libera* et soufraiges solempnelz pour les mortz, durant et vers la fin duquel le procureur et recepveur de la dicte confrairye distribuent aux prestres, confrères et sœurs d'icelle, chacun huict solz au lieu de la despense qui se faisoit anciennement en commun par les prestres et frères, pour l'entretien de quoy y a encorres quelques anciens fondz et revenu à la dicte confrairye entretenue en oultre de quelques deniers que les confrères y entrant y donnent à leur dévotion, les premiers lez estans demeurez à la maison de Chartraige.

A l'imitation de cette assemblée, les prestres de l'archidiaconé de Bellesmois ont establyune confrairye de prestres au dict Bellesme qui pareillement s'y assemblent et font procession générale (1).

Le quatorzeiesme septembre mil quatre cens quatre, par son testament fait à Argentan, il fonda en la maison des Chartreux du Val-Dieu quatre religieux, oultre le nombre préceddant et pour ce faire leur donna la terre et baronnye de Solligny et auttres terres, en laquelle maison il esleva sa sépulture. Mourut le vingtiesme septembre mil quatre cens quatre; son corps, porté à la dicte maison des Chartreux du Val-Dieu, y fut enterré devant le maistre-autel, contre la muraille de laquelle esglize est ung

---

(1) *Add.* « Pierre II confirma, en 1388, étant à Argentan, à l'Hôtel-Dieu de Bellême le droit que Charles II, son père, lui avoit fait de prendre pour son chauffage dans la forêt de Bellême du mort bois tant qu'un cheval peut en porter par jour depuis la forêt jusqu'au dit Hôtel-Dieu; pour quoi il ordonna au maitre des eaux et forests de Bellême d'en laisser jouir la dite maison.

« En 1403, étant à Argentan, il confirma, comme ayant la garde de son fils Jean, comte du Perche, aux religieux des Clérets, leur droit de prendre en la forêt de Bellême, bois vif pour bâtir et bois mort pour son chauffage avec un droit de paisson pour cinquante porcs. » *(Ms. de M. de La Sicotière.)*

tableau contenant la sépulture du dict seigneur duquel la teneur ensuit :

> Au Val Dieu, dessoubz une pierre,
> Repose le bon comte Pierre
> D'Allençon. Né du sang royal,
> Nommé par droict Pierre loyal,
> Qui longuement par un temps dict
> Loyallement le sien despendit.
> Sy loyallement sçachez de veoyr
> Qu'il ne vouloit denier debvoyr ;
> Sy trespassa sy comme je dis
> De septembre à ung vendredy
> Vingtiesme jour sans riens rabattre
> En l'an mil quatre cens et quatre.
> Les simples gens deffendoit fort,
> Point ne vouloit qu'on leur feist tort,
> Paisiblement les vouloit garder
> Sans empeschement leur donner,
> Que son droict il ne demandoit
> Et de l'autruy riens ne vouloit.
> Bien il doibt estre réclamé
> En cœur, pensée et vollonté.
> Sy prions Dieu dévottement
> Et de bon cœur pieusement
> Que son âme par bons devis
> Ayt la gloire de paradis. Amen (1).

Et au cloistre de la dicte maison, près la porte de la chambre cottée par D, est ung autre tableau faisant mention de la fondation des dictz quatre religieux.

Les troys cellules consecutifves cottées par les lettres D, E, F, avec celle qui est de l'autre part du cloistre cottée par Q (2), députtée à la secrétairerie où y a pour enseigne les armes d'Allençon, sont spécialement ordonnées afin que les habitans d'icelle prient Dieu pour l'âme de feu, de bonne mémoire, Pierre, jadis comte d'Allençon, lequel par son testament et dernière vollonté l'a ainsy ordonné, comme il est porté par le dict testament où sont escriptz ces propres motz : *et afin qu'à tousjoursmais soit fait pour nous, nos prédécesseurs et successeurs espécial service*

---

(1) Reproduit par Bry de la Clergerie. *(Histoire des comtez d'Alençon et du Perche, p. 308.)*

(2) Ces lettres se rapportent évidemment à un plan du Val-Dieu qui nous fait défaut.

divin au dict autel du Val-Dieu, nous prions et requérons au maistre du dict ordre de Chartreux et à tous ceulx à qui il peult pour ce appartenir par le couvent du dict lieu du Val-Dieu qui à présent n'est que de huict ou neuf religieux, ainsy que nous avons entendu, soit creu de quatre aultres religieux prestres, ou habillés et disposez à l'estre, oultre le nombre qui y est à présent, lesquelz quatre religieux et leurs successeurs seront logez et colloquez en quatre des celles du dict cloistre, telles qu'elles seront divisées; lesquelz nous auront spéciallement pour recommandez en leur memento en touttes les messes tant des vifz que des trespassez, etc., par telle condition que quand il adviendra que les dictz religieux ou aucuns d'eulx yront de vie à trespassement, ou seront mis en aucun office ou obédience de l'ordre, les prieur et couvent du dict lieu seront tenuz remplir les dictes celles d'aultres religieux des premiers que Dieu leur envoya affin que les dictes celles soyent tousjours plaines si tant leur vient de religieux et, jusques à ce qu'ainsy l'ayent faict, ilz chargeront et commettront au dict cas l'un des aultres religieux de leur couvent propres pour nous en telle charge, comme estoyent tenuz celuy ou ceux qui ainsy sont transmuez sans plus avant les charges sinon à leur bon plaisir et vollonté (1).

Le dict comte fut ung très grand mesnaiger qui acreut et augmenta de beaucoup la maison d'Allençon. Il acquist du baron de Montmorency la ville et seigneurye d'Argentan qui auparavant estoit appelée le Chasteau blanc sur Orne.

Il acquist aussy de messire Thomas Paynel, chevalier, la barronye de Haulte-Rive près Allençon et plusieurs aultres.

Il eut de la dicte Marye de Champmaillard, vicomtesse de Beaumont, plusieurs enfans, asçavoir : Jehan qui luy succéda aux comtez d'Allençon et du Perche, appellé le Très-Sage, Marye qui fut femme du comte d'Harcourt, à laquelle furent baillées pour son partaige les seigneuryes de Quatremère et Roto pour les tenir

---

(1) *Add.* « Le comte Pierre donna à la chartreuse cinq cens écus d'or pour son inhumation et quatre-vingts livres de rente pour la fondation des quatre religieux. Il demeuroit ordinairement au Val-Dieu avec une de ses filles, nommée Jeanne, pour vacquer aux offices divins. Il fit bâtir un grand portail qui fut nommé le portail du comte Pierre. » *(Ms. de M. de La Sicotière.)*

soubz le ressort de l'eschiquier et jurisdiction souveraine d'Allençon. D'elle sont sortiz les ducs de Lorrayne. Il eust aussy deux filles, asçavoir : Catherine qui fut maryée au duc de Bavière, comte palatin et de Mortain, laquelle n'eut aucuns enfans. Elle eut pour son partaige la terre et seigneurye d'Hiesmes et aultres, qui, après son decedz, retournèrent au domayne d'Allençon. Jehanne qui esleut la vie contemplative et feist la pluspart de sa résidence en l'hospital et Maison-Dieu d'Argentan, y gouvernant ordinairement les pauvres malades et aultres, leur administrant leurs nécessitez, vivant fort austèrement et d'une vie si parfaicte qu'elle est tenue pour saincte. Son père luy avoit baillé en partaige plusieurs terres qu'elle remist à Jehan, son frère, par le moien de deux mil livres de rente qui luy bailla pour son vivre et de ses serviteurs. Aucuns ont escript qu'elle mourut au dict hospital. Mais les Chartreux du Val-Dieu tesmoignent que après le décedz de son père elle se retira en la dicte maison du Val-Dieu en une chambre encorres nommée la chambre de Madame Jehanne, joignant l'esglize, où elle s'enferma le reste de sa vie comme prisonnière volontaire, ayant fait faire une petite fenestre qui donnoit de sa chambre sur le maistre-autèl d'icelle par laquelle elle assistoit au divin service. Elle fut enterrée près son père en l'esglize du dict lieu, comme le contient l'épitaphe ou tombeau estant en icelle esglize de laquelle la teneur ensuit :

> Icy gist (1) Pierre de Vallois
> Grand amateur de Dieu et de ses lois,
> Prince soigneux de ce qu'après la vie
> Un vray crestien de veoyr a bonne envie :
> Comme ung oiseau se baisse pour voler
> Il s'est démist pour mieux au ciel aller.
> Pour les vertus fut plus qu'un Achilles,
> Contre péchez fut plus qu'un Hercules ;
> Le pauvre aimoit beaucoup plus que le riche
> Qui par pouvoir ou par dol tousjours triche ;
> Pour ce eut le nom de Pierre loyal
> Plus fréquanté que de prince royal
> Ores qu'il fust proche de la Coronne
> Tant il trouva piété doulce et bonne
> Qui vesquit céans en toute humilité.
> Sa fille aussy gardant virginité,
> Ayant tousjours sa lampe plaine d'huille

(1) *Var.* « Cy devant gist... » *(Ms. de M. de La Sicotière.)*

Comme les cinq sages de l'Evangile.
Ce temple icy tant de voulte que pends
Firent refaire à leurs propres despens
Et pour eulx deux une chambre un peu haulte
Sans la rapine offrit en holocauste ;
Car luy et elle estoyent justes et bons
Tant que d'aultruy ne prenoyent biens ni dons.
Fondez ilz ont d'un vouloir magnificque
Quatre Chartreux plus que le nombre antique.
Le diable ilz ont, le monde et chair vaincu
Et sont bien mortz comme ilz ont bien vescu ;
Paisiblement, le vingtiesme septembre
Mil quatre cens et quatre, ung chacun membre
Du bon seigneur la challeur délaissa
Et après sa fille trespassa :
Leurs corps posez dedans une mesme fosse
N'ont dessus eulx desépulture grosse ;
Pour remarquer de tel sang le tombeau
Il n'y a rien de gravé bon ny beau.
Pourquoy cela? Car touttes belles marques
Sont volontiers des haultains les remarques
Et pour aultant le comte d'Allençon
Humble en son cœur n'y voulut de façon.
Ains que avec luy sa fille fut ensemble
Tout simplement inhumée en ce temple
Où, si leurs corps ne sont point eslevez,
Leurs esprits moings n'en sont pourtant saulvez
Qui est le poinct que par humbles mérittes
Ont désiré vivans céans comme hermittes
Que Dieu leur doinct, si ne leur a donné,
Et sur le ciel leur soit bien ordonné
Où en esprit ensemble puissent estre
Comme leurs corps sont en ce lieu terrestre (1).

Environ ce temps, le dict roy de Navarre qui avoit esmeu et fait de grandes guerres et divisions en France et presque ruyné l'Estat pendant l'affliction de la prison du roy Jehan, son beau-frère, estant devenu par son aage et travaux prins en sa jeunesse refroidy et hors de challeur naturelle, pour le rèchauffer on luy conseilla de se faire enveloper et couldre dedans un drap mouillé

---

(1) *Add.* « Requiescant in pace. Amen. » *(Ms. de M. de La Sicotière.)* Cette épitaphe fut donnée par Bry de la Clergerie *(Hist. des comtez du Perche, p. 307.)*

et trempé dedans de l'eau de vie, ce qui fut fait et advint que celuy qui l'avoit cousu dedans le drap, ne trouvant cousteau pour coupper le fil duquel il l'avoit cousu, le couppa avec le feu d'une chandelle. Quoy faisant, le feu print incontinent et en ung moment dedans le drap qui fut tout à l'instant enflammé sans y pouvoir trouver aucun remède jusques à ce que l'eau de vie fust du tout consommée en quoy le dict roy de Navarre endura tant de mal que troys jours après il mourut.

Le dict comte d'Allençon ayma Jehanne de Mangastel, dame de Blandé, de laquelle il eut un filz, nommé Pierre (1), et une fille, nommée Jehanne. Le filz fut vaillant chevallier et tué en guerre au service du Roy de France contre les Angloys; la fille fut par luy maryée à Jehan de Boisguyon, auquel il donna la seigneurye et chastellenye de Ceton.

Il marya la dicte de Mangastel avec Pierre Cointerel auquel il donna l'estat de vicomte du Perche (2). N'eurent aucuns enfans, donnèrent de leurs biens à l'esglize de Toussainct de Mortaigne pour la fondation d'un obit. Y sont enterrez devant la chapelle Nostre-Dame : sont figurez et leurs noms escriptz contre la paroy et muraille de devant l'autel de la dicte chapelle, appelée la chapelle de prime.

De Jehan, 1ᵉʳ duc d'Alençon, 14ᵉ comte du Perche (3).

Jehan, filz aisné du dict Pierre, luy succéda aux dictes comtés d'Alençon et du Perche, qui fut appelé le très Sage (4). Il fut accordé à Madame Ysabeau de France, fille du Roy Charles cinquiesme. Elle mourut le 13 febvrier 1377 avant le mariage. Il espouza Marye de Bretaigne (5) de laquelle il eut ung filz et une fille qui mourut jeune. Le filz fut Jehan, deuxiesme duc d'Alençon.

(1) *Add.* « Dit bâtard d'Alençon. » *(Ms. de M. de La Sicotière.)*
(2) *Add.* « Et de capitaine de Mortagne. » *(Id.)*
(3) Jean Iᵉʳ le Sage, 17ᵉ comte du Perche. — 15 décembre 1391 — 25 octobre 1415.
(4) *Add.* « Il naquit en 1385 » *(Ms. de M. de La Sicotière)* le 9 mai, au château d'Essey.
(5) *Add.* « En 1396 il eut le comté du Perche lors de ce mariage [en

En l'an mil quatre cens quatorze, en faveur du dict Jehan d'Alençon pour les bons et agréables services par luy faictz au royaume, le Roy érigea le dict comté d'Alençon en duché avec tous droictz à duché appartenans et, pour ce, fut le premier duc d'Alençon et quatorziesme comte du Perche (1).

Le dict duc Jehan fut très sage et de sage conseil, clément, charitable, très miséricordieux, aymoit la justice, soutenoit les pauvres, aymoit les humbles et ennemy des superbes, prompt et hardy aux armes, au maniement et usaige desquelles il estoit très expert, très libéral, qui n'esconduit jamais homme de ce qui luy fut demandé et ne renvoya jamais personne mescontent de luy.

Il apaisa par sa prudence plusieurs grandz différendz qui estoyent entre les princes françoys pour le gouvernement du royaume pendant la prison du Roy Jehan, pour lequel plusieurs lignées de gens de guerre s'estoyent faict et disposées à la ruyne du royaume.

Il fut au siège et à la prise de la ville de Compiègne qui tenoit pour le duc de Bourgongne contre les Françoys.

Il se trouva en la bataille d'entre les Françoys et les Angloys près Azincourt près Blanzy, en l'an mil quatre cens quinze, en laquelle, après plusieurs généreux faictz d'armes, furent les Françoys rompus et mis en rotte (2). Il s'efforça de les réallier et avec

---

réalité il le possédait depuis 1391]. Il succéda à son père au comté d'Alençon le 20 septembre 1404. Il fit réparer et rétablir les fortifications de la ville de Mortagne. Par ses lettres qu'il donna à Alençon le 23 décembre 1411, il reconnoît que le chapitre de Toussaints pour lui complaire et obéir avoit donné de grandes sommes d'argent pour la construction des dites fortifications ainsi que pour la bâtisse des guérites et tourelles qui avoit lieu aux environs de l'église de Toussaints pour la sûreté de la ville, déclarant le seigneur comte « qu'il ne veut sous l'ombre de ce que dit est que l'église du dit lieu de Mortagne et les gens d'icelle être assujettis à plus qu'ils ne doivent et qu'ils n'ont accoutumés, dit-il, octroye et accorde, octroyons et accordons par ces présentes qu'ils soient en l'état et liberté qu'ils étoient auparavant des dits dons et octrois par eux ainsi faits pour la réparation et emparement de la dite ville sans qu'iceux dons leur tournent à conséquence et portent aucun préjudice pour le temps à venir ni que ce attribue ou acquiert à nous et aux bourgeois et habitans de notre dite ville de Mortagne aucunes nouvelles subjections ou droit sur eux autres que nous avons auparavant les dits dons et octrois. » *{Ms. de M. de La Sicotière.]*

(1) Les lettres d'érection du comté d'Alençon en duché et pairie, du 13 mai 1415, ont été publiées par Bry de la Clergerie, dans son Histoire des comtez d'Alençon et du Perche, 1620, p. 316.

(2) En déroute.

si peu de gens qu'il peult assembler retourna au combat où il fut occis (1) et y moururent dix mil Françoys.

De Jehan, 2ᵉ duc d'Alençon et 15ᵉ comte du Perche.

Jehan, deuxiesme du nom (2), filz du dict Jehan, luy succéda. Fut le deuxiesme duc d'Alençon et le quinziesme comte du Perche (3). A son commencement, il se porta vertucusement en tous ses actes au contentement de tous avec gloire et honneur, exposant ses corps et biens à la deffense du royaume que tenoit les Angloys (4).

Il feist contre eulx réparer la ville et chasteau de Mortaigne de partye duquel l'esglize de Toussains faict closture, à laquelle, par la permission des dictz de Toussains, il feist faire des guérites et autres fortifications par ses lettres du 23ᵉ décembre 1411.

Néantmoings, les Angloys s'en emparèrent et y constituèrent pour cappitaine Talbot, cappitaine angloys. S'emparèrent aussy de Bellesme et y laissèrent pour cappitaine Matago, grand cappitaine angloys.

Le dict duc Jehan eut de grandes perfections. Il estoit grand et beau prince, plain de beaux et graves discours, la parole grosse et plain de vérité, doux, courtoys et afable, courageux, prompt et hardy aux armes, libéral plus que nul autre, pieux et charitable aux pauvres, mais par trop vindicatif. Il espouza en premières nopces Jehanne, fille de monsieur Louys de France, duc d'Orléans, la plus belle, sage, vertueuse princesse qui se peult trouver,

---

(1) *Add.* « Son corps fut apporté à Séez où il fut inhumé dans l'église de l'abbaye de Saint-Martin. » *(Ms. de M. de La Sicotière.)*

(2) Jean II le Beau, 18ᵉ comte du Perche, du 25 octobre 1415 au 10 octobre 1458 et du 11 octobre 1461 au 18 juillet 1474.

(3) *Add.* « Il naquit en 1409 » *(Ms. de M. de La Sicotière)* le 2 mars au château d'Argentan. — Bry de la Clergerie le fait naître le samedi 2 mars 1411 *(Hist. des comtes d'Alençon et du Perche, p. 318)*.

(4) *Add.* « Il succéda à son père en 1415 et fut mis sous la tutelle de Marie de Bretagne, sa mère. *(Ms. de M. de La Sicotière.)*

accomplie de toutes perfections, prudente, begnigne et agréable à tous (1).

En secondes nopces, il espouza Marye d'Armaignac, fille aisnée du comte d'Armaignac, aussy belle, sage et très vertueuse dame. Il eut d'elle deux enfans, asçavoir : René, qui en ses premiers ans estoit appelé comte du Perche et depuis fut duc d'Alençon, et Catherine, qui fut conjoincte par mariage (2) avec Françoys, comte de Laval, grand maistre de France, filz aisné de Guy, comte de Laval, et d'Ysabeau de Bretaigne, pour le partage de laquelle luy furent baillées les seigneuryes de la Guyerche en Bretaigne et de Sonnoys près Alençon, lesquelles retournèrent en la dicte maison d'Alençon, parce que la dicte Catherine mourut sans enfans (3). Fut parrain du Roy Louys unzeiesme.

Au commencement que le dict duc Jehan vint au gouvernement de ses terres, les Angloys s'emparèrent de la Normandye, l'Anjou, le Mayne, l'Aquitayne, le Perche et presque de toutte la France (4) ; contre lesquelz le Roy leva une grosse armée de laquelle il feist le dict duc son lieutenant général qui deffeist les Angloys en plusieurs batailles et rencontres tant au pays de Bretaigne, Anjou, le Mayne que autres lieux, accompagné de son frère le bastard d'Alençon, vaillant et hardy chevallier, des seigneurs de Harcourt, Ambroys de Lorrey, de Sougé, de Coullonges,

---

(1) *Add.* et *Var.* « Il avait un an, lorsque son père le maria avec Jeanne d'Orléans, fille de Louis, duc d'Orléans, et de Valentine de Milan. Il fut accordé, en 1413, avec Yolande d'Anjou, deuxième fille de Louis, roi de Sicile; ce mariage n'eut pas lieu. Il épousa dans la suite Jeanne d'Orléans avec laquelle il avait d'abord été contracté. » *(Ms. de M. de La Sicotière.)*

« Et en ces propres jours [1421], fut traité et parfait le mariage du duc d'Alençon et de la seule fille du duc d'Orléans, prisonnier en Angleterre. Et se firent les nocces tant solennellement comme réalement en la ville de Blois. Duquel mariage faire et traiter furent les principaux, Charles, duc de Touraine, à qui elle étoit nièce, et le duc de Bretagne, oncle du dit duc d'Alençon. » *(Chroniques d'Enguerrand de Monstrelet, édit. 1836, A. Desrez, p. 502.)*

(2) *Add.* « En 1461. » *(Ms. de M. de La Sicotière.)*

(3) *Add.* « Le 17 juillet 1506. » *(Id.)*

(4) *Add.* « En 1417, Henri V, roi d'Angleterre, entra en Normandie et s'empara du Perche dont les places n'étoient pas en état de défense. Deux ans après, ce monarque donna le comté du Perche à Thomas de Montagu, comte de Salisbury (1), et dans la suite Longny, la Loupe et les cinq baronnies du Perche-Gouet. Beaumont, le Chastel et Montmirail se rendirent en 1421 au Dauphin. » *(Id.)*

(1) Par lettres datées à Vernon-sur-Seine du 26 avril 1419. *(Voir Géographie du Perche par le vicomte de Romanet, p. 87 et suivantes.)*

de Montenay, Berinnoys et autres, entre aultres en ung lieu nommé la Brossonnyère, sur les Marches du Mayne, où demeurèrent seize cens Angloys en champ de bataille rangés, le reste mis en routte, entre lesquelz fut prins le sieur de la Poulle, cappitaine angloys (1).

De là se retira le duc vers Tours pour en chasser les Angloys, mais sur le chemin il fut adverty que les Angloys avoyent assiégé Yvry; s'y achemina acompaigné des comtes de Clèves, d'Aumalle, de Boucean, connestable de France et autres, et sur le chemin entendirent que les Angloys avoyent prins Yvry; par quoy tirèrent à Vernueil au Perche tenu et occupé par les Angloys, lequel ils prindrent, mais ne la tindrent guère, parce que l'armée des Angloys y arriva et donnèrent bataille aux Françoys en ung champ près Vernueil où est de présent une chappelle fondée de sainct Denys. Le duc s'y porta très vaillamment, fut au fort de la bataille jetté par terre de dessus son cheval. S'efforcèrent les Angloys de le tuer, ne le recognoissant, et l'eust esté sans ce que Pierre, bastard d'Alençon, son frère bastard, se jetta sur luy criant à haulte voix : « Alençon ! Alençon ! » et y fut fort blessé d'un coup d'espée dedans le corps et néantmoings prins prisonnier. La bataille fut perdue par l'avarice des Lombards et Françoys qui s'amusèrent à piller le bagage des Angloys au lieu de les combattre, laquelle bataille fut en l'année mil quatre cens vingt quatre, après laquelle les Angloys se resaizirent de Vernueil.

Le dict duc fut mené prisonnier en Angleterre, de laquelle [prison] il fut délivré en l'an mil quatre cens vingt six, moyennant deux cens mil escuz de rançon (2), partye de laquelle somme fut payée content au duc de Bethford, régent en France, qui en bailla acquit, et du surplus bailla le duc d'Alençon pour cautions et ostages le sire de Beaumesnil, messire Jehan Verrier, messire Ferlon de Villepreux (3), Hardouin de Menbrens (4), Jehan le Sénéchal,

---

(1) *Add.* « Le comte du Perche et duc d'Alençon défit les Anglais au lieu de la Brossinière, proche la Gravelle, et peu après un corps de ces mêmes Anglais fut défait aux environs de Mortagne, vers Sainte-Céronne. » *(Ms. de M. de La Sicotière.)*

(2) *Add.* « Ou 160 mille salus d'or, 18,000 francs. » *(Id.)*

(3) *Var.* « Ferlin de Ville-Promis. » *(Mém. sur Alençon, Odolant-Desnos, II, p. 26.)*

(4) *Var.* « Hardouin de Mont-Louis. » *(Id.)*

Houel de Fontenay et Louys Feubvrier (1) qu'il délivra incontinent après (2).

En ce temps, le duc de Bethford tenoit par usurpation la duché d'Alençon et comté du Perche et se tiltroit duc d'Alençon et comte du Perche et en prenoit les fruictz.

Au dict an mil quatre cens vingt six, le dict duc de Bethford, régent de France, duc d'Allençon et comte du Perche, ratiffia et confirma les lez et fondations faictes au Perche par les Rotrouz, Geofroys, Maltide, Thomas, comtes et comtesses du Perche, par lettres données à Vernueil au dict an.

En l'an mil quatre cens trente ung, Guillaume d'Amilly, Guillot Ménard, Ambroys de Froullay, Dreux Roussel, Collin du Motey, Pierre Aubery, Jullien Chereau et autres, au nombre de trente, partirent de la garnison de Saint-Senerin, qui tenoit pour le Roy, pour aller faire la guerre aux Angloys. Arrivèrent en ung villaige à deux lieues d'Argenten où le mareschal d'Argenten avec pareille force, les vindrent attaquer ; se batirent à coups de lance, puis à coups d'espée, finallement mirent pied à terre, se battirent main à main. Les Angloys furent tous défaictz, mortz et en fuitte. D'Amilly et ses compagnons en emportèrent la victoire et la despouille.

Au retour du dict duc de la prison, il devint malade, en laquelle maladie ayant entendu que quelque nombre d'Angloys pilloyent et courroyent le pays de Saincte-Suzanne, il y envoya messire Ambroys de Lonrey, chevallier, avec ses trouppes, qui les chargea et defist près Ambières.

Le dit duc feist de très grandz fraiz tant au payement de sa rançon, despence en Angleterre que pour se remettre en équipage à son retour pour continuer le service du Roy et, n'y pou-

---

(1) *Var.* « Simon de Lagan, sieur de Bois-Février. » *(Ms. de M. de La Sicotière.)*

(2) *Add.* « **1425.** — Mort à Argentan de Marie Chamaillard, veuve de Pierre II, comte du Perche et d'Alençon et aïeule de Jean II. L'année suivante, Jean de Frétigny, 94e évêque de Chartres, fit saisir, faute de foi et hommage, les seigneuries de Longny et de la Loupe et les cinq baronnies du Perche-Gouet comme relevantes de lui sur Thomas de Montagu, comte de Salisbury, qui en prêta foi et hommage le 24 juin, sur la réserve de rachat. En **1428**, le même comte de Salisbury, en allant faire le siège d'Orléans, fit raser les fortifications de Saint-Paul-le-Vicomte, de Mamers, de Montisambert, de la Perrière, de Rémalard, de la Tour-du-Sablon, de Villeray, de Husson, de Garences, de la Tour-d'Eure qu'on dit être aujourd'hui la tour de Bouillon et démolit le Teil. Il reprend Nogent-le-Rotrou et Châteauneuf-en-Thimerais. » *(Id.)*

vant plus fournir, alla trouver le Roy Charles septiesme auquel il remonstra l'estat de ses affaires et le supplia le secourir de quelques deniers pour continuer son service, ce que le Roy luy promist faire et, sur ceste asseurance, continua le service du Roy (1).

Au moys de janvier mil quatre cens vingt neuf, le Roy Charles septiesme, accompaigné du duc d'Alençon, Jehanne la Pucelle et autres, s'alla faire sacrer et coroner Roy de France à Reims (2) et en son chemin, mist, le Roy, en son obéissance les villes de Troyes, Sainct-Florentin, Reims, Challons et y feist, le Roy, le dict duc chevallier et, à son retour, mist aussy, le Roy, en son obéissance les places de Bally, Laon, Soissons, Chasteau-Thierry, Provins, Coullemies, Cressy, Compiègne, Sanlis, Sainct-Denys et autres. Fust avec la dicte Pucelle à la prinse de Gourgeau que tenoyent les Angloys.

[Fust] à la bataille de Patey en Beausse où furent défaictz de deux à troys mil Angloys, Talbot et d'Escalles, deux de leurs cappitaynes et autres, au nombre de douze cens prisonniers et à plusieurs autres rencontres et prinses de villes et chasteaux.

Au retour, le dict duc d'Alençon print sur les Angloys son chasteau de Bonmoulins et furent tuez ceux qui le gardoyent et la place bruslée (3).

Il envoya messire Ambroys de Lorrey courir sus à deux cens Angloys qui couroyent, ruynoyent et pilloient le païs de Louviers, qui furent défaictz et leur cappitayne, nommé Verrières, prisonnier.

Le comte de Vendosme, jaloux de la gloire du dict duc et autres, feist entendre au Roy que le duc avoit de mauvaises intelligences avec les Angloys, Navarrois et Bourguignons qui tous estoyent bandez contre le royaume. Sur quoy le Roy osta au dict duc l'estat de lieutenant général de son armée et la bailla au

(1) *Add.* « Le duc d'Alençon se trouve avec la fameuse Jeanne d'Arc, Pucelle d'Orléans, au siège de cette ville où le comte de Salisbury fut tué, ainsi qu'à la prise de Jargeau. » *(Ms. de M. de La Sicotière.)*

« Ils s'en furent assiéger Gergeau ; l'assaut fût résolu : « Avant, gentil duc, à l'assaut » (dit la Pucelle au duc d'Alençon). Elle combattit en cette journée sous les yeux de ce prince. Dans les moments périlleux, elle lui disoit : « Ne craignez rien, j'ai promis à la duchesse d'Alençon de vous ramener sain et sauf. » La place fut bientôt emportée l'épée à la main. » *(Odolant-Desnos, Mém. hist. sur Alençon, II, p. 28.)*

(2) *Add.* « Le 17 juillet 1429. » *(Ms. de M. de La Sicotière.)*

(3) *Add.* « Le roi Henri VI fait en 1431 comte du Perche le comte de Stafford qui en fit foi et hommage le 21 décembre. — 1422, mort de Jeanne d'Orléans, femme de Jean II, c^{te} du Perche et duc d'Alençon. » *(Id.)*

comte de Vendosme ; ce que le dict duc porta patiemment et ne laissa de bien servir le Roy.

Les Angloys assiégèrent Sainct-Senerin (1). Le dict duc y envoya le sieur de Lorrey qui feist lever le siège et les défeist près Beaumont-le-Vicomte et y en demeura environ six cens.

Les Angloys tenoyent lors Allençon, à raison de quoy le dict duc s'estoit retiré en sa ville de Pouensay où il fut assiégé par le duc de Bretaigne qui tenoit le party des Angloys, qui fut si bien défendu qu'il fut contraint lever le siège avec grande perte de ses gens (2).

Le comte d'Arondel, Angloys, print Sainct-Senerin sur le dict duc d'Allençon.

L'an mil quatre cens trente huit, le duc assiégea Saincte-Suzanne que tenoyent les Angloys, qu'il print sur eulx.

Au commencement de novembre, en l'an mil quatre cens quarante neuf, le dict seigneur duc d'Allençon avec ses trouppes où estoyent les seigneurs de Montenay, Roul Tesson, le sire de Saintrailles, le bailly de Berry et plusieurs autres chevalliers et escuyers, au nombre de troys cens lances, sans les archers et gens de pied du païs, montans environ deux mil combattans, assiégea son chasteau de Bellesme où estoit cappitayne Matago pour l'Angloys et plusieurs gens de quallitté et, après plusieurs sorties et escarmouches faictes de part et d'aultre où les Angloys eurent tousjours du pire, les Angloys qui ne se sentoyent bastans pour soustenir l'assault, parlementèrent, traictèrent et promirent leur rendre dedans le vingtiesme décembre suivant au cas que dedans ce jour ilz ne seroyent secouruz par les gens de leur party et qu'ilz ne seroyent les plus fortz au champ de bataille, ce que le dict sieur duc leur accorda, résolu d'attendre les Angloys. Se campa

(1) Saint-Généri-le-Gérei, arr. et cant. d'Alençon.

(2) Et environ le VI° jour ensuivant fut mis le siège à Pouancé ; et y vindrent des Angloys pour servir le duc [de Bretagne], entre lesquelz estoient monseigneur de Scalles, monseigneur d'Oilby et Georges Riqueinan. Si dura le siège longuement et eut esté la place prinse d'assault, si n'eut esté monseigneur le connestable qui dissimula le dit assault, désirant faire l'apointement ; car trop estoit desplaisant la guerre d'entre l'oncle et le nepveu et aussi que mesdames d'Alenczon estoient dedans la place, et le plus tost qu'il peut trouva le traictié, en telle manière que monseigneur d'Alenczon vint devers le duc, qui estoit à Chasteaubriand, lui requérir pardon... ; et par ainsi fut tout appaisé et s'en allèrent ceulx de dedans la place. Si levèrent le siège les Bretons et les Angloys et tout fut content. » *(Chronique d'Arthur de Richemont par Guill. Gruel, publ. par la Soc. de l'hist. de France, par Ach. Le Vavasseur. Paris, 1890, p. 79.)*

s gens en un champ devant le dict Bellesme, y tint pied
attendant chacun jour les Angloys, lesquels se mirent
min environ deux mil qui approchèrent à Origny (1)
bruslèrent et de là à Torcé où estans par leurs espions
des forces du dict duc qui les attendoyent en intention de
battre, se retirèrent les dictz Angloys. Fut le dict Belesme
le vingtiesme du dict moys de décembre mil quatre cens
te neuf ; délivra, le dict Matago, au dict duc d'Allençon les
et meubles qui estoyent dedans le dict Bellesme et en print
par devant Tassin Thiboust, tabellion à Mortaigne. Sorti-
s dictz Angloys à la conduitte de Matago, leur cappitayne,
mbre de deux cens et s'en allèrent leurs bagues (2) saul-
entra le dict duc d'Allençon aveq beaucoup d'honneur et
tion et y fut receu par ses subjectz avec tous les applaudis-
ts et bienveillances qu'il eust peu désirer.

esme rendu, le duc d'Allençon envoya sommer les Angloys
noyent Mortaigne de sortir et le luy quitter, ce qu'ilz firent
remière sommation au nombre de deux cens conduictz par
cappitayne Mathieu que le dict duc feist conduire jusques
vilage de Besdon, sur le chemin tendant de Mortaigne à
ont. Les Françoys les ayant quittez et dict l'adieu, s'en
nans, trouvèrent ung lièvre qui print sa course vers les An-
après lequel les Françoys commencèrent à crier et courir.
ngloys les oyans et veoyans crier et courir vers eulx, n'en
ans la cause, tournent visage et, l'arc et la flèche en la main,
baissée, chargent les Françoys à coups de flèche. Les Fran-
moindres en nombre, se défendent ; secours leur vint de
igne. Furent les Angloys défaictz, mortz et en fuitte. Pour
ire perpétuelle de ceste défaicte, les habitans du dict Mor-
firent faire et eslever au lieu où fut la dicte défaicte ung
oratoire de pierre où estoit l'image de la Vierge, partye
el oratoire y est encorres, appelée la *Mariette de Besdon*.
is peu de temps, un païsant, abatant ung gros et vieil orme
au lieu où fut la défaicte des dictz Angloys, trouva dedans
eux d'icelluy une cuirasse avec ses brigandines et dedans
les os d'un corps humain ; c'estoit quelque Angloys poltron
craignant mourir ou qu'il n'en restast des aultres pour en
r nouvelles en leur païs, s'estoit caché dedans cest arbre

Origny-le-Roux.
Bagages, équipages. — *Baya, bauga. (Du Cange.)*

creux où il s'endormit et y est demeuré plus de cent cin[q]
ans.

Le dict sieur duc mist et establit pour cappitayne au dic[t Mor-]
taigne pour le tenir soubz l'obeissance du Roy, Loys [,]
bailly du Perche, et Jehan Denisot pour son lieutenant, a[u lieu]
de Mathieu Got, Angloys, que le duc d'Estafort, Angloy[s,]
avoit usurpé la comté du Perche, y avoit mis. Et au précéde[nt]
les dicts Angloys se fussent saisiz du dict Mortaigne y avoie[nt]
cappitaynes l'un après l'autre, Jehan de Lande, chevalier, Je[han]
Belleure et Jehan des Hayes.

Au dict an mil quatre cens quarante neuf, le dict duc, dé[libéra]
reprendre sa ville d'Alençon et ses autres terres que tenoye[nt les]
Angloys, se retira avec ses trouppes vers sa ville d'Essay,
occupée par les Angloys, lesquels il trouva hors la ville, pes[chans]
ung estang, lesquelz il défeist et se saisit de la ville.

En ce mesme an Jehan du Mesnil, Jehan Blosset, Jehan M[artin]
et Guillaume Le Boulleur, habittans d'Allençon qui avoye[nt]
l'octoritté sur le peuple et ausquels le peuple avoit de la croy[ance,]
se résolurent de remettre Alençon, que tenoyent les Ang[loys,]
entre les mains du duc, et, à ceste fin, firent descendre l[e dict]
Moynet, qui estoit le plus jeune de tous, avec une corde par d[essus]
la muraille de la ville dedans les fossez, qui alla advertir le [duc]
de leur résolution, qu'il trouva près d'Aché et le feist achem[iner]
avec ses trouppes. Les autres cependant s'armèrent avec plus[ieurs]
des autres habitans de la dicte ville ausquels ils se découvr[irent]
et ayans aperceu le signal donné au dict Moynet, allèrent [à la]
porte de Lancret où ilz trouvèrent les Angloys jouans aux ca[rtes et]
les chargèrent. Jehan de Bernay coinda résister, mais il fut [pressé]
de si près qu'il fut contrainct se jetter du hault du portail de[dans]
les fossez. Les auttres se mirent en fuitte. Se rendirent, les A[len-]
çonnois, maistres de la porte qu'ilz ouvrirent; baissèrent le [pont]
et incontinent arriva le dict duc et sa compagnye et avec l[uy le]
dict Moynet. Entra le dict duc, qui fut le bien receu des habit[ans.]
Les Angloys se retirèrent au chasteau et peu après se rendi[rent,]
leurs basgues saulves.

Le dict duc print aussy sur les Angloys la ville et chastea[u de]
Fresnay.

Fut aussy prins sur les dictz Angloys la ville et chasteau [de]
Vernueil par le moien d'un musnier nommé Le Verrier, ass[isté]
d'un nommé Bertin, qui bailla l'entrée aux François par l'a[queduc]

de son moulin; pour récompense duquel bon office le Roy Charles septiesme l'anoblit et sa postéritté et lui donna le dict moulin et l'estat de vicomte de Vernueil et autres biens; lequel moulin est encorres appelé *le moulin au vicomte* et dure encorres ceste famille tant dedans Vernueil que autres lieux.

Le chasteau de Longny se rendit au Roy par ung escuyer nommé le seigneur de Saincte-Marye qui en estoit cappitayne pour messire Françoys de Surienne dit l'Arrangonnoys, seigneur du dict chasteau au droit de sa femme, fille de Louys de Longny, comme a esté cy dessus dict (1).

Le dict duc print aussy la ville d'Argentan à l'ayde des habittans de la façon que fut Alençon. Fut aussy prins le chasteau d'Hiesmes.

L'an mil quatre cens cinquante, le Roy Charles septiesme mit le siège devant la ville de Caen où se trouva le dict duc avec grande compagnye qu'il y mena, laquelle ville et le chasteau furent renduz par composition après plusieurs assaultz et en sortit le duc de Sombresset et ses gens, bagues saulves.

Le siège fut mis devant Fallaize que tenoyent les Angloys où, après avoir enduré le siège quinze jours, se rendirent.

Damfront se rendit aussy; à tous lesquelz sièges et autres le dict duc d'Allençon assista le Roy et y feist de grands et valleureux actes d'armes pour le service de Sa Majesté et réduction du royaume en son obéissance.

Au dict an, mil quatre cens cinquante, le conestable de France, seigneur de Rochefort, accompaigné du vicomte de Rohan, messire Jehan de Mallestroit, Phillippes de Mallestroit, Guillaume Gouel, Gilles de Sainct-Simon, Pierre du Paz, Yvon de Tiour, Jehan Budes et autres défeirent six mil Angloys à Frétigny, près Valognes, la pluspart mortz, aultres en fuitte, aultres prins, entre aultres leur cappitayne Matago.

Dieu mena tellement les affaires de France que en ung an seize jours, tout le royaume fut remis en l'obéissance du Roy Charles septiesme et les Angloys chassés d'icelluy qui l'avoyent tenu trente-deux ans (2).

Les guerres finies, le duc d'Alençon se retira en sa ville d'Alençon pour s'y rafraichir et restablir l'ordre de sa maison,

---

(1) Voir page 88, note.

(2) *Add.* « On en fait tous les ans, le 12 août, la commémoration dans le diocèse de Séez. » *(Ms. de M. de La Sicotière.)*

en espérance d'y finir ses jours en repos (1). Le premier de ses contentemens estoit en sa chapelle, fournye de vingt-quatre chantres, excellens musiciens, tous vestus d'une pareure, nouris à sa maison, qui chantoyent chacun jour la messe devant luy.

Le deuxiesme, en son escurye, qui estoit garnye de vingt-quatre excellens chevaulx de grand prix et plusieurs roussins, de vingt-quatre hacquenées blanches qui servoyent à madame Marye d'Armaignac, sa femme, sans les chevaulx de litière et autres qui servoyent aux chariotz et infiniz auttres petits courtaux de chasse et autres.

Ayant vescu quelque temps parmy ces contentemens, poursuivy par ses créantiers, qui l'avoyent secouru tant au payement de sa rançon que fraiz des guerres, il se retira devers le Roy, le supplia le secourir de quelques deniers pour le tirer de ses affaires. Le Roy ne luy feist point de response, de quoy le duc s'offensa, et plein de courage se retira de la Cour très mal content, et, en ceste fureur, trouva incontinent de mauvais conseil qui s'accommoda à sa passion, entre aultre ung jacobin d'Argentan, Thomas Gilles, prestre, son aulmosnier Thomas Caillet et trop d'aultres qui luy représentoyent les services qu'il avoit faitz à la France, accusoyent le Roy d'ingratitude et que sans scrupulle il se pouvoit récompenser des fraiz qu'il avoit faitz à la guerre et à sa rançon sur les biens du royaume, que personne n'ignoroit que la Normandye ne fust le domayne du Roy d'Angleterre que le Roy usurpoit sur luy, que sans charge de consience il se pouvoit jetter du party du Roy d'Angleterre pour reconquérir la dicte duché, qui le récompenseroit de touttes ses pertes. Ce conseil plut au duc et, sur ce, feist résolution d'envoyer devers le Roy d'Angleterre luy faire ouverture de retourner en Normandye et offres de le secourir et aider à la reconquérir et déjà il luy escrivit à ceste fin par le dict jacobin, son confesseur. Le Roy d'Angleterre ayant receu ses lettres blasma l'ingratitude du Roy de France et manda au dict duc que sy luy voulloit estre fidelle en ceste entreprise, il le récompenseroit de tant que luy et ses successeurs seroyent contens. Le duc le print au mot, luy manda qu'il descendist en asseurance et bailla ses lettres au dict Gilles, son aulmosnier, pour les porter en Angleterre qui, pour ne le faire, s'en excusa, luy disant qu'il seroit

---

(1) *Add.* « Il confirma en 1451, étant à Bellême, le don que son bisaïeul avait fait et son aïeul rattifié du droit de chauffage en la forêt de Bellême qui avait été accordé à l'Hôtel-Dieu de Bellême. » *[Ms. de M. de La Sicotière.]*

bien plus seur de les envoyer par quelque mandien sur lequel on ne peust avoir suspition et luy présenta un sien parent boiteux et fort pauvre, nommé Pierre Fortin et l'asseura qu'il était fort propre pour porter ce pacquet ; sur laquelle asseurance le duc bailla ses lettres au dict Fortin auquel Gilles dist l'intention du duc et qu'au lieu d'aller en Angleterre il portast incontinent les lettres au Roy de France et furent les dictes lettres mises de dans un baston creux. Le boiteux porta les lettres au Roy de France, lesquelles veues par le Roy les céla, jusques à ce que le duc alla en Cour, lequel il feist arrester, ce qui fut en l'an mil quatre cens cinquante-cinq, et fut mené prisonnier au chasteau de Melun.

Deux ans après, à la solicitation d'aucuns princes du sang et autres gouvernans, le Roy feist assembler son Conseil à Vendosme, appartenant au dict sieur de Vendosme subrogé au lieu du dict duc en la lieutenance du Roy en ses armées où le procès du duc fut fait, jugement donné et prononcé de l'ordre qui ensuyt (1) :

(1) Nous trouvons dans un manuscrit de la Bibliothèque nationale l'ordre de préséance au procès du duc d'Alençon. Nous le donnons à titre de curiosité et de contrôle.

Assiete faicte en Parlement assemblé et tenu à Vendosme pour la décision du procès de Monseigneur d'Alençon.

Le Roy, en son siège royal,
 A ses piez, monseigneur de Dunoys comme lieutenant général au lieu de monseigneur le connestable.

Au hault banc, à sa main dextre :
 Monseigneur Charles, filz du Roy,
 Monseigneur d'Orléans,
 Monseigneur de Bourbon,
 Monseigneur d'Angolesme,
 Monseigneur du Maine,
 Monseigneur de Eu,
 Monseigneur de Foix,
 Monseigneur de Vendosme,
 Monseigneur de Laval.

Dessoubz iceulx haulx bancs à la dicte main :
 Les troys présidens,
 Le grant mestre de France,
 L'admiral,
 Le grant prieur de France en l'ordre de Sainct-Jehan de Jherusalem,
 Le marquis de Saluces,
 Les quatre mestres des requestes,
 Le seigneur de Rambures,
 Le seneschal de Lymosin,
 Le bailly de Senlis,
 Mestre Denis de Seurre et mestre Laurens Patarin, conseillers du Roy,
 Et oultre plus y estoyent xxxiiii seigneurs en Parlement chascun en son degré,

Le Roy estoit en son siège royal.

Au costé dextre d'icelluy, monsieur Charles, son filz, et environ quatre ou cinq pieds près de luy estoyent les seigneurs qui ensuivent :

Les ducs d'Orléans et de Bourbon, le comte du Mayne, le comte d'Eu, le comte de Foix, le comte d'Estampes, le comte de Vendosme, le comte de Laval, le comte de Beaujeu, Philippes de Savoye et le filz du comte de Dunoys.

Et ung aultre banc hault au costé dextre estoit le comte de Dunoys, lieutenant général du Roy.

Au costé senestre du Roy estoyent assis sur ung banc hault, l'archevesque et duc de Reims, l'evesque et duc de Laon, l'evesque et duc de Langres, l'evesque et comte de Beauvays,

De la senestre main ès haux bancs aux piez du Roy :
  Monseigneur le chancellier.
Au hault banc de la dicte senestre main :
  L'arcevesque de Rains,
  L'evesque de Laon,
  L'evesque de Langres, ducs pers de France,
  L'evesque de Beauvois,
  L'evesque de Noyon,
  L'evesque de Chaalons, comtes pers de France,
  L'evesque de Paris,
  L'evesque de Viviers,
  L'evesque d'Agde,
  L'evesque de Coustances,
  L'evesque d'Aire, fils d'Alebret,
  L'abbé de Sainct-Denis en France.
Aux haux bancs, dessoubz le dit hault banc :
  Le seigneur de la Tour d'Auvergne,
  Le seigneur de Torcy,
  Le seigneur de Vauvert, premier chambellan du Roy,
  Le bailly de Touraine,
  Le seigneur de Prie,
  Le seigneur de Persigne,
  Mestre Guillaume Cousinot, bailly de Rouen,
  Le seigneur de Girars.
En l'autre banc de celle main :
  Mestre Jehan Bureau, tresorier de France,
  Mestre Estienne, chevalier,
  Sire Jehan Hardouin,
  Pierre Berrat, tresoriers de France,
  Mestre Pierre d'Oriole,
  Le prévost des mareschaux,
  Le prévost de l'ostel du Roy.
Et au dessoubz ès autres bancs estoient xxxiiii conseillers de la court de Parlement, chascun selon son ordre.
Et en la dicte, sur ung autre banc, estoient les deux advocatz et le procureur du Roy.

l'evesque et comte de Challons, l'evesque et comte de Noyon, pairs de France, l'evesque de Viviers, l'evesque de Paris, l'evesque d'Orléans, l'evesque de Cotence, le sieur d'Albret et l'abbé de Sainct-Denys en France.

Au second banc, du costé dextre, au dessoubz des dictz ducs et comtes, estoyent maistre Pierre Desepeaux, premier président en la Cour de Parlement, maistre Robert Thiboust, maistre Hélye de Tourettes (1), président, le sieur de Gaucourt, maistre d'hostel du Roy, le grand prieur de France, le marquis de Saluces, maistre Girard le Boursier, Jehan Tudart, Henry de Marle, Georges Havard, maistres des requestes, le chancelier de Bourbonnoys, le sieur de Rambures, le sénéchal de Limosin, le bailly de Senlis, maistre Denys Danceret et maistre Laurens Pasturin (2), conseillers au Conseil privé du Roy.

Au second banc, du costé senestre, au desoubz des prélatz et pairs, estoyent les sieurs de Touteville et de La Tour d'Auvergne, de Torcy, de Sennes (3), du Pré (4), d'Espigny (5) et le bailly de Tourayne.

Et ung autre banc au costé des dictz pairs estoyent maistre Jehan Bureau, trésorier de France, le sieur de Servy (6), maistre Estienne Herneille (7), sire Jehan Hardoin, sire Pierre Girard (8), trésoriers, maistre Pierre de Refuge, général, le provost des maréchaux, le provost de l'hostel du Roy.

Sur troys petits bancs encontre ung bas buffet estoyent cinq greffiers pour la dicte matière et *au milieu de la dicte salle sur une basse escabelle* estoit monseigneur d'Alençon durant le temps qu'il fut interrogué et quant la sentence fut prononcée à l'encontre de luy par monseigneur le chancelier, il n'estoit pas présent, mais après, il luy fut dit en son logeys, après qu'il ot digné, par monsieur le grant président, maistre Yves Delepeaux et d'autres de messieurs de Parlement. Et estoient les diz bancs et sièges couvers de draps semez de fleurs de lix et aussi toute la place du dit parquet.
(Bibl. nat. ms. fr., 5943, petit in-4° vélin du quinzième siècle.
— Cette « assiette » est également reproduite avec quelques variantes dans le ms. 5738, fol. 17.)

Voir aussi Bry de la Clergerie, *Histoire des comtéz d'Alençon et du Perche*, p. 330.

(1) « De Thorettes. » *(Bry de la Clergerie.)*
(2) « Patarin. » *(Id.)*
(3) « De Vauvert. » *(Id.)*
(4) « De Prie. » *(Id.)*
(5) « De Pressigny. » *(Id.)*
(6) « De Scernay. » *(Id.)*
(7) « Lerville. » *(Id.)*
(8) « Bérard. » *(Id.)*

Au tiers banc, à la main dextre, estoyent les conseillers de la Cour de Parlement qui ensuyvent, asçavoir : maistres Jehan Le Damoysel, chevallier, Jehan de Sansay, Guillaume le Vicq (1), Jehan Baillet, Mattieu de Mantherie (2), Jehan Bezon, Pierre Croslavoyne, Jacques Minard (3), Didier Tousey (4), André Cotin, Jehan de Cantelou, Jacques Fournier, Jehan Le Boullenger, Guillaume Blanchet, Jouachin Jouvelin (5), Jehan Chambon, Guillaume Papin, Raoul Pichon et Jehan Desplantes, conseillers laiz.

A main senestre, sur un autre banc, estoyent maistre Pierre Le Febvre, Nicollas Marchant, Jehan de Courteilles, Jehan Jolys (6), Jehan de Villebresme et Pierre Richard, conseillers d'église en la Cour de Parlement.

Item sur une escabelle au parquet, du costé des dictz ducs et comtes estoyt maistre Jehan Donnet (7), procureur général du Roy.

Les huissiers estoyent Guillaume Courtault, premier huissier, Jehan de Marolles, Jacques Vivian, Mathieu Marchier et Jehan Garnier.

Les ambassades du duc de Bourgogne arrivèrent en ce lieu où, en présence des assistans, supplièrent le Roy de la part de leur maître de faire miséricorde au duc d'Alençon pour plusieurs belles considérations, asçavoir : que Dieu commande estre miséricordieux à celuy qui veult de luy obtenir miséricorde, pour la proximitté de la parentelle et lignage qui estoit entre le Roy et le duc et en considération des grands services que le duc et ses prédécesseurs avoyent faictz au Roy et au royaume de France et plusieurs autres belles raisons dignes de commisération.

Ausquelles l'evesque de Cotence, qui se leva par le commandement du Roy, respondit sur chacun poinct de leur harangue et pour conclusion que le Roy leur faisoit dire qu'il ne feroit rien en ceste affaire que par l'advis et conseil des princes de son sang et autres de son Conseil que à ceste fin il avoit faict assembler près de luy ; à quoy il eust bien désiré la présence et le conseil

---

(1) « Du Vic. » *(Bry de la Clergerie.)*
(2) « De Mant. » *(Id.)*
(3) « Yvard. » *(Id.)*
(4) « Ydier Vousy. » *(Id.)*
(5) « Vovelin. » *(Id.)*
(6) « Tellis. » *(Id.)*
(7) « Dauvet. » *(Id.)*

du duc de Bourgongne, et toutteffois qu'il feroit en sorte que le duc d'Alençon et tout le monde en debveroit estre content et fut le jugement capital et confiscation prononcés en l'absence du dict duc sur lequel le Roy feist la déclaration qui ensuyt (1) :

« ..... Asçavoir que, au regard de la personne du dict duc d'Alençon, sa vollonté estoit de différer l'exécution du jugement contre luy donné et défaict, le différoit jusques à son bon plaisir.

« Et, quant aux biens, terres et possessions du duc, confisquez au Roy par le dict jugement encorres que par la rigueur des loix et l'énormitté du crime, les enfans du duc en deussent estre privez; toutteffois en commémoration des services des prédécesseurs du duc faictz aux prédécesseurs du Roy et aux biens du royaume, espérant aussy que ses enfans se gouverneroyent vers le Roy comme bons fidelles et loyaux subjectz, en faveur aussy des prières que luy en avoyent faict les ducs de Bourgongne et de Bretaigne, le Roy de grâce modérant la confiscation des biens du duc, voullut et ordonna que tous les biens meubles du duc demeurassent à sa femme et enfans, réserve l'artillerye, harnoys et autres armes de guerre.

(1) Nous croyons utile de signaler ici à nos lecteurs différentes sources manuscrites, conservées à la Bibliothèque nationale (fonds français) et relatives au duc d'Alençon et plus spécialement à son procès :

5,738. — Réponse du Roy Charles VII à la requête du duc de Bourgogne avec la sentence de M. d'Alençon et les notes de ses juges. — La requête du duc de Bourgogne au Roy pour M. d'Alençon, en 1458. — L'opinion donnée au Roy par M. le duc d'Orléans au Parlement de Vendôme, touchant le fait de M. d'Alençon.

5,943. — Copie des lettres du Roy Charles VII, données à Vendôme, le 10 octobre 1458, au Parlement assemblé pour juger le procès fait au duc d'Alençon, accusé du crime de lèze-majesté, lesquelles lettres contiennent l'arrest de la condamnation du duc d'Alençon. — Remontrances de Philippe, duc de Bourgogne, au Roy Charles VII en faveur du duc d'Alençon. — L'ordre de la séance du Parlement assemblé et tenu à Vendôme pour la décision du procès du duc d'Alençon.

7,599. — Procès criminel de Jean d'Alençon.

18,439. — Procès de Jean et de René d'Alençon sous Charles VII.

18,441. — Procès criminel fait à Jean II, duc d'Alençon, en 1456.

20,176. — Procès du duc d'Alençon.

20,371. — Actes émanants de Jean, duc d'Alençon.

20,373. — Actes originaux de Jean, duc d'Alençon. — Lettres de Louis XI en sa faveur du 11 janvier 1462.

20,372. — Don de Charles VIII à Jean, duc d'Alençon, 8 octobre 1432. — Lettres en sa faveur. — Quittances du 10 août 1451.

20,376. — Procès criminel avec les lettres d'abolition et autres actes pour son rétablissement.

« Et, au regard de terres, seigneuries et biens immeubles, le Roy, en modérant la rigueur du jugement, retint à luy la ville et chasteau de Vernueil tant deçà que delà la rivière d'Avre, les ville et chasteau de Danfront, la ville, chasteau et vicomté d'Alençon, appartenances et deppendances d'icelles villes, chasteaux et vicomté que le Roy dès lors joignit et incorpora à la couronne. Retint aussy le Roy le surplus des chasteaux et chastellenyes, vicomtéz, terres et seigneuryes, rentes, revenuz et possessions appartenantes et deppendantes d'Alençon et touttes les actions qui en avoyent appartenu au dict duc et comte du Perche tant en propriété, possession que autrement et générallement tous autres droictz et seigneuryes qui estoyent parties et sorties de la Coronne de France, sauf la comté du Perche.

« Aussy le Roy retint à luy le chastel et chastellenye de Sainct Blansay en Tourayne, le péage que le duc prenoit sur les pontz de Tours et autres francs-fiefz et revenuz que le duc prenoit en sa ville et chastellenye de Tours.

« Ensemble réserva à luy les fiefs nobles et hommages, droictz et debvoirs qui appartenoyent au dict duc à cause du comté du Perche pour raison de la terre et seigneurye de Nogent-le-Rotrou, ses appartenances et deppendances appartenans au comte du Mayne à cause de la comtesse, sa femme.

« Et, au regard des autres terres et seigneuryes et biens immeubles qui furent au duc, le Roy les laissa et donna aux enfans du duc, asçavoir : la comté du Perche pour en jouyr par le seul filz du duc et par ses héritiers tant malles que femelles soubz la main du Roy jusques à ce qu'ilz fussent en aage, et, quand ilz seroient aagez, par leurs mains comme de leur propre chose et par leurs héritiers descendans en loyal mariage, le tout suivant les coustumes des païs où les dictes terres estoyent assizes. »

Prononcé au chasteau de Vendosme, le mardy dixiesme jour d'octobre, l'an mil quatre cens cinquante huict (1).

Depuis, le Roy ordonna que le duc seroit mené prisonnier au chasteau de Loches ; ce qui fut fait et y fut prisonnier jusques au

---

(1) Cet arrêt se trouve à la Bibliothèque nationale. *(Ms. fr. 5,943, fol. 9, in-4° vélin, quinzième siècle, et ms. fr. 5.738, fol. 12 verso.)* — Il a été publié par Odolant-Desnos *(Mém. hist. sur Alençon,* t. II, p. 114) et par Godefroy, *Cérémon. fr.* t. II, p. 444. — Bry de la Clergerie, dans son *Histoire des comtéz d'Alençon et du Perche,* en a publié quelques extraits, p. 333.

moys d'octobre mil quatre cens soixante ung, que le Roy Louys onzeiesme, après la mort du Roy Charles, son père, le délivra des dictes prisons et le restablit en son premier estat, luy rendit tous ses biens, terres, seigneuryes et possessions en faveur et considération des grandz services qu'il avoit faictz au royaume de France, recongnoissant que le Roy, son père, estoit la principalle cause de la faulte commise par le duc pour l'avoir mesprisé et rejetté d'auprès de luy.

Par ce moien sortit le duc de prison et se retira en sa ville d'Alençon où il feist sa plus continuelle demeurance (1) et jusques à ce que se meult discord entre le Roy et Charles de France, son frère, duc de Guyenne, de quoy les autres princes de France estoyent cause et autheurs, deplaisans de ce que le Roy les mesprisoit et se gouvernoit et faisoit touttes ses affaires par gens de petite et basse condition et ne les appelloit ny employoit au maniement des affaires du royaume, lesquelz princes avec le duc de Guyenne remonstrèrent au dict duc d'Alençon qu'il avoit tousjours aymé le bien public et l'honneur des princes et du royaume; que c'estoit honte de les voir rejettez de la communication et maniement des affaires de l'Estat qui se ruynoit pour les grandes levées de deniers que le Roy y faisoit. Le prièrent de se joindre avec eulx pour en faire des remonstrances au Roy et où il n'y vouldroit entendre l'y contraindre; lequel duc, sans considérer le mal duquel il sortoit, inconsidéremment se jetta dedans leur party, duquel estoyent les principaux chefz, les ducs de Bretaigne, de Bourbon, de Berry, de Nemours, les comtes de Charolays, d'Armaignac, d'Albret et plusieurs autres princes et seigneurs qui levèrent une grosse armée, feirent plusieurs ruynes en France et finallement le Roy, pour apaiser son frère et faire cesser cest orage qui ne tendoit qu'à la ruyne du royaume, bailla au duc de Guyenne, son frère, pour apanage la duché de Normandye et contenta les autres princes, fors le duc d'Alençon sur qui le sort de ceste légère entreprise tomba du tout, encorres qu'il n'en fust l'auteur, car dès lors le Roy chercha tous moyens de l'exterminer; pour à quoy pensant éviter, le duc qui en fut adverty se retira vers le duc de Bretaigne, son oncle maternel, qui le receut avec

(1) *Add.* « Il fit faire, en 1463, offre à Henri IV, roi de Castille et de Léon, de le recevoir à foi et hommage pour le comté de Biscaie et la seigneurie de Lara en Castille, ayant appartenu à Marie d'Espagne, sa trisaïeule maternelle; mais Henri ne lui fit aucune réponse. » *(Ms. de M. de La Sicotière.)*

touttes les bienveillances qu'il eust peu désirer (1). Les princes ayant rompu leur armée et chacun d'eulx retiré chez soy, le Roy se repentit d'avoir baillé la duché de Normandye à son frère, s'en resaisit et luy laissa seulement la duché de Guyenne; de quoy le duc de Normandye se trouva fort offensé, alla trouver les ducs de Bretaigne et d'Alençon auxquelz et autres qui se trouvèrent avec eulx, il feist ses plaintes de ce que le Roy luy avoit osté la dicte duché de Normandye et leur demanda ayde et secours pour y rentrer. Le duc d'Alençon, prompt, trop libérallement offrit son service de corps et biens au duc de Normandye, comme firent plusieurs autres. Ce fait, le duc s'en retourna à Alençon où estant le onzeiesme octobre mil quatre cens soixante sept, par dedans le parc d'Alençon, entrèrent dans le chasteau les archers de la garde du corps du duc de Normandye, desquelz estoit cappitayne Artus de la Forrest, escuyer d'escurye du dict sieur.

Après, le duc partit d'Alençon, y laissa Marye d'Armaignac, sa femme, et le comte du Perche, son filz, s'en alla à Damfront, accompaigné de Péan Gaudin, escuyer, Jehan de Sainct-Denys et Jehan du Sahier, ses conseillers, et de plusieurs autres, ses serviteurs, où il fut bien receu par messire Jehan Blosset, chevallier, sieur de Sainct-Père, cappitayne du dict Damfront, et s'y tint quelques jours, puis s'en retourna devers le duc de Bretaigne.

Cependant, entrèrent par le chasteau dedans la ville d'Alençon vingt hommes d'armes avec leurs archers, desquelz estoit cappitayne Jehan d'Aunay, et deux jours après, y entrèrent plusieurs gens de guerre bretons tant d'ordonnance que de l'arrière-ban.

Après, y arriva Jehan de Laval, sieur de la Roche, qui se disoit lieutenant du duc de Normandye, accompagné des seigneurs de Brandey, de Bretesche, de la Tour, Mollé, du Bois-Tiercelin, de messire Jehan Froumenteau, chevalliers, d'Yvon de Trachana, Jehan de Goullayne, Ollivier le Senechal, les sieurs de Mauny, de la Roë et Jehan, son frère, Duchenon, Dupon, de la Sayon, de Sainct-Gilles, de Sainct-Jean, de la petite Cerche, du Haultbois, de Cimenier, Pierre Regnault, Louys Guerbot, Cardonnet, Louys, des sieurs de Boyleau, Carrodel, Gernac, La Haye, Paynel, Carrangourt, Blasseau, René de Montpensier, Marafin Chastaignerays, Louys de la Forrest, Guillaume de l'Escut, Pierre de Bouteville, les sieurs de la Noë, Martigny, de la Rosière maréchal des logis,

---

(1) *Add.* « Cette guerre se termina par le traité de Couflans du 5 octobre 1465. » *(Ms. de M. de La Sicotière.)*

Charronnier et plusieurs autres seigneurs accompaignez de grand nombre de gens de guerre et fort bel équipage (1), et, le jeudy, lendemain de la feste Saincte-Catherine au dict an, le comte du Perche, Jehan de Laval et autres susdictz firent serment sur les évangilles de donner confort, ayde et conseil l'un à l'autre au faict de la guerre et qu'ilz ne feroient rien l'un sans l'autre ; aultant en feirent les autres nobles du dict païs d'Alençon, les gens d'esglize et les bourgeoys de la ville en prestèrent le serment devant le bailly d'Alençon et Jehan d'Aunay, escuyer.

Le samedy vingt ungiesme des dictz moys et an, Gilles d'Avangour, tenant le party des Bretons, mist le feu en l'un des faulxbourgs de la ville d'Alençon, près la porte de Sees; y furent plusieurs maisons bruslées, le pillage habandonné le mesme jour. Les gens du Roy, tenant les champs près la dicte ville, feirent une course jusques ès faulxbourgs de Sartre, autrement dictz de Montsort, où estoyent les sieurs de Craon, du Bueil, de Cursol et Ponthieuvre et plusieurs autres conduisans l'armée du Roy; ce que voyans les Bretons, affin d'oster aux gens du Roy les moyens de faire leur aproches de la ville, abatirent les faulxbourgs de Montsort, mesme une chapelle fondée de saincte Catherine.

Et le lendemain, du consentement du dict comte du Perche, furent bruslées les maisons du Parc qui avoyent esté faictes pour la retraicte des bestes et oyseaux sauvaiges qui furent tous perduz ; et le lendemain le reste des faulxbourgs furent bruslés et du tout ruynez ; et le mecredy les Bretons firent une course jusques à Essay, d'où ilz furent furieusement repoulsez par Gastonnet, bailly de Sees, jusques aux portes d'Alençon.

Le huictiesme décembre, jour et feste de la Conception Nostre-Dame, le comte du Perche, estant en ung festin dedans Alençon, fut adverty que quatre mil francz archers estoyent partiz de Sees pour mettre le siège devant Alençon par commandement du Roy, mais ilz furent contremandez. Receut le dict comte lettres du Roy par lesquelles il luy remonstroit les malheurs advenuz au duc d'Alençon, son père, le persuadoit d'en quitter le party et de prendre le sien, luy promettant, ce faisant, beaucoup de biens et s'il faisoit le contraire, d'une ruyne totalle; lequel comte, ayant meurement pensé à l'importance de ceste affaire, se souvenant des malheurs advenuz au dict duc son père pour s'estre départy

---

(1) Voir les Mémoires historiques sur Alençon et sur ses seigneurs, par Odolant-Desnos, tome II, p. 136.

du service du Roy, se résolut de prendre le party du Roy, chassa les Bretons de la ville d'Alençon, se retira devers le Roy qui le receut avec touttes sortes de courtoisies, l'embrassa, l'appeloit son filz, son mignon et autres applaudissemens et le feist assister comme prince du sang aux Estats qu'il feist tenir à Tours en l'an mil quatre cens soixante sept.

Le duc d'Alençon le sçachant, en fut estonné; néantmoings n'abandonna le duc de Normandye et finallement le duc de Normandye s'accorda avec le Roy en l'an mil quatre cens soixante et neuf par ainsy qu'il quitta et remist au Roy la duché de Normandye, qui, en récompense, luy bailla la duché de Guyenne avec promesse de ne rechercher aucuns de ceux qui avoyent son party. Ce faict, le duc d'Alençon se retira vers le duc de Bretaigne, son oncle, et le comte du Perche alla trouver Marye d'Armaignac, sa mère, à Alençon.

Le duc d'Alençon, s'asseurant que par l'accord fait par le Roy avec son frère il y avait promesse de ne rechercher ceulx qui avoyent tenu son party, s'en retourna à Alençon accompaigné des gentilzhommes de sa maison et nombre d'Escossoys sous la charge de Cougault, chevallier, Jehan de Manthelon, sieur de Vassey, Leboysne, cappitayne du chasteau, luy refuza, disant que le comte du Perche le luy avoit baillé pour le garder soubz l'octorité du Roy; s'alla le duc loger en l'hostellerye de l'Escu de France, où Marye d'Armaignac, sa femme et sa sœur, qui sortirent du chasteau, l'allèrent trouver. Cougault avec ses gens de guerre se présentèrent devant le chasteau pour le faire rendre. La damoiselle, femme du dict Manthelon, et Louys Aunelle, lieutenant du dict chasteau, en sortirent qui dirent au dict Cougault que, en baillant bonne et vallable descharge du dict comte du Perche, qu'ilz rendroyent le chasteau. Cougault leur feist apparoir du traitté de paix par lequel le duc estoyt remis en tous ses biens et pendant ces dilations, Manthelon advertit le Roy de la venue du duc. Le lendemain, jour de mardy gras, fut le chasteau mis ès mains du dict duc qui ne le posséda que jusques au dimanche en suivant que le sieur du Lude (1), vassal du duc à cause de sa vicomté de Beaumont, accompagné d'un mauvays serviteur du duc habitant d'Alençon, y arrivèrent qui, en vertu du mandement du Roy, commandèrent au duc de vuider le chasteau; ce qu'il feist vollontairement, logea sa bonne dame en maison bourgeoyse. Mirent

---

(1) Jean de Daillon, seigneur du Lude.

pour cappitayne et garde du chasteau Jehan de Coullonges, cappitayne des francs archers. S'achemina le duc pour aller trouver le Roy, mais, comme il fut en chemin, changea d'advis, retourna à Alençon où il séjourna quelques jours; cependant, aucuns, de très mauvays conseils, au lieu de luy conseiller d'aller trouver le Roy et jetter en sa·miséricorde, lui donnèrent advis d'aller trouver le duc de Bourgongne et luy mettre entre ses mains tout ce qu'il tenoit du Roy. Print argent du duc de Bourgongne du surplus et quitast le royaume de France. Le duc de qui la passion de son mescontentement avoit bouché tout jugement le trouva bon. Les ennemys conseillers, le veoyant résolu à cela, en advertirent le Roy. Le duc d'Alençon se retira à Chasteau-neuf-en-Thimerays et de là à Bresolles où il fut prins et arresté prisonnyer par Tristan Lhermitte, prévost de l'hostel, par commandement du Roy; le mena vers le Roy qui l'envoya prisonnier au chasteau de Loches le deuxiesme febvrier mil quatre cens soixante douze, et depuis fut mené au Louvre à Paris et baillé en la garde du sieur de la Cholletière.

Pendant que touttes ces poursuites se faisoyent contre le duc d'Alençon, le sieur de Villiers en Anjou vendit aux Bretons Sablé qui le pillèrent, viollèrent filles et femmes, prindrent les hommes à rançon, bruslèrent et ruynèrent la ville et chasteau et puis avec ce butin se retirèrent en Bretaigne.

Le Roy de ce adverty, craignant que ce fust par l'intelligence du duc d'Alençon, feist prendre les armes aux habitans de la ville d'Alençon pour la seureté de leur ville.

Le sabmedy, septiesme avril suyvant, arrivèrent au dict Alençon le patriarche de Hiérusalem, evesque de Bayeux, le bailly de Rouen et maistre Jehan Hamelin, correcteur de la chambre des Comtes à Paris, lesquelz mirent en les mains du Roy la duché d'Alençon et prindrent le serment des officiers de la justice pour doresnavant l'exercer soubz le nom de Sa Majesté.

Le trezeiesme du dict moys d'avril, la dicte dame d'Armaignac se retira en sa maison à Mortaigne et pour sa demeure feist bastir ung corps de maison joignant celuy des dictes filles où elle se retiroit, appelée encores à présent la Chambre de Madame, en laquelle se tient le bureau des pauvres du dict hospital et s'expédient touttes affaires concernans le dict hospital où elle vivoit comme personne privée avec les dictes religieuses, visitant chacun jour comme et avec elles les pauvres du dict hospital. Finallement d'annuy et d'afliction elle devint mallade et feist son testament par devant Tassin Thiboust, tabellion du dict Mortaigne, le vingt-deuxiesme jour de juillet mil quatre cens soixante treize. Donna à l'esglize de Toussainct du dict Mortaigne deux de ses robes ducalles de drap d'or pour y faire des ornemens qui seroyent faictz à ses fraiz, partie lesquelz ornemens qui ont esté saulvez du ravage des guerres des protestans, servent encorres de présent à icelle esglize et oultre, la somme de mil livres tournoys en deniers pour la fondation d'une messe perpétuelle qui s'y continue, que l'on appelle la messe de Madame ; esleut sa sépulture en la dicte esglize. Decedda le vingt cinquiesme du dict moys de juillet, y fut inhumée le cinquiesme jour d'aoust, joignant la chapelle Saincte-Catherine au costé du maistre autel, sur laquelle est eslevée une tombe de pierre ; elle estoit de saincte vie (1).

Le septiesme du dict moys d'aoust mil quatre cens soixante quatorze, le Roy Louys unzeiesme arriva à Alençon, descendit à la chapelle (2) Sainct-Louys sur le pont de Sarthe et y feist son

(1) *Add.* « Une tradition porte qu'un jour cette princesse portant de la viande aux pauvres qui étoient à sa porte, elle rencontra le duc, son mari, qui lui demanda ce qu'elle portoit dans son giron. Elle lui répondit : « Ce sont des roses, mon ami. » A cette réponse, il fut curieux d'en avoir une et lui dit : « Ma mie, donnez-m'en une » et disant cela, il mit la main en son tablier qu'il ouvrit et il ne se trouva que des roses. Il en prit une qu'il mit à son chapeau. Elle poursuivit son chemin et étant à la porte où étoient les pauvres et ayant de rechef ouvert son tablier, elle y trouva autant de morceaux de pain et de viande qu'elle y en avoit mis, fors un qui étoit la rose que son mari avoit prise. » *(Ms. de M. de La Sicotière.)* — C'est le miracle renouvelé de sainte Elisabeth de Hongrie : « Un jour, écrit de Montalembert, qu'elle descendait, accompagnée d'une de ses suivantes favorites, par un petit chemin très rude que l'on montre encore, portant dans les pans de son manteau du pain, de la viande, des œufs et autres mets, pour les distribuer aux pauvres, elle se trouva tout à coup en face de son mari qui revenait de la chasse. Etonné de la voir ainsi ployant sous le poids de son fardeau, il lui dit : « Voyons ce que vous portez », et en même temps ouvrit, malgré elle, le manteau qu'elle serrait, tout effrayée, contre sa poitrine ; mais il n'y avait plus que des roses blanches et rouges, les plus belles qu'il eût vues de sa vie ; cela le surprit d'autant plus que ce n'était plus la saison des fleurs. S'apercevant du trouble d'Elisabeth, il voulut la rassurer par ses caresses ; mais il s'arrêta tout à coup en voyant apparaître sur sa tête une image lumineuse en forme de crucifix. Il lui dit alors de continuer son chemin sans s'inquiéter de lui, et remonta lui-même à la Wartbourg, en méditant avec recueillement sur ce que Dieu faisait d'elle, et emportant avec lui une de ces roses merveilleuses qu'il garda toute sa vie... » *(Histoire de sainte Elisabeth de Hongrie par le comte de Montalembert, t. I, p. 271.)* — « Ce même miracle, ajoute l'auteur, est attribué à sainte Elisabeth de Portugal et à sainte Rose de Viterbe. »

(2) Le manuscrit autographe de M. de La Sicotière présente ici une

oraison, puis alla loger en la maison de Jehan Drouet (1) où il receut la révérence des habitans. Le lendemain, ouit le messe en l'esglize Nostre-Dame; après disner, alla visiter le chasteau et le parcq et comme il rentroit du parcq dans le chasteau, quelques personnes qui se trouvoient sur les murailles firent tomber une pierre sur le Roy le long de sa robe (2), qui la rompit et déchira; de quoy le Roy fut épouvanté, se jetta à genoux, feist le signe de la croix, baisa la terre et rendit grâces à Dieu. Les habitans eurent une grande peur, craignant que le Roy ne conçût contre eulx quelque mauvaise opinion. Il sceut sur le champ la vérité du fait et fut satisfait (3).

Le jour suyvant, le Roy fut au Mont-Sainct-Michel, passa par Cuissai, feist porter la dicte pierre, laquelle, avec la pièce de sa robe, il feist pendre à une chaîne de fer à l'esglize de Sainct-Michel devant le crucifix; au retour de son voyage, il fut à Tours et ordonna qu'on feist le procès du duc d'Alençon. Pour cest effect, il envoia à Paris messire Pierre d'Ourville, son chevallier, pour faire connoistre sa volonté à la Cour, et fut fait le procès du duc. Oüi et interrogé, il confessa qu'ennuyé des mauvays traitemens du Roy, il estoit party d'Alençon par l'advis de quelques-uns de ses serviteurs, délibéré d'aller trouver le duc de Bourgongne pour luy vendre toutes les terres qu'il avoit au royaume pour se retirer ailleurs hors la présence du Roy. Sur laquelle confession et autres faits justifiés, fut contre luy donné le jugement capital, prononcé par le chancelier avec confiscation de ses biens, duquel jugement, les autres princes s'en offensèrent, mais en vain, et fut le duc renvoyé à la prison du Louvre où, quelque temps après, il mourut et fut enterré en l'esglize des Jacobins à Paris.

---

lacune de quelques pages que nous comblons à l'aide du manuscrit de Mortagne.

(1) « Jean du Droit. » *(Bry de la Clergerie, loc. cit., p. 337.)*

(2) « Qui étoit de camelot tanné », dit Bry de la Clergerie.

(3) « Les bourgeois firent enqueste du faict par les officiers du Roy et fut trouvé que sur les murailles du chasteau estoit un page ayant une paillarde, laquelle avoit désir de voir le Roy, et comme elle courust sur la dite muraille avoit fait cheoir la dite pierre avec le bas de sa robbe. Le Roy fut content de ceste information et fist mettre le dit page et sa paillarde ès mains du prévost des mareschaux, lesquels n'eurent autre punition que de longue prison. » *(Bry de la Clergerie, p. 337.)*

De René, 3ᵉ duc d'Alençon et 16ᵉ comte du Perche (1).

Ce fut un des actes généreux du Roy Louys XI de ce qu'aussitôt que le jugement fut prononcé contre le duc d'Alençon, il oublia tout ce qu'il avoit fait et aima René, son filz, le tint tousjours près de luy et le remit dans tous les biens confisquez sur son père et fut le 3ᵉ duc d'Alençon et le 16ᵉ comte du Perche (2). Il le fiança avec la fille aisnée de Guillaume d'Harcourt, comte de Tancarville, et d'Yolande de Laval, laquelle mourut fiancée. Il épousa (3) Marguerite de Lorraine, fille de Ferry de Lorraine, comte de Vaudemont, Guise, Romigny, Harcourt et

---

(1) 19ᵉ comte du Perche, du 10 octobre 1458 au 11 octobre 1461 et 4 janvier 1475, † 1ᵉʳ novembre 1492.

(2) *Add.* « Il naquit en 1440. » *(Ms. de M. de La Sicotière.)*

(3) *Add.* « Par contrat du 14 mars 1488. — Le Roy Charles VII, après la peine capitale prononcée en 1458 contre son père, fit don à René du comté du Perche pour en jouir sans aucune dignité ni prérogative de pairie. Le comté du Perche resta toujours attaché au Roy Louis XI pendant la guerre du Bien Public qui éclata en 1464 et se termina l'année suivante. [René] suivit en 1467 le parti de son père lié contre le Roy avec le duc de Bourgogne et reconnut sa faute le 31 décembre de la même année. Il chassa d'Alençon peu après les Bretons qu'il y avoit reçu. Il assista, le 6 avril suivant, aux Etats de Tours où la guerre fut résolue contre le duc de Bretagne et qui fit cesser le traité d'Ancenis du 10 septembre 1468, lequel traité le comte du Perche garantit le 2 juin 1470.

« Ce prince avoit ratifié, l'année précédente, le privilège de sergent à la maladrerie de Bellême accordé deux ans auparavant par ses prédécesseurs comtes du Perche, lequel privilège consistoit en ce que les boulangers de Bellême lui devoient pour un denier de pain un jour par semaine et les taverniers de vin, cidre ou autre breuvage un pot par pipe avec exemption de taille, de subsides, péages et travers.

« Le comte du Perche passoit son temps à Mortagne ou à la Flèche lorsqu'il n'étoit pas obligé d'être auprès du Roi.

« Le duc Jean II, son père, ayant été condamné en 1474, à sa mort, pour la seconde fois, le comte du Perche réclama tous ses biens. Louis XI lui fit délivrer par provision tout le revenu du comté du Perche, les vicomtés d'Argentan et d'Hiesmes, Châteauneuf-en-Thimerais, les Terres-Françaises et autres domaines. Il obtint en 1478 diverses places qui avoient appartenues à son père, mais sans fortifications et la plupart avec comblement de fossés.

« Le comte du Perche fut arrêté trois ans après à la Roche-Talhon, conduit à la Flèche et de là à Chinon, pour propos indiscrets et déplacés. Il fust depuis transféré à Vincennes; le Parlement fut chargé d'instruire son procès. Le 22 mars 1482, la Cour le jugea et le condamna à garder

Aumalle (1); ils établirent leur domicile à Mortaigne dans une belle maison qu'ils eurent par décret sur Jehan Benoiste, receveur de leur domayne, pour deniers par luy à eulx dus, scise rue Sainct-Nicolas; en laquelle ils firent faire une belle chapelle qui y est encore. Il eut de la dicte Madame, Monsieur Charles, qui luy succéda au dict duché et comté, et deux filles : l'aisnée fut Françoyse d'Alençon, accordée (2) à Louis d'Armaignac, duc de Nemours (3) et mariée deux fois : 1° (4) à Françoys, duc de Longueville (5), dont les enfans ne vecurent ; 2° à Charles de Bourbon, duc de Vendômois (6). La deuxiesme, fut Anne (7), femme de Guillaume (8), duc de Monferrat.

Par lettres de l'an 1491, le dict René permit aux habitans de Mortaigne de rompre la muraille du chasteau du dict Mortaigne pour y bastir et accroistre l'esglize de Nostre-Dame du dict lieu qui avoit esté ruynée par les Angloys, laquelle esglize l'on commença en 1494 et fut achevée en l'an 1535 (9).

En 1498, le Roy Louys XII fut sacré à Rheims où assista la dict duc d'Alençon et servit aux cérémonies à la place du duc de Bourgongne (10) et mourut le dict duc la quatriesme année de son

prison jusqu'à l'accomplissement des clauses de son procès. Quelques mois après, la France fut délivrée du Roi Louis XI, le 30 août 1483.

« Charles VIII, fils de Louis XI, ne fut pas plutôt monté sur le trône qu'il mit le comte du Perche en liberté, lui donna main levée de toutes ses terres saisies par le feu Roi et le rétablit dans ses biens, honneurs et dignités. Le comte du Perche prit alors le titre de duc d'Alençon. Le nouveau duc fait, le 3 octobre 1484, hommage au Roi du duché d'Alençon, du comté du Perche, de Châteauneuf-en-Thimerais, des terres et autres domaines. » *(Ms. de M. de La Sicotière.)*

(1) *Add.* « Et d'Yolande d'Anjou. » *(Id.)*
(2) *Add.* « En 1500. » *(Id.)*
(3) *Add.* « Vice-roi de Naples, tué en 1503. » *(Id.)*
(4) *Add.* « En 1505. » *(Id.)*
(5) *Add.* « Comte de Dunois, mort en 1512. » *(Id.)*
(6) *Add.* « Mort en 1538. — Françoise d'Alençon obtint, en 1543, l'érection des baronnies de Sonnois, de Beaumont-le-Vicomte, de Chasteaugontier et de la Flèche en duché non pairie sous la dénomination de Beaumont. Elle mourut en 1550, en son château de la Flèche et fut inhumée à Vendôme. » *(Id.)*
(7) *Add.* « Mariée en 1508. » *(Id.)*
(8) *Add.* « Guillaume Paléologue. » *(Id.)*
(9) *Add.* « Finie le 9 novembre 1534, suivant une inscription en caractères gothiques posée au haut de l'église sur le mur de l'escalier de la tour, près de la voûte. » *(Id.)*
(10) Ce fut le comte Charles qui assista au sacre de Louis XII, et non le comte René d'Alençon qui mourut en 1492.

mariage au chasteau d'Alençon. Son cœur est en l'esglize de Saincte-Claire de Mortaigne (1) dans une caisse de plomb dans la muraille près de la piscine ou lave-main du prestre qui dit la messe.

La dicte dame demeura veufve à l'âge de vingt-huict ans et elle resta dans cet estat trente ans; elle feist bastir un corps de maison à Mauves sur parties des ruynes du vieil chasteau des anciens comtes du Perche pour y faire nourrir ses enfans comme au plus bel air.

La dicte dame estoit la mère des pauvres, consolatrice des affligés et jamais pauvre n'a paru devant elle sans en recevoir quelque bienfait. Elle ne porta plus dans sa viduité aucune robe de soye (2).

Chaque jour elle visitoit et médicamentoit les pauvres de l'hospital de Mortaigne et, pour le faire plus commodément, elle se retiroit avec les religieuses et elle occupoit l'appartement de madame d'Armaignac. Elle feist bastir, joignant le dortoir, le collège du dict Mortaigne. Le nombre des religieuses luy parut trop petit; elle feist venir des hospitallières de l'ordre de Saincte Elisabeth, de Picardie (3).

Elle fonda en 1502 et commença les bastimens de la maison et monastère des religieuses de Saincte Claire de Mortaigne, qui premièrement furent de l'ordre des hospitallières de Saincte Elisabeth, y mit des religieuses du dict hospital et depuis les feist réformer selon l'ordre de Saincte Claire ainsy qu'elles sont à présent; elle y donna les terres de Teilly, les Marres, Comblot et la Prévosté. Icelle maison fut achevée par dame Jehanne de Montbassin (4), veufve messire Louys des Barres, chevallier, qui y porta de grands meubles, s'y feist religieuse et en fut abbesse; y est morte et enterrée.

La dicte dame Marguerite de Lorraine substitua, à la place des

---

(1) *Add.* « Il fut transporté en 1505. » *(Ms. de M. de La Sicotière.)*

(2) *Add.* « Elle obtint des habitans du duché d'Alençon, du comté du Perche et des Terres-Françaises quatre sols au marc la livre de la taille pour lui aider à payer les dettes du duc Jean II et subvenir à l'entretien de ses enfans. » *(Id.)*

(3) *Add.* « Cette sainte Elisabeth, aussi dite Isabelle, étoit sœur du roi saint Louis et fonda, en 1260, le monastère des filles de Longchamps et leur donna une règle qui fut imitée par le pape Urbain IV en 1263. Elle mourut en 1270 et fut inhumée au dit monastère, revêtue de l'habit de sainte Claire, morte sept ans auparavant. » *(Id.)*

(4) *Var.* « De Montboissier. » *(Id.)*

religieuses qui gouvernoient les pauvres du dict hospital de Mortaigne, d'honnestes et de vertueuses femmes (1) et feist de très belles ordonnances pour le gouvernement des pauvres et pour l'administration du dict hospital. Pendant qu'elle faisoit bastir la maison des dictes religieuses elle se retiroit en sa maison de Mortaigne ; pour en estre plus près, elle feist faire une gallerie pour y aller à couvert et une autre pour aller de sa maison à l'esglize de Toussainct du dict Mortaigne qui depuis servent d'allées (2).

Elle fonda et feist bastir le monastère des filles de l'*Ave-Maria* joignant le chasteau d'Alençon et elle y mit des religieuses de cet ordre qu'elle feist venir de Paris.

Elle feist aussy bastir le couvent des cordeliers de La Flèche (3).

Plus, elle feist bastir et fonda l'hospital de Chasteau-Gontier pour le gouvernement des pauvres.

Elle fonda six messes par sepmaine en l'esglize de Sainct Léonard d'Alençon et troys en la chapelle (4) du parcq du dict Alençon qu'elle feist réédiffier.

Elle mit des religieuses hospitallières de Saincte Elisabeth en l'hospital d'Argentan pour y gouverner les pauvres, où elle demeura longtemps les gouvernant comme avoit fait son arrière tante Jehanne, fille de Pierre, comte d'Alençon.

Elle feist enfin bastir et fonda le couvent des religieuses de Saincte Claire d'Argentan, leur donna le clos de leur fondation, appelé le Clos Pépin, et cent sept acres de terre en pré et la terre de Homey qui luy couta neuf mille livres tournoys. Prit l'habit de religion en la dicte maison où elle mourut (5) et y est enterrée (6).

Elle s'estoit rendue si humble qu'elle mangeoit en une écuelle de bois, lavoit les écuelles des autres religieuses, les servoit à table, pansoit et gouvernoit les malades et leur lavoit les pieds.

(1) *Add.* « Qu'elle choisit dans la ville. » *(Ms. de M. de La Sicotière.)*
(2) *Add.* « Par ses lettres données à Mortagne, le 24 octobre 1509, elle reconnut que c'étoit du consentement et par la permission du chapitre qu'elle avoit fait combler les fossés qui se trouvoient entre la dite église et sa maison afin de pouvoir cheminer plus aisément et sans monter ni descendre pour se rendre en Toussaint. » *(Id.)*
(3) *Add.* « Que son mari avoit commencé en 1484. » *(Id.)*
(4) *Add.* « Saint Joseph. » *(Id.)*
(5) *Add.* « Le 2 novembre 1521. » *(Id.)*
(6) Voir la reproduction en gravure du mausolée de René de Valois, duc d'Alençon, et de Marguerite de Lorraine, son épouse : *Mém. hist. sur Alençon et ses seigneurs, par Odolant-Desnos.* Tome II, p. 206 et 220.

De Charles de Valloys, 4ᵉ duc d'Al⟨ençon⟩ et 17ᵉ comte du Perche.

Charles de Valloys (1), filz de René, duc d'Alençon et comte du Perche, fut le 4ᵉ duc d'Alençon et le 17ᵉ comte du Perche (2). Il fut accordé (3) à Susanne de Bourbon et épouza Marguerite de France, duchesse de Berry, sœur unique du Roy Françoys premier (4).

Le 15 janvier 1514, le Roy le déclara pair de France et luy et madame Marguerite secondes personnes de France et en ceste qualité leur permit de créer maistres des métiers en toutes les villes de France et autres prérogatives.

Et, par arrêt du Conseil en 1523, ordonna que le duc d'Alençon tiendroit le premier rang au Conseil entre les princes (5).

(1) Charles IV, 21ᵉ comte du Perche. 1ᵉʳ novembre 1492, † 11 avril 1525. Louis XI, 20ᵉ comte du Perche, avait porté ce titre du 18 juillet 1474 au 4 janvier 1475.

(2) *Add.* « Naquit le 2 septembre 1489. Il fut nourri au château de Mauves dans le Perche. Il succéda à son père au duché d'Alençon et au comté du Perche et fut mis sous la tutelle de Marguerite de Lorraine, sa mère. Six ans après, il assista, à Rheims, au sacre du roi Louis XII et y représenta le duc de Bourgogne. » *(Ms. de M. de La Sicotière.)*

(3) *Add.* « En 1499. » *(Id.)*

(4) *Add.* « Marguerite de Lorraine, comme ayant la garde de son fils, Charles IV, confirma, en 1502, étant à Séez, le don fait par ses prédécesseurs du droit de chauffage pour l'Hôtel-Dieu de Bellême, à prendre en la forêt du même nom.

« Elle obtint, le 4 mars 1505, des lettres patentes du roi adressées à son fils encore sous sa garde, pour faire assembler les trois ordres du comté du Perche, à l'effet de rédiger par écrit, accorder et réformer la coutume du Perche.

« Charles IV fut déclaré majeur le 9 octobre 1509, fit le lendemain foi et hommage au roi du duché d'Alençon, du comté du Perche, de l'hommage et ressort de Nogent-le-Rotrou, de la baronnie de Châteauneuf-en-Thimerais, des Terres-Françaises et de ses autres domaines (1). Il épousa, le 11 du même mois, la fameuse Marguerite d'Angoulême, plus célèbre encore par son esprit que par sa rare beauté. » *(Id.)*

(5) *Add.* « Le 10 septembre de la même année, Charles IV, par ses lettres patentes à ses bien aimés et très chers les doyens, chanoines et chapitre de la collégiale de Toussaint de Mortagne, de la fondation de ses prédécesseurs, leur donna un grand terrain voisin de la dite église pour y bâtir cloître à la charge entre autres de célébrer tous les ans, le jeudi d'après la Toussaint, un obit solennel pour le repos des âmes des défunts,

(1) Lettres de Louis XII données à Blois, le 10 octobre 1509.

Le dict duc d'Alençon donna aux religieuses du monastère de Mortaigne que sa mère faisoit bastir vingt cordes de boys par an dans les forests du Perche et de Resno pour leur chauffaige, confirmé par Françoys, duc d'Alençon et comte du Perche, et par Henry III° et Henry IV°, roys de France.

Leur donna aussy par chascun an quatre minots de sel à prendre au grenier à sel du dict Mortaigne, confirmée par Henry IV, en 1594.

En 1594, Marye Le Sueur donna aux dictes religieuses la terre de la Ferté et du Pont-du-Chêne et se rendit religieux en icelle maison.

Le dict seigneur duc d'Alençon mourut (1) jeune sans enfans et par sa mort les duché d'Alençon et comté du Perche retournèrent à la Couronne (2). Le Roy laissa subsister l'eschiquier et chambre des comptes.

---

princes et princesses, les ducs René et Jean et la duchesse Marie d'Armagnac et autres parents et de payer au domaine de Mortagne douze deniers de cens par chacun an le 7 octobre suivant. Ces lettres patentes furent entérinées à la chambre des comptes d'Alençon. » *[Ms. de M. de La Sicotière.]*

(1) *Add.* « Le duc Charles mourut à Lyon, le 11 avril 1524 (vieux style), âgé de 35 ans, sans laisser de postérité, de chagrin de la prise du roi François I*er*, son beau-frère, à la bataille de Pavie, le 24 février précédent. Il y commandait l'arrière-garde. Son corps fut apporté à Alençon et inhumé, le mercredi des Rogations, dans le tombeau de sa famille. » *(Id.)*

(2) *Add.* « Les princesses, ses sœurs, filles du duc René, réclamèrent en vain ces duché et comté ; elles partagèrent entre elles, en 1531, les biens patrimoniaux de leur frère, non sujets à réversion. Françoise d'Alençon, duchesse de Vendôme, eut la vicomté de Beaumont, les baronnies de la Flèche, du Sonnois, de Fresnay, de Sainte-Suzanne, de Châteauneuf-en-Thimerais et de Champrond au Grand-Perche. Anne d'Alençon, marquise de Montferrat, eut les fiefs de Senonches, de Bresolles, de la Guerche, de Pouencé, de Château-Gontier, etc... » *(Id.)*

D'Henry d'Albret, Roy de Navarre, et Madame de France, 5ᵉ duc d'Alençon et 18ᵉ comte du Perche (1).

En 1526 (2), Henry d'Albret, filz du Roy de Navarre qui estoit chassé de son royaume (3) par Ferdinand, Roy d'Espaigne, épousa madame Margueritte de France, sœur du Roy Françoys, 1ᵉʳ du nom, veufve du dict Charles de Valloys, duc d'Alençon et comte du Perche. Leur donna le dict seigneur Roy pour appanaige, entr'autres biens (4), la duché d'Alençon et le comté du Perche pour en jouyr ainsy qu'avoient fait les ducs d'Alençon et comtes du Perche. Fut le cinquiesme duc d'Alençon et le dix-huictiesme comte du Perche. Il en prit possession en 1518 et y fut reçu par les peuples avec beaucoup d'honneurs, la dicte dame pleine de vertus et considérée comme le plus bel esprit de France.

Le dict d'Albret fut appelé duc d'Alençon jusqu'à la mort de son père et depuis fut appelé Roy de Navarre. De leur mariage (5) sortit madame Jehanne d'Albret qui fut mariée en premières nopces (6) au duc de Clèves et après sa mort à Antoine de Bourbon (7) qui fut par elle Roy de Navarre.

Le Roy porta beaucoup d'amitié au dict sieur d'Albret, aussy le dict d'Albret aima et honora le Roy, son beau-frère, pour tesmoignaige de quoy il ne reçut jamais lettres du Roy qu'il ne les baisât et découvrant sa teste les mettoit sur ycelle disant : « Dieu

---

(1) Henri II, roi de France, 24ᵉ comte du Perche, 2 décembre 1549. — Le duché d'Alençon et le comté du Perche avaient été réunis à la Couronne après la mort de Charles IV et François Iᵉʳ, en 1525, en devint le 22ᵉ comte. La même année, lors de la captivité du Roi, Louise de Savoie, régente, les donna à la veuve de Charles IV, Marguerite d'Angoulême, 23ᵉ comtesse du Perche, qui les transmit par son mariage à Henry d'Albret.

(2) *Add.* « Le 24 janvier. » *(Ms. de M. de La Sicotière.)*

(3) *Add.* « En 1512. » *(Id.)*

(4) *Add.* et *Var.* « Le duché de Berry, l'usufruit du duché d'Alençon et du comté du Perche et autres biens. Ces deux époux prirent en 1528 possession des duché d'Alençon et comté du Perche où ils furent reçus avec tous les honneurs et applaudissements qu'ils eussent pu désirer. » *(Id.)*

(5) *Add.* « Outre un fils, nommé Charles, prince de Viane. *(Id.)*

(6) *Add.* « En 1540. » *(Id.)*

(7) *Add.* « En 1548. » *(Id.)*

garde de mal le Roy, mon seigneur ». C'est le plus grand tesmoignaige d'honneur que l'on peut rendre et duquel usoient anciennement les inférieurs envers leurs supérieurs.

L'Empereur voulant faire entreprise sur le Milanois, le Roy dressa une armée pour luy résister, de laquelle il donna la conduite de l'avant-garde au dict d'Albret, duc d'Alençon. Charles de Bourbon, connestable de France, s'en offensa, disant que cette charge luy appartenoit, ce qui luy feist quitter le party du Roy et prit celuy de l'Empereur qui le feist son lieutenant ; ce qui occasionna de grandes guerres sans accroissement de gloire.

L'Empereur avec une grosse armée, sous les ordres du seigneur de Bourbon, son lieutenant général, entra en Piémont. Le Roy s'y trouva avec son armée. S'étant approché devant Pavie le 24 février 1524 et après plusieurs escarmouches, le Roy Françoys fut fait prisonnier en Espagne. Le duc d'Alençon, qui estoit dans la bataille, craignant que ceste prise n'occasionnât quelques troubles dans le royaume, ramassa quatre cens lances du reste de la bataille et vint en France vers madame la Régente, mère du Roy, laquelle au milieu de ceste affliction releva son courage, asseura les garnisons des villes, en mit où il n'y en avoit point et pour asseurer l'Estat feist une treuve de cinq ans avec tous ceux qui pouvoient faire mal en France et par sa prudence mit le royaume en pleine paix pendant la détention du Roy, cherchant tous les moyens pour sa délivrance.

Elle ne trouva personne plus capable pour négocier ceste affaire que Madame la duchesse d'Alençon, sa fille, tant par ses grâces, son esprit, que par sa prudence. A ceste fin, elle envoya vers l'empereur Charles-Quint, duquel, après plusieurs assemblées et assistée de l'asseurance de madame la Régente, sa mère, elle obtint la liberté du Roy, lequel à ce moyen quitta à l'Empereur la duché de Bourgongne, la souveraineté de Flandre, le nom, titre et prétention du royaume de Naples, le duché de Milan et, d'épouser par le Roy Madame Eléonor, sœur de l'Empereur, douairière de Portugal. Le traité arrêté, le Roy s'en revint en France au contentement de tous ses subjects. Ce fait, le duc et la duchesse d'Alençon se retirèrent au dict Alençon et souvent au dict Mortaigne, où ils se logeoient en leur maison qui avoit appartenu au dict Benoiste, leur recepveur, laquelle depuis ils donnèrent à maistre Jehan Gouévrot (1), leur médecin.

(1) Il composa, à la requête de la duchesse d'Alençon, un traité de mé-

La dicte dame, comme très pieuse, hantoit et visitoit souvent l'hospital du dict Mortaigne et y faisoit de grandes aumosnes et, comme il se commettoit des abus dans l'administration du bien d'icelle maison, feist assembler les officiers et les gens d'esglize du dict Mortaigne et de l'avis desquelz il fut fait un règlement en forme de statuts pour le gouvernement de la dicte maison et par lettres patentes de l'an 1530 (1), à sçavoir « que doresnavant de
« deux en deux ans, les habitans de Mortaigne en assemblée
« publique éliroient troys habitans de la dicte ville des plus
« capables et gens de bien, l'un d'esglize et l'autre de justice et
« l'autre marchand ou d'honnête vocation pour gouverner et ad-
« ministrer le bien de la dicte maison aux pauvres de Mortaigne
« et à ceste fin les dicts esleus s'assembleroient en une chambre
« de la dicte maison pour y tenir bureau des pauvres chacque
« jour de vendredy ou autres jours, lesquelz esleus presteroient
« serment, devant le bailly du Perche ou son lieutenant, de fidel-
« lement s'acquitter de leur charge.

« Le marchand feroit la recepte du revenu du dict hospital et
« le distribueroit aux pauvres selon qu'il seroit ordonné au dict
« bureau, desquelles ordonnances et distributions seront tenus
« registres par le greffier du dict bureau qui seroit signé à chac-
« que jour par les députés pour éviter les abus sans que le dict
« recepveur peut distribuer aucuns deniers sans ordonnance du
« dict bureau.

« Lequel bureau éliroit deux hommes de chaque paroisse du
« dict Mortaigne, qui seroient appellez doiens, lesquels chacune

---

decine intitulé : « *Le sommaire de toute médecine et chirurgie, contenant les remèdes les plus spéciaux et expérimentés de toutes maladies survenantes quotidiennement au corps humain, non-seulement nécessaire aux médecins et chirurgiens, mais à toutes gens de quelqu'état et vacation qu'ils soient, tant pauvres que riches ;* Alençon, Simon Dubois, 1530, in-16 goth. de 88 ff. On lui doit aussi : *L'entretenement de la vie*, opuscule à tous lecteurs très utile ; Lyon, Jean Faiolet, s. d., petit in-8° goth. (Voir Manuel du bibliographe normand de Frère et Odolant-Desnos, Mém. hist. sur Alençon et sur ses seigneurs, t. II, p. 512.) Il existe une autre édition du premier ouvrage dont le titre est le suivant : *L'entretenement de vie sommairement composé par maistre Jehan Gœurot, médecin du très chrestien Roy Françoys premier de nom, et contenant les remèdes de medecine et cyrurgie contre toutes maladies survenantes quotidiannement es corps humain.* Imprimé à Lyon, par Claude Veycellier, s. d., petit in-8°, caract. goth.

(1) *Add.* « Données à Verneuil au mois de janvier 1530. » *(Ms. de M. de La Sicotière.)*

« sepmaine auroient le soin de visiter les pauvres de chacque
« paroisse et en feroient rapport à chacque bureau pour leur
« distribuer du bien et aumosnes de la dicte maison, à chacun
« suivant leur nécessité.

« Et chacque moys seroit esleu et ordonné par le dict bureau
« un homme de chacque paroisse, lesquels iroyent, à chacque jour
« de dimanche ou feste en l'esglize de leur paroisse, mendier les
« aumosnes des fidelles pour les pauvres et rapporteroient ce
« qu'ils auroient trouvé à la fin du dict moys, dont le registre du
« dict bureau seroit chargé pour en rendre compte avec les autres
« revenus du dict hospital.

« Seroit constitué un procureur pour la conduite des affaires
« de la dicte maison.

« Tous lesquels feroient les dictes charges pour l'honneur et
« la gloire de Dieu, sans aucun salaire.

« Le recepveur rendra compte des receptes et despenses dans
« les six moys après l'expiration de sa charge au dict bureau,
« par devant le bailly et vicomte du Perche ou leurs lieutenants,
« en présence des avocats et procureur du Roy, qui n'en préten-
« droient aucun salaire; mais le recepveur sera autorisé à porter
« en despense ce qu'il en aura cousté pour la façon du dict compte
« seulement. Dans laquelle Maison Dieu seroient reçus les pau-
« vres du dict Mortaigne; ils y seront gouvernés par des femmes
« de bien et discrettes qui seroient eslues pour le gouvernement
« d'iceulx et tous autres passans qui y seroient reçus et logés
« pour vingt-quatre heures (1). »

Le dict seigneur Roy de Navarre, duc d'Alençon et comte du Perche, prétendoit avoir droict de guet sur les subjects de la chastellenye de la Perrière; de quoy il feist un procès aux habitans, duquel il fut débouté parce que le chasteau ne subsistoit plus et les habitans furent déchargés du guet, le 1ᵉʳ mars 1535.

En 1540, les dicts sieurs duc et duchesse, par lettres patentes du 2 mars, permirent aux habitans de la paroisse de Nostre-Dame de Mortaigne d'abattre et démolir une vieille tour du fort du dict Mortaigne, la *tour de la sonnerie* ou beffroy, estant au coin de l'esglize de Nostre-Dame lors nouvellement bastye, pour au lieu

---

(1) *Add.* « 1532. Prix du blé et autres objets : Blé froment à 5 s. 6 d. — Oie à 1 s. 2 d. — Chapon à 1 s. 8 d. — Geline à 1 s. — Poussin à 6 s. — Vingt œufs à 8 s. — Livre de poivre à 1 s. » *(Ms. de M. de La Sicotière.)*

d'icelle y bastir une autre pour servir à mettre les cloches de la dicte esglize, laquelle tour fut commencée l'an 1542 et discontinuée à cause des troubles des guerres civiles.

Au dict an 1540 (1), le duc de Clèves espouza madame Jehanne d'Albret; il se brouilla avec l'empereur Charles-Quint qui le ruyna et réduisit en état d'homme privé sans domination, qui mourut de déplaisir. La dicte madame Jehanne se retira en la cour du Roy de France, son oncle, qui luy continua son état selon sa qualité.

Au moys d'octobre 1548, en la ville de Moulins en Bourbonnoys, Antoine de Bourbon, deuxiesme duc de Vendosmois, pair de France et depuis Roy de Navarre, espouza la dicte madame Jehanne d'Albret; duquel mariage sortit le grand, vertueux et victorieux prince Henry, IVe du nom, Roy de France et de Navarre.

Le dict Antoine, Roy de Navarre, fut tué au siège de Rouen au service du Roy, durant les guerres contre les Protestans, d'un coup d'harquebuse, le 21 octobre 1562.

Le 14e décembre 1549, mourut au païs de Tarbes (2), la dicte madame Marguerite de France, espouse du dict monsieur Henry d'Albret, Roy de Navarre, duc d'Alençon et comte du Perche, lequel mourut (3) peu de temps après.

A la mort duquel le Roy se saisit des duché d'Alençon et comté du Perche, révoqua l'eschiquier et chambre des Comptes du dict Alençon et en feist porter les tiltres à la chambre du Trésor, à Paris.

Le 27e juillet 1550, la reine madame Catherine de Médicis, femme d'Henry II, qui fut blessé aux joustes des Tournelles par le comte de Montgommery, accoucha de Charles qui fut publié duc d'Alençon et d'Angoulesme et comte du Perche et depuis duc d'Orléans. Mais il n'en jouit pas, parce que son père mourut (4) de la blessure, auquel succéda Françoys, son filz aisné, sous lequel les Protestans s'élevèrent et s'armèrent à Amboise; pour à quoy remédier, le Roy feist tenir ses Etats à Orléans où il mourut. Son frère, monsieur Charles, lui succéda à la Couronne, fort jeune; sa mère, Catherine de Médicis, fut déclarée régente

---

(1) *Add.* « Le 13 juillet. » *(Ms. de M. de La Sicotière.)*
(2) *Add.* « Et fut enterrée à Pau. Françoise d'Alençon, duchesse de Vendôme, mourut à la Flèche, le 14 septembre de l'année suivante et fut inhumée à Vendôme. » *(Id.)*
(3) *Add.* « Le 25 mai 1555 et son corps fut déposé à Lescar. » *(Id.)*
(4) *Add.* « Le 10 juillet 1559. » *(Id.)*

en 1560. Les Protestans recommencèrent pendant le règne de Charles IX et firent tous leurs efforts pour le prendre à la sortie de Meaux d'où il se sauva; levèrent une grosse armée sous la conduite de messieurs les princes de Condé, l'amiral de Coligny et autres; se saisirent de plusieurs villes. Le Roy dressa aussy une armée pour leur résister. Se joignirent à la bataille de Dreux où les Protestans furent défaits, à Sainct-Denys et à Montcontour et autres endroits. Monsieur de Guise, lieutenant de l'armée du Roy, fut tué devant Orléans par Poltrot qui fut pris et écartelé à quatre chevaux à Paris. Il fut fait divers traités de paix, tantost à l'avantage de l'un ou de l'autre party.

La dicte dame régente prit le duché d'Alençon et comté du Perche pour partye de son douaire et en jouit quelque temps.

Durant ces troubles, les Protestans du Perche, tant nobles qu'autres, s'armèrent, firent la guerre aux habitans du dict Mortaigne catholiques qu'ils prirent et surprirent plusieurs fois, pillèrent et ruynèrent les esglizes tant d'ornemens, calices, encensoirs d'argent qu'autres (1), rompirent tous autelz et imageries, entre aultres ung très beau jubé qui estoit en la dicte esglize de Toussainct; furent prins par les dictz huguenoctz, emportés entre aultres les ornemens de drap d'or y donnez par madame Marye d'Armaignac qui furent par les dictz de Toussainct racheptéz de leur cappitayne pour la somme de mil livres.

Le vingt-deuxiesme mars mil cinq cens soixante deux, au temps de Caresme, les coureurs de l'armée protestante conduitte par le dict sieur admiral Gaspart de Coligny, arrivèrent devant le dict Mortaigne. Les habitans pensant que ce fussent ceulx du païs qui ordinairement leur faisoyent la guerre, prennent les armes, résistent environ troys heures après midy; arriva le corps de l'armée composée de douze ou quinze mil hommes tant françoys que reitres, forcent les dicts de Mortaigne, plusieurs tuez d'une part et d'autre, firent soufler dans le pistollet ung cordelier de Fallaize preschant lors la parolle de Dieu au dict Mortaigne et plusieurs prestres. Estienne Chauvin, habitant du dict Mortaigne, que les dictz habitans avoyent fait leur cappitayne, fut pendu par le commandement du dict admiral, puis donné à la prière de ses parens; la corde couppée, le corps tomba par terre, fut secouru de médecins et a vescu vingt ans depuis,

---

(1) Le manuscrit autographe de M. de La Sicotière reprend ici.

plusieurs prisonniers furent rançonnez et maisons pillées (1).

Ces cruautéz espouvantèrent tellement les Chartreux du Val-Dieu, qui est à une lieue du dict Mortaigne, que tous, fors ung, nommé le Cartusian, aagé de quatre vingtz dix ans et plus, sortirent de la dicte maison, se cachans les ungs dedans les cavernes soubz terraynes, autres au plus fort et espoys de leurs boys. A la faveur de ceste armée plusieurs volleurs tant huguenotz que autres du païs pillèrent la dicte maison, jettèrent et mirent hors d'icelle le dict chartreux qui depuis son entrée (y avoit plus de cinquante ans), n'en estoit sorty, le tuèrent devant et hors la porte d'icelle maison d'un coup de pistolet dedans la teste, le despouillèrent. Fut enterré devant la porte d'icelle maison et, six jours après de terre, trouvé entier sans putréfaction et renterré dedans le cymetière de la dicte maison (2).

(1) *Add.* « L'amiral fit aussi piller et brûler le monastère de Saint-Eloi hors les murs de la ville. » *(Ms. de M. de La Sicotière.)*

(2) *Add.* « Au mois de juillet de la même année, le château de la ville de Bellème fut pris par ceux de la religion prétendue réformée. Des gens sans aveu de la ville et des environs pillèrent l'église collégiale de Saint-Léonard, déterrèrent les corps qui y reposoient et les jetèrent au feu; ils saccagèrent les châsses qui contenoient de précieuses reliques, entre autres le corps de saint Léonard, qu'ils jetèrent également dans les flammes et emportèrent les ornemens, vases et argenterie que cette collégiale possédoit.

« Le 21 octobre suivant, mourut au siège de Rouen où il fut tué, Antoine de Bourbon, roi de Navarre, seigneur, baron de Châteauneuf-en-Thimerais, père de Henri IV.

« Le 20 décembre de la même année 1562, une fameuse bataille se donna près de Marville-Moutier, dans le Thimerais, entre les armées catholiques et protestantes. Les chefs de ces deux armées y furent faits prisonniers, le connétable Anne, duc de Montmorency, pour le roi, et Louis de Bourbon, prince de Condé, pour les huguenots. Cette bataille est communément connue sous le nom de *bataille de Dreux*.

« Le roi Charles IX transigea, le 2 février 1563, avec les représentans des sœurs de Charles IV, dernier duc d'Alençon et comte du Perche. Il leur donna Nogent-le-Rotrou, Châteauneuf-en-Thimerais, Senonches, Bresolles et Champrond et subrogea les terres aux acquisitions faites par la maison d'Alençon. Les représentans de Françoise d'Alençon, duchesse de Vendôme, eurent Nogent-le-Rotrou, Châteauneuf-en-Thimerais et Champrond; et ceux d'Anne d'Alençon, marquise de Montferrant, eurent Bresolles et Senonches qui furent érigés en principautés sous le nom de Mantoue, en 1566.

« Le domaine utile de Nogent-le-Rotrou fut possédé en 1558 par Marie de Bourbon, duchesse d'Estouville, douairière de Jean de Bourbon, duc d'Enghien, mort l'année précédente. » *(Id.)*

De Françoys, 6ᵉ duc d'Alençon, 19ᵉ comte du Perche.

La reyne régente se départ de la duché d'Alençon et comté du Perche qui sont baillez en apanaige à monsieur Françoys, quatreiesme filz du Roy Henry, qui en vint prendre possession en l'an mil cinq cens soixante onze et commença à Mortaigne. Fut le sixiesme duc d'Alençon et dix-neufiesme comte du Perche (1).

Le Roy remist l'eschiquier au dict Alençon et y fut mis pour président maistre Gilles de Vileray, derrain président au Parlement (2).

En l'année 1573, il se trouva si peu de grains que le boisseau de bled fut vendu à Mortaigne huict livres et le vin quatorze solz le pot.

Les troubles continuent par les Protestants.

Monsieur le duc d'Alençon part de la Cour mal content. Se retira à Dreux, feist un tiers party, amassa des hommes que l'on appela les catholiques associez, va en Poictou, fait levée de quinze cens reytres en Allemaigne qui s'acheminent en France soubz la conduitte du sieur de Toc, qui sont défaictz par le sieur de Guyse qui y fut blessé d'une grande balafre à la joue.

Le Roy feist la paix avec les ungs et les autres en l'an mil cinq cens soixante seize (3).

Monsieur d'Alençon, comte du Perche, est prié par le prince

---

(1) François III, Hercule de France, 27ᵉ comte du Perche. 8 février 1567, † 10 juin 1584.
Var. « Le roi Charles IX, ayant besoin du duché d'Alençon et du comté du Perche, engagea sa mère, Catherine de Médicis, de lui en faire la cession pour former l'apanage du plus jeune de ses frères. Il les donna par lettres du 8 février 1566 [1567, n. st.] à son frère François, qui prit le titre de duc d'Alençon. On voit que le comté du Perche fut alors érigé en pairie. » *(Ms. de M. de La Sicotière.)*

(2) *Add.* « Le 24 août, jour de la Saint-Barthélemy, tous les huguenots furent massacrés au même instant à Paris; il y en eut peu qui échappèrent. Cette journée fut appelée le *Massacre de la Saint-Barthélemy* ou autrement les *Matinées de Paris*. Mortagne perdit sous le voile de la religion Jacques Courtin, grand bailli du Perche, assassiné dans la forêt de Bellême, Pierre ou François de la Martellière, lieutenant général, et plusieurs autres personnes de mérite. » *(Id.)*

(3) *Add.* « Le duc d'Alençon obtient en 1576 en supplément d'apanage

d'Orange de prendre la protection de quelques villes des païs bas. Il y va; y est mal traitté. S'en retourna en France en la Cour du Roy, son frère.

En l'an mil cinq cens soixante dix sept, les Estats de Flandres demandent secours au Roy contre l'Espagnol et monsieur d'Alençon pour protecteur de leur liberté. Il y va et y mène des forces françoyses. Les Flamans luy donnent tiltre de défenseur de la patrie. Il ne s'y trouva bien ; s'en retourna en France le vingt cinquiesme décembre du dict an.

Au dict an, y eut tel desbordement aux espèces d'or et d'argent qu'elles eurent cours et se mettoient à moictié plus que le prix de l'ordonnance.

En l'an mil cinq cens quatre vingtz, les Protestans de Braban et de Flandres esleurent le dict monsieur duc d'Alençon pour seigneur d'aucunes de leurs provinces et tel fut publié. Il alla en Angleterre au commencement de l'an mil cinq cens quatre vingtz deux pour y dresser son équipage. Le prince d'Orange avec grandes troupes alla au devant de luy, arriva aux isles de Zélande le neufiesme febvrier du dict an, de là à Olissande le dix-septiesme du dict moys où il fut bien receu. Feist son entrée magnificque à Anvers, où il fut fait et proclamé duc de Braban et marquis de l'Empire ; accorda aux Catholicques l'exercice de leur religion. Les Protestans et leurs ministres en furent mal contens et dès lors ne le veirent de bon œil.

Au moys de juillet (1), il feist aussy son entrée magnificque à Bruges (2) où fut descouvert une conspiration contre luy par ung Piémontois qui fut constitué prisonnier et trouvé mort en la prison et néantmoings exécutté. Ce païs ne luy fut agréable; s'en retourna en France. Mourut à Chasteau-Thierry le dixiesme juing mil cinq cens quatre vingtz quatre (3).

---

les provinces de Berry, de Touraine, d'Anjou et du Maine et prit le titre de duc d'Anjou, sous lequel il est connu dans l'histoire. » *(Ms. de M. de La Sicotière.)*

(1) *Add.* « Le 16 juillet. » *(Id.)*

(2) *Add.* « Où il fut proclamé comte de Flandre. Il reçut à Gand les ornemens de comte de Flandre. » *(Id.)*

(3) *Add.* « Le duché d'Alençon et le comté du Perche furent réunis à la Couronne par déclaration du 9 août suivant. Le roi de Navarre devint le plus proche héritier de la Couronne. » *(Id.)*

« Le corps [de François, duc d'Alençon] fut porté à Paris et mis dans l'Eglise Sainct-Magloire... L'on le porta après dans l'Eglise de Nostre-Dame, où l'on luy fit un service solemnel et de là il fut conduit à Sainct-

Plusieurs conceurent de grandes inimitiez contre le Roy Henry troisiesme, successeur du dict Charles, par lesquelles se vomirent contre luy plusieurs injures tant de bouche que libelles.

Au moys de may mil cinq cens quatre vingtz huict furent les barricades de Paris. Le Roy s'en retira, alla à Chartres où les princes se trouvèrent. S'y feirent quelques édicts au soulagement du peuple.

Le Roy assembla les Estatz à Bloys au moys d'octobre mil cinq cens quatre vingtz huict où messieurs les duc et cardinal de Guyse furent tuez (1).

Monsieur du Mayne, lors à Lyon, print les armes comme firent plusieurs villes de France qui se jettèrent en son party. Le Roy se retira à Tours où il fut suivy et assiégé par le dict sieur du Mayne qui print les faulx bourgs Sainct-Symphorien; le Roy appela à son ayde le Roy Henry de Navarre, depuis Roy de France, qui avoit une armée en Poictou pour les Protestans, qui le vint secourir, feist lever le siège du dict duc du Mayne, qui se retira vers Paris. Son armée s'enfloit tousjours, passa, assiégea et print le Mans, puis assiégea et print Alençon le dix-huictiesme may mil cinq cens quatre vingtz neuf.

Le vingt quatriesme du dict moys, le duc du Mayne arriva au dict Mortaigne avec vingt mil hommes, six pièces de double canon et autres. Il créa le sieur de Pecheray (2) gouverneur du Perche qui s'en alla à Belesme. Le cappitayne du chasteau, espouventé de la présence de ceste armée, quitta la place; Pecheray y entra, qui la fortifia et, pour ce faire, ruyna plusieurs maisons. Mortaigne, oultre le logement de la pluspart de l'armée, y fournit douze mil pains, vingt muidz d'avoyne et quarante poinsons de vin de munition. La pluspart de la jeunesse du dict Mortaigne se jetta dedans ce party, à cause de quoy (encore que les officiers du Roy et le reste du peuple se conservassent au service et en l'obéissance du Roy), néantmoings fut le dict Mortaigne rendu si

---

Denys... » (La Fortune de la Cour, ouvrage curieux tiré des mémoires d'un des principaux Conseillers du duc d'Alençon, frère du Roy Henri III. Paris, Nic. de Sercy, 1642, in-12, p. 593.)

(1) *Add.* « Charles de Bourbon, comte de Soissons, qui s'étoit rendu dans le Perche, y défit, au lieu nommé la *Croix du Perche*, un corps de cavalerie de ligueurs, assisté de René de Saint-Denis de Hertré et de Pierre de Fontenay de Resnière. » *(Ms. de M. de La Sicotière.)*

(2) *Add.* « Louis de Vallée, sieur de Pescheray. » *(Id.)*

odieux au party du Roy que depuis il servit comme de proye, de curée et de butin à touttes les trouppes qui marchèrent soubz son service, puis à ceux du party contraire et, en troys ans et demy que dura la force et la rage des troubles, fut pillé et rançonné vingt deux foys sans l'incommodité de la garnison qui y fut establie pour le Roy et entretenue aux despens des habitans.

Le vingt cinquiesme may, le duc du Mayne et ses trouppes partirent du dict Mortaigne, alla à la Ferté Conault et à Vernueil, qui se rendirent à luy. Laissa pour gouverneur à Vernueil le sieur des Ligneriz.

Le vingt huictiesme juillet mil cinq cens quatre vingtz dix, les sieurs de la Frette, comte de Créance, de Hertrey et Sainct-Loup avec leurs trouppes tenant le party du Roy, composées de cinq à six cens hommes, arrivèrent près du dict Mortaigne, y entrèrent et s'y logèrent le premier jour d'aoust. La nuyt d'entre les deux et troysiesme du dict moys d'aoust, le dict Pecheray avec ses trouppes tenans party contraire, entrèrent au dict Mortaigne sans estre aperceuz. Les gens de pied s'amusèrent au pillage, les gens de cheval firent ung gros par la ville, criant : « Vive Pecheray ! » Le sieur de la Frette qui lors faisoit la ronde par la ville, à cheval, oyant ce bruit, fait alte; envoya advertir ce qu'il peult de ses gens qui montent à cheval, autres de pied se joignent avec luy, chargent et défont les trouppes du dict Pecheray qui fut blessé d'un coup de harquebuzade dedans le bras, dont il demeura estropiat. Plusieurs des gens de Pecheray y furent tuez, au nombre de cinquante, entre autres le sieur de Bretel. Pecheray et ses trouppes se retirèrent en route à Belesme avec butin de plusieurs chevaulx des dicts sieurs de la Frette, comte de Créance, Hertrey et autres.

Belesme fut reprins sur le dict Pecheray par Pierre de Fontenay, escuier, sieur de la Resnière (1), qui l'en chassa. Se saisit du chasteau, y installa garnison pour le Roy et conserva les habitans sans aucune perte durant le reste des troubles et en fut pourveu par le Roy de la cappitainerye et gouverneur.

La Ferté Conault fut reprinse par le Roy et la garnison, que le duc du Mayne y avoit mise, chassée.

Le vingt septiesme septembre mil cinq cens quatre vingtz dix,

---

(1) Fils de Anseaume de Fontenay et d'Anne de Barville. Il épousa Anne Le Chevalier et devint seigneur de Courboyer par l'achat qu'il fit de cette terre, le 4 août 1600. Voir « Pierre de la Reinière, gouverneur de Bellême », par le docteur Jousset. Nogent-le-Rotrou, 1868, br. in-8º de 27 p.

quelques soldats de la garnison de Mortaigne allèrent picourer vers Belesme ; furent poursuiviz par la garnison de Belesme, partye de ceux fuyans se saulvèrent dans l'esglize Sainct-Langis-lez-Mortaigne, y furent assiégez, le feu mis à l'esglize ; se rendirent. Fut l'esglize du tout bruslée et rebastie en l'an mil cinq cens quatre vingtz quinze.

Le quatorzeiesme décembre, Alençon fut assiégé par le maréchal de Biron pour le Roy. Le dix neufiesme du dict moys la ville se rendit ; le Roy y entra le vingt troisiesme du dict moys et le vingt quatriesme du dict moys le chasteau se rendit par le cappitayne Lago, moyennant six mil escuz qui luy furent payez. Les habitans de Mortaigne fournirent de munitions à l'armée du Roy dix mil pains, vingt poinsons de vin et quinze cens escus (1).

La nuict d'entre le quinzeiesme et seiziesme janvier mil cinq cens quatre vingtz onze, monsieur Charles de Bourbon, comte de Soissons, par intelligence qu'il avoit avec le sieur des Ligneriz, entra dedans Vernueil par la faulse porte du chasteau et le remist en l'obéissance du Roy. La garnison qui y estoit se retira à Dreux, Breteuil et autres lieux ; le dict sieur comte y laissa le dict sieur des Ligneriz pour gouverneur pour le Roy.

La nuict du vingtiesme avril au dict an, Vernueil fut reprins sur le sieur des Ligneriz par le vicomte de Tavannes qui tenoit le party du sieur du Mayne, qui y mist pour gouverneur le baron de Médavy, qui le garda jusques à la paix soubz le dict duc du Mayne et en est demeuré gouverneur.

Le trenteiesme avril au dict an, la Ferté-Besnard, qui est du domayne du duc du Mayne et tenoit pour son party, fut assiégé par monsieur le prince de Conty et rendu le vingt quatreiesme may. Le dict sieur de la Frette y fut blessé d'une harquebusade dedans le col.

Entre touttes les plus grandes ruynes advenues au dict Mortaigne durant les guerres dernières, il y en a deux remarquables et particulières, la première fut le cinquiesme novembre mil cinq cens quatre vingtz dix que aucuns seigneurs du païs avec amas d'environ douze ou quinze cens hommes, de nuict pétardèrent l'une des portes, entrèrent au dict Mortaigne qu'ils pillèrent, prindrent et rançonnèrent plusieurs personnes, entre autres le dict maistre Jehan Abot, homme riche et sans enfans, duquel la maison fut du tout pillée avec perte tant en or, argent, monnoye

---

(1) *Var.* « Quinze mille écus. » *(Ms. de M. de La Sicotière.)*

et à monnoyer, que autres meubles à l'estimation de cinquante mil livres et oultre paya douze mil livres de rançon.

Les païsans des paroisses de Bazoches, Sainct-Hillaire, Saincte-Céronne et autres qui s'estoient armées soubz leur cappitayne les Chenais-Hayot pour le party de la ligue, s'assemblèrent au bourg de Rouvel entre Sainct-Hillaire et Saincte-Céronne; pour les menaces que les dictes trouppes faisoyent de les charger, s'y barricadèrent. Les dictes trouppes les chargèrent et défirent, bruslèrent le village et y moururent tant de coups que de feu environ deux cens des dictz païsans. Ce faict, les dictes trouppes retournèrent au dict Mortaigne et ruynèrent tout ce qu'ilz y trouvèrent de reste (1).

La nuict d'entre le lundy douzeiesme et mardy treizeiesme juillet mil cinq cens quatre vingtz treze, la Morandière (2), lieutenant du baron de Médavy, gouverneur de Vernueil, Braquetrerie et autres cappitaynes, au nombre de deux cens cinquante chevaulx et deux cens hommes de pied, entrèrent dedans Mortaigne pensant surprendre le fort du chasteau (3) scis au milieu du dict Mortaigne où se retiroyent les principaulx habittans; y firent leur effort, furent repoulcez, plusieurs blessés, deux de Mortaigne mortz, plusieurs maisons pillées et quelques hommes rançonnez.

La deuxiesme [ruyne] fut la nuict du seiziesme juillet que le dict gouverneur et la garnison de Vernueil et plusieurs autres entrèrent dedans le dict Mortaigne au nombre de quinze ou seze cens, blocquèrent le fort et, sur les six heures du matin, par leurs trompettes sommèrent les habitans qui s'y estoyent retirez d'eulx rendre; le refus faict, firent bracquer deux pièces de canon contre la tour de l'esglize Nostre-Dame où les officiers du dict Mortaigne et quelques autres, au nombre de vingt-huict, s'estoyent retirez en défiance d'estre surpris dedans le fort pour de mauvaises intelligences qui y estoyent et, sachans que particullièrement on leur

---

(1) *Add.* « François Rouxel de Médavy, gouverneur du Perche pour la Ligue, trouva, par le moyen d'une intelligence, la facilité d'entrer dans Verneuil par une fausse porte et de se rendre maître du château; il força la Tour Grise et la ville où commandoit pour le roi Jean de Dreux Morainville que Henri IV avoit fait gouverneur du Perche, après un sanglant combat dans lequel Jean de Dreux fut tué; il étoit le dernier mâle de la maison de Dreux issue de Louis le Gros par Robert, cinquième fils de ce roi. » *(Ms. de M. de La Sicotière.)*

(2) Jacques Desmoutis de la Morandière.

(3) *Add.* « Qui avoit été bâtie en 1411 par Jean Ier, comte d'Alençon et du Perche. » *(Id.)*

en voulloit pour les rançonner, se baricquadèrent en l'esglize Nostre-Dame et sur les vouttes et tour d'icelle. Le fort fut prins, l'assault donné troys foys et l'esglize avec eschelles par les voirières d'icelle que les assaillans rompirent, bien attaquée. Plusieurs des assaillans furent versez à jour à coups de picque et renversez des murailles par terre. Au troisiesme assault forcèrent l'esglize; l'on se retira sur les vouttes, la porte de bas bien baricquadée. Pendant ce combat, pour nous espouventer, firent tirer dix-huit vollées de canon contre la tour de la dicte esglize, qui en rompirent quelques murailles et pierres de la charpenterye qui porte les cloches. Les assaillans entrèrent dedans l'esglize, qui crient : « Tue! Tue! Au feu! Au feu! Rendez-vous! Rendez-vous! » Au lieu de quoy, nous persons les vouttes de l'esglize et à coups d'harquebuze la leur faisons quitter, où furent tuez les plus hazardeux de leur trouppe. Ilz retournèrent avec quantité de paille en laquelle ilz mettent le feu, pensant faire saulter et crever les vouttes ou, par le moien de la fumée que rendoit la paille, empescher qu'on ne les peust veoyr pendant qu'ilz feroient leurs efforts à rompre la porte de la montée de la tour; mais la flamme de ce feu donnoit encore plus de lumière pour les congnoistre sur le pavé de l'esglize où coups d'harquebuzes ne leur estoyent espargnez. D'ailleurs, ceulx des nostres qui estoyent sur les galleries de l'esglize en attrapoyent tousjours quelques ungs de ceux qui passoyent par les rues. Le gouverneur de Vernueil, voyant qu'il ne pouvoit espérer de son siège que des coups, feist sompner la retraite et, environ troys heures après midy, leva le siège et y demeura des siens cinquante cinq hommes tant mortz que blessés, sept cappitaynes et cinq enseignes ou drapeaux, asçavoir : Jouan, Hierosme et Jacques, espagnolz, La Fumée, habitant de Vernueil, Sainct-Severin, Le Val et La Grenouillière qui fut emmené fort blessé et mourut sur le chemin. Un seul des nostres [fut] blessé qui en mourut. Anceaulme de Fontenay, escuyer, sieur de Souasey, lieutenant du sieur de Fontenay, son frère, lors gouverneur du dict Mortaigne, avec ce qu'il avoit de soldats, s'étoit retiré sur les vouttes de l'esglize de Toussainct du dict Mortaigne, mais n'y furent attaquez. Les dictes trouppes emportèrent ce qu'elles trouvèrent de reste de meubles ès maisons et prindrent quelques prisonniers (1).

(1) *Add.* « Nom des principaux habitans qui défendirent Mortagne, le 16 juillet 1593 : M° Rodolphe Faguet, lieutenant général; M° Guillaume

L'esglize fut poluée à raison des meurdres y commis, et réconciliée le vingt deuxiesme aoust suivant par messire René Le Mère, prestre official de l'evesque de Sees et doyen de la dicte esglize de Toussains.

Nogent-le-Rotrou ne s'est point senty des furies de ce misérable temps, desquelles il a esté garanty par la bonté et faveur de ce bon prince monsieur le comte de Soissons.

Comme aussy Bellesme en a esté garanty par la prudente conduite et bon hœur du dict de Fontenay, gouverneur du dict Bellesme (1).

Le vingt cinquiesme juillet mil cinq cens quatre vingtz treze, le Roy feist profession de la religion catholicque et dès lors touttes villes et le peuple se jettèrent entre ses bras avec des millions d'actions de grâces envers Dieu, la paix faicte et touttes armes mises bas et, de tous les troubles ne resta feu, fumée ny cendre par la grâce de Dieu auquel soit honneur et gloire (2).

Catinat, élu, son gendre; Me Crestot, sieur de la Rousselière, lieutenant du prévôt; Me Denis Fouteau, procureur du Roi, et son frère, Me Fouteau, sieur Desvaux, célèbre et digne avocat; le sieur de Tassel; Jean Crestot, sieur de la Bouchetière, enquêteur, et son fils, grenetier; Gobillon; Prevostière; Bellanger, sieur de la Troche; Pierre de Fay, sieur des Héberges, qui vint au secours de la ville. » *(Ms. de M. de La Sicotière.)* — Cette liste fut empruntée par Delestang à René Courtin. Odolant-Desnos la reproduisit également en partie (Mém. hist. sur Alençon et sur ses seigneurs, t. II, p. 366, note 1).

Voir à ce sujet un article du vicomte de Broc dans le Bulletin de la Soc. hist. et arch. de l'Orne (1890, 4e bulletin, p. 460), sous ce titre : « Les Héros de Mortagne en 1593 ».

(1) Voir : *Bellême. Le désordre de l'année 1590*, par le Dr Jousset. Mortagne, mars 1867, 8 p. in-8°.

(2) *Add.* « Il se trouva encore quelques restes de ligueurs qu'il fallut soumettre par la force. On fut obligé d'envoyer cette année un régiment contre les habitans du Teil qui s'étoient barricadés dans le bourg et dans l'église et, quatre ans après, un autre régiment contre ceux de Bellou-le-Trichard qui en avoient fait autant. Mais les uns et les autres furent défaits et les paroisses ruinées. » *(Ms. de M. de La Sicotière.)*

Toute cette dernière partie de l'histoire du Perche est d'autant plus intéressante et digne de foi que Bart des Boullais était contemporain des faits qu'il raconte et même témoin, sinon acteur. La façon détaillée et précise dont il rend compte de l'attaque de l'église Notre-Dame laisse supposer qu'il était à Mortagne lors de ces événements et qu'il y prit une part active.

TITRE VI

DES AULTRES MAISONS ET MONASTAIRES

Scizes dedans le Perche, desquelles je n'ay peu congnoistre les fondateurs.

Au pied du chasteau du dict Nogent, il y a une fort ancienne esglize et maison appellée Sainct-Lazarre, que l'on tient par tradiction avoir esté bastie par les comtes du Perche, seigneurs du dict Nogent, pour y loger, nourir et gouverner les lépreux du dict Nogent et à ceste fin par eulx fondée de grandz biens tant en fond de terre, dixmages, cens que rentes et y estably ung prieur et des religieux pour en administrer le bien aux malades comme deffait les bastimens que l'on tient avoir esté destinés pour loger les lépreux sont séparez des autres, mais comme ceste malladie a cessé, le temps a tary l'ordre des religieux ou frères d'icelle maison en telle sorte que, soit par les guerres ou autrement, il ne s'en trouve point ou peu de tiltres, bien se trouvent d'anciennes baillées de terre de la dicte maladrerie faictes par les frères d'icelle maison qui tesmoignent que c'estoit une communaulté.

Davantaige la dicte maladrerie jouyst de plusieurs beaux droictz de domaynes, cens et rentes dedans la seigneurye du dict Nogent.

Laquelle maison est bastie dedans l'ung des faulx bourgs du dict Nogent, appellé de son nom le faulx bourg Sainct-Lazarre, partye duquel deppend de la dicte maison de laquelle deppendent aussy plusieurs mestairyes, partye desquelles ont esté depuis quelque temps baillées à rentes amphitéoticques, autres à perpétuité et d'autres desquelles l'administrateur ou commissaire jouyst ensemble des dixmes en deppendans.

Asçavoir : en la parroisse de Cherencé,
En celle de Margon,

En celle de Preaux,

Et en celle de Nostre-Dame du dict Nogent, en quoy se veoid clairement que les seigneurs du dict Nogent ont fait la dicte fondation et présentoyent au chef de la dicte maladrerie qu'ilz remirent à monsieur l'evesque de Chartres qui en confère les bénéfices.

La maison et abbaye d'Arcisses est scituée près du dict Nogent, de laquelle les bastimens paroissent aussy fort anciens et dient les religieux de la dicte maison qu'ilz tiennent de leurs prédécesseurs qu'elle est de la fondation des comtes du Perche et que les tiltres de fondation ont esté perduz ou esgarrez durant les guerres des protestans de ce royaume (1).

Sur l'extrémité du dict païs du Perche et à l'entrée de la Beaulce, à deux lieues du dict Nogent, est l'abbaye de Tiron que l'on tient aussy par tradition estre de la fondation des comtes du Perche, comme de fait l'esglize et bastimens d'icelle parroissent très anciens (2).

L'abey et couvent de la dicte maison présentent et confèrent aux bénéfices qui ensuyvent, deppendans du dict païs du Perche, tant de l'evesché de Chartres que de celuy de Sees.

Asçavoir :

Evesché de Sees. . .
- Au prieur de la Magdeleyne de Resno, scis en la forrest du dict Resno près Mortaigne, qui deppend de la dicte maison (3).
- A l'esglize de Sainct-Lhomer de Courgehoust et en prend touttes les dixmes et baille ung gros au curé.
- A celle de Sainct-Sulpice de Nully et en prend la moityé des dixmes.
- A celle de Sainct-Jouin de Blavo et y prend les deux partz des dixmes.
- Et à celle de la Potterye.

---

(1) Voir page 16, note 9, et page 180, note 1.

(2) Voir page 16, note 8.

Add. « Le monastère de Tiron fut brûlé dans le XVᵉ siècle par Thomas de Montagu, comte de Salisbury, le 19 mars 1562. Les reitres, au nombre de mille hommes, se présentèrent devant l'abbaye de Tiron, armés de pistoles et de pistolets, y pillèrent les vases sacrés et tuèrent trois religieux. Cette troupe alloit joindre le prince de Condé, qui rassembloit ses forces contre le connétable de Montmorency. » *(Ms. de M. de la Sicotière.)*

(3) Voir pour l'identification de tous ces noms les pages 15 et suivantes.

Evesché de Chartres.
- A celle de Telligny.
- A Montigny.
- A Argenvillier.
- A Coullonges.
- A Meaulcé (1).
- Aux Murgeys.
- A Sainct-Eliph.
- A Sainct-Pierre du Favril.
- A Sainct-Denys d'Authou.
- A Combres.
- A la Croix du Perche.

Il y a au dict Mortaigne, sur les anciens fossez de la ville, derrière l'esglize de Toussainct, une vieille masure de maisons appellées Tiron, qui paroissent avoir esté bruslées, et quelque terre servant de jardin, auxquelles maisons paroissent encores le reste d'un oratoire et de dortoirs de religieux; l'on tient que c'estoit anciennement ung prieuré ou bastiment deppendant du dict Tiron, le dict lieu baillé à rente par les dictz de Tiron, après sa ruyne.

Aultres bénéfices du dict païs du Perche et ceulx qui y présentent.

Le Roy, à cause de son chasteau de Mortaigne, présente:

Evesché de Sees.
- A l'esglize de Nostre-Dame de Courgeon.
- A celle de Sainct-Pierre d'Esperrays.
- A celle de Sainct-Germain de la Couldre.
- Et à celle de Sainct-Martin du Douet.

Monsieur l'evesque de Sees:

Evesché de Sees.
- A celle de Nostre-Dame de Champeaux et y prend les grosses dixmes.
- A celle de Saincte-Céronne et y prend les grosses dixmes.
- A celle de Sainct-Martin de Nocé pour deux vacances et le seigneur du dict Nocé pour une.
- A celle de Sainct-Aignen sur Erre.
- A celle de Nostre-Dame du Tail.
- A celle de Sainct-Jullien.
- A celle de Sainct-Quentin le Petit.

1) Ou Mérencé.

Le chaspitre de Sees :

Evesché de Sees. . .
- A celle de Sainct-Jehan de la Forest. Le curé en prend les dixmes et baille pension au chapistre.
- A celle de Sainct-Germain d'Origny le Boutin. Le curé en prend les dixmes et baille portion au chapistre.
- A celle de Barville. Le curé en prend les dixmes et baille pension au chapistre.
- Le chantre de la dicte esglize présente à celle de Sainct-Quentin de Blavo. Le curé en prend les dixmes et baille pension au dict chantre.

L'abey de Sainct-Martin de Sees, fondation du seigneur de Montgommery, présente :

Evesché de Sees. . .
- A celle de Sainct-Martin de Coullonges et en prend les deux partz des dixmes.
- A celle de Sainct-Rémy de Montgaudry et en prend touttes les dixmes et baille au curé pour gros quatre vingtz boisseaux de bled froment, quatre vingtz d'orge et quatre vingtz d'avoyne, mesure de Bellesme.

L'abey de Jumièges, présente :

Evesché de Sees. . .
- A l'esglize et prieuré de Dame-Marye. Le prieur prend les deux partz des grosses dixmes et le curé le surplus.

L'abesse du Pré du Mans, présente :

Evesché de Sees. . .
- A celle de Sainct-Frogent et prend les deux partz des grosses dixmes. Le curé prend le surplus.

Sainct-Vincent du Mans, présente :

Evesché de Sees. . .
- A celle de Nostre-Dame de Pervenchères et prend les deux partz des grosses dixmes.
- A celle de Marcilly et y prend les deux partz des grosses dixmes.
- A celle de Bellou le Trichard.
- Et à Peuvray.

L'abey de Pont-Levé, présente :

Evesché de Sees. . . { A Sainct-Hillaire près Mortaigne.
Au prieuré de Sainct-Léonard de Bresnard.

Sainct-Gatien de Tours, présente :

Evesché de Sees. . . { A celle de Corrubert. Prend les dixmes et baille ung gros au curé.
A celle de Sainct-Hillaire sur Erre et en prend les dixmes et baille ung gros au curé.
A celle de Cérigny.

L'abey de la Coulture du Mans, présente :

Evesché de Sees. . . { A la cure et prieuré de Sainct-Pierre de Coullimer et à l'esglize de Nostre-Dame de Parfondeval (1).

L'abaye de Sainct-Lhomer de Bloys est une belle, grande et ancienne abaye qui fust bastie et fondée de grandz biens par Roul, duc de Bourgongne, qui s'empara du royaume de France durant que Charles le Simple estoit prisonnier à Péronne, l'an neuf cens vingt neuf (2) à laquelle abaye les comtes du Perche ont donné plusieurs biens. L'abaye présente à plusieurs bénéfices du dict païs du Perche.

Asçavoir :

Evesché de Sees. . . { A Sainct-Martin de Réveillon et y prend les deux partz des grosses dixmes.
A l'esglize et prieuré de Courcerault et y prend les deux partz des grosses dixmes.
A Saint-Ouen de Sècherouvre.
A Nostre-Dame de Lignerolles.
A Sainct-Evroul de Champs.
A Sainct-Germain des Groyes et en prend les dixmes et baille ung gros au curé.
A Sainct-Denys de Condeau et prieuré du dict lieu, qui prend les deux partz aux dixmes.

(1) *Add.* « Aujourd'hui, 1760, les seigneurs de Prulay-lès-Mortagne présentent et nomment à la cure de Parfondeval. » *(Note du ms. de M. de La Sicotière.)*

(2) Voir page 32.

Evesché de Sees...	A Sainct-Martin de Suré, en prend les dixmes et baille ung gros au curé. A la cure et prieuré de Chemilly. Le prieur prend les deux partz des grosses dixmes, laisse ung gros au curé. A la cure de Sainct-Hillaire de Souasey et la Perrière et y prend les deux partz des grosses dixmes.
Evesché de Chartres.	A celle de la Lande. A celle du Maige. A la cure et prieuré de Regmallard. A la cure et prieuré de Bizou. A Dorceau. A Menus. A Nully. A Bertoncelles. Aux Eteilleux. Au Pas-Sainct-Lhomer. A Randonney. Et à la Magdalaine-Bouvet (1).

L'abbaye de Sainct-Evroul, scize en Normandye, à quatre lieues du dict Mortaigne, est de fort ancienne fondation, qui fut ruynée et bruslée par l'armée d'Astiue le Danoys en l'an huict cens quarante deux et depuys rebastye par Robert de Grosmesnil, Huc, son frère, et Guillaume Giroye en l'an mil soixante huict qui, des biens faictz des comtes du Perche, présente aussy à plusieurs bénéfices scis et deppendans du dict païs du Perche.

Asçavoir :

Evesché de Sees...	A l'esglize et prieuré de Maisonmaugis. A l'esglize et prieuré de Courtcheraye. A l'esglize de Sainct-Mars de Reno. A celle de Sainct-Estienne sur Sarthe. A celle de Sainct-Martin des Pezeries. A la petite portion de celle de Solligny.
Evesché de Chartres.	A celle de Moullicent. A celle de Marcheville. A celle d'Autheuil. A celle de Losme.

(1) Le manuscrit de M. de La Sicotière ajoute : « A Moutiers ».

L'abey de Sainct-Calais, présente :

Evesché de Chartres. { A Champrond
Et à Montmiral.

Le grand archediacre de Chartres, présente :

Evesché de Chartres. {
A l'esglize de Thorrouvre.
A celle de la Ventrouze.
Aux Autelz de Thubœuf.
A Beaumont le Chétif.
A Brethonvillier.
A Couldray.
A Coutretoust.
A Frétigny.
A Marne (1).
A Montlandon.
A Marestable.
A Bion (2).
A Souencey.
A Trize (3).
A Vichères.
A Bonnelles et Champrond.
A Condé.
A Fontayne-Simon.

L'abey et religieux d'Arcisses, présentent :
Evesché de Chartres. A Sainct-Jehan de Riveray.

L'abey de Chéron près Chartres, présente :
Evesché de Chartres. A l'esglize de la Gaudayne.

L'abey de Sainct-Jehan en Vallée :

Evesché de Chartres. { A l'esglize et prieuré de Longny.
A l'esglize et prieuré de Monceaux.

Monsieur le baron de Nogent, présente :
Evesché de Sees. A Saincte-Catherine près Riveray.

Monsieur de la Ventrouze, présente :

Evesché de Sees. . . {
A la Chappelle de Montligeon.
A Bivelier.
A Prépotin.

(1) Masles.
(2) Bullion.
(3) Trizay-au-Perche.

Monsieur de Thouvoye et de la Hantonnière, à cause de la seigneurye de Francvilier, présente :

Evesché de Sees.   A Feings.

Monsieur de Tourouvre, présente :
    A Brésolette,

Monsieur de Villeray, présente :
    A Corbon,
    A Sainct-Hillaire des Noyers,

Monsieur de Puisaye, présente :
    A Sainct-Blaise de Longpont,

Monsieur de Gaillon, présente :
    A celle de Basoches
    Et à la chapelle Sainct-Jacques,

Le sieur de la Bourdonnière, présente :
    A celle de Sainct-Jacques de Viday,

Le sieur de Préaux, présente :
    A la grande portion de celle de Préaux,

Le sieur de Rosey, présente :
    A celle de Sainct-Remy de la Rouge,

Le sieur de l'Hermitière, présente :
    A celle de l'Hermitière
    Et à la petite cure de celle de Préaux,

Le sieur de Gemages, présente :
    A celle de Gemages,

Le sieur de Blandey, présente :
    A celle de Sainct-Germain de la Couldre,

Le sieur de Clinchamps, présente :
    A la grande portion de Sainct-Cyr
    Et à celle de Sainct-Germain d'Appenay,

Le sieur du Bouchet, présente :
    A la petite portion de celle de Sainct-Cyr,

Le sieur de Launay, présente :
    A celle de Sainct-Martin d'Ygé,

TITRE VII

POUR JUSTIFFIER QUE LA VILLE DE MORTAIGNE

Doit avoir la préférence, sur les autres villes du Perche, du tiltre de Capitalle.

Il ne se peult et ne sera pas justiffié que Bellesme ait eu le droict de capitale du Perche ny que les seigneurs se soyent qualifiés comtes du Perche, mais seulement comtes de Bellesme. Dans l'histoire de France, les chroniques de Normandye, ny les fondations de Sainct-Léonard de Bellesme, anciennement chanoines réguliers (réunion en fut faite avec le monastaire de Sainct-Martin) il n'en est aucune mention. Il se trouve bien que dès l'an 990, Guillaume, seigneur de Bellesme, vivoit, duquel [sortit] Yves de Bellesme, qui fut evesque de Sees, et Guillaume de Bellesme dict Tallevas, duquel sortit quatre fils, sçavoir : Guérin, Foulques, Robert et Guillaume. Le dict Guérin mourut subitement après le meurtre qu'il commit envers Gautier de Bellesme, son cousin ; Foulques fut tué par Noel, vicomte de Cotentin ; Robert fut tué dans le chasteau de Ballon où il estoit prisonnier ; Guillaume dict Talemas, le dernier fils, pour plusieurs mauvaises actions par lui commises contre le Roy d'Angleterre et duc de Normandye de quoy il fut atteint et convaincu, ses biens furent confisqués et le comté de Bellesme à luy appartenant fut donné par Henry premier, Roy d'Angleterre, à Rotrou, comte du Perche, son gendre. Le dict Guillaume de Bellesme eut aussy une fille nommée Mabille, que Roger de Montgommery espousa, de laquelle il eut cinq fils et quatre filles, entr'autres Robert qui se saisit de Bellesme après le deceds du dict Guillaume dict Talemas, son aïeul, lequel Robert donna et réunit l'esglize de Sainct-Léonard de Bellesme à celle de Marmoutiers, qui la donna au monastaire de Sainct-Martin du Vieil Bellesme, sur lequel Robert, en 1126, le dict Rotrou print possession du dict comté de Bellesme en vertu du dict don et confirmation, confirma et approuva le dict don et réunion ; donna la dicte esglize de Sainct-Léonard au dict prieuré de Sainct-Martin ensemble celle de Sainct-Martin du Vieil Bellesme et Sainct-Jacques de Vaunoise, son annexe, de Sainct-Sauveur et de Sainct-Pierre de Bellesme, de Courthioust, de Sainct-Jehan de la Forest, de la Chapelle-Souëf, de Dancey, de Sainct-Aubin, de Boissi-Maugis, de Collonard, de Sainct-Quentin le Petit, d'Origni le Roux, de Sainct-Ouen de la Cour, Bellavilliers, de Sainct-Maurice, d'Origni, qui sont tous bénéfices dépendant du dict Bellesme.

Il faut donc insérer par une conséquence nécessaire que, puisque Rotrou a confirmé et approuvé la réunion faite par Robert de Montgommery, qui se disoit seigneur de Bellesme par la dicte Mabille, sa mère, de Sainct-Léonard avec le monastaire de Sainct-Martin et y donna les dicts esglizes et bénéfices, que le dict Rotrou estoit comte du Perche et, par la dicte confisquation, seigneur de Bellesme, et depuis luy il n'y a eu aucun seigneur du dict Bellesme ou qui en ait pris la qualité.

Et quand la dicte confisquation cesseroit, la dicte confirmation et don des dicts bénéfices faits par le dict Rotrou montre que le dict Bellesme estoit inférieur et comme vassal du comté du Perche et non du corps du dict comté.

Mais il se justiffiera par bons tiltres qu'il n'y a autres villes au Perche qui ait dépendu du comté du Perche que Mortaigne; par conséquent, elle en est la première et la capitale et que dès l'an 1030, régnant Henry premier, Roy de France, petit-fils de Hugues Capet, Geoffroy estoit comte du Perche et de Chasteaudun et que Rotrou, son fils aisné, estoit, de son vivant, appelé comte de Mortaigne. Lequel Geoffroy fonda et feist bastir le monastaire de Sainct-Denys de Nogent (1), auquel Mortaigne il y

(1) *Add.* « Bien plus, les comtes du Perche et les seigneurs de Bellême étoient contemporains et avoient chacun leurs états distingués, Bellême alors ne faisoit donc pas partie du domaine des comtes du Perche ainsi qu'on le voit dans l'acte de 1126 ci-dessus mentionné et si Bellême ne faisoit pas partie du comté du Perche, comment cette ville pourroit-elle en être réputée la capitale? » *(Ms. de M. de La Sicotière.)*

avoit maire, échevins, corps et hostel de ville, deniers communs et receveur particulier pour le public, justiffié par contrat du 1ᵉʳ may 1407, ce qui n'a jamais esté à Bellesme.

Le dict Rotrou succéda au dict Geoffroy et vivoit du regne de Philippe premier, Roy de France, qui confirma la fondation de Sainct-Denys, et fut avec Guillaume le bastard à la conquête d'Angleterre. Auquel Rotrou succéda Geoffroy, son fils; au dict Geoffroy succéda Rotrou, son fils, qui espousa Matilde, fille naturelle du roy Henry, Roy d'Angleterre, troisiesme fils de Guillaume le Conquérant. Lequel Rotrou fonda et feist bastir le monastaire et léproserie de Chartraige lèz Mortaigne, réunit Bellesme avec le Perche, comme il est dict cy-devant, et fut avec Godefroy de Bouillon au voiage de la Terre Saincte. Fonda et feist bastir l'abbaïe de la Trappe du vivant de son père; il portoit aussy le tiltre de comte de Mortaigne. Feist venir les subjects de Bellesme plaider devant le vicomte de Mortaigne.

Auquel Rotrou succéda Rotrou, son fils, aussy comte du Perche, qui espousa Matilde, niepce de Henry II, Roy d'Angleterre. Fonda et feist bastir l'esglize collégiale de Sainct-Jehan de Nogent et celle des chartreux du Val-Dieu et la maison du dict Nogent.

Auquel Rotrou succéda Geoffroy, son fils, comte du Perche, qui fonda l'hospital de Mortaigne en 1195 et augmenta le Chartraige de grands biens.

Matilde, sa veuve, donna son chasteau de Mortaigne pour y bastir l'esglize de Toussainct de Mortaigne à laquelle elle donna plusieurs biens.

Le dict Geoffroy fonda aussy l'abbaïe des Clerets. Au dict Geoffroy succéda Thomas, son fils, aussy comte du Perche qui acheva le dict monastaire des Clerets, lequel fut tué en Angleterre qui accompagnoit Louis d'Outremer, fils de Philippe-Auguste, Roy de France.

Auquel Thomas succéda Hélissende, sa seule fille et héritière, au dict comté du Perche, qui fut nourrie à la Cour du Roy sainct Louys et luy donna sa succession; lequel sainct Louys vint prendre possession du dict comté du Perche en 1257. Confirma les fondations des monastaires faictes par ses prédécesseurs, comtes du Perche, par plusieurs lettres qui se trouvent en essence.

Lequel sainct Louys donna en appanaige les comtés d'Alençon et du Perche à Pierre, son fils, qui mourut sans hoirs.

Charles de Vallois succéda aux dictz comtes. Pierre, son fils, luy succéda, qui donna aux chartreux du Val-Dieu la seigneurye de Soligni.

Au dict Pierre succéda Jehan, son fils, appelé le très Sage. Au dict Jehan succéda Jehan, son fils, qui mourut prisonnier au Louvre. Auquel Jehan succéda René, son fils, qui fut maryé avec Marguerite de Lorraine, qui fonda et feist bastir la maison des religieuses de Saincte-Claire de Mortaigne.

Auquel René succéda Charles, son fils, qui espousa Marguerite de France, duchesse de Berry, sœur du Roy Françoys. Mourut sans hoirs et en luy finit la famille des comtes du Perche et retourna le dict comté à la Couronne.

La dicte Marguerite de France fut depuis maryée avec Henry d'Albret, Roy de Navarre, à laquelle le Roy donna pour appanaige la duchié d'Alençon et le comté du Perche qui, par son deceds, faute d'hoirs masles, retournèrent à la Couronne.

Auxquels succéda Jehanne, leur seule fille, qui fut maryée avec Antoine de Bourbon, père et mère d'Henry le Grand.

Françoys, fils d'Henry deux, fut appanaigé des dicts duchié et comté et mourut sans hoirs en 1584 et, par sa mort, les dicts duchié et comté retournèrent à la Couronne et fut le dernier duc et comte du Perche.

Tous lesquels comtes du Perche, fors le dict Françoys, ont fait leur demeure au dict Mortaigne comme capitale du Perche et jamais à Bellesme. Au dit Mortaigne comme capitale du Perche a esté establoy le bureau de l'élection de tout le Perche, compris Bellesme, et titré du nom de l'élection de Mortaigne par édit et établissement et création d'esleus.

A esté aussy estably la recepte des tailles et autres impositions de la province, la recepte du bureau des domaines de la dicte province, le siège de l'officialité du Perche où tous les prêtres, tant de Bellesme que de la province, sont obligés de comparoistre, le siège du prévost des maréchaux de France et autres jurisdictions royales; plus, les baux à ferme du païs du Perche, compris Bellesme, de tous temps, se sont faits au dict Mortaigne comme la capitale, ainsy que les baux de quatriesme du Perche.

Fondation des Capucins de Mortaigne en 1615 (1).

En l'an 1615 fut bastie l'esglize et couvent des capucins dans un des faulx bourgs du dict Mortaigne, qui s'appelle du nom, par les soins et bienfaicts de monsieur Châtel, curé de Sainct-Jehan et doien de la collégiale de Mortaigne, aidé de monsieur de Catinat, qui y a aussy contribué de ses bienfaicts.

(1) Voir l'article du Révérend Père Edouard sur « les Capucins de Mortagne. » (Bull. de la Soc. hist. et arch. de l'Orne, 1890, 4e bulletin, p. 438.)

TITRE VIII

RECUEIL DE LA VIE, MORT ET MIRACLES

DE MADAME MARYE D'ARMAGNAC

Duchesse d'Alençon, comtesse d'Armagnac et du Perche et patronne de la ville de Mortaigne (1).

Le Perche est une petite province érigée en tout temps en comté, de l'appanaige des enfans de France, comprise en la

---

(1) *Add.* « Les anciens Romains, qui ont été seigneurs de tout le monde, dès le commencement de leur empire, avoient défendu d'enterrer les morts dans leurs villes; mais, pour conserver la mémoire des hommes illustres, ils permirent que les cendres tant de ceux qui avoient remporté l'honneur d'un triomphe que les autres grands chefs de guerre qui avoient étendu les bornes de leur empire, augmenté la gloire de leur république, fussent placées au lieu le plus éminent de tous, se figurant que les autres monuments de leurs vertus ne feroient point autant d'impression sur les cœurs de leurs citoyens que la présence de ces victorieuses cendres serviroit à les animer et échauffer leur courage du désir de les imiter. Cela fut l'occasion qu'ils firent dresser des temples magnifiques, des pyramides superbes et des sépulcres admirables en leur construction, que l'on appeloit *mausolées*, du nom de la sépulture de Carie que la reine Artémise fit dresser pour enfermer les cendres de Mausole, son mari, si renommé pour sa structure qu'il est au nombre des sept merveilles du monde.

« Les fidèles chrétiens, élevés à l'école de Jésus-Christ, se sont montrés prudents et respectueux envers les cendres de leurs défunts, honorant si fort leurs reliques qu'ils s'écrièrent souvent avec Tobie : « *Filii sanctorum sumus;* » aussi est-il bien raisonnable que nous imitions nos ancêtres, ayant eu de saints et religieux personnages pour pères. Car, comme le sage enfant est la gloire du père, aussi la louange des saints résulte à la plus grande gloire de Dieu et entre tous les traits que le prophète Isaïe

haute Beausse, qui a Mortaigne pour sa ville capitale, laquelle se doit bien glorifier d'avoir en son continent le corps d'une très noble et très vertueuse princesse, appelée madame Marye d'Armagnac (1), duchesse d'Alençon, comtesse d'Armagnac et du Perche, espouse de Jehan, deuxiesme duc d'Alençon et vingtiesme comte du Perche, lieutenant général pour le Roy contre les Angloys en 1424. Ils eurent pour enfans René, troisiesme duc d'Alençon et vingt-ungiesme comte du Perche, qui espousa Marguerite de Lorraine, princesse renommée pour sa saincteté et dont le corps repose en la ville d'Argentan, qui a été trouvée entière et visitée par messire Révérendissime Jacques Camus, evesque de Sees (2),

vante de la magnificence du Messie, il dit que sa sépulture sera toute belle et son tombeau plein de gloire et d'excellence *et erit sepulchrum ejus gloriosum;* ce que je trouve admirable que Jésus-Christ, qui avoit tout négligé, n'a pas voulu négliger l'honneur qui est dû aux morts et qui regardait sa sépulture, laquelle a été vraiment glorieuse, puisqu'il a été accompagné d'onguens et d'aromates très précieux et dans un sépulcre entaillé dans le roc où personne n'avoit encore été mis. Ce bon Seigneur n'a-t-il pas témoigné avoir un soin particulier des corps de ses imitateurs qui sont pour sa cause, en donnant des révélations à quantité de saints personnages, à saint Ambroise, en la découverte des saints Gervais et Protais, frères, et à saint Nazaire en lui montrant le lieu de leur première sépulture afin qu'il les transportât plus honorablement ailleurs; sur lequel propos Gaudentin, évêque de Bresse, parlant de ces bienheureux corps, auxquels avec les autres évêques il dédioit une basilique, dit ainsi : « *Nous avons aussi leur sang qui est témoin de leur passion, désirant de bon cœur graver en nos âmes la souvenance de leur cruelle mort en nous laissant pour mémoire de leur passion ce même sang que la violence des tourments a tiré de toutes les parties de leurs corps.* »

« Ce n'est pas peu de gloire que d'avoir quelque précieux gage de ces saintes reliques et le royaume de France peut bien se vanter par dessus tous d'avoir en dépôt une grande partie de corps glorieux tout entiers ; témoignage infaillible qu'il est chéri et aimé de Dieu par dessus tous les royaumes du monde. Paris, cet abrégé de l'univers, à bon droit met au trône de sa plus grande gloire l'honneur de posséder une quantité de ces glorieuses reliques et, entre autres, le corps entier de sa chère patronne, sainte Geneviève, qui lui causa une infinité de biens tant spirituels que temporels. Je pourrais rapporter sur ce sujet tant d'autres villes qui possèdent plusieurs glorieux corps, mais mon dessein n'étant pas tel, je me contenterai de vous dire que

Le Perche est une noble petite province..... »
(Ms. de M. de La Sicotière.)

(1) Fille de Jean IV, comte d'Armagnac, de Fezensac et de Rodez, et de Isabelle de Navarre, fille de Charles III, roi de Navarre, comte d'Evreux, et d'Eléonore de Castille.

(2) *Add.* « Le tombeau avoit déjà été ouvert en 1589 et en 1592. » *(Ms. de M. de La Sicotière.)* — Voir à la suite la notice consacrée à Marguerite de Lorraine.

de laquelle fut issu Charles-François, Anne (1) et Françoise, accordée à Louis d'Armagnac, duc de Nemours qui mourut, et espousa depuis Louis de Bourbon, duc de Vaudemont. Charles espousa Marguerite de France, duchesse de Berry, sœur unique du Roy François premier, déclaré pair de France, qui mourut, et la dicte Marguerite espousa en secondes nopces Henry d'Albret, fils du Roy de Navarre, et fut le cinquiesme duc d'Alençon et le vingt troisiesme comte du Perche et tousjours appelé duc d'Alençon jusqu'au deceds de son père, et depuis Roy de Navarre; et, au moys d'octobre 1546, Antoine de Vaudemont espousa en la ville de Moulins Jehanne d'Albret, duquel mariaige est issu Henry le Grand d'heureuse mémoire, père de notre Roy Louys le Juste, à présent régnant. De sorte que par ceste descente, ceste province se peult bien vanter que les prédécesseurs de nostre Roy sont descendus des ducs d'Alençon et comtes du Perche qui ont fait de belles fondations en la dicte ville de Mortaigne et l'ont grandement illustrée et donné beaucoup de leurs biens pour les bastiemens des esglizes et fondations de chapelles; même nostre bonne princesse, admirable pour sa grande pureté et inimitable pour ses rares vertus qui reluisent en elle, particulièrement estoit douée d'une signallée patience de laquelle elle s'arma pour surmonter les adversités qui lui arrivèrent tant pour la détention de son mary pris par les Angloys, dont, pour le rachepter, il lui cousta deux cents mille écus pour sa rançon, que parce qu'il estoit d'un esprit remuant et tousjours dans le mécontentement envers son Roy; ce qui fut cause qu'il fut arresté et mis au chasteau de Melun en l'an 1455 et procédant contre luy un arrest fut donné à Vendosme, le 2 octobre 1458 et, depuis, il y eust confiscation de corps et de biens; mais le Roy en feist surseoir l'exécution et, pour les biens, il les donna aux héritiers, sauf la duchié d'Alençon et le Perche qu'il remist à la Couronne. Depuis, il fut remist en liberté par le Roy Louys onze et restably en tous ses biens et honneurs; mais il ne fut pas longtemps en repos, il prit le party de Charles de France pour la duchié de Normandye contre le Roy qui le feist remettre prisonnier par Tristan de Lhermitte. Le Roy s'empara de la duchié d'Alençon et du comté du Perche.

Ceste princesse estant battue de tant de tourmens, de persécutions et d'adversités, print la résolution de revenir à Mortai-

---

(1) *Add.* « Qui épousa Guillaume Paléologue, marquis de Montferrat. » *(Ms. de M. de La Sicotière.)*

gne (1), désirant d'y passer le reste de ses jours comme personne privée, pour y trouver un calme de repos et vacquer aux exercices pieux. Se retira en sa maison où elle feist bastir un corps de logis pour y habiter joignant celuy des religieuses hospitallières de l'Hôtel-Dieu du dict Mortaigne ; lesquelles filles furent après mises au couvent de Saincte-Claire pour y prendre la règle de sainct Françoys que feist bastir madame Marguerite de Lorraine, belle-fille de madame d'Armagnac ; lequel corps de logis s'appelle donc aujourd'huy la *Chambre de Madame d'Armagnac* où se tient le bureau des pauvres du dict hospital, renommé par le bon ordre et administration, afin de plus commodément exercer ses œuvres de miséricorde envers les pauvres. Tout ainsi que les autres filles hospitallières, elle-même pensoit et guérissoit les playes des pauvres en les nourrissant de ses biens sans avoir aucun dégoût de leur saleté, imitant ceste grande saincte Catherine qui léchoit les playes des pauvres et prenoit autant de plaisir à ceste action que si elle eust gouté les plus délicieux mets d'une table royale.

Etant avancée en aage et dans l'incommodité de sa santé, saichant bien que le monde n'est qu'un pèlerinage et qu'il faut passer de la vie à la mort pour acquérir une plus heureuse vie, ne pouvant trouver aucun contentement en ce monde, elle feist son testament preste pour aller au ciel jouïr des félicités éternelles. Il fut passé devant Tassin Thiboust le 22 juillet 1473. Donna à l'esglize collégialle de Toussainct de Mortaigne ses robes de drap d'or pour faire des ornemens à servir aux festes solemnelles dont partye se voit encore aujourd'huy ; en outre, elle donna à la dicte esglize mille livres en deniers pour la fondation d'une messe qu'on dit tous les jours, appellée la *Messe de Madame* (2). Ensuite de quoy elle décéda en sa maison à Mortaigne, le 25 juillet 1473, et fut inhumée en la dicte esglize de Toussainct (3),

(1) Add. « Dès le 13 du mois d'avril 1472. » *(Note du ms. de Mortagne.)*

(2) Add. « Laquelle messe devoit être sonnée par treize coups de la grosse cloche de la dite église de Toussaint. » *(Id.)*

(3) « Rappelons en passant que c'est dans le cimetière de Saint-Jean que fut déposé le corps de Marie d'Armagnac, enlevé du tombeau où il reposait dans la collégiale de Toussaint. S'il faut en croire la tradition, c'est à l'endroit où l'on voit aujourd'hui un if superbe que se trouveraient les restes de celle que l'on vénérait comme une sainte. » *(Histoire religieuse de Mortagne*, par J. Besnard, p. 25. Documents sur la province du Perche. Septième fascicule. Janvier 1892.)

joignant la chapelle de saincte Catherine, à costé du maistre-autel (1).

S'ensuyvent deux procès-verbaux des miracles opérés par l'intercession de madame d'Armagnac (2) :

« Devant nous, Rodolphe Le Sueur, prestre chanoyne, curé de Sainct-Gervays, Sainct-Protais de la Mesnière, aujourd'huy 10 septembre 1648 (3), s'est présenté devant nous, Guillaume Hayot, aagé d'environ dix-neuf ans, demeurant au lieu de Jérusse, paroisse de la Mesnière, lequel nous a affirmé, qu'aiant esté détenu malade au lict l'espace de troys sepmaines ou environ d'une maladie survenue aux hanches, de laquelle il ne pouvoit se soustenir debout ni couchié et s'estant fait visiter par remetteurs, médecins et chirurgiens, n'ont pu luy donner aucun soulagement et,

---

(1) Voici son épitaphe rapportée par Odolant-Desnos dans ses Mémoires hist. sur Alençon et sur ses seigneurs (II, 164). L'abbé Fret la publia également (Chron. perch. III, 64), et nous la trouvons aussi dans le manuscrit de Versailles.

Maria Armaniaca,
Princeps sanctissima, quæ Joanni
Alenconiensi Duci Comitique Perticensi nupta,
Ad IX Kalend. sextil. anni M.CCCC.LXXIII ad cœlum
Evolavit.
Hanc ecclesiam quam præ ceteris unam dilexit
Pietate summa frequentavit,
Auro et serico pictis vestibus ditavit, reditibus
Auxit.
Sacri corporis hæredem optavit,
Contestibus etiamnum prodigiis illustrem facit.
Hic in primariâ Unellorum urbe
Suis illa civibus utilissima, dum vixit
Mater pauperum, miserorum asylum, matronarum
Exemplum.
Omnium sedes ornatissima virtutum,
Nunc etiam crebris miraculis testatur, Moritaniensium
Commodo,
Cœlo se beatissimam potentissimamque vivere;
Cui, inter publica vota
Quibus à cujuscumque generis ægris felicissime vocatur,
Constantis ergà principem optimam pietatis
Gratique animi sui monumentum
Decanus, canonici et capitulum
Ecclesiæ Moritaniensis P. P.

(2) Ces relations de miracles sont postérieures, comme on le voit, à la rédaction de ce manuscrit. Elles peuvent être néanmoins attribuées à Bart des Boulais qui pouvait vivre encore en ces années-là, ou tout au moins à l'un de ses contemporains.

(3) *Var.* « 1645. » *(Ms. de M. de La Sicotière.)*

en ceste extrémité, feist vœu à Dieu que sy c'estoit son plaisir de luy faire la grâce de luy redonner la santé par l'intercession de Marye d'Armagnac, il feroit dire une messe pour rendre grâce à Dieu et à la dicte dame et feroit le voiage en visitant son tombeau en l'esglize royale et collégiale de Toussainct de Mortaigne et donneroit pour parfaire son vœu une jambe de cire du poids d'une demye livre (1), et depuis il s'est très bien porté. Nous a affirmé qu'aussitôt son vœu fait il y amenda dès le mesme jour et a fait dire la messe au tombeau de la dicte dame par le sieur Léonard des Granges, prestre, vicaire de Courtoulain, lequel nous a aussy affirmé avoir pleine coguoissance de tout ce que dessus, lequel a signé le présent en présence de Gaspard Hobée qui a signé ainsi que le dict Hayot avec nous, Le Sueur. »

Autre procès-verbal :

« Du vingtiesme jour de mars 1642, avant midy, au bourg et paroisse de La Mesnière, devant Françoys Tolmer, notaire et tabellion royal en ceste chastellenye de Mortaigne, fut présente Marye Lormoye, veufve de feu Alexandre Duval, demeurante au bourg et paroisse de La Mesnière, laquelle a volontairement confessé en présence de vénérable et discrette personne maistre Rodolphe Le Sueur, prestre et chanoyne de l'esglize collégiale de Toussainct de Mortaigne et curé de la dicte paroisse de La Mesnière, y demeurant, et maistre Léonard des Granges, prestre, vicaire de la dicte paroisse, qu'aiant esté travailler l'espace de deux moys entiers, en l'an 1640, d'un mal d'yeux et avoit perdu la vue totalement et fut ainsi aveugle l'espace de deux moys sans qu'aucun remède naturel luy apportât aucun soulagement et, par l'advis de quelques gens de bien, feist vœu à Dieu et à Madame d'Armagnac que, si par son intercession elle recouvroit la vue, elle iroit de son pied en la dicte esglize de Toussainct de Mortaigne pour visiter son tombeau et faire dire une messe pour rendre grâce à Dieu et à la dicte dame pour le recouvrement de sa vue et, aiant fait ses prières et son vœu, receut entière guérison dans la huictiesme journée et depuis s'est très bien portée ; ce qu'elle atteste véritable. Fait en présence des personnes cy-dessus qui ont signé avec nous, notaire ; pour la dicte Marye Lormoye,

---

(1) J'ai vu dans ma jeunesse, dit en 1787 Odolant-Desnos, une planche suspendue au-dessus du tombeau garnie de bras, jambes, enfans de cire. Elle a été supprimée depuis quelques années. » *(Mém. hist. sur Alençon et ses seigneurs, II, 164, note 1.)*

elle a déclaré ne savoir signer, de ce interpellée suivant l'ordonnance; Le Sueur, Tolmer et des Granges avec paraphes. »

ORAISON A LA BIENHEUREUSE PRINCESSE MADAME MARYE D'ARMAGNAC, DUCHESSE D'ALENÇON ET COMTESSE DU PERCHE,

VISITANT SON TOMBEAU EN L'ESGLIZE COLLÉGIALE DE TOUSSAINCT DE MORTAIGNE.

Bienheureuse princesse, qui par le mespris des richesses et vains honneurs de la Cour, par dédain de l'éclat de l'or et du brillant des perles de la Couronne, par le don de ta pourpre précieuse, par tes prières ferventes et ta fidélité au service de ton Dieu, par tes abaissemens et humiliations dans les grandeurs du monde et par les pieuses affections et charitables entretiens qu'icy-bas tu exerçois continuellement envers les pauvres affligés, as trouvé le trésor précieux des grâces célestes, as mérité la couronne de gloire et as été revêtue de la robe d'immortalité et élevée au séjour des bienheureux pour jouyr à jamais de l'éternelle béatitude, fais, ô nostre unique tutélaire, qu'il te plaise par ta saincte intercession, en visitant ton sacré tombeau, que je puisse mériter la grâce de mon Dieu après le pardon de mes offenses et continuant journellement et plus puissamment tes pieux exercices et le prompt secours que tu transmets du ciel icy-bas envers les pauvres languissants et affligés qui dévotement implorent tes faveurs. Je me présente, ô saincte hospitallière, pour te suplier qu'elles me soient propices afin que, recevant soulagement en mes détresses, patience en mes tribulations, une douce et perpétuelle conciliation dans mes sens et du ressentiment de mes infirmités une entière et parfaicte satisfaction, je puisse par après t'en rendre grâces et donner louange et gloire éternelle à mon Dieu dans les siècles des siècles. Ainsi soit-il (1).

TESTAMENT DE MADAME D'ARMAGNAC (2).

« In nomine sanctæ et individuæ Trinitatis, Patris et Filii et Spiritus Sancti. Amen.

---

(1) L'invocation à madame d'Armagnac a été publiée au XVIe ou XVIIe siècle en 3 pages in-16, précédées d'une gravure sur bois, représentant le Christ en croix et sainte Madeleine à ses pieds. Cette impression accompagne le manuscrit de Versailles.

(2) Ce testament ne se trouve que dans le manuscrit de M. de la Sicotière, d'où nous l'extrayons, et dans le manuscrit de Versailles.

« A tous ceux qui ces présentes lettres verront, Tassin Thiboust, clerc, garde des sceaux de la chastellenye de Mortaigne et tabellion du dict lieu, salut. Savoir faisons que, en nostre présence, très haute et puissante princesse et ma très redoutée dame, Marye d'Armagnac, duchesse d'Alençon, feist establir et ordonna son testament et dernière volonté en la forme et manière qui suit :

« Sous le digne et noble vouloir du Roy, nostre sire et de nostre très-redouté seigneur Monseigneur le duc d'Alençon, son mary, absent, en suppliant au Roy, nostre dict seigneur et requérant son dict seigneur espoux sur leur plaisir d'avoir agréable, faire et entretenir la dicte ordonnance, testament et dernière volonté, lesquels sous leur autorité et grâce elle l'a fait et ordonné en la forme et manière qui suit :

« Premièrement, la dicte dame, congnoissant que c'estoit voie universelle à tous humains et naturel estre l'âme d'avec le corps séparée et que rien n'est plus incertain que l'heure d'icelle séparation, voulant prévoir à son fait et estat tant de son âme que des autres choses caduques pour le bien d'icelle devant toutes choses, elle donna et commanda son âme à Dieu le Père, Dieu le Fils et Dieu le Sainct-Esprit, un seul Dieu en Trinité, protestant que en sa foy et loy elle vouloit vivre tant comme il luy plaisoit et mourir semblablement quand s'en seroit en faire son commandement et, au regard de son corps, elle ordonna iceluy estre mis, inhumé et ensépulturé en l'esglize collégiale de Toussainct de Mortaigne devant le crucifix ou ailleurs et autre endroit d'icelle esglize ainsi que par ses exécuteurs il sera advisé.

« Item, et au regard des biens, elle disposa qu'elle voulust, et ordonna et donna à la dicte esglize de Toussainct de Mortaigne deux de ses robes de drap d'or, dont l'une est fourrée d'hermine et l'autre non, pour d'icelles faire ornemens au service de Dieu et de la dicte esglize ainsi comme par les doyen et chanoynes sera advisé pour la décoration d'icelle esglize.

« Item, la dicte dame a aussy laissé et donné à la dicte esglize de Toussainct de Mortaigne la somme de cent escus d'or pour estre dict et célébré une annuelle de vigiles et messes à notes pour chacun jour du dict avec recommandation singulière sur sa sépulture pour son âme envers Dieu nostre créateur.

« Item, veut en oultre icelle dame, ordonna et en chargea haut et puissant seigneur Monseigneur le comte du Perche, son fils, absent, et haute et puissante dame, Madame Catherine d'Alençon, comtesse de Montfort, sa fille, présente à ce, sur le debvoir naturel et de leur consentement, qu'ils ordonnent, assient, baillent et délivrent à la dicte esglize de Toussainct de Mortaigne cent livres tournoys de rente payables chacun an ou mille livres tournoys une fois payées pour estre converties et employées en semblable somme de cent livres tournoys de rente, au profict de la dicte esglize pour ouïr et célébrer chacun jour perpétuellement et à tousjoursmais une messe basse avec recommandation spéciale à la fin d'icelle messe et généralement pour estre elle et ses nobles prédécesseurs et successeurs accompagnés et participant en toutes les oraisons, messes, suffrages et autres bienfaits qui se font et à jamais se feront.

« Item, la dicte dame donna et donne aux Jacobins de la ville d'Argentan dix livres tournoys une fois payées.

« Item, au couvent des Frères Mineurs de Sees quinze livres une fois payées.

« Item, aux religieux du Val-Dieu, aux religieux de Chartraige, aux religieux de la Trappe, c'est asçavoir à chacun collège d'iceulx lieux, dix livres une fois payées.

« Item, aux religieux de Sainct-Eloy cent sols tournoys une fois payés pour estre pareillement la dicte dame et ses nobles prédécesseurs et successeurs accompagnés et participans en tous les bienfaits, messes, prières et oraisons, jeûnes et abstinences et autres suffrages qui à jamais seront faits ès dicts monastaires.

« Item, la dicte dame a donné, laissé et élargi de ses biens aux esglizes de Loysé, Sainct-Jehan, Sainct-Maslo et Nostre-Dame de Mortaigne, à chacune d'elles, la somme de quarante sols tournoys applicables, moitié à la fabrique et moitié aux curés des dictes esglizes une fois payées.

« Item, à l'hospital et Maison-Dieu du dict Mortaigne, pour récompense de ce qu'elle y a logé par certain tems et de plusieurs choses qui avoyent esté prises en icelle maison et aussy pour estre accompagnée des offices, messes, prières et oraisons qui y sont faits chacun jour, la somme de quarante livres tournoys une fois payées.

« Item, à frère Richard Tournebeuf la somme de cinquante livres tournoys, une fois payée, pour estre convertie, employée à avoir......... pour luy, pour en faire ce que bon luy semblera.

« Item, la dicte dame a voulu et ordonné par ces présentes, veut et ordonne les personnes cy-après déclarées, à avoir les sommes cy-dessus énoncées en recognoissance des grands biens et services que chacun d'eulx selon leur estat luy ont fait en sa vie.

« Premièrement, en contemplation des choses susdictes, icelle dame donna à La Bunoche, son escuier tranchant, la somme de quatre vingts livres une fois payée.

« Item, à noble homme Geoffroy de Beauvais, escuier de cuisine, pareille somme une fois payée.

« Item, à demoiselle......

« Item, à demoiselle Martine de Gouselle, cinquante livres une fois payées.

« Item, à Guillaume Mabon, son....... quatre vingtz livres, etc.....

« Item, à Robert la somme de quinze livres.

« Item, aux serviteurs de son échaussonnerye, Colas, Blanchet et autres, deux cens livres pour estre distribuées entre eulx par ses exécuteurs.

« Item, à Ambroise Hermillon, la somme de vingt livres, oultre et par dessus sa portion qu'il aura avec les autres.

« Item, à Benoiste, sa lavandière, qui luy a fait plusieurs grands services, pour récompensation et pour ayder à maryer ses filles, la somme de cent livres tournoys.

« Item, à Gervays Poulard, vingt livres.

« Item, à Thiboust Tournelle, dix livres.

. . . .

« Item, la dicte dame a voulu et ordonné, veut et ordonne par ces présentes ses debtes estre payées, c'est asçavoir :

« A noble homme Louys Labey, son maistre d'hostel, la somme de six cens cinquante livres qu'elle confesse lui debvoir avec quelques autres petites sommes et même partye dont icelle dame ne sçavoit la déclaration.

« A vénérable et discrète personne, maistre Jehan Gillain, licentié en droict, doyen de la dicte esglize de Mortaigne, la somme de vingt-huict escus, dont le dict maistre Jehan Gillain a gaige d'icelle dame et cédule de vingt-quatre escus.

« Aux dictz religieux du Val-Dieu la somme de soixante et une livres, dix-sept sols six deniers, qu'elle confessa leur debvoir à cause du prêt dont les dicts religieux ont cédule et gaige.

« A vénérable et discrète personne, maistre Jehan Le Granc, la somme de quatre-vingtz livres qu'elle confessa luy debvoir de prêt.

« A demoiselle Jehan de Rives la somme de troys cens escus restant des cinq cens escus qu'icelle dame confessa luy avoir donné et promis en son mariaige, faisant à Guillaume Morin cinquante escus pareillement, à luy dus au moien de la promesse à luy faite par la dicte dame au mariaige faisant de luy et de Robine, sa femme, fille de la dicte Obine Huc, l'une des dictes femmes de chambre ; voulant avec ce icelle dame les autres dettes estre entièrement payées, néantmoings qu'en ce présent testament n'y soit fait ny mention ny appel et que les créditeurs d'icelle qui ne pourroient monstrer par cédule d'elle ou de ses officiers, en soyent crus en affirmant par foy et serment qu'elles leur sont totalement dues, pourvu que ce soient personnes dignes de foy.

« Item aussy, veut et ordonne la dicte dame que les voituriers qui ont esté avec elle en voiage qu'elle a naguère fait devers le Roy, nostre sire, pour la conduicte et charrois des besoignes qu'elle faisoit mener pour son estat, soient bien et bellement contentés et en chargea les exécuteurs.

« Lesquels ses exécuteurs la dicte dame a nommé, ètably, esleu et ordonné, c'est asçavoir mon dict seigneur le comte du Perche, son fils, absent, et ma dicte dame de Montfort, sa fille, à ce présente et, en leur ayde, le dict doien de Toussainct de Mortaigne et Jehan Le Granc, ses féaux et chers serviteurs, et lesquels ses exécuteurs elle chargea de déclarer recognoistre le premier ses autres serviteurs sy aucuns elle en avoit lesquels elle n'eust pas en ce présent testament duement satisfaits et contentés, voulant en oultre que les dicts doiens et Le Granc soyent par ses dicts exécuteurs duement satisfaits des peines et vacations et recommandations à l'exécution du présent testament.

« Item, la dicte dame a voulu et ordonné et par ces présentes veut et ordonne que nullement aucune détention soit faite de ses biens meubles que premièrement elle ne soit acquittée de ses debtes et son testament, ordonnance de dernière volonté, accompli. Et pour ce que la dicte dame scavoit et estoit avertie qu'elle n'avoit aucuns deniers comptant dont les dictes debtes et legs dessus dicts puissent estre solus et payés ny mesme le fait de ses pitoyables funérailles, sy le cas advenoit, put estre accompli, ceste dame en confidence de la bonne grâce du Roy, nostre dict seigneur et en soumettant le tout à son plaisir et noble vouloir, luy a humblement supplié et supplie par ces présentes qu'il luy plaise de grâce et soit son noble vouloir luy laisser et faire avoir paiement à ses dicts exécuteurs de la pension qu'il luy avoit pleu luy ordonner pour ceste présente année qui se monta à quatre mille livres ; sur quoy la dicte dame avoit desjà receu ou baillé les descharges de mille livres afin que ce présent testament, dernière volonté, sortisse et puisse avoir son effect en l'honneur de Dieu, de la benoiste Vierge Marye et tous les saincts du paradis, bonne renommée et grande magnificence du Roy, nostre seigneur, à la descharge et allègement de l'âme de la dicte dame.

« En témoin de ce, nous avons scellé ces lettres des sceaux dessus dicts.

« Fait et donné l'an de grâce mille quatre cens soixante-treze le jeudy vingt-deuxiesme jour du moys de juillet ès présence de vénérable et discrète personne maistre Jehan Gillain dessus nommé, Françoys de Vaulerne, maistre d'hostel, maistre Pierre Le Roi, aumosnier de ma dicte dame de Montfort et autres. Signé Thiboust avec paraphe. »

La princesse Marye d'Armagnac estoit de l'illustre maison d'Armagnac qui finit en la personne de Louys d'Armagnac, duc de Nemours, tué à la bataille de Cerignolles au royaume de Naples en 1503. La tige de cette famille est Boggis, fils de Charibert, à qui Dagobert donna l'Aquitaine à titre de duchié héréditaire ; Charibert, roy d'une partie de l'Aquitaine en 628, estoit second fils de Clotaire II, qui après avoir été roy de Soissons réunit sur sa teste toute la monarchie françoise, et Clotaire estoit fils de Chilpéric Ier, roy de Soissons, assassiné par sa femme Frédégonde, et petit-fils de Clotaire Ier.

PIÈCES CONCERNANT L'EXÉCUTION DU TESTAMENT CY-DESSUS :

1. — De par la comtesse de Laval et de Montfort, dame de Vitré, salut :

Maistre Geoffroi Viel, maistre Chatelain et recepveur de Sonnoys et de Peray ou autre qui le sera pour le tems à venir, l'appointement fait entre nostre très redoutée dame et sœur madame la duchesse d'Alençon, les trésoriers, doyen et chapitre de l'esglize collégiale de Toussainct de Mortaigne, et nous, et pour estre et demeurer quitte du legs et ordonnance que feist pour son obit feu nostre très-chère mère et dame et mère madame la duchesse d'Alençon aux dicts doyen, chanoynes et chapitre, par son testament de dernière volonté, en quoy étions et sommes tenus en partie faire l'acquit aux dessus dicts : Nous vous mandons que sur les deniers et revenus de nostre baronnie, terre, seigneurye du dict lieu du Sonnoys vous bailles et payes aux dessus dicts ou à leur recepveur la somme de cent livres tournoys par chacun an jusqu'au parfait de dix années entières qui sont pour icelles dix années à mille livres tournoys pour continuer le dict service et demeureres quittes vers eulx du dict legs et voulant icelle somme estre payée sur les premiers et les plus clairs deniers de la dicte recepte et que ces présentes sentent leur effect quelqu'autre mandement ou assignation donnée ou à donner et rapportant le double de ces présentes authentiquement fait pour une fois seulement, elles vous en vaudront à chacun de vos comptes comme appartiendra et voulons le dict paiement estre fait commençans scavoir à Pasques prochainement venant cent livres et cause entièrement par les ensuivantes années jusqu'au parfait paiement de mille livres susdictes. Donné au..... 2ᵉ jour de juing 1495; signé : Catherine, et plus bas, R. Lamery avec paraphe.

2. — Lettre missive portant adressée à nos chers et bien aimés les doyen et chapitre de Toussainct de Mortaigne.

Chers et bien aimés, touchant l'appointement qui a esté fait avec vous par madame la duchesse d'Alençon pour la messe qui est dicte et célébrée en vostre collège de Toussainct à Mortaigne, à l'invitation de nostre très chère dame et mère madame la duchesse d'Alençon à qui Dieu pardonne, nous vous avons ordonné sur le revenu de nostre terre et seigneurye de Sonnoys d'huy en dix ans la somme de cent livres si plus tôt le pouvons faire. Chers et bien aimés, nostre Seigneur soit gardé de vous; ce fait à..... ce 3ᵉ jour de juing quatorze cens quatre-vingts-quinze. La comtesse de Laval, et au-dessous, signé : Catherine.

TITRE IX

LA VIE

DE MADAME MARGUERITE DE LORRAINE

Princesse et duchesse d'Alençon et comtesse du Perche (1).

---

(1) Il existe quatre vies manuscrites, au moins, de Marguerite de Lorraine. L'une, qui est originale et autographe, se trouve en la possession de M. de La Sicotière : *Vie de Marguerite de Lorraine, duchesse d'Alençon* [par l'abbé Baratte, curé de Chailloué], in-4º de 482 p., 1626. Elle est ornée d'un portrait en pied et au lavis de Marguerite. L'abbé Baratte fit, paraît-il, hommage de son œuvre, en 1727, à Monseigneur de Lorraine, évêque de Bayeux, sous forme de mémoire portant le titre de *Lettre historique*. Cet exemplaire était sans doute celui que nous venons de citer. Deux copies en sont conservées au Vatican (fonds de la reine Christine, numéro 67) et au Couvent des Clarisses d'Alençon. Enfin une quatrième vie, peut-être aussi une copie (car nous n'avons pu nous en assurer) existe à la Bibliothèque nationale (fr. 1047). Marguerite de Lorraine fut aussi l'objet de plusieurs publications. Le P. Yves Magistri, cordelier, auteur d'une bibliothèque (1582), écrivit la légende de la bienheureuse. Nous signalerons ensuite :

La Vie de Marguerite de Lorraine, duchesse d'Alençon, grande ayeule du Roy Louys le Juste, présentée à Sa Majesté. [par le P. Pierre du Hameau, jésuite, originaire de Bellesme.] *A Paris, chez Sébastien Cramoisy, 1628*, in-12. (Un exemplaire de cet ouvrage extrêmement rare appartient à M. de La Sicotière.)

Eloge de Marguerite de Lorraine, duchesse d'Alençon, par Hilarion de Coste. Imprimé dans son « Recueil des éloges des reines... » tome II, p. 260. Paris, 1630. in-4º.

La Vie de la bien-heureuse Marguerite de Lorraine, duchesse d'Alençon, religieuse de Saincte-Claire et grande-ayeule de

Ceste illustre princesse prit naissance l'an 1463 (1). Son père se nomme Henry de Lorraine, comte de Vaudemont, duc de Guise et d'Aumale ; sa mère s'appeloit Yolande d'Anjou, qui estoit fille de René d'Anjou, roy de Sicile, de Jérusalem, d'Aragon et comte de Provence. De leur mariage sortirent plusieurs enfans dont la pluspart moururent et leur resta seulement un garçon et troys filles. Ce fils se nommoit René, qui succéda à son père au duchié de Lorraine ; l'aisné des filles s'appeloit Jehanne, qui fut maryée à Charles d'Anjou, duc du Mayne ; la seconde est la dicte dame Marguerite, dame de Lorraine, dont la vie et la saincteté est nostre sujet. La dernière fille espousa Guillaume, landgrave

de Louis XIV Dieudonné, divisée en deux parties [par François-Jean de la Haye, lecteur jubilé, prédicateur ordinaire du Roy et procureur général de tout l'ordre de saint François en France]. *A Paris, chez Jean Hénault. 1658.* in-8º de XXXII, 168 et VII p. (M. de Contades en possède un exemplaire.)

Histoire de Marguerite de Lorraine, duchesse d'Alençon, bisaïeule de Henri IV, fondatrice et religieuse du monastère de Saincte-Claire d'Argentan, diocèse de Séez, par M. l'abbé Laurent. Argentan, imp. de Barbier, 1854. in-16. (Cette histoire, dit l'auteur, fut faite, à l'aide d'une vie manuscrite de la fin du XVIIᵉ siècle formant 86 p. pet. in-4º et appartenant à Mᵐᵉ Vieillot, d'Argentan.)

Marguerite de Lorraine, duchesse d'Alençon, par le comte de Lambel. Lille, L. Lefort. 1862. in-16.

Nous compléterons ces quelques indications bibliographiques par un extrait du catalogue des manuscrits de la Bibliothèque nationale concernant Marguerite de Lorraine :

    Fr. 20371. — Quittance, analyse, sceau, 25 janvier 1511. Autres quittances, 15 novembre 1495, Don de Charles VIII à Marguerite de Lorraine, 15 octobre 1497. De Louis XII, 24 avril 1503.

    Fr. 20373. — Quittance, original, sceau, 15 novembre 1495. Actes de Marguerite de Lorraine.

    Fr. 2746, fol. 118. — Lettres du roy Charles VIII par lesquelles il relève Margueritte de Lorraine... des renonciations par elles faictes à toutes successions directes et collatéralles, au profflict de son frère René, duc de Lorraine..... Paris, le sixiesme jour du mois de febvrier 1488.

    Collect. de Lorraine, tome 26. — Titres concernant Marguerite de Lorraine, épouse du duc d'Alençon et fille de Yolande d'Anjou.

A cette liste nous ajoutons une pièce qui fait partie de notre collection : *Mandement de Marguerite Lorraine à son trésorier et receveur général Robert de Péron, de compter 17 l. 10 s. t. aux héritiers de Colin Anqueville, maréchal du duc René, son frère. Essay, 1ᵉʳ février 1499.* Pièce signée.

(1) Au château de Vaudemont (Meurthe).

de Hesse. Henry estant mort, Yolande, sa femme, prit un grand soin de la jeunesse de ses filles, mais ceste bonne princesse mourut peu de temps après son mary. Le Roy de Sicile, aïeul de la dicte Marguerite de Lorraine, voulust l'avoir auprès de luy et luy servir de père. Il l'aimoit beaucoup, non sans cause, puisque les belles qualités dont elle était douée la faisoit estimer de tout le monde. Après la mort du Roy de Sicile, elle fust mise à l'aage de treze ans entre les mains de René de Lorraine, son frère, qui en eust beaucoup de soin. A l'aage de vingt-troys ans il la marya à René d'Alençon, comte du Perche, premier prince du sang et très considéré du Roy (1).

Ce sainct mariage fut très heureux; ils s'aimoient uniquement, mais d'un amour plein de respect l'un pour l'autre; elle dict donc adieu à la Lorraine et s'en vint avec René, son espoux, en la ville d'Alençon. Ils prirent soin de la conduite de leur maison et feirent en sorte que leurs officiers fussent bien soigneux de debvoirs; c'estoit un bel exemple pour tous les grands de voir une maison si bien réglée. René ne fut pas longtemps à congnoistre les bonnes inclinations de sa femme et pour luy donner lieu de les effectuer, il luy dict qu'il aprouvoit les désirs qu'elle avoit de fréquenter les personnes religieuses, que, pour ce sujet, il avoit dessein de faire bastir en la ville d'Alençon une maison de Saincte-Claire afin qu'elle s'entretint avec les religieuses pendant qu'il seroit absent (2). Le dessein ne fut pas si tost exécuté à cause de la mort de ce prince qui arriva quatre ans et quatre moys après leur mariage, en 1492. Ceste mort causa bien des affaires à la princesse, car, oultre la perte qu'elle faisoit d'un bon mary, elle perdoit bien de l'appuy, restant chargée de plusieurs

---

(1) Le contrat fut conclu le 14 mars 1488 et les noces eurent lieu au mois de mai.

(2) « Madame, depuis que nous sommes ensemble, je pense avoir cognu une partie de vos inclinations; j'approuve fort le désir que vous avez de voir souvent des religieuses et je pense à vous donner en cecy du contentement; j'ay dessein de bastir une maison de Saincte-Claire en nostre ville d'Alençon, comme il y en a une à Paris, au lieu qu'on appelle l'*Ave Maria*. Je voudrois qu'elle fust auprès de nostre chasteau; ainsi quand je serois en cour, vous pourriez vous retirer avec les religieuses qui seroient là-dedans, tant qu'il vous plairoit. Voyez comme je ne suis pas ennemy de la dévotion, puisque je vous permets de vivre une partie de l'année comme une religieuse; ce sera encore un bon exemple que vous donnerez aux dames de nostre estat, qui apprendront comme vous sçavez vous maintenir en mon absence. » (La vie de Marguerite de Lorraine... Paris, 1628, p. 14.)

debtes. Toute sa consolation fut de voir revivre son mary en la personne de Charles d'Alençon, son fils. Dieu luy avoit encore donné deux filles, l'une nommée Françoyse et l'autre Anne. Si tost qu'elle se veist veufve, elle prit la résolution de se plus maryer et feist voeu de viduité contre le sentiment de beaucoup de ses amis qui luy conseilloient le contraire, disant estre une grande entreprise à une jeune femme comme elle et chargée de troys petits enfans, de vouloir se maintenir seule.

Ceste bonne princesse, qui avoit d'autres desseins que le mariaige, ferma l'oreille à tous ces discours et print la résolution d'accomplir les bonnes inclinations que Dieu luy inspiroit, mais ses desseins furent traversés; le diable, ennemy des bonnes pensées, ne manqua pas de s'opposer à son intention en luy suscitant des envieux qui avoient dessein de faire proffict de sa perte. Ils consideroient ceste femme comme veufve et chargée de troys petits enfans dont le plus vieil n'estoit aagé que de troys ans; c'est pourquoy ils feirent tous leurs efforts auprès du Roy Charles VIII pour luy oster ses enfans et les mettre en tutelle, disant que l'éducation d'enfans d'une telle condition méritoit autre chose que la conduite d'une femme, comme si ceste mère eust esté sans esprit et sans jugement. Mais c'estoit bien plus tost le dessein de s'accommoder des biens des mineurs qui les faisoit parler que l'avancement de leur fortune. Cela luy causa bien de la peine, car elle fut obligée de faire un voiage à Paris où elle fut longtems sans pouvoir parler au Roy. Elle estoit visitée de quantité de personnes; les uns luy disoient que le Roy désiroit qu'elle se défeist de ses enfans, les autres luy représentoient que c'estoit son proffict et qu'elle n'avoit que faire d'un si grand embarras et qu'elle debvoit penser à mettre son esprit en repos; tout cela ne la contentoit pas. On tâcha de l'ennuyer; quand elle alloit pour parler au Roy on luy disoit qu'il estoit occupé, d'autres fois qu'il estoit malade; ce qui luy feist juger à propos de dire ouvertement son sentiment, protestant qu'elle ne s'en retourneroit point qu'elle n'eust parlé au Roy, qu'elle scavoit bien qu'en luy rendant compte de toutes ses intentions il ne manqueroit pas d'enterriner sa requeste, qu'on donnoit bien audiance à des personnes de moindre qualité qu'elle, et qu'elle congnoissoit bien l'humeur du Roy. Quand on veist sa résolution, on luy facilita l'approche de Charles huict qui avoit esté jusqu'alors préoccupé par ses ennemys. Quand il veist la justice de ses desseins il luy octroya l'effect de sa demande; elle print humblement congé du Roy et revint à

Alençon où elle fut peu de tems, aiant dessein de venir à Mortaigne comme un lieu plus propre pour ses dévotions à cause du service journalier qui se faisoit avec un bel ordre dans l'esglize de Toussainct du dict lieu. Après avoir purifié sa maison de toutes sortes de vices, elle feist en sorte d'estre servie par des officiers honnestes; elle avoit soin du moindre de ses valets afin que s'ils ne faisoient pas de bien, au moins qu'ils ne fissent point de mal. Elle feist bastir une chapelle dans son chasteau d'Alençon qu'elle renta de biens suffisans pour nourrir un prestre qui seroit obligé de dire trois messes chascque sepmaine pour satisfaire au vœu que feu monseigneur le duc et elle avoient fait à Dieu pour obtenir de sa divine bonté la guérison de Charles, leur fils, qui estoit d'une faible complexion. Dans le même temps qu'elle faisoit travailler à ceste chapelle, elle feist bastir le couvent de Saincte-Claire, suivant le vœu de monseigneur le duc, son mary. Elle avoit un soin particulier de ses enfans et tâchoit sur toute chose à leur servir d'exemple; tous les jours, soir et matin, elle faisoit assembler dans une salle tous les principaux officiers et dames de sa maison avec ses enfans, puis elle venoit prendre sa place au milieu d'eulx tous et entendoit un sieur docteur qui faisoit un petit discours sommaire de la nature et de l'exercice de chaque vertu et comme on doit garder les commandemens de Dieu. Cela fait, la princesse faisoit approcher son fils auquel elle disoit avec une grande douceur : « Mon fils, la plus grande gloire de ceulx de vostre qualité n'est pas d'avoir des hommes qui leur obéissent, mais plus tost de bien obéir à Dieu. Je vous seray bonne mère tandisque vous le rechercherez; retenez donc, mon fils, qu'il faut aimer Dieu plus que toutes choses. » Toutes ses peines ne furent pas sans fruict, car tous ses officiers et dames d'honneur estoient si pleins de bonté que lorsqu'elle estoit en cour on congnoissoit plus tost ceulx qui estoient de sa maison par l'exercice de la vertu que par ses livrées. Cela eust esté une faute qui leur estoit imputée pour un grand crime si seulement une fois ils se feussent absentés de la maison. Plus ceste bonne princesse croissoit en aage, plus elle faisoit mespris des vanités du monde; son habit ordinaire estoit de serge noire avec un grand crêpe qui lui couvroit le visage; depuis qu'elle fut veufve elle renonça aux pierreries, aux habits de soye et autres mondanités et ne voulut prendre autre qualité que celle de veufve de René d'Alençon. Si la nécessité de ses affaires l'obligeoit de paroistre à la Cour, c'estoit avec ses habits ordinaires et sa modestie accoustumée. Qui vouldroit escrire toutes les perfections de ceste princesse, ce seroit tenter l'impossible; passons oultre et voyons ses principales actions.

Si elle eut un grand soin de ceulx de sa maison, elle n'en eut pas moins de tous ses subjects et principalement de celles de son sexe. Comme elle estoit dans sa ville d'Alençon, on vint luy dire qu'il y avoit des religieuses qui l'attendoient à Mortaigne, venues de Picardie par son ordre; elle part aussy tost pour les aller recepvoir; elle les trouva dans l'hospital de la ville où elles gouvernoient les malades. La bonne duchesse voulust estre de leur partye, mais ce fut avec un grand danger de sa vie qu'elle pensa perdre d'une maladie contagieuse; mais elle fut préservée de ce danger par une protection toute visible de Dieu. Si tost qu'elle fut guérie, elle donna ordre pour le bastiement du couvent des dictes filles religieuses qui fut fait à Mortaigne. En même temps elle envoia à Chasteau-Gontier pour la construction d'un autel, comme aussy à La Flèche où elle feist faire une maison de cordeliers qui depuis a esté donnée par Henry quatre aux jésuites du dict lieu, mais le comble et la perfection de ses ouvrages fut à Argentan, où elle feist bastir un couvent à desseing de s'y retirer pour le reste de sa vie. Pendant tout ce temps, ses enfans estant devenus en aage, elle pensa à leur procurer des partis convenables à leur condition. Son fils Charles, qui avoit sucé avec le lait les bonnes instructions que sa mère luy avoit données, se trouva avancé en office plus tost qu'en aage. Le Roy Françoys premier l'aiant fait lieutenant général de ses armées à l'aage de vingt ans, ceste charge luy donna une grande voye à la Cour; ce qui augmenta davantage son crédit fut son mariage avec Margueritte de Valoys, sœur du Roy, mais, peu de temps après l'avoir espousée, il mourut à Lyon en 1525 du regret qu'il eust de la prise de Françoys premier devant Pavie. Il ne laissa après luy autre postérité que la mémoire de son nom. Françoyse d'Alençon, sa sœur, fut maryée en première nopces à Françoys d'Orléans, duc de Longueville, et depuys à Charles de Bourbon, premier duc de Vendosme; de ce mariaige sortit Antoine de Bourbon, duc de Vendosme et Roy de Navarre, père d'Henry le Grand, duquel est sortit Louys treze, père de Louys quatorze, à présent régnant en ce roiaume. Anne, sa seconde fille, espouza Guillaume Paléologue, marquis de Montferat. Si nostre princesse eust soin de faire bastir ses couvents pour la retraite de celles qui se vouloient entièrement attacher à Dieu, elle n'en eust pas moins pour la construction de quantité d'hospitaux pour le soulagement des pauvres misérables; elle feist accroistre le bastiement et le revenu de l'hostel Dieu de Mortaigne et ce fut dans ce lieu qu'elle mit sa vertu dans son plus beau jour, traitant elle-même les pauvres malades, consolant les affligés et faisant de son mieux pour leur procurer le salut; elle estoit si charitable qu'elle n'eust pas voulu manger un bon morceau qu'avant elle n'en eust envoyé à ses « seigneurs » (c'est ainsy qu'elle nommoit les pauvres). Jamais elle ne refusoit l'aumosne tandis qu'elle avoit de quoy donner. Il arriva un jour, revenant de la messe, qu'elle n'eut pas assez d'argent pour satisfaire à tous; de quoy estant bien fâchée, il survint un homme inconnu qui luy dit : « Madame, voilà quinze escus que je vous dois, je vous prie de les recepvoir sans vous informer d'où ils viennent (1). » Elle crut cet homme envoyé de Dieu; c'est pourquoy elle print la dicte somme et la distribua à ceux qui n'avaient point receu l'aumosne. Une autre fois, estant au dict Mortaigne, comme elle alloit à la messe, elle rencontra une pauvre femme si pâle et si foible qu'on ne la pouvoit voir sans douleur; elle commanda qu'on la portast à l'hospital et ne fut pas longtemps sans revenir voir ceste pauvre femme à laquelle elle rendit des services qu'une servante n'eust pas voulu faire, luy lavant et nettoyant le corps, luy baisant les pieds et supportant avec grande patience la puanteur de ce corps infecté; elle l'advertit du jour de sa mort et la disposa à bien finir. Sa charité fut si grande envers les pauvres malades qu'elle vouloit les panser elle-même, quelque puanteur qu'eussent leurs playes. Dans Alençon, il y avoit une femme à qui un vilain cancer avait mangé le nez et pourri tout le visage; nostre princesse pansa sa playe avec un grand soin et disoit à ceste pauvre femme pour la consoler : « Ma mie, prenez patience, ayez bon courage, j'ay dessein de vous secourir, approchez-vous de moy sans crainte et sans honte. Si vous avez des playes, Nostre-Seigneur en avoit aussy. » En parlant ainsy, elle l'embrassoit. Plus la charité de ceste bonne dame croissoit, plus Dieu fournissoit de matière pour l'exercer : On luy amenoit des malades de tous costés, entre lesquels se trouva un homme beaucoup affligé : ses jambes estoient pourries jusqu'aux os où il y avoit des vers gros comme la moitié du petit doigt; la princesse

---

(1) « Ce que voyant, cette vertueuse Princesse luy dit avec larmes : O mon grand amy, Dieu soit loüé et qu'il vous bénisse : Ce n'est pas mon soin de savoir qui m'envoye cet argent, c'est assez que cela me vienne à propos pour mes seigneurs (appelant ainsi les pauvres) ausquels je les donneray de ce pas pour l'amour de Dieu... » (La vie de M. de Lorraine... Paris, 1628. p. 93.)

les tiroit avec un visage aussy guay que si elle eut touché des perles. Son maistre d'hostel la voiant en ce charitable exercice, print la liberté de luy dire qu'elle interessoit sa santé, que ceste vilaine playe pourrait luy faire mal au cœur. Elle luy feist responce avec des yeux souriants : « Ne vous souciez point de moy, car je vous assure que je prends un si grand plaisir à ce que je fais que je ne m'aperçois pas de cette mauvaise odeur. » Si dans Alençon et dans Mortaigne elle a fait paroistre sa charité envers les pauvres malades, elle n'en a pas moins fait à Argentan, s'opposant courageusement aux médecins du dict lieu qui vouloient couper la jambe à une demoiselle à cause d'un vilain ulcère qu'elle avoit. La duchesse entreprit de la guérir et le feist avec un si heureux succès que la demoiselle, trente-cinq ans après, a confessé luy avoir une obligation particulière de sa santé. La dévotion de nostre princesse fut aussy grande que sa charité. Nostre-Seigneur luy donna tant de lumières qu'elle estoit presque tousjours en extase quand elle faisoit oraison. Il luy arriva un jour, estant dans le chasteau d'Essay, que Jésus-Christ la consola si sensiblement que plusieurs crurent qu'elle avoit esté honorée de sa divine présence. Pendant la sepmaine saincte, elle augmentoit ses abstinences et ses dévotions, recherchant l'humilité avec passion; ce qui l'obligea, pour donner un exemple de ceste vertu, à embrasser une femme lépreuse qu'elle trouva dans les rues de la ville de Mortaigne. Elle avait pris pour modèle la grande saincte Elizabeth de Hongrie, sa parente, qui vivoit environ 250 ans avant nostre princesse ; tous les jours elle lisoit la vie de ceste saincte reyne. Elle avoit aussy une particulière dévotion à sainct Louys de Marseille, evesque de Toulouse, son cousin maternel; c'estoit des vertus de ces deux grandes âmes qu'elle faisoit ses plus beaux entretiens. Après qu'elle eut donné des exemples dans le monde, Dieu luy feist la grâce d'effectuer ce qu'elle avoit tant désiré, c'est à scavoir sa retraite en religion; pour ce subject, elle fut obligée d'aller prendre congié du Roy qui louoit beaucoup son dessein et qui luy promist de considérer son fils comme estant son beau-frère. Cela fait, elle manda le Prince, son fils, auquel elle dit son dessein; d'abord, il fut assez surpris, mais, estant revenu de son premier estonnement, il dit à sa bonne mère « qu'il ne vouloit point contredire à ses volontés, qu'il la supplioit seulement de luy dire si ceux qui gouvernoient sa conscience luy conseilloient de faire ceste retraite, cela estant, qu'il n'avoit rien à dire, sinon de la supplier humblement de se souvenir de luy et de considérer qu'il estoit le prince le plus affligé du monde. La princesse luy dit que son dessein ne pouvoit luy estre qu'avantageux puisqu'il estoit selon la volonté de Dieu, qu'il sçavoit bien la peine qu'elle avoit prise, depuis la mort de Monseigneur le Duc, son père, de ses enfans, pour les interests desquels elle avoit acquitté la maison de plus de dix milles pistoles ou 100,000 livres de debtes depuis son veufvage et qu'il debvoit croire qu'elle auroit autant de soin de luy qu'elle n'en avoit jamais eu. » Après quelques visites, nostre princesse se rendit à Argentan accompagnée de Monseigneur l'Evesque de Sees, de Monseigneur le duc, son fils, et Madame Marguerite de Valoys, sa belle fille, en la présence desquels elle print l'habit du tiers-ordre de sainct Françoys qui luy fut donné de la main du Révérend Père Gabriel Maria, commissaire du ministre général des Cordelliers et père spirituel de Madame Jeanne de France. Après la cérémonie faite, elle entra dans le couvent, l'an de nostre salut 1517ᵉ et le 24ᵉ de son veufvage. Ceste retraite feist bien répandre des larmes à tous ceulx de sa maison qui pensoient qu'en les privant de sa présence elle les priveroit aussy de son souvenir; mais, pour leur oster ceste pensée, elle leur dit que sa libéralité n'avoit pas achevé ce qu'elle pouvoit faire pour eulx et, pour les confirmer davantage, elle feist appeler les sieurs de Laubry et de Bellefont, l'un estoit son maistre d'hostel et l'autre son escuier, auxquels elle dit: « Je crois que mes gens n'entendent pas ce que j'ay fait, ils pleurent comme s'ils m'avoient perdue ; je vous prie de les consoler et de les asseurer que je suis encore leur maitresse. J'ay autant de pouvoir que jamais, que chacun d'eulx demeure en son office; si Dieu me fait la grâce de passer plus oultre, je les mettray tous à couvert. » Quand le bruit fut répandu que la duchesse d'Alençon avoit prins l'habit de Sainct-Françoys, l'on en vit plusieurs qui semblaient s'intéresser en ceste retraite. Les pauvres s'attristèrent autant que si la source de tout leur bonheur eut esté perdue. Pendant son noviciat, elle feist bastir le couvent d'Argentan. Sur le bruit de la construction de ce bastiement, le lieutenant général de la ville d'Alençon, assisté des officiers et des eschevins de la ville, vinrent la supplier humblement de considérer le grand désir qu'ils avoient que leur ville eut le bien de posséder sa présence, qu'estant la première de la duchié, elle debvoit, au préjudice des autres, estre honorée de sa présence. La princesse leur répondit qu'elle sçavoit bien qu'Alençon estoit la capitale de son Estat, mais qu'elle avoit des raisons qui luy rendoient l'élection d'Argentan nécessaire et, peu devant sa profession, elle fut visitée par le père provincial de l'ordre de Sainct-Françoys, auquel elle découvrit le dessein qu'elle avoit de renter les religieuses et, pour ce subject, elle feist escrire à Rome au pape Léon X afin qu'il luy permit de vivre en l'ordre de Saincte-Claire selon la modération des Saincts Pères Urbain et Eugène. Aiant obtenu ce qu'elle désiroit, elle amassa de l'argent, vendit ses bagues, puis elle achepta une mestairye qu'elle donna à son couvent. Elle feist profession peu de temps après entre les mains de celuy qui luy avoit donné l'habit en la présence de Monseigneur l'Evesque de Sees, de Monseigneur le Duc, son fils, et de Madame, sa belle fille. Depuis sa profession jusqu'à sa mort elle s'adonna à toutes les vertus de religion avec tant de zèle qu'elle vint bientôt au comble de la perfection ; elle vivoit avec une grande obéissance sous les ordres de la supérieure et demandoit tousjours les plus vils offices de la maison afin d'exercer mieux son humilité. Après avoir vescu en la vie religieuse l'espace de quatre ans, elle mourut en son couvent d'Argentan, aagée de 61 ans, au moys de novembre 1521 (1). Son corps fut inhumé dans son esglize où Dieu a fait paroistre en sa faveur beaucoup de miracles (2). Son tombeau a esté ouvert plusieurs fois et de fraiche mémoire le 19 octobre 1624 par le Révérendissime père en Dieu Messire Jacques Le Camus, seigneur de Pont-Carré, pour lors evesque de Sees, assisté du père provincial des Cordeliers et de plusieurs autres personnes de qualité; ils trouvèrent son corps frais et entier,

(1) « ... Le second jour de novembre de l'année mil cinq cens vingt et un, après les huict heures du soir, elle prend la croix entre ses mains; puis, l'ayant baisée avec beaucoup de douceur et de respect, elle dit qu'elle l'avoit aymée tous les jours de sa vie et que particulièrement elle en faisoit estat contre les plus puissans efforts de ses ennemis invisibles. Comme neuf heures du soir s'approchoient, après qu'on eust leu l'Evangile de sainct Jean, au lieu où il traicte de la Passion, elle pria humblement sa Supérieure de luy donner sa bénédiction ; et comme si c'estoit prendre son congé pour s'en aller au Ciel, voilà qu'elle prononce le sainct nom de Jésus et qu'elle lève sa main droicte pour faire le signe de la croix, et presque au milieu de ces sainctes actions, elle rend son esprit à Dieu. Ainsi mourut Marguerite de Lorraine, la gloire de son sexe, l'honneur des Princesses, le miroir des vefves et l'exemple des religieuses... » (*La vie de M. de Lorraine...* Paris, 1628, p. 203.

(2) Le mausolée de René d'Alençon et de Marguerite de Lorraine a été détruit en 1792 en même temps que le caveau des ducs d'Alençon situé dans l'avant-chœur. Ce tombeau fut dessiné et décrit par Montfaucon et par Odolant-Desnos. (*Mém. hist. sur Alençon et sur ses seigneurs.* Tome II, p. 206 et 220).

les yeux, la bouche et le nez bien formés. Ce qui est admirable, c'est de voir son cœur, qui est enfermé dans une petite châsse de plomb, vermeil comme s'il sortoit de son corps. Monseigneur de Sees, cy-dessus dénommé, qui estoit témoin oculaire, feist le récit au deffunt Roy Louys XIII et aux Reynes qui témoignèrent en avoir bien de la joye. Sa Majesté promist d'en escrire à Sa Saincteté pour obtenir la permission d'informer pour travailler au proceds de sa canonisation.

Ceste histoire, qui est la véritable relation de sa vie, est un beau modèle pour tout le monde et particulièrement pour ceulx qui sont mariés, pour toutes les veufves qui veulent finir leurs jours dans les pratiques de vertu que Dieu demande pour leur donner pareilles grâces que celles dont jouist ceste vertueuse princesse devant la divine Majesté, dont le mary s'appeloit René d'Alençon, lequel estoit fils de madame Marye d'Armagnac qui gist en l'esglize collégialle de Mortaigne.

TABLE ANALYTIQUE

	pages
Epitre à Monsieur Cathinat, sieur de Mauves et la Fauconnerie...	5
Au lecteur........	6
Auteurs dont s'est servi Bart en ce recueil............	8

TITRE Ier.

Du Perche et de ses maisons religieuses............	11
Prieurés conventuels............	15
Eglises collégiales............	17
Simples prieurés............	17
Hôpitaux............	19
Léproseries............	19
Paroisses de la province du Perche............	19
Chartrage de Mortagne............	28
Paroisses............	29
Prieuré de Saint-Martin-du-Vieux-Bellême............	30
Prieuré de Chêne-Galon............	31
Fondation du Prieuré de Moutiers............	31
Prieuré de Sainte-Gauburge............	32
Prieuré de la Chaise............	34
Division du Perche............	34
Rivières du Perche............	37

TITRE II.

De Mortagne............	40
De Corbon............	56
De Mauves............	59
De Rémalard............	63
Des Maisons de la Frette, Saint-Victor, Feuillet et la Ventrouse, unies ensemble............	64

De la Vove 68
De Tourouvre.. 69

TITRE III.

De Bellême... 71
De la Perrière 85
Longny 86

TITRE IV.

Nogent-le-Rotrou.. 89
Fondation des Capucins de Nogent-le-Rotrou 95

TITRES V.

Des Comtes du Perche.

De Geoffroy, 1er du nom, 1er comte du Perche................. 98
De Rotrou, 1er du nom, 2e comte du Perche..................... 108
De Geoffroy, 2e du nom, 3e comte du Perche.................. 110
De Rotrou, 2e du nom, 4e comte du Perche..................... 115
De Rotrou, 3e du nom, 5e comte du Perche..................... 129
De Geoffroy, 3e du nom, 6e comte du Perche.................. 151
Fondation de Toussaint de Mortagne 160
Saint-Eloi de Mortagne 167
Fondation de l'abbaye des Clérets................................ 169
De Thomas, 7e comte du Perche..................................... 169
De Guillaume, évêque de Châlons, fils du dernier Rotrou et oncle
    du dit Thomas... 172
De Hélissende, 8e comtesse du Perche............................ 180
De Monsieur Saint-Louis, roi de France, 10e comte du Perche.... 181
Evènements concernant le Perche depuis 1226 jusqu'en 1268... 181
De Pierre, tiers fils de Monsieur Saint-Louis, 1er comte d'Alençon,
    11e comte du Perche... 185
De Charles de Valois, 2e comte d'Alençon et 12e comte du Perche. 187
De Pierre, 3e comte d'Alençon et 13e comte du Perche........... 191
De Charles III, 16e comte du Perche............................... 192
De Philippe, 17e comte du Perche.................................. 192
De Robert, 18e comte du Perche 192
De Jean, 1er duc d'Alençon et 14e comte du Perche............. 201
De Jean, 2e duc d'Alençon et 15e comte du Perche.............. 203
De René, 3e duc d'Alençon et 16e comte du Perche 226
De Charles de Valois, 4e duc d'Alençon et 17e comte du Perche.. 230
D'Henri d'Albret, roi de Navarre, et Madame de France, 5e duc
    d'Alençon et 18e comte du Perche................................. 232
De François, 6e duc d'Alençon, 19e comte du Perche............ 239

TITRE VI.

Des autres maisons et monastères scis dans le Perche.... 247

TITRE VII.

Pour justifier que la ville de Mortagne doit avoir la préférence, sur les autres du Perche, du titre de capitale... 255
Fondation des Capucins de Mortagne........................ 259

TITRE VIII.

Recueil de la vie, mort et miracles de Madame Marie d'Armagnac, duchesse d'Alençon, comtesse d'Armagnac et du Perche, et patronne de la ville de Mortagne..... 260

TITRE IX.

La vie de Madame Marguerite de Lorraine, princesse et duchesse d'Alençon et comtesse du Perche............ 273

PLANCHES :

La ville de Mortagne, par C. Chastillon 40
Armoiries de la salle de Chartrage à Mortagne 155

A Monsieur DE LA SICOTIÈRE

SÉNATEUR DE L'ORNE.

Monsieur,

A l'exemple de l'écrivain de Mortagne qui dédiait le résultat de ses recherches à un amateur d'antiquités et à un curieux de l'histoire de son pays, je veux mettre sous vos auspices cette publication qui est beaucoup plus votre œuvre que la mienne, « m'assurant », comme lui, « que si le voyez de bon œil, il le sera de tous ». Guidé par vos conseils, fort de votre encouragement, j'ai entrepris ce travail avec confiance et je ne puis mieux faire en l'achevant que de mettre votre nom à la première page avant de lui donner son exeat, je ne dis pas à travers le monde, ni même la France (mon ambition ne va pas jusque-là !), mais dans cette région qui est nôtre, qui surtout est la vôtre. Plus que personne, en effet, vous avez contribué à faire renaître le nom oublié de Bart, vous avez mis tous vos soins à recueillir les feuilles éparses de son œuvre, et, si j'ai un regret en les confiant aujourd'hui à l'impression, c'est d'enlever à vos manuscrits, joyaux de votre bibliothèque, le charme attachant de l'inédit. C'est le sort de tout ce qui mérite quelque intérêt, c'est aussi un sûr garant de préservation pour l'avenir. Vous voudrez donc bien accepter cet hommage de profonde gratitude et de respectueux dévouement.

Henri Tournoüer.

Saint-Hilaire-des-Noyers, Janvier 1893.

L'ŒUVRE DE BART

I

L'HOMME ET L'OEUVRE

Le recueil que nous présentons aujourd'hui au public n'est pas l'œuvre d'un historien de profession, encore moins celle d'un chroniqueur. Inspiré par un amour sincère et profond de son pays, désireux de soustraire aux injures des années et aux hasards des guerres si fréquentes et si destructives les souvenirs écrits des évènements et des luttes passés, l'auteur s'est efforcé de rassembler les manuscrits épars, de retrouver les titres égarés, sans autre ambition que de conserver pour les siècles à venir, et surtout pour les familles de sa province, les documents de toute nature que le temps n'avait pas encore détruits; curieux et diligent, il a fait appel à toutes les bonnes volontés, recueilli les traditions, interrogé les vieux témoins de faits oubliés, religion, histoire, archéologie, noblesse, topographie, il s'est intéressé à tout. Les fonctions qu'il occupait facilitaient, d'ailleurs, singulièrement sa tâche. Tabellion de l'une des villes les plus populeuses du Perche, en rapport continuel avec la noblesse de la contrée, homme de confiance des monastères comme des particuliers, il avait son entrée partout et il était à même de puiser ses renseignements aux meilleures sources. De plus, son étude était une mine inépuisable d'où il pouvait extraire, à ses moments de loisirs, ses plus précieuses et ses plus sûres indications. Les services que nous rendent aujourd'hui les minutes notariées qui s'enrichissent chaque jour, peuvent faire supposer les ressources qu'elles devaient fournir à un notaire de province, qui n'avait pas à sa portée, comme nous, les raretés bibliographiques du palais Mazarin ou les trésors de l'hôtel de Soubise. Sans doute, assez casanier, obligé par ses fonctions à ne pas dépasser le cercle de ses occupations habituelles, il se trouvait privé des ouvrages de fond les plus nécessaires et devait souvent s'en rapporter aux dires ou à l'érudition plus ou moins éprouvée de chacun. La liste qu'il nous donne des sources imprimées qu'il a pu consulter n'est pas considérable; encore a-t-il pu y puiser lui-même? Certaines de ses pages permettraient d'en douter. De là vient que ses citations ne sont pas toujours justes.

En ce qui concerne l'histoire proprement dite de son pays même, il ne doit pas inspirer une confiance absolue : sa chronologie des comtes du Perche ne peut être admise, certains noms sont dénaturés et quelques faits ne sont pas à leur place. Il cite sans contrôle, mais plutôt par manque de référence que par légèreté. En revanche nous lui devons la conservation de faits tout à fait locaux, de découvertes qui, sans lui, seraient demeurés à jamais dans l'oubli; souvent témoin oculaire ou même actif des événements qu'il rapporte, il semble surtout avoir fait appel à ses souvenirs et c'est en cela que son recueil mérite d'être consulté.

Certes Bart n'avait pas l'intention de publier son ouvrage. Il n'en avait ni la pensée ni les moyens. Vivement sollicité et encouragé par une des grandes personnalités du Perche, Monsieur de Catinat, conseiller au Parlement de Paris, avec lequel il était en relations suivies, il tint à honneur de répondre à ce bienveillant appel et, aidé de ses conseils, il entreprit ce long travail. Son premier soin fut donc d'être agréable à un ami; il voyait en outre dans cette œuvre un moyen d'être utile à ses compatriotes, de conserver dans leur esprit et dans leur cœur le souvenir des anciennes gloires du Perche, de les exciter à « prier Dieu », comme il le dit, « pour leurs comtes » et « de servir de blâme aux ingrats qui les ont couverts du voile d'oubliance et donner du contentement à leurs successeurs de connoître l'antiquité de de leurs familles ». Bart écrivait donc pour sa contrée seule, espérant que son manuscrit, copié maintes et maintes fois, irait de manoir en manoir distraire des longues veillées et prendre place aux vieux chartriers des environs. Il était loin de penser qu'une reine de Suède l'aurait un jour en sa possession, qu'il irait courir le monde et rappeler la France dans les longues galeries du Vatican. Plus bornée était son ambition, plus modeste était l'homme.

Sa vie, rapportée ailleurs, fut simple, exempte de troubles et d'agitations, si tranquille que la date de sa naissance est restée inconnue comme celle de sa mort. A peine retrouve-t-on de temps à autre son nom mêlé à quelque acte de la vie privée, il traverse avec calme les troubles de toute nature qui éclatent durant sa vie, et y assiste plutôt en témoin qu'en acteur. Il avait conservé tout spécialement le souvenir du massacre des Huguenots (1) qui dut frapper fortement sa jeunesse ; son ressentiment contre eux est grand et en homme épris de son sujet, il ne manque pas au début de son œuvre de leur reprocher leurs destructions et leurs pillages. « Le malheur a voulu », dit-il, « que les protestans au commencement de leurs élèvemens ont bruslé partie des tiltres des fondations et bastimens : ce qui a enseveli et perdu la mémoire en ce regard ; en quoy ils ont non seulement offensé la mémoire de ces pieux princes, mais de leurs propres parens, prédécesseurs et progéniteurs qui ont en la pluspart favorisé et assisté de leurs biens les dictes fondations et », ajoute-t-il, « pour ce qui peut encore arriver un tel orage qui acheveroit d'en perdre en tout la connoissance, j'ay jugé pour leur merite estre nécessaire en ce qui en reste, leur donner nouvelle vie... »

Un événement de famille vint pourtant rompre quelque peu la monotonie de son existence, événement qui nous intéresse tout particulièrement et qui va nous montrer combien était grande la modestie de notre écrivain. Pressé, nous l'avons dit, par M. de Catinat, qui voyait en lui l'étoffe d'un chercheur et d'un érudit, Bart s'était mis consciencieusement à l'œuvre, transcrivant les manuscrits, compulsant les titres, disposant tous ses matériaux pour l'édifice qu'il lui fallait exécuter. Le travail était dur, pénible certes, mais le tabellion ne ménageait pas sa peine et il entassait pièce sur pièce, note sur note, si bien qu'un beau jour il se trouva en présence de volumineux cahiers. Le plus gros était fait, mais non le plus délicat. Il fallait mettre en ordre ces feuilles détachées, classer, réunir, faire un tout ; le fond était trouvé, la forme restait à donner. Le compilateur fut découragé ou plutôt défiant de ses propres forces ; de plus, accablé d'affaires, le temps lui faisait défaut et c'est alors qu'il résolut de mettre ses mémoires, comme il nous l'apprend, « ès mains de messire François Courtin, avocat du Roy à Bellême, mon bon cousin, espérant pour sa suffisance qu'il s'en acquitteroit mieux que moy ». On ne peut qu'ad-

---

(1) Il devait avoir une vingtaine d'années au moment de la Saint-Barthélemy.

mirer cette profonde humilité ; mais son beau détachement devait lui coûter cher. Courtin mourut peu de temps après et le manuscrit prêté ne se retrouva plus, du moins Bart n'en entendit plus parler. Le travail était à refaire et il fut refait avec courage et persévérance. Le fils de Courtin, René, de son côté, reprit l'œuvre de son père, sans doute sur les premiers essais de Bart ; de sorte que nous nous trouvons avoir deux histoires du Perche entreprises concuremment. Nous avons tenu à publier celle-ci d'abord : il était bien juste de donner la première place à l'homme qui avait eu la première pensée (1).

Le style de Bart des Boulais est simple comme sa personne, sans prétention et par cela même digne de toute foi. Il écrit pour l'avenir et il le fait avec sincérité et fidélité. Loin d'exagérer les faits, d'atténuer ou d'excuser les torts de l'un ou de l'autre, de vanter tel ou tel coin de son pays, il expose avec impartialité les fautes comme les mérites, les faiblesses comme les vertus. Il précise les événements, il entre dans les détails et il nous rapporte ainsi une foule de choses ; mais cette concision, cette minutie nuisent au style et en rendent difficile la lecture courante. C'est avant tout, d'ailleurs, une œuvre de compilations et de notes personnelles dans laquelle l'imagination n'a aucune part, qui sert plus qu'elle ne plaît.

L'ouvrage est divisé en deux parties : l'une consacrée à la description physique, topographique, historique et religieuse du Perche ; l'autre à l'histoire des comtes de la province. Il pourrait s'arrêter là. L'auteur a voulu y ajouter sous forme d'appendice trois petits travaux que nous avons cru bon de joindre au corps principal, bien qu'ils auraient pu former des opuscules distincts. Ce sont : un *mémoire pour justifier que Mortagne est la*

---

(1) Une lettre trouvée aux archives nationales dans l'inventaire des papiers de *Monsieur* semblerait faire croire que Bart n'a été que le continuateur de Courtin et non son précurseur. Cette lettre, fort curieuse, d'un monsieur Bezot, que nous aurons l'occasion de rapporter en entier lorsque nous nous occuperons de Courtin, contient en effet ce passage : « Une personne qui ne veut point être connue, dans la crainte de se faire une multitude d'ennemis, vient de me confier l'histoire manuscrite du Perche, commencée par François Courtin, avocat au bailage de Bellesme, à la fin du XVIe siècle et finie par Louis [pour Léonard] Bar, son cousin-germain, en 1611. » Il ne nous est pas permis de mettre en doute la bonne foi de celui qui a écrit ces lignes, mais nous avons meilleure confiance dans les explications de Bart lui-même qui raconte avec simplicité son aventure et qui n'avait aucun intérêt à intervertir les rôles. (Cette indication nous a été obligeamment communiquée par M. Fournier, de Mortagne.)

capitale du Perche et deux *relations de vie de Madame d'Armagnac et de Marguerite de Lorraine.*

Dans son travail Bart s'est particulièrement attaché au côté religieux et au côté généalogique. Et cela se comprend aisément. Les couvents, les maisons religieuses existaient en grand nombre dans le Perche et Mortagne se trouvait au centre de cette agglomération. D'un côté la Trappe, non encore florissante comme elle devait l'être un siècle plus tard, après sa réforme, mais pouvant témoigner déjà d'une longue existence, de l'autre les chartreux au Val-Dieu; à la porte de Bellême, Chêne-Galon et ses bonshommes, la Chaise, le Vieux-Saint-Martin; à Mortagne même, Chartrage, Saint-Eloi, les religieuses de Sainte-Claire; plus loin Moutiers-au-Perche, les prieurés de Dame-Marie et de Sainte-Gauburge; plus loin encore, les Clairets, la célèbre abbaye de Tiron, Arcisses, Saint-Denis de Nogent et quantité d'autres. Là les titres abondaient et Bart y puisait largement. D'autre part, sans en tirer nullement vanité, il n'était pas fâché de plaire aux châteaux voisins en faisant revivre leurs seigneurs. C'était un moyen de ménager sa clientèle. C'était surtout un doux devoir pour lui de reconnaître son obligeance.

Il laisse de côté pour ainsi dire l'archéologie et s'il cite les monuments religieux ou militaires, c'est plutôt pour mémoire, s'abstenant de toute description technique. Nous devons lui savoir gré pourtant de nous signaler plusieurs découvertes dont nous savons faire aujourd'hui notre profit. En somme sans mériter, comme nous le disions en commençant, le titre d'historien proprement dit, il fait avant tout de l'histoire; précurseur de Courtin, de Bry de la Clergerie, d'Odolant-Desnos, de Fret, de de La Sicotière, chef d'une pléiade de chercheurs, il est le point de départ d'un mouvement qui ne fait que s'accentuer chaque jour dans notre région, et à ce titre seul il est digne de notre reconnaissance et de notre attention (1).

---

(1) Bart des Boulais a été l'objet de plusieurs notices. Voir à ce sujet : Manuscrit de Versailles, f. 294. — L'abbé Fret, *Le diseur de vérités*, 1842, in-16, p. 151. — Id., *Antiquités et chroniques percheronnes*, 1838, p. XIII. — O. des Murs, *Histoire des comtes du Perche de la famille des Rotrou*, 1856, p. 10. — De Manne, *Esquisses historiques sur quelques localités de la Normandie*. Lyon, 1869, p. 16. — De la Sicotière, *Coup d'œil sur les historiens du Perche*, Rouen, 1874, p. 6. — Pitard, *Fragments historiques sur le Perche*, 1866, p. 216. — Frère, *Manuel du bibliographe normand*, I, p. 65. — *Bibliothèque historique de la France*, par le P. Lelong, 1771, tome III, p. 413, n° 35526, etc., etc...

II

LES MANUSCRITS

Il nous reste maintenant à examiner les différents manuscrits du Recueil des Antiquités du Perche. Ils sont assez nombreux, dispersés dans plusieurs bibliothèques publiques ou privées et offrent des variantes et interpolations qu'il est bon de signaler.

Manuscrit du Vatican. — Ce manuscrit a pour titre : *Recueil des Antiquitez du Perche, comtes et seigneurs du pays, fondations et bastimens de monastaires et choses mémorables du dict pays, par Léonard Bart de Mortaigne au Perche, sieur des Boulais.* C'est un petit in-folio en papier (283 mill. sur 204) de 182 feuillets, relié en cuir rouge, portant au dos, en haut, les armes du Pape Alexandre VIII Ottoboni, au-dessous un écusson surmonté de trois couronnes, deux et une (1); au bas les armes du Cardinal Brancatus de Lauria, bibliothécaire de la Vaticane sous Innocent XI et Alexandre VIII. Il possède le numéro 950 du fonds *Reginensis* ou fonds de la reine de Suède; sur le premier feuillet est un ancien numéro d'ordre 2107 (2). Il provient de la célèbre bibliothèque de Christine de Suède. On sait que cette grande reine mettait toute son ambition à former la plus riche collection possible, tant en tableaux, antiques, médailles, qu'en livres ou manuscrits. Dans ce but non seulement elle s'était mise en relations avec les savants du monde entier, mais elle avait à son service une sorte d'équipe d'hommes de confiance qu'elle envoyait de tous côtés à la recherche des raretés en tout genre. Elle se procurait ainsi à prix fous jusqu'à des bibliothèques entières afin qu'aucune ne pût rivaliser avec la sienne. Ces messagers avaient chacun leur itinéraire tracé. Celui qui par-

---

(1) « Presque tous ces livres (provenant de la même source) sont marqués au dos de trois couronnes qui sont les armes de Suède. » (*Mém. conc. Christ. de Suède*, II, 323.)

(2) C'est le numéro que lui donne D. Montfaucon dans sa Bibliotheca Bibliothecarum manuscriptorum nova. 1739. I, 61 a. Il l'indique ainsi : *Léonard de Mortagne, sieur de Boulais. Recueil des Antiquités du Perche.*

courait la France était Isaac Vossius (1) et ce fut sans doute lui qui rapporta en Suède le manuscrit de Bart. Il est peu probable qu'il fit partie de la collection de Mazarin qui fut acquise par Christine. Nous avons la liste de celle de Petau également achetée par Vossius : il ne s'y trouve pas. Il fut sans aucun doute recueilli avec plusieurs manuscrits normands et, plus heureux que d'autres qui disparurent avant la mort de Christine, il parvint sans encombre jusqu'au Vatican (2). Le pape Alexandre VIII, de la famille d'Ottoboni, acheta la bibliothèque de la reine pour le prix minime de huit mille écus. Il conserva dix-neuf cents volumes pour le Vatican et donna le reste à son neveu (3).

Ce manuscrit est donc certainement du commencement du XVIIe siècle, peut-être contemporain de Bart. Il présente d'ailleurs tous les caractères de cette époque. Il a toujours passé jusqu'à présent pour le manuscrit original, mais d'après les renseignements qui nous ont été fournis, n'ayant pu malheureusement le contrôler nous-même, cette opinion doit être écartée. L'écriture a été soigneusement comparée avec celle de Bart (4) et il résulte de cet examen que nous sommes en présence d'une copie, copie excellente puisqu'elle a dû être collationnée sur l'original. Mais n'avons-nous pas là un remaniement de l'auteur ? La dédicace porte

---

(1) « Vossius rôda par tous les Païs-Bas, par la France et par l'Allemagne, où rien ne lui échappa de tout ce qu'il crut digne de la curiosité de Christine en fait de livres et de manuscrits... Il est à présumer qu'il avoit carte blanche de Christine pour lui faire ses commissions à tout prix. » (*Mém. conc. Christ.* I, 268). C'est lui qui acheta 40,000 livres la fameuse bibliothèque de M. Petau, conseiller de la Cour, qui forme aujourd'hui un fonds considérable au Vatican.

(2) Il porte le nom de Bourdelot, ce qui pourrait faire supposer que l'acquisition est due à ce médecin français qui obtint pendant quelque temps les faveurs de la reine.

(3) Il désira que cette augmentation au Vatican portât le nom de Bibliothèque Alexandrine. C'est aujourd'hui simplement le fonds de la reine Christine.

(4) « L'écriture en est ferme, régulière, petite, penchée, moins anguleuse que celle du fragment autographe de Bart, avec lequel je l'ai confrontée; cependant on lui trouverait quelque ressemblance avec celle de l'auteur. Ce qui me porte à croire qu'il n'est pas autographe c'est que ce n'est pas Bart qui a signé la dédicace à M. de Catinat. La dédicace est signée Bar (sans t) et l'écriture ne ressemble nullement à la signature que j'ai de Bart. Celle-ci est d'une autre main que celle qui a écrit le manuscrit ; je la mettrais facilement sur le compte de son filleul, le sieur Rodolphe, si tant est que les deux quatrains composés par le dit filleul aient été écrits par lui. » (Note communiquée par le R. P. Edouard, d'Alençon.)

en effet la date du 26 janvier 1617 (1) et la rédaction diffère beaucoup de la copie de Mortagne que nous avons choisie pour texte et qui porte celle du 4 décembre 1613. Ou bien ces interpolations ne seraient-elles pas l'œuvre d'un contemporain de Bart, de son filleul peut-être ? Cette dernière supposition est peu probable. Toujours est-il que ce manuscrit nous fournit de curieuses variantes qui se rapprochent de celles du manuscrit publié incomplètement par M. Massiot à Mortagne et malheureusement égaré (2).

Fragment autographe à M. de La Sicotière. — Petit in-folio sur papier de 120 feuillets (paginé anciennement, sur le recto seulement, 51 à 116), cart. marbré vert, dos toile marron. Il présente une lacune du feuillet 99 verso au feuillet 107 recto (anc. pag.). Dans notre publication il occupe les pages 136 à 224 et 237 à 254. Nous avons tout lieu de croire que ce fragment fit partie de l'original (3) même de Bart, peut-être même qu'il fut écrit de sa main. Ce qui le ferait supposer c'est la similitude d'écriture avec celle de l'auteur (4) et les nombreuses ratures dont il est couvert, non des lapsus rectifiés de copiste, mais des modifications de termes et des additions ou suppressions. Il est identique comme texte à ceux de Mortagne et de M. de Souancé et complètement différent des autres. C'est ce qui nous fait croire, puisqu'il est contemporain de celui du Vatican, que deux rédactions primitives ont existé, deux éditions si l'on veut, la seconde ayant été considérablement augmentée. Ce fragment a été sauvé par M. de La Sicotière; sans lui que serait-il devenu ? Tout en

---

(1) Cette date n'est même pas exacte, car dans le cours de l'ouvrage il est question d'événements postérieurs.

(2) Le Vatican n'autorisant jamais le déplacement de ses manuscrits, nous avons eu le vif regret de ne pouvoir publier ces variantes. Nous pensons toutefois qu'elles ne devaient pas différer beaucoup de celles que nous avons rapportées.

(3) « Ces fragments des Antiquités du Perche de Bart des Boullais paraissent contemporains de Bart lui-même. Ils proviennent de la bibliothèque de la famille Duval, d'Alençon, famille aujourd'hui éteinte, mais qui joua un rôle assez important dans l'histoire de cette ville. Un de ses membres a laissé un journal manuscrit qui se trouve aujourd'hui en ma possession (1). Les ratures et les corrections qui se trouvent dans ces fragments me porteraient à penser qu'ils sont autographes. » (Note de M. de La Sicotière en tête de ce manuscrit.)

(4) Nous avons pu la comparer avec une lettre autographe signée de Bart. Il ne peut y avoir de doute.

(1) Voir : Od. Desnos, Mém. hist. sur Al. et sur ses seigneurs, II, 531.

regrettant ses lacunes, nous devons vivement remercier son possesseur de nous l'avoir conservé.

Fragment autographe à M. Besnard. — 2 p. 3/4 in-fol. sur papier. Tout minime qu'il est, ce fragment est des plus précieux, car il est certainement autographe. Il commence par ces mots après le titre : « Il n'y a province en France fors le Perche... » (p. 11 de notre publication), et se termine ainsi : « ... trois hospitaux, deux léproseryes, cent soixante-dix paroisses » (p. 15). Sa rédaction est conforme à celle du manuscrit de M. Olivier. Il provient de M. Boudin, de la Mesnière, ancien jardinier des de Puisaye (1).

Manuscrit du vicomte de Souancé. — Petit in-fol. sur papier de 288-18 feuillets, rel. en vélin. Transcrit par Sorel, sieur de la Chapelle en 1745. Bonne copie du texte primitif.

Manuscrit de Mortagne. — In-folio sur papier, de 233 feuillets, rel. en vélin ; copie transcrite par Lemarié, commis au bureau des gabelles de Mortagne en 1772. Nous avons cru bon de publier ce manuscrit in-extenso et de nous en servir pour établir notre texte. C'est en effet la copie la plus simple qui n'a subi aucune interpolation sinon quelques corrections souvent maladroites. Elle est identique à celle que possède M. de Souancé (2).

Manuscrit Delestang à M. de La Sicotière. — Pet. in-4° sur papier, de 329 pages, rel. demi-v. fauve, plats pap. marbré. Porte le titre de : « *Antiquités du Perche par Léonard Bart, sieur des Boullais, transcrites, rectifiées et augmentées en 1825 par L.-N.-C. Delestang, ancien sous-préfet de l'arrondissement de Mortagne* ». « Ce recueil », dit Delestang, en tête de cette copie, « transcrit vers 1760 par messire Charles-Jacques de Bonvoust, né à Mortagne en 1736, dernier doyen de l'église collégiale et royale de Toussaint et official de Séez, l'un des administrateurs de l'Hôtel-Dieu du 1er janvier 1764 au 24 janvier 1766, président en 1767 du dépt de Mortagne remplaçant l'élection de son nom et de son bureau intermédiaire, décédé à sa terre de Champaillaume, en la commune de Loisail, dont il étoit maire,

---

(1) Nous savons en effet que le Mis de Puisaye, grand-bailli du Perche, avait en sa possession sinon, comme le dit le P. Lelong, l'original même, du moins une bonne copie du Recueil des antiquités.

(2) L'abbé Fret a dû s'en servir pour la rédaction de ses *Chroniques percheronnes*.

le 12 octobre 1805, m'a été gracieusement communiqué pour en prendre une copie, par messire Gueau, marquis de Reverseau, neveu du dit messire de Bonvoust du chef de dame Marie-Charlotte-Adélaïde, son épouse... » Cette copie est défectueuse ; de plus le texte primitif a été profondément altéré par des interpolations nombreuses de Delestang. Le style n'a même pas été respecté et le copiste a laissé passer des fautes qu'il aurait certainement corrigées s'il s'était donné la peine de relire son travail.

Manuscrit de Versailles. — In-4° sur papier de 317 feuillets, rel. en vélin vert, portant au dos : « Antiquités du Perche ». Numéro actuel de l'inventaire : 93 ; catalogué sous les lettres ILj 1 et ILj 33. Fait partie de la Bibliothèque de Versailles. Il provient de la même source que le manuscrit de M. de La Sicotière. C'est également une copie faite par Delestang sur le manuscrit de M. de Bonvoust. A la note que nous avons déjà rapportée, qui se trouve en tête, Delestang a ajouté : « Le recueil dont il s'agit contient des inexactitudes et des omissions qui paraissent provenir des transcriptions faites sur des manuscrits plus ou moins éloignés de l'original... » A la suite se trouvent plusieurs additions :

De Bart, Léonard, sieur des Boullais. f. 294.

Princes contemporains des premiers comtes du Perche depuis l'an 1000 jusqu'en 1226. f. 296.

Observations. f. 298.

Annales du Perche depuis 1593 jusqu'en 1790. f. 305.

Notice statistique sur le Perche. f. 307.

Manuscrit de Chartres. — In-fol. sur papier, de 125 feuillets (une grande partie du volume est en blanc), rel. plats papier, dos papier vert simulant le cuir. Fait partie de la bibliothèque publique de Chartres. $\frac{7}{G}$ 111, 1116. Le titre est le suivant : « *Antiquités du Perche par Bart des Boulais à Mortagne en 1613, augmentées des antiquités des cinq baronies du Perche-Goeth par Lejeune, bibliothécaire honoraire de la ville de Chartres en 1838* (1), *transcrit par Lemarié, commis au bureau des gabelles de Mortagne, en l'an 1777, et depuis par Magloire Bellanger, sculpteur, en 1837, sur le manuscrit fourni par M. l'abbé Fret, curé de Champs, près Mortagne* ». C'est une copie du manuscrit de Mortagne.

Manuscrit de M. Olivier. — Nous n'avons pu découvrir ce

---

(1) Cette addition ne se trouve pas dans le volume.

manuscrit qui appartenait à M. Olivier, procureur de la République à Mortagne, et dont la publication avait été commencée en 1849 dans l'*Écho de l'Orne,* par les soins de M. Massiot, avocat à Mortagne (1). Il est vraiment regrettable que nous n'ayons pu en continuer les variantes, d'autant plus que sa rédaction se rapprochait beaucoup de celle du ms. du Vatican qu'il est si difficile de consulter.

Fragment de la Bibliothèque Nationale. — Pour ne rien omettre, nous mentionnerons encore un « *extrait du livre ms. intitulé les Antiquités du Perche, comtes et seigneurs du païs* » qui se trouve dans le fonds français de la Bibliothèque Nationale, 20162, in-fol. de 5 p. (2). En tête on lit : « Ce ms. communiqué par M. Robillon, grand archidiacre de Saïs, 1658. » Ce sont des renseignements puisés dans Bart sur la généalogie des Gruel, seigneurs de la Frette.

Le Père Lelong, dans sa bibliothèque historique de la France (1771. III, p. 413, n° 35526), dit que « l'original est resté entre les mains de M. de la Coudrelle, marquis de Puisaye, grand-bailli du Perche et gouverneur de Mortagne (3) ». Outre cet exemplaire, dom Montfaucon (Bibliothéca Biblioth. manuscript. nova (1739 I, 61 a) nous apprend qu'il y en a un chez M. Monfort de Lautour (4)

---

(1) *Echo de l'Orne :* Avis de la publication, numéro du 24 juin 1849. — Commencée dans le numéro du 8 juillet et continuée dans ceux des 15, 22 juillet, 5, 12, 19, 26 août, 2, 9 septembre, 14, 21 octobre, 11, 25 novembre, 2, 16, 23 décembre, 6, 13, 20, 27 janvier 1850, 10, 17, 24 février, 3, 31 mars, 7, 21 avril, 4, 19, 26 mai, 2, 30 juin, 14, 21, 28 juillet, 4, 11 août, 10 novembre, 8 décembre. — Imprimé de manière à pouvoir être réuni en volume, l'ouvrage forme un in-12 de 204 p.

(2) Recueil de pièces pour l'histoire de France. Extraits et mélanges, 7. f. 168-170.

(3) « André-Louis-Charles de Puisaye, chevalier, Mis de Puisaye, Vte de la Ferrière au Val-Germond, sieur de Théval, capitaine au régiment de Berry, cavalerie, chevalier de Saint-Louis, grand-bailli de la province du Perche et gouverneur de Mortagne. C'est en sa faveur que le roi Louis XV a réuni les terres et seigneuries de la Mesnière, la Coudrelle, Lormoye, Beaumont, Longpont, Surmont, Milan et autres en dépendantes et les a érigées en marquisat sous la dénomination de Puisaye par lettres patentes du mois d'août 1758. » Il a épousé, le 19 février 1745, Marthe-Françoise Bibron de Cormery, dame des terres de Courgivaux, Nogentel, Montbérut et Maisoncelles-en-Brie. (De La Chenaye-Dubois.)

Il naquit le 9 novembre 1718, fut ondoyé le 11 du même mois et reçut le supplément des cérémonies du baptême le 6 décembre 1731, dans l'église paroissiale de N.-D. de Mortagne. (B.-N. Chérin, vol. 164.)

(4) François Lautour de Montfort, président du grenier à sel d'Argentan

à Orbec, et un autre encore chez M. Odolant-Desnos, revu sur l'exemplaire original de M. de la Coudrelle. Aucun des manuscrits que nous avons mentionnés ne semblent provenir de ces sources. Il faut donc penser qu'ils ont été égarés ou qu'ils sont aujourd'hui oubliés dans quelque bibliothèque de province. L'exemplaire de M. de Bonvoust, passé dans la famille de Reverseaux, nous fait également défaut; du moins nous a-t-il été conservé par les copies de Delestang.

C'est un doux et heureux privilège pour tout auteur d'associer à l'œuvre qu'il termine tous ceux qui y ont participé. Nous ne voulons pas faillir à cet usage. Le R. P. Edouard d'Alençon, M. Chartier, ancien Maire de Mortagne, M. le vicomte de Souancé, MM. Ernest Langlois et Enlart, anciens membres de l'Ecole française de Rome, M. Joseph Besnard, ont trop contribué, soit par leurs communications multiples, soit par le prêt de documents, à cette publication, pour que nous ne leur adressions pas ici nos plus chaleureux remerciements. Grâce à leur obligeant concours, ce travail est aussi complet que possible. Il pourrait l'être davantage si nous n'avions à déplorer la perte ou l'absence de plusieurs manuscrits. Nos lecteurs voudront bien néanmoins l'accepter tel qu'il est. Notre but était de rendre hommage à l'une des gloires passées du vieux Mortagne, il sera complètemement atteint s'il trouve un bon accueil chez tous les Percherons.

H. T.

en 1740, né dans cette ville, est mort à Orbec. Il fit plusieurs ouvrages sur Argentan, une chronologie des évêques de Séez; quelques-uns sont restés manuscrits.

NOTICE BIOGRAPHIQUE SUR BART DES BOULAIS

V. 1545. — 1620.

Nous croyons, avec M. de La Sicotière, que c'est justice de placer Bart des Boulais au premier rang des historiens du Perche, bien que la plupart des biographes ne le mettent qu'au second (1).

Tout d'abord Bart ne nous paraît être qu'un simple amateur de chroniques locales, ses trouvailles il les notait et complaisamment les prêtait à ses amis. Un de ses cousins, curieux comme lui de connaître les faits et gestes des Percherons dans l'antiquité, sut profiter indiscrètement, ainsi que nous le verrons plus loin, de ses travaux. Il n'est donc point étonnant de le voir oublié de ses contemporains qui, dans la crainte d'avoir le même sort que le geai paré des plumes du paon, passèrent sous silence l'homme et ses œuvres et s'attribuèrent toute la gloire d'un travail qui n'était point le leur.

Il faudrait une plume autre que la nôtre pour réparer cet oubli et rendre à Bart des Boulais l'hommage qui lui est dû.

Le lieu et la date de sa naissance nous sont inconnus. Mais selon toute probabilité, il naquit à Mortagne (2). La première fois que nous rencontrons son nom, c'est le 13 juillet 1566. Il comparaît dans un acte notarié au nom et comme procureur des *prieur et religieux du Val-Dieu*, où il demeurait alors. En 1566, Bart avait donc au moins vingt et un ans. Que faisait-il en cette abbaye? Peut-être ses études; l'acte que nous venons de citer ne lui donne aucune qualification (3). A cette époque les écoles étaient rares, et le jeune Bart, désireux de s'instruire, était sans doute allé demander aux chartreux le grand bienfait de l'éducation.

---

(1) *Coup d'œil sur les historiens du Perche*, p. 6.
(2) Les registres paroissiaux de cette ville ne remontant pas au-delà de l'année 1587; il ne nous a pas été possible de vérifier cette assertion.
(3) Minutes de M° Delorme, successeur de Bart.

Nous ne sommes plus étonné de le voir dans la suite si familier avec les vieux grimoires, des « moustiers » ses premiers livres de lecture.

Il quitta le Val-Dieu pour entrer dans le monde : au mois de septembre 1573 il est greffier en l'élection du Perche.

Nous le trouvons en même temps membre de la Confrérie de la Charité de N.-D. et nous le voyons accepter comme échevin une donation de 70 livres faite à la Charité par messire Guillaume Legendre. L'acte est du 29 novembre 1575.

Dans un précédent acte de remboursement d'une rente de 3 sols fait à la Charité par les sieurs Tessier et Gesbert le 17 novembre 1574, Bart comparaît comme échevin futur. Une obligation nous apprend qu'il exerçait encore la même fonction le 11 juin 1576. A ce moment il modifie quelque peu sa signature à laquelle il ajoute un paraphe sans changer la forme des lettres (1). Il comparaît comme témoin dans un acte de vente du 4 février 1576 avec le titre de « *greffier de l'élection du Perche et chastellenie de Nogent-le-Rotrou* ». Au mois d'août suivant, on le qualifiait « *greffier du Perche ès eslection de Nogent-le-Rotrou* ». En 1578 il était greffier hérédital en la vicomté du Perche.

Dès cette époque Bart nous paraît avoir une certaine fortune. Il a de nombreuses relations avec de grandes familles de la région qui le font leur mandataire. Souvent il agit au nom des Abot et des Catinat et il réalise des bénéfices qui lui permettent d'acheter quelques lopins de terre dans les paroisses de Saint-Langis et de Courgeon. Il nous paraîtrait d'après plusieurs actes que sa principale propriété était au Bas-Boulay. Le 28 mai 1585, J. Fret, marchand, demeurant paroisse de Coulonges, province de Normandie, vend à « *Léonard Bart, sieur des Boulay, greffier hérédital en la vicomté du Perche, demeurant paroisse Nostre-Dame de Mortaigne, certains immeubles scis au Bas-Boulay* ». L'acte ajoute qu'il possédait déjà des biens à cet endroit au moment de la vente. De là sans doute la qualification qu'il prit de *sieur des Boulay* ou *Boulais*.

Le 17 avril 1586, il fait l'acquisition de divers immeubles situés au faubourg de Saint-Eloi parmi lesquels une maison. Le même

---

(1) Pour ce qui est de l'orthographe du nom nous croyons, d'après les observations que nous avons faites, conclure ainsi : la véritable orthographe est *Bart*. Dans les actes notariés et, dans ceux de l'état-civil le *t* final existe et se confond souvent avec le paraphe. Bart signe avec un *t*. C'est seulement ses écrits privés qu'il signe *Bar* sans *t* et sans paraphe.

jour il loue des biens qu'il possédait dans la paroisse du Pin, au lieu de la Sejardière.

Puissent ces quelques indications faire retrouver la trace d'une source de documents sur notre historien et compléter ce petit travail (1).

Nous arrivons en 1588. A partir de ce moment, et, avec l'aide des registres paroissiaux de Notre-Dame, nous pourrons être mieux renseignés. Le 4 février de cette année, Léonard Bart est lui-même parrain de Marguerite Michel; la marraine était l'épouse de Jean Abot, lieutenant-général du Perche (2).

Jusqu'en 1593 nous n'apprenons rien de nouveau sur lui ni sur sa famille. Le 27 juin de cette année a lieu la cérémonie du baptême de Michelle Besnard, fille de Jean Besnard, avocat. Les parrains sont messire Bouc, lieutenant-général au vicomté du Perche, sieur de la Cocherie, et Noël Catinat, avocat, sieur de Champs, et les marraines Guillemine de Boyères, veuve de Nicolas Catinat et Michelle Bœuf, femme de messire Léonard Bart, greffier au baillage du Perche. En même temps qu'il nous apprend le nom de l'épouse de notre historien, cet acte nous montre jusqu'à quel point il fréquentait les Catinat. Mais ce n'est pas la seule fois que nous le voyons, ainsi que sa femme, tenir un enfant sur les fonts baptismaux avec un membre de cette famille. Le 17 mars 1594, on baptise Michelle Grattesac. Bart est parrain; Sébastienne Delliancourt, veuve de messire Louis Catinat, sieur de la Rivière, est marraine (3).

En 1601 et en 1602, il agit dans plusieurs actes au nom et comme procureur des religieuses de Sainte-Claire de Mortagne. Au mois de janvier 1605 il était encore greffier hérédital. En parcourant les registres du tabellionnage de Mortagne nous voyons au commencement de l'un d'eux une note manuscrite qui nous dit que « *le 10 octobre 1603 a été commencé le registre et protocolle des actes passés par Guillaume Toustain, tabellion commis par Léonard Bart, sieur des Boullais, tabellion royal et hérédital en la chastellenie de Mortagne* (4) ». Dans un acte de baptême du 24 janvier 1606 il est qualifié

---

(1) Tous ces détails ont été empruntés aux minutes de M° Delorme.
(2) Nous trouvons son nom et sa signature dans un acte passé le 25 juin 1589 en l'étude de M° Leblond, à Mortagne, et fait en faveur des religieuses de Sainte-Claire. (*Arch. nat.*, ZZ¹, 264, com. de M. H. Tournoüer.)
(3) Arch. mun., reg. parois.
(4) Minutes de M° Delorme.

« *principal tabellion de la chastellenie de Mortagne, sieur des Boulais* (1) ». A partir du jour où il devient notaire, les liens d'amitié qui semblent l'unir ainsi que les siens aux familles Abot et Catinat, se resserrent. Sa femme et ses enfants, dont nous parlerons tout à l'heure, comparaissent, ainsi que lui, dans les actes de baptême de Saint-Jean et Notre-Dame comme parrains et marraines avec des membres de ces deux familles.

Bart s'était reposé sur Guillaume Toustain du soin de son tabellionnat. Rarement il signait les actes, si ce n'est en l'absence de celui-ci. Comme notaire, ses relations devinrent plus étendues. Il eut la clientèle des monastères et communautés de la ville et des environs. Pendant les longues années qu'il passa au greffe du baillage du Perche, il eut maintes fois l'occasion de fureter dans les archives, car à cette époque les maisons religieuses étaient souvent en procès. Pour mettre les plaideurs d'accord il fallait avoir des pièces justificatives. Bart profita de ces circonstances et recueillit des notes pour lui-même en même temps qu'il les prenait pour le baillage. En 1611 il avait amassé assez de renseignements pour composer une histoire complète du Perche.

Comme nous venons de le dire, il était complaisant, son plaisir était de montrer à ses parents le fruit des nombreuses recherches qu'il avait faites non tant pour son propre contentement que pour satisfaire la curiosité de la famille Catinat dont il était l'intime. Se défiant de ses propres forces, Bart, dont l'instruction n'était sans doute qu'élémentaire, crut bon de réclamer le concours de son cousin, François Courtin, avocat du Roi, à Bellême, et lui confia ses manuscrits. Peu de temps après, Courtin mourait (1611) et sa veuve ne voulut point restituer, à son parent, le fruit de ses longues et pénibles recherches, en disant qu'elle les gardait pour son fils, René.

Le pauvre Bart fut obligé de faire ou refaire son travail et, s'il n'avait point conservé ses notes, de recommencer ses recherches dans les archives des églises et des monastères de la province. En 1613, il pouvait enfin offrir à M. de Catinat, seigneur de Mauves, conseiller du Parlement de Paris et aïeul de l'illustre maréchal, son *Recueil des Antiquitez du Perche, des comtes et seigneurs de la dicte province,* etc...

Le 23 novembre 1614, Bart écrivait à « *Monsieur Catinat, conseiller du Roy en son Parlement à Paris* », une lettre

---

(1) Arch. mun., reg. parois.

que nous reproduisons ici à cause des intéressants détails qu'elle contient.

« Monsieur,

« J'ay extraict du papier velu de la Trappe tout ce qui m'a semblé de conséquence, comprins ce qui en estoit ja couché en voz antiquitez, que je vous envoye pour l'y faire mettre au lieu de ce qui y est concernant la dicte Trappe, commençant en l'an 1185 soubz le nom de Rotrou, troisiesme du nom (que vous en ferez rayer s'il vous plaist ; c'est tout ce que j'y peu plus, oultre les mémoires que je vous ay cy-devant envoyez). Quelque autre, qui aura le crédit de veoir les tiltres de Tiron et d'Arcisses et autres et qui aura plus leu que moy, y pourra adiouster. Ce m'est assez d'en auoir trouué l'inuention pour vostre contentement et après que l'aurez poly et passé par vostre alambic.

« Ceux qui ont escript anciennement du Perche et noz tiltres ne s'accordent poinct.

« Guillaume Gemeticense et Sigebert, en ce qu'ilz en ont escript de l'an 1158, dient que Rotrou rendit au Roy Henry, Moulins et Bonsmoulins et que en recompense le Roy luy donna le chasteau de Bellesme que Guillaume Taleuaz auoit tenu.

« Noz croniques de Normandye tesmoignent la mort de Taleuaz par justice en l'an 1115 et le don de Bellesme par Henry à Rotrou, son gendre, en ce temps ; lequel Rotrou en print possession comme le contient le tiltre que j'en ay, en l'an 1126. Leurs daptes et ces temps sont trop esloignez ; le tiltre est le plus véritable.

« Il ne peult estre aussy que Rotrou ayt rendu à Henry Moulins et Bonsmoulins pour ce que depuis ce temps Rotrou, filz du dict Rotrou, comme seigneur du dict Moulins, y commença les fondations et bastiemens du prieuré Sainct-Laurens que Geoffroy, son filz, acheua (vous en auez les tiltres) et Matilde, veufue du dict Geofroy, en la fondation de Toussainctz de ce lieu en l'an 1203, donna à ladicte esglize treize liures de rente à prendre sur sa prouosté de Moulins, présence de Thomas, comte du Perche, son filz. Hellissende estoit fille du dict Thomas qui tous ont jouy de Moulins jusques à l'union du Perche à la coronne.

« Aymonius, liure 50 de ses annales, auec plus d'erreur dit que Robert, filz d'Estienne, mourut sans enfans et laissa à sa sœur seulle héritière la comté du Perche qu'elle donna à Phillippes Auguste vers l'an 1235. Nous ne trouuons poinct en noz croniques ny en noz tiltres de Robert, comte du Perche, ny d'autres Estiennes, aussy comtes du Perche, que ceulx que je vous ai naguères envoyez. Il est vray que Rotrou II eut ung filz nommé Estienne, qui fut chevallier du Roy de Cicille qui ala auec les Ciciliens à la Terre-Saincte, y fut euesque de Panorme en Palestine, mourut et fut enterré en Hierusalem comme le tesmoigne l'Histoire de la Terre-Saincte. Geofroy, filz du dict Rotrou, eut aussy ung filz nommé Estienne qui fut Vicomte de Chastcaudun mais poinct du Perche.

« Noz tiltres tesmoignent que Geofroy, dernier du nom, eut de Matilde, Thomas qui après la mort de son père fut comte du Perche ; que Hellissende fut fille de Thomas, qui fut tué en Angleterre en 1218. Phillippes Auguste mourut en l'an 1223 ; son filz Loys, père de Sainct-Loys, en 1226, et il se trouve des dons et confirmations de Hellisende de l'an 1230, séparément, et encorres de Guillaume, euesque de Châlons, son oncle, conjoinctement avec elle, tellement que le dict don ne peult auoir esté faict à Phillippes Auguste qui estoit mort douze ans auparavant. Le temps du don qu'il cotte de l'an 1235 est fault que ce ayt esté à Sainct-Loys qui viuoit lors, car Loys, son père, estoit mort neuf ans au précoddent âgé de 35 ans, et de faict ce fut Sainct-Loys qui en print possession en l'an 1256. Il fait encorres ung autre erreur en ce qu'il dict que Sainct-Loys en donnant à Pierre, son filz, par apanage, Alençon, il y establit l'eschiquier, parceque l'eschiquier fust estably en l'an 1225, régnant Charles de Vallois, plus de cinquante ans depuis Sainct-Loys. Je leur demande pardon, protestant que ce que je dis n'est seullement que pour me deffendre contre ceulx qui vouldront me sensurer pour n'adjouster foy qu'à leur antiquité. Jamais les seigneurs de Bellesme ne se sont nommez ny qualifiez comtes du Perche, mais souvent les comtes du Perche se sont nommez comtes de Mortagne et se trouuent des tiltres où aujourd'huy ils se sont dictz comtes du Perche et demain comte de Mortagne. Ces antiquitez sont sy obscures que l'on s'y esguare ; le désir que j'ay de leuer tous les doubtes qui s'y ofrent me faict vous en tant importuner, ce que je n'eusse faict sy j'eusse bien conceu le dire des dictz antiens auteurs, ausquelz j'eusse respondu par ung auant-propos, et le ferey s'il vous plaist me renvoyer la minutte, sinon le ferez faire s'il vous plaist par celluy a qui en auez communiqué.

« Je n'en désire autre gloire que vostre contentement. Mais je ne veult, s'il est possible, que l'on die que j'aye corrigé ces antiens autheurs sans preuue aparente qu'il est nécessaire faire cognoistre, je croy néanlmoings mieulx les tiltres que eulx.

« C'est la vérité que feu Monsieur Courtin auoit faict quelque chose de ces antiquitez sur les mémoires que je luy en auois baillez et en a encorres de mes liures, mais il n'en auoit recherché la quarte partye que j'ay depuis recouuertz. J'ay veu chez luy ce qu'il en auoit faict qui estoit peu de chose je le dis, par mon auant-propos, j'ay pensé les retirer de la veuve, mais poinct de moyen, elle les garde pour son filz.

« Je vous baise humblement les mains et suis, Monsieur,

« Vostre très humble et affectionné serviteur,

« BAR [sans t final].

« De Mortagne, ce 23 novembre 1614. »

Non seulement cette lettre confirme tout ce que nous venons de dire, mais elle nous dépeint encore notre historien. En effet, nous connaissons mieux maintenant la persévérance de Bart dans ses recherches, son dévouement à la famille Catinat, sa bonté pour son cousin Courtin. Loin de le blâmer de son indélicatesse, il semble vouloir amoindrir les bruits qui circulaient alors. Aucune réflexion sur le refus de la veuve de Courtin. Par cette lettre nous voyons encore qu'une personne avait été chargée par M. de Catinat de la correction de son manuscrit. Quelle était cette personne ? Nous l'ignorons.

Outre les Antiquités du Perche, nous attribuons à Bart un autre travail, qui, s'il est moins important que le premier, n'en est cependant pas moins intéressant. Ce manuscrit que nous avons eu le bonheur de trouver en compagnie de la lettre ci-dessus, a pour titre « *La préséance de Mortagne* ». Voici en quelques lignes à quelle occasion ce mémoire fut rédigé et les raisons qui nous font croire qu'il a pour auteur le sieur des Boulais.

Trois fois déjà, en 1550, 1557 et 1588 et pour des causes tout accidentelles, l'Assemblée provinciale, qui devait se réunir à Mortagne, avait tenu ses séances à Bellême.

De l'exception, les Bellêmois firent la règle et, dans la suite, se crurent seuls investis du droit de réunir dans leurs murs les trois ordres de la province.

En 1614, lors de la convocation des Etats-Généraux à Paris, le Perche fut, comme les autres provinces, invité à nommer ses représentants. Le bailli d'alors, ennemi juré des principaux officiers de la ville de Mortagne avec lesquels il avait eu maints procès et qui d'un autre côté mettait tout en œuvre pour faire élire son beau-frère, convoqua les délégués du baillage à Bellême. Pour motiver sa détermination, il prétexta de certaines querelles qui existaient entre les maisons de la Frette et de Lavardin.

Lésés dans leurs prérogatives, les habitants de Mortagne présentèrent une requête au Roi. Mais le temps pressait, les délais allaient expirer et la réunion se fit à Bellême.

Cependant les Mortagnais ne se tinrent pas pour battus. Leur cause fut introduite le 25 juillet 1614 au Conseil du Roi, et ils obtinrent l'autorisation de se défendre. Dès lors il ne leur restait plus qu'à réunir tous les éléments de nature à établir leurs droits, ou plutôt ceux de leur ville, au titre de capitale du Perche (1).

Quel autre mieux que Bart, qui donnait à ce moment (1614) le dernier coup de plume à ses « Antiquitez du Perche », eût été plus capable de mener à bonne fin un aussi laborieux travail ?

Aussi n'hésitons-nous pas, bien que le manuscrit que nous comptons publier ne porte pas de signature, à lui en attribuer la paternité.

D'un autre côté, l'écriture est absolument identique à celle des nombreux documents écrits de sa main, que nous avons sous les yeux.

Enfin, si un doute pouvait s'élever, la strophe suivante, postérieure au manuscrit et écrite par une main étrangère qui voulut rendre hommage à son auteur, achèverait, croyons-nous, de le faire disparaître :

> Perche petit, grand de renom,
> Mortagne est conjoinct à ton nom.
> Que sur le marbre et sur l'iuoire,
> Avec une pointe d'airain,
> Vos beaux noms et Bart, mon parrain,
> Soient à jamais gravez au temple de Mémoire.

Ce filleul de Bart ne peut être autre que celui qui a écrit sur le verso de la troisième feuille des *Antiquitez* (manuscrit du Vatican) la dédicace suivante (2) :

---

(1) D'après les mss. que nous possédons des « Préséances de Mortagne » par Bart et Le Forestier.

(2) Nous devons ces renseignements au R. P. Edouard, d'Alençon, qui, dans un voyage à Rome, les a recueillis sur le manuscrit conservé à la

*A Monsieur Bar, sur ses Antiquitez du Perche,
par Rodolphe Le Sieur, son filleul* (1).

Bar, tu as mérité que ta chère Patrie,
Ayant r'appris de toy ses antiques honneurs,
Aye de toy mémoire après tant de faveurs,
Faisant vivre ton nom d'une immortelle vie.

Autre de luy-même.

Perche, tu croupirois sous les cendres d'oubly
Et tes antiquitez ne se verroient revivre
Sy Bar n'eust rebasty ta ruyne en son liure,
Qui jamais ne feront son nom estre en oubly (2).

Ces vers, tout à fait semblables aux précédents quant à l'esprit et à la forme, rendent notre assertion presque irréfutable. Cette « *Préséance* » a-t-elle été recopiée et en même temps modifiée? Toujours est-il que M. le vicomte de Romanet a retrouvé à la Bibliothèque Nationale (3) un mémoire à peu près identique, mais que par l'écriture et l'orthographe il a reconnu être du milieu du xviiie siècle. Le manuscrit que nous possédons a 18 pages petit in-4°.

De 1614 à 1618, la vie de Bart s'est écoulée si paisiblement que nous n'avons rien trouvé qui puisse mériter une mention. Mais cette dernière année devait lui être bien pénible. Le 4 février 1618 « est décédée dame Michelle Bœuf, femme d'honorable homme messire Léonard Bart (4) ». Il survécut encore quelques années à son épouse et mourut lui-même dans la première moitié de l'année 1620. Il est à présumer que c'est à Mortagne qu'il termina ses jours.

---

bibliothèque du Vatican (fonds reginensis 950). Nous le remercions de son intéressante communication.

(1) Rodolphe Le Sieur fut baptisé à N.-D. le 9 septembre 1595 et eut en effet Bart des Boulais pour parrain. *(Arch. mun., reg. parois.)*

(2) D'après l'abbé Fret (1) ce quatrain serait de M. François Bailly, compatriote et admirateur de Bart des Boulais; ou l'abbé Fret se trompe, ou Rodolphe Le Sieur est un plagiat. Quant à M. de La Sicotière, il attribue à Audollent, notaire à la Lande-sur-Eure, la pièce de vers tout entière (2). Pour nous, Audollent fut simplement transcripteur des vers comme il le fut du manuscrit. Mais au lieu de les transcrire fidèlement il se permit d'en changer quelques-uns.

(3) Ms. fr. 16652, p. 437.

(4) Arch. mun., reg. parois.

(1) Le Diseur de Vérité, 1842, page 151.
(2) Coup d'œil sur les historiens du Perche, page 8.

Une lacune dans les registres de décès de la paroisse N.-D., qu'il a toujours habitée, existe malheureusement à cette époque. Nous devons donc, à notre grand regret, passer sous silence sa mort aussi bien que sa naissance. Si tout semble s'être concerté pour cacher à la postérité les actes de cet homme de bien qui possédait avant tout l'amour de son pays, rendons à sa mémoire l'hommage qui lui est dû. Si l'oubli a été une faute, la réparation devient tôt ou tard un devoir.

Bart était donc mort le 24 juin 1620, date à laquelle ses héritiers ratifièrent plusieurs obligations qu'il avait consenties précédemment à une dame Gratesac (1). Nous lui connaissons quatre enfants :

1° Françoise Bart, sa plus jeune fille, qui épousa François Thibault, sieur de la Morlière ;

2° Marguerite Bart, épouse de Jean Martin, sieur de la Bretonnière, avocat ;

3° Anne Bart, mariée à Etienne Thibault ;

4° Michelle Bart qui épousa Michel Turgeon, le jeune sieur de la Bourdinière, avocat.

Toutes résidaient à Mortagne (2).

Parmi les religieuses de Sainte-Claire qui comparurent dans les actes notariés, nous avons remarqué, de 1601 à 1663, le nom de Marie Bart qui sans doute était la fille de messire Léonard Bart (3).

Parcourant les registres de l'état-civil de Mamers (Sarthe), M. de La Sicotière vit que « le 5 mars 1679 a été baptisé un fils pour Mᵉ Michel Bart, sieur des Boulais, advocat en parlement, et pour damoiselle Catherine Mercent, ses père et mère, nommé Julian par Julian Lunel, sieur des Essarts, cappitaine de son Altesse royale, Monsieur le duc d'Orléans, et par dame Catherine Lefèvre, espouse de messire Jacques de Boullemer, chevallier, conseiller du Roy, baillif et gouverneur pour Sa Majesté de la ville et château d'Alençon, ses parrain et marraine. H. Busson, curé de Mamers, Des Essarts, Lunel, Catrine Lefevre, Martin. »

Ce Michel Bart, également sieur des Boulais, était-il petit-fils de l'historien Bart ? Nous ne saurions l'affirmer car sur les registres

---

(1) Cette obligation fut passée devant Mᵉ Mullard, notaire en la chastellenie de Mortagne. Elle est citée dans un jugement du baillage rendu entre les héritiers de Bart et ceux d'un nommé Chevalier. *(Arch. de l'Orne.)*

(2) Arch. mun., reg. parois.

(3) Minutes de Mᵉ Delorme.

de l'état-civil, comme dans les minutes de notaires, rien ne nous a même fait présumer que Bart eut eu des fils.

Si nous avions pu retrouver les minutes de Mᵉ Mullard, qui a passé l'acte d'obligation précité et sans doute l'inventaire et le partage des biens qui furent faits après le décès de Bart, nous aurions moins de points d'interrogation. Là encore l'oubli a triomphé en faisant égarer les papiers qui contenaient certainement de précieux détails sur notre chroniqueur qui, jusqu'à sa mort, ne cessa de compléter ses antiquités. Si en 1614 son ouvrage était capable d'être offert à M. de Catinat, il ne le crut point pour cela achevé. En 1618, époque à laquelle semble remonter le manuscrit du Vatican, il ajoutait les détails qu'il connaissait sur la fondation du couvent des Capucins (1).

Si l'insuffisance des documents nous empêche de retracer aussi longuement et aussi dignement que nous le voudrions la vie de Bart des Boulais, efforçons-nous au moins de conserver sa mémoire en marchant sur ses traces, en imitant son exemple et en continuant ses travaux.

J. Besnard.

(1) Communication du R. P. Edouard, d'Alençon.

TABLE ALPHABÉTIQUE

DES NOMS

NOTA. — Les noms de personnes sont en caractères romains, les noms de lieux en *italiques*. — Les noms précédés des articles Du, Des, Le, La, Les ou du mot Saint sont classés aux lettres D, L et S.

A

Abbeville (Bernard d'), abbé de *Saint-Savin* et de *Saint-Cyprien de Poitiers*, 16, note 8. 124, note 3.
Abbon (Chronique d'), 9, note 4.
Abot (Chapelle), 54.
Abot (famille), 302. 304.
Abot (Gilles), écuyer, sieur du Reray, la Chaize et de Champs, 51 et note 10. 52, note.
Abot (Guillaume), sieur de la Chaize et du Jarrossay, président de l'échiquier d'*Alençon*, 51, note 10.
Abot (Guillaume), sieur de Gournay, 166.
Abot (Jean), lieutenant-général du *Perche*, 303.
Abot (Jean), archidiacre du *Corbonnois*, 58, note 1.
Abot (Jean), sieur du Buat, 54.
Abot (Jean), habitant de *Mortagne*, 243.
Abot (Pierre), écuyer, 51.
Abot (les prés), *Orne*, 166.
Aché (village d'), *Orne*, 210.
Adam, chancelier de Rotrou IV, 140, note.
Adélaïde de Vermandois. Voir Vermandois.
Adèle, femme de Rotrou II, 109 et note 2.
Adèle d'Angleterre. Voir Angleterre.
Adelinus, évêque de *Sées*, 56.
Aecion ou Aecien, émir turcoman. Voir Antioche.
Agatte, femme de Hugues de Courcerault, 134.
Agde (évêque d'). Voir Roupy (Etienne III de).
Agénois (comté d'), 192. 195.
Agnès, femme de Georges de Lorme, 105.
Agnès de Bourgogne. Voir Bourgogne.
Aimon le Moine (annales d'), 10, note 1.
Ainard, évêque du *Puy*, 117 et note 8. 119.
Aire (évêque d'). Voir Albret (Louis d').
Alain de Bretagne. Voir Bretagne.

Albarie, Albare (ville d'), *Syrie*, 122 et notes 1 et 3.
Albigeois (les), 86, note.
Albret (Charles II, comte d'), 219.
Albret (Jeanne d'), femme du duc de Clèves et d'Antoine de Bourbon, 232. 236. 258. 262.
Albret (Louis d'), évêque d'*Aire*, 214, note. 215.
Alençon (Anne d'), femme de Guillaume VII, marquis de Montferrat, 12, note 1. 227. 231, note 2. 238, note 2. 262. 276. 278.
Alençon (armes des comtes d'), 155, note 1. 191. 197.
Alençon (Catherine d'), femme de Pierre de Navarre et de Louis de Bavière, 193. 199.
Alençon (Catherine d'), femme de Gui XV, comte de Laval, 204. 267. 268. 270. 271. 272.
Alençon (comtes d'), 10, note 1. 40, note 2, 61. 77, note 2. 173. 187. Voir Perche (comtes du), Montgommery (Robert de).
Alençon (conseillers du duc d'), 241, note.
Alençon (dame d'). Voir Bellême (Mabile de).
Alençon (ducs d'), 7, note 2. 10, note 1. 62. 96, note 2. 206. 232. 262. 282, note 2. Voir Perche (comtes du).
Alençon (François de Valois, duc d'), duc d'Anjou, 79, note 3.
Alençon (Françoise d'), femme de François II d'Orléans et de Charles de Bourbon, 12, note 1. 227 et note 6. 231, note 2. 236, note 2. 238, note 2. 262. 276. 278.
Alençon (Jeanne d'), femme de Jean de Boisguyon, 193, note 5. 198, note 1. — Son Epitaphe, 199. 201. 229.
Alençon (la Louve d'), 76, sous-note 3.
Alençon (maison d'), 9 et note 1. 191. 193. 198. 204. 238, note 2.
Alençon (Marguerite d'), religieuse, 193.
Alençon (Marie d'), femme de Jean VII, comte d'Harcourt, 193. 198.
Alençon (mesdames d'), 208, note 2.
Alençon (Philippe d'), patriarche de Jérusalem, archevêque de Rouen, 189. 191, note 3. 192.
Alençon (Pierre, bâtard d'), 201. 204. 205.
Alençon (seigneurs d'), 12, note 1. Voir Bellême (seigneurs de).
Alençon (arrondissement d'), 208, note 1. — bailli d', 221. — bailliage d', 37. — bibliothèque d', 15, note 5. — canton d', 208, note 1. — capitaines du château d'. Voir Coullonges (Jean de), La Forrest (Artus de), Manthelon (Jean de). — chambre des comptes d', 231 et note. 236. — chapelle St-Joseph dans le parc d', 229 et note 4. — chapelle St-Louis à, 224. — chapelle Ste-Catherine au faubourg de Montsort à, 221. — château d', 72. 218. 220. 222. 225 et note 3. 228. 229. 243. 277. — commissaire de la généralité d'. Voir Marle (de). — comté d', 184, note. 185. 187, note 3. 188, note. 189, note. 192. 201. 202 et notes. 257. — couvent des Clarisses à, 273, note 1. 275 et note 2. 277. — domaine d', 199. — duché d', 202 et note 1. 206. 223. 227, note . 228, note 2. 230. notes 2 et 4 231. 232 et notes 1 et 4. 236. 237. 239 et note 1. 240, note 3. 258. 262. — échiquier d', 40, note 2. 52, note. 189 et note 3. 199. 231. 236. 239. 306. Voir Abot (Guillaume). — église Notre-Dame d', 225. — église St-Léonard d', 229. — faubourg de Montsort à, 221. — forêts d', 191. — généraux d', 46, note 3. — gouverneur d'. Voir Boullemer (Jacques de). — monastère des filles de l'Ave Maria à, 229. — parc d', 221. 229. — pays d', 39, note 2. 221. — portes d',

210. 221. — président de l'échiquier d'. Voir Vileray (Gilles de). — siège présidial d', 37. — sièges d', 72. 208. 210. 211. 221. 241. 243. — trésoriers généraux du bureau des finances à, 46, note 1. — vicomté d', 218. — ville d', 38. 73. 167. 186. 198. 202, note. 218. 219. 220. 222. 223. 224. 225. 226, note 3. 231, note 1. 233. 275. 277. 278. 279. 280. 281. 306.

Alençonnois (l'), 192.
Alençonnois (les), 210.
Alep (ville d') *Syrie*, 122, note 2. 138.
Alexandre III, pape, 65, note 1. 97, note 2. 140, note.
Alexandre VIII Ottoboni, pape, 294. 295.
Alexandrine (bibliothèque), 295, note 3.
Alexis Ier, empereur de Constantinople, 118. 119. 120 et note 1.
Alexis IV, empereur de Constantinople, 160, note. 171.
Alix, femme de Robert de Réveillon, 163.
Alix de Bretagne. Voir Bretagne.
Alix de Champagne. Voir Champagne.
Alix de France. Voir France.
Allemagne (Henri VI, empereur d'), 148. 150.
Allemagne, 239. 295, note 1.
Allemands, 137.
Allet (Geoffroy), 135.
Alluïes (sieur d'), 87 et note 1.
Alluïs. Voir Alluye.
Alluye ou Alluïs (baron d'), 88 et note 1.
Alluye (Mahaut, dame d'), 87 et sous-note 5.
Alluye (baronnie d'), *Eure-et-Loir?* 34, note 3. 87, sous-note 5. — village d', 125. 126.
Almenèches (moniales d'), 74, note 2.
Alphonse de Castille. Voir Castille.
Alphonse de Toulouse. Voir Toulouse.
Amasson (Guillaume), 119.
Amaury, sénéchal d'*Anjou*, 173.
Amaury (moulin d'), *Eure-et-Loir?* 176.
Ambiaires ou Ambrières [*Amesbury*], (couvent d'), *Angleterre*, 142, note 3 et sous-note 1.
Ambières. Voir *Ambrières (Mayenne)*.
Amboise (Pierre II d'), vicomte de Thouars, 193, note.
Amboise (ville d'), *Indre-et-Loir*, 236.
Ambrières (ville d'), *Mayenne*, 206.
Amesbury (église d'), *Angleterre*, 142, sous-note 1.
Amesbury (ville d'), *Ambesbiria, Hambesbiria, Ambrosius vicus*, district de *Wiltshire, Angleterre*. 142, sous-note 1.
Amille ou d'Orville (Geoffroy d'), 178 et note 1.
Amilly (Guillaume d'), 206.
Anceaume, cousin de Rotrou IV, 141.
Anceline, femme de Hunault du Bouchet, 107.
Ancenis (traité d'), 226, note 3.
Ancosme [*Ancône*], *Italie*, 180.
Andibières, Andiborne (paroisse et église d'), *Angleterre*, 142 et note 3.
Andrinople (bataille d'), 160, note. 172, note 2.
Angers (traité d'), 183, note.
Angers (ville d'), 11. 38.

Anglais (les), 41 et note 1. 88, note. 91 et notes 2 et 3. 148. 171. 175. 190. 192. 194. 201. 202. 203. 204. 205 et note 1. 206. 207. 208 et note 2. 209. 210. 211. 227. 261. 262.
Angleterre (Adèle d'), femme d'Etienne, comte de Blois, 112, note 1. 117, note 7.
Angleterre (Edouard Ier, roi d'), 165, note 2.
Angleterre (Guillaume le bâtard, roi d'), 109 et note 1. 110, note 2. 257.
Angleterre (Guillaume le Roux, roi d'), 123 et note 4.
Angleterre (Henri Ier, roi d'), 35. 36. 73. 76, note. 86, note. 115. 116. 123. 124. 126 et note 5. 127, note. 128. 129, note 4. 255. 257.
Angleterre (Henri II, roi d'), 129 et note 4. 139. 145. 146 et note 6. 147, note et note 1. 148 et note 3.
Angleterre (Henri III, roi d'), 171.
Angleterre (Henri V, roi d'), 126, note 3. 204, note 4.
Angleterre (Henri VI, roi d'), 88, sous-note 3. 207, note 3. 212.
Angleterre (Jean-sans-Terre, roi d'), 148. 150 et note 2. 151 et notes 1 et 4. 159, note 1. 171. 181.
Angleterre (Mathilde d'), femme de Rotrou III, 97, note 2. 115 et note 8. 116. 124. 257.
Angleterre (Mathilde d'), femme de Geoffroy V, 17, note 1. 145. 151 et note 4. 156. 159. 160. 161 169 et note 1. 170. 206. 305. 306.
Angleterre (Richard Cœur de Lion, roi d'), 147 et note. 148. 149 et notes 1 et 2. 150. 151. 159, note 1. 182, note.
Angleterre (conquête de l'), 109. 257. — couronne d', 124. — émigration en, 42, note 2. — histoire d', 10, note 1. — rois d', 9. 14. 194. 255. — royaume d', 73. 88, note et sous-note 3. 116. 124. 142 et note 3 171. 172 et note 2. 192 194. 195. 204, note 1. 205. 206. 213. 240. 257. 306.
Anglia (Angleterre), 9, note 4.
Angoulême (Marguerite d'), femme de Charles IV, comte du Perche, et de Henri d'Albret, 230 et note 4. 232 et note 1. 233. 234. 236. 258. 262. 278. 281. 282.
Angoulême (comte d'). Voir Orléans (Jean d').
Angoumois (province d'), 192.
Anguien [*Nogent-le-Rotrou*] (ville d'), 89, note 1.
Anguyan le François [*Nogent-le-Rotrou*] (ville d'), 89, note 1.
Anjou (Charles d'), comte du Maine, seigneur de Nogent-le-Rotrou, 174. 274.
Anjou (comtes d'), 40, note 2. 85, note 3. 86, note.
Anjou (ducs d'), 96, note 2. Voir Alençon (François, duc d'), Bethford (duc de).
Anjou (Foulques V, comte d'), 116. 126, note 5.
Anjou (Geoffroi II Martel, comte d'), 104.
Anjou (Geoffroi III le Barbu, comte d'), 103. 104.
Anjou (Geoffroi V dit le Bel, comte d'), comte du Maine, duc de Normandie, 129, note 1.
Anjou (Hélie Ier dit de la Flèche, comte d'), comte du Maine, 115, note 9. 180, note.
Anjou (Louis, duc d'), comte du Maine, 195.
Anjou (Marguerite d'), femme de Charles Ier, comte du Perche, 188, note et sous-note 1.
Anjou (René Ier dit le Bon, duc d'), duc de Lorraine et de Bar, roi de Naples, de Jérusalem, d'Aragon, comte de Provence. 274. 275.

Anjou (Yolande d'), femme de Ferry de Lorraine, comte de Vaudemont, 204, note 1. 227, note 1. 274. 275.
Anjou (comté d'), 104. — coutume d', 9 et note 3. — marchands d', 63. — province d', 11. 188, note. 204. 223. 240, note.
Anne d'Alençon. Voir Alençon.
Annery (sieur), 140, note.
Anqueville (Colin), maréchal de René, duc de Lorraine, 274, note.
Antenayse (seigneur d'). Voir Champmaillard (Guillaume de).
Anthonius (histoire d'), 8. 92.
Antioche (ville d'), *Turquie d'Asie*. Voir *Orfa*.
Antioche (Aecion, Baghisiam ou Aecien, émir turcoman, seigneur d'), 121 et note 4.
Antioche (prince d'). Voir Toulouse (Raymond V de).
Antioche (ville d'), *Syrie*, 73, note 8. 121 et note 8. 123, note 3. 138.
Antiochus, 120, note 8.
Antoine de Bourbon. Voir Bourbon.
Anvers (ville d'), *Belgique*, 240.
Apanie (province d'), 122.
Appenay [*Appenai-sous-Bellême*, *Orne*] (paroisse Saint-Germain d'), 23. 33. 84, notes 6, 9, 22, 24. 178. 254.
Apres (Girard d'), 145. 153.
Apres (bois d'), *Orne*, 128. Voir Saint-Martin-d'Apres.
Apulia [*La Pouille*], 9, note 4.
Aquitaine (Boggis, duc d'), 271.
Aquitaine (Charibert, roi d'), 271.
Aquitaine (province d'), 11, note 1. 204. 271.
Aragon (Jacques Ier dit le Victorieux, roi d'), 183, note.
Aragon (rois d'). Voir Anjou (René d').
Aragon (royaume d'), 117, note 2.
Archambault de Bourbon. Voir Bourbon.
Arcisses (Odo d'), 106.
Arcisses (abbaye d'), *Eure-et-Loir*, 16. 60, note. 124, note 3. 180. note. 193, note. 248. 293. 305. — abbé d', 253. — couvent du petit, 60, note. — religieux d', 93. 253. — ruisseau d', 39, note 2.
Ardayne (Pierre d'), 146.
Ardèche (département de l'), 59, note 1.
Ardelle [Hermengarde], femme de Geoffroy de Chateaulandon, 104.
Ardenay (Chrestien d'), seigneur de Grissey, 92 et note 3.
Ardennes, près de *Caen* (procureur de l'abbaye d'), 30, note 1.
Ardille ou Odelina, femme de Girard de Sassy, 103 et note 2.
Argentan (château d'), *Orne*, 203, note 3. — couvent des religieuses de Sainte-Claire à, 229. 274, note. 281. — jacobins d', 268. — le clos Pépin à, 229. — maison-Dieu ou hôpital d', 199. 229. — président du grenier à sel d'. Voir Montfort (Lautour de). — seigneurie d', 198. — siège d', 211. — vicomté d', 226, note 3. — ville d', 196 et note 1. 198. 206 et note 2. 261. 278. 280. 281. 282. 300, note.
Argentan (maréchal d'), 206.
Argenville (Marie d'), femme de Henry de Bubertré, 146.
Argenvilliers (église et paroisse Saint-Pierre d'), *Eure-et-Loir*, 26. 112, note 2. 249.
Argillier (terre d'), *Orne?* 132.

Argine, femme de Geoffroy IV, vicomte de Châteaudun, 99, note 10.
Armagnac (armes de la maison d', 155, note 1.
Armagnac (Charlotte d'), femme de Charles de Rohan, 91, note 6.
Armagnac (Jean IV, comte d'), comte de Fezensac et de Rodez, 204. 219. 261, note 1.
Armagnac (Louis d'), duc de Nemours, vice-roi de Naples. 227 et note 3. 262. 271.
Armagnac (maison d'', 271.
Armagnac (Marguerite d'), femme de Pierre de Rohan, 91, note 6.
Armagnac (Marie d'), femme de Jean II, comte du Perche, 204. 212. 220. 222. 223. 224. 228. 231, note. 237. 260. 261. 262. 263. 264 — épitaphe de, 264, note 1. — miracles de, 264. — oraison à, 266. — testament de, 266. 267. 268. 269. 270. 271. 272. 283. 293.
Arménie (province d'), 120.
Armentières (prieuré d') *Eure*, 35, note.
Armorique (mer), 12, note 1.
Arnoul de Bellême. Voir Bellême.
Arondel (Jean Fitz Alan, comte d'), 208.
Arouez le Binal, Arrois, Orouez [*Orrouer, Eure et-Loir?*] (paroisse d'), 113 et note 15.
Arrou ou Arro (Foulques ou Foucaud d'), 102 et note 2.
Arrou (village d'), *Eure-et-Loir*, 102, note 2.
Arsendis, femme de Symon de Ceton, 106, note 5.
Artémise, reine de Carie, 260, note.
Artésie, Artassac, ancienne *Chalsis*, 121 et note 2.
Arthus, duc de Bretagne. Voir Bretagne (Arthur de).
Artois (Charles d'). Voir Eu (comte d').
Artur de Bretagne. Voir Bretagne.
Arundell (comtes d'). Voir Bellême (Talvas de).
Ascalon (ville d'), *Syrie*, 149 et note 2.
Asie, 137, note 1.
Astine le danois. Voir Hasting.
Aubery (Pierre), 206.
Audollent, notaire à La Lande-sur-Eure, 309, note 2.
Augustins (ordre des), 44, note 5.
Aulaynes [*Aulaines*] (paroisse d'), *Sarthe*, 33.
Aulbin (Alexandre), lieutenant-général de la vicomté de Mortagne, 52.
Aulerci [Aulerques, peuple d'*Evreux*], 12, note.
Aulnay (seigneur d'). Voir Bonvoust.
Aumale (comte d'). Voir d'Harcourt (Jean d').
Aumale (Etienne, comte d'), 118.
Aumale (Jean V ou VI, comte d'), 205.
Aumale (Simon de Dammartin, comte d'), 151. 159, note 1.
Aunay (Jean d'), écuyer, capitaine, 220. 221.
Auneau (canton d'), *Eure-et-Loir*, 104, note 6.
Aunelle (Louis), lieutenant du château d'*Alençon*, 222.
Aunis (province d', 192.
Auroyau (métairie d'), *Orne*, 82.
Aussigni (Thibaud d'), évêque d'*Orléans*, 215.
Austrasie (Thierry, roi d'), 14.
Autheuil (paroisse d'), *Orne*, 252.
Authon (baronnie d'), *Eure-et-Loir*, 34, note 3. — canton d', 18,

note 5. 26, notes 8, 12, 15 et 19. — prieuré Saint-André d', 34, note 3. — village d', 125. 126. 182, note.
Autreson (chapelle d') ou de *N.-D. de Pitié*, 174.
Autreson (métairie d'), *Eure-et-Loir*, 174. — terre d', 174.
Autriche (duc d'), 150.
Auvé (François), 67.
Auvé (Françoise), 68, note 6.
Auvé (Gilles), 67.
Auvé (Louis), 67.
Auvé (Marguerite), dame de la Ventrouse, Feuillet et Charencey, 50, note 9. 67.
Auvé (Nicolas ou Gervais), seigneur de Genetay, 67 et note 3.
Auvé (Simon), 67.
Auvergne (comte d'). Voir Berry, (Jean, duc de).
Auvergne (province d'), 148. 194.
Auxerre (évêque d'). Voir Seignelay (Guilaume II de).
Avangour (Gilles d'), 221.
Aveline, femme de André de Prulay, 164.
Ave Maria (religieuses de l'), 44, note 5.
Avesnes (seigneur d'). Voir Blois (Gautier de).
Avezé (ressort), *Sarthe*, 24.
Avezel (cardinal d'), 194.
Avitus, abbé, 29, note 2.
Avoyse, femme de Hugues de Saint-Amant, 134.
Avranches (abbaye d'), *Manche*, 74. — diocèse d', 32.
Avre (rivière d'), *Perche*, 34. 35. 37 et note 3. 38. 39, note 2. 218.
Azincourt (bataille d'), *Pas-de-Calais*, 202.

B

Babylone (sultan de). Voir Saladin.
Baillet (Jean), conseiller de Charles VII, roi de France, 216.
Baillet (Mr), 31.
Bailleul (armes de la famille de), 155, note 1.
Bailly (François), 309, note 2.
Ballon (Guillaume de), 140, note.
Ballon (château de), *Sarthe*, 72 et note 3. 255.
Bally [*Vailly, Aisne*] (village de), 207.
Balsacq d'Antragues (Henriette de), 37.
Bar (duc de) Voir Anjou (René d').
Baratte (abbé), curé de *Chailloué*, 273, note 1.
Barbançon (Anne de), femme de Louis-Antoine de Prat, 96, note 4.
Barberotte (Angenot), 133.
Barberotte (Guérin), 132.
Barberotte (Nicolas), 178.
Barberotte (Rodolphe), 154.
Barberotte (eau), *Orne*, 135.
Barcé (ville de), *Syrie*, 122.
Barlay (Hugues de), 106.
Barneville ou Beurneville (Roger de), 118 et 10.
Bart (Anne), 310.
Bart (Françoise), 310.
Bart (Julian), 310.

Bart (Léonard), sieur des Boulais, 5 et note 1. 6, note 1. 8, notes 3 et 5. 9, note 4. 28, note 1. 34, note 3. 35, note 2. 40, note 5. 41, note 1. 44, note 1. 63, note 3. 65, note 1. 66, note 1. 74, note 4. 75, note 5. 94, note 3. 96, note. 125, note 3. 246, note 2. 264, note 2. — œuvre de, 289 à 293. — manuscrits de, 294 à 300. — vie de, 301 à 311.
Bart (Marguerite), 310.
Bart (Marie), 310.
Bart (Michel), sieur des Boulais, 310.
Bart (Michelle), 310.
Barville (Anne de), femme de Anceaume de Fontenay, 242, note 1.
Barville (famille de), 80, note 5.
Barville (paroisse de), *Orne*, 25. 250.
Baslen, Baslin ou Bassire (Herbault ou Ernault), 132 et note 7. 133.
Baulny (baron de), 80, note 1.
Bavière (Henri le Lion, duc de), duc de Saxe et de Brunswick, 151. note 4.
Bavière (Louis, comte palatin du Rhin, duc de), seigneur d'Ingolstadt, 193. 199.
Bavière (Ysabeau de), femme de Charles VI, roi de France, 193.
Bayeux (archidiaconé de), *Calvados*, 39. — évêques de. Voir Harcourt (Louis d'), Lorraine d'Armagnac (F.-A. de).
Bazoches-sur-Hoëne (canton de), *Orne*, 15, note 4. 17, note 11. 20, notes 9, 15, 16, 17 et 20. 21, notes 7, 9 et 11. 50, note 2. 51, notes 3 et 8. 53, sous-note 12. — église et paroisse de, 19, note 4. 20 et notes 12, 13 et 14. 21, note 10. 53, sous-notes 7 et 10. 144. 164. 244. 254.
Béarn (Gontran de), 119. 122.
Beatrix, femme de Galeran du Pin, 134.
Beatrix, femme de Gautier Gruel, 102, note 7.
Beatrix, femme de Georges de Lorme, 105, note 7.
Beatrix, femme de Renaud III, sieur de Chateaugontier, 94 et note 3. 129. 182, note.
Beatrix, femme de Silvestre Carel, 163.
Beatrix de Roucy. Voir Roucy.
Beauce (pays de), 207. 248. — haute, 261.
Beaucens (Gautier), 178.
Beaucens (Jean), 178.
Beaudouin (Mr Henri), 30, note 1.
Beaudouin de Flandre. Voir Flandre.
Beaugenci (Lancelin ou Landri II, sire de), 118, note 3.
Beaugenci (Raoul Ier, sire de), 118 et note 3.
Beaujeu (Philippe, comte de), 214.
Beaumarchais (métairie de), *Orne?* 132.
Beaumesnil (sire de), 205.
Beaumont (comte François de la Bonninière de), 81, note 2. 83, note 20.
Beaumont (comtes de), 73. 148. 173.
Beaumont (Jean, comte de), 193.
Beaumont (Marguerite de), 67.
Beaumont (Marie de), femme de Guillaume de Champmaillard, 193.
Beaumont (vicomté de), 76, note.
Beaumont (duché de), *Sarthe*, 227, note 6. — seigneurie de, 299, note 3.

Beaumont-le-Chartif (paroisse de), *Eure-et-Loir*, 26, note 12. 253.
Beaumont-le-Roger (Henri de), 110, note 5.
Beaumont-le-Vicomte (baronnie de), *Sarthe*, 227, note 6. — vicomté de, 193. 222, 231, note 2. — ville de, 147, note. 193. 204, note 4. 208.
Beaurepos (Pierre de), 176.
Beauvais (Geoffroy de), écuyer de cuisine de madame Marie d'Armagnac, 269.
Beauvais (arrondissement de), *Oise*, 147, note 1. — évêque de. Voir Hellande (Guillaume IV de).
Beauvays (métairie de), *Orne*, 158.
Beauvillier (Robert de), 177.
Beauvoir (lieu de), *Orne?* 135.
Beauvoys (Philippe de), 173.
Becket (Thomas(, archevêque de *Cantorbéry*, 145, note 5.
Belgique, 11.
Belgius, roi des Gaules, 11.
Belismense [*de Bellême*] (territorium), 33, sous-note 1.
Bellanger (Magloire), sculpteur, 298.
Bellanger, sieur de la Troche, habitant de *Mortagne*, 246, note.
Bellaviller (Gervais de), 178.
Bellaviller (la damoiselle de), 157.
Bellavilliers (Odo de), 145.
Bellavilliers (église et paroisse Saint-Hilaire ou Sainte-Marie de), *Orne*, 25. 112, note 2. 127 et note 8. 256. — seigneurie de, 84. — terre de, 154.
Bellefont (sieur de), écuyer de Marguerite de Lorraine, 281.
Bellême (Arnolph ou Arnoul de), 76, note.
Bellême (comtes de), 255.
Bellême (Foulques ou Fouquet de), 71 et note 5. 72 et note 2. 76, note. 255.
Bellême (Gaultier ou Gouhier de), 72 et note 1. 255.
Bellême (Guérin de), seigneur de Domfront, 71. 72. 76, note. 255.
Bellême (Guillaume Ier, seigneur de), seigneur d'Alençon, 30. 71. 75, note 5. 76. 255.
Bellême (Guillaume II Talvas, seigneur de), seigneur d'Alençon, 18, note 9. 71 et note 6. 72. 73. 76, note. 78. 126. 255. 256. 305.
Bellême (Mabile de), dame d'Alençon, 73. 76, note et sous-note 3. 78. 101, note 4. 255. 256.
Bellême (maison de), 12, note 1.
Bellême (Philippe le Grammairien, seigneur de), 123, note 3.
Bellême (Robert, seigneur de), seigneur d'Alençon, 71. 72. 86, note. 255.
Bellême (Robert Talvas, seigneur de), seigneur d'Alençon, Séez, comte du Shropshire et d'Arundell, 73. 76, note. 78. 101, note 4. 127. 255. 256.
Bellême (seigneurs de), 73. 75 et note 5. 85. 306. Voir Montgommery (Robert de).
Bellême (seigneur du Vieux), 79.
Bellême (Yves de Creil, seigneur de), 71. 75, note 5. 77 et note 2.
Bellême (Yves de), évêque de *Sées*, 18, note 10. 30, note 2. 33, sous-note 1. 71. 74 et note 4. 75 et notes 1 et 4. 76, note. 104, note 10. 255.
Bellême (archidiaconé de), *Orne*, 29. — armes de, 85 et note 1. —

assemblée provinciale à, 307. — baillis et vicomtes de, 49. — — boulangers de, 226, note 3. — canton de, 18, notes 1 et 14. 22, note 20. 23, notes 3, 6 et 9. 24, notes 9, 10 et 12. 25, notes 9, 14, 15, 20 et 21. 80, note 3. 82, note 7. 83, notes 19, 22, 23 et 25. 84, notes 1, 2, 5. 6, 9, 16, 17, 18, 21, 22, 24 et 26. — château de, 73. 76. 77. 79. 89. 183, sous-note 1. 192. 208. 238, note 2. 305. — châtellenie de. 22. 25, note 6. 32. 79. 89. — comté de, 73. 255. 256. — confrérie de, 196. — église Saint-Léonard au château de, 76 et note. 78 et note 1. 127. 238, note 2. 255. 256. — église et paroisse Saint-Pierre de, 22. 76, note. 77 et note 1. 127. 256. — église et paroisse Saint-Sauveur de, 22, 76, note. 77 et note 1. 127. 256. — foires de, 79 et note 1. — forêt de. 13, note 3. 31. 34. 39. note 2. 65. 84, note 10. 85 et note 2. 157. 170. 176. 179, note. 180, note. 184. 185. 186. 187, note 3. 195. 196, note 1. 212, note 1. 230, note 4. 239, note 2. — gouverneurs de, 80, note 5. Voir Fontenay (Pierre et René de). — grenier à sel de, 101. 168. 185. — habitants de, 46, note 4. — hôpital Saint-Gilles de, 19 et note 7. — hôtel-Dieu de, 196, note 1. 212, note 1. 230, note 4. — juges et officiers de, 40, note 2. — juridictions de, 49. 79. — maître des eaux et forêts de, 196, note 1. — maladrerie de, 226, note 3. — mesure de, 177. 178. 250. — notre-dame-de-Saint-Santin ou notre-dame-du-Vieux-Château à, 75, note 5. 76. note. 77 et note 2. 78, note. — pleds de, 49. — prévôté de, 179, note. — prieuré de Saint-Léonard à, 18. — procureur du Roi à, 46, note 3. — route de, 134, note 1. — seigneuries qui dépendent de, 82. 83. 84. — sergent fieffé pour, 79. — verge de, 49. — ville de, 7, note 2. 29. 30. 37. 38. 45, note 3. 47, note. 49. 56. 62, note 5. 71. 73, note 6. 75. 77 et note 1. 78. 81. 85 et note 2. 86, note. 91. 126 et note 5. 165. 178. 180, note. 181, note 2. 182, note. 183, note et sous-note 1. 184, note. 186. 189, note. 203. 209. 212, note 1. 241. 242. 243. 246 et note 1, 255. 256 et note 1. 257. 258. 273, note 1. 293. 305. 308.

Bellemois (archidiaconé du), 196. — châtellenies du, 85, note 4. — pays du, 12, note.

Belleure (Jean de), capitaine de *Mortagne*, 210.

Belleville (sieur de), commandant du château de *Nogent-le-Rotrou*. 175.

Belleville (fiefs de), 195.

Bellomer, Belhomer, [*Belhomert*] (paroisse de), *Eure-et-Loir*, 31, note 4. 39, note 2. — prieuré de, 35, note.

Bellou (Hubert de), 154.

Bellou-le-Trichard (paroisse de), *Orne,* 24. 176. 190, note 3. 246, note 2. 250. — seigneurie de, 83.

Bellou-sur-Huisne ou *sous-Rémalard* (paroisse de), *Orne,* 23. 81, note 1. 83, note 20. 107. 113 et note 8.

Benelli [*habitants de Bellême*]. 12, note.

Benellum [*le Bellêmois*], 12, note.

Benoist (Pasquier), 146.

Benoiste, lavandière de madame Marie d'Armagnac, 269.

Benoiste (Jean), receveur du domaine de René, comte du Perche, 227. 233.

Benoit (M^r), 8.

Benoit (René), 8, note 4. 29.

Berdhuis (église Saint-Martin et paroisse de), *Orne*, 23. 75, note 5. 113 et note 10.
Bérengère de Navarre. Voir Navarre.
Berinnoys (seigneur de), 205.
Bernard, abbé de *Marmoutiers*, 78.
Bernard d'Abbeville. Voir Abbeville.
Bernay (Jean de), 210.
Bernay (seigneurie de), *Eure*, 192. 194.
Berrat (Pierre), 214, note.
Berry (Charles, duc de), duc de Guyenne, 213, note 1. 214. 219.
Berry (Jean, duc de), comte d'Auvergne, 195.
Berry (bailli de), 208. — duché de, 232, note 4. — province de, 148. 240, note.
Berthoncelles. Voir *Bretoncelles*.
Bertin, habitant de *Verneuil*, 210.
Besdon (la Mariette de), *Orne*, 209. — village de, 209.
Besiers (Gacé de), 123.
Besnard (Jean), avocat, 303.
Besnard (Michelle), 303.
Besnard (manuscrit de Monsieur J.), 297.
Bessiers (Gosset de), 119 et note 3.
Bethford ou Bedford (Jean, duc de), duc d'Anjou, comte du Maine et de Harcourt, régent de France, 205. 206.
Bethonvilliers (paroisse de), *Eure-et-Loir*, 26. 114 et note 6. 253.
Béthune (Maximilien de), duc de Sully, 89, note 1.
Bézard (René), trésorier de Toussaint de *Mortagne*, 162. 167, note 1.
Bézon (Jean), conseiller de Charles VII, roi de France, 216.
Bézot (Monsieur), 292, note 1.
Bibliothèque Nationale à Paris (manuscrit de la), 299.
Bigorre (pays de), 192.
Biron (maréchal de), 243.
Biscaïe (comté de), 191, note 1. 219, note 1.
Bivilliers, Bivelier (paroisse de), *Orne*, 22, note 4. 38 et note 4. 133, note 1. 253.
Bizou, Bisou (paroisse de), *Orne*, 21. 252. — prieuré de, 18, 252.
Blanche de Castille. Voir Castille.
Blanche de France. Voir France.
Blanche de Navarre. Voir Navarre.
Blanchet (Guillaume), 216.
Blanchet, serviteur de l'échaussonnerie de Madame Marie d'Armagnac, 209.
Blandé (dame de). Voir Mangastel (Jeanne de).
Blandé, Blandré (seigneurie de), *Orne*, 84 et note 14.
Blandey (sieur de), 254.
Blasseau (sieur), 220.
Blavo (Jean de), 165.
Blavo (terre de), *Orne*, 154.
Blavou (Hugues de), 133.
Blavou (Richard de), 133.
Blavou (Robert de), 132 et note 1.
Blèves, Blavou (village de), *Sarthe*, 132, note 1.
Blin (abbé), 8, notes 3 et 4.
Blois (comtes de), 9. 35, note 2. 146, note 6. 150. Voir Champagne (comtes de).

Blois (Etienne, comte de), comte de Chartres, 117 et notes 3 et 7. 118. 120. 121.
Blois (Gautier II, comte de), seigneur d'Avesnes, 173.
Blois (Gui II de Châtillon, comte de), 14 et note 3.
Blois (Hugues de Châtillon, comte de), 173.
Blois (Jean de Châtillon, comte de), 173.
Blois (Louis, comte de), 14 et note 3.
Blois (maison de), 14.
Blois (Thibaut I*er* dit le Vieux et le Tricheur, comte de), comte de Chartres, 14, note 3. 35 et note 2.
Blois (Thibaut III, comte de) [Thibaut I*er*, comte de Champagne], 115, 117, note 7.
Blois (Thibaut IV, comte de) [Thibaut II, comte de Champagne], comte de Chartres, 125. 126, note 5. 129, note 1.
Blois (Thibaut V dit le Bon, comte de), comte de Chartres, 148 et note 2. 149, notes 1 et 3.
Blois (abbaye Saint-Lomer de), 251. — comté de, 14. — états de, 241. — évêché de, 32. — fief de, 183, note. — ville de, 19, note 4. 32. 139, note 2. 204, note 1. 230. sous-note 1.
Blondel (Robert), historien normand. 88, sous-note 1.
Blosset (Jean), seigneur de Saint-Père, capitaine de *Domfront*, 220.
Blosset (Jean), habitant d'*Alençon*, 210.
Boëcé (village de), *Orne*, 52, note 1. 53, sous-notes 5, 8 et 12.
Boessay (lieu de), *Orne?* 177.
Boessel (Gervais de), 146.
Boessel (Jean de), 154 et note 4.
Boessel (fief de), *Orne*, 146. — terre de, 158.
Bœuf (Michelle), femme de Léonard Bart, sieur des Boulais, 303. 309.
Boisard en Courgeon (seigneurie de), *Orne*, 53, note.
Boisetille (église de). Voir *Le Bois-Tillay*.
Boisfévrier de Beaufay (M*r* de), 53, note.
Boisfévrier (seigneur de). Voir Lagan (Simon de).
Bois franc (terre de), *Orne?* 145.
Boisguillaume (seigneur de). Voir Gislain (Jean et Michel).
Boiguillaume (haute justice de), *Orne*, 50, note 4.
Boisguyon (Jean de), 201.
Boisrouelle (métairie de), *Orne*, 54.
Boissy-Maugis, Boiessey, de Baxello (église Saint-Aubin de), *Orne*, 76, note. 127 et note 4. 167. 256. — paroisse de, 20 et note 21. 38. 68, note 1. — seigneurie de, 52, note 4.
Boistier (métairie de), *Orne*, 82.
Boisvillette (paroisse Saint-Pierre de), *Eure-et-Loir*, 114 et note 13.
Boniface VIII, pape, 188, note.
Bonnelles (église de), *Eure-et-Loir*, 253.
Bonnétable (canton de), *Sarthe*, 24, note 15. 83, note 3. — paroisse de, 33.
Bonneval (abbaye de), *Eure-et-Loir*, 32, note 2. 35, note. — canton de, 17, note 4. 87, sous-notes 2 et 5.
Bonshommes (ordre des), 16, note 4. 180, note. — prieuré des, 34, note 3. Voir *Chêne-Galon*.
Bonsmoulins (château de), *Orne*, 36. 207. — curé de. Voir Quélin (Simon). — église et paroisse de, 145. 146, note 6. 150. 151, note 4. 165. 171, note 1. 176, note. 188, note. 189, note 3. 305. — prévôté de, 171, note 1.

Bonvilliers, Bonvallet (paroisse de), *Eure-et-Loir,* 26. 114 et note 12.
Bonvoust (armes des de), seigneurs d'Aulnay, 81, note.
Bonvoust (Charles-Jacques de), doyen de Toussaint de *Mortagne,* official de *Sées,* 297. 298. 300.
Bonvoust (Jean de), seigneur d'Aulnay, de Vaulrenoust, de Corneilleu et de Souvelle, 51. 80 et note 7.
Bonvoust (René de), seigneur d'Aulnay, de Vaulrenoust, de Corneilleu et de Souvelle, 80, note 7.
Boragne (Gozelan, comte de), 118, note 5.
Bosphore (le), 137, note 1.
Bouc (messire), lieutenant général au vicomté du *Perche,* sieur de la Cocherie, 303.
Boucean (comte de), connétable de *France,* 205.
Bouchard de Vendôme. Voir Vendôme.
Bouchemayne (village), *Maine-et-Loire,* 38.
Bouday (Gervais de), 178.
Boudin (monsieur), de *la Mesnière,* 297.
Bouessel ou Bouassay (Guillaume de), 141. 154 et note 3.
Bouessey [*Boissy-Maugis?*], terre de, *Orne ?* 177.
Bougmies (Jean), 192.
Bougnie, prêtre, 192.
Boulainvilliers (armes des de), 156, note.
Boullay (sergenterie), 27.
Boullemer (Jacques de), gouverneur d'*Alençon,* 310.
Boulogne (Eustache II, comte de), 118 et note 7. 122.
Boulogne (Godefroy de), dit de Bouillon, duc de Lorraine, 117 et note 3. 118 et note 7. 119. 121. 122. 123 et note 3. 257.
Boulogne (Philippe de), dit Hurepel, comte de Mortain et de Clermont-en-Beauvoisis, 173.
Boulogne (pays de), 195.
Bourbon (Antoine de), comte de Vaudémont, roi de Navarre, 232. 236. 238, note 2. 258. 262. 278.
Bourbon (Archambault IX de), 173.
Bourbon (Charles Ier, duc de), 213, note 1. 214.
Bourbon (Charles II de), connétable de *France,* 233.
Bourbon (Charles de), 1er duc de Vendôme, 227. 262. 278.
Bourbon (Charles de), comte de Soissons, 33, note 2. 96 et note 1. 241, note 1. 243. 246.
Bourbon (Henri de), prince de Condé, 37. 49 et note 6. 63. 79 et note 2. 89 et note 1. 173.
Bourbon (Jean II dit le Bon, duc de), 219.
Bourbon (Jean de), duc d'Enghien, 238, note 2.
Bourbon (Louis II dit le Bon, duc de), 195.
Bourbon (maison de), 94.
Bourbon (Marie de), duchesse d'Estouville, femme de Jean de Bourbon, duc d'Enghien, 238, note 2.
Bourbon (Suzanne de), 230.
Bourbonnais (chancelier de), 215.
Bourdelay (Adam de), 191.
Bourdelot, médecin, 295, note 2.
Bourge (Gautier de), 134.
Bourges (ville de), *Cher,* 194.
Bourgogne (Agnès, duchesse de), 185.

Bourgogne (Alix de Vergi, duchesse de), 173.
Bourgogne (Charles le Téméraire, duc de), comte de Charolais, 223. 225. 226, note 3.
Bourgogne (ducs de), 227. 230, note 2.
Bourgogne (Eudes III, duc de), 149, note 1. 173.
Bourgogne (Hugues III, duc de), 146, note 6. 148. 149, note 3. 150, note 1.
Bourgogne (Jean-sans-Peur, duc de), 202.
Bourgogne (Philippe le-Bon, duc de), 216. 217.
Bourgogne (Raoul, duc de), 32. 251.
Bourgogne (duché de), 233.
Bourguignons (les), 207.
Bourique et Campray (seigneur de). Voir Sensavoir (Jean de).
Bourny ou Borgnus (Guillaume), Guillelmus Bornis, 104 et note 8.
Boursault (Charles de), seigneur de Viantais et de Voize, 81 et note 2.
Boursault (Jean de), écuyer du roi de Navarre, 81, note 2.
Boursault (René de), 81, note 2.
Boutevilain (pré), *Orne*, 82.
Bouteville (Pierre de), 220.
Boutheraye (Richard de), 141.
Boutin (Hugues), 146. 159.
Boyères (Guillemine de), femme de Nicolas Catinat, 303.
Boyères (Odon de), 132.
Boyleau (sieur de), 220.
Brabant (duc de), 240.
Brabant (Marguerite, duchesse de), 185.
Brabant (protestants de), 240.
Brancatus de Lauria (armes du cardinal), bibliothécaire du *Vatican*, 294.
Brandey (seigneur de), 220.
Braquetrerie (sieur de), capitaine, 244.
Bray (Foucher de), Fulcardus de Bray, 107 et note 1.
Brécour (sieur et dame de), 52.
Brenne (Errard de). Voir Brienne (Erard de).
Brenne [*Brienne*] (comté de), 173.
Bresnard (Gautier de), 65. 144. 145. 152.
Bresnard (Hubert de), 132. 135.
Bresnard (prieuré Saint-Léonard de), *Orne*, 19. 251. — seigneurie de, 53, note.
Brésolettes (paroisse de), *Orne*, 21. 254. — seigneurie de 53, note.
Brésolles (église et paroisse de), *Eure-et-Loir*, 12, note 1. 34, note 3. 188, note. 192. 223. 231, note 2. 238, note 2. — prieuré de, 35, note.
Bresse (évêque de). Voir Gaudentin.
Bressol, Boessel ou Bulsol (Guillaume de), 135 et note 3.
Bretagne (Alain III dit Fergant ou Frigault, duc de), 118 et note 9.
Bretagne (Alix de), femme de Jean de Châtillon, 185.
Bretagne (Alix de), femme de Bouchard VI, comte de Vendôme, 66. 94.
Bretagne (Artur II, duc de), 94.
Bretagne (Artus, duc de), 66 et note 5.
Bretagne (Charles de Blois, duc de), 194.
Bretagne (ducs de), 97, note 2. 107.

TABLE ALPHABÉTIQUE. 327

Bretagne (François II, duc de), 219. 220. 222. 226, note 3.
Bretagne (Geoffroy II, duc de), 150.
Bretagne (Jean, comte de) ou le Breton, 119 et note 2.
Bretagne (Jean Ier dit le Roux, duc de), 184, note. 185.
Bretagne (Jean II, duc de), comte de Richemont, 142 et note 3. 143.
Bretagne (Jean V ou VI, dit le Bon, duc de), 204, note 1. 208 et note 2.
Bretagne (maison de), 66. 94.
Bretagne (Marie de), femme de Jean Ier, comte du Perche, 201. 203, note 4.
Bretagne (Pierre de Dreux dit Mauclerc, comte de), 86, note. 130 et note 2. 173. 181, note 2. 182, note. 183, note et sous-note 1. 184, note.
Bretagne (Pierre II, duc de), 217.
Bretagne (Ysabeau de), femme de Gui XIV, comte de Laval, 204.
Bretagne (Chronique de), 9 et note 2. 76, sous-note 3. — marchands de, 63. — province de, 15. 68, note 3. 130. 192. 194. 204. 223.
Bretel (Evrard), 138.
Bretel (sieur de), 242.
Bretesche (seigneur de), 220.
Breteuil (ville de), *Eure*, 243.
Brétigny (traité de), 192. 194, note 2.
Bretoncelles, Berthoncelles (église de), *Orne*, 93, note 6. 252. — paroisse de, 27 et notes 3, 6 et 9.
Bretons (les), 208, note 2. 221. 222. 223. 226, note 3.
Brie (comté de), 175, note 3.
Brienne (Agnès, comtesse de), 2e femme de Rotrou IV, comte du Perche, 130 et note 1.
Brienne (comte de), 130.
Brienne (Erard de), 173. 175, note 3.
Brislon (Gautier), 141.
Broc (vicomte Hervé de), 84, note 1. 246, note.
Brolles (métairie de), *Eure-et-Loir*, 178.
Brosset (Marie), 79, note 4.
Brou (baronnie de), *Eure-et-Loir*, 34, note 3. — canton de, 87, sous-note 1. 115, note 3. — châtellenie de, 125. 126. — prieuré de Saint-Romain à, 34, note 3.
Brouard (Madeleine de), femme de Jean de Gaubert, 81, note 4.
Bruges (ville de), *Belgique*, 240.
Brunelles (seigneur de), 90.
Brunelles (étang de), *Eure-et-Loir*, 180, note. — paroisse de, 16, note 9. 115. 143. 152.
Bry (Gilles), sieur de la Clergerie, 10, note 1. 12, note 1. 77, note 2. 78, note 1. 101, note 1. 102, note 5. 293.
Bubertré (Françoise de), dame de Touvois, 50, note 10. 80, notes 5 et 7.
Bubertré (Guillaume de), 144. 158. 163.
Bubertré (Henry de) 146.
Bubertré (Jean de), seigneur de La Pelletrie, 50, note 10.
Bubertré (Robert de), 144. 157.
Bubertré (Rodolphe de), 135.
Bubertré-en-Montpoulain (paroisse de), *Orne*, 22. 113 et note 6. — seigneurie de, 53, note.

Budes (Jean), 211.
Bullion, Bion [*Bullou?*] (paroisse de), *Eure-et-Loir?* 253 et note 2.
Buré (moulin de), *Orne,* 176. 179. 180, note. — paroisse N.-D. de, 20. 37 et note 5. 52, note 1. 113 et note 7. 130. 140, note.
Buré-au-Roy (métairie de), *Orne,* 52.
Bureal ou Burcard, oncle de Geoffroy III, comte du Perche, 100 et note 1.
Bureau (Jean), trésorier de *France,* 214, note. 215.
Bures (draps de), *Orne,* 144 et note 4. — paroisse de, 50, note 10. — seigneurie de, 83.
Busnel (Girard), 145.
Busnel (Guérin), 145 et note 1.
Busson (H.), curé de *Mamers,* 310.

C

Cacune-en-Sainte-Céronne (ville de), *Orne,* 55. Voir Mont-Cacune.
Caen (Guillaume de), 177.
Caen (bailli de). Voir Silly (René de). — château de, 211. — siège de, 211.
Caillet (Thomas), 211.
Calais (ville de), 192. 195.
Callirhoé (fontaine de) [*Édesse*], *Turquie d'Asie,* 120, note 8.
Camus de Pont-Carré (Jacques), évêque de *Sées,* 261. 282.
Canada (émigration au), 42, note 2.
Canteleu (Jean de), conseiller de Charles VII, roi de France, 216.
Cantorbéry (archevêque de). Voir Becket (Thomas).
Capua [*Capoue*], 9, note 4.
Capucins (Pères), 44, note 5.
Cardonnet (sieur), 220.
Carel (Foulques), 176.
Carel (Silvestre), 163.
Carie (sépulture de), *Asie Mineure,* 260, note 1.
Carnière ou Charnière (dame de), 176 et note 1.
Carnotensis (sanctus Petrus) [*Saint-Père de Chartres*], 33, sous-note 1.
Carrangourt (sieur), 220.
Carrel (Odo), de *Mortagne,* 131.
Carrel (Robert), 134. 157.
Carrodel (sieur), 220.
Carrouget (dom), 12, note.
Carthage (ville de), 184, note.
Cassel (Jeanne de), dame de Nogent-le-Rotrou, 190, note 3.
Castille (Alphonse IV le Bon, roi de), 116. 150. 151, note 1. 159, note 1. 181.
Castille (Blanche de), 150. 151, note 1. 159, note 1. 171. 178. 181. 182, note. 183.
Castille (Eléonore de), femme de Charles III, roi de Navarre, 261. note 1.
Castille et de Léon (Henri II, roi de), 191, note 1.
Castille et de Léon (Henri IV, roi de), 219, note 1.
Castille (maison de), 191.
Castille (Marie, reine de), 185.

Castrum Nogenti [*Nogent-le-Rotrou*], 89, note 1.
Castrum Nogiomi [*Nogent-le-Rotrou*], 89, note 1.
Catherine d'Alençon. Voir Alençon.
Cathinal (Louise), femme de Pierre Abot, 51.
Catinat (demoiselle de), 63, note 2.
Catinat (famille de), 302. 303. 304. 307.
Catinat (Guillaume), 246, note.
Catinat (Louis), sieur de la Rivière, 105, note 2. 303.
Catinat (Monsieur de), sieur de Mauves et de la Fauconnerie, conseiller au Parlement de *Paris*, 5. 259. 304. 311.
Catinat (Nicolas), 303.
Catinat (Noël), sieur de Champs, 303.
Catinat (Pierre de), sieur de Mauves et de la Fauconnerie, doyen du Parlement de *Paris*, 5, note 1. 63 et note 1. 290. 291. 295, note 4.
Caumont (Judith de), femme de René de Boursault, 81, note 2.
Célestins de Célicourt [*d'Eclimont*] (couvent des), *Eure-et-Loir*, 87 et note 8.
Celte (Jupiter), roi de Celtique, 11.
Celtes (les), 89, note 1.
Cetique (province), 11.
Cerignolles (bataille de), 271.
Cerigny (paroisse de), *Orne*. Voir *Serigny*.
Cerisy [*Chérisy*] (village de), *Eure-et-Loir*, 39, note 2.
Cernay (Hubert de), 154.
César (Jules), 12 et note. 13, note 1. 14, note 3. 35, note 1.
César (commentaires de), 8. 11.
Césarée, Cézarée (ville de), *Turquie d'Asie*, 138.
Ceton (Robert de), Robertus de Cetone, 104 et note 4.
Ceton (Simon de), Simon de Cetone, 106 et note 5.
Ceton (châtellenie de), *Orne*, 24. 80. 82. 192. 201. — église Saint-Nicolas de, 102. — église Saint-Pierre de, 101. 106. 113. 114 et note 10. — paroisse de, 24. 83, note 12. 84, note 27. 104. 105. 107. 183, 190, note 3. — prieuré de, 17. — sergent fieffé pour, 79. — terre de, 102.
Châlons-sur-Marne (évêques et comte de). Voir Floreau (Geoffroy III), Perche (Guillaume du). — ville de, 207.
Challons (Simon de), 178.
Chambon (Jean), conseiller de Charles VII, roi de France, 216.
Champagne (Alix de), reine de Chypre, 183, note.
Champagne (Blanche [Philippine], comtesse de), 173. 182, note.
Champagne (comtes de). Voir Blois (Thibaut III, comte de).
Champagne (Etienne II, comte de), 112, note 1.
Champagne (Eudes II dit le Champenois, comte de), comte de Blois et de Chartres, 99 et note 11. 101. 108, note 3. 109, note 8.
Champagne (Guillaume, comte palatin de Brie et de), 178.
Champagne (Guillaume de), archevêque de Sens, 140, note 2.
Champagne (Henri Ier dit le Libéral, comte de), 137, note 1.
Champagne (Henri II dit le Jeune, comte de), 146, note 6. 148.
Champagne ou de Blois (Mahaut ou Mathilde de), femme de Rotrou IV, comte du Perche, 129 et note 4. 139, note 2. 140. 142. 257.
Champagne (Philippes de), femme de Erard de Brienne, 173. 175, note 3.

Champagne (Thibaut Ier, comte de), 109, note 1. 112, note 1.
Champagne (Thibaut II, comte de), 127, note. 139, note 2. 140, note.
Champagne (Thibaut III, comte de), 149, note 2. 159, note 1.
Champagne (Thibaut IV le Posthume ou le Grand, comte de), roi de Navarre, 41. 175, note 3. 181, note 2. 182, note. 183, note. 184, note.
Champagne (comté de), 173. 175, note 3. 183, note.
Champaillaume (terre de), *Orne*, 297.
Champeaux (Geoffroy de), 134.
Champeaux (Hugues de), 152.
Champeaux (Jean de), 152.
Champeaux (Lucas ou Luce de), 135 et note 4.
Champeaux-sur-Sarthe (paroisse N.-D. de), *Orne*, 20 et note 17. 53, sous-note 9. 249. — terre de, 152. 153.
Champmaillard (Guillaume de), seigneur d'Anthenayse, 193.
Champmaillard (Marie de), femme de Pierre II, comte du Perche, 193. 198. 206, note 2.
Champrond-en-Gatine (paroisse de), *Eure-et-Loir*, 25, note 4. 114. — prieuré de, 17.
Champrond-en-Perchet ou *au Grand-Perche* (baronnie de), *Eure-et-Loir*, 231, note 2. — église de Saint-Aubin de, 100, 112, note 2. 114, note 15. — forêt de, 111. 142. — paroisse de, 12, note 1. 25. 26 et note 3. 142. 188, note. 189, note. 190, note 1. 238, note 2. 253. — terre de, 64. 135.
Champs (Girard de), 132.
Champs (Hugues de), 132. 144.
Champs (seigneurs de). Voir Abot (Gilles), Catinat (Noël).
Champs (haute justice de), *Orne*, 51. — paroisse et église Saint-Evroul de, 21. 132, note 2. 144. 154. 251. — seigneurie de, 53, note.
Chanceaux (seigneurie de), *Orne*. 83 et notes 6 et 21.
Chantecoq (terre de), *Orne* ? 146.
Chappellain (Adam), 140.
Charencey (dame de). Voir Auvé (Marguerite).
Charibert. Voir Aquitaine.
Charles VII, roi de France (Chronique de), 8.
Charles VIII, roi de France (Chronique de), 8.
Charles IX, roi de France (Chronique de), 8.
Charles (rois de France du nom de). Voir France.
Charles (comtes du Perche et d'Alençon du nom de). Voir Perche.
Charles d'Anjou. Voir Anjou.
Charles d'Artois. Voir Artois.
Charles de Blois. Voir Bretagne.
Charles de Bourbon. Voir Bourbon.
Charles de Navarre. Voir Navarre.
Charles d'Evreux. Voir Evreux.
Charles, duc de Berry. Voir Berry.
Charles, fils de Robert, comte du Perche, et de Jeanne de Rohan, 192.
Charles le Mauvais. Voir Navarre.
Charles le Téméraire. Voir Bourgogne.
Charles, prince de Viane, fils d'Henri d'Albret, comte du Perche, 232, note 5.

Charles-Quint, empereur, 233. 236.
Charlotte d'Armagnac. Voir Armagnac.
Charolais (comte de). Voir Bourgogne (Charles le Téméraire, duc de).
Charronnier (sieur), 221.
Chartier (Guillaume VI), évêque de *Paris*, 214, note. 215.
Chartrain (pays), 39, note 2. 50, note 9.
Chartres (comtes de). Voir Blois (comtes de), Perche (Charles, comte du), Champagne (Eudes, comte de).
Chartres (Elisabeth, comtesse de), femme de Jean de Châtillon, 182, note.
Chartres (Hoyau de), 119.
Chartres (Hugues, vicomte de), 125, note 3.
Chartres (Jean d'Oisi, comte de), 173.
Chartres (Louis, comte de), 188, note. 189, note. 190, note 1.
Chartres (Louis, comte de), duc de Nicée et de Bithynie, 159, note 1. 160, note.
Chartres (abbaye de Saint-Père de), ou Saint-Père-en-Vallée, 33, note. 34, note 3. 35, note. — arrondissement de, 17, note 10. 87, sous-note 11. 92, note 5. 114, note 13. 126, note 2. — chapelle Saint-Nicolas en l'église Notre-Dame de, 14, note 3, 98, note 1. — chapitre de, 31, 124, note 3. 176. — comté de, 35 et note 2. 182, note. 183, note. 187, note 3. 188, note. 189, note. — diocèse de, 20, note 21. 21, notes 1, 2, 3, 4, 5, 6, 13, 18 et 21. 22, notes 14, 15 et 18. 25, note 4. 26, note. 27, notes 1, 2, 5, 9, 10, 11, 12, 13, 14, 15, 16, 17 et 18. 29. 112. 114. 140, note. — doyen de, 87, note 1. 129. 172. — église Notre-Dame de, 87, note 1. 99. 101, note 1. 108. — évêché de, 38. 57. 248. 249. 252. 253. — évêques de, 29. 57. 87 et note 1. 248. Voir Monçon (Renaud de Bar de), Frétigny (Jean de), Fulbert, Gauthier, Geoffroy Ier, Joigny (Robert de), Illiers (Milon d'), Saint-Aignan, Théodore, Yves. — fief de, 183, note. — gouverneurs de. Voir Gruel (Claude de), Le Vavasseur (Pierre), Vassé (Jean de). — grand archidiacre de, 253. Voir Chaumont (Guillaume de). — grands vicaires de, 95. — Guillaume, prévôt de l'église de, 160. — histoire de, 10, note 1. — manuscrit de Bart à, 298. — martyrologe de l'église Notre-Dame de, 14, note 3. 98. — monnaie de, 130. — porte Saint-Michel à, 88, sous-note 1. — présidial de, 36, note 1. 46. — siège présidial de, 45. — vidame de, 87, note 1 et sous-note 4. 88, note et sous-note 1. — ville de, 13. 32. 35, note 2. 39, note 2. 88, sous-note 1. 98, note 1. 100. 159, note 1. 175. 241.
Chastaignerays (Marafin), 220.
Chasteaulandon (Geoffroy Ferréol dit aussi Albéric, comte de), 104 et note 1.
Chasteauvaier ou *de la Chasteneraie* (terre de), *Orne?* 177 et note 4.
Chastillon (Gaucher de), connétable de France. 189, note.
Chastillon (Hugues de). Voir Blois (Hugues de).
Chastillon (Jean de). Voir Blois (Jean de).
Chastillon (Jeanne de), femme de Pierre de France, comte du Perche, 185. 186, note 1. 187, note 3.
Chastillon (Mahaut de), 3e femme de Charles Ier, comte du Perche, 188, note.

Chastillon (Richard de), 162.
Château-Blanc-sur-Orne [*Argentan*] (ville de), 198.
Châteaubriand (ville de), *Loire-Inférieure*, 208, note 2.
Châteaudun (Foulques de), 109. 110.
Châteaudun (Geoffroy Ier, vicomte de), 14, note 3.
Châteaudun (Geoffroy III, vicomte de), seigneur de Nogent-le-Rotrou, 13. 16, note 6. 17, note 2. 19, note 6. 28, note 3. 40 et note 4. 51, note 8. 69, note 2. 98. 99. 101 et note 1. 108 et note 3. 109. 256. 257.
Châteaudun (vicomtes de), 14, note 3. 306.
Châteaudun (arrondissement de), *Eure-et-Loir*, 17, note 4. 87, sous-note 1. 112, note 2. — château de, 100. — église du Saint-Sépulcre à, 100. — fief de, 183, note. — ville de, 100. 102, note 2.
Châteaugontier (Alice de). Voir Châteaugontier (Béatrice de).
Châteaugontier (Alix de), femme de Gilbert de Prulay, 168.
Châteaugontier (Allard III ou IV, seigneur de), 182, note.
Châteaugontier (Béatrice de), 66, note 3.
Châteaugontier (Jacques ou James de), 66, note 4. 182, note. 184, note.
Châteaugontier (James de). Voir Châteaugontier (Renaud III de).
Châteaugontier (Renaud III, seigneur de), 66 et note 4, 94 et note 3. 129 et note 5. 174. 182 et note.
Châteaugontier (baronnie de), *Mayenne*, 227, note 6. — hôpital de, 229. — ville de, 193. 231, note 2. 278.
Château-Josselin (ville de), *Morbihan*, 192. 194.
Château-Morel (haute justice de), *Orne ?* 50.
Châteauneuf-en-Thimerais (baron de), 238, note 2.
Châteauneuf-en-Thimerais (baronnie de), *Eure-et-Loir*, 230, note 4. 231, note 2. — pays de, 34 et note 1. — vicomté de, 226, note 3. — ville de, 34, note 3. 188, note. 189, note. 190, note 1. 192. 206, note 2. 223. 227, note. 238, note 2.
Châteauroux (ville de), *Indre*, 159, note 1.
Château-Thierry (ville de), *Aisne*, 207. 240.
Châtel (Monsieur), curé de Saint-Jean et doyen de la collégiale de Mortagne, 259.
Châtillon (Jean de), 182, note.
Chaumont (Guillaume de), grand archidiacre de *Chartres*, 143 et note 6.
Chaumont (canton de), *Oise*, 147, note 1.
Chaumont (moulin de), *Orne ?* 176.
Chauvigny (Guillaume de), 173.
Chavigny (Monsieur de). Voir Le Roy de Chavigny.
Chavigny (château de), *Orne ?* 81, note 7. — seigneurie de, 81, note 7.
Chauvin (Etienne), habitant de *Mortagne*, 237.
Chazelle (Madame), de *Bellême*, 16, note 4.
Chemilly (paroisse de), *Orne*, 25. 81, note 8. 82, note 7. 252. — prieuré de, 18. 252.
Chennebrun (paroisse de), *Eure*, 35. 38. 150. — prieuré Saint-Etienne de, 35, note.
Chêne-Galon (abbaye de), *Orne*, 16. 31. 34 et notes 1 et 3. 180, note. 293. — charte de, 94, note 3. — religieux de, 171, note 1. 178, note 3.

Chennevières (le marquis de), ancien directeur des Beaux-Arts, 78, note. 183, sous-note 1. — sa bibliothèque, 10, sous-note 2.
Chereau (Julien), 206.
Cherensay (seigneur de). Voir Vendôme (Bouchard et Jean de).
Chérencé [*Saint-Maurice-lès-Charencey*] (paroisse de), *Orne,* 247. — terre de, 66. 67.
Chèreperrine (château de), *Orne,* 83, note 23. — seigneurie de, 83.
Chéron (abbé de), près *Chartres,* 253.
Chesne-Doré (sieur de), 87. 88, note et sous-note 1.
Chesnel (Gautier) ou Gaultier-le-Chevelu. 101 et note 3. 107, note 2.
Chesnerond (coutume de), *Orne,* 179.
Chevalier (Ulysse), 8, note 4.
Chevalier (Hugues), 132.
Chevreul (Emaury), 133.
Chevreul (Gervays), 65. 133. 144.
Chevreul (Girard), 133. 178.
Chevreul (Guérin), 157. 177.
Chevreul (Guillaume), 144, note 3.
Chevreul (Hugues), 145.
Chevreul (Robert), 177.
Chevreul (moulin), *Orne ?* 145.
Childebert, roi de Paris. Voir Paris.
Chilpéric Ier, roi de Soissons et de France. Voir France.
Chinon (ville de), *Indre-et-Loire,* 147, note. 148. 226, note 3.
Chiray (Gervais de), 145.
Chiray (Girard de), 154.
Chopin (René), 9 et note 3.
Chou (Geoffroy), 146.
Chouet (Guillaume), sieur de Miraban, 52.
Christine de Suède. Voir Suède.
Chypre (reine de). Voir Champagne (Alix de).
Chypre (île de), 149, note 2.
Cicé ou *Cicey* (seigneurie de), *Orne,* 84 et note 21.
Cimenier (sieur de), 220.
Citeaux (ordre de), 16, note 7. 128. 159. 169.
Citray (lieu de), *Orne ?* 178.
Claire-Fontayne (Richer de), 136.
Claire-Fontayne (Robert de), 136.
Cleremont (comte de), 148. 149, note 3.
Clerets ou *Clairets* (abbaye des), *Orne,* 16, note 7. 160. 169. 170. 176 et note. 179 et note 1. 183, note. 186. 257. 293. — abbesse des. Voir Nantouillet (Catherine de), Thou (Marie de), Tullen (Jacqueline de). — forêt des, 148, note 3. 159. 169. 170. 179. — ordre des, 16, note 6. — titre de l'abbaye des, 9.
Clermont-en-Beauvaisis (comtes de). Voir Boulogne (Philippe de).
Clermont (Robert, comte de), 185.
Clermont-Ferrand (concile de), 117, note 3. — évêque de. Voir Saint-Preject.
Clevès (comte de), 205.
Clèves (duc de), 232. 236.
Clinchamps (comte de), 82.
Clinchamps (Robert de), 177.
Clinchamps (seigneurs de), 254. Voir Le Roy de Chavigny.

Clinchamps (château de), *Orne*, 81. — comté de, 81, notes 7 et 8. 82. — métairie de, 82. — métairie du petit, 82. — moulin de, 177. — seigneurie de, 81. 183.
Clodomir, roi d'Orléans. Voir Orléans.
Clotaire I*er*, roi de France. Voir France.
Clotaire II, roi de France. Voir France.
Clovis, roi de France. Voir France.
Cloyes (canton de), *Eure-et-Loir*, 102, note 2.
Cluny (abbé de), *Saône-et-Loire*, 188, note. — monastère de Saint-Pierre de, 109 et note 11. 110. 112, note 2. 123, note 5. — ordre de, 90. — religieux de, 99.
Cochefilet (armes des de), 155, note 1.
Cochefilet (Rachel de), 90, note 1.
Cointerel (Pierre), 201.
Colas, serviteur de l'échaussonnerie de Madame Marie d'Armagnac, 269.
Colfre (lieu de), *Orne*, 105.
Coligny (Gaspard de), amiral de *France*, 167. 237.
Collet (Renault), 78.
Colonard, Courlonard, de Curti Léonardi (paroisse Saint-Martin de), *Orne*, 23. 24, notes 2, 7 et 8. 127 et note 5. 256.
Comblo (Angenulfe de), 154.
Comblot (Robert de), 108 et note 1.
Comblot (paroisse Saint-Hilaire de), *Orne*, 22. 108. 113 et note 4. 228.
Combres (paroisse de), *Eure-et-Loir*, 27. 249.
Commeauche (rivière de), *Orne*, 29. 37. 38. 140.
Commeauche (village de), *Orne*, 38.
Compiègne (siège de), 202. — ville de, 207.
Conan (Albert), 119.
Conan (seigneur de), 118.
Conan le Breton, 123.
Condé (Louis I*er*, prince de), 96, note 1.
Condé (Louis de Bourbon, prince de), 238, note 2.
Condé (princes de), 237. 248, note 2. Voir Bourbon (Henri de).
Condé en Saint-Jouin (seigneurie de), *Orne*, 53, note.
Condé-sur-Huisne (paroisse de), *Orne*, 27 et note 16. 82, note 1. 93 et note 1. 253. — prés de, 180, note.
Condeau (Aymery de), 104, note 10.
Condeau (paroisse Saint-Denis de), *Orne*, 23. 80, note 1. 82, note 6. 251. — prieuré de, 18. 251.
Conflans (traité de), 220, note 1.
Conrad, empereur d'Allemagne, 136. 139 et note 1.
Constance, fille de Guillaume II le Bon, roi des deux Siciles, 149.
Constantinople (empereurs de). Voir Alexis, Ducas Murtzuphle, Flandre (Beaudoin IX de), Manuel.
Constantinople (empire de), 188, note. — ville de, 74. 118. 119. 137. 138. 160, note. 171.
Contades (bibliothèque du comte de), 274, note.
Conti (prince de), 147, note 1. 243.
Contrebis (baronnie de), *Orne*, 128, note 3. — paroisse de, 22. 65. 146. 179.
Corbeil (arrondissement de), *Seine-et-Oise*, 77, sous-note 1.
Corbion (monastère de), *Orne*, 16, note 5. 31. — village de, 125.

Corbon (comtes de), 57, sous-note 1.
Corbon (Hugues de), 136, note 7.
Corbon (monnaies seigneuriales de), *Orne*, 57, sous-note 1. — paroisse et église de, 14, note 3. 22. 53. sous-note 16. 56. 57 et sous-note 1. 58. 59. 68, note 6. 117. 164. 254. — route de, 60, note 2. — seigneurie de, 53, note.
Corbonnois (archidiaconé du), *Orne,* 29. 58. 184, note. 195. — archidiacre du, 117. 161 et note 1. Voir Abot (Jean). — calende du, 58. 66, note 1. 116. 131. 132. 134. 136. 152. 155. 163. — confrérie du, 195. — mesure du, 57 et note 3. 69. 136, note 8. 154. 164. 165. 177. 178. — monnaie du, 106. 169. — pays du, 14, note 3. 57 et note 1. 116. 117. 123, note 5. 131. 176. 179, note.
Cormery (Marthe-Françoise Bibron de), 299, note 3.
Cornard (Gautier), 152.
Corneillen (seigneur de). Voir Bonvoust (René de).
Corubert (paroisse de), *Orne*, 24 et note 7. 251.
Coste (Hilarion de), 273, note 1.
Cotentin (vicomte du). Voir Néel.
Cotentin (pays de), 12, note. — terre de, 189.
Cotin (André), conseiller de Charles VII, roi de France, 216.
Coucy (Enguerrand III dit le Grand, sire de), 169, note 1. 173.
Coudray-au-Perche (paroisse de), *Eure-et-Loir,* 26 et note 15. 253.
Coudreceau, Couldresseau (église et paroisse Saint-Aubin de), *Eure-et-Loir*, 26. 105. 111. 112, note 2. 114 et note 7.
Couflans (terre de), *Orne?* 167, note 1.
Cougaudrai, Cougaudray (seigneurie de), *Orne,* 54, note et sous-note 2.
Cougault (sieur), chevalier, 222.
Couillet, Coullier, Couthier (métairie de), *Orne,* 135 et note 1.
Coulgaudry (Hugues de), 141. 145. 153. 158.
Coulhier (moulin de), *Orne?* 146.
Coulimer, Coullymer, Coulimert (paroisse Saint-Pierre de), *Orne,* 53, sous-notes 5 et 8. 58. 164. 251. — prieuré de, 19. 164. 251. — seigneurie de, 53, note.
Coullemies [*Coulommiers? Seine-et-Marne*] (ville de), 207.
Coullonges (Jean de), capitaine du château d'*Alençon,* 223.
Coullonges (seigneur de), 204.
Coullonges-les Sablons (moulin de), *Orne,* 145. — paroisse Saint-Martin de, 27. 143 et note 3. 154. 163. 249. 250. 302.
Courboyer (seigneur de), 242, note 1.
Courboyer (château de), *Orne*, 68, note 1. 80. — seigneurie de, 84 et note 19.
Courcerault (Hugues de), 134. 135. 141 et note 3. 154.
Courcerault (paroisse de), *Orne,* 22. 164. 251. — prieuré de, 18. 251. — terre de, 178.
Courfrançon (métairie de), *Orne?* 152.
Courgeon (Hugues de), 136. 163.
Courgeon (Robert de), 154.
Courgeon (collège de), *Orne*, 54 — curé de Voir Guillou (Pierre de). — métairie de, 154. — moulin neuf de, 54. — paroisse de, 22. 54, note 6. 136. 154. 163. 249. 302. — terre de, 158, note 1.
Courgeon-en-Préaux (lieu de), *Orne,* 33.
Courgeoût (Payen de), 133. 135.
Courgeoût, Courgehoust (église et paroisse Saint-Lomer de), *Orne,*

20. 133, note 7. 248. — seigneurie de, 53, note. 66. — terre de, 158.
Courgivaux (terre de), *Marne?* 299, note 3.
Courpotin (Jean de), 163.
Courpotin (Robert de), 165.
Courtault (Guillaume), huissier de Charles VII, roi de France, 216.
Courteilles (Geoffroy de), 141.
Courteilles (Jean de), conseiller d'église sous Charles VII, roi de France, 216.
Courtelau (lieu de), *Orne*, 33.
Courtenay (Catherine de), 2ᵉ femme de Charles Iᵉʳ, comte du Perche, 188, note.
Courtenay (Robert de), bouteiller de *France*, 173.
Courterel (Pierre), vicomte du Perche, 166.
Courtheraye (Hugues, prévôt de). Voir *Saint-Aubin-de-Courteraie*.
Courthioust, Curthiol (église et paroisse Sainte-Marie de), *Orne*, 24. 75, note 5. 127 et note 2. 256.
Courtiau (métairie du Grand-), *Orne*, 82.
Courtin (François), avocat du roi à *Bellême*, 6 et note 1. 291. 292. 293. 304. 307.
Courtin (Jacques), grand-bailli du *Perche*, 239, note 2.
Courtin (René), conseiller et avocat du roi à *Bellême*, 6, note 1. 10, note 1. 38, note 3. 76, sous-note 1. 246, note. 292. 304.
Courtiou, Courthiou (seigneurie de), *Orne*, 53, note.
Courtomer (canton de), *Orne*, 50, note 10.
Courtoulin, Courtoulain (église et paroisse Saint-Hilaire de), *Orne*, 21 et note 10. 158. 265. — vicaire de. Voir Des Granges (Léonard).
Courts (seigneurie de), *Orne*, 54, note.
Courville (Yves de), 104, note 10.
Courville (canton de), *Eure-et-Loir*, 17, note 10. 27, note 5. — paroisse de, 26, note 10. 39, note 2.
Cousinot (Guillaume), bailli de *Rouen*, 214, note.
Coutances (évêque de). Voir Olivier (Richard III).
Coutretot, Courtestot, Corcrestot, Coutretoust (moulin de), *Eure-et-Loir*, 177 et note 5. — paroisse de, 253.
Craon (sieur de), 221.
Crassus (Publius), 12, note.
Créance (comte de), 242.
Crécy (bataille de), 190.
Creherval (siège de), 78, note 3.
Cremel (seigneurie de), *Orne*, 53, note.
Cremer (Arnaud de), 154.
Crenulphus, noble, 31.
Crépin (Antoine), évêque de *Laon*, 214 et note.
Crespy-en-Valois (ville de), *Oise*, 165.
Cressy [*Crécy*] (ville de), *Somme*, 207.
Crestot, sieur de la Rousselière, lieutenant du prévôt de *Mortagne*, 246, note.
Crestot (Jean), sieur de la Bouchetière, enquêteur à *Mortagne*, 246, note.
Crestot (Nicolas), doyen de Toussaint de *Mortagne*, 167, note 1.
Crocquet (Agnès), 52, note.
Croisille (seigneurie de), *Orne*, 53, note.

Croslavoyne (Pierre), conseiller de Charles VII, roi de *France,* 216.
Croteavoine (terre de), *Orne,* 104.
Crulay (Guillaume), 154.
Cudeforte, 1re femme de Guillaume II Talvas, 76, note.
Cuissai (village de), *Orne,* 225.
Curiosolides (peuple de *Bretagne,* peut-être de *Corseult,* près de *Dinan),* 12, note. 13, note 1.
Cursol (sieur de), 221.

D

Dagobert, roi de France. Voir France.
Daillon (Jean de), sieur du Lude, 222 et note 1.
Dallon (paroisse de). Voir *Dollon.*
Dalmatie (province de), 119.
Damas (siège de), *Syrie,* 139 et note 1.
Dame-Marie (paroisse de), *Orne,* 23. 24, note 1. 84, note 2. 250. — prieuré de, 18. 250. 293.
Damfront (ville de). Voir *Domfront.*
Dampierre (Guillaume de), 173.
Dancé (église et paroisse Saint-Jean de), *Orne,* 23. 75, note 5. 81, note 3. 83, notes 16 et 17. 127 et note 3. 256. — seigneurie de, 83.
Danceret (Denis), conseiller de Charles VII, roi de France, 215.
Daniel (le Père), 10, note 1.
Danemark, 11.
Danois (les), 90.
Darc (Jeanne), 207 et note 1.
Daupley (Jean), notaire apostolique, 30, note 1.
Delestang (Louis-Charles-Nicolas), sous-préfet de *Mortagne,* 12, sous-note 1. 13, note. 28, note 1. 35, note et note 2. 44, note 1. 63, note 3. 298. 300. — manuscrit de Bart à, 297.
Delliancourt (Sébastienne), femme de Louis Catinat, 303.
Delorme (maître), notaire honoraire à *Mortagne,* 5, note 2.
Denisot (Jean), lieutenant à *Mortagne,* 48. 210.
Des Barres (Louis), chevalier, 228.
Des Barres (terre), *Orne?* 145.
Desbois (Fr.-Alex. La Chenaye), 10, sous-note 13.
Des Champs (Garin), 136.
Desepeaux ou Delepeaux (Pierre ou Yves), 1er président en la Cour de Parlement de *Paris,* 215 et note.
Des Eteilleux (Hugues), 134.
Des Forges (Robert), 144.
Des Forges (Rodolphe), 144.
Des Granges (Léonard), vicaire de *Courtoulin,* 265. 266.
Des Hayes (Jean), capitaine de *Mortagne,* 210.
Des Héberges (seigneur). Voir Fay (Pierre de).
Des Joncherets (seigneur). Voir Faguet (Jean).
Des Jouys (Hubert), 153.
Des Ligneriz (sieur), gouverneur de *Verneuil,* 242. 243.
Des Loges (Geoffroy), 134.
Des Loges (Gervais), 134.
Des Loges (Robert), 134.
Des Marais ou Desmarets (Hugues), 136 et note 1.

Des Marres (Hugues), 134.
Des Murs (O.), 94, note 3.
Desnos (Monsieur Félix), 15, note 5.
Des Pilliers (Pierre), seigneur de Gentilly, 88, note 5.
Desplantes (Jean), conseiller de Charles VII, roi de France, 216.
Des Ventes (Nicolas), 191.
Deux-Champs (seigneurie de), *Orne*, 84.
Dieurcé (église et paroisse de), 105.
Digny (seigneur de). Voir Gruel (Philbert).
Digny ou *Digné* (moulin de), *Orne*, 132 et note 2.
Dion Cassius, historien, 13, note.
Dollon, Dallon (paroisse de), *Sarthe*, 24, note 18.
Domfront, Danfront (seigneurs de), 12, note 1. Voir Bellême (Guérin de).
Domfront, Damfront, Danfrain (capitaine de), *Orne*. Voir Blosset (Jean). — château de, 30. 218. — seigneurie de, 71. 193 et note 7. — ville de, 192. 211. 218. 220.
Donnet ou Dauvet (Jean), procureur général de Charles VII, roi de France, 216 et note 7.
Dorceau (paroisse de), *Orne*, 21. 252.
Dreux (Gauvain de), 67.
Dreux (maison de), 244, note 1.
Dreux (Pierre de). Voir Bretagne.
Dreux (Robert Ier dit le Grand, comte de), 130. 137, note 1. 169, note 1. 184, note. 244, note 1.
Dreux (Robert II, comte de), 146, note 6. 184, note.
Dreux (Robert III dit Gatebled, comte de), 173.
Dreux (Simon de), 67.
Dreux (Yolande de), femme de Jean de France, 182, note.
Dreux (bataille de), *Eure-et-Loir*, 237. 238, note 2. — ville de, 148. 150. 239. 243.
Dreux Morainville (Jean de), gouverneur du *Perche*, 244, note 1.
Drouet ou Du Droit (Jean), 225.
Dubois de Saligny (propriété du comte), 31, note 1.
Du Bois-Tiercelin (seigneur), 220.
Du Bouchet (Girard), doyen de Toussaint de *Mortagne*, 161.
Du Bouchet (Hunault), 107.
Du Bouchet (Robert), 107.
Du Bouchet (sieur), 254.
Du Bourg (Baudoin II, surnommé), roi de Jérusalem, 118 et note 2. 120 et notes 6 et 7. 121 et note 1. 122.
Du Buat (Gervais), 144. 146.
Du Buat (Guillaume), 153.
Du Buat (Hugues), 144.
Du Buat (Nicolas), 146.
Du Buat (Paysan), 144.
Du Buat (seigneur). Voir Abot (Jean).
Du Bueil (sieur), 221.
Ducas Murtzuphle (Alexis), empereur usurpateur de Constantinople, 160, note.
Du Chasteau (Rodolphe), 112.
Du Chastel (Eustache), curé de *Beuzeville*, chanoine de Toussaint de *Mortagne*, 106.
Du Chemin (Radulphe), 145 et note 4.

Du Chemin (Simon), 144.
Duchenon (seigneur), 220.
Duchesne (André), historien, 9 et note 4. 37.
Du Clou (Joseph), 10, sous-note 6.
Du Crochet (François), sieur de Lautonnière, 52.
Du Douet (Richilde), 133.
Du Douet (Roger), 133.
Duffay (Fandina), 103, note 4.
Duffay (Lancelinus), 103, note 4.
Duffay (Roger), 103 et note 4.
Duffay (Sarracina), 103, note 4.
Du Fresne (Gautier), 154.
Du Hameau (le Père Pierre), jésuite, 273, note 1.
Du Haultbois (sieur), 220.
Du Houmet (Jourdain), évêque de *Lisieux*, 173.
Du Jarossay (seigneur). Voir Abot (Guillaume).
Du Lude (seigneur). Voir Daillon (Jean de).
Du Mesnil (Jean), habitant d'*Alençon*, 210.
Du Mesnil (Rodolphe), 135.
Du Motey (Colin), 206.
Dumoulin (Gabriel), historien, 10, note 1.
Du Moulinet (Louis), évêque de *Sées*, 75 et note 2.
Dunois (comtes de), 214. 227, note 5.
Dunois (maison de), 14.
Dunois (monseigneur, comte de), lieutenant-général de Charles VII, roi de France, 213, note 1. 214.
Dunois (comté de), 14, note 3. — monnaie de, 130.
Du Paz (Pierre), 211.
Du Pin (Galeran), 134. 141, note 2.
Du Pin (Gautier), 141.
Du Pin (Geoffroy), 134.
Du Pin (Guérin), 141.
Du Pin (Guillaume), 65. 133. 141, note 2. 144.
Du Pin (Odo), 135.
Duplat (Louis) et Patu de Saint-Vincent, 80, note 5.
Dupon (sieur), 220.
Du Pont (Agnès), 177.
Du Pré (Hugues), 164.
Du Pré (sieur), 215.
Du Puiset (Everard, seigneur), 118 et note 4.
Du Puiset (Hugues, seigneur), 118, note 4.
Durand (Françoise), femme de Thomas Marais, 96.
Dureau de la Malle, fils (Mr), 59, note 3.
Du Reray (seigneur). Voir Abot (Gilles).
Du Rochet (Hugues), 30, note 2. 76, note.
Du Ruisseau (Guillaume), 134.
Du Sahier (Jean), conseiller de Jean II, comte du Perche, 220.
Du Tartre (Hemery), 177.
Du Tartre (seigneur). Voir Le Sueur (Jean).
Du Tillet (Guillaume), chevalier provençal, 122 et note 3.
Du Tillet (J.), évêque de *Meaux*, 9, note 1.
Du Tillet (Jean), sieur de la Bussière, 9, note 1.
Du Tillet (monsieur), 8.
Duval (Alexandre), de *la Mesnière*, 265.

Duval, d'*Alençon* (bibliothèque de la famille), 296, note 3.
Du Val (Guillaume), 146.
Duval (Louis), archiviste de l'*Orne*, 76, sous-note 3.
Duval (Pierre), évêque de *Sées*, 30.

E

Ecleusie, femme de Geoffroy III, comte du Perche, 99. 101.
Ecossais (les), 222.
Edesse [*Orfa*] (ville d'), *Turquie d'Asie*, 120 et note 8. 120, 121, note 1.
Edouard Ier, roi d'Angleterre. Voir Angleterre.
Edouard, d'Alençon (le R. P.), 259. 295, note 4. 308, note 2. 311.
Edouard d'Evreux. Voir Evreux.
Egypte, 146, note 6.
Eléonore ou Aliénor, femme de Louis VII, roi de France. 138. 139.
Eléonore de Castille. Voir Castille.
Eléonore, sœur de Charles-Quint, 233.
Elisabeth ou Isabelle, sœur de Saint-Louis, 228, note 3.
Emme de Laval. Voir Laval.
Emond, prêtre, 140.
Empire (marquis de l'), 240.
Enghien (duc d'). Voir Bourbon (Jean de).
Enghien-le-François [*Nogent-le-Rotrou*] (ville d'), 89, note 1.
Epaules (Richard aux), sieur de Sainte-Marie, 88, note et sous-note 3.
Eperrais, Esperraye (paroisse Saint-Pierre d'), *Orne*, 16, note 4, 19, note 1. 25 et note 3. 31. 34, note 1. 176. 249.
Erine (Guillaume d'), 134.
Erine, Hérienne (Rivière d'), 37 et note 4. 38. 52. 134. 145.
Erne (rivière d'), 29, note 2.
Erre (rivière d'), 100.
Escalles (d'), capitaine anglais, 207. 208, note 2.
Escoches (Guillaume d'), 173.
Escoubleau (famille d'), 87, sous-note 5.
Escouves (forêt d'), *Orne*, 190.
Escut (Guillaume de l'), 220.
Esguilly (dame d'). Voir Vassé (dame de).
Esguilly (seigneur d'). Voir Le Vavasseur (Pierre).
Espagne (Fernand d'), 189.
Espagne (Marie d'), comtesse de Biscaye et dame de Lara en Castille, 2e femme de Charles II, comte du Perche, 189. 191. 192. 193. 219, note 1.
Espagne (royaume d'), 38. 117, note 2. 126, note 5. 191, note 1. 233.
Espagnols (les), 240. 245.
Espigny, de Persigne ou de Pressigny (sieur d'), 214, note, 215 et note 5.
Essey, Essay (château d'), *Orne*, 201, note 4. — ville d', 168. 210. 221.
Estafort (duc d'), 210.
Estampes. Voir Étampes.
Estouches ou *Des Touches* (métairie d'), *Eure-et-Loir*, 143 et note 1.
Estouville (duchesse d'). Voir Bourbon (Marie de).

Etampes (comte d'), 214. Voir Evreux (Charles d').
Etienne, comte de Blois. Voir Blois.
Etienne, comte palatin. Voir Champagne (Etienne II de).
Etienne, doyen de Saint-Denis de *Nogent-le-Rotrou,* 60.
Etienne du Perche. Voir Perche.
Eu (Charles d'Artois, comte d'), 213, note 1. 214.
Eudes de Bourgogne. Voir Bourgogne.
Eudes de Champagne. Voir Champagne.
Eudolphe, 122.
Eure (rivière d'), 37, note 3. 39, notes 1 et 2.
Eure-et-Loir (département d'), 25, note 4. 26, notes 1, 2, 5, 8 et 10. 27, notes 1, 10, 11 et 12. 82, notes 2 et 3. 87, sous-notes 1 et 5. 93, notes 2, 3 et 4. 104, note 6. 105, note 8. 115, note 3.
Eustachie, femme de Guillaume de Soufritte, 105.
Eustachie, femme de Guillaume Gouet, 104, note.
Evreux (Charles d'), comte d'Etampes, 189.
Evreux (comtes d'). Voir Navarre (Charles de).
Evreux (Edouard d'), baron de Salisbury, 116, note 9.
Evreux (Harvise d'), femme de Robert de France, comte de Dreux, 169, note 1.
Evreux (Harvise d'), 2ᵉ femme de Rotrou III, comte du Perche, 116, note 9. 184, note.
Evreux (Rotrou, archidiacre d'), 140.
Evreux (seigneurs d'), 12, note 1.
Evreux (diocèse d'), *Eure,* 22, note 5. — ville d', 13, note. 150, note 3.
Exmes (vicomte d'). Voir Montgommery (Roger de).
Exmes (évêché d'), 29, note 1.

F

Fagon (Robert), sergent à *Mortagne,* 186.
Faguet (Jean), sieur des Joncherets, 53, note.
Faguet (Rodolphe), habitant de *Mortagne,* lieutenant général, 245, note 1.
Falaise (seigneurs de), 12, note 1.
Falaise (un cordelier de), 237. — siège de, 211.
Farfaret (ruisseau), *Orne,* 134.
Fauche (monsieur), de *Villeray,* 80, note 1.
Faudois (Louise), 67.
Faudros (François de), dit de Serillac, comte de Belin, 50, note 9.
Faudros (Loise de), 50, note 9.
Fay (Lancelot de), 176.
Fay (Pierre de), sieur des Héberges, 246, note.
Feings (Gervais de), 162.
Feings (Gilbert de), 145.
Feings (Hugues de), 141, 162.
Feings (paroisse de), *Orne,* 15, note 5. 21 et note 20. 154. 254.
Feiq (Thomas de), 123.
Fer (rivière de), *Syrie,* 138.
Ferdinand le Catholique. Voir Navarre.
Fernel (Jean), premier médecin de Louis XIII, 79, note 3.
Fernel (Madeleine), femme de Gilles de Villeray-Riants, 79, note 3.

Ferragu (Geoffroy), 158.
Ferré (Guillaume), dit Simon, 101. 135.
Feubvrier (Louis), 206.
Feuillet ou Feillet (dame de). Voir Auvé (Marguerite).
Feuillet (Guillaume de), 176.
Feuillet (maison de), 64.
Feuillet (seigneur de). Voir Vendôme (Bonchart et Jean de).
Feuillet (château de), *Orne*, 53, note et sous-note 1. — seigneurie de, 53, note. 63, note 4. 67. 129, note 1. — terre de 66. 67.
Fey (Robert de), 153.
Fezensac (comte de). Voir Armagnac (Jean IV d').
Flacey, Flacilly (église Saint-Lubin de), *Eure-et-Loir,* 105, 114 et note 17. — prieuré de, 17.
Flamands (les), 190. 240.
Flandre (Baudoin IX, dit de Constantinople, comte de), empereur de Constantinople, 159, note 1. 160, note.
Flandre (comte de), 240, note 2.
Flandre (Gautier de), 136.
Flandre (Henri de), 159, note 1.
Flandre (Philippe d'Alsace, comte de), 146, note 6. 148 et notes 1 et 3.
Flandre (Robert Ier dit le Frison, comte de), 117, note 5.
Flandre (Robert II dit le Jérosolymitain, comte de), 117 et notes 3 et 5. 1119. 121. 122 et note 4. 123 et note 3. 136.
Flandre (Thierry d'Alsace, comte de), 137, note 1.
Flandre (Etats de), 240. — protestants de, 240. — province de, 233.
Fleury (monastère de), *Eure-et-Loir,* 17, note 4.
Fleuzes (Girard de), 136.
Fleuzes (terre de), 136.
Floreau (Geoffroy III), évêque de *Châlons,* 214, note. 215.
Foix (Gaston, comte de), 213, note 1. 214.
Folenfant (Laurens), sergent à *Mortagne,* 186.
Fontaine-Simon (paroisse de), *Eure-et-Loir,* 27. 82, note 5, 253.
Fontaynes-des-Noës, Orne, 190.
Fontenay (Anceaume de), seigneur de Souasey, 242, note 1. 245.
Fontenay (Houel de), 206.
Fontenay (Marie de), 80, note 5.
Fontenay (Pierre de), gouverneur de *Bellême,* 80, note 5. 241, note 1. 242 et note 1. 246.
Fontenay (Raoul de), 118.
Fontenay (René de), seigneur de la Resnière, gouverneur de *Bellême,* 80 et note 5.
Fontevrault (moines de), *Maine-et-Loire,* 148, note. — ordre de, 35, note. 142 et note 3.
Forez (Guillaume IV, comte de), 119 et note 6.
Fortin (Emond ou Hunaud), 153 et note 4.
Fortin (Pierre), 213.
Fougères et de Porrhoet (seigneur de), 192.
Fougères (ville de), *Ille-et-Vilaine,* 192.
Fougeroux (Guillaume de), 146.
Foulques d'Anjou. Voir Anjou.
Foulques de Bellême. Voir Bellême.
Fournier (Jacques), conseiller de Charles VII, roi de France, 216.

Fouteau (Denis), procureur du Roi à *Mortagne,* 246, note.
Fouteau, sieur Desvaux, avocat à *Mortagne,* 246, note.
Fracavalia, Fravilliers. Voir *Freteval.*
Français (les), 138. 167. 171. 187, note 3. 190. 194. 202. 203. 205. 209. 210.
France (Alix de), fille de Philippe-Auguste, 148. 149.
France (apanage des enfants de), 260.
France (armes de la maison de), 191.
France (barons de), 57.
France (Blanche de), fille de Saint-Louis, 189.
France (Charles le Chauve, roi de), 35 et note 2.
France (Charles III le Simple, roi de), 14. 251.
France (Charles V, roi de), 41. 201.
France (Charles VI, roi de), 14. 193.
France (Charles VII, roi de), 91. 207. 210. 211. 212. 213 et note 1. 214. 216. 217. 218. 219. 226, note 3.
France (Charles VIII, roi de), 87, sous-note 5. 217, note 1. 227, note. 274, note. 276.
France (Charles IX, roi de), 46, note 4. 49. 236. 237. 238, note 2. 239, note 1. 241.
France (Chilpéric Ier, roi de), 271.
France (Clotaire Ier, roi de), 14. 15. 31. 271.
France (Clotaire II, roi de), 271.
France (Clovis, roi de), 14. 31.
France (comtes de), 57.
France (Dagobert, roi de), 271.
France (ducs de), 57.
France (François Ier, roi de), 49. 81, note 7. 230. 231 et note 1. 232 et note 1. 233. 234, note. 236. 258. 262. 278.
France (François II, roi de), 236. 258.
France (Fredégonde, reine de), 271.
France (Henri Ier, roi de), 13 et note 4. 64. 99 et note 9. 101. 104. 110, note 2. 256. 305.
France (Henri II, roi de), 12, note 1. 30, note 1. 131. 232, note 1. 236. 239. 258.
France (Henri III, roi de), 231. 241 et note. 242. 243.
France (Henri IV, le Grand, roi de), 46, note 4. 48, note 1. 63, note 1. 193. 231. 236. 238, note 2. 240, note 3. 241. 244, note 1. 246. 258. 262. 278.
France (Hugues Capet, roi de), 57. 256.
France (Jean de), 182, note.
France (Jean le Bon, roi de), 40, note 5. 86, note. 192. 193. 194. 200.
France (Jeanne de), fille de Louis le Hutin, 41, note 1.
France (Lothaire, roi de), 71, note 3.
France (Louis II le Bègue, roi de), 14, note 3. 98, note 1.
France (Louis IV, roi de), 71 et note 3.
France (Louis VI le Gros, roi de), 115, note 5. 127, note. 130. 244, note 1.
France (Louis VII, roi de), 136. 137, note 1. 138.
France (Louis VIII, roi de), 86, note. 150. 151 et note 1. 159, note 1. 171 et note 2. 172, note 2. 173. 176, note. 181 et note 2. 257. 306.
France (Louis IX, roi de), 10, note 1. 49. 51. 59, note 3. 65 et

note 3. 86, note. 95. 151, note 1. 161. 167. 168. 171. 181 et note 2.
183, note et sous-note 1. 184, note. 185. 188. 189. 195. 228,
note 3. 257. 306.
France (Louis X le Hutin, roi de), 41, note 1. 57.
France (Louis XI, roi de), 204. 217, note 1. 219. 220. 221. 222. 223.
224. 225. 226 et note 3. 227, note. 230, note 1. 262.
France (Louis XII, roi de), 81, note 7. 227 et note 10. 230, note 2
et sous-note 1. 274, note.
France (Louis XIII, roi de), 50, note 3. 131. 168. 262. 278. 283.
France (Louis XIV, roi de), 32. 33. 39, note 2. 278.
France (Louis XV, roi de), 39, note 2. 45, note 6. 299, note 3.
France (madame Jeanne de), 281.
France (Maison de), 10, sous-note 10.
France (Marguerite de), femme de Henri II, roi d'Angleterre, 147.
France (Marguerite de), femme de Edouard Ier, roi d'Angleterre,
165 et note 2.
France (Philippe Ier, roi de), 78, note 3. 109 et note 1. 115, note 5.
117 et notes 3 et 4. 257.
France (Philippe II Auguste, roi de), 115 et note 5. 146, note 6.
147, note et note 1. 148 et note 3. 149 et notes 1 et 2. 150 et
note 1. 151 et notes 1 et 4. 152. 159, note 1. 171. 172, note 2.
173. 175, note 3. 176, note. 181. 257. 305. 306.
France (Philippe III le Hardi, roi de), 185. 186. 187 et note 3. 188.
note.
France (Philippe IV le Bel, roi de), 187 et note 3. 188, note. 189,
note.
France (Philippe VI de Valois, roi de), 86, note. 188, note. 190.
192. 193.
France (Robert Ier, roi de), 13, note 4. 99 et note 3.
France (rois de), 9 et note 1. 130.
France (seigneurs de), 171.
France (Chroniques de), 8. — comtés de, 15. — couronne de, 14.
15, note. 37, note 1. 130. 156. 184, note. 187 et note 3. 218. 240,
note 3. 258. 262. — grand-maître de, 213, note 1. — grand
prieur de, 213, note 1. 215. — histoire de, 10, note 1. 255. —
pays et royaume de, 32. 39. 40, note 1. 41, note 1. 47. 59. 91.
147. 149. 159, note 1. 171. 172. 173. 183, note et sous-note 1.
186. 192. 200. 204. 211. 212. 216. 219. 223. 227. 230. 233. 239.
240. 251. 261, note. 295 et note 1. — villes de, 241.
François Ier (Chronique de), 8.
François III Hercule. Voir Perche (comtes du).
François de Bretagne. Voir Bretagne.
François de Valois. Voir Alençon (duc d').
François d'Orléans. Voir Orléans.
Françoise d'Alençon. Voir Alençon.
Francville, Francvilliers (seigneurie de), *Orne,* 54, note et sous-
note 1. 254.
Frebourg (Odo de), 157.
Frère (Edouard), bibliographe, 8, note 4.
Fresnay (baronnie de), *Sarthe,* 231, note 2. — château de, 210.
— ville de 193. 210.
Fret (abbé), 41, note 1. 108, note 3. 293. 298. 309, note 2.
Fret (J.), marchand, 302.
Fretay (bois de), *Orne,* 144. 179.

Freteval (fille du seigneur de), femme de Hugues, v^te de Château-
dun, 109, note 5.
Freteval (vignes de), *Orne,* 109 et note 10.
Fretigny (Jean de), évêque de *Chartres,* 206, note 2.
Fretigny (bataille de), *Manche,* 211.
Fretigny (paroisse de), *Eure-et-Loir,* 27. 253.
Frix, de Fanès ou de Fossés (héritiers), 145 et note 3.
Froullay (Ambroys de), 206.
Froumenteau (Jean), chevalier, 220.
Fruncé (village de), *Eure-et-Loir,* 17, note 10.
Fruqueville (sieur de), trésorier-général en la généralité de *Rouen,*
 46, note 4.
Fulbert, évêque de *Chartres,* 99, notes 3 et 12. 108, note 3.

G

Gabinus, lieutenant de J.-César, 13.
Gaillon (monsieur de), 254.
Galladron [Gallardon] (baron de), 87.
Gallardon (village de), *Eure-et-Loir,* 87, sous-note 9.
Galles (prince de), 194.
Gallia [*Gaule*], 9, note 4.
Gand (ville de), *Belgique,* 240, note 2.
Ganelon, 71, 75, note 5.
Ganery (comte de), 138.
Gannes (château de), *Orne,* 126, note.
Gantinois [*Gâtinois*] (comté de). 104, note 1.
Garcias, roi de Navarre. Voir Navarre.
Gardais (canton de), *Eure-et-Loir,* 16, note 8. — paroisse de, 124,
 note 3.
Garences (fortifications de), 206, note 2.
Garin, évêque de *Senlis,* 173.
Garnier (Jean), huissier de Charles VII, roi de France, 216.
Gascogne (province de), 195.
Gassion (marquis de), 87, sous-note 5.
Gastel (Gautier), 164.
Gastineau (ressort), *Sarthe,* 24.
Gaston de Foix. Voir Foix.
Gastonnet, bailli de *Sées,* 221.
Gatinel (Pierre), 131.
Gauberge ou *Gauburge* (ville de), *Angleterre,* 142 et note 3.
Gaubert (Jean de), seigneur de la Grande-Bermoyère-en-Beauce
 et de Saint-Lubin de Cinq-Fous, 81, note 4.
Gaubert (René de), 81 et note 4.
Gaucourt (sieur de), maître d'hôtel de Charles VII, roi de France,
 215.
Gaudentin, évêque de *Bresse,* 261, note.
Gaudin (Péan), écuyer, 220.
Gaudron (Geoffroy), 178.
Gaule Celtique, 12, note 1.
Gaules (les), 11. 13.
Gaulois (les), 18.

Gaultier (pré), *Orne*, 135.
Gauthier, évêque de *Chartres*, 179.
Gautier-Chesnel, 17, note 3.
Gautier, comte de Blois. Voir Blois.
Gautier de Bellême. Voir Bellême.
Gautier de Flandre. Voir Flandre.
Gautier de Montmirail, 17, note 5.
Gautier de Sibert, 28, note 4.
Gautier (Jean), chantre et chanoine de l'église de *Sécs*, 75.
Gémages (Guillaume de), 178.
Gémages (Hemery de), 178.
Gémages (sieur de), 254.
Gémages (paroisse de), *Orne*, 254. — seigneurie de, 83.
Genetay (seigneur de). Voir Auvé (Nicolas).
Gennes (Lucie de), dame de Montfort, femme de Rotrou, seigneur de Montfort, 109, note 3.
Gennes [*Gênes*] (ville de), 148. 149, note 1.
Gentilly (seigneur de). Voir Des Pilliers (Pierre).
Genutieux (Guillaume), 7, note 2.
Geoffroy, archevêque de *Rouen*, 128.
Geoffroy (comtes du Perche du nom de), 206. Voir Perche (comtes du).
Geoffroy d'Anjou. Voir Anjou.
Geoffroy de Bretagne. Voir Bretagne.
Geoffroy Ier, évêque de *Chartres*, 109, note 7. 110, note 2. 112, note 1.
Geoffroy, frère de Hugues, prêtre de *Bazoches*, 144.
Geoffroy-Martel. Voir Anjou (Geoffroy d').
Geoffroy II, seigneur de Nogent-le-Rotrou. Voir Nogent-le-Rotrou.
Geoffroy, surnommé le Barbu. Voir Anjou (Geoffroy d').
Geoffroy, vicomte de Châteaudun. Voir Châteaudun.
Georges, général de Roger, roi de Sicile, 139, note 1.
Georgie, femme de Henri, vicomte de Mortagne, 105.
Germerius, 104.
Germond, habitant de *Nogent-le-Rotrou*, 177.
Gernac (sieur), 220.
Gerne ou Guernel (Rodolphe), 178.
Gervays (bois feu), *Orne* ? 176.
Gesbert (sieur), 302.
Gessr-il-Haddir [*Pont de Fer* sur *l'Oronte*], *Syrie*, 121, note 3.
Gillain (Jean), doyen de l'église de *Mortagne*, 269. 271.
Gilles (Thomas), jacobin d'*Argentan*, aumônier de Jean II, comte du Perche, 212. 213.
Gimardes (Payan de), 145.
Gimardes (fiefs de), *Orne*, 113.
Girard Ier, évêque de *Sées*, 74 et note 6. 76, note. 133.
Girard (Pierre), 215 et note 8.
Girard (Robert), 133.
Girars (seigneur de), 214, note.
Girouys (Antoine), seigneur de Mensey et de la Rochemayet, 185.
Giroye (Guillaume), 252.
Giroye ou Giroise, chevalier, 73 et note 3.
Gislain (Jean), seigneur de Boisguillaume et de Saint-Mars de Coullonge, 51, note 4. 166.

Gislain (Louis de), seigneur de Saint-Mars de Coullonge, 51.
Gislain (Michel), seigneur de Boisguillaume, 166.
Gisors (ville de), *Eure*, 146, note 6. 147, note 1. 148.
Glapion (fiefs de), *Orne?* 190, note 1.
Glaye (château de), *Orne*, 84, note 27.
Gobillon, habitant de *Mortagne*, 246, note.
Godefroy de Bouillon. Voir Boulogne (Godefroy de).
Godefroy le Bastard, 102 et note 8. 103.
Godehilde, femme d'Yves de Creil, seigneur de Bellême, 75, note 5. 76, note. 77, note 2.
Combault (Jean de), seigneur de Saint-Mars-de-Coullonge, 184, note.
Gorgoni (vallée de), *Asie Mineure*, 120, note 3.
Got (Mathieu) ou Matago, capitaine anglais, 91 et note 4. 203. 208. 209. 210. 211.
Gouet, Gouel, Goyet (Guillaume), seigneur de Pontgouet ou Pontgouin, 86, note 1. 87, sous-note 5. 101, note 4. 103, note 7. 104. 115. 123 et note 3. 125 et note 3. 126. 128. 211. — son fils, 104, note.
Gouet (Robert), 104, note.
Gouevrot (Antoinette), 51, note 2.
Gouevrot (armes des), 61 et note 2.
Gouevrot (Jean), conseiller, maître des requêtes du Roi et Reine de Navarre, médecin de François Ier et de Marguerite de Lorraine, 61. 233. 234, note.
Goullayne (Jean de), 220.
Gournay (Huc ou Hugues de), 151. 159, note 1.
Gournay (seigneur de). Voir Abot (Guillaume).
Gouselle (Martine de), 269.
Gouverneur (M^r), de *Nogent-le-Rotrou*, 13, note 2.
Graçay (ville de), *Cher*, 151. 159, note 1.
Grammont (ordre de). Voir Grandmont.
Grandin (sieur), 177.
Grandmont (ordre de), 16, note 4, 31. — prieuré de, 31.
Grandpré (comte de), 173.
Grasse. Voir *Graçay*.
Grattesac (Michelle), de *Mortagne*, 303. 310.
Graville (sire de). Voir Malet (Jean).
Grèce (royaume de), 188, note.
Grecs (les), 139, note 1.
Grégoire l'Anglois, évêque de *Sées*, 60.
Grez (Garnier, comte de), 118.
Grigneux (fief de), *Orne?* 178.
Grillon (moulin de), *Orne?* 178.
Grissey (seigneur de). Voir *Ardenay* (Chrestien d').
Groslu (prieuré de), *Eure-et-Loir*, 35, note.
Grosmesnil (Huc de), 252.
Grosmesnil (Robert de), 252.
Gruel de la Frette (armes de la famille), 66, note 1. 156, note.
Gruel (Claude de), seigneur de la Frette, gouverneur de *Chartres*, 50 et note 9. 66. 67.
Gruel (famille des de), 64. 65. 102, note 5.
Gruel (Gautier), 64, note 1. 102 et note 7.
Gruel (Guillaume), seigneur de Mortoust, 64 et note 1. 65 et note 3. 66 et note 1.

Gruel (Guillaume), fils de Gautier, 102, note 7. 146.
Gruel (Jean), enseigne de cent gentilshommes de la maison du Roi, 50, note 10.
Gruel (Madeleine), femme de Antoine Girouys, 185.
Gruel (Philbert), seigneur de Touvoir, de Traigneau, de Digny, etc., 50 et note 10. 51, note 7, 80, note 7.
Gruel (Renée), femme de Jean de Bonvoust, 51 et note 7. 80, note 7.
Gruel (Robert), chevalier, 64 et note 3. 65. 133 135. 144. 146. 153.
Gueau (marquis de Reverseaux), 298.
Guerbot (Louis), 220.
Guérin (Robert), 141, note 5.
Guérin de Bellême. Voir Bellême.
Guérin le Breton, 109, note 6.
Guerrier (René). Voir Le Guerrier.
Guerrier (Robert), 141.
Gui IV Bernard, évêque de *Langres*, 214 et note.
Gui II de Châtillon. Voir Blois (comtes de).
Gui de Laval. Voir Laval.
Guillard (Anne), femme de Robert Poignant, 174.
Guillaume Ier, évêque d'*Orange*, 117 et note 9. 119. 122.
Guillaume Ier de Bellême. Voir Bellême (seigneurs de).
Guillaume de Jumièges. Voir Jumièges.
Guillaume de Nassau. Voir Orange (Guillaume d').
Guillaume dit le Mauvais. Voir Sicile (rois de).
Guillaume du Perche. Voir Perche (comtes du).
Guillaume, duc de Normandie. Voir Normandie.
Guillaume le Bâtard. Voir Angleterre (rois d').
Guillaume II le Bon. Voir Sicile (Deux-).
Guillaume le Breton (Chronique de), 150, note 5. 151, note 1.
Guillaume le Conquérant. Voir Normandie (ducs de).
Guillaume le Roux. Voir Angleterre (rois d').
Guillaume, prêtre de Beriard, 107.
Guillaume, prieur de *Saint-Martin-du-Vieux-Bellême*, 187, note 3.
Guillaume II Talvas. Voir Bellême (seigneurs de).
Guillou (Pierre de), curé de *Courgeon*, 54.
Guimond (M^r), de *Courboyer*, 88, note 5.
Guines, Guynes (ville de), *Pas-de-Calais*, 192. 195.
Guiscard (Robert), 118, note 11.
Guise (Louis, cardinal de), 241.
Guise (Henri Ier, duc de), 239. 241.
Gumer. Voir *Guines*.
Guyenne (duché de), 190. 220. 222.

H

Hadon (Rodolphe), de *Mortagne*, 131.
Hamah, Hamath, Hamathe (ville d'), *Syrie*, 122 et note 2.
Hamelin (Jean), correcteur de la Chambre des Comptes à Paris, 223.
Ham, Hames (ville de), *Somme*, 195.
Happonvilliers (seigneur d'). Voir Somnibourg (Godefroy de).

Happonvilliers (église et paroisse Saint-Pierre d'), *Eure-et-Loir*, 26. 106. 107. 114 et note 11. — prieuré d', 17.
Harady (montagne de), 107.
Harcourt (ducs d'). Voir Bethfort (duc de).
Harcourt (Geoffroy d'), 192.
Harcourt (Guillaume d'), comte de Tancarville, 226.
Harcourt (Jean IV ou V, comte d'), 193.
Harcourt (Jean VII, comte d'), comte d'Aumale, 193. 198.
Harcourt (Louis II d'), évêque de *Bayeux*, patriarche de *Jérusalem*, 223.
Harcourt (seigneur d'), 204.
Hardouin (Jean), 214, note. 215.
Harenville (terre d'), *Orne* ? 146.
Harenzey (Ermentrude de), femme de Gozelan, comte de Boragne, 118, note 5.
Hartoin le Danois. Voir Hasting.
Harville (Esprit de), seigneur de Palaiseau, 125, sous-note 2.
Hasting, Hastine le Danois, 35 et note 2. 90, note 4. 252.
Hauterive, Haulte-Rive (baronnie d'), *Orne*, 198. — paroisse d', 186.
Hautvillier (Albéric-Humbert de), archevêque de *Reims*, 173.
Havard (Georges), maître des requêtes de Charles VII, roi de France, 215.
Hayot (Guillaume), habitant de *La Mesnière*, 264. 265.
Heldeburgis, femme de Guillaume de Somnibourg, 106, note 1.
Hélie d'Anjou. Voir Anjou.
Hélie de la Flèche. Voir Maine (comte du).
Hélissende du Perche. Voir Perche.
Hélissende, fille d'Etienne, duc de Philadelphie, 172, note 2.
Hellande (Guillaume IV de), évêque de *Beauvais*, 214 et note.
Heloche, femme de Rodolphe Voyer, 178.
Helvétius, philosophe français, 63 et note 3.
Helvise, fille de Rotrou II, vicomte de Châteaudun, 109.
Helvise, femme de Geoffroy IV, vicomte de Châteaudun, 99, note 6.
Henisse (ville d'), *Syrie*, 8.
Henri Ier, roi de France (Chronique d'), 8.
Henri II d'Albret. Voir Perche (comtes du).
Henri de Bourbon. Voir Bourbon.
Henri de Castille. Voir Castille.
Henri de Champagne. Voir Champagne.
Henri de Flandre. Voir Flandre.
Henri d'Orléans. Voir Orléans.
Henri, empereur d'Allemagne. Voir Allemagne.
Henri le Lion. Voir Bavière.
Henri (rois d'Angleterre du nom de). Voir Angleterre.
Henri (rois de France du nom de). Voir France.
Herildefride, femme de Guillaume Talvas, 73 et note 1.
Hérisson (Robert), 145. 146.
Hermifère, Pyrrus ou Phirous, secrétaire de Aécion, seigneur d'Antioche, 121 et note 7.
Hermillon (Ambroise), 269.
Herneille (Etienne), chevalier, 214, note. 215.
Hernest (val de), *Orne*, 65 et note 1. 144. 190.
Hersende, Arcinde ou Orande, femme de Guillaume Ferré, 101 et note 6.

Hervé, comte de Mortagne, 98, sous-note 1.
Hesse (Guillaume, landgrave de), 274. 275.
Heuldegarde, Hildegarde, 104 et note 2.
Hey (Girard ou Guy), 154 et note 2.
Hiérosme, fils du sieur Germont, 177.
Hiérosme, prêtre, 140.
Hiesmes (château d'), 211. — évêché d', 29. — seigneurie d', 199. — vicomté d', 226, note 3.
Hildeburge, 2e femme de Guillaume Talvas, 73 et note 2, 76, note.
Hilduin, comte de Roussi, 110, note 4.
Hobbe (Girard), 145.
Hobée (Gaspard), 265.
Hoel, évêque du *Mans,* 101, 4.
Hollande (émigration en), 42, note 2.
Homey (terre de), *Orne ?* 229.
Hongrie (royaume de), 137, note 1.
Huan, Huard ou Huon (Michel), trésorier de Toussaint de *Mortagne,* 162. 167, note 1.
Hubert (Denys), lieutenant en l'élection du *Perche,* bailli de *Nogent,* 95.
Hubert ou Hubin (Jacques), 91 et note 5.
Hubert (maistre), 153.
Huc (Obine), femme de chambre de madame Marie d'Armagnac, 270.
Huget (Ursin), notaire apostolique, 30, note 1.
Huguenots (les), 40 note 5.
Hugues Capet. Voir Bourgogne.
Hugues de Bourgogne.
Hugues de Champ-d'Avène. Voir Saint-Paul.
Hugues de Châteauneuf, 35, note.
Hugues, fils de Guillaume Gouet, 104, note.
Hugues le Grand, comte de Vermandois, 117 et notes 3 et 4. 118, note 3. 119.
Hugues, prêtre de *Bazoches,* 144.
Hugues, prêtre de Chartrage à *Mortagne,* 131.
Hugues, prêtre de *Feings,* 141.
Hugues, vicomte de Châteaudun, fils de Rotrou II, 109 et note 5.
Hugues III, vicomte de Châteaudun, 99 et notes 7 et 10. 101.
Hugues IV, vicomte de Châteaudun, 104, note 7. 105, note 6.
Huine, Huigne, Huisgne, rivière du *Perche,* 12, note. 37. 38 et note 1. 39, note 2. 58. 59. 63. 68, note 6. 80. 89. 93. 99, note 13. 100. 104. 106.
Hume (David), historien anglais, 10, note 1.
Husson (ville de), *Orne.* 192. 206, note 2.
Hyèmes. Voir *Hiesmes.*

I

Icarre. Voir *Iconium.*
Iconium [*Konich*] (ville d'), *Turquie d'Asie,* 120 et note 5.
Igé, Igey, Ygé (paroisse d'), *Orne,* 23, note 1. 33. 83, note 22. 84, notes 9 et 17. 254.
Igié [*Villeneuve-d'Ingré, Loiret*] (prévôt d'), 87 et note 1.
Illiers (Geoffroy d'), chevalier, 64. 135. 158.

Illiers (Guillaume d'), 146.
Illiers (Milon), évêque de *Chartres,* 174.
Illiers (Otto d'), 118.
Illiers (René d'), 88, sous-note 1.
Illiers (canton d'), *Eure-et-Loir,* 92, note 5. 114, note 13.
Imarde (Robert d'), 177.
Indes (émigration aux), 42, note 2.
Ingolstadt (seigneurs d'). Voir Bavière (Louis de).
Innocent XI, pape, 294.
Inverres. Voir Unverre.
Irai, Iray, Yray (paroisse d'), *Orne,* 132. 146.
Isabelle de Navarre. Voir Navarre.
Isis (déesse), 55.
Issoudun (ville d'), *Indre,* 151. 159, note 1.
Ite, sœur de Godefroy de Bouillon, 118, note 7.
Ivercé ou Iversay (Payen d'), 134 et note 3.
Iversay, Ivercé (moulin d'), *Orne,* 134. — paroisse d', 105, note 2.
Ivry (village d'), *Eure,* 205.

J

Jacques d'Aragon. Voir Aragon.
Jahendier (Barthélemy), 62.
Jamblé (ruisseau de), *Orne,* 125, note 5.
Jan (Odin de), 146.
Janville, Joinville-en-Beauce, (village de), *Eure-et-Loir,* 118, note 4. 126.
Jargeau, Gergeau, Gourgeau (ville de), *Loiret,* 207 et note 1.
Jarnac (monseigneur de), 92, note 3.
Jault, Jaux (seigneurie de), *Orne,* 84 et note 27.
Jean, bâtard d'Orléans. Voir Orléans.
Jean IV d'Armagnac. Voir Armagnac.
Jean de Bourbon. Voir Bourbon.
Jean de Bretagne. Voir Bretagne.
Jean de France. Voir France.
Jean de Laval. Voir Laval.
Jean de Navarre. Voir Navarre.
Jean d'Oisi, comte de Chartres. Voir Chartres.
Jean d'Orléans. Voir Orléans.
Jean, duc de Berry. Voir Berry.
Jean, frère du comte d'Etampes, 195.
Jean le Bon. Voir France.
Jean-sans-Peur. Voir Bourgogne.
Jean-sans-Terre. Voir Angleterre.
Jeanne d'Alençon. Voir Alençon.
Jeanne de France. Voir France.
Jeanne d'Orléans. Voir Orléans.
Jérusalem (Baudouin, roi de), 139 et note 1.
Jérusalem (rois de), 123 et note 3. Voir Anjou (René d'), Du Bourg (Baudouin).
Jérusalem (patriarche de), 192. Voir *Bayeux* (évêque de). — ville de, 109. 111. 116. 117, note 3. 122. 123, notes 3 et 5. 124. 137, note 2. 138. 139. 146, note 6. 147. 306.

Jérusse (lieu de), *Orne* 264.
Joigny (Gaicher de), 173.
Joigny (Jean II, comte de), 189.
Joigny (Jeanne de), 1re femme de Charles II, comte du Perche, 189.
Joigny (Pierre, comte de), 173.
Joigny (Robert IV de), évêque de *Chartres*, 175.
Joinville (Guillaume II de), évêque de *Langres*, 173.
Jolys (Jean), conseiller d'église de Charles VII, roi de France, 216 et note 6.
Jousset (docteur), de *Bellême*, 77, note 2. 78, sous-note 1. 80, note 5. 242, note 1. 246, note 1.
Jouvelin (Joachim), conseiller de Charles VII, roi de France, 216, note 5.
Jouvenel des Ursins (Jean IV), archevêque de *Reims*, 214 et note.
Juifs (les), 173. 176, note. 186.
Julienne, femme de Gilbert de Laigle, 110, note 5.
Jumièges (Guillaume de), chroniqueur, 9, note 4. 74, note 4. 305.
Jumièges (abbé de), *Seine-Inférieure*, 250.
Jurens (Pierre de), 177.

L

La Bazoche-Gouet (baronnie de), *Eure-et-Loir*, 34, note 3. — village, 125. 126.
La Baudronnière (terre et seigneurie de), *Orne*, 146, note 2.
La Beauvoisinière (Guillaume de), 134.
La Belle-Mesnière (Jean de), 141.
La Belvenisière ou La Bellenevisière (Jean de), 154 et note 1.
La Bessière (terre de), *Eure-et-Loir ?* 100, note 2.
La Beuvrière-Gaubert (seigneurie de), 81. 83.
Labey (Louis), capitaine de *Mortagne* et bailli du *Perche*, 48. 210.
Labey (Louis), maître d'hôtel de madame Marie d'Armagnac, 269.
La Bigotière (métairie de), *Orne*, 82.
La Bonnerie ou *La Bouverie* (métairie de), *Orne*, 169. 170, note 1.
La Borde (seigneurie de), *Orne*, 53, note.
La Bouchetière (seigneur de). Voir Crestot (Jean).
La Bourdinière (seigneur de). Voir Turgeon (Michel).
La Bourdonnière (seigneur de), 254.
La Brandière (métairie de), *Orne*, 82.
La Brenotière (métairie de), *Orne*, 32.
La Bresnarderye ou *La Bresnardière* (terre de), *Orne*, 146 et note 4.
La Bretonnière (seigneur de). Voir Martin (Jean).
Labrette (Agnès), 180, note.
La Brière (Geoffroy de), 177.
La Brière (paroisse de). Voir *Saint-Pierre-la-Bruyère*.
La Brossinière ou *La Brossonnyère* (lieu de), *Orne*, 205 et note 1.
La Bunoche, écuyer tranchant de madame Marie d'Armagnac, 269.
La Bussière (seigneur de). Voir Du Tillet (Jean).
La Calabre (province de), *Italie*, 118, note 11. 187, note 3.
La Calabrière (seigneurie de), *Orne*, 84.
La Carrière ou *La Carrelière* (lieu de), *Orne*, 134. 136, note 6.
La Chaise (seigneur de), 90. Voir Abot (Gilles et Guillaume).
La Chaise (prieuré de), *Orne*, 19. 34 et note 1. 293.

La Chapelle (Adam de), de *Mortagne*, 131.
La Chapelle (seigneur de). Voir Sorel.
La Chapelle (moulin de), *Orne*, 106. — terre de, 154.
La Chapelle-Fortin (paroisse de), *Eure-et-Loir*), 26, note 2.
La Chapelle-Gastineau [*Préval*], *Sarthe* (moulin de), 178. — paroisse de, 33. 107.
La Chapelle-Gâtinelle ou *Préval-Gâtineau* (enclave de), *Sarthe*, 24, note 14. 107, note 5.
La Chapelle-Montligeon (moulin de), *Orne*, 144. — paroisse de, 22. 54, note 6. 144. 253.
La Chapelle-Saint-Rémy (paroisse de), *Sarthe*, 25.
La Chapelle-Souëf (paroisse de), *Orne*, 24. 33. 84, notes 1, 16 et 23. 127. 256.
La Charbottière (seigneurie de), *Orne*, 53, note.
La Châtre (ville de), *Indre*, 150.
La Chesnaye (moulin de), *Orne*, 178.
La Chesnelière (maison de), au *Maine*, 174.
La Chesnelière (seigneur de), 92.
La Cholletière (seigneur de), 223.
La Cocherie (seigneur de). Voir Bouc.
La Cocuyère (village de), *Orne ?* 39, note 2.
La Corbionne (rivière de), *Orne*, 93, note 7.
La Coudrelle (seigneurie de), 53, note. 299, note 3. Voir Puisaye (marquis de).
La Couppe (seigneur de), 87.
La Courbe (moulin de), *Orne ?* 177.
La Crestolière (métairie de), *Orne*, 146.
La Croix (terre de), *Orne*, 132.
La Croix-du-Perche (paroisse de), *Eure-et-Loir*, 27. 249.
La Fauconnerie (seigneurs de). Voir Catinat (monsieur et Pierre de).
La Fauconnerie (ferme de), *Orne*, 5, note 2.
La Ferre (seigneurie de), *Orne*, 53.
La Ferrière-au-Doyen (châtellenie de), *Orne*, 93. 94. — église Sainte-Marie-Madeleine de, 112, note 2. 115. — seigneurie de, 82.
La Ferrière au Val-Germond (vicomte de). Voir Puisaye (marquis de).
La Ferté (Bernaus de), 101, note 4.
La Ferté (Gervais de), 177 et note 3.
La Ferté-Bernard (seigneurs de), 141, note 8.
La Ferté-Bernard (bailli de), *Sarthe*. Voir Marais (Thomas). — canton de, 24, notes 14 et 16. 25, note 5. 83, note 1. 107, note 5. — terre de, 231. — ville de, 38. 96, note 5. 147, note, 243.
La Ferté-Conault [*La Ferté-Ernault*]. Voir *La Ferté-Vidame*.
La Ferté-Milon (ville de), *Aisne*, 165.
La Ferté-Vidame (canton de), *Eure-et-Loir*, 26, notes 2 et 16. — ville de, 242.
La Flèche (baronnie de), *Sarthe*, 227, note 6. 231, note 2. — château de, 227, note 6. — collège royal des Jésuites à, 193. — couvent des Cordeliers à, 229. 278. — siège présidial de, 193. — ville de, 193. 226, note 3. 236, note 2. 278.
La Fontaine d'Eure (lieu de), *Orne*, 39, note 2.

La Fontaine Raoul ou *La Fontaine-Rodolphe* (lieu de), *Orne*, 102 et note 3.
La Forest (terre-de), *Orne*, 64. 133.
La Forrest (Artus de), capitaine d'Alençon, 220.
La Forrest (Guillaume de), 153.
La Forrest (Louis de), 220.
La Frelonière (métairie de), *Orne*, 82.
La Fresnaye (Guillaume de), 146.
La Frette (maison de), 64. 66 et note 1. 67. 126. 308.
La Frette (seigneurs de), 50 et note 9. 53, note 64. 65, note 3. 102, note 5. 185. 242. 243. 299. Voir Gruel.
La Frette (château de), *Orne*, 50, note 7. 66, note 1. — trésor de, 10.
La Fumée, habitant de *Verneuil*, 245.
La Fuye (champ de), *Orne*, 60, note.
La Galezière (métairie de), 82.
Lagan, Lanjan, Languan, Langan, sieur de Boisfévrier (René de), chevalier, 67, note 5. 68. 69, note.
Lagan, sieur de Boisfévrier (Simon de), 206, note 1.
La Gastine (terre de), *Orne*, 144.
La Gaudaine ou *Gaudenne* (paroisse de), *Eure-et-Loir*, 26 et note 11. 253.
La Giraudière (seigneurie de), *Orne*, 84.
Lago (capitaine), 243.
La Grande-Bermoyère (seigneur de). Voir Gaubert (Jean de).
La Grange (métairie de), *Eure-et-Loir*, 143.
La Gravelle (lieu de), *Orne*, 38. 132. 205, note 1.
La Grenouillière, (sieur de), 245.
La Grimaudière (Haute Justice de), *Orne*, 51, note 1.
La Guerche ou *La Guyerche* (fief de), *Bretagne*, 204. 231, note 2.
La Hantonnière (monsieur de), 254.
La Haraudière (Mathieu de), 136.
La Haye (François-Jean de), procureur-général de l'ordre de Saint-François, 274, note.
La Haye (Robert de), 145.
La Haye (sieur), 220.
La Hérissière (métairie de), *Eure-et-Loir*, 174.
La Hérissonnière (lieu de), *Orne* ? 146.
La Hérousdière (Mathurin de), 145.
La Herse (fontaine de), *Orne*, 85.
Laigle (Gilbert de), 110, note 5.
Laigle (Giselbert II ou Gilbert, baron de), 128, note 3.
Laigle (Hilbert de), 146.
Laigle (Marguerite de), femme de Garcias Ramirez, roi de Navarre, 128, note 2. 137, note 2
Laigle (canton de), *Orne*, 18, note 13. — ville de, 127, note. 186.
Laigny ou *Ligny* (terre de), *Orne*, 144. 190.
La Lande (Guillaume de), 177.
La Lande-sur-Eure (notaire de), *Orne*. Voir Audollent. — paroisse de, 22 et note 18. 39, note 2. 252. — seigneurie de, 53, note.
Laleu (Sobier ou Solen de), 135 et note 2.
La Loupe (canton de), *Eure-et-Loir*, 17, note 6. 25, note 4. 27, notes 1. 2. 4. 10. 11 et 12. 82, notes 3 et 5. 87, sous-note 6. 91,

note 1. 93, note 2. 143, note 5. — seigneurie de, 206, note. — village de, 204, note 4.
La Madeleine-Bouvet, (paroisse de), *Orne*, 252.
La Maire (Robert de), 178.
La Mare (champ de) *Orne*, 133.
La Marre (seigneurie de), *Orne*, 53.
La Martellière (Pierre ou François de), lieutenant-général du *Perche*, 239, note 2.
Lambel (comte de), 274, note.
La Menaudière (seigneurie de), *Orne*, 84.
Lamery (R.) 272.
La Mesnière (Gervais de), 152, 158 165.
La Mesnière (Robert de), 145.
La Mesnière (curé de), *Orne*. Voir Le Sueur (Rodolphe). — isles de, 136. — paroisse et église Saint-Gervais et Saint-Protais de, 20 et note 11. 53 sous-note 11. 165. 167 et note 2. 264. 265. — seigneurie de, 53, note. 299, note 3.
La Messesselle (village de), *Eure-et-Loir*, 102, note 1.
La Montagne-Royer (lieu de), *Orne*, 103, note 8.
La Morandière (Jacques Desmoutis de), lieutenant à *Verneuil*, 244 et note 2.
La Morlière (seigneur de). Voir Thibault (François).
La Mothe (métairie de), *Orne ?* 178.
La Motte-d'Iversay (châtellenie de), *Orne*, 68, note 6. 125, sous-note 2. — paroisse de, 105, note 2. 125 et note 5.
La Motte-Rotrou (lieu de), *Eure-et-Loir*, 125 et note 3.
La Mouchère (dîme de), *Orne*, 82.
La Moynerye (métairie de), *Orne*, 144.
Lancastre (duc de), 194 et note 1.
Lancibot (Hugues), 106 et note 9.
Lande (Jean de), capitaine de *Mortagne*, 210.
Landier (Guillaume), 106.
Landres (château de), *Orne*, 59, note 3.
L'Angloyère (bois de), *Orne*, 179.
Langloys (Guillaume), 140.
Langres (évêque et duc de). Voir Gui IV Bernard, Joinville (Guillaume II de).
Lanié ou Lavie (Simon), 141 et note 6.
La Noë (sieur de), 220.
Laon (évêque et duc de). Voir Crépin (Antoine).— ville de, 71. 205.
La Pelice (abbaye de) au *Maine*, 141, note 8.
La Pelletrie (seigneur de). Voir Bubertré (Jean de).
La Perrière (Guillaume de), 85, note 4.
La Perrière (chapelle Saint-Gilles du Vivier à), *Orne*, 86, note. — chapelle Saint-Michel à, 86, note. — château de, 85, 86, note. 129. — châtellenie de, 25. 235. — juges et officiers de, 40, note 2. — paroisse de, 25, note 19. 85 et note 4. 86, note. 181, note 2. 182, note. 183, 184, note. 206, note 2. 252. — prévôté de, 176. 178, note 3. — seigneuries qui dépendent de, 84.
La Pescherie (seigneurie de), *Orne*, 84,
La Petite Cerche (sieur de), 220.
La Pillatrière (dîme de), *Orne*, 164.
La Plonnière (seigneurie de), *Orne*, 53.
La Poterie-au-Perche (paroisse de), *Orne*, 21, 248.

La Pouille (duchesse de), 115 125.
La Pouille (province de), *Italie*, 74. 118, note 11. 123, note 4. 160, note. 187.
La Poulle (sieur de), capitaine anglais, 205.
La Prévosté (terre de), *Orne*, 228.
La Prouterie (monsieur de), 80.
La Puisaye (prieuré de), *Eure-et-Loir*, 35, note.
Lara (seigneurie de), en *Castille*, 191, note 1. 219, note 1.
Larcher (bois à), *Orne*, 179.
L'Ardrillay ou de *Cordrillay* (métairie de), *Orne*, 158, et note 2.
La Resnière (seigneur de). Voir Fontenay (René de).
La Richardière (fief de), *Orne*, 82.
La Rivière (maison de), 126.
La Rivière (monsieur de), de *la Pelonnière*, 53, sous-note 4.
La Rivière (seigneur de), 126. Voir Catinat (Louis).
La Roche (Roger de), 132.
La Roche-Mabile (baron de). Voir Vassé (Jean de).
La Roche-Mabile (village de), *Orne*, 189.
La Roche-Serrant (château de), *Maine-et-Loire*, 38.
La Rochelle (Richard de), 78.
La Rochelle (ville de), 192.
La Roche-Mayet (seigneur de). Voir Girouys (Antoine).
La Roche-Talbon, 226, note 3.
La Roë (Jean de), 220.
La Roë (sieur de), 220.
La Rondellière (métairie de), *Orne*, 159.
La Rosière (sieur de), 220.
La Rouchère (terre de), *Orne*, 167, note 1.
La Rouge (métairie de), *Orne*, 178.
La Rouge (paroisse Saint-Rémy de), *Orne*, 23 33. 254.
La Rousselière (seigneur de). Voir Crestot.
La Roussière ou *La Rousselière* (terre de), *Orne*, 126 et note 2.
La Rozière (Guillaume de), 132.
La Rozière (Hernault de), 135.
La Rozière (Robert de), 132.
La Rozière (seigneurie de), *Orne*, 83. — terre de, 153 et note 2.
La Rue (Guillaume de), 154.
La Rue (Hugues de), 152 et note 4.
La Saulmerye (Robert de), 158.
La Sayon (sieur de), 220.
La Séjardière (lieu de), *Orne*, 303.
La Sicotière (bibliothèque de monsieur de), 10, sous-note 2. 273, note 1. 293. 309, note 2. 310. — manuscrit de Bart à monsieur de, 296. 297. 298.
La Simonnière (métairie de), *Orne*, 159.
Lasin (famille de), 87, sous-note 4.
La Souchardière ou *La Boussardière* (seigneurie de), *Orne*, 84 et note 22.
Lastours (Gui de), 110, note 5.
La Thibaudière (village de), *Orne*, 39, note 2.
La Tour (seigneur de), 220.
La Tour d'Auvergne (seigneur de), 214. 215.
La Tour d'Eure ou *Tour de Bouillon* (fortifications de), *Orne*, 206, note 2.

La Tour du Sablon (fortifications de), *Orne*, 206, note 2.
La Trappe (abbaye de), *Orne*, 15. 55. 65 et note 1. 128. 133. 144. 179. 180, note 190. 257. 268. 293. 305. — Adam dit Gautier, troisième abbé de, 160, note. — cartulaire de, 65, note 1. — étangs de 144. — religieux de, 170, note 4. 184, note. — seigneurie de, 53, note. — titre de l'abbaye de, 9.
La Troche (Odo de), 145.
La Troche (seigneur de). Voir Bellanger.
Laubry (sieur de), maître d'hôtel de Marguerite de Lorraine, 281.
Launay (Guillaume de), 177.
Launay (Jean de), curé de *Sainte-Geneviève-du-Bois* et de *Morsang-sur-Orge*, chapelain de *N.-D.-du-Vieux-Château à Belléme*, 77, note 2.
Launay (sieur de), 254.
Launay (Simon de), 141.
L'Aunay (seigneurie de), *Orne*, 84.
Launomarus [Saint-Lômer], 31, note 3.
Laurent (abbé), 274, note.
Laurentière (seigneurie de), *Orne*, 84.
Lautonnière (seigneur de). Voir Du Crochet (François).
Laval (Emme de), femme de Mathieu II de Montmorency, 182, note.
Laval (Gui XII, sieur de), 193.
Laval (Gui XIV, comte de), 204. 213, note 1. 214.
Laval et de Montfort (François dit Gui XV, comte de), 204.
Laval (Gui de), sieur de Gaure, 193.
Laval (Jean de), seigneur de La Roche, 220, 221.
Laval (Yolande de), femme de Guillaume d'Harcourt, 226.
La Valée (Gautier de) 153.
La Vallée (Roger de), 165.
La Vallée (métairie de), *Orne*, 112, note 2. 130.
Lavardin (maison de), 308.
La Ventrouse (dame de). Voir Auvé (Marguerite).
La Ventrouse (maison de), 64.
La Ventrouse (monsieur de), 253.
La Ventrouse (seigneur de). Voir Vendôme (Bouchard et Jean de).
La Ventrouse (haute-justice de), *Orne*, 50. — paroisse de, 21 et note 13. 253. — terre de, 66. 67.
La Vianderye (Guillaume de), 178.
La Vianderye (Robert de), 178.
La Violliaire (seigneurie de), *Orne*, 53.
La Vove (Alexandre de), 68, note 6.
La Vove (Antoine de), 68, note 6, 69, note.
La Vove (Arnoul de), 154.
La Vove (Galeran de), 68, note 6.
La Vove (Galiban de), 68.
La Vove (Jacques de), 68, note 6.
La Vove (Jean de), 67, note 4. 68, note 6.
La Vove (maison de), 68.
La Vove (Marie de), femme de René de Lanjan de Boisfévrier, 67, note 5. 68 69, note.
La Vove (Pierre de), 68, note 6. 69.
La Vove (Robert de), seigneur de Tourouvre, 51. 67, note 1. 68.
La Vove (Robert Ier de), 68, note 6. 69.

La Vove (Robert II de), 68, note 6. 69.
La Vove (Robert III de), 68, note 6. 69.
La Vove (Simon de), 69. 132.
La Vove (château de), *Orne*, 68, note 1. — seigneurie de, 53, note 67, notes 1. 4 et 5.
L'Eau (Robert de), 136.
Le Bas-Boulay (terre de), *Orne*, 302.
Le Bigre (seigneurie), *Orne*, 170, note 4.
Le Bois-Tillay (village), *Eure-et-Loir*, 112, note 2.
Le Boullay (métairie), *Orne*, 153.
Le Boullenger (Jean), 216.
Le Boulleur (Guillaume), 210.
Le Boulleur (Jacques), 80, note 7.
Le Boulleur (Marie), femme de René de Bonvoust, 80, note 7.
Le Boursier (Girard), maître des requêtes de Charles VII, roi de France, 215.
Le Boys (moulin), *Eure-et-Loir*, 143.
Le Breton (Hugues), 145.
Le Breuil (terre), *Orne*, 100.
Le Buat (terre), *Orne*, 145.
Le Buisson (paroisse), *Orne*, 23, note 16. 24, notes 2 et 7.
Le Cartusian, chartreux du *Val-Dieu*, 238.
Le Cauchelier ou Le Chancelier (Guillaume), 177 et note 1.
Le Charpentier (Guillaume), vicomte de Melun, 119 et note 1.
Le Chastel (village), *Sarthe ?* 204, note 4.
Le Chenai. Voir *Le Tuyau à la Truie.*
Le Chesnay (fief), en *Irai, Orne,* 146.
Le Chesnay (fief), en *Saint-Ouen-de-la-Cour, Orne,* 164.
Le Chevalier (Anne), femme de Pierre de Fontenay, 242, note 1.
Le Clerc (Guillaume), 132.
Le Clerc (Robert), 102.
Lecointre-Dupont (Gérasime), numismate, 57 sous-note 1.
Lecomte (Monsieur), 31.
Le Comte (moulins), *Orne,* 179, note 1.
Le Corviller ou Du Cornillet (Guillaume), 154 et note 5.
Le Damoysel (Jean), conseiller de Charles VII, roi de France, 216.
Le Fay (métairie) *Orne,* 32.
Le Febvre (Pierre), conseiller d'église sous Charles VII, roi de France, 216.
Lefèvre (Catherine), femme de Jacques de Boullemer, 310.
Le Forestier (abbé), curé de *Mortagne,* 308, note 1.
Legendre (Guillaume), 302.
Le Granc (Jean), 269. 270.
Le Grand (Bertranne), 52, note.
Le Grand Faye ou *Grand Fey* (seigneurie), *Orne,* 83 et note 18.
Le Grand Nogent [*Nogent-le-Rotrou*], 89, note 1.
Le Guay (moulin), *Orne,* 132.
Le Gué (terre sur), *Orne,* 136.
Le Gué-de-la-Chaîne (paroisse), *Orne,* 84, notes 8. 10 et 21.
Le Guerrier ou Guerrier (René), doyen de *Saint-Jean-de-Nogent,* 7. 95. 143.
Lejeune, bibliothécaire de *Chartres,* 298.
Le Mage (paroisse) *Orne,* 16, note 7. 21 et note 2. 53, sous-note 1. 252.

Le Mans (abbaye de la Couture), *Sarthe,* 19. — abbé de la Couture, 251. — abesse du Pré, 250. — arrondissement, 72, note 4. — diocèse, 24, notes 11, 12, 13, 14, 15, 16, 17 et 18. 25, notes 1, 2, 3 et 5. 29. 113. 140. note. — route, 84, note 6. — Saint-Vincent, 250. — ville, 11, note 4. 32. 38. 241.

Lemarié, commis au bureau des gabelles de *Mortagne,* 297. 298.

Le Mêle-sur-Sarthe (paroisse), *Orne,* 37 et note 5. 52 et note 1.

Le Mère (René), official de *Sees,* doyen de Toussaint de *Mortagne,* 246.

Le Mesnil (moulin), *O.ne,* 154.

Le Mesnil-Chevreul (seigneurie), *Orne,* 67. 144. 166.

Le Métayer (Alix), 50, note 10.

Lemoine (François), promoteur de l'évêque de *Sées,* prévôt de Toussai..t de *Mortagne,* 7.

Le Mont-Saint-Michel (abbaye), *Manche,* 225.

Le Musnier (Gilon), 155.

Le Nain de Tillemont (monsieur), 183, sous-note 1.

Lenainsville (terre de), *Eure-et-Loir ?* 104 et note 6.

Le Netguillé (lieu), *Orne,* 133.

Léon X, pape, 282.

Le Pas-Saint-L'homer (chapelle), *Orne,* 140, note. — paroisse, 21. 252.

Le Passais [pays de *Domfront*], 192. 193.

Le Petit Levainville (lieu), *Eure-et-Loir,* 104, note 6.

Le Petit-Val (fief), *Orne,* 82.

Le Pin-la-Garenne (foire), *Orne,* 154. — métairie, 177. — paroisse, 22 et note 11. 53, sous-note 3. 134. 135. 164. 303. — seigneurie, 53, note.

L'Epine (pré de), *Orne,* 133.

Le Plessis (haute justice), *Orne,* 52.

Le Plessis-Gaultier (lieu), *Orne,* 140.

Le Pont (métairie) *Eure-et-Loir ?* 170. 177. — moulin, 178.

Le Puy (évêque de). Voir Ainard.

Le Ray (seigneurie), *Orne,* 84.

Le Roi (Pierre), aumônier de Catherine d'Alençon, dame de Montfort, 271.

Le Roux (Gervais), 132.

Le Roux (Gilbert), 132.

Le Roy (Jacques), procureur du Roi, 30, note 1.

Le Roy (Louis), 81, note 7.

Le Roy (Madeleine), 81, note 7.

Le Roy de Chavigny (François), seigneur de Clinchamps, 81 et note 7.

Lescar (ville de), *Basses-Pyrénées,* 236, note 3.

Les Coutures (seigneurie), *Orne,* 84.

Le Sec (Collin), 146.

Le Sénéchal (Jean), 205

Le Sénéchal (Olivier), 220.

Le Tuyau à la Truie ou *Le Chenai* (lieu), *Orne,* 37.

Les Andelys (village), *Eure,* 151, note 1.

Les Arsies (métairie), *Orne ?* 178.

Les Autels-Tubœuf (paroisse), *Eure-et-Loir,* 26. 253.

Les Bouillons (seigneurie), *Orne,* 84.

Les Chaises (seigneurie), *Orne,* 84.

Les Chenais-Hayot, capitaine, 244.
Les Esteilleux [Étilleux] (paroisse), *Eure-et-Loir*, 26 et note 19. 252.
Les Estiennes (lieu), *Orne*, 155.
Les Feugerets (château), *Orne*, 84, note 1. — seigneurie, 84.
Les Frisches (lieu), *Orne*, 33.
Les Grandes et Petites-Moutonnières (métairie), *Orne*, 143.
Les Guez (haute justice), *Orne*, 50.
Les Jouinières (pré), *Orne*, 134, note 2.
Les Landes (terres), *Orne*, 154.
Les Loges (seigneurie), *Orne*, 84.
Les Marais (seigneurie), *Orne*, 53.
Les Marres (fief), *Orne*, 134. 228.
Les Mesnus (paroisse), *Orne*, 21 et notes 4 et 5. 252.
Les Miches (fief), *Orne*, 82.
Les Murgeys. Voir *Saint-Jean-des-Murgers.*
Les Orgeries (moulin), *Orne*, 177.
Les Pavées (seigneurie), *Orne*, 83 et note 12.
Les Planches (terre), *Orne*, 107.
Les Ponts-de-Mauves (seigneurie), *Orne*, 53.
Les Poulies (champs), *Orne*, 54.
Les Poussinières (fief), *Orne*, 164.
Lespury (terre de), *Orne*, 178.
Les Rozières (métairie), *Orne*, 167.
Le Sieur (Rodolphe), tilleul de Léonard Bart, 295, note 4. 308. 309 et note 1.
Le Sueur (Jean), sieur du Tartre, 7. 95.
Le Sueur (Marie), 231.
Le Sueur (Philippe), curé de *Margon*, 7, note 1.
Le Sueur (Rodolphe), curé de *La Mesnière*, 264. 265. 266.
Le Tail. Voir *Le Theil.*
Le Tartre (métairie), *Orne*, 143 et note 3.
Le Theil (canton), *Orne*, 16, note 7. 17, note 3. 23, notes 5, 8, 12, 19 et 21. 24, notes 4 et 11. 26, note 13. 80, note 2. 82, note 8. 83, notes 5, 11 et 13. 84, notes 11, 12, 13, 14, 15, 25 et 27. 100, note 5. 143, note 4. — haute justice, 80. — paroisse, 24 et note 3. 33. 39 note 2. 83, note 4. 87, sous-note 7. 170. 182, note. 183. 206, note 2. 246, note 2. 249. — prés Lanscar, 180, note. — seigneurie, 83.
Lévagué (madame de), 63, note 2.
Le Val (sieur), 245.
Le Val (côte), *Orne*, 41, note 2. — faubourg, 42, note 5. 134. 140. moulin, 168.
Le Val-Dieu (chartreux), *Orne*, 15. 50, note 4. 54. 55. 199. 238. 257. 258. 268. 269. 301. — monastère, 55. 140. 193, note 5. 196. 197 et note 2. 198 et note 1. 199. 257. 293. 302. — seigneurie, 52, note 4. — titre de l'abbaye, 9.
Le Val-en-Origny (seigneurie), *Orne*, 84.
Le Vavasseur (Pierre), seigneur d'Esguilly, gouverneur de *Chartres*, 96, note 3.
Le Vayer (Robert), 132.
Le Verrier, meunier à *Verneuil*, 210.
Le Verrier (Guillaume), 30, note 1.
Le Vicq (Guillaume), conseiller de Charles VII, roi de France. 216 et note 1.

Lévis-Mirepoix (comte de), député de l'*Orne,* 83, note 23.
Le Voyer (Hugues), 154.
Le Voyer (Robert), 177.
Le Voyer (Rodolphe), 153.
Le Voyer (Simon), 153.
Lexovii [habitants de Lisieux], 13, note 1.
L'hermitière (sieur de), 254.
L'hermitière-Bouquet (paroisse de), *Orne,* 24 et note 4. 254.
L'hermitte (Etienne), seigneur de Saint-Denis-sur-Huisne, 52, note 4.
Lhermitte (Tristan), 223. 262.
L'Hôme-Chamondot (paroisse de), *Orne,* 125, note 5 et sous-note 1. 252.
Lignerolles (Guillaume de), 146.
Lignerolles (métairie de), *Orne,* 145. — paroisse N.-D.-de, 21. 251.
Ligue (guerre de la), 36. 40, note 5. 165. 244 et note 1.
Ligueurs (les), 40, note 5, 67, note 6.
Limousin (sénéchal de), 213, note. 215.
Limousin (province de), 192.
Lincoln (ville de), *Angleterre,* 171. 172 et note 1 et 2.
Lisieux (seigneurs de), 12, note 1.
Lisieux (archidiaconé de), *Calvados,* 29. — évêque de. Voir du Houmet (Jourdain). — grand doyen de, 163. — ville de, 13, note.
L'Isle (Robert de), 132.
Loches (château de), *Indre-et-Loire,* 218, 223.
Loire (rivière de), 15, 38. 194.
Loire-Inférieure (département de la), 59, note 1.
Loisail (Houdibaut de), 133,
Loisail (Girard de), 134.
Loisail (Guillaume de), 130. 131. 133.
Loisail (Hélie de), 154.
Loisail (Payen de), 133. 145.
Loisail (Robert de), 164.
Loisail (métairie de), *Orne,* 164. — moulin de, 145. — paroisse Saint-Martin-de, 22. 54, note 5. 113. 130. 132, note 5. 133. 135. 144 et note 5. 164. 167, note 1. 297.
Loisé (Anguerrand de), 133.
Loisé, Loysé, Loisey (cimetière de), *Orne,* 112, note 2. — église Saint-Germain de, 102. 103. 105. 268, — maladrerie de, 28. — paroisse de, 20. 44. 64. 113. 132 et note 6. 133, note 8. 134. 135. 144, note 5.
Lombards (les), 205.
Londres (ville de), 73. 172, note 2.
Longchamps (monastère des filles de), 228, note 3.
Longjumeau (canton de), *Seine-et-Oise,* 77, sous-note 1.
Longny (baron de). Voir Orléans (Henri d').
Longny (Jean de), 88, note. 126.
Longny (Louis de), 126. 211.
Longny (Nicolas de), 88, note. 126.
Longny (baronnie de), *Orne,* 88, note. 125. 126. — canton de, 18, notes 4 et 8. 19, note 2. 21, notes 1, 2, 4 et 21. 22, note 18. 53, sous-note 1. 125, sous-note 1. — château de, 86. 88, sous-note

3, 211. — cimetière de, 88. — couvent de l'ordre de St-Benoît à, 88. — église de, 253. — église Saint-Martin de, 87. — église Saint-Sauveur de, 88. — Notre-Dame-de-Piété à, 87. — prieuré de 18. 253. — seigneurie de, 206, note 2. — village de, 39, note 2. 50, note 5. 86. 87. 88, sous-note 2. 125, note 5. 126, notes 3 et 4. 140. 204, note 4.

Longpont (Gervais de), 140, note.
Longpont (Guillaume de), 132. 152.
Longpont (Simon de), 132.
Longpont (château de), *Orne*, 17, note 1. 51 et note 8. 161. — haute justice de, 51 et note 8. — paroisse Saint-Blaise de, 20. 53, sous-note 11. 182. 209. 254. — seigneurie de, 229, note 2.
Longueville (duc de). Voir Orléans.
Longueville (maison de), 88, note.
Lonray, Lonrey (Ambroys de), chevalier, 206.
Lonray (Guérin de), 141, note 4.
Lorme (Georges de), 105 et 7, 106.
Lorme (Guillaume de), 154.
Lorme (Robert de), 105, note 7. 154.
Lormoye (Marie), de *La Mesnière*, 265.
Lormoye (seigneurie de), *Orne*, 299, note 3.
Lorraine (ducs de), 199. Voir Anjou (René d'), Boulogne (Godefroy de).
Lorraine (Ferry de), comte de Vaudemont, Guise, Romigny, Harcourt et Aumale, 226.
Lorraine (Henri de), comte de Vaudemont, duc de Guise et d'Aumale, 274. 275.
Lorraine (Jeanne de), femme de Charles d'Anjou, 274.
Lorraine (Marguerite de), femme de René, duc d'Alençon et comte du Perche, 60. 62. 226. 227. 228. 229 et note 6. 230, notes 2 et 4. 258. 261 et note 2. 263. 273. 274. 275. 276. 277. 278. 279. 280. 281. 282. 283. 293.
Lorraine (René de), 274 et note. 275.
Lorraine (province de), 275.
Lorraine d'Armagnac (François, Armand de), évêque de Bayeux, 273, note 1.
Lorrey (Ambroys de) 204. 207. 208.
Lothaire, roi de France. Voir France.
Louis IX (Chronique de), 8.
Louis XI (Chronique de), 8.
Louis, comte palatin. Voir Bavière.
Louis d'Anjou. Voir Anjou.
Louis d'Armagnac. Voir Armagnac.
Louis de Bourbon. Voir Bourbon.
Louis de Chartres. Voir Chartres.
Louis de France. Voir Orléans (Louis d').
Louis d'Orléans. Voir Orléans.
Louis, fils de la troisième femme de Philippe de Valois, 86, note.
Louis, fils de Saint-Louis, 185.
Louis (rois de France du nom de). Voir France.
Louviers (pays de), *Eure*, 207. — ville de, 39, notes 1 et 2.
Louvilliers (village de), *Eure-et-Loir*, 98, note 1.
Lugdunum [*Lyon*], 8, note 7.
Lunel (Julian), seigneur des Essarts, 310.

Lyon (archevêque de). Voir Perche (Charles III, comte du). — ville de, 231, note 1. 241. 278.

M

Mabile de Bellême. Voir Bellême.
Mabon (Guillaume), 269.
Macé (Jean), prieur de Chartrage à *Mortagne*, 131, note 1.
Machenay de Blavou (Archambault), 132.
Machenay de Blavou (Robert), 132.
Mâcon (ville de), 148, note 3. 184, note.
Madeleine du Perche. Voir Perche.
Magistri (le P. Yves), cordelier, 273, note.
Magnac (Itier de), 138.
Mahaut de Champagne. Voir Champagne.
Mahaut du Perche. Voir Perche.
Mahéru (terre de), *Orne,* 145.
Maillebois (collégiale de), *Eure-et-Loir,* 35, note.
Mailli (Jean II de), évêque de *Noyon.* 214, note. 215.
Maine (comtes du), 85, note 3. Voir Anjou (comtes d'), Bethford (duc de).
Maine (duc du), 242. 243.
Maine (Hélie de la Flèche, comte du), 85. 129.
Maine (monsieur du), 241.
Maine, (René, comte du), duc de Bar et de Lorraine, 213, note 1. 214. 218.
Maine (marchands du Maine), 63. — marches du, 205. — province du, 11, note 4, 14. 24, notes 14 et 16. 25, notes 1, 2 et 3. 32. 33 et note 4. 38. 39, note 2. 72. 174. 188, note. 204. 240, note. — rivière du, 38.
Maintenon (madame de), 39, note 2.
Maintenon (canal de), *Eure-et-Loir,* 39, note 2. — canton de, 87, sous-notes 8 et 9. — village de 39, note 2.
Maisoncelles (terre de , en *Brie,* 299, note 3.
Maison Maugis (seigneur de). Voir Rahier (Jean).
Maison-Maugis (forge de), *Orne,* 68, note 6. — haute-justice de, 52. — moulin de, 176. — paroisse de, 22. 184, note. 252. — prévôté de, 168. — prieuré Saint-Nicolas de, 17, note 12. 170, note 3. 252. — seigneurie de, 54, note.
Malays (Jean), notaire à *Nogent-le-Rotrou,* 174.
Malemouche (Burcart ou Burcal de), 105 et note 4.
Malemouche de Ceton (Dreux Denys ou Dreux-Denys-le-Mouche de Ceton), 105 et note 3.
Malet (Jean), sire de Graville. 192. 194.
Malétable, Marestable (paroisse de), *Orne,* 253.
Mallestroit (Jean de), 211.
Mallestroit (Philippe de), 211.
Mallet (Charles de), 52.
Mamers (arrondissement de), *Sarthe,* 17, note 5. 33, note 1. 83, note 3. 107, note 4. 113, note 12. — canton de, 24, note 13. — curé de. Voir Busson (H.). — ville de, 85, 192. 206, note 2. 310.
Mamiste (ville de). Voir *Messissé.*
Mangastel (Jeanne de), dame de Blandé, 201.

Mangatel (Simon de), 177.
Manthelon (Jean de), seigneur de Vassey, capitaine d'*Alençon*, 222.
Mantherie ou de Mant (Mathieu de), conseiller de Charles VII, roi de France, 216 et note 2.
Mantoue (principauté de), 238, note 2.
Manuel (empereur de Constantinople), 137. 138.
Marais (Girard de), 136.
Marais (Guillaume de), 136.
Marais (Jean de), 136.
Marais (monsieur H.), 30, note 1.
Marais (Thomas), bailli de *La Ferté*, 96.
Marc [*Marche*] (pays de), 195.
Marchainville, Marcheville (paroisse de), *Orne*, 125. 152. — prévôté de, 177 et note 2. — prieuré de, 19, note 4. — terres de, 180, note.
Marchant (Nicolas), conseiller d'église sous Charles VII, roi de France, 216.
Marchier (Mathieu), huissier sous Charles VII, roi de France, 216.
Marcilly (René de), 177.
Marcilly (paroisse de), *Orne*, 23. 250. — seigneurie de, 83.
Mareau (monsieur), de *Mauves*, 60, note 3.
Marefrenel (seigneurie de), *Orne*, 53.
Marengey [*Mazangé, Loir-et-Cher*], (prévôt de), 87, note 1.
Margon (curé de), *Eure-et-Loir*. Voir Lesueur (Philippe). — église et paroisse Saint-Martin de, 109. 112, note 2. 114, note 2. 130. 247. — moulin de, 112, note 2, 177. — Notre-Dame de, 114.
Marguerite d'Alençon. Voir Alençon.
Marguerite d'Anjou. Voir Anjou.
Marguerite d'Armagnac. Voir Armagnac.
Marguerite de France. Voir Angoulême (Marguerite d').
Marguerite de Lorraine. Voir Lorraine.
Marguerite de Navarre. Voir Navarre.
Marguerite de Provence. Voir Provence.
Marguerite de Sicile. Voir Anjou (Marguerite d').
Marguerite de Valois. Voir Valois.
Marguerite, femme de Guillaume le Mauvais, roi de Sicile, 116 et note 6.
Marguerite, femme de Henri de Beaumont-le-Roger, 110, note 5.
Marguerite, fondatrice des religieuses de *Saint-Marcel-lès-Paris*, 185.
Maria (le P. Gabriel), commissaire du ministre général des Cordeliers, 281.
Marichon (prés de), *Orne*, 144.
Marie d'Alençon. Voir Alençon.
Marie d'Armagnac. Voir Armagnac.
Marie de Bourbon. Voir Bourbon.
Marie de Bretagne. Voir Bretagne.
Marie de Castille. Voir Castille.
Marie d'Espagne. Voir Espagne.
Marigny (Enguerrand de), 189, note.
Marle (de), commissaire départi de la généralité d'*Alençon*, 51, note 4.
Marle (Henry de), maître des requêtes, sous Charles VII, roi de France, 215.

Marmoutiers (abbaye de), *Alsace*, 30, note 2. 34, note 3. 76, note. — abbé de, 30. Voir Bernard, Odo. — cartulaire de, 99, note 7. — église de, 256. — prieuré Saint-Martin de, 30. — religieux de, 128.
Marnes (Gautier de), 105.
Maroisse, Marousche (rivière de), *Orne*, 101 et note 4. 105.
Marolles (Jean de), huissier sous Charles VII, roi de France, 216.
Marolles (paroisse de), *Eure-et-Loir*, 27. 113 et note 14.
Marrah, Mascha (ville de), *Syrie*, 122 et note 2.
Marseille (ville de), 148. 149, note 1. 160, note.
Martigny (Gervais de), 158.
Martigny (Robert de), 153.
Martigny (sieur), 220.
Martigny (lieu de), *Orne*, 158.
Martin (Jean), seigneur de la Bretonnière, 310.
Marville, Moutier-en-Thimerais (bataille de), 238, note 2.
Masle (Guillaume de), 178.
Masle, [*Mâle*] (moulin de), *Orne*, 82. — paroisse Saint-Martin de, 26 et note 13. 114 et note 9. 178 253, note 1.
Massiot (monsieur), de *Mortagne*, 296. 299.
Mathieu (Guillaume), 164.
Mathilde d'Angleterre. Voir Angleterre.
Mathilde, femme de Guillaume Ier de Bellême, 71. 75, note 5.
Mathilde, femme de Raoul Ier, sire de Beaugenci, 118, note 3.
Mathurins (ordre des), 44, note 5.
Maucler (Pierre). Voir Dreux (Pierre de).
Mauny (sieur de), 220.
Mauregard (André de), 136.
Mauregard (Augustin de), 136.
Mauregard (Payan de), 144.
. *Mauregard* (château de), *Orne*, 133. — haute justice de, 52.
Mausissuye (bois de), *Orne*, 180, note.
Mausole, roi de *Carie*, 260, note 1.
Mauves (Julien de), 141.
Mauves (seigneurs de). Voir Catinat.
Mauves (chapelle Saint Joseph en l'église Saint-Pierre de), *Orne*, 61, note 2. — chapelle Sainte-Madeleine en l'église Saint-Pierre de 61. 115. — chapelle Sainte-Thérèse en l'église Saint-Pierre de, 61, note 3. — château de, 59, note 3. 65, note 3. 116. 176. 179, note. 183, note. 228. 230, note 2. — châtellenie de, 62. — église de, 131. — église Saint-Jean-Baptiste de, 60 et note 5. 61. 113. — église Saint-Pierre de, 59, note 3. 60 et note 5. 61. 63, note 2. 104. 113. — four de, 177. — habitants de, 62. 63. note 2. — maison Bouteveille à, 60, note. — maison de monsieur Chardon à, 60, note 5. — maison seigneuriale de, 63, note 2. — maladrerie Saint-Gilles de, 15, note 2. 28. 61. 165. — monastère de filles à, 61 et note 5. — paroisse de, 5, note 2. 19, note 9. 22 et note 10. 38. 53, sous-notes 2, 3 et 6. 56. 57, sous-note 1. 59 et note 3. 60 et note 5. 61 et note 5. 63, note 1. 65 et note 3. 68, note 1. 131. 181, note. 182 et note. 184 et note. 185. 186, note 1. 187, note 3. 228. — pont de, 62. — propriété de monsieur Cottin à, 61, note 5.
Mazarin (collection du cardinal), 295.
Méandre (fleuve), *Anatolie*, 138.

Meaux (évêque de). Voir du Tillet (J.), Vieupont (Jean de). — ville de, 237.
Médavy ou Médavid (François Rouxel, baron de), gouverneur de *Verneuil*, 243. 244 et note 1. 245.
Médavy (Pierre Rouxel, baron de), gouverneur de *Verneuil*, 36 et note 2.
Médavy (Robert de), 132 et note 4.
Médavy (Rodolphe de), 136.
Médicis (Catherine de), 236. 239, note 1.
Méhery (Guy de), 107 et note 6.
Méhery (Hugues de), 134.
Melays (moulin de), *Orne*, 178.
Melion (Dreux de), 173.
Melisande, femme de Terbal, comte du Perche, 98, note 1.
Mélissende, femme de Baudouin, roi de Jérusalem, 139, note 1.
Mélissende, femme de Geoffroy II, comte du Perche, 99 et note 5. 100.
Melun (château de), 213. 262. — ville de, 173. 175, note 3. 176, note. 182, note.
Mémoussu (métairie de), *Orne*, 154.
Ménard (Guillot), 206.
Menbrens ou Mont-Louis (Hardouin de), 205 et note 4.
Mensey (seigneur de). Voir Girouys (Antoine).
Mercent (Catherine), femme de Michel Bart, 310.
Mercier ou Marnier (Simon), de *Mortagne*, 131 et note 4.
Mereglise (seigneur de), 92 et note 5.
Mérencé [Méaucé] (paroisse de), *Eure-et-Loir*, 27 et note 2. 249 et note 1.
Merle (Dreux de), 119.
Méroger, Méranger paroisse de), *Eure-et-Loir*, 87, sous-note 2.
Mesme (fontaine de la), *Orne*, 39, note 2. — rivière de, 29, note 2.
Mesquelin (lieu de), *Orne*, 135.
Messaselles (Robert de), 102.
Messine (fort de), *Sicile*, 149, note 1.
Messissé, Mamiste, Malmistra (ville de), *Turquie d'Asie*, 120 et note 7.
Mézenge (famille de), 80, note 5.
Mézeray (Eudes), historien, 10 note 1. 92, note 2.
Mézières-en-Drouais (village de), *Eure-et-Loir*, 39, note 2.
Michel (Marguerite), de *Mortagne*, 303.
Milan (Valentine de), femme de Louis, duc d'Orléans, 204, note 1.
Milan (duché de), 233.
Milan (seigneurie de), *Orne*, 299, note 3.
Milanais (province du), 233.
Miller. Voir Illiers (Milon d').
Minard (Jacques), conseiller de Charles VII, roi de France, 216 et note 3.
Miraban (seigneur de). Voir Chouet (Guillaume).
Mirail (Rodolphe), 152.
Moignet ou Moinet (Charlotte), dame de Touvois, 50, note 10.
Mollé (sieur), 220.
Monbason (monsieur de), 80.
Monceaux (paroisse de), *Orne*, 38. 253. — prieuré de, 18. 253.
Monchenay ou Montchenay (Gervais de), 141 et note 7.

Moncontour (bataille de), *Vienne*, 237.
Mondoucet (seigneurie de), 90.
Mongastel (Jeanne de), femme de Pierre Courterel, vicomte du Perche, 166.
Mongastel (Rotrou de), 176.
Mongaudry (baronnie de), *Orne*, 83. — haute justice de, 80 et note 7.
Montafié (Anne de), comtesse de Soissons, 33 et note 2. 96, note 1.
Montagu ou de Montigny (Gautier de), 138 et note 2.
Montagu (Thomas de), comte de Salisbury, 204, note 4. 206, note 2. 248, note 2.
Montaigu (Conon, comte de), 118 et note 5. 123 et note 2.
Montbassin ou Montboissier (Jeanne), femme de Louis des Barres, 228 et note 4.
Montbérut (terre de), 299, note 3.
Montboissier (famille de), 87, sous-note 5.
Montcassel (bataille de), 190.
Montcocu. Voir *Mont-Cacune*.
Montcollain (Guillaume de), 153.
Montcollain (Robert de), 146.
Montcollain (métairie de), *Orne*, 153.
Mont-Corbin (Payen de), 124 et note 4.
Mont-de-Cacune (lieu de, *Orne*, 54. 55.
Mont-Dieu (prieur de), 141.
Montdoulcet (Geoffroy de), 176.
Montdoulcet (Guy de), 176. 177.
Montdoulcet (Philippe de), 140, note.
Montdoulcet (Robert de), 106 et note 3. 140, note.
Montdoulcet (Wiard de), 140, note.
Montdoulcet (Yves de), 177.
Montenay (seigneur de), 205. 208.
Monternon (lieu de), *Orne*, 168.
Montferrat (Boniface II, marquis de), 159, note 1.
Montferrat (Guillaume VII Paléologue, marquis de), 227 et note 8. 262, note 1. 278.
Montferrat (marquis de), 12, note 1.
Montfort (Béatrix de), 2ᵉ femme de Rotrou III, comte du Perche, 116 et note 9.
Montfort (dame de). Voir Gennes (Lucie de).
Montfort (François Lautour de), président du grenier à sel d'*Argentan*, 299 et note 4.
Montfort (Rotrou, seigneur de), 101, note 4. 109 et note 3. 110.
Montfort (ville de), *Sarthe*, 147, note.
Montgasteau (Guillaume de), 107.
Montgaudry (seigneur de), 92.
Montgaudry (paroisse Saint-Rémy de), *Orne*, 25. 250. — prieuré de, 18.
Montgayon (moulin de), *Orne*, 144.
Montgommery (Arnoul de), comte de Pembrock, 73. 78.
Montgommery (comte de), 236.
Montgommery (Emme de), abbesse d'*Almenèches*, 74.
Montgommery (Hugues de), comte d'Arundell et du Shropshire, 73. 78. 101, note 4.
Montgommery (Mabile de), femme de Hugues, seigneur de Châteauneuf, 74.

Montgommery (Mathilde ou Mahaut de), femme de Robert, comte de Mortain, 74.
Montgommery (Philippe-le-Grammairien ou Philippe de Poitiers, seigneur de), 73.
Montgommery (Robert II de), comte d'Alençon et seigneur de Bellême, 126, note 5. 256.
Montgommery (Roger, comte de), vicomte d'Exmes, 73. 74. 76, note. 78 101, note 4. 123, note 3. 127. 255.
Montgommery (seigneur de), 250.
Montgommery (Sibylle de), femme de Robert Haimon, comte de Glocester, 74.
Montgoubert (Alix de), 58.
Montgoubert (Guillaume de), 145.
Montgoubert (Mathieu de), 145.
Montgoubert (seigneurie de), *Orne*, 83.
Montigny-le-Chartif (châtellenie de) *Eure-et-Loir*, 93. 94. — paroisse de, 26. 82. 93, note 3. 182, note. 249. — seigneurie de, 82.
Montireau (paroisse de), *Eure-et-Loir*, 27.
Montiscisaing (dîme de, *Orne*, 106.
Moutizambert (Guillaume de), 157.
Montizambert (fortifications de), *Orne*, 206, note 2. — haute justice de, 52 et note 1. — ponts de, 52. 63.
Montjallain (terre de), *Orne*, 153.
Montlandon (châtellenie de), *Eure-et-Loir*, 93. — église et paroisse de, 27. 253. — seigneurie de, 82. — tour de, 93.
Montléri (Mélisende de), femme de Hugues, comte de Réthel, 118, note 2.
Montlevain (terre de), *Eure-et-Loir*, 152.
Montmilly (moulin de), *Orne*, 106.
Montmirail (Frencia de), 103, note 6.
Montmirail (Gautier de), 187 et note 3
Montmirail (Guillaume de), 103, note 6.
Montmirail (Legal de), 103 et note 6.
Montmirail (Regnault de). Voir Mouçon (Renaud de Bar de).
Montmirail (Renault de), seigneur du Perche-Gouet, 159, note 1. 160, note.
Montmirail (baronnie de), *Sarthe*, 34, note 3. 204, note 4. — canton de, 17, note 5. 107, note 4. 113, note 12. — paroisse de, 125. 126. 253.
Montmorency (Anne, duc de), connétable de *France*, 238, note 2.
Montmorency (armes de la famille de), 156, note.
Montmorency (baron de), 198.
Montmorency (connétable de), 248, note 2.
Montmorency (Harvise ou Denise de), femme de James de Châteaugontier, 182, note.
Montmorency (Mathieu de), connétable de *France*, 173.
Montmorency (Mathieu II de), 182, note.
Montpellier (Ermengarde, seigneur de), 119, note 5.
Montpellier (Guillaume, seigneur de), 119 et note 5.
Montpensier (René de), 220.
Montreuil (Regnault de). Voir Mouçon (Renaut de Bar de).
Montreuil-sur-Mer (ville de) *Pas-de-Calais*, 192. 195.
Montréal ou *Montroial* (abbaye de), 187 et note 3.

Montrichard (Guillaume de), 153.
Moreri (Louis), érudit français, 10 et sous-note 4.
Morin (Guillaume), 270.
Morre (Robert de), 146.
Morsang-sur-Orge (village de), *Seine-et-Oise,* 77, note 2 et sous-note 1.
Mortagne (Arnault de), 105.
Mortagne (comtes de), 40 et note 4. 64 et note 5. 98, note 1. 256. 257. 306. Voir Perche (comtes du), Châteaudun (Geoffroy III de).
Mortagne (Fulcoïs, comte de), 99, note 6.
Mortagne (Guillaume de), 145.
Mortagne (Henri, vicomte de), 105.
Mortagne (Robert de), 105.
Mortagne (Thomas de), comte de Salisbury, 126, note et note 3.
Mortagne (vicomte de), 49. 257.
Mortagne (appellation de), *Orne,* 79. — arrondissement de, 15, notes 4 et 5. 16, notes 4, 5 et 7. 17, notes 3, 9 et 12. 18, notes 1, 2, 3, 4, 6, 7, 8, 10, 12, 13 et 14. 19, notes 1, 2, 3 et 4. 20, note 14. 24, notes 3 et 6. 25, note 11. 36, note 3. 80, notes 2, 4 et 6. 92, note 6. — assemblée à, 129, note 1. 195. — augustins de, 43, note. — autel Sainte-Catherine de Toussaint de, 115. — bailliage de, 31. 45 et note 6. — baillis de, 49. — bureau de la recepte des aides de, 46 et note 4. — bureau de l'élection du Perche à, 258. — canton de, 20, notes 3 et 5. 21, notes 8, 16 et 19. 22, note, 1, 2, 7, 8 et 9. 51, note 6. 52, note 3. 111, note 2. — capitaines de, 48. 201, note 2. Voir Des Hayes (Jean), Labey (Louis), Lande (Jean de). — capucins de, 259 et note 1. 311. — chambre de madame d'Armagnac à, 223. 263. — chanoines de Toussaint de. Voir Du Chastel (Eustache). — chapelle Abot en l'église N.-D. de, 54. — chapelle Notre-Dame en l'église de Toussaint de, 161. — chapelle Saint-Eustache en l'église de Toussaint de, 166. — chapelle Saint-Laurent en l'église de Toussaint de, 115. — chapelle Saint-Nicolas à l'hôpital de, 156. — chapelle Sainte-Catherine en l'église de Toussaint de, 224. 264. — chapitre de Toussaint de, 41. 67. 162. 163, note 1. 165. 166. 167 et note 1. 202, note. 230, note 5. 271. — chartrage de, 15. 16, note. 19. 28. 41. 43, note. 44. 55. 64. 66, note 1. 69. 116. 131 et note 1. 132. 134. 135. 152. 155. 159. 163. 165. 176. 179, note. 196. 257. 268. 293. Voir Perussy (Louis de). — château de, 43 et note 3. 49. 51. 111. 128. 131. 160. 161. 165. 180, note. 183, note. 203. 227. 244. 249. 257. — châtellenie de, 19. 44. 47 et note 4. 48. 59. 62. 111, note 3. 128. 229, note 1. 130. 265. 267. — cimetière de Chartrage de, 134. — cimetière de la Maison-Dieu de, 158. — cimetière de Saint-Jean de, 112, note 2. 263, note 2. — clôtures et fortifications de, 41. 43, note 3. 48 et note 1. 202, note. — collège de, 54. 157. 228. — commis au bureau des gabelles de. Voir Lemarié. — confrérie de charité de N.-D. de, 302. — confrérie des cordonniers de, 157. — couvent des capucins de, 43, note. — couvent des Mathurins de, 43, note. — couvent de Saint-François de, 42, note 5. — couvent et religieuses de Sainte-Claire de, 16. 54. 228. 231. 258. 263. 293. 303. 310. — curé et habitants de Saint-Jean de, 43, sous-note 1. 259. — domaine de, 48. 156. 231, note. — doyen de l'église de. Voir Gillain (Jean). — doyen de Toussaint de,

246. 270. 271. Voir Bonvoust (Ch. de), Crestot (Nicolas), Du Bouchet (Girard), Le Mère (René). — église collégiale de Saint-François à, 44, note 5. — église collégiale de Toussaint de, 7. 17. 44. 51, note 8, 55. 161. 162. 163. 164. 165. 166. 167, note 1. 170, note 3. 171, note 1. 176. 178, note 3. 179. 180, note. 182. 190, note 2. 192. 195. 201. 202, note. 203. 224. 229 et note 2. 237. 245. 249. 257. 263 et notes 2 et 3. 265. 266. 267. 268. 277. 283. 305. — église Saint-Eloi de, 43, note. — église Saint-Jean-Baptiste de, 64. 102. 103. 111, note 3. 112 et note 2. 268. 304. — église Saint-Malo de, 111 et note 3. 112. 179, note 2. 268. — église Sainte-Claire de, 228. — églises de, 15, note 5. 161. 269. — élection de, 46 et note 1. 47, note. 88, note. 95, note 1. 258. — élus de, 51, note 4. — enquêteur de. Voir Crestot (Jean). — étang de, 135. — faubourg Saint-Eloi de, 302. — foires de, 41 et note 5. 131 et note 1. 161. 165. 170, note 3. — fondation de Toussaint de, 160. — forêt de Chartrage près, 133. — Girard, chapelain de, 140. — gouverneur de. Voir Puisaye (marquis de). — grenier à sel de, 46. 231. — Guérin, prévôt de, 158. — Guillaume, prévôt de, 158. — habitants de, 46, note 4, 47 et note. 48. 227. 234. 243. 308. — hôpital Saint-Nicolas de, 19. 45, note 1. 257. — Hôtel-Dieu de, 47, note 4. 168. 228. 229. 234. 263. 279. — juges et officiers de, 40, note 2. — juridiction de, 37. 49. 56. 128. 140. — lieutenant à. Voir Denisot (Jean). — lieutenant du prévôt de. Voir Crestot. — lieutenant général de. Voir Aulbin (Alexandre). — lieutenant en robe longue de, 47. — maire et échevins de 48. — Maison-Dieu de, 47. 54. 65. 66. 131, note 1. 156. 157. 158. 159. 164. 184. 185. 195. 235. 268. — maître des eaux et forêts de, 47. — manuscrit de Bart à, 296. 297. 298. — marchands de, 48. — marché de, 111. 130. 140, note. — mesureurs de tous grains vendus à, 47. — monastère Saint-Eloi à, 44. 57, note 1. 167. 168. 238, note 1. 293. — moulins et fours de, 69. 132. — mouton de, 42, note 3. — notaires de. Voir Bart (Léonard), Thiboust (Tassin), Tolmer (François). — officialité, de 45. — officiers de, 244. — paroisse et église Notre-Dame de, 19. 42, note 1. 44 et note 3. 54. 112. 227. 235. 245. 246, note 2. 268. 299, note 3. 302. 303. 304. 310. — paroisse Sainte-Croix de, 20. 44. — paroisse Saint-Jean de, 19. 42, note 5. 43 et note 3. 44. — paroisse Saint-Malo de, 20, 43 et note 3. 44. — paroisses de, 234. — patronne de, 260. — pieds de, 49. 62. — portes de, 42, note 5. 186 et note 2. — président en l'élection de. Voir Sandebois (Jean). — prévôt de Toussaint de. Voir Lemoine (François). — prévôt des maréchaux de France à, 46. — prévôté de, 144. 161. — prieur de Chartrage de, 98, note 1. 165. 166. Voir Massé (Jean). — prieur de Saint-Eloi de, 166 et note 1. — procureur du Roi à, 46, note 3. Voir Fouteau (Denis). — quartier Saint-Eloi à, 186. — quartiers de Toussaint et Saint-Jean à, 186. — religieux de Chartrage à, 116. 195. — religieux de Saint-Eloi à, 169. 185. 268. — routes de, 52, note 1. 59, note 3. 60, note 2. 61, note 5. 63, note 2. — sceaux de, 48. — sergent de. Voir Fagon (Robert), Folenfant (Laurens). — sergenteries de, 186. — taille de Saint-Rémy à, 47. — titre de Chartrage de, 9. — titre de la Maison-Dieu de, 9. — titre de Sainte-Claire de, 9. — titre de Toussaint de, 9. 49. — tour de N.-D. de, 235. 244. — trésoriers de Toussaint de.

Voir Quélain (Robert). — vicomté de, 45 et note 6. 52. — visiteurs héréditaux des chairs et poissons de, 47. — ville de, 5. 29. 37. 38. 40 et notes 1, 2, 3 et 4. 41. 42. 44 et notes. 45, note 3. 46, note 4. 47, note. 48. 49. 52. 54. 56. 58. 62 et note 5. 63, note 4. 67, note 6. 69. 75. 85. 86. 104. 111, note 3. 113, note 2. 116 et note 11. 125, note 1. 128. 129, 131 et note 2. 132, note 5. 133, note 2. 134 et note 1. 136, note 5. 140. 142, note 3. 152. 156. 157. 158. 159. 160. 163. 164. 167. 179 et note. 181, notes. 182. 183. 184, note. 185. 186. 187. 189, note et note 3. 192. 195. 202, note. 203. 205, note 1. 209. 210. 223. 226, note 3. 227. 229 et note 2. 233. 234. 237. 238. 239 et note 2. 241. 242. 243. 244. 245 et note. 246, note. 248. 249. 252. 255. 256. 258. 259. 261. 262. 263. 277. 278. 279. 280. 292. 293. 300. 301. 307. 308. 309. 310.

Mortain (comtes de). Voir Boulogne (Philippe de), Navarre (Pierre de).

Mortoust (seigneur de). Voir Gruel (Guillaume).

Mortoust, Mortoût, Monretoust (château de), *Orne,* 59, note 3. 65 et note 3. 184. — terre de, 185.

Mossoul (Kerbogâ, prince de), 121, note 9.

Mouçon (Renaud de Bar de), évêque de *Chartres,* 152 et note 3. 173. 176.

Moulicent (paroisse de), *Orne,* 252.

Moulin (seigneur de), 12, note 1.

Moulin-Neuf (lieu de), *Orne,* 54.

Moulins-la-Marche (canton de), *Orne,* 17, note 9. 20, note 19. 36, note 4. — château de, 36 et note 3. — prévôté de, 161. 170, note 3, 171, note 1. — prieuré Saint-Laurent à, 17. 159. 171, 305. — ville de, 7, note 2. 150. 151, note 4. 171, note 1. 176, note. 188, note. 305.

Moulins (ville de), *Allier,* 236.

Mouson ou Manson (Louis de), 123 et note 1.

Moutier (monsieur), 91, note 6.

Moutiers-au-Perche (châtellenie de), *Orne,* 50. — paroisse de, 21 et note 3. 50, note 1. 252. — prieur et religieux de, 50. — prieuré de, 16 et note 5. 31. 32. 142. 293.

Moynet (Jean), habitant d'*Alençon,* 210.

Mullard (maître), notaire en la châtellenie de *Mortagne,* 310, note 1. 311.

N

Nantes (arrondissement de), 59, note 1. — ville de, 38.

Nantouilllet (Catherine-Charlotte de), abbesse des *Clairets,* 96 et note 4.

Nantouillet (seigneur de). Voir Prat (L. A. de).

Naples (Charles II, roi de), 188, sous-note 1.

Naples (roi de). Voir Anjou (René d').

Naples (vice-roi de), 227, note 3.

Naples (royaume de 233. 271.

Narbon, roi des Gaules, 11, note 1.

Narbonnaise (province), 11, note 1.

Narbonne (ville de), *Aude,* 11, note 1. 122.

Navarre (Bérengère de), femme de Richard Cœur-de-Lion, 149 et note 2. 182.
Navarre (Blanche de), femme de Sanche III, roi de Castille, 116 et note 3.
Navarre (Blanche de), femme de Thibaut V, comte de Champagne, 149, note 2. 159, note 1. 175, note 3. 182, note. 183, note.
Navarre (Charles II dit le Mauvais, roi de), 41, note 1.
Navarre (Charles III, roi de), comte d'Evreux, 261, note 1.
Navarre (Ferdinand II le Catholique, roi de), 232.
Navarre (Garcias V Ramirez, roi de), 115 et note 11. 128, note 2. 137, note 2.
Navarre (Isabelle, reine de), 185.
Navarre (Isabelle de), femme de Jean IV, comte d'Armagnac, 261, note 1.
Navarre (Jean II, roi de), 232.
Navarre (Marguerite de), reine de Sicile, 137, note 2.
Navarre (Pierre de), comte de Mortaing, 193.
Navarre (Ramire le Moine, roi de), 116 et note 1.
Navarre (rois et reines de), 41. 61. 194. 200. 201. Voir Bourbon (Antoine de).
Navarre (Sanche, roi de), 183, note.
Navarre (Sanche VI, roi de), 116 et note 2.
Navarre (royaume de), 41, note 1. 117, note 2. 183, note.
Navarrois (les), 40, note 5. 183, note. 192. 194, note 1. 207
Néel, vicomte de Cotentin, 72. 255.
Néelle (mare de), *Orne,* 134. 135.
Nemours (comte de), 173.
Nemours (dame de), 90.
Nemours (ducs de). 219. Voir Armagnac (Louis d').
Nemrod, roi de Babylone, 120, note 8.
Neodunum [*Nogent-le-Rotrou*], 89, note 1.
Neuf-Souris (marais de), *Orne,* 145.
Neustrie (province de), 11.
Neuville (Jean I*er* de), évêque de *Sées,* 128 et note 1.
Nevers (comtesse de), 173.
Nevers (Jean, surnommé Tristan, comte de), 185.
Nevers (Pierre, comte de), 149, note 1.
Nicée (ville de), *Asie Mineure,* 119 et note 8.
Nicolas, légat du pape, 174.
Ninive (ville de), *Assyrie,* 120, note 8.
Nocé (Enguerrand de), 140, note.
Nocé (Hugues de). Voir La Rue (Hugues de).
Nocé (canton de), *Orne,* 18, notes 6 et 10. 22, note 6, 23, notes 4. 7, 10, 11, 13, 14, 15, 16, 18, 20 et 22. 68, note 1. 80, note 4, 81, notes 3 et 5. 83, notes 2, 8, 10, 14, 16. 17, 18 et 24. 84, note 19. 104, note 9. — paroisse de, 24. 33. 164. 249.
Nogent-le-Besnard (ressort de), *Sarthe,* 24.
Nogent-le-Béthune [*Nogent-le-Rotrou*], 89, note 1.
Nogent-le-Chastel [*Nogent-le-Rotrou*], 89, note 1. 90.
Nogent-le-Républicain [*Nogent-le-Rotrou*], 89, note 1.
Nogent-le-Rotrou (baron de), 93. 253.
Nogent-le-Rotrou (dame de). Voir Cassel (Jeanne de).
Nogent-le-Rotrou Geoffroy II, seigneur de), 99, note 4.
Nogent-le-Rotrou (Hugues de), 131.

ogent-le-Rotrou (seigneurs de), 63, note 4. 66, note 1. 79. 94. 143. 182, note. 247. 248. Voir Anjou (Ch. d'), Châteaudun (vicomte de), Châteaugontier (James de).

ogent-le-Rotrou (arrondissement de), *Eure-et-Loir*, 16, notes 8 et 9. 17, notes 6 et 8. 18, note 5. — assises de, 93. — bailli de, 95. Voir Poignant (Robert). — baronnie de, 82. 93. 94 et note 3. — canton de, 26, notes 3, 9, 11, 14, 17 et 18. 90, notes 6, 7 et 8. 92, note 4. 93, note 5. 100, note 4. 109, note 9. 114, note 2. 143, note 2. — capucins de, 95. 96. — chapelle de l'Aumône ou de Saint-Jacques de l'Aumône à l'hôpital de, 90, note 1. — chapelle Marie-Madeleine à 90, note 1. — chapelle Sainte-Eustache en l'église Saint-Jean de, 174. — chapelle Saint-Gilles en l'église Saint-Jean de, 174. — chapelles Saint-Jean-Baptiste et Saint-Jean-l'Evangéliste à, 130. — chapelle Saint-Laurent de, 108. — chapelle Saint-Nicolas en l'église Saint-Jean de, 174. — chapelle Notre-Dame-de-Lorette en l'église Saint-Jean de, 174. — chapelle Sainte-Catherine en l'église Saint-Jean de, 174. — chapitre de Saint-Etienne de, 130. — chapitre de Saint-Jean de, 174. — château de, 90. 91 et note 6. 94, note 3. 125. 130. 175. 247. — châtellenie de, 26. 302. — collège et chanoinerie de Saint-Jean à, 90. — commune de, 102, note 1. — croix des batailles à, 92. — domaine de, 238, note 2. — doyen et chapitre de Saint-Denis de, 161. 174. 175. 179, note 2. 188, note. Voir Etienne. — doyen de l'église Saint-Jean de, 7. 95. 143, note 9. Voir Le Guerrier (René). — église collégiale de Saint-Jean de, 17 et note 2. 90. 111. 112, note 2. 114. 130. 152. 173. 175. 257. — église Saint-Denis de, 102. 110. 111. 123, note 5. 125. 150 et note 1. 159. 167. — église Saint-Etienne au château de, 91, note 3. 111. 112, note 2. 125. 130. 152. 174. 175. — église Saint-Hilaire de, 26. 90. 97, note 2, 100. 112, note 2. 114. — église Saint-Laurent de, 26. 90. 97, note 2. 114. — élection de, 302. — faubourg Saint-Lazarre de, 247. — gouverneur du château de. Voir Orléans (Jean d'). — habitants de, 95. — hôpital Saint-Jacques de, 19. 90 et note 1. — Hôtel-Dieu ou Maison-Dieu de, 97, note 2. 141. 142 et note 3. 143. — léproserie de Saint-Lazare de, 19. 90. 247. — maison des Salles près, 92 et note 7. — marchés et foires de, 140, note. 173. — mesure de, 177. 178. — moines de, 57, note 1. 148, note 3. — monastère de Saint-Denis de, 16. 17. 79. 89 et note 3. 99 et note 7. 100. 101, note 1. 109 et note 11. 110. 112, note 2. 123, note 5. 124. 130. 131. 140, note. 168. 175. 184, note. 256. 257. 293. — moulins des Prés à, 170. 177. — notaire de. Voir Malays (Jean). — Notre-Dame-du-Marais à, 26. 90. 97, note 2. 107. 112, note 2. 114. 248. — prieur de Saint-Denis de, 161. 169. Voir Simon, Yves. — religieux de Saint-Denis de, 60. 61. 93, note 8. 97, note 2. 101. 108. 109. 112. 114. 124, note 3. 125. 130. 152. 168. — ressort de, 189, note 3. 190, note 3. 230, note 4. — seigneurie de, 66. 130. 218. 247. — seigneurie de Saint-Denis de, 82. — territoire de Saint-Denis de, 107. — titre de Saint-Jacques de, 9. — titre de Saint-Jean de, 9. — titre de Saint-Denis de, 9. — tour d'Ardenay à, 92. — tour de Brunelles à, 90. — tour de la Chaise à, 90. — tour de Mereglise à, 92. — tour de Montdoucet à, 90. — tour de Montgaudry à, 92. — tour Saint-Georges à, 91, note 1. — tour Saint-Victor-de-Buthon à, 91. — vignes de, 180, note.

— ville de, 37. 38 et note 3. 39, note 2. 56. 62. 63. 79. 8
et note 1. 90. 91, 92 et notes 2 et 7. 93. 99. 107. 108. 110. 11
124 et note 3. 125 et note 2. 130. 140, note. 142. 143. 154. 159
169. 170. 171, note 1. 174. 175. 177. 180, note. 182, note. 18
192. 206, note 2. 238, note 2. 246. 248. 257.
Nogent-le-Roi (village de), *Eure-et-Loir*, 39, note 2.
Nogentel (terre de), *Aisne* ? 299, note 3.
Nogentum [*Nogent-le-Rotrou*], 89, note 1.
Nogentum in Pertico [*Nogent-le-Rotrou*], 89, note 1.
Nogentum-Rotroci [*Nogent-le-Rotrou*], 89, note 1.
Nogentum-Rotroudi [*Nogent-le-Rotrou*], 89, note 1.
Nogionum [*Nogent-le-Rotrou*], 89, note 1.
Noiomium [*Nogent-le-Rotrou*], 89, note 1.
Nonancourt (village de), *Eure*, 38, note 5.
Nonant (Hugues de), 133. 163.
Nonant (Regnault de), 163.
Nonant (métairie de), *Orne*, 133 et note 3.
Nonnant ou Normand (Guillaume), 153 et note 1.
Nonvilliers ou *Nonvilliers-Grand-Houx* (châtellenie de), *Eure-et-Loir*, 93. — église Saint-Anastase de, 112, note 2. — paroisse de, 26. 82, note 4. 93, note 4. 98, note 1. 114 et note 16. 143. 182, note. — seigneurie de, 82. 94.
Normand, fils de Guillaume, surnommé Bourny, 104, note 8.
Normandie (ducs de), 14. 71 et note 2. 73. 220. 222. 255. Voir Anjou (Geoffroy V d').
Normandie (Guillaume, duc de), 116.
Normandie (Guillaume le Conquérant, duc de), 110, note 2. 115. 117, notes 6 et 7. 257.
Normandie (Richard Ier Sans-Peur, duc de), 71 et note 3. 75, note 5.
Normandie (Richard III, duc de), 108, note 3.
Normandie (Robert II, Courte-Heuse, duc de), 72. 85, note 4. 117 et notes 3 et 6. 118. 120. 121. 122 et note 4. 123 et notes 3 et 4. 124.
Normandie (seigneurs de), 129, note 1.
Normandie (Chroniques de), 8. 76, sous-note 3. 255. 305. — coutume de, 47, note 3. — diocèses de, 10, sous-note 6. — duché de, 71. 129, note 1. 219. 220. 222. 262. — grand chambellan héréditaire de, 47, note 3. — histoire de, 10, note 1. — prévôt de, 87, notes. — province de, 11. 14. 29. 35. 36. 38. 39 et note 2. 49, note 2. 116. 124. 148. 150. 159. 163. 179. 192. 194. 204 et note 4. 212. 252. 302.
Normands (les), 11. 32.
Northinois. Voir *Normands*.
Notre-Dame-du-Mont-Carmel (ordre de), 28 et notes 4 et 5.
Novientum [*Nogent-le-Rotrou*], 89, note 1.
Novigentum [*Nogent-le-Rotrou*], 89, note 1.
Novigentum-Castrum [*Nogent-le-Rotrou*], 89, note 1.
Noviodunum [*Nogent-le-Rotrou*], 89, note 1.
Noyon (Etienne de), 173.
Noyon (évêque et comte de). Voir Mailli (Jean II de).
Nudionum [*Nogent-le-Rotrou*], 89, note 1.
Nugantus [*Nogent-le-Rotrou*], 89, note 1.
Nuientus-Castrum [*Nogent-le-Rotrou*], 89, note 1.

Nuisement (paroisse de), *Orne*, 153. — seigneurie de, 53, **note**. 170, note 4.
Nully (Hugues de), 153.
Nully (paroisse de). Voir *Saint-Sulpice de Nully*.
Nungentum [*Nogent-le-Rotrou*], 89, note 1.

O

Océane (mer), 38.
Odelina, femme de Girard de Sassi, 103, note 2.
Odo, abbé de *Marmoutiers*, 128.
Odolant-Desnos, 10 et sous-note 3. 18, note 10. 192. 293 293. 300.
Oilby (monseigneur d'), 208, note 2.
Olissande (ville d'), 240.
Olivier (manuscrit de Bart à monsieur), de *Mortagne*, 121, note 7, 297. 298. 299.
Olivier (Richard III), cardinal de Longueil, évêque de *Coutances*, 214, note. 215. 216.
Orange (évêque d'). Voir Guillaume.
Orange (Guillaume de Nassau Dillembourg, prince d'), 240.
Orange (Raimbaud II, comte d'), 123.
Orbec (ville d'), *Calvados*, 300.
Orfa [*Edesse, Antioche, Roha*] (ville d'), *Turquie d'Asie*, 120, note 8.
Orgères (canton d'), *Eure-et-Loir*, 112, note 2.
Orgeval (seigneurie d'), *Orne*, 84.
Orient (empereur d'), 75.
Origny (le clos d'), *Orne*, 159.
Origny-le-Butin (paroisse Saint-Germain d'), *Orne*, 25. 159. 250.
Origny-le-Roux (paroisse d'), *Orne*, 25. 83, note 23. 84, note 18. 127, note 6. 209, note 1. 256.
Oriole (Pierre d'), 214, note.
Orléans (Clodomir, roi d'), 14.
Orléans (François II d'), duc de Longueville, 227. 278.
Orléans (Henri II d'), duc de Longueville, comte de Saint-Paul, baron de Longny, 87 et note 1.
Orléans (Jean, bâtard d'), gouverneur au château de *Nogent*, 91.
Orléans (Jean d'), comte d'Angoulême, 213, note 1.
Orléans (Jeanne d'), femme de Jean II, comte du Perche, 203. 204, note 1. 207, note 3.
Orléans (Louis de France, duc d'), 14 et note 3. 203. 204, note 1.
Orléans (monseigneur, duc d'), 213, note 1. 214. 217, note 1.
Orléans (Etats d'), 236. — évêque d'. Voir Aussigni (Thibaud d'). — siège d', 126, note et note 3. 206, note 2. 207, note 1. 237. — ville d', 140, note.
Orne (archives de l'), 128, note 4.
Oronte (rivière d'), *Syrie*, 121, note 3.
Orose (Paul), historien, 13, note.
Orville (Geoffroy d'). Voir Amille (Geoffroy d').
Osismii [peuple de *Bretagne*], 12, note.
Osmond ou Esmond, gouverneur de Richard, duc de Normandie, 71 et note 4.
Ouche (seigneurs d'), 129, note 1.
Ourville (Pierre d'), chevalier, 225.

P

Palaiseau (seigneur de). Voir Harville (Esprit de).
Palerme, Panorme (archevêque de), *Sicile*. Voir Perche (Etienn du). — ville de, 116 et note 10. 139.
Palestine (royaume de), 116. 123, note 3. 139.
Pampelune (ville de), *Espagne*, 183, note.
Papin (Guillaume), conseiller de Charles VII, roi de France, 216
Parfondeval (paroisse N.-D. de), *Orne*, 20. 251, note 1.
Paris (Childebert, roi de), 14.
Paris (barricades de), 241. — Chambre du trésor à, 168. 236. — diocèse de, 78. — église des Cordeliers à, 79, note 3. 186. — église des Jacobins à, 191. 225. — église Notre-Dame à, 240, note 3. — église Saint-Magloire à, 240, note 3. — Etats-Généraux à, 307. — évêque de. Voir Chartier (Guillaume VI). — Parlement de, 33. 36 et note 1. 45 et note 3. 46, note 3. 80. 189, note. — prévôt de. Voir Prat (L.-A. de). — prison du Louvre à, 225. 258. — route de, 41, note 2. — table de marbre à, 47 et note 2. — tour du Louvre à, 188, note. — ville de, 42, notes 2 et 3. 63. 173. 187, note 3. 195. 223. 225. 229. 237. 239, note 2. 240, note 3. 261, note. 275. 276.
Patarin ou Pasturin (Laurens), conseiller de Charles VII, roi de France, 213, note 1. 215 et note 2.
Patay (bataille de), *Loiret*, 207.
Pau (ville de), *Basses-Pyrénées*, 236, note 2.
Paul III, pape, 30, note 1.
Pavie (bataille de), *Italie*, 231, note 1. 233. 278.
Paynel (sieur), 220.
Paynel (Thomas), chevalier, 198.
Pays-Bas (royaume des), 295, note 1.
Perche (armes des comtes du), 155, note 1.
Perche (Charles, comte du), 14, note 3. 15.
Perche (Charles Ier, comte du), comte d'Alençon, de Valois et de Chartres, 10, note 1. 40, note 2. 86, note. 159. 165. 187 et note 4. 188, note. 189, note. 258. 306.
Perche (Charles II le Magnanime, comte du), comte d'Alençon, 86, note. 187. 188, note. 189, note. 190. 191 et note 3. 192. 196, note 1.
Perche (Charles III, comte du), d'Alençon, archevêque de *Lyon*, 189. 191, note 3. 192. 193.
Perche (Charles IV, comte de), duc d'Alençon, 12, note 1. 62. 227 et note 10. 230 et note. 231 et note. 232 et note 1. 238, note 2. 258. 262. 276. 277. 278. 280. 281. 282.
Perche (comtes du), 7 et note 2. 10, note 1. 13, note 3. 14, note 3. 15. 17, note 2. 32. 37. 40 et note 2. 45, note 1. 47 et note 4. 50, note 3. 51 et note 8. 55. 58. 59. 61. 62. 64. 66. 68, note 5. 77, note 2. 89. 90. 91. 92. 94 et notes 2 et 3. 98 et notes. 99 et note 1. 108, note 4. 110, note 3. 110, note 3. 144. 146, note 6. 150, note 1. 151. 155. 169, note 1. 181. 184, note. 187. 206. 226, note 3. 232. 247. 248. 251. 252. 255. 256, note 1. 257. 258. 262. 290. 298. 306.
Perche (Etienne Ier, comte du), 98, note 1.
Perche (Etienne II, comte du), 98, note 1.

Perche (Etienne du), chancelier de *Sicile,* archevêque de *Palerme,* 116. 137 et note 2. 139. 306.
Perche (Etienne du), duc de Philadelphie, 157. 160, note. 172, note 2.
Perche (François III Hercule, comte du), duc d'Alençon, 239 et notes 1 et 3. 240 et note 3. 241, note.
Perche (Geoffroy II, comte du), 137, note 2.
Perche (Geoffroy III, comte du). Voir Châteaudun (Geoffroy III, vicomte de).
Perche (Geoffroy IV, comte du), comte de Mortagne, 17, note 2. 64. 99, note 1. 102 et note 4. 103 et note 1. 104, note 3. 105, note 9. 106, note 2. 109 et note 4. 110 et notes. 112, notes 1 et 2. 115. 123, note 5. 257.
Perche (Geoffroy V, comte du), 17, note 1. 69 et note 2. 94, note 3. 129. 132. 140. 141. 145. 149, note 1. 150, notes 1 et 4. 151 et notes 2, 3 et 4. 152. 155. 156. 157. 159 et note 1. 160. 161. 169. 170. 172. 179. 180, note. 257. 305. 306
Perche (Guillaume du), évêque et comte de Châlons, 16, note 9. 85, note 3. 86, note. 129. 159. 172 et note 4. 173. 175, note 3. 176 et note. 178 et note 3. 179 et note 2. 180 et notes. 181, notes 1 et 2. 182, note 184, sous-note 2. 306.
Perche (Hélissende, comtesse du), 15, note. 171. 172, note 2. 179 et note 1. 180. 181 et note 1. 257. 305. 306.
Perche (Henri, comte du), 14, note 3, 98, note 1.
Perche (Henri II d'Albret, comte du), 232 et note 1. 233. 235. 236. 258. 262.
Perche (Jean Ier le Sage, comte du), duc d'Alençon, vicomte de Beaumont, 162. 193. 196, note 1. 198. 199. 201 et note 3. 202. 203. 244, note 3. 258.
Perche (Jean II le Beau, comte du), duc d'Alençon, 201. 203 et note 2. 204. 205. 206, note 2. 207 et notes 1 et 3. 208 et note 2. 209. 210. 211. 212. 213 et note 1. 215, note. 216. 217 et note 1. 218. 219. 220. 221. 222. 223. 224, note 1. 225. 226 et note 3. 228, note 2. 231, note. 258. 261. 264, note 1. 267.
Perche (Madeleine du), femme de Guillaume Gouet, 86, note 1. 115 et note 9. 125.
Perche (Mahaut du), femme de Raymond, vicomte de Turenne, et de Guy de Lastours, 51, note 8. 110, note 5.
Perche (maison du), 14.
Perche (Pierre de France, comte du), comte d'Alençon, 86, note. 155, note 1. 184, note. 185. 186 et note 1. 187, note 3. 257. 306.
Perche (Pierre II le Noble, comte du), comte d'Alençon, 59, note 2. 162. 166. 189. 191. 192. 195. 196, note 1. — son Epitaphe, 197. 198, note. 199. 201. 206, note 2. 229. 258.
Perche (René, comte du), duc d'Alençon, 60. 62. 204. 217, note 1. 220. 226 et note 3. 227 et note 10. 229, note 6. 230. 231, note. 258. 261. 267. 270. 275. 277. 281. 282, note 2. 283.
Perche (Robert, comte du), 189. 191, note 3. 192. 193, note. 305.
Perche (Rodolphe du), 132. 133. 135. 145.
Perche (Rotrou Ier, comte du), seigneur de Bellême, 14, note 3. 71, note 3. 75, note 5. 86, note 1.
Perche (Rotrou II, comte du), vicomte de Châteaudun, comte de Mortagne, seigneur de Nogent-le-Rotrou, 99 et notes 8 et 10. 101. 108 et note 4. 109. 110 et note 2.

Perche (Rotrou III, comte du), 15, notes 4, 5 et 6. 17, note 2. 31, note 1. 58. 64. 73. 76, note. 85. 86, note. 97, note 2. 102, note 4. 103, note 1. 104, notes 3 et 10. 106 et note 2. 110. 111. 112, notes 1 et 2. 115 et notes 4 et 9. 116. 117 et notes 2 et 3. 120. 121 et note 8. 122, note 4. 123 et notes 3 et 5. 124 et note 3. 125. 126 et note 5. 127, note. 128 et notes 2 et 3. 129, notes 1 et 2. 130. 131. 144. 152. 169, note 1. 179. 180, note. 184, note. 255. 256. 257. 306.
Perche (Rotrou IV, comte du), 17, note 2. 19, note 5. 28 et note 3. 30. 31, note 1. 64. 66. 69. 94 et note 3. 105, note 5. 116, 129 et note 3. 130. 131 et note 1. 132. 137 et note 2. 139 et note 2. 140 et note. 141 et note 8. 142. 143. 146, note 6. 147. 148 et note 3. 149 et notes 1 et 3. 150 et notes 1 et 5. 151. 152. 172. 179. 257. 305.
Perche (Rotrou V, comte du), 17, note 2.
Perche (sceau d'un comte du), 128, note 4.
Perche (seigneurs du), 129, note 1.
Perche (Terbal, comte du), 98, note 1. 99, note 2.
Perche (Thomas, comte du), 151. 159. 160. 162. 163. 169 et note 2. 170. 171 et note 1. 172 et notes 2 et 4. 175, note 3. 176, note. 179. 180. 181, note 1. 206. 257. 305. 306.
Perche (vicomtes du), 201. 235. Voir Courterel (Pierre), Turquentin (Geoffroy).
Perche (baillis du), 48. 63, note 4. 85, note 4. 180, note. 189, note. 210. 234. 235. Voir Courtin (Jacques), Labey (Louis), Puisaye (marquis de). — bailliage du, 304. — bénéfices du, 32. — bureau de l'élection du, 258. — capitale du, 56. 57, sous-note 1. 255. 256. 257. 258. 293. 308. — comté du, 14, note 3. 15. 29. 42, note 2. 46, notes 1 et 4. 49. 50, note 4. 51. 65 et note 3. 80, note 5. 86, note. 108. 115. 116. 142, note 3. 156. 169. 172 et note 2. 181, note 1. 184, note. 185. 187, note 3. 188, note. 189, note. 192. 201 et note 5. 206. 210. 218. 226, note 3. 227, note. 228, note 2. 230, notes 2 et 4. 231. 232 et notes 1 et 4. 236. 237. 239 et note 1. 240, note 3. 256 et note 1. 257. 258. 260. 262. 305. — coutumes du grand, 15, note 3. 52, note 2. 58, note 1. 62, note 5. 80, note et note 7. 81, notes 6 et 8. 105, note 2. 125, note 5. 126. 129, note 1. 230, note 4. — division du, 34. — domaine du, 46. 86, note 1. 186. — élu du, 95. — états du, 62, note 5. — forêt du, 13, note 3. 34. 65. 67. 69. 70. 128. 146. 158. 168. 188, note. 190. 231. — forêts du, 31. 38. 109. 189, note 3. 191. — gouverneurs du, 241. Voir Dreux Morainville (Jean de), Vallée (Louis de). — grands jours du, 59, note 2. 189, note. 193, note. — greffier en l'élection du, 302. — histoires du, 292. — juges et officiers du, 40, note 2. — la croix du, 241, note 1. — le grand, 34 et note 1. 37. 39, note 2. 182, note. — lieutenant-général du. Voir Abot (Jean), La Martellière (Pierre de). — limites du, 39, note 2. 94. — monastères du, 247. 248. 249. 250. 251. 252. 253. 254. — monnaie du, 57. 178, note 3. — nymphe du [Huine], 38, note 3. — officialité du, 258. — paroisses du, 57. — pays et province du, 5. 6. 13. 14. 15. 24, note 13. 28, note 1. 29. 31. 32. 34. 35. 37 et note 1. 38. 39 et note 2. 40. 42, note 2. 45, notes 2 et 3. 46, note 4. 49. 51, note 5. 57. 64. 67. 71. 112. 123 et note 5. 124, note 3. 125. 128. 160. 181 et note 2. 182, note. 183, note. 184, note. 186. 189, note. 192. 204 et note 4. 206. 241, note 1.

246, note 2. 248. 249. 251. 252. 255. 256. 257. 258. 260. 261, note. 289. 290. 292. 293. 298. 301. 305. 307. 308 et passim. — petit, 34, note 3. — rivières du, 37. — succession du, 184, sous-note 2. — troupes du, 126, note 5.

Perche-Gouet (baronnie du), 34, note 3. 204, note 4. 206, note ?. 298. — châtellenie du, 126. — région du, 34 et note 1. 86, note 1. 87, sous-note 5. — seigneurs du, 159, note 1. Voir Montmirail (Renaud de).

Percherons (les), 12, note 1. 35, note 1. 36. 55. 85 et note 3. 110. 129. 300. 301.

Perchet (forêt du), *Eure-et-Loir*, 100. 180, note.

Périgord (province du), 192.

Périgot (cardinal de), 194.

Péron (Robert de), trésorier de Marguerite de Lorraine, 274, note.

Péronne (ville de), *Somme*, 251.

Perreau (Gautier), 135.

Pertensis (pagus) [*Perche*], 29, note 2.

Perussy (Louis de), titulaire de la commanderie de Chartrage à Mortagne, 131, note 1.

Pervenchères (canton de), *Orne*, 16, note 4. 18, note 12. 19, notes 1 et 3. 20, notes 6, 7 et 8. 22, note 11. 24, notes 6, 7, 10, 12, 13, 16, 17 et 18. 80, note 6. 83, notes 6, 7 et 15. 84, notes 3 et 4. 92, note 6. — paroisse N.-D. de, 25. 250.

Pescheray (seigneur de). Voir Vallée (Louis de).

Petau (bibliothèque de), conseiller à la Cour, 295 et note 1.

Pétis de la Croix, bénédictin, 10, sous-note 6.

Peuvary. Voir *Pouvray*.

Philippe Ier (Chronique de), 8.

Philippe-Auguste (Chronique de), 8. 15, note.

Philippe d'Alsace. Voir Flandre (Philippe de).

Philippe de Bellême. Voir Bellême.

Philippe de Bourgogne. Voir Bourgogne.

Philippe d'Evreux, 41, note 1.

Philippe le Bon. Voir Bourgogne.

Philippe (rois de France du nom de). Voir France.

Philippe, femme de Hélie d'Anjou, 115, note 9. 180, note.

Philippine de Champagne. Voir Champagne (Blanche de).

Picardie (province de), 37. 50, note 9. 124, note 3. 228. 278.

Pichon (Raoul), conseiller de Charles VII, roi de France, 216.

Piécard-Haste (Guillaume), 135.

Piémont (province de), 233.

Piémontais (les), 240.

Pierre, bâtard d'Alençon. Voir Alençon.

Pierre (comtes du Perche et d'Alençon du nom de). Voir Perche.

Pierre de Bretagne. Voir Bretagne.

Pierre de Dreux. Voir Bretagne.

Pierre de Navarre. Voir Navarre.

Pierre Lhermite, 117, 118.

Pilet ou Pollet (Raymond), seigneur d'Alais, 119 et note 7, 123.

Planches (haute justice de), *Orne*, 50.

Plessis-en-Dancé (seigneurie de), *Orne*, 83.

Pline, historien, 13, note.

Pluviers (Guillaume de), 164.

Pluviers (sieurs de), 52, note 4.

Poignant (Robert), bailli de *Nogent-le-Rotrou,* 174.
Poillay ou de Poille (Mathieu de), 163.
Poisle (Catherine), femme de Pierre de Catinat, 5, note 1.
Poissy (ville de), *Seine-et-Oise,* 189.
Poitiers (bataille de), 192. — ville de, 11.
Poitou (comtes de), 147.
Poitou (Guillaume, comte de), 173.
Poitou (province de), 11. 148. 192. 195. 239. 241.
Poix (Guillaume de), 153.
Poix en Sainte-Céronne (prieuré de), *Orne,* 17. — seigneurie de 53, note.
Poltrot de Méré (Jean), assassin de François de Guise, 237.
Pompadour (madame de), 39, note 2.
Ponensay. Voir Pouancé.
Pont-de-l'Arche (ville de), *Eure,* 39, note 2.
Pont-de-Gennes (village de), *Sarthe,* 38.
Pont-du-Chêne (terre), *Sarthe?* 231.
Pontgouin (seigneur de). Voir Gouet (Guillaume).
Pontgouin (baronnie de), *Eure-et-Loir,* 87. — château de, 125. 126. — paroisse de, 39, note 2. 125.
Ponthieu (pays de), 192. 195.
Ponthieuvre (sieur de), 221.
Ponthus (seigneurie de), *Orne,* 84.
Pontlevoy, Pont-Levé (abbaye de), *Loir-et-Cher,* 19 et note 4. — abbé de, 251.
Pont-Neuf (prieuré de), 17.
Pontoise (métropolitain et grand-vicaire de), *Seine-et-Oise,* 45, note 3. — ville de, 45, note 3.
Porrhoet, Porrhouet (terre de), en *Bretagne,* 192. 194.
Portugal (royaume de), 126.
Pouancé, Pouencé, Pouensay (paroisse de), *Eure-et-Loir,* 193. 208 et note 2. 231, note.
Poulard (Gervais), 269.
Pouvray, Peuvray, Peuvary (paroisse de), *Orne,* 24 et note 12. 250.
Prat (Louis, Antoine de), seigneur de Nantouillet et de Précy, baron de Thoury, prévôt de *Paris,* 96, note 4.
Préaux (seigneurs de), 254. Voir Saint-Eran (Jean de).
Préaux (grande maison de), *Orne,* 82. — haute justice de, 82. 83. — paroisse de, 23. 33. 83, notes 10 et 18. 142. 183. 248. 254. — seigneurie de, 81. 83.
Précy (seigneur de). Voir Prat (L.-A. de).
Prépotin (paroisse de), *Orne,* 24. 253.
Préval (paroisse de). Voir *La Chapelle-Gastineau.*
Prévos (Robert), de *Mortagne,* 131.
Prévostière (sieur), habitant de *Mortagne,* 246, note.
Prie (seigneur de), 214, note. 215, note 4.
Protestants (guerres des), 236. 237. 238. 239. 241. 248. 291.
Provence (comte de). Voir Anjou (René d').
Provence (Marguerite de), femme de Louis IX, 183, note. 184, note. 185.
Provence (Raimond-Bérenger, comte de), 183, note.
Provins (ville de), *Seine-et-Marne,* 207.
Prulay (André de), 164.

Prulay (Gervais de), 146, note 2. 158.
Prulay (Gilbert de), 125. 158. 168.
Prulay (Haloche de), 155.
Prulay (Pétronille de), 154.
Prulay (Philippe de), 162. 165. 168. 171, note 1.
Prulay (Robert de), 141. 153.
Prulay (seigneurs de), 168. 251, note 1.
Prulay (haute justice de), *Orne*, 51. — moulins de, 155. — terre de, 125, note 1.
Ptolémaïs (ville de). Voir *Saint-Jean-d'Acre*.
Ptolémée, géographe, 12, note. 13, note.
Puisaye (André-Louis-Charles de la Coudrelle, marquis de), vicomte de la Ferrière-au Val-Germond, seigneur de Théval, grand-bailli du *Perche*, gouverneur de *Mortagne*, 297, note 1. 299 et note 3. 300.
Puisaye (Guillaume de), 165.
Puisaye (monsieur de), 254.
Puisaye (marquisat de), 299, note 3.

Q

Quatremaires (Guillaume de), 141.
Quatremère (seigneurie de), *Orne*, 198.
Quelain (Michel), trésorier de Toussaint de *Mortagne*, 166.
Quelain (Robert), trésorier de Toussaint de *Mortagne*, 162. 167, note 1.
Quelin (Simon), curé de *Bonsmoulins*.
Quercy (province de), 192.

R

Radray (seigneur de), 165.
Radray (métairie de), *Orne*, 144. — moulin de, 144, note 5. — terre de, 132.
Ragonitte ou Ragonitz, noble personnage, 31 et note 6.
Rahier (Felice), 52.
Rahier (Jean), seigneur de Maison-Maugis, 52, note 2.
Ræmond (Florimond de), conseiller au Parlement de *Bordeaux*, 9 et note 5.
Raimond de Provence. Voir Provence.
Raimond de Toulouse. Voir Toulouse.
Rambures (seigneur de), conseiller de Charles VII, roi de France, 213, note 1. 215.
Ramerius, 104.
Rancé (Armand-Jean-François le Bouthillier de), abbé de *la Trappe*, 16, note 7.
Randau (seigneur de), 80.
Randonnai (haute-justice de), *Orne*, 51. — paroisse de, 22 et note 5. 128. 252.
Raoul de Bourgogne. Voir Bourgogne.
Raoul le Danois, 11. 14.
Ratel (monsieur), de *Mauregard*, 52, note 3.
Rebours (Guillaume), 106.

Refuge (Pierre de), 215.
Regnault (maistre), 141.
Regnault (Pierre), 220.
Reims (archevêque de). Voir Hautvillier (Albéric-Humbert de), Jouvenel des Ursins (Jean IV). — concile de, 74, note 4. — ville de, 193. 207. 227. 230, note 2.
Rémalard (comtes de), 79, note 3.
Rémalard (canton de), *Orne*, 16, note 5. 17, note 12. 18, note 2. 20, note 21. 21, notes 3 et 6. 22, note 3. 23, note 17. 24, note 5. 27, notes 9 et 15. 50, note 1. 80, note 1. 81, note 1. 82, note 6. 83, note 20. 143, note 3. — châtellenie de, 49. 129, note 1. — paroisse de, 21. 38. 63 et notes 3 et 4. 126. 206, note 2. 252. — prieuré de, 18. 252. — seigneurie de, 53, note. 142.
Renard (monsieur Prosper), de *Mauves*, 59, note 3. 60, note.
Renard (Huc), secrétaire et maître de la Chambre de Charles, comte du Perche, 159. 166.
René, comte du Perche. Voir Perche.
René d'Anjou. Voir Anjou.
Rennes (ville de), 12, note 1.
Réno (forêt de), *Orne*, 13, note 3. 53, sous-note 16. 66. 140. 188, note. 195. 231. 248.
Rethel (Hugues, comte de), 118, note 2.
Réveillon (Agnès de), 163.
Réveillon (Béatrix de), 163.
Réveillon (Guillaume de), 135. 154. 157. 162.
Réveillon (Hugues de), 154.
Réveillon (Philippe de), 162. 163.
Réveillon (Robert de), 163.
Réveillon (moulin de), *Orne*, 154. — paroisse Saint-Martin de, 20, note 5. 21. 146, note 2. 167. 251. — prieuré de, 35, note. — seigneurie de, 53.
Revers (prévôt) [d'*Auvers-Saint-Georges* près d'*Etampes*], 87, note 1.
Reverseaux (famille de), 300. Voir Guéau.
Rey (Nicolas de), 158.
Rey (Richard de), 146.
Rhedones [peuple de *Bretagne*, de *Rennes*], 12, note.
Rialin (moulin de), *Orne*, 133.
Riants (Denis de), président au Parlement de *Paris*, 79 et note 4.
Riants (famille de), 80, note 1. Voir Villeray.
Ribaud (Albert), 110, note 2.
Richard (Pierre), conseiller d'église sous Charles VII, roi de France, 216.
Richard Cœur-de-Lion. Voir Angleterre.
Richard, duc de Normandie. Voir Normandie.
Richer, chapelain de Gaultier Chesnel, 107.
Richilde, femme de Odo du Pin, 135.
Rie (Robert II de), évêque de *Sées*, 74 et note 6.
Riqueinan (Georges), 208, note 2.
Rives (demoiselle Jean de), 270.
Rivray (chapelle Saint-Jean au château de), *Orne*, 93. — chapelle Sainte-Catherine, près le château de, 93. — château de, 93. — châtellenie de, 82. 93. 180, note. — fossés de, 140, note. — moulins de, 180, note. — paroisse Saint-Jean de, 27. 182, note. 253. — terre de, 177. — vignes de, 180, note.

Robert, comte du Perche. Voir Perche.
Robert Courte-Heuze. Voir Normandie.
Robert de Bellême. Voir Bellême.
Robert de Dreux. Voir Dreux.
Robert de Flandre. Voir Flandre.
Robert, fils d'Etienne, duc de Philadelphie, 172, note 2.
Robert Mandeguerre, fils de Rotrou II, vicomte de Châteaudun, 109, note 6.
Robert, roi de France. Voir France.
Robert Talvas. Voir Bellême.
Robertet (Florimond), secrétaire d'Etat sous Charles VIII, 87, sous-note 5.
Robillon, grand archidiacre de *Sées*, 299.
Robin (étang), *Orne*, 146.
Robine, femme de Guillaume Morin, 270.
Rochefort (comte de), 110, note 4.
Rochefort (seigneur de), connétable de *France*, 211.
Rodez (comte de). Voir Armagnac (Jean IV d').
Rohan (Jeanne de), femme de Robert, comte du Perche, 192.
Rohan (vicomte de), 211.
Romagne (comte de), 188, note.
Romains (les), 13. 14, note 3. 260, note 1.
Romanet (famille de), 80, note 5.
Romanet de Beaune (vicomte Olivier de), 184, sous-note 2. 191, note 3. 309.
Rome, (église de), 127. — ville de, 29. 78, note. 188, note. 282.
Romigny (moulin de), *Orne*, 55.
Ronne (rivière de), *Eure-et-Loir*, 99.
Rosay ou *Rocé* (seigneurie de), *Orne*, 84 et note 8.
Rosey (seigneur de), 254.
Rosset (lieu de), *Orne*, 103.
Roto (seigneurie de), *Orne*, 198.
Rotrou (les), comtes du Perche, 91. 206.
Rotrou (comtes du Perche du nom de). Voir Perche.
Rotrou de Montfort. Voir Montfort.
Roucy (Béatrix de), femme de Geoffroy IV, comte du Perche, 17, note 2. 102, notes 4, 5 et 7. 103, note 1. 104, note 3. 105, note 9. 106, note 2. 109, note 4. 110 et note 4. 111. 112, notes 1 et 2. 124, note 3. 130. 131.
Rouen (archevêque de). Voir Geoffroi, Alençon (Philippe d'). — bailli de, 223. Voir Cousinot (Guillaume). — Chambre des Comptes à, 46 et note 4. — généraux de la Cour des Aides à, 46 et note 1. — official métropolitain de, 45, note 3. — parlement de, 37. — porte de, à Mortagne, 43, note et note 1. — siège de, 129, note 2. 150 et note 5. 236. 238, note 2. — trésorier général en la généralité de. Voir Fruqueville (sieur de). — Rouen (ville de), 42, note 2. 45. 494.
Roupy (Etienne III de), évêque d'Agde, 214, note.
Roussel (Dreux), 206.
Roussel (Guillaume), 158.
Rousselin (bois), *Orne*, 158.
Roussillon (Gérard ou Girard, comte de), 119 et note 4. 123.
Roussillon (Guillaume, comte de), 119, note 4.
Rouvel (bourg de), *Orne*, 244.

Rouville (Jacques, seigneur de), 81, note 7.
Rouvray (Girard de), 133.
Rouvray (Jean de), 133.
Rouvray (prairie de), *Orne,* 132.
Roziers (seigneurie de), *Orne,* 83 et note 10.
Russie (Elisabeth, reine de), 189.
Russie et de Servie (Orose, roi de), 188, note.

S

Sabinus (Titurius), 13, note 1.
Sablé (ville de), *Sarthe,* 223.
Sabran (Guillaume de), 123.
Sagium [*Sées*], 74, note 4.
Saint Adelin, 8, note 3.
Saint Aignan, évêque de *Chartres,* 88, sous-note 1.
Saint-Aignan-sur-Erre (paroisse de), *Orne,* 23. 249.
Saint-Amant (Gervais de), 134.
Saint-Amant (Hugues de), 134.
Saint Ambroise, 261, note.
Saint-Aubin-de-Boëcé, Bouessay ou *Boissey* (paroisse), *Orne,* 20. — seigneurie de, 53.
Saint-Aubin-de-Courteraie ou *Courtheraye* (haute-justice de), *Orne,* 51. — paroisse de, 20 et notes 16 et 18. 51, note 3. 136. 252. — prieuré de, 17. 252. — terre de, 152. Voir Courtheraye.
Saint-Aubin-des-Grois ou *des Groyes* (paroisse de), *Orne,* 23. 163. 167. 256. — seigneurie de, 83. 84.
Saint-Augustin (chanoines de), 15, note 6. — ordre de, 44 et note 5. 161. — religieux de. Voir Mortagne.
Saint-Avit ou *Avy* (abbaye de), *Eure-et-Loir,* 18 et note 13.
Saint-Barthélemy (massacre de la), 239, note 2.
Saint-Benoit (ordre de), 31. — règle de, 16, note 5. 32.
Saint-Benoit-sur-Loire, dit de *Fleury* (monastère de), *Loiret,* 19. 34.
Saint Bernard de Tiron. Voir Abbeville (Bernard d').
Saint-Blansay-en-Touraine (châtellenie de), 218.
Saint-Calais (abbaye de), *Sarthe,* 34, note 3. — abbé de, 253.
Saint-Cénéri-le-Gerei (paroisse de) *Orne,* 186. 206. 208 et note 1.
Saint Cénéry, Cérenie, 8, note 3. 29.
Saint-Cosme-de-Vair (enclave et ressort de), *Sarthe,* 24 et note 13.
Saint-Cyr (maison de), *Seine-et-Oise,* 33.
Saint-Cyr-la-Rosière (paroisse de), *Orne,* 18, note 10. 23 et note 7. 33. 83, note 8. 254.
Saint-Denis (Girard de), 165.
Saint-Denis (Guillaume de), 165.
Saint-Denis (Jean), conseiller de Jean II, comte du Perche, 220.
Saint-Denis (bataille de), 237.
Saint-Denis (moulin de), *Orne,* 64, note 4.
Saint-Denis-d'Authon (paroisse de), *Eure-et-Loir,* 27, note 14. 249.
Saint-Denis de Hertré (René de), 24, note 1. 242.
Saint-Denis-des-Coudrais ou *de la Coudre* (paroisse de), *Sarthe,* 25 et note 2. — seigneurie de, 83.

Saint-Denis-des-Puits (paroisse de), *Eure-et-Loir*, 87, sous-note 6.
Saint-Denis en France (abbaye de), *Seine*, 18. 32. 33. 135. — abbé de, 214, note. 215. — église de, 108. — ville de, 207. 241. note.
Saint-Denis-sur-Huîne (seigneur de). Voir L'hermitte (Etienne).
Saint-Denis-sur-Huine (paroisse de), *Orne*, 20. 113. 165. 167. — seigneurie de, 52, note 4.
Saint-Eliph ou *Elie* (paroisse de), *Eure-et-Loir*, 27 et note 4. 249.
Saint-Eloi, 16, note 1.
Saint-Eran (Jean de), seigneur de Préaux, 81 et note 6.
Saint-Esprit (ordre du), 65, note 3.
Saint-Esprit-de-Montpellier (ordre du), 28, note 4.
Saint-Etienne-sur-Sarthe (paroisse de), *Orne*, 20. 252. — seigneurie de, 52, note 4.
Saint-Eulphace (prieuré de), [*Saint-Gilles*], *Sarthe*, 17. Voir Saint-Ulphace.
Saint-Evroult (abbaye de), *Orne*, 8, note 3. 17. 19, note 4. 159. 171. 252.
Saint-Florentin (ville de), *Yonne*, 207.
Saint-François (ordre de), 29. 274, note. 281. 282. — règle de, 5. 263. — religieuses de, 16, note 2.
Saint-Fulgent-des-Ormes, Saint-Frogent ou *Forgent* (baronnie de), *Orne*, 83 et note 19. 250. — haute-justice de, 80 et note 3. — paroisse de, 25 et note 14.
Saint-Germain-de-Clairefeuille (seigneur de), 163, note 1.
Saint-Germain-de-Clairefeuille (église), *Orne*, 163. 167.
Saint-Germain-de-la-Coudre (paroisse de), *Orne*, 23. 33. 84, notes 12, 13 et 25. 143. 249. 254. — seigneurie de, 84.
Saint-Germain-de-Martigny (paroisse de), *Orne*, 20. 21, note 9.
Saint-Germain-des-Grois ou *des-Groys* (paroisse de), *Orne*, 24. 251.
Saints-Gilles (sieur de), 220.
Saint-Gilles (chapelle), *en Tourouvre*, *Orne*, 70.
Saint-Gilles et de Toulouse (Alphonse, comte de) 137, note 1.
Saint-Grégoire-de-Tours, 8, 13 et note 2. 29.
Saint-Hilaire-de-Soizé ou *de Souazay* (paroisse de), *Orne*, 25 et note 19. 252.
Saint-Hilaire-des-Noyers (paroisse de), *Orne*, 24. 254.
Saint-Hilaire-des-Noyers (paroisse de), *Eure-et-Loir*, 27. 114.
Saint-Hilaire-lès-Mortagne (cimetière de), *Orne*, 136. — moulin de, 64. 153. — paroisse de, 21 et notes 8 et 16. 133, notes 1 et 4. 144. 244. 251.
Saint-Hilaire-sur-Erre (paroisse de), *Orne*, 23. 100. 251. — seigneurie de, 83.
Saint-Jacques (chapelle), *Orne*? 254.
Saint-Jacques de l'Épée (ordre de), 28, note 4.
Saint-Jacques-de-Vaunoise. Voir *Vaunoise.*
Saint-Jean (sieur de), 220.
Saint Jean-Baptiste (cerveau de), 175.
Saint-Jean-d'Acre, Ptolemaïs (ville de), *Syrie*, 139, note 1. 149, notes 2 et 3. 150, note 5.
Saint-Jean de Jérusalem (ordre de), 213, note 1.
Saint-Jean-de-la-Forêt (église et paroisse de), *Orne*, 23. 24, note 7. 75, note 5. 127. 128. 250. 256. — seigneurie de, 83.

Saint-Jean-de-Margon (paroisse de), *Eure-et-Loir,* 26.
Saint-Jean-des-Echelles (paroisse de), *Sarthe,* 25.
Saint-Jean-des-Murgers (paroisse de), *Eure-et-Loir,* 27 et note 3. 249.
Saint-Jean-en-Vallée (abbaye de), *Eure-et-Loir,* 18. — abbé de, 253.
Saint-Jean-Pierre-Fixte ou *Pierre-Fitte* (paroisse de), *Eure-et-Loir,* 26. 112, note 2. 114 et note 8.
Saint-Jouin-de-Blavou (paroisse de), *Orne,* 25. 38. 53, sous-note 15. 83, note 6. 135. 248.
Saint-Julien-sur-Sarthe (paroisse de), *Orne,* 25. 83, note 15. 249. — seigneurie de, 84.
Saint-Langis-lès-Mortagne (église et paroisse de), *Orne,* 20 et note 3. 43, note. 44. 51, note 6. 53, sous-note 9. 135. 136. 164. 243. 302. — seigneurie de, 53.
Saint Laumer. Voir Saint-Lhomer.
Saint-Laurent, martyr, 78, note.
Saint-Lazare-de-Jérusalem (ordre de), 28 et notes 4 et 5.
Saint-Léger-des-Aubées (commune de), *Eure-et-Loir,* 104, note 6.
Saint Léon, pape, 74, note 4.
Saint Léonard, 19, note 4. 238, note 2.
Saint-Léonard-de-Soizé ou *de-Souasey* (prieuré de), *Eure-et-Loir,* 18.
Saint-Lhomer, Laumer ou Lômer, abbé de *Corbion,* 8 et note 4. 16, note 5. 31 et note 3. 32.
Saint-Lhomer-de-Blois (abbaye de), 18. 19, note 4. 32. — moines de, 140, note.
Saint-Lhomer-de-Jouventry, près *Blois* (prieuré de), 19, note 4.
Saint-Lhomer-le-Moutier. Voir *Moutiers-au-Perche* (prieuré de).
Saint-Louis de Marseille, évêque de *Toulouse,* 280.
Saint-Loup (sieur de), 242.
Saint-Lubin de Cinq-Fons (seigneur de). Voir Gaubert (Jean de).
Saint-Marcel-lès Paris (religieuses de), 185.
Saint-Marcel (oratoire de), *Orne,* 55. — village de, 55, note 1.
Saint-Marcel (métairie de), *Orne,* 153.
Saint Marcou, 8 et note 4. 29
Saint Mars (seigneur de). Voir Sarradin (Pierre).
Saint-Mars ou *Saint-Marc* (paroisse de), *Eure-et-Loir,* 26 et note 10.
Saint-Mars-de-Coullonges (seigneur de). Voir Gislain (Jean et Louis), Gombault (Jean de).
Saint-Mars-de-Coullonges (paroisse de), *Orne,* 21. 184, note. — seigneurie de, 53.
Saint-Mars ou *Saint-Mard-de-Réno* (paroisse de), *Orne,* 22. 50, note 8. 54, sous note 2. 252.
Saint Martin (tombeau de), 88, sous-note 1.
Saint-Martin-d'Apres (paroisse de), *Orne,* 165.
Saint-Martin-de-Bellou? 107.
Saint-Martin-des-Pézerits (paroisse de), *Orne,* 20. 252.
Saint-Martin-du-Douet (paroisse de), *Orne,* 24. 84, note 2. 249.
Saint-Martin-du-Vieux-Bellême (église et paroisse de), *Orne,* 16. 25. 75, note 5. 76, note. 78. 84, note 8. 127. — près de, 180, note. — prieur de, 76, note. 128. Voir Guillaume. — prieuré de, 18. 30. 76. 77. 127. 128. 170. 255. 256. 293. — religieux de,

78. 187, note 3. 189, note. 190. — seigneurie de, 83. — titre de, 9.
Saint-Maurice d'Iversay. Voir *Saint-Maurice-sur-Huine.*
Saint-Maurice-sur-Huine (paroisse de), *Orne,* 23. 54, sous-note 1. 105, note 2. 127. 134, note 4. 256.
Saint-Médard (André de), 141.
Saint-Médard ou Saint-Mard (Guillaume de), 140 et note 5. 153.
Saint-Médard (Robert de), 141. 153.
Saint-Médard (terre de), *Orne,* 153. 158.
Saint-Menier (moulin de), *Eure-et-Loir ?* 170 et note 2.
Saint-Michel-la-Forêt (prieuré de), *Orne,* 18.
Saint-Nazaire, 261, note.
Saint-Omer (Guillaume de), 177.
Saint-Ouen (Guillaume de), 141.
Saint-Ouen-de-la-Cour (paroisse de), *Orne,* 5, note 2. 24. 53, sous-note 6. 83, note 25. 127 et note 7. 164. 256.
Saint-Ouen-de-Sécherouvre (paroisse de), *Orne,* 21. 145. 151.
Saint-Ouen-d'Eure (église de), 107.
Saint-Paul (Anguerrand de), 122.
Saint-Paul (comtes de), 126. Voir Orléans (Henri d').
Saint-Paul (Gui, comte de), 173.
Saint-Paul (Gui IV, comte de), 188, sous-note 3.
Saint-Paul (Hugues II de Champ-d'Avène, comte de), 118 et note 1. 122 et note 4.
Saint-Paul-le-Vicomte (fortifications de), 206, note 2.
Saint-Père (seigneur de). Voir Blosset (Jean).
Saint-Père (métairie et seigneurie de), *Orne,* 82.
Saint-Pierre-la-Bruyère (paroisse de), *Orne,* 23 et note 11. 104 et note 9. 106, note 4. 107. 113, note 10.
Saint-Pierre-du-Favril (paroisse de), *Eure-et-Loir,* 27. 249.
Saint-Préject, évêque de Clermont, 113, note 1.
Saint-Quentin (ville de), *Aisne,* 42, note 2.
Saint Quentin (vallée de), *Orne ?* 136.
Saint-Quentin-de-Blavou (paroisse de), *Orne,* 20 et note 8. 53, sous-note 13. 250.
Saint-Quentin-le-Petit (paroisse de), *Orne,* 23. 127. 128. 249. 256.
Saint-Robert (prieuré de), *Orne,* 19, note 4.
Saint Roch (image de), 78, note.
Saint-Santin (Notre-Dame de). Voir *Bellême.*
Saint-Sénérin. Voir *Saint-Cénéri-le-Gérei.*
Saint-Sépulcre (ordre du), 28, note 4.
Saint-Séverin (sieur), 245.
Saint-Simon (famille de), 87, sous-note 4.
Saint-Simon (Gilles de), 211.
Saint-Sulpice-de-Nully (église et paroisse de), *Orne,* 21 et note. 22 et note 17. 39, note 2. 111 et note 2. 248. 252. — seigneurie de, 52, note 4.
Saint-Symphorien (commune de), *Eure-et-Loir,* 87, sous-note 8.
Saint-Ulphace (église de), *Sarthe,* 107 et note 4. 113. Voir Saint-Eulphace.
Saint-Victor (Alice de), 66, note 1.
Saint-Victor (Guillaume de), 66, note 1.
Saint-Victor (Jeanne de), 66.
Saint-Victor (maison de), 64. 65.

Saint-Victor (Robert de), 65. 66. 158.
Saint-Victor (seigneurs de), 66.
Saint-Victor-de-Réno (haute-justice de), *Orne,* 50. — paroisse de, 19, note 2. 21. 38. 50, notes 5, 7 et 9. 66 et note 1. 140. 162. 163. 167. — prieur de la Madeleine de, 248. — prieuré de la Madeleine de, 19.
Saint-Victor-de-Buthon (seigneur de), 91.
Saint-Victor-ès-Buthon (paroisse de), *Eure-et-Loir,* 27. 143.
Saint-Vincent-aux-Bois (abbaye de), 35, note.
Sainte Catherine, 34, note 1. 263.
Sainte-Catherine (chapelle), près *Rivray, Orne,* 253.
Sainte Céronne, 8 et note 3. 29. 55 et note 1. 56. 249.
Sainte-Céronne ou *Séronne* (église et paroisse de), *Orne,* 17, note 11. 21. 44, note 1. 53, sous-note 7. 54. 55. 56. 132, note 2. 135. 136 et note 5. 146. 205, note 1. 244. — haute-justice de, 52. — terre de, 153. 154. 158. — Thomas, prêtre de, 136.
Sainte-Claire (ordre de), 42, note 5. 45. 65, note 2. 144, note 2. 228 et note 3. 282.
Sainte Colette, réformatrice de l'ordre de Sainte-Claire, 65, note 2. 144, note 2.
Sainte-Elizabeth (ordre de), 157.
Sainte Elizabeth de Hongrie, 224, note 1. 280.
Sainte Elizabeth de Picardie (hospitalières de l'ordre de), 228 et note 3. 229.
Sainte Elisabeth de Portugal, 224, note 1.
Sainte-Gauburge (prieur de), canton de Nocé, *Orne,* 33, note 3. — prieuré de, 18. 32. 33 et sous-note 1. 293.
Sainte Geneviève, 78, note. 261, note.
Sainte-Geneviève (chanoines de l'ordre de), 15, note 6.
Sainte-Geneviève-des-Bois ou *du-Boys* (village de), *Seine-et-Oise,* 77, note 2 et sous-note 1.
Sainte-Marie (seigneur de), 126. 211. Voir Epaules (Richard aux).
Sainte-Marie (lieu de), *Orne ?* 105.
Sainte-Marie-de-Lonlay (abbaye de), *Orne,* 30 et note 3.
Sainte-Marthe (dom Denis de), historien, 10, note 1 et sous-note 6.
Sainte Nicole, 144.
Sainte-Nicole (parc), *Orne,* 65 et note 2. 144.
Sainte-Rose de Viterbe, 244, note 1.
Sainte-Scolasse-sur-Sarthe, (village de), *Orne,* 190, note 1.
Sainte Séronne. Voir Sainte Céronne.
Sainte-Suzanne (baronnie de), *Mayenne,* 231, note 2. — paroisse de, 193. 206. 208.
Sainte-Trinité (chanoines de la), 16, note 1. — ordre de la, 45. 167. — religieux de la, 169.
Saintes (ville de), *Charente-Inférieure,* 190.
Saintonge (province de), 192.
Saintrailles (sire de), 208.
Saints Gervais et Protais, 261, note.
Saivoux ou *Senoust* (moulin), *Orne,* 140 et note 3.
Saladin ou Salahiddin, sultan de Babylone, 139. 146, note 6. 147. 149.
Salerne (ville de), *Italie,* 187, note 3.
Salisbury (baron de). Voir Evreux (Edouard d').
Salisbury (comtes de), 91. 175. Voir Montagu (Thomas de).

TABLE ALPHABÉTIQUE.   389

Salisbury, Salibrières (diocèse de), *Angleterre,* 142 et note 1.
Sâlot (monsieur), de Mauves, 59, note 3.
Saluces (marquis de), 213, note 1. 215.
Samboon (Geoffroy de), 105, note 9.
Samosate. Voir *Semisat.*
Sancerre (comte de), 148.
Sancerre (fief de), *Cher,* 183, note.
Sanche de Navarre. Voir Navarre.
Sancta Magdalena de Catarabia (léproserie de) [*Chartrage de Mortagne*], 28, note 2.
Sandebois (Jean), président en l'élection de *Mortagne,* 88, note.
Sansay (Jean de), conseiller de Charles VII, roi de France, 216.
Sapin (Gabrielle), femme de Denis de Riants, 79, note 4.
Sapin (Jean), receveur général des finances du *Languedoc,* 79, note 4.
Saragosse (siège de), 126, note 5. — ville de, 127, note.
Sarradin (Pierre), seigneur de Saint-Mars, 146.
Sarrasins (les), 117, note 2. 139, note 1. 149.
Sarthe (département de la), 24, notes 13, 14, 15 et 16. 25, note 5. 33, note 1. 72. 83, note 3. 107, notes 4 et 5. 113, note 12. 132, note 1. — rivière de, 37 et note 5. 38. 39. 135. 224.
Sassy (Girard de), de *Loisé,* 103 et note 2.
Savoie (Louise de), 232, note 1.
Savoie (Philippe de), 214.
Sees (seigneurs de), 12, note 1. Voir Bellême (Robert Talvas de).
Sées (abbaye Saint-Martin de), *Orne,* 18. 74. 203, note 1. — abbé de Saint-Martin de, 250. — archidiaconé de, 29. — archidiacre de. Voir Robillon. — bailli de. Voir Gastonnet. — cathédrale de, 74 et note 4. 75 et note 1. — chanoine de. Voir Gautier (Jean). — chapitre de, 250. — couvent des frères mineurs de, 268. — diocèse de, 10, sous-note 6, 20, notes 3 à 20. 21, notes 7 à 12, 14 à 17, 19 et 20. 22, notes 1 à 4, 6 à 13, 16 et 20. 23, notes. 24, notes 1 à 10. 25, notes 6 à 21. 29. 45, note 2. 112. 140, note. 211, note 2. — église de, 30. — évêché de, 38. 45, note 3. 58. 248 à 254. — évêques de, 45. 56. 75, note 2. 80. 249. 281 à 283. 300, note. Voir Bellême (Yves de), Camus (Jacques), Du Moulinet (Louis), Duval (Pierre), Girard Ier, Grégoire l'Anglois, Neuville (Jean de), Rie (Robert II de) Serlon d'Orgères, Silvestre, Suarez (Jacques), — monastère de Saint-Augustin à, 29. — official de. Voir Bonvoust (Charles de), Le Mère (René). — officialité de, 45, note 3. — promoteur de l'évêque de. Voir Lemoine (François). — seigneurie de, 71. 192. 194. — ville de, 29. 75, note 1. 167. 203, note 1. 221. 230, note 4.
Seignelay (Guillaume de), évêque d'*Auxerre,* 173.
Seine (rivière de), 15. 35. 39 et note 2. 150.
Seine-et-Oise (département de), 77, sous-note 1.
Selerin. Voir Saint-Cenery.
Semallé (comtesse de), 84, note 1.
Semilly (Henry de), 173.
Semisat, Samosate, Samasare (ville de), *Turquie d'Asie,* 120 et note 9.
Seneri, Senerie. Voir Saint-Cenery.
Senlis (bailli de), *Oise,* 213, note 1. 215. — évêque de. Voir Garin. — ville de, 207.

Sennes (sieur de), 215.
Senonches (paroisse de), *Eure-et-Loir,* 12, note 1. 34, note 3. 127, note. 188, note. 189, note. 190, note 1. 192. 231, note 2. 238, note 2. — prieuré de, 35, note.
Sens (archevêque de). Voir Champagne (Guillaume de).
Sensavoir (Françoise de), 52, note.
Sensavoir (Gautier de), 118 et note 6.
Sensavoir (Jean de), seigneur de Bourique et Campray, 52, note.
Serigny, Cerigny (paroisse de), *Orne,* 22, note 20. 84, note 26. 251. — seigneurie de, 84.
Serlon d'Orgères, évêque de *Sées,* 74 et note 6.
Servy ou Scernay (sieur de), 215 et note 6.
Sesuvii (peuple du diocèse de *Sées*), 12, note.
Seurre (Denis de), conseiller de Charles VII, roi de France, 213, note 1.
Shropshire (comte du). Voir Bellême (Robert Talvas de).
Sibylle, fille de Foulques, comte d'Anjou, 116 et note 8.
Sicile (Guillaume le Mauvais, roi de), 116 et note 6.
Sicile (reine de). Voir Navarre (Marguerite de).
Sicile (Louis, roi de), 204, note 1.
Sicile (Roger, roi de), 137. 139 et note 1.
Sicile (royaume de), 137 et note 2. 148. 149, note 1. 187, note 3.
Siciles (Guillaume II le Bon, roi des Deux-), 137, note 2. 148. 149 et note 1.
Sigfride, danois, 11.
Silly (René de), seigneur de Vaux, bailli de *Caen,* 30, note 1.
Silvestre, évêque de *Sées,* 163.
Simon de Dreux. Voir Dreux.
Simon, prieur de Saint-Denis de *Nogent,* 140, note.
Soissons (comtes de), 146, note 6. Voir Bourbon (Charles de).
Soissons (comtesse de). Voir Montafié (Anne de).
Soissons (église Saint-Médard de), 159, note 1. — ville de, 159, note 1. 207.
Solart (terre de), *Orne,* 144.
Soligny (Guillaume de), 173.
Soligny (Hugues de), 145.
Soligny-la-Trappe (baronnie de), *Orne,* 50 et note 4. 196. — château de, 50. — clôtures de, 50. — paroisse de, 15, note 4. 20 et note 20. 37. 50, note 2. 125. 144. 164. 252. — seigneurie de, 258.
Soliman, turc, 118. 119. 120. 137. 138. 171.
Sombour (Godefroy de). Voir Somnibourg.
Sombresset (duc de), 211.
Somnibourg (Godefroy de), seigneur de Happonvilliers, 106 et note 1.
Somnibourg (Robert de), 106, note 1.
Sonnette (rivière de), ou *Corbionne, Perche,* 93 et note 7.
Somme-Sarthe (village de), *Orne,* 37.
Sonnois (baronnie de), *Sarthe,* 227, note 6. 231, note 2. — pays de, 24, note 15. — receveur de, 271. — seigneurie de, 204. 272.
Sorange (Avesgot), 74, note 4.
Sorange (Guillaume), 74, note 4.
Sorange (Richard, Robert et Ancelot frères), 74 et note 4.
Sorel, sieur de la Chapelle, 297.

Souancé (manuscrit de Bart au vicomte de), 296. 297.
Souancé, Souencé, Souansey (paroisse de), *Eure-et-Loir*, 26 et note 14. 90, note 7. 143 et note 2. 174. 253.
Souasey (seigneur de). Voir Fontenay (Anceaume de).
Soufritte (Guillaume de), 105 et note 1.
Sougé (seigneur de), 204.
Sourmont (Guillaume de), 158.
Sourmont (Yves de), 158.
Souvelle (seigneur de). Voir Bonvoust (René de).
Stafford (comte de), 207, note 3.
Suarez (Jacques), évêque de *Sées*, 29.
Suède (Christine, reine de), 294. 295. — sa bibliothèque, 273, note 1. 294. 295.
Suède (armes de), 294, note 1.
Suève (ducs de), 138.
Sully (ducs de). Voir Béthune.
Sully (tombeau de), 90, note 1.
Suré (Ernaud de), 140, note.
Suré (paroisse Saint-Martin de), *Orne*, 25. 252.
Surienne (François de), dit l'Arragonnais, 88, note et sous-notes 2 et 3. 126. 211.
Surmont (Robert de), 154.
Surmont (seigneurie de), *Orne*, 299, note 3.
Suzanne de Bourbon. Voir Bourbon.
Syrie, 120, note 8. 137, note 1. 146, note 6.

T

Talbot (capitaine), 203. 207.
Talmudistes (les), 120, note 8.
Tancarville (comte de). Voir Harcourt (Guillaume d').
Tancrède, chef des croisés, 120 et notes 4, 6 et 7. 122.
Tancrède, fils de Guillaume II le Bon, roi des Deux-Siciles, 149.
Tanneret (moulin de), *Orne*, 132.
Tarbes (pays de), 236.
Tarente (Bohémond, prince de), 118 et note 11. 120 et note 2. 121 et notes 6 et 10.
Tarente (Philippe, prince de), 188, note.
Tarse (ville de), *Asie Mineure*, 120 et note 6.
Tassel (sieur de), habitant de *Mortagne*, 246, note.
Tavannes (vicomte de), 243.
Teil (moulin de) [*Le Theil*, *Orne*], 141, note 8.
Teilly (terre de), *Orne*, 228.
Tein (sieur de), 87.
Telligny. Voir *Théligny*.
Terre-Sainte, 8. 73, note 8. 97, note 2. 109. 110. 111. 117. 119. 123. 124. 128. 136. 139 et note 1. 148. 151. 165. 171. 180. 184, note. 187. 257. 306.
Terres-Françaises (les), *Eure-et-Loir*, 34, notes 2 et 3. 35, note. 226, note 3. 228, note 2. 230, note 4.
Tessier (sieur), 302.
Tesson (Raoul), 208.
Theligny (église), *Sarthe*, 249. — paroisse de, 25. — seigneurie de, 83.

Théodore [Thierri], évêque de *Chartres*, 99. 101.
Théodoret, 15.
Théodoric, 14. 15.
Théval (seigneur de). Voir Puisaye (marquis de).
Théval (église Saint-Ouen de), *Orne*, 112. — fief de, 168. — paroisse de, 20. 145. 168.
Thibault (Etienne), 310.
Thibault (François), sieur de la Morlière, 310.
Thibaut comtes de Blois du nom de). Voir Blois.
Thibaut I*er* de Champagne. Voir Blois (Thibaut III de).
Thibaut II de Champagne. Voir Blois (Thibaut IV de).
Thibaut de Champagne. Voir Champagne.
Thiboust (Robert), 215.
Thiboust (Tassin), tabellion à *Mortagne*, 43 et notes 1 et 3. 111, note 3. 112, note 2. 209. 224. 263. 267. 271.
Thierry d'Alsace. Voir Flandre (comtes de).
Thimerais (pays de), *Eure-et-Loir*, 12, note 1. 34, notes 2 et 3. 35, note. 39, note 2. 110, note 2. 188, note. 238, note 2.
Thimert (lieu de), *Eure et-Loir*, 34, note 3. — prieuré de, 35, note.
Thimes (château de), *Eure-et-Loir*, 110, note 2.
Thiron (abbaye de), *Eure-et-Loir*, 16. 19. 89, note 1. 180, note. 248 et note 2. 249. 293. 305. Voir Abbeville (Bernard d'). — canton de, 17, note 8. 26, notes 1, 6 et 7. 27, notes 7, 8, 13, 14, 17 et 18. 82, notes 2 et 4. 93, notes 3 et 4. 105, note 8. — paroisse de, 180, note. — religieux de, 180, note. 249. — ruisseau de, 124, note 3.
Thiroux (Jean), 10, sous-note 6.
Thomas, comte du Perche. Voir Perche.
Thomassu (bibliothèque de monsieur), 10, sous-note 2.
Thoriel (Rodolphe de), 157. 158.
Thoros ou Théodore, gouverneur d'*Edesse*, 120 et note 10. 121, note 1.
Thou (Christophe de), 96, note 2.
Thou (Marie de), abbesse des *Clairets*, 96 et notes 2 et 4.
Thouars (Alix de), femme de Pierre, comte de Dreux, 130.
Thouars (vicomte de). Voir Amboise (Pierre II d').
Thouars (fief de), *Deux-Sèvres*, 195.
Thoury (baron de). Voir Prat (L.-A. de).
Thrace (pays de), 137, note 1.
Tillay-le-Peneux (commune de), *Eure-et-Loir*, 112, note 2.
Tillières-sur-Avre (village de), *Eure*, 35. 38.
Tinchebray (ville de), *Orne*, 124.
Thiour (Yvon de), 211.
Toc (sieur de), 239.
Tolemer (Robert), 134.
Tolmer (François), notaire en la châtellenie de *Mortagne*, 265. 266.
Torcé (village de), *Sarthe*, 209.
Torcy (seigneur de), 214, note. 215.
Toscane (province de), 188, note.
Toulouse (Alphonse, comte de), 139.
Toulouse (Raimond, comte de), 117 et note 10. 118. 119. 122. 148.
Toulouse (Raimond V, comte de), prince d'Antioche, 138.

Toulouse (évêque de). Voir Saint-Louis de Marseille.
Touncé (lieu de), *Eure-et-Loir?* 107, note 7.
Touraine (Charles, duc de), 204, note 1.
Touraine (bailli de), 204, note. 215. — province de, 35. 218. 240, note.
Tourettes (Hélye de), 215 et note 1.
Tournay (Guillaume de), 122.
Tournay (Robert de), 146.
Tournay (fief et seigneurie de), *Orne?* 146.
Tournebœuf (famille de), 69.
Tournebœuf (Michelle de), 68, note 6.
Tournebœuf (Richard de), 268.
Tournebœuf (Robine), 68 et note 6. 69.
Tournebulle (Geneviève-Marguerite de), 79, note 3.
Tournel (Guillaume), 152.
Tournelle (Thiboust), 269.
Tourneslay (Hugues), 112.
Tournon (arrondissement de), *Ardèche*, 59, note 1.
Tourouvre (maison de), 68 et note 6. 69.
Tourouvre (monsieur de), 254.
Tourouvre (seigneurs de), 51. Voir La Vove.
Tourouvre (canton de), *Orne*, 21, notes 12, 13, 14, 15, 17 et 18. 22, notes 4, 5, 15 et 16. 50, note 6. 51, note 9. 53, sous-note 4. 65, note 2. — haute justice de, 51. — paroisse de, 22. 145. 253. — terre de, 68, note 6.
Tours (châtellenie de), 218. — Etats de, 222. 226, note 3. — faubourgs Saint-Symphorien à, 241. — ponts de, 218. — Saint-Gatien de, 251. — Thibaut, doyen de, 160. — ville de, 129, note 1. 205. 218. 225. 241.
Tousey (Didier), conseiller de Charles VII, roi de France, 216 et note 4.
Toustain (Guillaume), de *Mortagne*, 303. 304.
Touteville (sieur de), 215.
Touvois (dame de). Voir Bubertré (Françoise de), Moignet (Charlotte).
Touvois (monsieur de), 254.
Touvois (seigneur de). Voir Gruel (Philbert de).
Touvois, Touvoye (château de), *Orne*, 50, note 10.
Trachana (Yvon de), 220.
Traigneau (seigneur de). Voir Gruel (Philbert de).
Tréguier (ville de), *Côtes-du-Nord*, 12, note 1.
Treuille (métairie de), *Orne*, 177.
Trichard (Geoffroy), 176.
Trizay-au-Perche (paroisse de), *Eure-et-Loir*, 26 et note 17. 253 et note 3.
Troc (château de), 150.
Troarn (abbaye de), *Calvados*, 74.
Troyes (ville de), 207.
Trun (vicomté de), *Orne*, 189, note.
Trye-Château (village de), *Oise*, 147 et note 1.
Tudart (Jean), maître des requêtes sous Charles VII, roi de France, 215.
Tudèle (prise de), *Espagne*, 126, note 5. — ville de, 128, note 2. 183, note.

Tuebonne (terre de), *Orne*, 106.
Tullen (Jacqueline de), abbesse des *Clairets*, 96, note 2.
Turcs (les), 120. 121. 136. 138. 139.
Turenne (Raymond, vicomte de), 110, note 5.
Turgeon (Michel), seigneur de la Bourdinière, 310.
Turpin (mare), *Orne*, 134.
Turquentin (Geoffroy), vicomte du Perche, 166. 189, note. 190, note 2.
Turquentin (Jean), 166. 190, note 2.

U

Unella [*Huine*], 12, note.
Unelles, Unelli, 11. 12, note. 13 et note 1. 35, note 1.
Unellum [*Perche*], 11.
Unverre (chapelle Saint-Barthélemy à), *Eure-et-Loir*, 115 et note 3. — paroisse Saint-Martin d', 87, sous-note 1. 113 et note 13.
Urbain II, pape, 112, note 2.
Urbain IV, pape, 228, note 3.
Ursnie, fille de Geoffroy, comte du Perche, 14, note 3.

V

Valfrade, femme de Crenulphus, noble, 31.
Vallé (Hugues de), 153.
Vallé (Robert de), 153.
Vallée (Louis de), seigneur de Pescheray, gouverneur du Perche, 241 et note 2. 242.
Vallory ou *Valloré* (métairie de), *Eure-et-Loir*, 143 et note 2.
Valognes (ville de), *Manche*, 211.
Valois (Catherine de), femme de Philippe, prince de Tarente, 188, note.
Valois (comtes de). Voir Perche.
Valois (maison de), 9 et note 1.
Valois (Marguerite de), reine de Navarre, duchesse d'Alençon et comtesse du Perche, 189, note.
Valois (duché de), 117, note 4.
Val-Saint-Pierre (prieur du), 141.
Vannes (ville de), 12, note 1.
Varandes (Geoffroy de), 177.
Vasconcelles (maison de), 126.
Vasconcelles (seigneur de), 126.
Vassé ou Vassey (dame de), 96 et note 3. 97.
Vassé (Jean de) dit Grognet, seigneur de Vassé et de Classé, baron de la Roche-Mabile, gouverneur de Chartres, 96, note 3.
Vassé (seigneur de). Voir Manthelon (Jean de).
Vatican (palais du), 273. 294. 295 et notes 1 et 3. 296, note 2. — manuscrit de Bart au, 294. 299. 308. 311.
Vaubouton (Roger de), 133.
Vaudémont (comte de). Voir Bourbon (Antoine de).
Vaudémont (château de), *Meurthe*, 274, note 1.
Vaujours (fief de), *Orne*, 129, note 1.
Vaulerne (François de), maître d'hôtel de madame Marie d'Armagnac, 271.

Vaulnoise. Voir *Vaunoise.*
Vaulrenoust (seigneur de). Voir Bonvoust (René de).
Vaunoise (chapelle Sainte-Marguerite de), *Orne*, 146. — paroisse Saint-Jacques de, 25. 84, notes 6 et 7, 127. 256. — seigneurie de, 84. — vignes de, 146. 158.
Vauvert (seigneur de), chambellan de Charles VII, roi de France, 214, note. 215, note 3.
Vauvineux (comte de), 84, note 7.
Vaux (seigneur de). Voir Silly (René de).
Vendôme (armes des comtes et ducs de), 155, note 1.
Vendôme (Bouchard de), 66. 67.
Vendôme (Bouchard de), seigneur de Feillet, la Ventrouse et Cherensay, 166.
Vendôme (comte de), 173. 207. 208.
Vendôme (ducs de), 12, note 1. Voir Bourbon (Charles de).
Vendôme (Guillemette de), 67.
Vendôme (Jean Ier, comte de), 66. 94. 149, note 3.
Vendôme (Jean II de), 67 et note 2.
Vendôme (Jean de), seigneur de la Ventrouse, Feuillet et Chérancey, 10. 67 et note 1.
Vendôme (Jeanne de), 67.
Vendôme (maison de), 9.
Vendôme (monseigneur, comte de), 213, note 1. 214.
Vendôme (Pierre de), 67.
Vendôme (Robert de), 67.
Vendôme (château de), 218. — Conseil du Roi à, 213 et note 1. — parlement de, 217, note 1. — traité de, 182, note. 183, sous-note 1. — ville de, 148. 227, note 6. 236, note 2. 262.
Vendômois (province de), 39, note 2.
Veneli [*Unelles*], 12, note. 13, note.
Venesii [*Unelles*], 13, note.
Veneti [*Unelles*], 12, note.
Vénétie (province de), 13, note 1.
Venise (ville de), 160, note.
Venitiens (les), 188, note.
Vêpres Siciliennes (les), 187, note 3.
Vergi (Alix de). Voir Bourgogne (duchesse de).
Veri-Unelli [*Vieux-Verneuil*], 12, note.
Vermandois (Adélaïde de), femme de Hugues le Grand, 117, note 4.
Vermandois (duché de), 117, note 4.
Verneuil (vicomte de), 211.
Verneuil-au-Perche (château de), *Eure*, 35. 210. 218. — couvent des Cordeliers à, 35. — église Saint-Laurent de, 35. — église Saint-Martin de, 36. — fort Saint-Laurent de, 35. 36. — gouverneurs de. Voir ... gneriz (sieur), Médavy (baron de). — inscription de, 1... note 1. — lieutenant de. Voir Morandière (Jacques ... adrerie de Saint-Marc de Vieux, 35, note. 36. — m... nte à, 211. — paroisse de, 35. 36 et note 5. 37. 38. ... note 3. 190, note 1. 192. 194 et note 1. 205. 20... 218. 234, note 1. 242. 243. 244, note 1. — tour gr... , 12, note 1. 35, note 1. 36, 244, note 1. — vieux, 12, note. 30.
Verneuil-en-Picardie (marquisat de), 37.
Verneuil-Normand [*Verneuil-au-Perche*], 36, note 5.

Vernon (ville de), *Eure*, 151, note 1. 194, note 1. 204, sous-note 1.
Verrier (Jean), 205.
Verrières, capitaine anglais, 207.
Verrières (église Saint-Ouen et paroisse de), *Orne*, 23. 103. 106. 113 et note 9. 126.
Versailles (manuscrit de Bart à), 298. — ville de, 39, note 2.
Vexin (pays de), 147.
Vezelay (ville de), *Yonne*, 148, note 3.
Vialzay (Jean de), 173.
Viamier (métairie de), *Orne*, 164. 165.
Viantais ou Vientais (Henri de), 146.
Viantais (seigneur de). Voir Boursault (Charles de).
Viantais (château de), *Orne*, 81 et note 2. — seigneurie de, 81 et note 2. 83.
Vichères (Gacé de), 176.
Vichères (paroisse de), *Eure-et-Loir*, 26. 178. 253.
Vidai (paroisse Saint-Jacques de), *Orne*, 25. 254.
Viel (Geoffroy), 271.
Vieillot, d'*Argentan* (madame), 274, note.
Vieupont (Jacques de), 141.
Vieupont (Jean de), évêque de Meaux, 95 et note 2.
Vieux-Vic-Saint-Martin (prieuré de), *Eure-et-Loir*, 34, note 3.
Viginaire (commentaires du), 11, note 5.
Vilata (Guillaume), 106 et note 7.
Villebresme (Jean de), conseiller d'église sous Charles VII, roi de France, 216.
Villeneuve (église Saint-Denis de), 102.
Villeneuve-l'Évesque (sieur de), 87 et note 11.
Villeneuve-Saint-Nicolas (commune de), *Eure-et-Loir*, 87, sous-note 11.
Villepreux (Ferlon de), 205 et note 3.
Villeray (Albert de), 106.
Villeray (Amery de), 140, note.
Villeray (Geoffroy de), 178.
Villeray (Gilles de), président de l'échiquier d'Alençon, 239.
Villeray (Goufier de), 101, note 4. 104 et note 5.
Villeray (Hemery de), 177.
Villeray (Henry de), 106.
Villeray (Lancelin de), 106.
Villeray (monsieur de), 254.
Villeray (Roger de), 106.
Villeray (baronnie de), *Orne*, 82. — château de, 79 et note 4. — châtellenie de, 79. 177. — fortifications de, 206, note 2. — seigneurie de, 183. 192. — terre de, 80, note 1.
Villeray-en-Assay ou *en-Asse* (château de), *Orne*, 79. — châtellenie de, 80, note.
Villeray-en Husson (château de), *Orne*, 79. — châtellenie de, 80, note.
Villeray-Riants (François de), 79, note 3.
Villeray-Riants (Gilles de), chancelier de François de Valois, 79 et note 3. 80, note 1.
Villespandue (Gervais de), 145.
Villette (ruisseau), *Orne*, 140.
Villiers (Garin de), 154.

Villiers (Guérin de), 158.
Villiers (Gilbert de), 8, note 7.
Villiers (Guillaume de), 141 et note 1.
Villiers (Jean de), 145.
Villiers (sieur de), 223.
Villiers-sous-Mortagne (paroisse Saint-Preject de), *Orne*, 13. 22 et note. 113 et note 1. 133, note 8. 158. 159. — seigneurie de, 53. 84. — terre de, 153 et note 3.
Vincennes (ville de), 226, note 3.
Viridovix, chef gaulois, 12, note 1. 13, note 1.
Vital (Ordéric), chroniqueur, 9, note 4. 86, note et sous-note 1.
Vitalso (Geoffroy de), 78 et note 2.
Vivain (dom Guillaume de), 78.
Vivian (Jacques), huissier de Charles VII, roi de France, 216.
Viviers (château de), *Orne*, 100 et note 6.
Viviers (évêque de), 214, note. 215.
Voize (seigneur de). Voir Boursault (Charles de).
Volain (Gautier), 153.
Volateranus, géographe, 13, note.
Voré ou Vorré (Emorrest de), 134.
Voré (Mathieu de), 134.
Voré (Robert de), 134.
Voré (seigneurie de), *Orne*, 53.
Vossius (Isaac), 295 et note 1.
Voves (canton de), *Eure-et-Loir*, 87, sous-note 11.
Voyer (Rodolphe), 178.

W

Warty (seigneur de), 67.
Warty-en-Picardie (village de), 50, note 9.
Warwick (comte de), 175, note 2.
Wiltshire (district de), *Angleterre*, 142, sous-note 1.

Y

Yolande d'Anjou. Voir Anjou.
Yolande de Dreux, 86, note. Voir Dreux.
Yolande de Laval. Voir Laval.
Ysabeau de Bavière. Voir Bavière.
Ysabeau de Bretagne. Voir Bretagne.
Ysabeau de France, 201.
Ysabeau, fille de Charles II, comte du Perche, religieuse à Poissy, 189.
Yves de Bellême. Voir Bellême.
Yves de Creil. Voir Bellême.
Yves, évêque de Chartres, 104, note 7.
Yves, prieur de Saint-Denis de *Nogent*, 140, note.
Yvry. Voir Ivry.

Z

Zara (ville de), *Etats Autrichiens*, 160, note.
Zarize, fille du roi de Russie, 188.
Zélande (îles de), 240.

ADDITIONS ET CORRECTIONS

P. 87, note 1. Add. « Rouillard Parthenie (p. 167-168) dit : chacun un gros cierge (quoique de divers poids) qui revient à 300 livres de cire, dont l'évêque a les 2/3 et le chevecier l'autre, servant toute la dite cire à l'entretenement des sept gros cierges qui sont ès sept grands chandeliers de cuivre près devant le grand autel. » (Note communiquée par M. l'abbé Haye, curé de Saint-Avit, Eure-et-Loir.)

P. 87, note 1, l. 18. Au lieu de « sieur de Tein », lisez « sieur de Tréon, près Dreux ».

P. 87, note 1, l. 19. Au lieu de « Célestins de Célicourt », lisez « Célestins d'Eclimont ».

P. 87, sous-note 1. Au lieu d' « Unverre », lisez « Anvers-Saint-Georges, près d'Etampes ».

P. 87, sous-note 2. Au lieu de « Méroger », lisez « Mazangé, près Vendôme ».

P. 87, sous-note 3. Au lieu de « Igny », lisez « Villeneuve-d'Ingré, près Orléans ».

P. 92, note 2, l. 2. Au lieu de « 1911 », lisez « 1191 ».

P. 142, ligne 2. Le renvoi « (1) » doit être reporté ligne 7, après le mot « Salibrières ».

P. 149, note 1, l. 2. Au lieu de « Renaud », lisez « Thibaut ».

P. 149, note 2, l. 4. Au lieu de « Thibaut V », lisez « Thibaut III ».

P. 152, note 3, l. 2. Au lieu de « Regnault de Mouçon », lisez « Regnault de Monçon ».

P. 159, note 1, l. 3 et 7. Au lieu de « Thibaut V », lisez « Thibaut III ».

P. 170, note 1. Cette note doit être placée à la page précédente (169) et se rapporter au mot « Bonnerie » (ligne 28).

P. 171, l. 8. Hélissende était femme et non fille de Thomas, comte du Perche.

P. 173, l. 5. Au lieu de « Blanche », lisez « Philippine ».

P. 175, note 3, l. 7. Au lieu de « Thibaut VI », lisez « Thibaut IV ».

P. 180, note, l. 34. Au lieu de « (2) », lisez « (1) ».

P. 181, note 2, l. 18. Au lieu de « Thibaut VI », lisez « Thibaut IV ».

P. 182, note, l. 20. Au lieu de « Thibaut VI », lisez « Thibaut IV ».

P. 183, note, l. 6 et 24. Au lieu de « Thibaut VI », lisez « Thibaut IV ».

P. 188, note, l. 26. Au lieu de « roi de Russie et de Savoie », lisez « roi de Russie et de Servie ».

P. 189, l. 8. Au lieu de « comte de Flampes », lisez « comte d'Etampes ».

P. 192, l. 11. Au lieu de « après son père Pierre », lisez « avec son frère Pierre ».

P. 232, note 1, l. 1. Henri II, roi de France, est confondu par erreur avec Henri d'Albret. Le titre de comte du Perche fut apporté à ce dernier par sa femme, Marguerite d'Angoulême. Le roi de France ne put en jouir qu'après sa mort.

P. 262, l. 3. Au lieu de « Louis de Bourbon », lisez « Charles de Bourbon ».

P. 273, note 1, l. 10. Au lieu de « numéro 67 », lisez « numéro 607 ». Les deux manuscrits conservés au Vatican et chez les Clarisses d'Alençon sont des copies de la vie écrite par le P. Magistri. Celui d'Alençon passe pour être l'original même. (Note communiquée par le R. P. Edouard d'Alençon.)

Les *Documents sur la province du Perche* paraissent tous les trois mois, en janvier, avril, juillet et octobre, par fascicules de 80 pages au moins, envoyés par la poste aux souscripteurs.

Le prix de la souscription pour un an est fixé à :

10 fr. pour la France et 12 fr. pour l'étranger.

Le prix de chaque fascicule, pris au numéro chez l'éditeur ou chez l'un des libraires correspondants, est de 3 francs.

EN VENTE :

15 fascicules (juillet 1890 à janvier 1894).

A part : *Généalogie de Boisguyon*, par le v^{te} DE SOUANCÉ. Prix : 4 fr.

Généalogie de Carpentin, par le v^{te} DE SOUANCÉ. Prix : 3 fr.

BART DES BOULAIS. *Recueil des Antiquités du Perche*, publié par H. TOURNOUER. Prix : 12 fr.

Mémoire historique sur la Paroisse des Mesnus, par l'abbé GODET. Prix : 5 fr.

EN COURS DE PUBLICATION :

René COURTIN. *Histoire du Perche*, publiée par le v^{te} DE ROMANET et H. TOURNOUER.

Géographie du Perche, suivie de pièces justificatives formant le cartulaire de cette province, par le v^{te} DE ROMANET.

Histoire religieuse de Mortagne, par J. BESNARD.

Sources de l'Histoire du Perche et *Bibliographie du Perche*, par le v^{te} DE ROMANET et H. TOURNOUER.

EN PRÉPARATION :

Bibliographie et Iconographie de la Trappe, par H. TOURNOUER.

Généalogie de la Vove, par l'abbé CHAMBOIS.

Généalogie d'Escorches, par l'abbé GODET.

Dictionnaire topographique et féodal du Perche, par le v^{te} DE ROMANET.

Cartulaires de Saint-Martin-du-Vieux-Bellême, de Sainte-Gauburge, du Val-Dieu, etc., etc.

Réédition de BRY DE LA CLERGERIE, des *Coutumes du Perche*, etc., etc.

www.ingramcontent.com/pod-product-compliance
Lightning Source LLC
Chambersburg PA
CBHW050423170426
43201CB00008B/525